THE BRITISH PACIFIC FLEET
THE ROYAL NAVY'S MOST POWERFUL STRIKE FORCE

英国太平洋舰队

【上册】

【英】大卫·霍布斯 著　　　张宇翔 译

吉林文史出版社
JILINWENSHICHUBANSHE

图书在版编目（CIP）数据

英国太平洋舰队 /（英）大卫·霍布斯著；张宇翔
译. -- 长春：吉林文史出版社，2018.7
书名原文：The British Pacific Fleet: The Royal
Navy's Most Powerful Strike Force
ISBN 978-7-5472-5284-0

Ⅰ.①英… Ⅱ.①大…②张… Ⅲ.①海军舰队－军
事史－英国 Ⅳ.①E561.9

中国版本图书馆CIP数据核字(2018)第167764号

THE BRITISH PACIFIC FLEET:THE ROYAL NAVY'S MOST POWERFUL
STRIKE FORCE by DAVID HOBBS
Copyright:© DAVID HOBBS 2011

This edition arranged with Seaforth Publishing
Through Big Apple Agency,Inc.,Labuan,Malaysia.
Simplified Chinese edition copyright:
2018 ChongQing Zven Culture communication Co.,Ltd
All rights reserved.

中文简体字版权专有权属吉林文史出版社所有
吉林省版权局著作权登记图字：07-2018-0011

YINGGUO TAIPINGYANG JIANDUI

英国太平洋舰队

著 /【英】大卫·霍布斯　　　译 / 张宇翔

责任编辑 / 吴枫　特约编辑 / 王晓兰

装帧设计 / 杨静思

策划制作 / 指文图书　出版发行 / 吉林文史出版社

地址 / 长春市人民大街 4646 号　邮编 / 130021

电话 / 0431-86037503　传真 / 0431-86037589

印刷 / 重庆长虹印务有限公司

版次 / 2023 年 3 月第 2 版　2023 年 3 月第 1 次印刷

开本 / 787mm × 1092mm　1/16

印张 / 35　字数 / 533 千

书号 / ISBN 978-7-5472-5284-0

定价 / 169.80 元

目录

原注　518

参考书目　540

目录

献词

鉴于英国太平洋舰队的成就已经为世人所淡忘，本书试图唤起对海军舰队上将弗雷泽爵士，以及他一手创建并卓有成效地领导的太平洋舰队官兵的追忆。

前言

笔者于 1966 年以海军军官候补生身份加入远东舰队（Far East Fleet）的"胜利"号（HMS Victorious）航空母舰时，便对该舰在第二次世界大战中的经历产生了浓厚的兴趣，这也成了日后我对英国太平洋舰队的兴趣之始。除了"胜利"号本身之外，当时该舰上还有不少官兵曾在太平洋舰队中服役。他们曾和笔者谈及过很多有关太平洋舰队时期的逸事，日后笔者常常惋惜当初没能将这些逸事全部记录下来。两年之后，笔者转隶同属远东舰队编制下的"竞技神"号（HMS Hermes）①航空母舰，该舰的舰长帕克（D G Parker）上校曾作为"可畏"号（HMS Formidable）航空母舰的一员，在"冰山"作战以及在日本本土上空的作战中指挥一个"海盗"式（Corsair）战斗机中队。在"赫尔墨斯"号上，笔者作为 849 中队的一员，驾驶"塘鹅" 3 型（Gannet AEW 3）预警机。该中队的前辈曾作为太平洋舰队攻击机群的一部，在对巨港（Palembang）日军的攻击中赢得过战斗荣誉。作为一名太平洋战争的爱好者，在上述经历的影响之下，笔者逐渐开始了对太平洋舰队的深入研究，本书即是笔者对此多年研究成果的集成。

随着研究的逐步深入，结合在皇家海军中 33 年的服役经验，笔者逐步意识到，战后皇家海军中相当数量的作战理念都应归源于 1944 年 11 月—1945 年 11 月期间皇家海军太平洋舰队的出色表现。战时英国太平洋舰队所展示出的构想和实现海上补给的能力、吸收消化新观点新方法的能力，以及与多国盟友顺利合作的能力，恰恰是经历了现代化改革后的战后皇家海军在朝鲜海域、在南太平洋海域和海湾地区进行成功作战的关键因素。此外，在太平洋战争环境下，太平洋舰队可以不受政治限制束缚，得以充分发掘舰载航空兵的投射能力，这也促成皇家海军在战后成为世界领先的航空兵倡导者。

---

① 译注：此处的"竞技神"号和正文里提到的"竞技神"号不同，此为战后服役的半人马座级航空母舰，参加过 80 年代马岛战争，1986 年出售给印度海军，改名为"维拉特"号。2017 年退役。

　　读者也应该注意到，战时即使在其实力巅峰期，太平洋舰队也无法独立运作。加拿大、澳大利亚和新西兰做出的杰出贡献，使得太平洋舰队得以在草创之后便能很快以相当高的职业技战术水准与美国海军并肩作战。至少可以认为，如果美国海军需要在1945年8月维持一支足够强大的舰队，以执行旨在登陆九州的"奥林匹克"作战，如果美国海军需要在当年11月及此后的战事中承受可能面临的巨大损失坚持作战，那么太平洋舰队的作用很可能不可或缺。也可以认为，鉴于太平洋舰队面临的种种困难，能够实现舰队的顺利运作和作战本身便是皇家海军在第二次世界大战中的最高成就。而这一伟大功绩，则是通过数以万计默默无闻、来自各自治领（Dominion）的男女同胞，在战舰、辅助舰只以及岸上设施上所贡献的艰苦努力和聪明才智才得以成就。

　　笔者试图通过在史实记录、动机解释和个人经历三方面材料之间进行取舍，使得本书能够兼顾可读性和翔实性。笔者也深知在书中提到的每一个名字背后都有更多人名被忽略，但笔者希望通过迄今为止最详细的记录，皇家海军太平洋舰队能够为后代所铭记、学习与敬仰。

退役皇家海军中校

大卫·霍布斯

2011年

于克雷尔（Crail）

鸣谢

首先，笔者希望感谢我的妻子詹迪（Jandy）和儿子安德鲁（Andrew）长期以来对我所做的一切的无私支持和帮助。

还在计划记述英国太平洋舰队之前，笔者就已经从众多舰队前成员那里搜集了大量逸事和资料，其中包括海军少将帕克，他于笔者在"赫尔墨斯"号服役期间任该舰舰长。令人遗憾的是，在本书面世之时少将以及其他很多舰队前成员已经安息于地下。尽管如此，笔者仍需对他们表示衷心的感谢。没有他们的贡献，笔者不可能复原舰队的全景。笔者尤其希望感谢通信兵与空中射手协会的迪基·里查德森（Dickie Richardson）与罗伊·吉布斯，他们的帮助尤为热情。

笔者还希望感谢皇家海军克里斯托弗·佩吉（Christopher Page）上校，他曾任海军历史科科长直至 2010 年。该单位的海军部图书馆管理员詹妮·赖特（Jenny Wraight）和迈克·麦卡隆（Mike MacAloon）也出力甚巨，对笔者的问题他们总能迅速给出回答或找到相关档案。在本书写作过程中，澳大利亚海权中心战略与历史研究部门总监大卫·斯蒂文斯（David Stevens）博士及他的高级历史学家约翰·佩里曼（John Perryman）一直给予笔者不遗余力的鼓励和帮助。此外还有很多专家学者为笔者提供了大量极有价值的资料。约翰·杰里米（John Jeremy）向笔者提供了 1945 年悉尼船坞的运作详情，彼得·纳什（Peter Nash）慷慨地向笔者开放了他对皇家海军和美国海军后勤支援设计的研究成果，其中美国海军的报告尤其有价值。文斯·法齐奥（Vince Fazio）在整理收藏照片的过程中向笔者提供了很多珍贵照片。澳大利亚海军历史社成员、澳大利亚皇家海军保罗·马丁（Paul Martin）上校也向笔者提供了悉尼地区的太平洋舰队遗迹详情。

笔者还特别希望感谢海军历史科前科长大卫·布郎（J David Brown），正是在他的鼓励下笔者才走上海军历史学家的道路，在于 2001 年逝世前，他还把多年收藏的照片，以及珍贵的成文研究资料遗赠笔者，上述资料不仅结合了皇家海军与美国海军官方公报与报告，还参考了对当事人的采访，因此尤为珍贵。这些遗赠在笔者开始写作本书时帮助甚巨。尽管没有页码，但是这些资料将一直作为笔者资料文档中最有价值的部分之一。

本书的大部分图片来自笔者自 1966 年以来的个人收藏，但所有图片皆注明原始来源。书中地图则由彼得·维尔金森（Peter Wilkinson）基于官方资料重绘。

最后，笔者极为感谢出海出版社（Seaforth Publishing）和罗布·加德纳（Rob Gardiner）提供的宝贵机会，让笔者能记录下英国太平洋舰队的历史并出版问世，使得对太平洋舰队的记忆永存世间。

历史上最强大的舰队、本书的主角——英国太平洋舰队。

　　尽管事后看来意义重大，但是承载这一伟大意义的英国太平洋舰队其组建过程却一波三折。这不仅由于 1944 年皇家海军乃至整个英国资源上的捉襟见肘、时间上的过于紧迫等客观原因，也由于战前英国战略规划的短视，乃至丘吉尔首相本人直至 1944 年在战略上的固执和短视。1942 年重建以印度洋为基地的东方舰队，并于当年年初遭到日本海军一记重击之后，直至 1943 年圣诞节，皇家海军才再次向远东部署主力舰只。1944 年 2 月，海军部开始筹划重返太平洋时就组织以快速航空母舰为核心的特混舰队编队长期连续出海作战这一课题，皇家海军的经验几乎为零，因此不得不派出考察团赴美向美国海军取经，而就在当月，美国海军太平洋舰队快速航空母舰特混舰队空袭特鲁克，拉开了在中太平洋方向反攻的序幕，从此美国海军第 3、第 5 舰队如洪水般地向西奔流，一路势不可当，直至日本沿海。反观皇家海军方面，英国太平洋舰队在太平洋战场的一系列基地建设从 1944 年下半年才逐渐展开，虽然可以依托澳大利亚的现有设施，并接收部分美军逐渐关停的设施，但整个建设工作依然堪称筚路蓝缕。建设所需人员和物资大约自 1944 年底到 1945 年初才逐渐抵达澳大利亚，一些工程甚至直至 1945 年 2 月英国太平洋舰队抵达澳大利亚时尚未完成，仅仅能够满足当月月底舰队从澳大利亚出发时所需。舰队本身组建的仓促程度也不遑多让，1944 年 8 月总指挥官确定之后，当年 11 月舰队其他要职才逐渐确定，12 月英美双方才就舰队的战场与角色达成一致，而舰队出海时的最高现地指挥官直至 1945 年 2 月才与舰队主力会合。所幸，在前往太平洋战场之前舰队骨干已经逐渐在印度洋集中，并通过一系列小规模的战斗获得了一些战斗经验。然而，与组建舰队本身相比，更为困难和紧张的是组建对于维持舰队作战至关重要的舰队后勤船队。至 1945 年 2 月舰队奔赴战场时，舰队后勤船队仅仅能勉强维持舰队的持续作战，且其所辖船只很多都是由民船商船改装而来，不仅性能上远不如美国海军专门为舰队作战设计的同类船只，而且彼此之间性能差异颇大，这也给后续制订补给方案造成困难。

　　虽然匆忙成军，困难重重，然而自冲绳之役正式加入太平洋战场之后，英国太平洋舰队仍竭尽所能做出了应有的贡献，并在战斗中逐渐发展壮大，战斗

译者序

谈到太平洋战争时，人们的第一反应当然是美日这两个主角，而拥有战前和战后第二强海军的英国则往往为世人所忽略。即使被提及，皇家海军也往往被当作背景或者嘲笑的对象。毕竟，战争初期"反击"号和"威尔世亲王"号的迅速覆灭以及爪哇海战中的惨败实在过于"耀眼"，而此后直至1945年前皇家海军对太平洋战场的贡献又基本为零。等到1945年皇家海军终于加入太平洋主战场时，美国海军几乎已经吸引了这个广阔舞台全部的注意力，无论是作为敌人的日本海军还是作为盟友的皇家海军都被挤到舞台的边角，只有在灯光偶尔扫过时才能窥见他们的存在。相对而言，由于冲绳战役中"菊水作战"这一无论在战术还是战略上都只能用"疯狂"和"愚蠢"来形容的出击，日本海军联合舰队还勉强吸引了一些注意力。作为有史以来最庞大的战列舰，"大和"号虽然未曾为日本海军击沉过任何一艘敌舰、命中过任何一艘敌主力舰、轰击过任何一处敌阵地、保卫过任何一艘己方航空母舰，但至少还为日本海军在战争末期赢得了一次上镜机会，虽然其方式并不光明。

对此窘境，英国人自己当然心知肚明。然而从英国人的角度来看，这种待遇未免有失公平。正如本书第十二章中作者所抱怨的那样："大英帝国从太平洋战争之初起便承担了对日作战的责任，并在战争最初若干小时内便付出了包括'威尔士亲王'号、'反击'号以及两舰大部分水兵在内的沉重代价，此后作为忠实的盟友，大英帝国又先后派出若干名舰跨越半个地球与盟军并肩作战。"实际上，1945年皇家海军不但是与美国海军并肩作战的忠实盟友，而且也是美国海军规模最大的盟友。除了巩固与美国的亲密盟友关系之外，皇家海军在太平洋的战斗还有着更深远的影响。战争结束之初占据世界第二强海军地位的皇家海军，还是彼时除美国海军外唯一具有维持以快速航空母舰为核心的特混舰队编队长期连续出海作战能力和经验的海军。而这种划时代的能力，无疑完全应该归功于皇家海军1945年在太平洋战场上从实战中获得的经验。这些经验此后甚至一直沿用至1982年的马岛战争。这支现代皇家海军的先驱者，便是英国技巧也日趋娴熟。从 1945 年 3 月末至 8 月初约 4 个半月的时间内，舰队反复攻击了日军机场、军工设施、交通线和其他要害部门。随着战局的推进，重要目标数量逐渐减少，目标的范围也逐渐扩大。如果不是 8 月中旬日本的突然投降，盟军因此取消"奥林匹克"作战的话，舰队的规模和贡献还将进一步扩大，为此而追加的部队此时已经逐步抵达澳大利亚，舰队后勤船队所辖船只也日趋专业化。作为英军对日作战的主力，正如作者自豪地表示："除了英国太平洋舰队，再没有其他任何一支英国武装力量能在 1945 年在日本核心地区作战。战争中曾展开对日本本土攻击的全部英国军机均是从皇家海军航空母舰飞行甲板上起飞的皇家海军舰载机。战争结束后，第一批在日本、香港以及其他很多地区登陆的英国军人均是由英国太平洋舰队舰船运送至目的地。"

尽管如此，即使不考虑与美国海军相关资料的数量对比而仅仅考虑绝对数量，有关英国太平洋舰队的资料异常稀缺。除了各舰年鉴以及论文集《The British Pacific and East Indies Fleets - The Forgotten Fleets》外，21 世纪初读者所能接触到的只有彼得·史密斯（Peter Smith）所著的《Task Force 57》一书。虽然译者很喜欢该作者有关 1942 年 8 月皇家海军"基座"行动的《Pedestal》一书，但也不得不承认这本《Task Force 57》在形式上更类似于报告文学，内容不够丰富。迄今为止，论资料之翔实、内容之丰富、叙述之完整，有关该舰队的书籍中几无出霍布斯这本《The Pacific Fleet》之右者。

作者大卫·霍布斯是皇家海军舰队航空兵飞行员出身，服役期间便对皇家海军的战史产生了浓厚的兴趣，退役之后接受名师指点，成为一名海军历史作家。本书中的许多资料便是作者服役期间搜集而来的。受益于其背景和相关经验，作者对皇家海军尤其是与航空母舰有关的战斗有着远超一般作者的理解，对于各方面对海军的影响亦有亲身体会。除了本书外，作者有关英国航空母舰发展史的两部著作《British Aircraft Carriers:Design,Development and Service Histories》与《The British Carrier Strike Fleet:After 1945》亦广受国内爱好者的喜爱。在这本《The Pacific Fleet》中，作者不仅记录了英国太平洋舰队上溯至两次大战之间的历史背景、舰队从无到有至发展壮大的历程、舰队在战争期间的浴血奋战，而且记录了战争结束后舰队执行的一系列占领、遣送和访问任务，其内容直至

1948 年英国太平洋舰队编制正式取消。除了舰队作战和建设经历值得一读外，其他颇多细节也颇具意义。例如 1945 年 8 月 15 日当天，英国在战争中损失的最后一名飞行员在日本宣布投降后被日军杀害并毁尸灭迹的经过、战后英军重返香港的过程、战后舰队在中国水域与南京国民政府以及美国海军的互动，尤其是有关战后舰队在中国水域的内容，能让读者了解英国视角下的相关解读。

译者大约于 2011 年收到同好对该书的推荐，2013 年购入该书，2015 年初阅读完该书。2017 年夏指文图书的编辑联系笔者商谈翻译事宜，译者欣然接受，并利用工作之余完成翻译工作。重读本书时，译者不禁回忆起 2015 年初那些烦躁、不安和偶尔欣喜的日子，翻译过程中也伴随了笔者在数月之中的酸甜苦辣，不再一一言表。翻译过程中译者得到了同好李剑锋先生、刘悦斌先生在专业上和文字上的大力帮助。由于语言障碍问题，原作者在拼写东南亚及日本人名地名颇多错漏，甚至出现同一地名先后三次出现时拼法各不同的现象。在处理此类问题时，好友灵晴小姐总能提供及时而热情的协助，有力地推进了译者的工作，此后她还提供了有关出版方面的建议。指文图书的王晓兰编辑作为本书的编辑，不仅整理了译者初稿的文字，而且还在具体翻译方式方面提供了宝贵的建议。在此译者一并表示感谢。限于译者本人水平，本书中遗留错误之处在所难免，对此当然由译者承担全部责任，欢迎诸位方家不吝赐教。

背景、理论和经验

整个 19 世纪以及 20 世纪初，英国一直坚持投入巨资支持横跨太平洋的贸易。鉴于这一贸易体系及相应投资对英国的重要性，在帝国防务委员会（Committee of Imperial Defence）的列表上，保卫该体系的重要性仅次于对英国本土的保卫。然而，考虑到在太平洋地区维持一支强大的舰队不可避免的巨大开销，以及 1905 年日俄战争后俄国不再是太平洋地区强权的现实，因此，英国在这一时期更愿意利用条约和同盟关系，而非维持一支"蓝水"舰队的方式来保卫自身在该地区的利益。在世纪之交，日本逐步成长为区域性的强权，并迅速建成了西太平洋地区最大的工业基地。然而，由于缺乏工业原料，日本不得不随时准备在必要时通过武力获得此类资源，因此作为盟友而言先天不足。尽管资质并不理想，1902 年英国还是选择和日本正式签约结盟，并在 1905 年日俄战争结束后展约。1911 年两国再次修订盟约，这一次英方在条约中加入了一个特殊条款，即在日美交战情况下，英方无须履行盟友义务，不必卷入日美之间的战争。1919 年，日本吞并了马里亚纳群岛、马绍尔群岛和卡洛琳群岛等前德国殖民地，[①]并声明其在华具有特殊利益。因此，尽管 1911 年英日盟约中加入了英方不卷入日美战争的条款，但一战后日本的扩张仍使得英日条约成为英美之间摩擦的主要来源之一，[②]权衡利弊，英国打算结束在远东与日本的同盟。

而在日本方面，20 世纪的日本帝国国防政策随着 1907 年初日本帝国国防方针出炉而正式成形。该文件在将俄国、德国、美国和法国列为潜在的战争对手的同时，也明确提出为避免陷入极端困难的处境，应避免同时与一个以上的对手开

---

① 译注：通过当年签署的《凡尔赛和约》，日本以托管的形式吞并了上述岛屿。
② 译注：日军在西太平洋的扩张自然引起了美国的警惕，而日本在华"特殊利益"的要求也和美国在华长期推行的"门户开放"政策相矛盾。

战。[1]日本海军的首要任务则是筹划未来可能与美国的战争，针对战争状况下美国将从本土部署一支强大舰队前往西太平洋的这一假想，制订防御战略，以期实现对假想中美舰队的袭扰和逐步削弱。日本希望通过成功的消耗战略，使预期中的美舰队在抵达西太平洋时，其实力已被削弱至与日本海军战列舰舰队相当的水平，此后后者将与劳师远征实力大减的美舰队展开决战，并获得无可争议的制海权，从而使日本能以优势姿态走上谈判桌。①这种消耗战并继之以舰队决战，以及坚持在同一阶段仅与单一对手进行短促战争的想定，在太平洋战争爆发前一直是日本海军的基本战略，但实现这一战略的具体战术手段则在 30 余年中经历了一系列变化。这些变化中最显著的当属大航程海军军机在消耗战阶段角色的变化，以及 1940 年山本五十六海军大将决心改变被动等待对手远道而来的传统想定，改为先发制人，在战争之初即主动攻击珍珠港基地中美舰队的构想。1917 年，法、德两国被日本从潜在战争对手的名单中移除。此后，1936 年英国和荷兰在中国之后加入这份名单。这一变化清晰地显示，当时的日本已经计划在时机成熟时执行"资源扩张"政策。1941 年中英美荷等国先后对日本实施禁运，日本遂放弃了早期国防政策中只与单一对手交战这一基本原则，计划对美、英、荷在远东和太平洋的殖民地同时展开攻击。

与日本相反，一战结束之后，就保卫英帝国在太平洋地区利益的最佳方式这一问题，英国政府从未有一个清晰的构想。1919 年，海军部派遣杰里科上将（Admiral Jellicoe）搭乘"新西兰"号战列巡洋舰（HMS New Zealand）前往远东考察，并就该地区的海军防务建言。上将在报告[2]中对远东水域的海军局势进行了周密的分析，在结论中，上将建议在太平洋地区永久性驻扎一支舰队，并根据其战略战术要求划定该舰队的作战范围。此外，为维持该舰队有效运作，相应的海军基地、船坞设施、行政体系、训练与纪律条例、给养、燃油和弹药储备均需进行详细规划。维持该舰队的支出将由英国、澳大利亚和新西兰按 75 : 20 : 5 的比例分摊。报告中杰里科上将直言不讳：

---

① 译注：鉴于日俄战争日军海上全胜，日本在制定对美战略时几乎也全盘复制了日俄战争中的战略。

　　显然，唯有至少与对手实力相当的现代化主力舰队才足以承担未来对日作战的任务，且满足上述标准的舰只在战争爆发时必须可以立即投入作战。即使如此，当战争突然爆发时，该舰队的各中队很可能正分处在若干海域，从而造成敌专而我分的局面。早有预谋的日本海军在战争之初无疑就能获得巨大的优势。有鉴于此，我方理应假设如果日本确实决定开战，那么在战争爆发之前我方几乎不可能获得预警。很难想象日本会淡忘在日俄战争中获得的经验，即通过不宣而战，突袭旅顺和仁川获得巨大的初始优势。因此为了对付整个日本舰队，预计大英帝国部署在太平洋地区的舰队应包括不少于8艘战列舰和8艘战列巡洋舰，且上述舰只的单舰作战能力应与日本海军同型舰只相当。

事后看来，杰里科上将的报告对日后的战争做出了准确的预言。上将还提出：

　　试从日本战略家的角度出发，与大英帝国开战后的首要目标无疑是攻击英军防守薄弱的海军基地。一旦夺取或哪怕仅仅瘫痪上述基地，英国海军便将成为无本之源，其战斗力会很快消失，而日本则可获得执行其侵略政策或破交政策的行动自由。

杰里科认为假想中英帝国太平洋舰队主要基地的最佳选择无疑是澳大利亚，并建议在澳大利亚建立两个基地：其一位于悉尼，对大舰队运作而言，当地现有的船坞设施以及面积庞大且有遮挡的锚地非常理想；其二则位于澳大利亚西部弗里曼特尔（Fremantle）附近的科克本湾（Cockburn Sound）。值得注意的是，上述两地恰恰是2010年澳大利亚皇家海军的两个主要基地——东部和西部基地所在。杰里科选择澳大利亚的理由包括当地的工业基地足以应付舰队日常运作所需，且当地居民聚居区也位于船坞设施附近，便于舰队官兵的日常生活和休息。上将还建议选择新加坡和香港作为前进作战基地，在两地储备燃油和弹药并建立修理厂，但鉴于两地难以防守，且缺乏大型舰队永久性驻地所必需的社会性设施，因此上将不建议将两地作为舰队的主要基地。

对于当时的英国来说，杰里科的建议并非一份过于高昂的账单，但当时的英国政府正忙于战后的国际性裁军，因此政府选择参加华盛顿海军会议并在此后的《华盛顿条约》上签字。该条约急剧压缩了皇家海军的舰队规模，使其与美国海军相当。条约规定英、美、日三国的主力舰总吨位比例为 5 ∶ 5 ∶ 3，此外法国的比例约为 1.75。[3] 条约的签署直接导致英国无法在太平洋地区维持一支舰队，此外由于英国在华盛顿会议上更倾向于美国，也引发了日本的不满。日本将条约所规定的比例视为对其的羞辱，最终还是在条约加入条文，对建设海军基地防务设施进行限制之后才勉强签署。[4] 该条文规定日本有权对接管的原德国殖民地实施要塞化建设，同时禁止英国将香港要塞化，但准许英国继续在新加坡和澳大利亚实施要塞化建设。条约签署后英国继续在本土水域和地中海水域保留战列舰队，但在远东则只能保留一支由巡洋舰、驱逐舰及一艘航空母舰构成的舰队，其基地位于香港，作战目的为在平时维护英国在区域内的经济利益、打击海盗和应对其他低烈度威胁。此后数年，尽管经历了若干届政府更迭，但 20 世纪 20 年代初提出的"十年政策"①为此后历届政府所采纳。由于该政策假定 10 年内不会爆发大规模战争，因此皇家海军的预算也被一再缩减，其在远东的态势也不断恶化。在两次大战之间，"十年政策"每年展期，直至 20 世纪 30 年代初为止。雪上加霜的是，由于荷兰海军实力孱弱，不足以保卫由数千岛屿构成且资源富饶的东印度殖民地，英国皇家海军在一战后还不得不承担维护荷属东印度②安全的职责。[5] 在荷属东印度问题上荷兰对英国的巨大依赖，使得维护荷属东印度的完整性的要求成为历任英国三军总参谋长在谋划远东地区作战方案时的主要考量之一。[6]

美国海军针对对日战争的战略推演始于 1914 年，当年出炉的"橙色方案"成了对日作战计划的滥觞。[7] 自从华盛顿条约规定日本有权在中太平洋诸群岛构筑要塞化基地之后，美国海军便意识到日本可能凭借这些基地切断美国本土与

---

① 译注：温斯顿·丘吉尔提出。

② 译注：荷属东印度（荷兰语：Nederlands-Indië，英语：Holland East India），今印度尼西亚，当时为荷兰殖民地。

菲律宾群岛之间的航运。为应付这一风险，美国海军研究了部署舰队横跨太平洋前往菲律宾附近海域与日本海军进行决战，并进而封锁日本迫使后者让步的可能。鉴于这一作战不可避免地需要舰队远涉重洋，从而引发复杂的后勤问题，美国海军的策划者们承认在当时"作战目标和作战手段之间存在巨大的鸿沟"[8]。1939 年后，美国将战争预案整理为一系列方案，分别以不同颜色作为代号，统称为"彩虹计划"，其中每一方案都针对不同的国际局势，编号依次为1—5。1941 年 11 月，基于逐渐明朗的国际局势，美国又将作战预案细化，计划一旦与日本开战，便在东方战场与盟友势力一道部署强大的海空军部队。该计划通常被简称为"PLENAPS"。① 太平洋战争爆发之后，经过盟军领导人之间的一系列会议，盟军击败日本的大战略才逐渐成形。

　　1922 年英国政府决定签署《华盛顿条约》，大规模削减皇家海军的规模。这意味着一旦远东地区的利益受到威胁，皇家海军只能从西方派遣一支强大的舰队前往现地实施应对。在两次大战之间，地中海舰队曾一度被赋予"左右逢源"的角色，承担在需要时向西增援本土水域或向东增援远东基地的任务。为了使这支远道而来的舰队充分发挥战斗力，皇家海军需要在远东建立一个规模足够庞大的基地。为此，海军部选择在新加坡北部海岸修建一个完整的新船坞以及相应的港口设施。彼时规划中海军基地的所在地还是大片热带原始丛林，因此建设工程只能从零开始，旷日持久。虽然缺乏杰里科上将在建议中指出的澳大利亚所具有的优势，但是从地理上来说，新加坡更接近皇家海军所需要保护的资源产地，也更直面日本的威胁。当然，这也意味着新加坡基地需要拥有相当强大的海上、陆上以及空中防御实力，才能确保即使在舰队出港的情况下也能应对潜在的不对称攻击。构筑新加坡海军基地的决定于 1923 年公布，该工程很

---

　　① 译注：实际不可行，战争爆发前美国政府所秉持的大战略仍是优先在欧洲击败纳粹德国，而在太平洋地区保持守势的"彩虹5号"计划。由于大量舰只从太平洋舰队抽调至大西洋，因此美国海军实际无力支援远东，仅能在外围对日军前沿据点进行突袭。而太平洋舰队战前的计划则是当战争在远东爆发后，舰队集中出击，首先以航空母舰攻击马绍尔群岛的日军据点诱出日本海军主力，然后依托威克岛（Wake）和中途岛（Midway）上的远程侦察机密切关注日军舰队动向，最终在合适的时机以战列舰为主力与日本海军展开决战。该方案的部分细节与日后的中途岛之战类似。

快就显示需要巨大的工程量。雪上加霜的是，建筑工程不但进展缓慢，而且每每在政客们争论该基地的必要性或就其造价锱铢必较时陷入停顿。这一现象直到 1931 年日本入侵满洲地区，导致远东局势显著恶化，进而威胁英国与远东的贸易之后才得以缓解。此后工程进度明显加快，并于 1939 年宣告完成，总造价为 6000 万英镑。完工的海军基地包括当时世界上最大的干船坞和世界第三大浮动船坞，占地共计 21 平方英里①，按平均消耗量计算，基地内储存的油料足以支持整个皇家海军 6 个月的作战。

虽然规模非常宏大，但是新加坡海军基地本身并不能吓阻任何军事威胁，

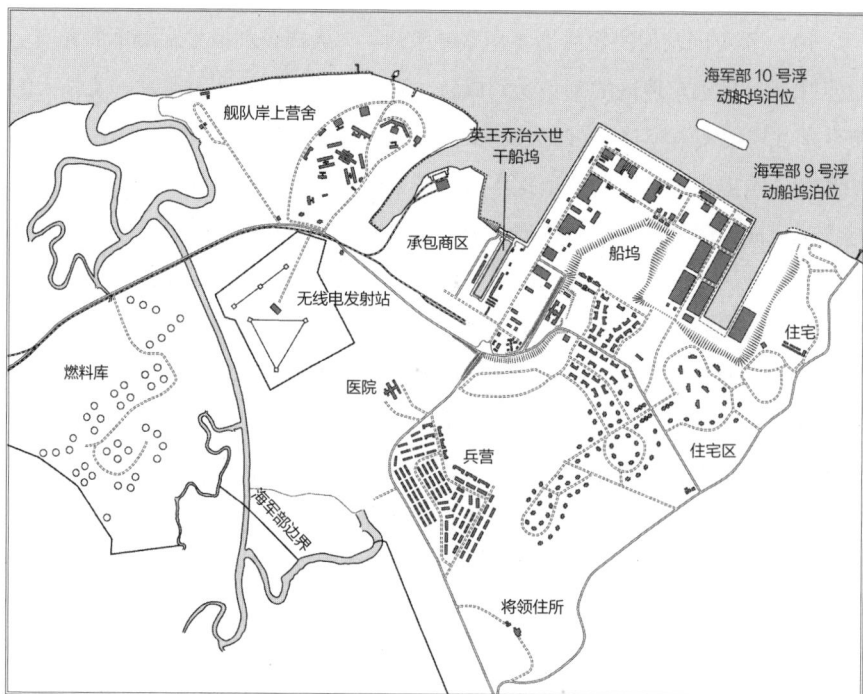

∧ 1941 年新加坡海军基地平面图。

---

① 译注：约 54 平方千米。

∧ 1940 年初某架海军军机的观察员从空中俯瞰新加坡海军基地和船坞的照片。虽然照片清晰度有限,但是依然足以显示基地的布局。注意基地内的浮动船坞、苏阿拉(Suara)附近的无线电天线塔,以及位于圣诺哥(Senoko)的营区和储油罐。(作者私人收藏)

其作用仅仅是为可能部署在远东水域的舰队提供后勤支持。在 20 世纪 30 年代前,英国海军部的作战计划中一直以下述假定为前提,即英国在远东与欧洲不会同时遭遇威胁。鉴于法国海军舰队集中于地中海海域,可以在战时保卫英法两国在该地区的共同利益,因此 30 年代中期法西斯势力在欧洲崛起之前,海军部的这一假设并不离谱。20 世纪 30 年代,舰队主力向新加坡基地调动这一命题逐渐成为皇家海军参谋学院的标准作业之一,同时上述调动也成了英国政府国防政策的基本信条之一。一旦日本显露出攻击澳大利亚或新西兰的明显态势,那么"英国政府保证,为了保卫两自治领将不惜牺牲除英国根本利益——保卫和供应英国本土之外的一切利益……如果自治领危在旦夕,英国政府将不惜立即放弃在地中海地区的防务,派遣地中海舰队前往支持两自治领"[9]。

　　1939 年战争在欧洲爆发之后,派遣一支强大舰队前往新加坡的希望日趋渺茫,但基于日本以德国盟友的身份加入战争的可能,英国参谋长们依然制订了一

系列应急计划以应付这一调动之需。[10] 1919 年以来两次大战期间逐渐演变的调动
计划不可避免地在这一系列应急计划中留下了烙印，但随着欧洲局势的逐渐恶化，
新的应急计划一再被提出以取代已经难以实现的早先版本，直至其本身又因无法
实现被更新的版本取代。对于英国政府而言，残酷的现实是，在两次大战期间长
期坚持裁军政策之后，一旦现实证明该政策失败，那么留给英国政府的选择便极
为有限。战争之初海军部曾假设一旦日本在远东威胁英国利益，那么地中海地区
的防务可由法国接手，从而让皇家海军得以抽出一支强大舰队前往远东。[①] 随着
1940 年 6 月法国沦陷，上述假设化为乌有。大英帝国非但失去了唯一的盟友，而
且拒绝加入盟军的维希法国舰只也应被视为对手，必须被封锁在地中海海域。[11]
法国的沦陷还让日本看到了早日实现其野心的机会，后者对资源富饶的东南亚地
区觊觎已久。1940 年 9 月，日本政府迫使软弱的维希法国政权签署 "共同防御"
法属印支的条约。次年 9 月 23 日[②]，日军进入法属印支地区，从而获得了向北侵
华，或向泰国、马来亚（Malaya）和荷属东印度发动登陆攻击的理想基地。[③]

　　1941 年 8 月，英国首相丘吉尔和美国总统罗斯福在布雷森莎湾（Placentia
Bay）会晤，双方签署了《大西洋宪章》，并讨论了远东地区日趋恶化的局势。
双方同意如果日本不终止侵华战争，那么两国将一同对日本实施原材料禁运，禁
运目录中最重要的当属原油。严酷的禁运令只留给统治日本的军阀势力两个选择：
或是屈从于西方的压力，不甘地放弃自九一八事变以来坚持了 10 年的对华政策；
或是兵戎相见，以武力夺取富饶而防务单薄的南方殖民地。1941 年 6 月，德国入
侵苏联，解除了苏联从北方对日本的威胁，日本遂得以集中力量，执行对华以及
所谓 "南方资源地" 的战争。面对日本的獠牙，1941 年的大部分时间内英国海军

---

① 译注：由于两次大战之间的一些遗留问题，法国海军自最高指挥官达尔朗（Darlan）以下对与皇家海
军合作的热情普遍不高，双方也一直未能达成切实可行的合作方案。

② 译注：此处日期有误。日军首次进入越南境内为 1940 年 9 月 23 日第 5 师团所部跨过中越边境进入越南，
而非 1941 年，且此举在事实上践踏了 22 日维希法国政权与日本刚刚达成的协议。

③ 译注：1940 年 9 月维希法国政权与日本的协议规定，除非双方一致同意，否则日本不能从法属印支
发动进攻。当然，对日本军阀来说，与弱者的协议就是用来撕毁的。

部都希望能向新加坡派遣一支包含战列舰和至少一艘航空母舰的舰队，然而皇家海军当年下半年在地中海战区的惨重损失使得这一希望变得渺茫。在地中海地区，"巴勒姆"号（HMS Barham）战列舰和"皇家方舟"号（HMS Ark Royal）航空母舰在几天之内相继被击沉，[①] 此后战列舰"伊丽莎白女王"号（HMS Queen Elizabeth）和"刚勇"号（HMS Valiant）于同日在埃及亚历山大港（Alexandria）被意大利蛙人布设的水雷重创。[②] 上述损失导致皇家海军短期内仅能派出老旧的航空母舰"鹰"号（HMS Eagle）和同样老旧的战列舰"拉米利斯"号（HMS Ramillies）及其姊妹舰"复仇"号（HMS Revenge）前往远东。[12] 这些老旧舰只组成的舰队显然无力迎战甚至吓阻日本舰队。[13]

然而，海军部的计算没有得到首相兼国防大臣丘吉尔的认同。在首相看来，海军部过高估计了日军的实力。他确信只要派遣一艘现代化的"英王乔治五世"级（King of George V）战列舰前往新加坡，就足以震慑日本的野心。1941 年 10 月的英国内阁会议上，外交部着重提到了日本近来好斗的不祥之兆，也正是在这次会议上，内阁讨论了向远东派遣舰队的必要性。最终，不顾第一海务大臣达德利·庞德（Dudley Pound）的强烈反对，内阁决定派汤姆·菲利普斯（Tom Phillips）上将率领新锐战列舰"威尔士亲王"号（HMS Prince of Wales）、战列巡洋舰"反击"号（HMS Repulse）以及 4 艘担任反潜护航任务的 E 级驱逐舰前往新加坡。鉴于上将刚卸任海军副总参谋长一职，因此他应对远东的战略态势有全盘的认识。本来内阁还计划让新服役不久的"不挠"号（HMS Indomitable）航空母舰加入该舰队，但是该舰当时正在西印度群岛（West Indies）进行适航，根据进度推算最早也只能在 12 月底左右抵达新加坡。11 月 3 日，该舰在驶入牙买加金斯敦港（Kingston Harbour）时意外搁浅受伤，不得不前往位于美国弗吉尼亚州的诺福克（Norfolk）海军船厂接受维修，因此彻底断绝了前往加入菲利普斯编队的希望。无论如何，菲利普斯编队的实力都远远弱于日本联合舰队，该编队的部署也更多出于政治考

---

① 译注：分别为 1941 年 11 月 25 日和 11 月 13 日。
② 译注：1941 年 12 月 19 日。

量，以表达英国保卫其在远东利益的强硬姿态罢了。然而，区区两艘主力舰组成的编队能否威慑蓄谋已久的日本是颇值得怀疑的。

除了威慑日本之外，派遣菲利普斯编队前往远东也许还有捏合远东海域各国海军部队的意图。鉴于各国在远东地区的海军实力都非常单薄，因此如果成功组成联合舰队抱团取暖，或许在面对咄咄逼人的日本时会拥有更高的胜算。远东地区潜在的联军实力包括若干现代化的荷兰巡洋舰①、驱逐舰与潜艇，皇家海军中国基地（China Station）的巡洋舰与驱逐舰，以及美国海军亚洲舰队（Asiatic Fleet）。¹⁴鉴于珍珠港事件爆发前美国社会主流民意始终是严守中立国地位，因此将美国舰只用于保卫某一交战国海军基地的构想显然难以被美国社会接受，若是该基地恰恰又是为了保卫某个殖民地，那就更加为美国民意所厌恶，因此试图说服美国将舰只集中至新加坡的企图毫无成功希望。②然而，就在盟军还在小心翼翼地试图规避民意时，就在政客们还在争论在英国的利益遭到日本攻击的情况下美国是否需要参战时，战争的轮子已经越转越快，留给盟军的时间已经不多了。¹⁵

从菲利普斯舰队出发之时起，英国海军部便一直以焦虑的眼光关注着该编队的命运。在海军部看来，"该编队的未来完全为运气所主宰"。这种悲观情绪并非海军部独有。1941 年 11 月，该编队途经南非开普敦补充燃油时，南非联邦首相、陆军元帅斯马茨（Smuts）登上"威尔士亲王"号与菲利普斯上将会谈。离舰之后，元帅随即致电丘吉尔首相，表达对英美两国海军在太平洋地区分散态势的担忧。元帅在电报中将"两支各自实力远弱于日本海军的舰队无法互相支援"的态势形容为"顶级灾难的序幕"。"威尔士亲王"号和"反击"号于 1941 年 12 月 2 日抵达新加坡。尽管两舰的抵达引起了媒体的广泛关注，但显然日军紧锣密鼓箭在弦上的作战准备没有受到丝毫影响。海军部保护菲利普斯编队的最后努力是向上将本人建议，编队离开新加坡将会更加安全。"反击"号甚至曾

---

① 译注：实际上开战时远东的 3 艘荷兰巡洋舰中，2 艘略显过时，1 艘严重过时。
② 译注：当然，美国亚洲舰队的战略目标之一，就是为了保卫未被完全授予独立的美国前殖民地菲律宾。

于 12 月 5 日出发前往澳大利亚北部的达尔文港（Darwin）。[16] 抵达新加坡之后，"威尔士亲王"号直接进入船坞修复故障，① 菲利普斯上将则于 12 月 4 日飞赴马尼拉，与美国海军亚洲舰队司令官托马斯·哈特（Thomas Hart）上将会谈。据菲利普斯上将本人的描述，会谈气氛"十分友好"。此后在致海军部的电报中，上将乐观地表示，一旦日本发动进攻，英国完全可以寄希望于美国方面给予"毫无保留的合作"。然而，事实证明上将过于乐观，其舰队来得也太迟了。12 月 6 日中午，一架盟军飞机在印度支那西南端附近海域发现一支庞大的日本船队正向西航行，该船队由 38 艘运输船组成，并伴有强大的护航编队。根据这一情况，菲利普斯上将的参谋长帕里瑟（Palliser）少将自行决定召回"反击"号，后者于 12 月 7 日抵达新加坡。也就在这一天，太平洋战争正式爆发。当地时间当天晨 8 时，日本航空兵对停泊在珍珠港锚地内的美国海军太平洋舰队发动了突然袭击，猝不及防的美舰队遭受了惨重的损失，所幸舰队所属的 3 艘航空母舰当时尚未返航。与此同时，日军越过中国大陆与香港边境，对香港发动突袭，并对菲律宾和新加坡进行空袭，继而在泰国和马来亚登陆发动攻击。[17]12 月 8 日，菲利普斯上将正式从莱顿（Layton）中将手中接过了东方舰队（Eastern Fleet）的指挥权。

同日中午 12 时 30 分，菲利普斯上将与参谋长帕里瑟少将、舰队副官贝尔（L H Bell）上校、"威尔士亲王"号舰长利奇（J C Leach）上校以及"反击"号舰长坦南特（W B Tennant）上校开会研究局势。与会者一致认为暹罗湾（Gulf of Siam）的局势最为危险，为掩护在泰国宋卡（Singora）与马来亚哥打巴鲁（Kota Bharu）滩头卸载的大规模船队，日军可能出动由 1 艘战列舰、7 艘巡洋舰和 20 艘驱逐舰组成的庞大护航舰队。当陆军和皇家空军迫于日军的强大压力，正从马来亚北部节节败退时，海军当然不能待在新加坡无所事事。在当时看来，向南中国海方向发动突击的计划尽管面临相当的风险，但是这种风险似乎仍处在

---

① 译注：直至此时，该舰于同年 5 月拦截德国海军"俾斯麦"号（Bismarck）战列舰时所受的损伤仍未完全修复。

可以接受的范围内，且无论如何，在当时形势下，海军的任何行动都必须承担一定的风险。菲利普斯上将乐观地认为："如果有战斗机提供空中掩护，又能达成突袭，两艘英国主力舰有相当的机会粉碎宋卡和哥打巴鲁两地滩头的日军。"与会人员继而决定于12月10日拂晓之后不久发动攻击。[18] 12月9日晚间，面对远东急剧恶化的局势，远在伦敦的丘吉尔首相和战时内阁终于不得不痛苦地承认，此前不顾海军部反对坚持执行的吓阻战术已经彻底破产。菲利普斯编队既不可能实现吓阻日军的目的，亦无法成为联合舰队的核心，而且已经陷入了孤立无援难以挽回的危险局面。首相此后在下院声称他曾希望日本将菲利普斯编队看作一支强大的突袭舰队，[19] 又在战后写道："伦敦方面基本达成这一共识，即菲利普斯编队必须出海，并藏身于东南亚不计其数的岛屿之间。"[20] 无论伦敦方面作何打算，对于菲利普斯编队而言一切都已经无法挽回，舰队已经扮演了突袭舰队的角色，出海觅敌求战。

当地时间12月8日17时35分，菲利普斯上将率领编队出航。除"威尔士亲王"

∧ 1941年12月2日，"威尔士亲王"号抵达新加坡海军基地。照片中右侧前景处的红旗标示该舰舰首应停靠位置。（作者私人收藏）

> 汤姆·菲利普斯上将（右）与参谋长帕里瑟少将在新加坡的合影。（作者私人收藏）

号和"反击"号之外，一同出发的还有3艘英国驱逐舰"伊莱克特拉"号（HMS Electra）、"特快"号（HMS Express）、"武涅多斯"号（HMS Tenedos）以及澳大利亚驱逐舰"吸血鬼"号（HMAS Vampire），番号编号为Z舰队。为规避情报所称的位于刁曼岛（Pulo Tioman Island）以东的雷区，舰队离开新加坡后首先向东绕过阿南巴斯群岛（Anambas Islands）再行北上。参谋长帕里瑟少将并未随舰队一同出发，而是留在新加坡充当舰队与其他方面之间的联络员。9日晨，少将电告菲利普斯上将，鉴于皇家空军在哥打巴鲁的基地已经失守，且英军在北马来亚的抵抗正逐步瓦解，因此原计划于10日在宋卡附近海域为舰队提供战斗机掩护的设想已经无法实现。这直接导致菲利普斯上将此前认为突袭成功所需的两个条件之一——战斗机空中掩护就此宣告不复存在。然而上将不为所动，他认为只要位置未被敌机锁定，舰队就没有理由半途而废。舰队副官贝尔上校事后回忆称，上将认为驱逐舰难以在空袭中逃脱，因此原打算在9—10日午夜时打发驱逐舰先行返航，同时亲率两艘主力舰高速北上，凭借突然性和高速机动达成突袭。尽管上将已经意识到敌航空兵将是舰队最大的威胁，但是根据在大西洋和地中海两年的作战经验，上将认为他所选择的航线已经在敌舰载俯冲轰炸机和鱼雷轰炸机的攻击半径之外，如此一来能对舰队构成威胁的不过是以印度支那为基地的水平轰炸机，且如果舰队能保持突然性，那么日军最多也只能匆忙拼凑一些水平轰炸机，在近乎极限的距离上实施攻击。此前大西洋和地中海海域海空战的结果显示，水平轰炸机对舰攻击的成功率相当低，而"威尔士亲王"号的防空火控系统又恰恰是针对这类攻击而设计的，[①]因此上将认为两艘主力舰有相当的机会全身而退。9日晨6时20分，"吸血鬼"号的瞭望哨发现了一架敌机，但当时的天气对舰队有利。凭借低云高和暴风雨的掩护，舰队成功摆脱了跟踪，继续向宋卡附近海域前进。不幸的是，当日17时之后天气逐渐放晴，很快"威尔士亲王"号的瞭望哨便发现了3架日军侦察机[21]。这一发现意味着菲利普斯认为突袭成功所需的第二个条件——突然性也不复存在。有鉴于此，上将决定放弃突袭计划，先向西航行迷惑对手，待日落后再南下返回新加坡。上将对放弃突袭非常不甘，但"反击"号舰长坦南特上校主动表示这是一个艰难但正确的决定，这多少让上将得到了一些安慰。

转向西的Z舰队上下并不清楚，他们距离日本第7巡洋舰战队[22]的距离已不足24千米。该战队当时正试图与东北方向的战列舰"金刚"号和"榛名"号会合。因此，Z舰队距离发现敌舰实际上只有几分钟的航程。尽管如此，对Z舰队而言最大的威胁还是敌海军航空兵。当天帕里瑟少将继续从新加坡发来不利的消息——敌轰炸机正在印度支那南部不受阻碍地大规模集结，而英军从马来亚北部撤退的消息只能更加令人沮丧。然而，23时35分，菲利普斯上将终于得到了一个可以振奋士气的消息：据情报称日军正在哥打巴鲁以南240千米处的关丹（Kuantan）登陆。接到这一情报后，上将评估了当前形势：Z舰队最后一次被敌机发现时正位于宋卡所在纬度，航向北。如此，敌军很可能不会预料到舰队会趁夜南下，出现在关丹附近海域。鉴于关丹对于马来亚防御体系的重要意义，又考虑到该地距离印度支那超过640千米，且距离返回新加坡的航线

---

① 译注：由于皇家海军航空兵所能获得的飞机性能颇为落后，因此在战前研究舰队防空系统时，皇家海军并未实现俯冲轰炸，自然也无从测试其威力，舰载防空火力因而完全针对防御水平轰炸设计。然而战争很快证明皇家海军战前的设想并不现实。

∧ "反击"号，摄于 1941 年 12 月。（斯蒂夫·布什〔Steve Bush〕从西德尼·古德曼〔Syd Goodman〕处获得）

不远，因此上将认为舰队仍有可能达成对关丹之敌的奇袭，且不会冒太大的风险。当地时间 10 日凌晨 0 时 52 分，上将命令舰队向关丹前进。不幸的是，上将一方面低估了日军航空兵的数量和实力，另一方面出于保持无线电静默的考虑，也没有向新加坡的参谋长帕里瑟少将通告自己的新计划。更严重的是，上将想当然地以为参谋长会根据现有情报推断出自己将突袭关丹，并相应地安排战斗机于凌晨时分前往当地附近海域提供掩护，然而上将和参谋长之间显然还没有默契到如此程度。[23] 10 日早上，一架"海象"式飞机（Walrus）从"威尔士亲王"号上弹射起飞，前往关丹附近索敌。由于前夜情报有误，该机一无所获，并最终在关丹机场降落，在当地报告了舰队的动向。因此直至当日中午 11 时 30 分，新加坡方面才得知 Z 舰队已突袭关丹，提前安排战斗机前往附近海域提供掩护自然更是无从谈起。直到"反击"号发电报称正遭到空袭，皇家空军才匆匆安排战斗机从新加坡出发奔赴战场。

在日本海军看来，对 Z 舰队的攻击无疑是展示其岸基远程航空兵实力的良机。[24] 从建立之日起，该兵种的任务便是根据日军逐步削弱对手，并最终在菲律宾附近海域实施决战的战略假想，在广袤的太平洋上对远道而来的美舰队实施打击，以达到削弱对手实力的战略目的。[25] 对付实力远低于假想敌的 Z 舰队自然不在话下。菲利普斯上将及其参谋显然对日本海军的战斗力一无所知，不知不觉一头撞进了对手的狩猎范围。当然，如果能成功避开日军的侦察，那么 Z 舰队仍有逃脱的可能。然而，尽管 12 月 9 日昼间大部分时间日军的空中侦察为恶劣天气所阻，但是 Z 舰队并未逃脱日军的追踪。13 时 43 分，潜艇伊 –65 号报告 Z 舰队正位于印度支那半岛①最南端的金瓯角（Point Camau）以南约 200 海里处，航向向北。接到这一情报后，负责掩护登陆部队的日军舰队迅速奉命南下准备截击。该舰队核心为战列舰"金刚"号和"榛名"号，此外还包括 6 艘巡洋舰和 13 艘驱逐舰，此前正北上返回金兰湾（Kamranh Bay）。该舰队最终巡航至 Z 舰队东北方向，如前所述，其中第 7 巡洋舰战队距离接敌仅有数分钟航程之遥。

当地时间 9 日 16 时前后，驻扎在西贡（今胡志明市）附近的日本海军第 22 航空战队收到了伊 –65 号发回的情报，该战队立刻派出若干编队飞赴目标海域索敌攻击。该战队下辖 3 个航空队，其中云山航空队和美幌航空队各装备 36 架九六式中型攻击机，鹿屋航空队则装备 36 架更新式的一式陆基攻击机。[26] 九六式中型攻击机作战半径超过 1000 海里，可装备一枚 800 千克的鱼雷或等重量的航空炸弹。一式陆基攻击机当时刚刚进入现役，其作战半径超过 1600 海里，作战载荷与九六式中型攻击机相当。该战队成功地锁定并击沉了 Z 舰队的两艘主力舰，这一成就本身便足以让 1939 年战争爆发以来所有参战国的航空兵自惭形秽。[27] 此外，攻击中日本海军航空兵的水平轰炸机也取得了较高的命中率，这一成绩也是英、德、意三国航空兵在此前战争中难以企及的。"威尔士亲王"号和"反击"号都在被若干枚炸弹与鱼雷命中后沉没，后者的舰长坦南特上校事后承认："敌方攻击无疑堪称完美。"很多幸存者在事后都对日军攻击时的决心和效率印象颇深。攻击中某中队的 9 架飞机排成一条直线，径直飞过目标中轴线上方，并随着领队的信号在约 3000 米高度一齐投弹。日军空射鱼雷则在距离目标 910~1820 米距离上投放，载机投放高度最高达 150 米左右，无论是投弹高度还是投弹时载机速度都明显高于英国同行的标准。

事后看来，面对对手出色的战术水平和精良武器，Z 舰队实际上并无任何可靠的反制手段。舰队在出航之后不久即被对手锁定，且即使敌第 22 航空战队未获成功，该舰队也将被迫与强大的日水面舰队和潜艇交战。当然，由于"不挠"

---

① 译注：即中南半岛。

号的缺席，Z舰队未能获得空中掩护。毫无疑问，该舰的存在可以让菲利普斯上将获得更大的战术灵活性，上将甚至可能富有想象力地将舰队置于马来亚西北沿海，让"不挠"号的攻击机群飞越克拉地峡（Kra Isthmus）攻击正在暹罗湾内卸载的日军部队和补给。"不挠"号搭载的827和831舰载机中队装备"大青花鱼"式（Albacore）鱼雷轰炸机，拥有在夜间发动攻击的能力，在面对处于停车状态的日军运输船时取得战果的希望颇大。两艘主力舰则可承担掩护和支援任务。如此，Z舰队与日军水面舰艇或潜艇发生遭遇战的概率也会极大降低。然而，参考这一时期皇家海军在地中海作战的战例，菲利普斯上将更可能让航空母舰支援主力舰对敌军的突袭，这就会把"不挠"号置于主力舰左近，从而极大地限制该舰的战术作用。"不挠"号上装备"海飓风"式战斗机（Sea Hurricane）的880中队和装备"管鼻燕"式战斗机（Fulmars）的800中队在空战中可能阻止日军轰炸机的多次攻击。同时，鉴于日军轰炸机普遍结构不够坚固，且在油箱或乘员附近没有设置防护，因此在中弹后通常容易起火坠落，其中一式陆基攻击机在战争中很快便在其机组中赢得了"打火机"的"美名"，因此，即使性能差一些的战斗机在面对日军轰炸机时也可能获得不错的战果。当然，舰载战斗机未必能击退所有的日军攻击，但是它们很可能保住至少一艘主力舰。

1941年12月10日，"威尔士亲王"号和"反击"号沉没之后，香港和新

∧ 日本海军航空兵三菱96式中型轰炸机，图中这架轰炸机装备了一枚鱼雷。该机的盟军代号为"内尔"（Nell）。（作者私人收藏）

∧ "特快"号驱逐舰正在从沉没中的"威尔士亲王"号上转移幸存者。(作者私人收藏)

∧ 坦南特上校和另一名获救的幸存者。摄于搭救两人的驱逐舰。(作者私人收藏)

加坡的海军基地也先后落入敌手。[①] 由此，皇家海军实际上已经被逐出太平洋海域，此后只能专注于集结东方舰队保卫印度洋。1942 年 3 月，杰姆斯·萨默维尔（James Somerville）海军上将在阿杜环礁（Addu Atoll，位于马尔代夫）完成了新的东方舰队的首次集结，该舰队最初的成员包括新锐舰队航空母舰"不挠"号和"可畏"号以及老旧的航空母舰"竞技神"号（HMS Hermes），此外还包括 5 艘战列舰以及若干巡洋舰和驱逐舰。3 艘航空母舰载机共搭载 39 架战斗机和 57 架攻击机。当年 4 月，日本海军主力突入印度洋，意图消灭东方舰队及其设于科伦坡（Colombo）的主基地。日军舰队以 5 艘舰队航空母舰"赤城"号、"苍龙"号、"飞龙"号、"翔鹤"号和"瑞鹤"号为核心，共搭载超过 300 架现代化舰载机，此前已经在对珍珠港和澳大利亚达尔文港的空袭[②]中取得了辉煌的战果。面对来势汹汹的日军，萨默维尔上将只能依靠锡兰（Ceylon，斯里兰卡旧称）的少数皇家空军以及加拿大皇家空军的"卡塔琳娜"式（Catalina）水上飞机执行侦察，且鉴于东方舰队较弱的实力，上将仅能指望"大青花鱼"式舰载鱼雷轰炸机的夜间攻击能有所斩获。4 月 4 日，一架"卡塔琳娜"式水上飞机发现了日本舰队，萨默维尔遂率领舰队出海试图拦截对手，但并未找到日军。鉴于东方舰队不但舰只数量较少，且舰载机的数量也不如对手，因此对该舰队而言，未能接敌反而意味着侥幸逃脱了被单方面屠杀的命运。4 月 5 日，日军对科伦坡发动了空袭，但令日军失望的是，日军舰载机并未在当地发现多少船只。与此前对达尔文港的空袭相比，此次攻击的战果微不足道，值得一提的仅有击沉了正试图与东方舰队主力会合的巡洋舰"多塞特郡"号（HMS Dorsetshire）和"克伦威尔"号（HMS Cornwall）。4 月 8 日，萨默维尔率舰队返回阿杜环礁，同时派遣"竞技神"号返回亭可马里（Trincomalee）接受整修。4 月 9 日，一直未能找到对手的日本舰队重返锡兰，对亭可马里发动空袭。日军在港内几乎没有发现有价值的目标，但"竞技神"号不幸被发现，进而被击沉。该舰也是整场战争中唯一一艘被飞机击沉的英国航空母舰。当时该舰未搭载任何舰载机，因此

---

① 译注：香港于 1941 年 12 月 25 日、新加坡于 1942 年 2 月 15 日先后投降。

② 译注：1942 年 2 月 19 日。

与"威尔士亲王"号、"反击"号一样，只能指望皇家空军的岸基战斗机提供掩护。这一次皇家空军再次姗姗来迟。[1]在取得了相对有限的战果后，日本舰队离开了印度洋，遂行下一阶段作战——占领近6000海里之外的中途岛。此后，在太平洋上对抗日本的任务就落在了美国海军肩上。后者尽管在珍珠港损失惨重，但其航空母舰实力并未受损。

基于对日本战争潜力的估算，英国政府认为日本如不能在1942年赢得战争，那么便无法避免失败的最终结局。根据这一推断，英国政府预计日本将在当年晚些时候继续发动一场大规模攻势，以此迫使英美两国退出战争。[28]因此当年以锡兰为基地的东方舰队仍获得了英国政府的极大关注。1942年夏，美国海军在围绕所罗门群岛瓜达尔卡纳岛的争夺战中损失惨重，因此向英国提出了派遣英国航空母舰增援美太平洋舰队的要求。这一要求被英国政府拒绝。当年8月，为了向危在旦夕的马耳他守军输送补给，皇家海军组织发动"基座"作战，重兵掩护船队前往马耳他。尽管损失惨重，但此次补给仍获得了成功。1942年11月，盟军在北非登陆，皇家海军在地中海的态势得到了极大的改善。在此背景下，美国海军作战部长欧内斯特·金（Admiral King）海军上将再次提出派遣英国航空母舰到太平洋作战的要求。这一次，英国海军部同意派遣"胜利"号（HMS Victorious）航空母舰满足这一要求。该舰从而可以与正在就空中突击这一全新战争模式进行摸索的美国海军并肩作战，获得关于这种新战争模式的第一手经验。

"胜利"号于1942年11月23日从格林诺克（Greenock）出发，搭载40架"欧洲燕"式（Martlet）[29]战斗机以及在太平洋地区长期作战所必需的备件。该舰于同年12月31日抵达弗吉尼亚州的诺福克海军船厂，随即入坞接受改装。除加装美国海军制式通信和雷达设备外，该舰还喷涂了美国海军的蓝色涂装。全体船员则配发了美式作训服，军官为卡其军装，水兵为蓝色衬衫和牛仔裤。这一军装在官兵中广受欢迎，以至舰长亲自向海军部建议采用类似军装。皇家海军对这一搭配做出改进，由此设计完成的新款作训服于1945年成为海军的标准

---

① 译注：鉴于远东皇家空军装备较为落后，因此即使战斗机及时赶到，也未见得能影响战斗结果。

配置。直至 2010 年，皇家海军的作训服仍是基于这一设计，60 多年间仅对其进行过微小的改动。[30] 此外，由于该舰在太平洋作战期间将使用美式联络信号和密码，因此美国海军还派出一支规模为 35 人的联络团队进驻该舰，其领队为中校军衔，成员包括无线电操作员和密码专家。[31] 联络团队中还包括一名着舰信号官，负责向机组成员传授美式甲板降落命令以及飞行甲板运作流程。[32] 最终，"胜利"号于 1943 年 2 月离开诺福克船厂，其舰载机群包括共装备 36 架"欧洲燕"式战斗机的 882、896、898 中队，以及装备格鲁曼 TBF"复仇者"式（Avengers）[33] 鱼雷轰炸机的 832 中队，其中 832 中队的装备由美方提供。所有舰载机均涂装美国海军的星状标识，但皇家海军和美国海军的若干种涂装均被采用。"胜利"号于 1943 年 2 月 14 日穿过巴拿马运河，并在巴尔博亚（Balboa）补充燃油，随后在美国驱逐舰"贝奇"号（Bache）、"康弗斯"号（Converse）和"普林格"号（Pringle）的护航下奔赴太平洋战场。

2 月 21 日，舰上突然爆发白喉，由于事先未做准备，储备的药物迅速消耗殆尽。美国海军紧急派出一架 PB4Y"解放者"式（Liberator）[①]轰炸机空投药物。装有药物的包裹被投掷在"胜利"号附近，由后者派出的救生艇捞起。在从美国本土前往太平洋的航程中，搭载的"欧洲燕"式战斗机和"复仇者"式轰炸机分别进行了 184 次和 60 次起降，其中发现了很多和"复仇者"式有关的问题：首先，该机型的着陆钩针对较细的美制阻拦索设计，因此在面对较粗的英制阻拦索时很容易脱钩；其次，英制阻拦索的设计不利于舰载机以偏离甲板中轴线的角度着陆，因此一旦着舰时未能钩住 1、2 或 3 号阻拦索，甲板操作人员就很可能需要升起阻拦网拦住飞机，而这很可能导致飞机受损；最后，由于"胜利"号在设计时仅考虑了英制舰载机的指标，该舰的固定起重机和昵称"大家伙"的移动式起重机均无法提升满载燃油的"复仇者"式鱼雷轰炸机。

"胜利"号于 1943 年 3 月 4 日抵达珍珠港，美国海军太平洋战区总指挥官切斯特·尼米兹（Chester W Nimitz）上将亲自访问了该舰。在停留期间，工程

---

① 译注：PB4Y 即美国陆航 B-24 轰炸机的海军版本。

人员对"胜利"号的阻拦索进行了改造,以适应"复仇者"式轰炸机的起降需要。同时,该舰还暂时卸载了"复仇者"式轰炸机,以便对后者的着落钩结构进行改造。尽管如此,短时期内"复仇者"式仍不能顺利地在舰上起降。4月25日,一架该型飞机在着舰时坠毁,由此引发的火灾导致"胜利"号被迫进入珍珠港海军船厂接受修理。修理完成并彻查隐患之后,"胜利"号于5月8日离开夏威夷,9日后在努美阿(Noumea)附近加入由美国海军拉姆塞(D W C Ramsey)少将指挥的第1航空母舰战队(CARDIV1),该部旗舰为"萨拉托加"号(Saratoga)航空母舰。此时两舰便是美国海军太平洋舰队仅有的两艘正常运作的快速航空母舰。第1航空母舰战队当时隶属第14特混舰队,该舰队还下辖战列舰"北卡罗来纳"号(North Carolina)、"马萨诸塞"号(Massachusetts)和"印第安纳"号(Indiana)。加入次日,第14特混舰队便出发寻找日军舰队,期间"胜利"号的舰载机承担了反潜巡逻和空中战斗巡逻任务。此前在大西洋和地中海的战斗中,"胜利"号的战斗机引导团队积累了丰富的实战经验,他们也将自己总结得出的作战流程详情传授给了美国同行,其中很多都在日后被美国海军采纳。5月24日,特混舰队返回努美阿,"胜利"号接受了美国海军提供的6架F4F-4型"野猫"战斗机,用以取代此前在降落中意外损失的6架"欧洲燕"式战斗机。此外该舰还趁机补充了给养,包括于5月末接收的朗姆酒,后者由澳大利亚皇家海军提供。6月初,"胜利"号和"萨拉托加"号一同出海进行训练,项目包括交换载机科目:6架"复仇者"式与12架"欧洲燕"式从"胜利"号上起飞,与来自"萨拉托加"号的4架"野猫"式、8架"复仇者"式和6架"无畏"式(Dautless)轰炸机交换。这一尝试非常成功,未发生任何意外。

　　在努美阿停留期间,第1航空母舰战队更名为第36.3特混大队(TG36.3)。该战斗群于6月27日出航,参与掩护美军在所罗门群岛(Solomon Islands)新佐治亚(New Georgia)的登陆作战。鉴于"胜利"号的战斗机引导团队作战经验更为丰富,此次作战中该舰搭载了60架"欧洲燕"式和"野猫"式战斗机,而装备"复仇者"式的832中队则临时转入"萨拉托加"号的第3舰载机大队(CVG3)。战斗群负责警戒的海域为东经157°—162°、南纬12°—16°,舰载机的搜索半径为200海里。7月12日,"胜利"号在海上接受了美国海军"西马仑阿"

号（Cimarron）和"卡斯卡斯基亚人"号（Kaskaskia）油轮的补给，共计补充了3270吨锅炉燃油、约137669升航空煤油、约2841升润滑油，以及约91升冰激凌。7月20日，该舰报称储备的土豆即将消耗殆尽，于是"萨拉托加"号派出一架"复仇者"号送来了约363千克土豆粉。随机一同登舰的还有"萨拉托加"号的一名食堂管理长，此人负责向"胜利"号上的英国炊事员们演示如何用土豆粉和水制成4吨上好的土豆泥。此次飞行任务被船员们戏称为"马铃薯特快"。

"胜利"号于7月25日返回努美阿，共连续出海航行28天，就当时而言，这一数字已经是英国航空母舰的最高纪录，且自航海时代以来，如此长时间的出海在皇家海军中也实属鲜见。此次出海"胜利"号并未与日军交手，但在过程中该舰所展示出的作战潜力还是赢得了美国同行的尊重。28天中，该舰航程总计12233海里，平均速度18.1节，总里程甚至超出了该舰服役最初两年的月平均总航程（4905海里）。其舰载机群共完成614次起降，事故率之低也创下了当时皇家海军所有航空母舰的纪录。7月31日，该舰从努美阿出发返回美国本土，除隶属该舰的官兵外，该舰还搭载了3名日本战俘和57名第3舰载机大队飞行员，这些飞行员已经完成前线作战期限。由美国海军抽调该舰的舰载机被留在努美阿作为第3舰载机大队的备用机。返航期间，"胜利"号的舰载机共执行了165次反潜巡逻，未发生任何事故。8月26日该舰穿过巴拿马运河，9月1日抵达诺福克海军船厂拆除此前加装的美式装备。9月26日，该舰返回英国克莱德（Clyde），其剩余舰载机前往皇家海军阿布罗斯航空基地（RNAS Arbroath），自身则前往利物浦接受改装。皇家海军此次的太平洋作战就此告终，直至一年多后，包括"胜利"号在内的英国航空母舰才会再次在太平洋战场登场。

在"胜利"号返回英国之后，英国政府否决了短期内再次直接支援美国海军在太平洋海域作战的可能。不过此时三军总参谋长会议已经在考虑击败德国后对日作战的最佳方案。1943年8月，在魁北克召开的"象限仪"（Quadrant）会议上，盟军领导人一致同意在继续坚持"德国优先"政策的基础上，太平洋战区的优先级应得到提高。尽管如此，当年大部分时间内丘吉尔及英国三军总参谋长会议都在激烈地争论执行这一共识的最佳方式。丘吉尔希望尽早收复缅甸、马来亚和石油资源丰饶的苏门答腊岛（Sumatra，荷属东印度殖民地的一部

∧ 暂时隶属美国海军太平洋舰队第 36.3 特混大队的"胜利"号正准备通过并舷输油法在航行中从"西马仑阿"号接受燃油补给。照片摄于 1943 年 7 月 12 日。图中可见"胜利"号的舰载机采用了不同的迷彩涂装，但所有舰载机均在机翼和机身上喷涂了美式星状标识。（作者私人收藏）

分），由此洗刷 1941—1942 年间惨败的耻辱。[34] 三军总参谋长承认收复缅甸有助于打通滇缅路，实现美国方面直接通过陆运支援中国军队的构想，但也指出在印度洋沿岸作战无论如何距离日本的心脏——东京过于遥远，不利于战后宣称英国在击败日本的过程中处于主战场上。与此相反，如果英国能派出一支舰队与美国太平洋舰队并肩作战则有若干优点：首先，从人力和补给的角度来看，维持这支舰队比从欧洲运送一支庞大的陆军及其装备前往远东并维持其作战补给更为经济；其次，舰队可以及时出现在日本投降的仪式上，这在战后会被认为是在对日作战中做出直接贡献的明确证据。如果战后英国还希望以强权的姿态出现在太平洋地区，那么对日作战做出直接贡献这一表现就尤为重要。正如当初派遣"威尔士亲王"号和"反击"号前往远东时的意图一样，有充分的政治考量支持派遣舰队前往太平洋。当然，这一次派出的舰队必须强大和均衡得多，足以独立应对各种威胁，同时作为盟军与美国海军并肩作战，此时后者已经被普遍认为拥有世界上实力最强、作战效率最高的海军。

1943 年下半年，美军在南太平洋战场的推进节奏明显加快，与此同时，美国海军太平洋舰队也在中太平洋方向集聚实力。种种迹象表明，如果英国仍期望在对日本的直接攻击中扮演一个主要角色，那么英国政府就必须迅速做出决定。因此在"象限仪"会议之后，在太平洋地区的作战规划就成了英国政府关注的焦点。尽管如此，丘吉尔首相和三军总参谋长会议之间激烈的争论仍然贯穿了 1944 年上半年，时间也在这一过程中无情地流逝。然而这种争论显然不能一直拖延下去。1944 年 9 月，在魁北克举行的"八边形"（Octagon）会议上，美军在太平洋战场高歌猛进的现实①迫使英国政府必须立刻就太平洋战场的作战规划做出决定，这一次，固执的丘吉尔终于让步。英国政府在会议上提出于年底前派遣一支包括至少 4 艘舰队航空母舰、结构均衡的舰队前往太平洋参战。美国总统罗斯福欣然接受这一建议 [35]，但是美国海军作战部长金上将对此却不以为然——1944 年，上将早已将太平洋视为美国独占的舞台。尽管丘吉尔本人和金上将都兴味索然，

∧ 作战间隙，从"胜利"号飞控战位拍摄的美国海军"萨拉托加"号航空母舰。（作者私人收藏）

---

① 译注：当年 6 月，美军首先登陆攻击马里亚纳群岛中的塞班岛（Saipan），日本海军被迫应战。在当月 19—20 日爆发的菲律宾海海战中，美国海军获得了决定性的胜利，几乎消灭了日本海军舰载航空兵部队，进而完成了对马里亚纳群岛的占领，突破日本所谓的"绝对防御圈"，由此直接威胁日本本土。马里亚纳群岛的易手直接导致了日本东条内阁下台。

但会议结束两个月后，英美两国政府还是就英国派遣以航空母舰为核心的特混舰队前往太平洋作战一事正式在原则上达成一致。当然，此时盟军内部美国已经是当仁不让的主角，这在太平洋战场上尤为明显。无可争议的实力优势使得在这一战场上盟军各国只能相当程度地依赖美国的力量，实力上的差距使得盟军在决策过程中终于达成了一定的和谐，这恰恰是此前太平洋战场上盟军所缺乏的。

自承诺派遣舰队前往中太平洋方向作战之后，英国方面的下一步动作便是精打细算地筹划舰队的规模。此前的战争已经对英国国力造成了极大的消耗，尤其是在后勤补给、航运和人力资源等方面。因此英国不得不依靠各自治领的大力协助，才能组建维持舰队长期作战不可或缺的主基地和工业后盾。美军在太平洋上的高歌猛进于 1945 年进攻硫磺岛（Iwo Jima）时达到了顶峰，这也意味着皇家海军太平洋舰队的实际作战区域与其主基地之间的距离将大大超出此前预期，甚至迟至 1944 年中的想定都已经显得过时。丘吉尔首相本人此前对在太平洋方向投入舰队的反对态度造成了深远的影响，营建基地的宝贵时间就在首相与三军总参谋长会议之间的争论中流逝。由于皇家海军太平洋舰队最快也只能赶上对冲绳代号为"冰山"的战役，因此及时完成基地建设并建立通畅补给线的问题愈发严重。

按照传统，皇家海军习惯于依赖遍布全球的基地组成的后勤骨干网络维持对舰队的后勤补给，这些基地不仅用于补充燃油弹药、储备大量诸多种类的备件，还配有精密的车间以及用于安置水兵的营房。鉴于基地还负责对战舰进行整修，并作为水兵的中转站，因此安置水兵的营房不可或缺。在很多基地以及舰队的集结锚地，例如波特兰（Portland）和斯卡帕湾（Scapa Flow），皇家海军还修建了规模庞大的储油设施。与陆军和皇家空军不同，海军部雇用了大量平民职员，分配在其补给系统不同分支中工作，以维持该系统的正常运转。每一分支分别负责不同领域，包括燃油、武器、船只、食物以及航空补给[36]。补给系统还包括两支民用船队，即皇家海军辅助舰队（Royal Fleet Auxiliary，简称 RFA）和港口辅助船队（Port Auxiliary Service，简称 PAS）。前者负责在基地之间运输燃油和其他补给，其实质是由海军部拥有并运行的航运集团；后者则负责在船坞和海军基地运作支援性船只，例如辅助舰只机动的拖轮，以及转运弹药、补给、燃油和淡水的驳船。1908 年，皇家海军辅助舰队的一艘油船曾示范过在航行中对战舰进行补给的操作[37]，但当时认为这一技术并无太大必要，因此未被推广。在 20 世纪初，战舰通常拥有足够的作战半径以完成某一特定作战目标，并返回基地补充燃油。到 1940 年，皇家海军拥有一系列海外海军基地，包括百慕大（Bermuda）、直布罗陀（Gibraltar）、马耳他（Malta）、亚历山大、亚丁（Aden）、巴林（Bahrain）、亭可马里、新加坡、香港。此外，皇家海军还可以充分使用各自治领海军基地，包括埃斯奎莫尔特（Esquimalt，加拿大）、哈利法克斯（Halifax，加拿大）、西蒙斯顿（Simonstown，南非）、德班（Durban，南非）、孟买（Bombay）、悉尼、弗里曼特尔和奥克兰。

随着战舰的演变和精密化，维持舰只长期作战所需的备件种类也急剧增加，这使得向所有基地运送所有种类备件的代价异常高昂，且存在相当程度的重复浪费。在 1935 年阿比西尼亚危机（Abyssinian Crisis）期间，建立"前进基地"支援部署在某一海域的舰队的构想开始浮现。当时国联对意大利实施了禁运，但皇家海军是国联内部唯一有能力代表国联维持禁运的军队。[38] 为此，皇家海军在亚历山大港部署了一支加强舰队。鉴于该舰队距离马耳他基地太远，以当时的条件，除非进行长距离运输或接受部分舰只长期不在岗的代价，否则难以维持对其有效的补给。有鉴于此，皇家海军开始集中研究将人员和物资向前进基地输送这一课题。1936 年海军部组建了一个委员会，专门负责研究在远离其主基地条件下维持舰队作战的最佳方法。[39] 该委员会的最终结论是应大量使用海上补给船队完成后勤补给任务，该船队应包括补给船只、维护保养船只和维修船只，停泊在避开风浪且有一定防御设施的锚地而非与舰队一同航行。上述锚地应较主基地接近战场。委员会调研报告最终于 1939 年完成，该报告显然和在广袤的太平洋战场作战有着密切的关系。但直至 1941 年日本发动太平洋战争，英国在太平洋海域都没有建立起相应的基地，且也没有为此采取什么行动。直至 1942 年海军部下令将 5 艘邮轮改装为重型修理船只，以及 1943 年重返太平洋作战的计划进入细节规划，海军部才提出一份海上补给船队所需船只的列表。然而海军部很快便发现，鉴于在大西洋反潜战中商船的惨重损失，在当时很难找到足够的商船可供改装组建海上补给船队之需。此外油轮也不在这份列表中，因为原计划中日后将直接从民用船队中抽调油轮，在此情况下海军部自然也只能看菜下饭。

1937 年《因斯基普法案》裁定，舰船上搭载的飞机的行政管辖权应归还海军部。[40] 这一变更导致上述委员会的研究对象再次扩大。至 1939 年，皇家空军已经建立起一系列海军航空兵基地和机场，用于满足航空兵部队补给、深层保养和维修之需。[41] 但在阿比尼西亚危机中，航空母舰"光荣"号（Glorious）在东地中海海域运作的实践表明，单纯依赖岸上基地支持航空母舰运作的方式仍有不少缺陷。该舰的经验显示，每次出击中，平均有高达 10% 的舰载机在首次着舰过程中受损，且损坏程度超出舰上设施的维修范围。上述情况下这些舰载机甚至还没有担任作战任务。此外，若舰载机密集执行作战任务，那么还将会有约 20% 需要大修，且舰载设施同样无法完成这种级别的修理。即使对舰载机数量较多的战前航空母舰，例如"光荣"号（额定载机 48 架）和"皇家方舟"号（额定载机 60 架）而言，这一比例也将严重影响航空母舰的战斗力，对于载机只有 36 架的"光辉"级装甲航空母舰而言问题就更加严重。假定三分之一的舰载机严重受损无法维修或亟须大修，那么维持航空母舰的长期运作就需要大量的后勤支持和后备机。幸运的是，装甲航空母舰这一构想的提出者也提供了后勤问题的解决方案。火炮专业出身的雷金纳德·亨德森（Reginald Henderson）海军上将素以富有想象力闻名。一战期间，上将在海军参谋部门任职，对改进反潜战术以及引入船队这一措施以降低潜艇威胁贡献颇多。此后他曾担任航空母舰"暴怒"号（HMS Furious）的舰长，并于 1933 年升任皇家海军首位航空母舰少将。他还设计了多艘航空母舰协同作战以及夜间攻击的战术，且较美国海军及日本海军同期的同类战术更为先进。考虑到当时皇家海军航空兵还在遭受来自皇家空军的不利影响，上将对海军航空兵攻击战术的执着就更加难能可贵。皇家空军在战争期间一直鼓吹英国应全力发展岸基轰炸机，其他所有机种和航空兵种均无足轻重，因此海军航空兵也受到了影响。亨德森上将还是俯冲轰炸战术的坚定支持者，这同样也意味着上将与皇家空军的针锋相对，后者认为俯冲轰炸在技术上对飞机并无特殊要求。1934 年上将出任第三海务大臣兼海军军需长，负责新舰只规划。在此期间，他与负责航空母舰设计的海军建造总监助理（ADNC）福布斯（W A D Forbes）密切合作，大力推进装甲航空母舰的发展。上将希望在北海或地中海作战时，这种航空母舰能经受住岸基轰炸机的考验。与此同时，上将还坚持对另一新型航空母舰的开发，该种航空母舰应用于向舰队航空母舰提供后勤支援，其角色类似于对相应舰种单位提供支援的潜艇/驱逐舰供应舰。这一构想的产物便是维护航空母舰"独角兽"号（HMS Unicorn）。[42] 上将富有远见地提出，该舰种需要同时具有航空母舰作战所需的一切设施，在必要时可以为舰队提供备用飞行甲板。1939 年 3 月，韩德森上将因病辞职，两个月后病逝。此前 5 年的超负荷工作对上将的健康造成了严重影响。

两次大战期间，英国海军航空兵的发展严重受阻于此前蹩脚的政治安排。这不仅影响了英国太平洋舰队的运作，也影响了初期美国海军对英国指挥及控制体系的看法。笔者认为在此有必要简述英美太平洋舰队的区别。1918—1939 年 5 月间，皇家海军舰船上搭载的飞机以及相应的机组和地勤人员都受前述"双重控制"机制管辖，直至因斯基普爵士规定的移交完成。1924 年达成的《特伦查德/凯斯协定》（Trenchard/Keyes Agreement）中指出，从"独立"的空军部队调入的机组成员不具备一些关键的海军基础技能，例如海军信号通信和舰只识别。此后，占飞行员总数 70% 的观测员和通信兵/射手由海军负责提供。尽管如此，飞行员仍由皇家空军负责训练，且军官被授予空军和海军双重军衔。[43] 对于低级军官而言，空军方面的报告通常会阻碍他们在海军中的晋升，因此年轻军官在志愿报名申请飞行相关岗位时，通常会遭到上级以此为由的劝阻。这种劝阻当然不是出于对航空的盲目敌视，毕竟在两次大战期间皇家海军一直在研究如何充分发掘航空兵的战争潜力。然而海军的热情却屡屡为皇家空军的保守态度所阻碍，后者仅对鼓吹战略轰炸有兴趣。由于皇家海军只能从皇家空军那里得到有关航空兵的建议，且海军航空兵中观测员与飞行员都由空军负责训练，因此空军的观点曾一度在海军中占据上风。但到 20 世纪 30 年代，皇家海军终于有意识摆脱空军思维的束缚，转而追求适合自身的航空兵战术。幸运的是，因斯基普爵士及时认识到了这一需要。

起初，赋予航空母舰舰载机的任务包括搜索并跟踪敌舰队，发射鱼雷攻击在外海或在港内的敌舰，为己方舰队及航空作战提供战斗机掩护，以及为战列舰主炮进行校射，通过无线电发回对火控解算的修正参数，帮助战列舰实现对地平线以下目标的命中。皇家空军认为航空母舰搭载的舰载机永远无法承担战略空袭任务，因此一定逊色于能执行这一任务的岸基轰炸机。受这一观念影响，空军只将那些性能较差、能承担多种角色的飞机供给海军，并认为海军航空兵不会面对与岸基军机对抗的情况。当然，战争的现实很快打碎了这种幻想。从战争第一天开始，本土舰队就在与德国空军作战，且在空战中处于下风。皇家海军在二战中的首个空战击落战绩由 803 中队的一架布莱克本"贼鸥"式战斗轰炸机（Blackburn Skua）于 1939 年 9 月获得，[①] 该中队当时隶属"皇家方舟"号。很快，战争实践就说明在高度机动的战争条件下，舰载机可能是对抗敌机的唯一方式，此外，还必须针对舰载机设计合适的战术，在北起挪威，南至地中海的广袤战场上，实现对岸上和海上战略目标的攻击。事实上，对皇家海军而言，整场战争中，舰载机仅在少数战例中承担了最初赋予它们的任务，这些战例包括普拉特河口之战（Battle of the River Plate）和马塔潘恩海战（Battle of Matapan）[②]，此外，在围歼"俾斯麦"号战列舰的战斗中，从"胜利"号和"皇家方舟"号起飞的"剑鱼"式鱼雷机对"俾斯麦"号展开搜索并继而发起攻击。在一定程度上，此次作战中舰载机所执行的也是战前赋予的任务。

1940 年，英国政府组建了飞机生产部（Ministry of Aircraft Production）。不幸的是。由于并不真正理解皇家海军对军机及其引擎性能指标的要求，该部的建立实际上反而阻碍了皇家海军航空兵的发展。[44] 该部成立后，英国的航空工业设计力量集中于满足皇家空军的需要，至于纯海军项目，例如"梭鱼"式舰载轰炸

---

　　①译注：1939 年 9 月 26 日，德国空军第 506 联队第 1 中队第 2 小队所属的多尼尔 18（Do.18）式大型水上飞机在北海海域发现了"皇家方舟"号编队，该部当时正在执行救援"四鳍旗鱼"号（Spearfish）潜艇，后者 9 月 24 日在荷斯礁（Horns Reef）附近遭遇德国海军反潜舰艇攻击并被重创，无法下潜，遂于 25 日凌晨发电求援。发现该编队后，第 506 联队第 2 中队一方面继续保持跟踪，一方面引导德国空军第 30 联队第 1 中队的轰炸机攻击"皇家方舟"号。"皇家方舟"号搭载的第 800 中队和第 803 中队（均装备"贼鸥"式）对德军水上飞机展开了攻击，但却漏过了随后而来的德国轰炸机。由于"皇家方舟"号当时未装备雷达，因此直至德国轰炸机展开俯冲前，该舰均未发现敌机。战斗中，由皇家海军麦克温（McEwen）上尉驾驶的"贼鸥"式——炮手为西摩尔（Seymour）军士——击落了一架多尼尔 18 式，但是德国轰炸机也对"皇家方舟"号取得两次近失，不过该舰受损轻微。
　　②译注：普拉特河口之战中，"阿贾克斯"号（HMS Ajax）轻巡洋舰派出搭载的水上飞机执行校射任务。马塔潘恩海战中，参战的皇家海军"可畏"号航空母舰拂晓即派出飞机执行侦察任务。双方前哨巡洋舰接战后，"可畏"号又派出鱼雷轰炸机攻击敌舰，并在意大利舰队撤退之后继续派出飞机侦察。当天下午的战斗中，"可畏"号舰载机发射的鱼雷命中了意大利战列舰"维内托"号（Vittorio Veneto）。"厌战"号（HMS Warspite）战列舰则在参战前派出水上飞机执行观测和校射任务。

机和"萤火虫"式（Firefly）舰载战斗机的研发则被延后。1942 年底，盟军转入战略进攻，连续在北非、萨莱诺（Salerno）和法国南部实施登陆作战，①舰载战斗机提供的空中掩护在这一系列战斗中发挥了非常重要的作用。1944 年 6 月的诺曼底登陆战则是个例外，此战中战场与盟军基地距离较近，因此盟军使用岸基飞机便足以提供空中掩护。幸运的是，从 1941 年起，皇家海军通过租借法案获得了越来越多的舰载机。美国海军航空兵则从未受类似皇家海军的"双重控制"之苦，从而发展出了一系列适宜执行突击任务的舰载机，其共同特点是结构坚实、性能出众，较同时期的皇家海军同类机型出色许多。困境中的皇家海军只能使用可以从英美两国得到的一切资源组建自己的航空兵，但这不可避免地意味着皇家海军机队中包含很多种不同机型，进而使得供应备件、维护保养乃至训练机组与操作飞机的复杂程度大大增加。美制飞机采用与英制飞机不同的螺纹、螺母尺寸和绝缘套管，因此地勤机械师需要配备相应的工具箱。维护单位通常配备与英制飞机或美制飞机配套的装备，但几乎不会同时配备两套装备以便为两国产品提供服务。雪上加霜的是，在皇家空军中服役的美制飞机通常将很多原有设备更换为英国制式装备，例如无线电台和瞄准具，这导致改装后的美制飞机几乎无法与原版美制飞机互相更换零件。至 1944 年，皇家海军航空母舰的作战性能较此前大大增强，并在挪威、爱琴海和印度洋对陆上和海上的目标发动战术性空袭。在这些战例中，航空母舰的舰载机群通常是盟军在当地执行空袭的唯一选择。

　　1942 年海军部已经接受了关于海军火力投射能力的新思想，即构成这一能力的核心力量来源于航空母舰及其载机。有鉴于此，建造新战列舰和巡洋舰的计划被搁置，45 取而代之的是舰队航空母舰和轻型舰队航空母舰的大批订单。46 其中仅有 4 艘轻型舰队航空母舰在对日作战胜利之前不久抵达太平洋战场，它们组成了第 11 航空母舰中队。虽然规模有限，但该中队的组建以及维持其作战所需仍对皇家海军太平洋舰队的后勤计划造成了巨大的影响。此外，自 1942 年起，皇家海军招募飞行员和观测员的数目有所增加。为实施流水线式的训练以加快

---

① 译注：分别是 1942 年 11 月、1943 年 9 月和 1944 年 8 月。

训练速度，皇家海军将训练项目分散在本土和自治领进行，例如飞行员基础训练在加拿大进行，观测员基础训练在特立尼达（Trinidad）进行，而作战训练则在英国本土、锡兰和澳大利亚进行。

两次大战期间，美国国内也不乏建立独立空军军种的鼓吹者，其中最具代表性的就是"比利"·米切尔（'Billy'Mitchell）准将。准将公开指控海陆两军"在承担国防任务时表现无能，犯有过失犯罪，乃至叛国的罪行"。[47] 为此准将被送上了军事法庭，并从此逐渐淡出有关航空兵的辩论。尽管如此，准将的激进言论仍直接导致柯立芝（Coolidge）总统组建了以著名律师德怀特·莫罗（Dwight D Morrow）为首的总统航空委员会（Presidential Aircraft Committee，该委员会也被俗称为"莫罗委员会"），专门研究发展航空兵的最佳方法。[48] 委员会的建议中，最突出的一点是仅海军飞行员出身的军官有资格出任航空母舰舰长或海军航空基地指挥官。这一建议激发了许多高级军官学习飞行的热情，其中甚至不乏年届五十之人。成功获得飞行员资格的军官中，日后在战争中最出名的当属"公牛"·哈尔西（"Bull"Halsey）[①]海军上将。因此至1941年，所有美国海军航空母舰均由那些具有飞行经验、深知如何才能在新的战争环境下最大限度发挥座舰战斗力的军官指挥。皇家海军则无此幸运。1918年，原皇家海军航空兵的大部分成员都永久性转隶新组建的皇家空军。1918—1939年间海军部仅保留对舰载舰只的作战指挥权，包括训练和飞机采购在内的行政管理权则由陆上的皇家空军掌控。每当出现与海军航空兵有关的任何新需求，海空两军总会组建联合委员会进行冗长的讨论，更不幸的是委员会成员往往没有任何在航空母舰上起降的经验，因此这种讨论也往往不得要领。尽管1918年后那一代飞行员中很多是海军军官出身，但是他们往往军衔较低，不够资格出任参谋岗位，且其职责通常仅限于飞行和若干微末的行政性工作。1933年，海军通过扩大中队规模的决定，飞行员可获得的最高军衔上升为少校。海军希望以此激励下级军官接受飞行岗位，而非像在此前航空兵系统下早早以上尉军衔转入

---

① 译注："公牛"这一称呼仅仅是媒体给哈尔西生搬硬套的绰号，哈尔西本人并不喜欢这一称呼。

一般岗位。航空母舰出海时，非飞行员出身的舰长们，例如日后的弗雷泽（Bruce Fraser）海军上将，掌握着对舰载机的战术指挥权，而所有行政管理权和技术含量较高的职务则均由皇家空军军官担任。因此，海军航空兵的战术演进、技术发展以及绝大多数飞行演练都由海军之外的部门掌控。这正是战争前夕皇家海军航空兵质量远落后于美国和日本同行的根本原因。

1937 年《因斯基普法案》出台后，海军部赢得了两年时间为新成立的航空分支招募成员。[49] 该分支下包括飞行员、观测员以及通信兵 / 射手，但不包括任何地勤人员，后者只能通过从海军其他分支中招募或转岗，抑或从皇家空军中招收志愿转岗者的方式召集。1938 年海军仅拥有 196 架飞机，而同期美国海军拥有 452 架飞机，日本海军则拥有 238 架。即使在 1945 年其鼎盛时期，相较 1937 年人员总数扩大了 10 倍之后，皇家海军航空分支的人数和机群的规模也远不如 1918 年 4 月皇家空军组建时海军的损失。当时分离出的海军航空兵和皇家航空军共同构成了独立的皇家空军。飞行员的数量远远不足，而从海军普通部队中抽调专精飞行的军官转岗显然也远不能满足需求。因此海军部引入了一系列项目努力扩大飞行员数量，其中包括引入士官衔的飞行员、观测员以及短期（航空）军官。后者军服袖子上的金色环形花边中绣有"A"字图样，显示他们专精航空业务，但没有指挥舰只的资格。此外，他们军服左袖的金色花边上还装饰有飞行徽章。这些军官仅从军若干固定年份，其接受的训练也几乎不包含出海航行科目，训练科目则主要由皇家空军提供。如此训练出来的军官自然并不了解航空分支如何适应其他形式的战斗，但至少他们学习航空技能的速度很快，并与战前皇家海军的正常飞行员一道构成了战争前期皇家海军航空分支的骨干。在服饰上，皇家海军的正常飞行员制服的左袖金色花边上同样装饰有飞行徽章[50]，但金色环形花边中并没有"A"字图样，这表示这些飞行员并不限于出任航空岗位。

1939 年战争爆发后，为满足战事需要，海军部吸收了大量飞行员加入，其中绝大多数出自皇家海军志愿预备役的航空分支，这些飞行员的袖子上饰有波浪状花边，环形花边中同样绣有"A"字图样。这些飞行员仅接受了速成训练，在服役之初对海军及其舰只几乎一无所知，但他们很快在战争中成长起来。至 1945 年，颇有一些这样出身的飞行员在服役仅 3~4 年后晋升少校军衔，指挥中队作战。[51] 当然，仅靠英国自身的人力资源也不足以满足皇家海军航空分支迅速扩张的需要，因此很多飞行员是从各自治领招募而来，其中来自新西兰的人数最多，其次则是加拿大和澳大利亚。1939 年，新西兰皇家海军尚未组建，驻扎当地的巡洋舰组成了皇家海军新西兰战队。皇家海军由此在新西兰建立了征兵点。鉴于新西兰自身空军过于弱小，很多不被接纳的当地年轻人志愿加入皇家海军志愿预备役担任机组成员。1942 年新西兰皇家海军正式成立后，很多志愿者被转入新西兰皇家海军志愿预备役航空分支，但也有一些人选择在皇家海军中完成服役期再回国。1945 年，皇家海军共有约 4000 名作战飞行员，其中约 25%来自新西兰。剩下的飞行员还有一些来自加拿大皇家海军志愿预备役，由于后者未设航空分支，因此尽管他们在皇家海军航空分支下服役，但是他们袖子上的波浪状花边中并未绣有"A"字图样。为解决人力资源严重短缺的问题，海军部于 1945 年从澳大利亚征召志愿者。当时，数百澳大利亚皇家空军"喷火"式战斗机（Spitfire）飞行员谋求转职为澳大利亚皇家海军志愿预备役（航空）中尉，其中很多接受了由此而来的降衔。转职人员需完成 12 门课程，战争结束时他们仅来得及完成其中最初 2 门。战后澳大利亚皇家海军建立起自己的航空分支后，很多转职人员继续在该分支中服役多年。除通过帝国航空训练计划（Empire Air Training Programm）获得的飞行员外，皇家海军还接受美国海军托尔斯（Towers）上将提议，以 50 人每月的速度接收经美国海军训练的飞行员。此外，1944 年底皇家空军在发现自身飞行员数量过剩之后，同意将 300 名飞行员转隶皇家海军。这 300 人中有不少战后留在海军永久性服役。截至 1945 年初，皇家海军共有约 1500 名机组成员正在接受不同程度的训练。作为对比，1941 年美国海军仅有 700 名机组成员接受训练，但截至 1945 年 7 月，美国海军共授予 41319 人飞行员资格，另有 23000 人被海军 92 所初级飞行训练学校录取，但尚未开始训练。美国海军的这一成就堪称惊人。

因此，皇家海军和美国海军航空兵的人员来源、指挥架构和组织体系均有很大不同，而驻扎英国航空母舰上的美国海军联络官们也会发现绝大多数区别在他们看来颇不正常。这当然不仅限于指挥航空兵作战的将军和舰长们几乎均未获得过飞行员资质。

早期规划

　　至 1944 年下半年，美军在西南太平洋战区的后勤供应体系已经得到了极大的发展，从早期不得不依靠大量固定岸基基地（虽然其中不乏最初仅设计为供临时使用的基地）完成补给，进化到依靠可跟随舰队，在锚地之间大规模机动的后勤支援船队实施补给。1942 年，太平洋舰队主要依靠设在新赫布里底群岛（New Hebrides，今瓦努阿图）的努美阿和圣埃斯皮里图岛（Espiritu Santo）的前进基地，至 1943 年年底，舰队支援船队（Fleet Service Force）共辖有 358 艘各种船只，[1] 共向战区运送了超过 500 万吨物资，其中多数为各种燃油。1942—1943 年战斗的特点也是导致美国海军在该阶段战斗中主要依靠前进基地的重要原因：这一阶段双方海军的战斗焦点位于所罗门群岛（Solomons）和新几内亚（New Guinea）海域，其战斗形式主要是逐岛争夺。[2] 在某一岛屿建立主要基地之后，下一次攻击的目标岛屿大致位于当前主要基地补给能力的极限距离上。由于补给能力限制，展开攻击后，攻击部队必须迅速夺取目标，否则就得在所携给养耗尽前迅速撤退。决定这一作战特点的主要是当地战场的特殊地理条件：双方争夺的目标主要是一系列狭小的珊瑚礁岛屿，岛礁上无法长期同时容纳两支敌对部队，因此其中一支必须在几天之内被摧毁。后勤补给系统不仅需要支持登陆的部队及军机作战，也需要支持执行掩护任务的海军舰队作战。战斗中美国海军逐渐意识到，尽管美国海军工程兵部队（昵称"海蜂"〔SeaBees〕）付出了巨大的努力，并获得了惊人的成就，但建立岸基固定基地的速度无法跟上海军进攻的节拍，往往在基地完工时，海军的进攻已经大大向前推进，超出了基地的有效补给距离，这样一来，新建的基地又不得不匆匆向前运动，前移至更接近战场的岛屿。此时，英国海军部仍未能充分理解太平洋上正在上演的新战争形式，因此，以英国标准来看，美国的这一后勤补给形式堪称奢侈，但身在局中的美国海军已经感受到了后勤的巨大压力。至 1944 年，后勤补给形式的能力已趋极限，美国海军无法再维持任何一个闲置的基地了。

对美国海军来说，组建机动基地和舰队一起移动的设想并不新鲜，但直到1943年底，实现这一构想的相应设施才逐渐完备。[①]1943年10月，第4后勤中队在埃利斯群岛（Ellice Island）的富纳富提环礁（Funafuti Atoll）成立，该中队包括补给船、维修船只、驻泊油轮、拖船、扫雷舰和驳船。从功能上说，该中队构成了一支在必要时可随特混舰队一同机动的迷你前进基地。在1944年对马绍尔群岛的攻击中，该中队携带用于补给的食物、淡水、药物、弹药、航空炸弹、各种油料、备件，以及打捞和修理设备，先后进驻该群岛的马朱罗环礁（Majuro Atoll）、夸贾林环礁（Kwajalein Atoll）和埃尼威托克环礁（Eniwetok Atoll）。此次作战中并未建设岸基基地，补给由相应船只直接下发。1944年1月，第4后勤中队与规模更加庞大的第10后勤中队合并，由太平洋舰队后勤船队总指挥官卡尔霍恩中将统一指挥。与此前的第4后勤中队相比，新成立的第10后勤中队还包括专门的食品运输船、兵营船、快速油轮、医疗轮、驱逐舰补给舰、测量船、布网船、浮筒组装船、护航舰只、鱼雷艇、巡逻艇、航标敷设艇、港口拖轮、救助拖轮，以及85000吨级浮动船坞、消磁船、一座浮动起重机以及其他大量辅助船只。[3]1944年下半年，第二支移动基地——第12后勤中队正式服役参战。

在作战时，大部分后勤船只停泊于某一锚地，但油轮和其他若干种补给船只则需要出海，负责支持特混舰队中超过200艘战舰执行周期至少30天的作战。第10后勤中队将下辖的油轮和其他补给舰只组成补给船队，置于海上的若干补给区域，并提供驱逐舰对其进行护航。补给区域的位置靠近特混舰队作战海域，但又不会受到敌军的直接威胁。库存耗尽的油轮会被满载的新油轮取代。如果无法在日本岸基航空兵作战半径外设立补给区，补给船队的护航舰队还将得到护航航空母舰的加强，后者搭载战斗机以及其他巡逻机。护航航空母舰的存在不仅为油轮及补给船只提供保护，而且也可为快速航空母舰舰队提供后备机。

---

① 译注：早在20年代美国海军对日作战的"橙色方案"中，就因为预计无法在西太平洋保留一个足够规模的基地而考虑机动基地的可能，然而在当时看来，浮动船坞无论如何也无法跟上舰队主力推进的速度。

在对吉尔伯托群岛（Gilbert Islands）的攻击中，第 5 舰队共需要 14 艘油轮进行补给。在攻击马绍尔群岛的计划中，由于更庞大的舰队规模和与主基地之间更遥远的距离，所需油轮数量更是翻了一番。

1944 年 9 月的"八边形"会议上，英国政府估计当年年底可部署在太平洋战区的舰队将包括：

4 艘舰队航空母舰

2 艘轻型舰队航空母舰

14 艘护航航空母舰

2 艘战列舰

8 艘巡洋舰

24 艘舰队驱逐舰

60 艘护航舰只[4]

当然，可投入战区作战的战舰实际数目取决于皇家海军在距离任何岸基基地数千千米之外组织后勤补给的能力。美国海军的后勤计划已经经过精心组织计算，余量不大，而且恰恰是出于对美国可能不得不分出部分后勤运力以支持英国舰队作战的担忧，导致金海军上将在"八边形"会议上表达了对皇家海军重返太平洋战场可行性的质疑。金上将在原则上并不反对皇家海军的到来，毕竟对美国海军来说这也是不小的支援，且 1943 年上将本人也曾要求过这种支援，但当时海军部无法在苏伊士运河以西维持一支舰队，[①]因此拒绝了这一要求。因此"象限仪"协定规定，除散装燃料外，英国太平洋舰队必须依靠自身力量组织补给。根据这一协定，英国需要组织自己的后勤中队，或按照皇家海军的称呼——舰队后勤船队（Fleet Train），以完成航行、武器、粮食和航空补给的自给自足。此外，为了向舰队供应足够的散装油料，舰队后勤船队还需组织足够的船舶吨位。鉴于很多英制武器装备与美制品截然不同，对于多数种类补给品而言，这一安排也是势在必行。讽刺的是，截至 1945 年，皇家海军航空母舰搭

---

① 译注：除东方舰队外。

载的舰载机群中，美制舰载机的数量甚至超过了英制舰载机，但即使是这些美制舰载机也经过了大规模的改装以满足英国所需，因此它们在相当程度上已不满足美式标准，无法使用美制零件。[5] 在此协议基础上，美国海军同意在有余力时支援作战区域附近的英国太平洋舰队的后勤所需，其支援内容包括港口设施和相关人员。更重要的是，美国海军还同意以同等标准为英国战舰提供紧急或临时战损维修。此外，在舰队锚地附近且由美国海军管辖的机场也可供英国舰载机使用。

海军部于1944年2月开始策划重返太平洋战场。根据金海军上将的建议，海军部还派出以丹尼尔（Daniel）少将为首的团队前往美国，考察美国海军后勤体系。丹尼尔少将不仅有指挥驱逐舰队以及重型舰只的经验，而且此前刚刚卸任海军部作战计划总监一职，因此他不仅对重返太平洋战场早有谋划，而且正是考察实际执行这一作战所需的合适人选。毫无疑问，作为主要基地，澳大利亚有着无与伦比的优势，而悉尼也成了执行未来前进作战政策的起点。英国舰队重返太平洋的实际日期，正取决于丹尼尔少将所构思的后勤补给计划及其执行所需时间。这要求皇家海军修建或获取仓库、机场、船坞及港口设施，部署及在当地雇用大量军方及平民职员，并实现相应的仓储水平。这还要求考虑舰队需从英国出发、完成总航程高达12000英里的长途跋涉，同时还需考虑到此时英国与纳粹德国的战争还远未结束。

在详细的初步报告[6]中，丹尼尔少将预计，为满足舰队未来的作战所需，在澳大利亚需建立总面积约9.3万平方米的仓库用于储备海军和航空兵军火，此外还需面积约为2.8万平方米的仓库储备其他航空所需补给。管理和运作上述仓库需200名管理人员和1000名普通职员，上述人员需从英国本土抽调，或直接从当地雇用。至1944年年底，为满足食品储存所需，预计还需建立面积约为7.4万平方米的仓库，这又需要配备100名管理人员和600名普通职员。另外，为满足航空母舰在港时卸载的舰载机所需、新近抵达战场的后备机组成员训练所需以及从英国或其他地区抵达澳大利亚的新战机试航所需，海军还需掌握若干机场和至少一个航空基地，这些基地只能由澳大利亚皇家空军转让，或白手起家自行营建。为了建设其后勤补给体系，以满足维持特混舰队在远离基地的战场长期连续作战所需，美国海军花了约两年的时间。而对于英国而言，在经历了伦敦方面因各种政治原因造成的拖延，以及对德战争意外的拖延之后，留给海军部的时间已经不多了。海军部必须在数周之内完成补给船队的集结和训练，虽然英国舰队较小的规模的确在相当程度上减轻了问题的困难程度。为了及时参与战争，补给船队必须在 1945 年初就准备完毕。

丹尼尔少将于 1944 年 4 月抵达澳大利亚，就"维持英国舰队在太平洋地区作战并将澳大利亚作为其基地所需设备"这一问题与该国官员进行协商。[7] 1944年 5 月 2 日，少将在堪培拉与军事顾问委员会进行会谈，他坦率地描述了海军部当时仍在酝酿中的作战政策，同时承认丘吉尔仍不甘于放弃在印度洋地区作战的构想。尽管如此，他强调三军总参谋长会议仍坚持在太平洋方向作战才是最佳战略的观点。少将解释称在太平洋方向作战意味着皇家海军将与美国海军紧密配合，合力对菲律宾、香港、台湾甚至日本本土发动攻击。当时尼米兹上将仍考虑在台湾登陆作战，试图以此达成与中国大陆上的中国军队建立联系的目的，但英美联军联合攻击香港则从未在美军考虑范围内。少将陈述中的另一引人注目之处是在描述对日本本土的攻击时，他选用了一个非常保守的词——"可能"。1944 年 5 月，英国希望能在进攻菲律宾前与美国海军会师，根据这一预期，少将打算在菲律宾以东海域与美军会合前能够利用新赫布里底群岛、所罗门群岛以及阿德米勒尔蒂群岛（Admiralty Islands）上的一系列前进基地进行补给。当时少将仍估计德国会在 1944 年 10 月前后投降。陈述中少将还表示，就他个人看来，鉴于需要进行规模极大的作战才能击败日本，因此皇家海军在太平洋战场作战才是最佳战略。至 1944 年，美国在战争中的损失还并不太严重，但随着战事的发展，美国海军承受的损失或将迫使其依赖英国的增援。在他看来，无论如何，为准备在日本本土进行的决战，盟军方面应尽一切可能扩大己方优势。对自己此行的任务，少将解释称是以实现将澳大利亚建立为"英国舰队在太平洋作战时的珍珠港"这一目的，就快速展开相应的基础设施建设这一问题在悉尼及其他地区进行考察。当务之急就是争分夺秒、全力以赴地为对日作战做准备，"速度是最关键的因素，为防止对日作战拖延下去应尽一切努力"。[8]

在丹尼尔少将努力赢得美澳两国支持的同时，海军部则在为襁褓中的太平洋舰队选择总指挥官。这是一个非常重要的决定，最终中选的是时任本土舰队总指挥官的布鲁斯·弗雷泽上将，他被公认为是同时代英国将领中的佼佼者。一俟太平洋舰队成立，上将就将接受海军部有关舰队的总体指令，同时接受太平洋战区美国海军总指挥尼米兹上将的作战指示，并就设在澳大利亚的岸基基地的营建、运营和维护接受澳大利亚政府的指示，同时还需就太平洋舰队中的加拿大、澳大利亚、新西兰和南非籍舰只和人员，以及在上述各国船坞中进行的相关工程接受相应国家海军部的指令。简而言之，上将必须确保其参谋人员从几千千米外的伦敦，利用复杂的基地体系，完成维持其舰队作战这一任务，而这一复杂的基地体系当时还远未完成。雪上加霜的是，起初海军部方面也并不确定英国太平舰队的首战将发生在哪里，但战局的迅速发展很快就使得这一问题变得明朗：舰队很可能在比菲律宾更北的海域投入作战，而菲律宾本身与舰队主基地悉尼的距离就已经远达数千千米。此外，当时皇家海军官兵尚未接受美国海军信号规则训练。弗雷泽上将首先于1944年8月25日解除了萨默维尔上将东方舰队总指挥官的职务，该舰队下辖的若干舰只已经被选定加入未来的太平洋舰队。同时，上将还需弥合其前任、盟军东南亚战区（SEAC）最高指挥官蒙巴顿（Mountbatten）海军上将与其参谋们的关系。在解决了内部矛盾之后，上将把改变金上将和尼米兹上将的看法列为首要任务，当时两位美国海军上将认为就当时预期的作战而言，单凭美国海军快速突击部队的实力就足以完成。在美国看来，英国太平洋舰队可前往西南太平洋海域，在那里执行一些作战强度不那么高的作战，如此一来，英国太平洋舰队的前进后勤支援任务将大大减轻。

　　根据得到的指示，弗雷泽上将认为他的主要任务是在对日作战中指挥并维持新建的英国太平洋舰队在最前方的战场与美国海军协同作战。上将本人确信，从国家利益角度来说，英国舰队在最前方的战场与迄今为止最行之有效的海军战争形式的组织者和主要倡导者协同作战至关重要，舍此之外，皇家海军根本无法学习到这种新战争形式所需的技术。如果皇家海军不能在战争中成功地运作其独立的海军突击舰队，那么在战争结束时就只能通过二手信息学习这一革命性的新战争形式，并被国际公认为二流舰队，无论海军此前在对德和对意的战争中取得过何种成功都无法扭转这一印象。在上将看来，如果将英国太平洋

∧ 尽管摄于战争结束后不久,该照片还是清晰地显示了悉尼港内充斥着英国太平洋舰队的战舰及辅助舰只。图中右侧中间位置可见花园岛(Garden Island)船坞,还可见泊位上的舰队航空母舰和护航航空母舰。(作者私人收藏)

舰队置于相对平静的南中国海作战,那么英国战后的国际形象必将受到灾难性的影响,尽管仅就英国太平洋舰队的规模及其战斗力而言,短期看来在南中国海作战也许更加适合。上将十分清楚,美国海军正在进行高强度、高效率和极具威力的攻击作战,除非一支强大的英国舰队也参与此类作战,否则英国舰队的存在无疑将为人所忽视,这一后果显然无法容忍。[9]

为完成其主要任务,上将使出浑身解数,以求说服美方同意其论点,尽管时任第一海务大臣的安德鲁·坎宁汉(Andrew Cunningham)上将认为英国太平洋舰队应进行半自主的作战。虽然与上司意见并不完全统一,但是弗雷泽上将仍坚持自己的意见,以下两事可以看出弗雷泽上将的态度:首先,他选择理查德·卡里奇(Richard Courage)中校出任舰队信号联络官,他是上将担任本土舰队总指挥官时的老搭档，两人都有和美国海军战列舰中队合作的经验。在被美国政府暂时借与英国之后，该中队毫无保留地接受使用皇家海军信号的规则。然而，坎宁汉上将却固执地认为："任何条件下英国舰队都不应使用美国信号系统。"[10] 对此问题，弗雷泽上将的应对堪称典型：他首先通知海军部他会选择采用美式信号规则，同时命令卡里奇中校经华盛顿和珍珠港前往悉尼，以便实现这一决定。尽管时间仓促，但在作为中介的澳大利亚皇家海军的帮助下，英国太平洋舰队还是成功地适应了新的信号系统。当时部分澳大利亚舰只已经在美国海军第 7 舰队中作战，因此澳大利亚皇家海军已经获得了美国海军信号规则的相关文件。为了使用美式信号规则，卡里奇中校不得不对早期方案进行许多细节上的修订，并在某些相关重要问题上做出决定，这也正是弗雷泽上将期待其参谋人员应具备的素质。改动之一与电传有关。传统上，皇家海军的通信兵通常首先用铅笔将电文抄录在便笺簿上，在美国海军专家们看来，这一做法速度太慢，跟不上美国海军无线电广播的速度，因此中校发现有必要对皇家海军的通信兵进行训练，使其学会在收到莫尔斯码无线电报后立即用打字机打出。相关训练只有在英国太平洋舰队所辖舰只抵达悉尼后才能进行，为此需雇用若干女性打字员对通信兵进行训练，力争在有限的时间内使通信兵的打字水平满足最低标准。另外，每一艘英国战舰在抵达太平洋后都将配备一支美国信号联络团队，以便于两军之间的交流。

　　弗雷泽的另一项重要决定是在舰队中采用美国海军作训服。尽管海军部更希望保留皇家海军传统的白色作训服，但是弗雷泽希望通过采用美式作训服这一举动，向美方展示英国太平洋舰队愿意虚心学习美国海军的任何作战经验，并加以采纳，即使是最细节最琐碎的经验亦不例外。[11] 如第一章所述，这意味着军官将身着卡其军装，而水兵则将身着蓝色工作服，这也是基于此前"胜利"号 1943 年与美国海军太平洋舰队协同作战时的经验，当时该舰舰长即向海军部推荐了这一搭配。太平洋舰队是皇家海军中第一支采用此种作训服的舰队。新军服的另一优点是在炎热、拥挤的战舰上易于洗涤，这对即将在炎热天气下作战的太平洋舰队尤为重要。从宏观上看，作训服制式的选择也许仅仅是一件微不足道的小事，但在赢得美国海军尊重这一问题上，这一选择非常重要。英国

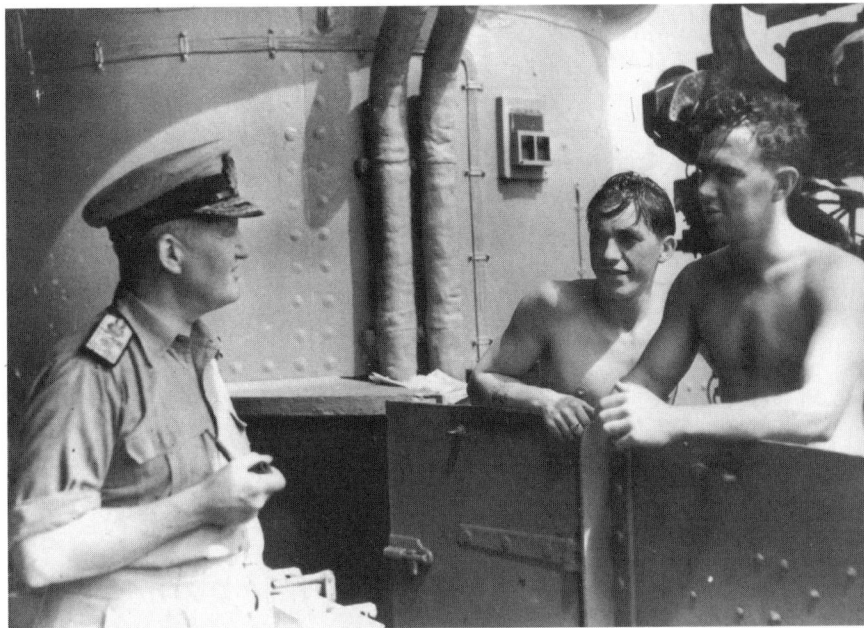

∧ 身着卡其军装的布鲁斯·弗雷泽上将，这套军装也是他为英国太平洋舰队军官所选择的标准配置。上将具有和麾下所有官兵顺利交流，并在所有层面上与部下分享荣誉感的能力，这在高级军官中颇为少见，因此上将广受水兵爱戴。图中，上将正同两名水兵交谈，对其麾下而言，此事司空见惯。（作者私人收藏）

太平洋舰队做出的一系列改动都是为了显示英国郑重希望"在正确的战场、正确的时间，以正确的方式行事"。

不过，在1944年12月，对英国太平洋舰队而言，开始作战行动的"正确时间与战场"还远未确定。当时美国麦克阿瑟（MacArthur）陆军上将指挥的西南太平洋战区仍是战争的焦点所在，文莱和菲律宾即处在该战区作战区域内。英国航空母舰很有可能被划拨给该战区，与金凯德（Kincaid）上将指挥的美国海军第7舰队并肩作战。这无疑会使英国太平洋舰队在日本附近海域与美国海军快速航空母舰舰队协同作战的希望化为泡影。弗雷泽因此在第一时间前往珍珠港访问了尼米兹及其参谋团队。他的小团队[12]从科伦坡出发，乘坐皇家空军的一架"解放者"式轰炸机首先前往澳大利亚珀斯市（Perth），随后再从澳大利亚出发，乘坐美国陆军运输队的一架飞机，经圣埃斯皮里图前往珍珠港。此次出访大获成功。弗雷泽和尼米兹之间的会谈非常顺利，英方很快就确信尼米兹上将希望英国舰队能参与即将对冲绳乃至日本本土的作战。不过，美方仍坚持英国太平洋舰队需要自行完成补给这一条件，且尼米兹明确表示为了报珍珠港之仇，美方希望能自行击沉日本所有剩余主力舰——这意味着英方此前的部分设想，例如在太平洋海域部署搭载"弹跳炸弹"的皇家空军"蚊"式轰炸机以及袖珍潜艇 X 船的构想被美方所拒绝，尽管当时两种武器都处于运往澳大利亚途中。虽然难称完美，但通过此次访问，弗雷泽仍达成了其主要战略目标，并获得了尼米兹的保证，后者将支持英国太平洋舰队与美国太平洋舰队快速航空母舰编队协同作战。1944 年 12 月 24日，弗雷泽一行乘飞机返回悉尼。这一次上将的人格魅力和其有力的观点获得了胜利。尼米兹上将此后致电位于悉尼的英国太平洋舰队新总部，电文如下："英国舰队将极大地增强我方攻击力量，此外还将显示在对日问题上双方的一致。美国海军太平洋舰队欢迎你们的加入。" [13]

弗雷泽上将并没有在悉尼停留很长时间。在珍珠港停留期间，上将就表达了亲自考察日本"神风"特攻队对战舰攻击效果的意愿。此后上将前往莱特湾（Leyte），与麦克阿瑟将军以及金凯德上将进行了"诚挚的会谈"，随后获准搭乘杰西·奥尔登多夫（Jesse B Oldendorf）中将的旗舰、美国海军"新墨西哥"号战列舰考察美军在吕宋岛（Luzon）北部仁牙因（Lingayen）进行的炮轰和登陆作战。与他一同登舰的还有麦克阿瑟参谋团队中的丘吉尔首相特别代表、英国陆军上将赫伯特·拉姆斯登（Herbert Lumsden）爵士。弗雷泽上将本人的小型团队包括其副官梅里上尉、助理秘书莫顿中尉及勤务员巴恩维尔（Barnwell）。1945 年 1 月 6 日晨，"新墨西哥"号被一架神风特攻机命中舰桥左侧位置，敌机攻击开始前几分钟，弗雷泽还曾与拉姆斯登将军以及莫顿中尉在被命中部位附近交谈，后来才转移至舰桥右侧翼桥。被敌机命中后，拉姆斯登将军、莫顿中尉以及包括舰长在内的若干美国海军官兵当场阵亡，幸运的是弗雷泽上将毫发无损，仅被爆炸产生的冲击波震到。事后上将承认，拉姆斯登将军和莫顿中尉的阵亡是"为获取第一手经验而付出的高昂代价"，但他仍认为这一现场经验非常重要。因为弗雷泽的军衔高于美国海军特混舰队指挥官，为避免不必要的麻烦，上将无法亲自出海在现场指挥舰队作战，只能待在悉尼，将舰队的实战指挥权授予其副手。在亲自经历了"神风"特攻队的攻击之后，上将至少有底气命令其部下面对与他相同的威胁。

在弗雷泽上将努力推进英国太平洋舰队投入作战的同时——此事被视为舰队的"头一仗"，舰队的若干将级指挥官也逐渐确定：担任澳大利亚海军航空基地总指挥官（FONAS(A)）的是波特尔（Portal）少将，少将曾在海军部出任海军总参谋长航空助理（ACNS(Air)）一职。他于1944年12月抵达其位于悉尼的新指挥部。除了在海军部的任职经历之外，少将在战前是一名飞行员，且曾在原先的皇家海军航空兵中任观测员，因此特别适合他的新职位。1944年11月，菲利普·维安（Philip Vian）少将出任太平洋舰队航空母舰总指挥官，兼第1航空母舰中队指挥官。原第1航空母舰中队指挥官穆迪（Moody）少将转任印度洋战区海军航空基地指挥官，其指挥部设于科伦坡。10月11日，丹尼尔中将被委派为英国太平洋舰队行政主管，在上任之初得到了驻墨尔本的海军第480办事处①的大力支持。此后中将及其参谋长期驻扎墨尔本。起初他们被登记在"比肯斯菲尔德"号（HMS Beaconsfield）②的成员名单上，从当年11月30日起他们转隶"金色雌鹿"号（HMS Golden Hind）③，后者于当年11月20日正式服役，作为英国太平洋舰队的兵营和招募人员临时住处。此外，"金色雌鹿"号还负责保存皇家海军驱逐舰及以下级别舰只的档案。

与此同时，皇家海军还在墨尔本、布里斯班、凯恩斯（Cairns，澳大利亚港口）及其他城市逐步建立了一系列辅助基地设施。花园岛和白鹦鹉岛（Cockatoo Island）上的船坞设施则承担着对英国战舰实施维护乃至维修战损的关键任务。自1942年起，美国在澳大利亚逐渐建立了一系列仓库。至1944年年底，随着战线的前推，美军逐渐停止了其中一些仓库的运营，这些仓库很快被皇家海军

---

① 译注：即英国海军部太平洋特使团，包括皇家海军代表及其参谋人员。

② 译注：这里的"比肯斯菲尔德"号并非某艘船只，而是海军根据习惯给某一机构的称号，后文还会看到海军对其所辖机场也给予了类似的称号。"比肯斯菲尔德"号实际位于墨尔本水手教堂（Seamen's mission），该教堂是墨尔本滨海地区公主码头与车站码头之间的一座现代化建筑。此后几个月里，随着参谋及职员人数的增长，皇家海军还征用了当地其他一些建筑，一并归属"比肯斯菲尔德"号编制下。

③ 译注：该机构位于悉尼利物浦区哈格雷夫公园（Hargrave Park），此前是美国陆军兵营。

征用，并在英国太平洋舰队的后勤体系中发挥了重要的作用。位于沃里克农场（Warwick Farm）赛马场的大规模帐篷兵营群被"金色雌鹿"号征用，作为补给储备场、武器仓库和机场。为了给皇家海军建设提供劳力，澳大利亚政府还从劳动力压力颇大的建工部门抽调了 3500 名工人。

在太平洋战场上，美国海军对商船的组织运用并未达到一个较高的水准，因此相当数量的商船在运输任务完成后，为了加入某一船队获得返航许可，不得不在港口驻留一段时间。这导致了世界性的商船吨位短缺。这不可避免地影响了英国太平洋舰队可用于后勤补给所需的商船数量。由于与英国本土之间距离遥远，在统筹上后勤补给系统不可避免地出现了一定程度的滞后，同时任何一船货物的抵达都代表着后勤储备规模上相当程度的增加。[14]直至 1945 年 1 月，后勤储备货物才大规模运抵澳大利亚，几乎是恰恰赶上次月抵达澳大利亚的舰队。货物抵达后首先经过确认，然后临时储存在某一仓库，由数量和熟练程度都有所欠缺的职员负责储藏操作。由于人手不足，同一批职员不得不同时应对若干紧急需求及发放任务。一俟规划中的正式仓库建筑可供正式使用，货物便需再由临时仓库抽出，运往正式仓库重新储存。在英国本土，大多数仓库由海军部雇用的平民职员操作，但是英国太平洋舰队就只能使用后勤兵执行库房的管理运作，不幸的是，大多数后勤兵对其操作的大多数货物并不熟悉。在所有后勤储备中，航空相关的储备工作尤为难以应付，且货物储备常常不足。所幸布里斯班当地仓库的建造进度较快，可以保证一旦货物抵达就可直接入库储藏，无须经历两次入库。所有后勤储备中，情况最缓和的是海军武器弹药储备，这得益于战前海军部与澳大利亚自治领海军委员会（ACNB）的合作。但即使是在这一方面，美国海军在移交悉尼及布里斯班附近仓库时的拖延也导致了不小的问题，颇使负责为各自治领皇家海军提供后勤保障的澳大利亚皇家海军武器供应官们为难。不过由于所有自治领舰只均由英国设计，采用同样的弹药，因此他们的工作负荷在很大程度上得以减轻。航空武器则一直处于严重的短缺状态，且只能从英国、澳大利亚和美国的仓库中抽调。

在所有后勤准备工作中，船只修理也许是让人最不满意的方面。这主要是因为人手短缺而非设施不足。海军部此前预计为了满足太平洋舰队所需，要投

∧ "奥索尼娅"号（HMS Ausonia）原为一艘大型武装商船，后改建为重型修理船，用于为出海作战的舰队提供战地后勤支援。即使在1945年战争结束后，该舰也在皇家海军中持续发挥着重要的作用。该照片即摄于战后。（作者私人收藏）

入9700人在悉尼和布里斯班两地操作各式修理设施，丹尼尔中将建议其中的一半人数由英国抽调。然而海军部此时还面临着国内巨大的政治压力，即复员大量熟练工人参与本土战后重建工作，因此海军部希望澳大利亚自治领海军委员会能够考虑增加澳大利亚籍工人的份额。后者同意在原有基础上再增加2000名澳洲工人，将英国工人的数目减至约3000人。但即使这一数目也不被海军部接受，后者武断地将英国工人减至1700人。实际上，在对日作战胜利前抵达澳大利亚的英国工人甚至不足1000人，而澳大利亚籍工人只增加了区区200人。因此战争结束时，皇家海军仍需依赖澳大利亚的设施和人员完成90%以上的舰船维修任务。幸运的是，战争期间太平洋舰队不需要在澳大利亚对战舰的战损进行大规模维修。但即使如此，至1945年7月，太平洋舰队的战舰还是进行了123次入坞修理，舰队及舰队后勤船队的舰船共接受了350次整修和矫正，这一成绩在很大程度上应归功于澳大利亚当地设施和劳工的辛勤努力。英国太平洋舰队存在期间，原澳大利亚总理约翰·科廷（John Curtin）罹患重病，生命垂危，澳大利亚的政权实际由副总理约瑟夫·奇夫利（Joseph Chifley）掌握，后者在科廷于 1945 年 7 月 5 日病逝后正式继任总理一职。澳大利亚政府的这一动荡也给弗雷泽上将与该政府的交流造成了一定阻碍。在英国太平洋舰队组建之初关键的几个月内，上将只能和一个看守政府打交道，而后者并不总能做出决定。

如果说与澳大利亚政府打交道仅仅是遇到一些麻烦的话，那么与澳大利亚工会的关系则可谓十分紧张，几乎影响到了英国作战计划的实施。为此弗雷泽上将不得不一方面想方设法力求满足舰队后勤上最紧急的需要，另一方面又极力避免对澳大利亚政府要求过甚，以免将澳大利亚政府置于无法周旋的境地。[15] 在与工会有关的问题上，上将相信公众的善意。在1945年5月8日英国中心（British Centre）的开幕仪式上，上将公开宣布，由于滨海区的劳资争端，巡洋舰"纽芬兰"号（HMS Newfoundland）与驱逐舰"特鲁布里奇"号（HMS Troubridge）、"顽强"号（Tenacious）以及潜艇补给舰"梅德斯通"号（HMS Maidstone）不得不在原计划接受的入坞检修尚未完成的情况下，就前往战场参与战斗。在得到公众支持后，上将在一周后正式向澳大利亚政府表示了他对劳工问题的担忧，这直接导致政府官员与工会领导召开紧急会议，并解决了大部分问题。上将一方面获准直接晋见代理总理，另一方面又经常前往船坞及其他工业区进行访问，并通过实事求是的态度和人格魅力赢得了工人的信任。在二战中，除了他，还没有哪一位皇家海军的舰队总指挥官不得不面对如此复杂的窘境，也不会有哪一位指挥官能获得同样的成功。自始至终，上将与尼米兹上将及其参谋人员一直保持着紧密的私人关系，同时还被麾下舰队在战场的一连串胜利所鼓舞。

总体而言，澳大利亚在战争中付出了相当的努力，维持了对英国太平洋舰队的舰只和官兵的后勤支持，且在很短时间内太平洋舰队的指挥层和澳大利亚政府的努力便取得了相当的成绩。在政府的系列策划下，澳大利亚民众自发地展现了慷慨和无私，使得所有官兵在澳大利亚停留期间都留下了难忘的回忆。为了给上岸休假的太平洋舰队水兵提供舒适和便利，还专门成立了一个"英国中心"的组织。该组织最初设于皮特街（Pitt Street），不久后便迁往海德公园（Hyde Park），并在菲利普街（Philip Street）、悉尼莫斯曼区（Mossman）、伍伦贡市（Wollongong）、悉尼利物浦区以及邦克敦区（Banktown）设立了分部。在悉尼以外的若干休假中心共设有 1800 个床位供水兵休息，悉尼则设有 4 座酒类小卖部，据丹尼尔中将称，尽管设施简陋，但这些小卖部可同时供 1450 名水兵享用啤酒。不过，1945 年 6 月舰队补给休整期间，每晚上岸休假的水兵人数最高可达 13500 人，远超上述设施的容量。所幸一些慈善公益组织，如红十字会、基督徒青年会（YMCA）、英国退役军人协会、乔治国王水兵基金会和澳大利亚福利基金会设在当地的分支机构也为水兵提供了休闲娱乐服务。[16] 澳大利亚福利基金会还为太平洋舰队的每位官兵准备了礼品包裹，并在其首次抵达澳大利亚时送上，此外还于 1944 年圣诞节为舰队先遣梯队送上了 9000 瓶啤酒。舰船在停靠悉尼期间还获赠了当天的日报。除了这些官方计划之外，澳大利亚普通民众还为舰队水兵们打开了自家大门，以至于英国太平洋舰队发现其最大的问题并不是舰只在港期间为水兵提供足够的娱乐活动，而是找到足够的官兵去接受当地民众的盛情邀请。

演变和扩张

至 1944 年年底，皇家海军的规模[1]已发展至巅峰，但在德国无条件投降后，太平洋舰队规模的扩张便逐渐以本土舰队和地中海舰队规模的迅速缩小为代价。现代化的战舰被预定前送太平洋战场，并得以优先接受改装或改进其防空武器系统。但总体而言，海军部仍控制着太平洋舰队规模扩张的节奏。当时参战各方普遍认为战争将拖延至 1946 年，三军总参谋长会议甚至还为战争拖延至 1947 年的可能制订过计划，因此海军部不仅关心何时可向太平洋战区部署战舰，且对确保建立足够的后勤支持保障能力以维持舰队长期作战所需同样关注。当时舰队后勤船队显然无法支持比 1945 年 1 月太平洋舰队实际规模更庞大的舰队作战。以 1944 年初"光辉"号航空母舰加入东方舰队为标志，以航空母舰为核心的突击舰队就此开始逐渐组建。该舰于 1944 年 1 月 28 日抵达亭可马里，其舰载机群由 810 中队、847 中队、1830 中队和 1833 中队构成，前两个中队各自装备 12 架"梭鱼"式轰炸机，构成第 21 鱼雷轰炸侦察机联队[2]，由博尔丁（R E Boulding）少校指挥。后两个中队各自装备 14 架"海盗"式战斗机，构成第 15 战斗机联队，由库克少校（R J Cork）指挥。载机总数为 52 架。"光辉"号原先设计载机能力仅为 36 架，实战中通过甲板系泊提高了载机总数，但与载机数量一道增加的人员数量则大大增加了该舰住舱设施的紧张程度。由于与 1940 年时使用的舰载机相比新式舰载机更加复杂，需要更多的人力进行维护保养，因此新增的人员不仅限于舰载机飞行员。同时，由于机库设计容量不足，相当数量的飞机不得不在飞行甲板上接受维护保养，而这本是皇家海军极力避免的，但舰载机群的扩大使得皇家海军别无选择。[3]"光辉"号得到了维护航空母舰（aircraft maintenance carrier）"独角兽"号[①]的支援，该舰

---

① 译注：1943 年 3 月该舰建成服役，但在当年 9 月的萨莱诺登陆战中，该舰被用于执行作战任务，负责提供空中掩护。萨莱诺登陆战之后，该舰返回英国接受改装，彻底成为维护航空母舰。

∧ 东方舰队突击群核心——"光辉"号航空母舰、"声望"号（HMS Renown）战列巡洋舰和"独角兽"号维护航空母舰。1944 年 2 月摄于亨可马里。（作者私人收藏）

此前刚刚完成改装不久，正式承担维修任务。除搭载后备机外，"光辉"号还搭载了 818 中队的 4 架"剑鱼"式鱼雷机用于执行反潜任务。至于更深入的维护和后勤任务，则由印度和锡兰当地的 5 个海军航空基地承担。

新航空母舰抵达印度洋的节奏要比预期的慢，不过部分舰载机中队可以通过运输航空母舰[①]先期抵达印度洋，这也便于在印度洋战区集聚后备舰载机和机组成员。为了使刚刚从"流水线"上完成训练项目的飞行员及早满足一线作战中队的要求，皇家海军在锡兰当地建立了若干作战训练单位。

1944 年，皇家海军的标准鱼雷轰炸侦察机为费尔雷"梭鱼"式轰炸机，该机型于 1943 年 1 月投入现役，与"复仇者"式鱼雷机通过租借法案加入"胜利"号航空母舰几乎同时。两种机型的载弹量基本相同，不过"复仇者"式只能挂

---

① 译注：通常由护航航空母舰承担输送任务。

载美制布利斯－利维特（Bliss-Leavitt）马克 13 型鱼雷，该鱼雷可靠性不佳，且性能不如"梭鱼"式配备的英制 457.2 毫米马克 12B 型鱼雷。两机型的另一重要区别是"梭鱼"式为执行俯冲轰炸任务特别强化了机体，因此作为武器投射平台而言更加精确，但相应的，该机型动力不足 4，且在远东炎热潮湿的自然环境下，其满载作战半径仅刚超过 100 海里，这一指标远逊于"复仇者"式。这意味着与美国同行相比，英国航空母舰不得不驶入距离目标更近的海域发动攻击。在加入东方舰队后不久，第 21 联队装备的"梭鱼"式轰炸机的缺点便暴露无遗，皇家海军因此决定在后继航空母舰前往太平洋战场之前，尽早用"复仇者"式鱼雷机取代全部"梭鱼"式轰炸机，而在此前，"复仇者"式仅装备于护航航空母舰。

　　由于缺乏驱逐舰，起初东方舰队攻击日据马来亚和东印度地区目标的能力大受限制，而"光辉"号的舰载机群又缺乏对地攻击经验。在美军空袭日军设在特鲁克环礁（Truk Lagoon）的海军基地之后，日本海军联合舰队的部分舰只移驻新加坡，从而构成了西向进入印度洋的威胁。为此萨默维尔上将向尼米兹上将提出，在第二艘英国航空母舰抵达锡兰之前，暂借一艘美国海军舰队航空母舰与东方舰队一道作战。当时尼米兹手中已经有不少"埃塞克斯"级航空母舰（Essex），且其数量还在不断增长，因此便同意出借由卡西迪（Cassidy）上校任舰长的"萨拉托加"号航空母舰。根据计划，在完成这一短期任务后，该舰将返回美国接受整修。该舰搭载第 12 舰载机大队，下辖 3 个中队，分别装备"地狱猫"式（Hellcat）战斗机、"无畏"式轰炸机和"复仇者"式鱼雷机，共计 69 架舰载机。5 1944 年 3 月 19 日，"光辉"号作为东方舰队航空母舰群指挥官穆迪少将的座舰，与东方舰队一同出航，执行掩护从澳大利亚到印度的船队航线的作战任务，该任务代号"外交官"（Diplomat）。此次任务的另一目的是与"萨拉托加"号及为其护航的 3 艘驱逐舰会合。24 日，从亭可马里先期出发的油轮为舰队进行了海上燃油补给。此次补给作业不仅扩大了舰队作战半径，而且也是为日后作战中的燃油补给作业进行一次实战演练。在返回亭可马里途中，两艘航空母舰及其护航舰只进行了若干次飞行演练，但并未进行载机交换演练。除了两艘航空母舰之外，参与此次任务的还有战列舰"伊丽莎白女王"号、"刚

∧ 停泊在亭可马里的"伊丽莎白女王"号战列舰，摄于"萨拉托加"号航空母舰。(作者私人收藏)

勇"号、战列巡洋舰"声望"号，巡洋舰"伦敦"号（HMS London）、"坎伯兰"号（HMS Cumberland）、"锡兰"号以及新西兰官兵操作的"冈比亚"号（HMS Gambia），驱逐舰则包括澳大利亚皇家海军的"纳皮尔"号（Napier）、"诺曼"号（Norman）、"尼泊尔"号（Nepal）及"基伯龙"号（Quiberon，澳大利亚皇家海军），皇家海军的"奎利姆"号（Quilliam）、"寻路者"号（Pathfinder）、"昆伯勒"号（Queenborough）和"质量"号（Quality），美国驱逐舰"邓拉普"号（Dunlap）、"卡明斯"号（Cummings）和"范宁"号（Fanning），以及荷兰驱逐舰"范·珈林"号（Van Galen）和"切克·海德斯"号（Tjerk Hiddes）。荷兰巡洋舰"特龙普"号（Tromp）[①]则负责为由油轮组成的补给船队护航。尽管舰队实力不俗，但除了美国人外，其他成员都缺乏执行航空母舰突击作战的经验。

1944 年 4 月初，金海军上将提出希望东方舰队对苏门答腊 - 安达曼群岛（Andaman）- 尼科巴群岛（Nicobar Island）一线发动牵制性攻击，以求调动日

---

① 译注：该舰为 1941 年驻东印度的 3 艘荷兰巡洋舰之一，在 1942 年 2 月 18 日巴塘海峡之战（Battle of Badung Strait）中，该舰于巴厘岛（Bali）附近被重创，后于当月前往澳大利亚接受修理，因此幸运地避过了战争之初东南亚地区盟军海军几乎被全歼的命运。

本海空部队，从而便于盟军在荷属新几内亚的霍兰迪亚（Hollandia）执行登陆作战。英国政府同意了这一请求，由此导致了"座舱"作战（Cockpit）。此次作战中"光辉"号与"萨拉托加"号首次联手发动攻击，其他盟国舰只数量也在逐步增长中的东方舰队为两舰提供了支援掩护。尽管摄影侦察与目视侦察发回的情报数量非常有限，日军设于苏门答腊岛北端沙璜（Sabang）岛的基地仍被东方舰队选为了首要目标。为避免在目标上空的侦察飞行惊动敌方对行动不利，舰队总指挥官萨默维尔上将决定仅利用手头所掌握的情报作战。上将的这一担忧并非杞人忧天。当年 4 月 30 日，美国海军第 5 舰队对帕劳（Palau，亦作昂琉）进行的一次夜间侦察惊动了当地日军。在意识到美军即将展开攻击之后，日本舰艇纷纷及时驶离帕劳，从而避开了美军的空袭。在执行"座舱"作战时，东方舰队分为两个特混舰队先后出发，萨默维尔上将亲自指挥第 69 特混舰队，该舰队负责提供支援掩护，下辖皇家海军战列舰"伊丽莎白女王"号、"刚勇"号和法国战列舰"黎塞留"号（Richelieu），巡洋舰"纽卡斯尔"号（HMS Newcastle）和"特龙普"号，澳大利亚皇家海军驱逐舰"纳皮尔"号、"尼扎姆"号（Nizam）、"尼泊尔"号、"基伯龙"号，皇家海军驱逐舰"罗瑟勒姆"号（Rotherham）、"赛马"号（Racehorse）、"爆竹"号（Petard）和"佩恩"号（Penn），以及荷兰驱逐舰"范·珈林"号。第 70 特混舰队则以两艘航空母舰为核心，由战列巡洋舰"声望"号、巡洋舰"伦敦"号和"冈比亚"号，美国驱逐舰"邓拉普"号、"卡明斯"号、"范宁"号及皇家海军驱逐舰"奎利姆"号、"昆伯勒"号和"象限"号（Quadrant）提供支援。英国潜艇"战术家"号（Tactician）则在尽可能靠近目标的预定区域执行海空搜救任务（ASR）。

　　舰队于当地时间 1944 年 4 月 19 日凌晨 5 时 30 分 [6] 抵达预定攻击发起位置，该海域位于沙璜西南 180 海里。"光辉"号放出 17 架"梭鱼"式轰炸机，每架挂载 1 枚 227 千克炸弹和 2 枚 113 千克炸弹。这一载荷低于该机型的最大载荷，因此其作战半径也略有增加。为其护航的是 13 架"海盗"式战斗机。"萨拉托加"号放出了 11 架"复仇者"式鱼雷轰炸机和 18 架"无畏"式俯冲轰炸机，其中 4 架"复仇者"式各自挂载一枚 909 千克炸弹，其余"复仇者"式各自挂载 4 枚 227 千克炸弹，所有"无畏"式均各自挂载 1 枚 454 千克炸弹。为它们护航的是

16架"地狱猫"式战斗机。除此之外,"萨拉托加"号还放出了由8架"地狱猫"式战斗机组成的机群,负责扫射洛阿(Lho Nga,亦作Lhoknga,苏门答腊岛北部班达亚齐省)机场上停放的日军军机。执行类似作战任务的机群统一被称作"推弹杆"(Ramrod)[7]。舰队自身的空中战斗巡逻任务则由4架"海盗"式和8架"地狱猫"式战斗机承担。[8]出击时,预定起飞位置的天气并不好,云高较低,且风速不足,这迫使两艘航空母舰不得不各自单独进行高速航行以利舰载机起飞。6时57分,"萨拉托加"号的攻击机群首先抵达目标上空展开攻击,1分钟后"光辉"号攻击机群也抵达战场,从另一个方向执行轰炸。此次攻击达成了彻底的突然性,没有任何一架日军战斗机升空拦截,且敌高射炮直到第一枚炸弹投下才仓促开火。日军的重型高射炮射击精度很差,且显然没有接受火控指挥,但其轻型高炮的精度相当不错。两舰的攻击波均平安返航,无一损失,但一架"地狱猫"式战斗机在目标附近海域迫降。执行搜救任务的"战术家"号潜艇顶着日军岸防火炮的火力,勇敢地在飞机附近上浮并成功救起了飞行员。此次作战战果并不丰厚,但对当地港口和机场设施造成了较为严重的破坏,击沉了一艘小型商船并迫使另一艘冲滩搁浅,此外还造成若干油船中弹起火。盟军飞行员声称在战斗中共击落3架敌战斗机,另有22架停放在沙璜机场上的敌机被炸弹摧毁。[9]晚些时候3架日本鱼雷机曾一度试图接近舰队,但均被舰载战斗机击落。尽管此次空袭并未对日军在霍兰迪亚抵抗美军登陆的作战计划构成任何影响,但皇家海军通过此次作战获得了很多宝贵的实战经验。

　　两艘航空母舰此后又联手参加了代号为"方形艉"(Transom)的作战行动。此次作战中东方舰队划分为3个特混舰队,其中第65特混舰队下辖战列舰"伊丽莎白女王"号、"刚勇"号、"黎塞留"号,战列巡洋舰"声望"号,巡洋舰"肯尼亚"号(Kenya)、"特龙普"号,驱逐舰"纳皮尔"号、"尼泊尔"号、"基伯龙"号、"质量"号、"速燃导火索"号(Quickmatch,澳大利亚皇家海军)、"范·珈林"号、"罗瑟勒姆"号和"赛马"号。第66特混舰队以两艘航空母舰为核心,另辖有巡洋舰"锡兰"号、"冈比亚"号,驱逐舰"奎利姆"号、"昆伯勒"号、"象限"号、"邓拉普"号、"卡明斯"号和"范宁"号。第67特混舰队实际为补给船队,该舰队先期出发前往澳大利亚埃克斯茅斯湾(Exmouth Gulf),以待舰队主力到

∧ 除了在炎热、潮湿环境下作战半径不足的问题外，"梭鱼"式轰炸机位置较高的机翼及其复杂的人工折叠程序也给在飞行甲板上操作该机的地勤人员造成了很大麻烦，且需要大量地勤人员才能顺利完成。该照片摄于"胜利"号加入东方舰队之前，图中机群正停放于该舰飞行甲板起飞待机位置之后，远处为"海盗"式战斗机，近处为"梭鱼"式轰炸机，所有舰载机机翼均处于折叠状态。（作者私人收藏）

∧ "复仇者"式设计更为坚固耐用，其起落架强度很高，且配有电动折叠机翼。座舱后部的电动炮塔使得"复仇者"式机群拥有良好的自卫能力。（作者私人收藏）

∧ 一架"复仇者"式正在锡兰上空进行飞行训练,注意其机身上原先涂有的大型圆形识别符已被覆盖,代之以东方舰队较小的圆形识别符,但其机翼上表面仍保留着原有识别符,这种识别符广泛用于欧洲战场。在美国海军中,该机型的机组成员包括1名飞行员和2名水兵,分别担任无线电操作员和射手[1]。(作者私人收藏)

来接受补给作业。该舰队包括隶属皇家辅助舰队的油轮"鹰谷"号(Eaglesdale)、"休闲谷"号(Easedale)、"回音谷"号(Echodale)、"阿恩谷"号(Arndale)、"苹果树叶"号(Appleleaf)和"梨树叶"号(Pearleaf),以及海水蒸馏船"酒神"号(Bacchus),为其护航的是巡洋舰"萨福克"号(Suffolk)和"伦敦"号。此外,澳大利亚皇家海军的"阿德莱德"号(Adelaide)巡洋舰将先期前往埃克斯茅斯湾担任警戒。此次作战还动用了若干潜艇,其中皇家海军潜艇"呔嗬"号(Tally-ho)[2]在马六甲海峡(Malacca Strait)以南巡逻,美国潜艇"琵琶鱼"号(Angler)、"锦鳚"号(Gunnel)、"锯鲈"号(Cabrilla)[3]、"鲢"号(Bluefish)、"河豚"号(Puffer)、"红石鱼"号(Rasher)和"太平洋多指鲅"号(Raton)则在其他海峡巡逻,以防日舰队西进,对东方舰队形成突袭,同时还承担一定

---

① 译注:在皇家海军中,坐在飞行员后方的人一般担任观测员一职。
② 译注:tally-ho,狩猎时的吆喝声,示意猎狗发现了狐狸。
③ 译者注:原文为 Gabrilla,疑为笔误。

的海空搜救任务。

第65和第66特混舰队于当地时间1944年5月6日17时从亭可马里起航，此次作战也是东方舰队至当时为止跋涉距离最遥远的突击作战。遥远的航程迫使舰队必须利用战列舰和航空母舰在途中为驱逐舰补给燃料。这一作业在10日实施，尽管当时海况和天气条件不利于作业。15日，舰队抵达埃克斯茅斯湾，并迅速在锚地内完成燃油补给。皇家海军当时仍只能使用舷接近法在航行中为大型舰只补给燃料，但这一方式补给速度太慢，且作业难度较大，不适用于实战条件，因此"方形舰"作战中东方舰队只能寻找有遮蔽的锚地进行燃油补给以节约时间。南下途中，舰队一直与尼科巴群岛—苏门答腊岛—爪哇岛（Java）一线的日军机场保持600海里以上的距离，以求降低被日军侦察机发现的概率。途中舰载机群还进行了3次空袭演练。应金海军上将的要求，此次作战的目标为爪哇岛北岸的泗水港（Surabaya），该港被日军作为其反潜舰队基地，对美国潜艇在爪哇海（Java Sea）执行破袭战构成了相当威胁。此外，爪哇当地重要的炼油中心沃诺格罗摩（Wonokromo）也位于泗水附近，因此也可对该目标一并进行空袭。预定起飞位置位于爪哇岛以南海域，机群因此需要进行长距离奔袭，单程距离超过180海里，其中约一半航程位于敌占区上空。考虑还需为组成编队以及返航降落留出必要的余量，这一距离意味着参战舰载机的作战半径不应低于200海里。由于"梭鱼"式轰炸机无法满足这一指标，因此此次作战中"光辉"号搭载的是装备"复仇者"式鱼雷轰炸机的832和845中队。这两个中队此前都驻扎在锡兰的皇家海军卡图库伦德（Katukurunda）航空基地，在必要时搭乘护航航空母舰出海作战。

燃油补给完成后，舰队于15日下午离开埃克斯茅斯湾，以昼间18节夜间20节的航速赶赴预定起飞位置。为减少各舰烟囱排放量，降低暴露舰队位置的风险，昼间舰队航速较低。在抵达预定起飞位置前，"声望"号、"伦敦"号和"萨福克"号转隶第66特混舰队，以加强后者的防空火力，该特混舰队的战术指挥权则转交搭乘"光辉"号的航空母舰群指挥官。这一指挥权的转交也是吸取了美国海军的实战经验，此前皇家海军在作战中通常让航空母舰在轻型舰只的护卫下独立操作舰载机起降，舰队主力则维持原先的航向和航速，这可能导致航

∧ 第 1844 中队飞行员合影。摄于 1944 年 12 月。照片中身着卡其作训服的中尉可能是当时的值班军官，未及更换服装就参加了合影。（作者私人收藏）

∧ 一架"梭鱼"式轰炸机正以"声望"号为目标进行鱼雷攻击训练。摄于 1944 年 4 月。（作者私人收藏）

∧ "海盗"式战斗机是一种结实可靠的舰载机，可作为战斗机、战斗轰炸机以及攻击机等不同角色执行作战任务。该照片摄于 1944 年晚期。图中"海盗"式隶属 1836 中队，其机身上用粉笔画的 T 字是其所属单位的识别符，这是在仓促间采用的一种临时措施。该机已经喷涂了东方舰队的圆形标识。尽管看起来该机涂装已经明显磨损，但实际上拍摄时该机加入中队仅 1 个月。注意该机翼根部分涂装磨损尤为明显，这是因为机械师需要站在该处才能对引擎和油箱进行检修。该机编号为 JT422，于 1945 年 1 月 6 日在"胜利"号着陆时因着舰动作粗暴受损，当时其飞行员为新西兰皇家海军志愿预备役航空中尉威利（G W Wiley）。（作者私人收藏）

∧ 着陆信号官向一架试图在"光辉"号上着舰的"海盗"式战斗机飞行员发出指令，指示飞行员降低引擎马力准备着舰。该机正执行一个急转弯，沿弯曲的航线完成进近。（作者私人收藏）

空母舰陷于脆弱且孤立的态势。此种担忧并非杞人忧天，在地中海战区的战斗中，"光辉"号和"可畏"号都曾被敌俯冲轰炸机击伤，当时两者附近的护航舰只都无法提供足够的防空火力。在各舰种中，只有战列舰和巡洋舰拥有密集的近距离防空火力。在新战术下，航空母舰与特混舰队其他舰只一同机动，其余舰只围绕航空母舰组成圆环队形，其中与航空母舰最近者距离为1海里，整支舰队随航空母舰一同转向顺风向或逆风向。在这种战术下，自然应由航空母舰群指挥官在舰载机起降作战时担任舰队的战术指挥官。一俟作战完成，战术指挥权则归还给上级指挥官。

当地时间1944年5月17日凌晨4时30分，第66特混舰队迎着东南向的微风开始放飞舰载机，当时天气很好，空中仅有疏云。舰载机分为A、B两个攻击机群，前者奉命攻击沃诺格罗摩地区，后者则负责攻击泗水当地的港口及相应设施。攻击机群A包括9架来自"光辉"号的"复仇者"式鱼雷机和12架来自"萨拉托加"号的"无畏"式轰炸机，其中"复仇者"式各挂载4枚227千克通用航空炸弹，其目标为布拉特机械制造公司（Braat Engineering Works），"无畏"式的目标则为目标区域内的炼油厂。为该机群提供护航的是来自"光辉"号的9架"海盗"式战斗机。攻击机群B包括9架各挂载4枚227千克通用航空炸弹的"复仇者"式鱼雷轰炸机，其中6架负责攻击海军基地内的车间，另外3架则奉命攻击港口内的一座浮动船坞。为上述"复仇者"式护航的是8架"海盗"式战斗机。此外攻击机群B还包括来自"萨拉托加"号的6架"无畏"式轰炸机，各机均挂载1枚454千克炸弹，负责攻击港口内的一艘巡洋舰、其他浮动船坞以及泗水港商业区。另有12架"复仇者"式鱼雷轰炸机则受命轰炸民用港内的商船、浮动船坞、港口设施以及一座供潜艇使用的干船坞。为上述轰炸机提供护航的是12架"地狱猫"式战斗机。按计划，攻击机群A将由南向北攻击沃诺格罗摩地区的目标，攻击机群B则将由北向南攻击泗水港口区目标，两机群应同步展开攻击。战斗中盟军机群并未遭遇敌机拦截，且日军防空火力也颇为薄弱，其覆盖范围和炮手训练水平均有明显缺陷。全部舰载机中仅来自"萨拉托加"号的一架"复仇者"式被击落。8时50分，在完成舰载机降落作业后，第65和第66特混舰队迅速集中，并向西南方向撤退，以免暴露其与补给船队设在埃克斯茅斯湾的预定会合点。当天 15 时，"萨拉托加"号的一架舰载机在旗舰"伊丽莎白女王"号和"声望"号上各投下包裹，内含空袭后对目标区域拍摄的照片，以供评估战果之用。这些照片由"萨拉托加"号的"地狱猫"侦察摄影机拍摄，图片质量颇高，显示泗水港内尚有相当有价值的目标，其中包括若干艘潜艇，值得舰队再次对该港发动攻击。早上的攻击完成后英方参谋人员并未向美方攻击机群领队索要作战简报，而此时命令舰队掉头准备再次攻击又为时太晚。此次作战英方再次从美国海军那里得到一个深刻的教训，即对每个目标都应准备执行两次攻击。经验显示，相比首次攻击，第二次攻击通常能以更小的损失获得更丰厚的战果。同样重要的是，在决定是否撤退前，应听取机群领队的简报。此后，"萨拉托加"号及其护航舰只与东方舰队分手，经澳大利亚返回美国西海岸接受现代化改装。

在前往埃克斯茅斯湾再次补给燃料后，东方舰队返回亭可马里。此次出击东方舰队航程总计超过 7000 海里，不过，在这一对皇家海军而言惊人的数字背后，暴露出的是严重的隐患。如果情报中驻新加坡的日军舰队真的西进试图截击东方舰队，且于东方舰队返回锡兰附近时出现，那么东方舰队燃油余量完全不足以支持进行一次舰队对决。[10] 在进行第二次加油后，东方舰队仅有的油轮因航速较慢，只能落在舰队之后从埃克斯茅斯湾缓缓返回亭可马里。这些油轮的速度使得它们无法跟上高速航行中的舰队，同时这些油轮的泵油速度也无法满足在航行间为舰队补给燃料的要求。与太平洋战场相比，在印度洋战场上舰队作战所要跨越的距离还相对较短，但经此一战，燃油问题已经足以引起皇家海军参谋人员的重视，并成为日后作战计划制订时最重要的考虑因素。来去两段航程中，在为驱逐舰补给燃料后，重型舰只在抵达相应目的地时燃油余量都不足 35%。情况最严重的是舰龄最老的"伊丽莎白女王"号，该舰返回亭可马里时燃油余量甚至不足 18%，幸运的是该舰不会前往太平洋战场。除了隶属皇家海军辅助舰队的油轮外，东方舰队在锡兰仅可使用 5 艘小型港口油轮。"方形艉"作战结束后，东方舰队花了 3 天时间为各舰补给燃料，尽管此时舰队中已经只有一艘舰队航空母舰。

对泗水的空袭取得了不小的战果，沃诺格罗摩的炼油厂中弹起火被烧毁。

泗水港的海军船坞设施遭到破坏，一艘商船被击沉。然而对皇家海军而言，此战最大的价值是获得了与美国海军协同作战，对岸上战略目标实施多艘航母协同攻击的宝贵经验。战斗中"萨拉托加"号展现出了相当高的作战效率，皇家海军决定以此为目标。该舰细致精密的飞行甲板调度组给英方留下了深刻的印象，皇家海军由此认识到建立相应组织的重要性，并进而建立了"舰载机调度员"分支。1944 年以前，英国航空母舰上并无专门人员管理飞行甲板运作，而是临时抽调水兵和陆战队员执行飞行甲板调度。尽管其中部分人员可能在长期的实践中积累了经验，并摸索总结出一定规则，但绝大多数水兵和陆战队员并无这类知识。临时抽调人员推动舰载机在甲板上移动的办法在战前也许行得通，但是考虑到维护保养系泊在甲板上的载机，或将载机收纳入机库时的特殊要求，显然相关操作人员应经受特殊训练，并具有相应知识。[11] 尽管"萨拉托加"号是当时美国海军中舰龄最老的航空母舰之一，且亟待整修，但皇家海军仍普遍承认，该舰的雷达和摄影器材性能要优于最新式英国航空母舰上的同类设备。对东方舰队而言，幸运的是，在其早期发动的一系列突袭作战中，日本海军和航空兵的抵抗都很薄弱，作战后就作战过程的各种报告也指出了一系列亟待改进的项目，这对提高舰队作战能力非常有益。[12]

　　缺乏潜在目标的近期情报对东方舰队的作战造成了若干方面的影响。舰队无法确认是否会在目标上空遭遇敌航空兵的顽强抵抗，同时，在接近和撤离目标的过程中舰队都需要大量舰只提供护航。由于英制"海火"式战斗机航程较短，无法执行武装侦察任务，因此这一问题只有随着大航程的"地狱猫"式和"海盗"式战斗机逐渐抵达印度洋战场才可以解决。当舰队距离目标不足 640 千米时，舰队需要放出舰载战斗机不间断地执行空中战斗巡逻任务，同时还需部分战斗机在飞行甲板上待命。此外，皇家海军还注意到，如果为了确保达成袭击的突然性而过于强调保密性，那么显然无法在空袭正式开始前利用侦察机在目标上空进行观察，从而也无法获得有关目标的确切情报。[13] 一位经验丰富的中队指挥官曾评论称："如果给予过多没有敌机抵抗的任务，那些年轻的飞行员会误以为攻击不过小菜一碟。"[14] 无论如何，从人员伤亡情况以及无法在航空母舰上完成修理的舰载机战伤情况来看，日军通常都能组织足够的短射距对空火力，给那些执行扫射任务的飞行员留下了难忘的教训。无法获取新鲜的目标摄像情报这一短板限制了东方舰队的作战潜力，不过在对泗水的攻击中，"萨拉托加"号上的"地狱猫"式侦察摄像机的表现让皇家海军大开眼界。该机型在空袭结束后几分钟内即可完成对目标的侦察摄影，并可在很短时间内就将结果上交给英军指挥官们。认识到该机型的巨大作用之后，萨默维尔上将立即采取行动，要求调拨一支隶属皇家海军的"地狱猫"式侦察摄像机单位，以供搭载在至少一艘航空母舰上，以满足日后作战所需。这一要求得到了满足。由皇家海军志愿预备役航空少校曼（L Mann）指挥的第 888 中队于 1944 年 9 月搭乘"土邦王公"号（HMS Rajah）护航航空母舰从英国出发，于 10 月 11 日抵达锡兰。该中队装备 12 架经过改装的"地狱猫"式舰载机，专门执行侦察摄像任务。在"座舱"作战中，由于操作人员的疏忽，"光辉"号舰载机装备的甚高频无线电设备未能安装正确的晶振，导致该舰舰载机无线电频率错误，进而造成此次作战中英

∧ "地狱猫"式战斗机同样坚固耐用，也能良好地适应不同作战需求。照片摄于 1944 年 11 月 9 日，当时编号为 FN437 号的"地狱猫"式正在"胜利"号上进行着舰训练，其飞行员是皇家海军布莱克（I Black）上尉。第一次进近时飞行员没有放开手刹，导致着陆后机体前倾，螺旋桨触碰飞行甲板。该机很快就接受了修理并再次起飞。（作者私人收藏）

∧ 修理完成后的 FN437 号机。（作者私人收藏）

∧ 从 1944 年初开始，预定加入英国太平洋舰队的舰只源源不断地向东集结。照片中"骚乱"号（HMS Tumult）驱逐舰正在向南穿越苏伊士运河，照片背景中可见澳大利亚战争纪念碑。（作者私人收藏）

美两国舰载机之间无法交流。在后续的"方形舵"作战中，英方最资深的中队指挥官携带一台可实现收发功能的特制无线电话，并借此与美方舰载机联队指挥官保持联系，从而在一定程度上排除了上述基本错误的不利影响。

实战中还发现攻击机群及其护航机群从依次起飞至编队完成的时间明显高于预期，从最后一架舰载机起飞至编队完成的时间有时甚至高达40分钟。由于能见度不理想，在黎明前的晨昏时编队完成的时间还会更长。出于对这一问题的顾虑，同时为了避免在暗夜中集结大规模机群，在不影响攻击突然性的前提下，东方舰队的参谋们通常更倾向于在昼间放出舰载机。用"复仇者"式取代航程较短的"梭鱼"式轰炸机的决定在一定程度上缓解了这个问题的紧迫程度，此外，这一决定还意味着舰队可以在距离海岸更远处运作，从而大大降低了遭受反击的风险。舰队无法在夜间使用舰载战斗机是另一个重要缺陷，且在战争结束前一直未能弥补。在东方舰队早期的一些作战中，英国舰载机每次投掷的航空炸弹总重量通常不足27吨。在若干次攻击中，舰载机投弹机构因机械或者电气设备原因发生故障，导致相当数量的炸弹无法正常投向目标。鉴于战争已经进行了5年，这一现象本不应出现。[15]各中队之间投弹命中率有相当的差异，这主要因为某些单位在登舰之前几乎没有进行过练习。对作战经过的检讨显示，尽管并未遭到有效的防空火力干扰，但某些情况下俯冲轰炸机的投弹高度过高，影响了投弹精度。此外，虽然1942—1943年间驻北非装备"大青花鱼"式鱼雷轰炸机的中队曾广泛在实战中使用目标指示器，但是这一设备及相关技术并未被东方舰队采纳。实战条件下，前导机轰炸造成的烟尘通常会妨碍后续轰炸机的瞄准轰炸，在这种情况下，目标指示器能有效地指引后续轰炸机找到目标。

"萨拉托加"号脱离舰队后，"光辉"号曾于6月10—13日期间进行过一次短暂的出击。与其一同出航的有护航航空母舰"王子"号（Atheling）、一艘巡洋舰以及驱逐舰警戒群，其中"王子"号实际是作为"光辉"号舰载机的备降舰。此次作战代号为"理事"（Councillor）。其性质为一次佯动，意图造成英国特混舰队即将再次攻击沙璜的假象，并将日军的注意力从马里亚纳群岛吸引开，以利美军即将在塞班岛展开的登陆作战。基于此次作战的性质，舰队无须过于靠近敌占区。潜艇"冲浪"号（Surf）从沙璜以西480千米处进行无线电佯动，模拟航空母舰发出的无线电信号。6月12日返航途中，"光辉"号的舰载机执行了搜索和空中巡逻任务，但是日军对此次佯动并无反应。6月19日，"光辉"号再次出击执行"踏板"作战（Pedal），此时其舰载机群规模再度扩大，载机总数增加至57架，其装备"海盗"式战斗机的中队数量增加到3个，新增中队的番号为1837中队。与此同时，该舰搭载的"梭鱼"式轰炸机数量由24架降至15架。东方舰队再次为其派出了强大的掩护舰队，[16] 编为第60特混舰队。此次出击的目标为南安达曼岛的布莱尔港（Port Blair），除"光辉"号外，舰队还包括"声望"号、"黎塞留"号、"尼日利亚"号（Nigeria）[①]、"肯尼亚"号、"锡兰"号、"奎利姆"号、"质量"号、"速燃导火索"号、"罗瑟勒姆"号、"赛马"号、"无情"号（Relentless）、"雄獐"号（Roebuck）和"袭击者"号（Raider）[②]。此外东方舰队还出动了潜艇"疾驰"号（Tantivy）和"克莱德"号担任海空搜救任务。

　　1944年6月21日破晓时分，舰队抵达布莱尔港以西95海里处的预定起飞位置。舰队随即转向迎风航向，放出了全部15架"梭鱼"式轰炸机，以及负责护航的16架"海盗"式战斗机。2架"梭鱼"式轰炸机因引擎故障提前返航。除护航任务外，16架"海盗"式还奉命攻击港内任何船只，以及罗斯岛（Ross Island）上的日军指挥部、凤凰湾（Phoenix Bay）内的日军水上飞机基地、据信设于阿伯丁港（Aberdeen Harbour）的军事设施，以及查塔姆岛（Chatham Island）上的锯木厂。由8架"海盗"式战斗机组成的"推弹杆"部队负责压制布莱尔港附近两个机场的敌机，另有8架"海盗"式于6时30分—11时30分期间，在整个舰队上空担任空中战斗巡逻任务。当日天气不佳，云高仅460米左右，云量中等，局部暴风雨，但目标附近的防空火力却颇为猛烈，当地主要机场的轻型防空火力尤为密集。战斗中，1架"梭鱼"式在目标上空被击落，另有5架舰载机中弹，其中一架"海盗"式的飞行员坚持将座机驾驶至海岸线附近，

---

① 译注：皇家海军轻巡洋舰。
② 译注：最后3艘均为皇家海军驱逐舰。

随后跳伞获救，另外 4 架舰载机安全返回"光辉"号。机群共载有 227 千克炸弹和 114 千克炸弹各 26 枚，其中 3 枚因投弹机构故障未能投下，另有 3 枚投弹时未解除保险，4 枚弃入大海，剩余 42 枚炸弹落入目标附近。鉴于此次作战中投弹总吨位很少，52 枚炸弹中 10 枚未能正确攻击目标，颇为尴尬。如此高的失误比例意味着此后必须采取措施以降低投弹失败率。在回收舰载机后，第 60 特混舰队高速向西撤退。战斗中未遭遇敌机阻拦，但日方战报声称损失轻微。不过，对于"光辉"号而言，此次作战中运作的舰载机数量创造了该舰的新纪录：该舰一次性放出了全部 57 架舰载机中的 39 架。鉴于此次作战没有准备备降舰，如此高的起降数量实属过高：在战斗的某些阶段，共有近 50 架舰载机同时处于飞行中，一旦有一架飞机在甲板上坠毁，或发生其他严重事故，都可能导致飞行甲板暂时关闭，返航的舰载机便只能实施水上迫降。

　　1944 年 7 月 5 日，"胜利"号和"不挠"号抵达科伦坡加入东方舰队。前者 7 月 22 日与"光辉"号一道出航参与"深红色"作战（Crimson）。此次作战中，战列舰将炮轰沙璜，航空母舰舰载机则提供空中掩护，并进行侦察摄影以供评估战果。"光辉"号的舰载机群和此前一样，"胜利"号则搭载第 1834、第 1836 和第 1838 中队，共装备 39 架"海盗"式战斗机。3 个中队组成第 47 海军战斗机联队，联队长为特恩布尔（F R A Turnbull）海军少校。为此次作战集结的舰队统编为第 62 特混舰队，除两艘航空母舰外，还包括战列舰"伊丽莎白女王"号、"刚勇"号、"黎塞留"号、战列巡洋舰"声望"号、巡洋舰"尼日利亚"号、"肯尼亚"号、"冈比亚"号、"锡兰"号、"坎伯兰"号、"菲比"号（Phoebe）[①]、"特龙普"号、驱逐舰"无情"号、"罗瑟勒姆"号、"赛马"号、"袭击者"号、"雄獐"号、"火箭"号（Rocket）、"迅速"号（Rapid）[②]、"质量"号和"速燃导火索"号。担任海空搜救任务的是皇家海军潜艇"圣殿骑士"号（Templar）和"坦塔罗斯"号（Tantalus）。此次作战中航空母舰前出至沙璜以北仅 35 海里

---

①译注：皇家海军轻巡洋舰。
②译注："火箭"号与"迅速"号均为皇家海军驱逐舰。

处，距离战列舰队不远，后者于清晨 6 时 40 分①抵达预定炮击位置。原计划中航空母舰将于日出前 33 分钟起放飞舰载机，但鉴于当日清晨天色异常昏暗，舰载机起飞时间较原计划延迟了 5 分钟。尽管如此，起飞时间仍显稍早，导致机群组成编队的动作笨拙而又缓慢，更加拖延了编队出发时间。战斗机群受命攻击沙璜、洛阿和哥打拉惹（Kotaraja）三处机场，但因地图细节不足，且没有照片供判读，1838 中队未能找到目标。机群抵达机场上空时天色依旧很暗，难以实施精确的对地扫射，但此时日军已经有所警觉，一俟机群抵达便开火"热烈欢迎"。对于那些此前已经在本土舰队习惯于战前便得到准确情报的机组成员，这一情况在战后引发了极大的担忧。他们不得不接受这一事实：准确情报的获取通常地意味着作战失去突然性。清晨灰暗的天色，超过 700 千米的高速低空飞行，以及遍布空域的防空火炮火光，这一切都使得英国飞行员们难以发现隐藏在掩体中涂有迷彩的敌机，扫射任务执行得并不顺利。战斗中一架"海盗"式被击落，但其飞行员获救。

第 62 特混舰队的战列舰编队炮轰了沙璜的港口设施以及兵营，巡洋舰的目标是韦岛（Pulo We Island）上的无线电站，并在辨明敌岸炮炮位后与其交火。驱逐舰则对一座雷达站展开了攻击。战列舰严格遵守此前制订的射击方案，在"光辉"号舰载机的校射下从远距离上展开射击。巡洋舰和驱逐舰则对目标直接射击，自行修正落点。其中"奎利姆"号、"质量"号、"速燃导火索"号和"特龙普"号组成近岸攻击分队，由皇家海军昂斯洛（Onslow）上校指挥，在战列舰炮击结束后抵近沙璜港攻击港口设施并施放鱼雷。除"速燃导火索"号外，该分队其他舰只均被日军岸防炮火击中，死伤者中包括一名战地记者。不过舰只本身仅轻微受损。炮击之后再进行一轮空袭本应非常有利，但此次作战中却并未实施。撤退途中，2 架日军侦察机曾试图接近第 62 特混舰队，但遭到舰载战斗机的拦截且均被击落。当天下午，9~10 架日军"零式"战斗机逼近舰队，遭到 13 架"海盗"式战斗机的截击，其中 2 架日机被击落，另有 2 架被击伤。据飞行员报告，

① 译注：7 月 25 日。

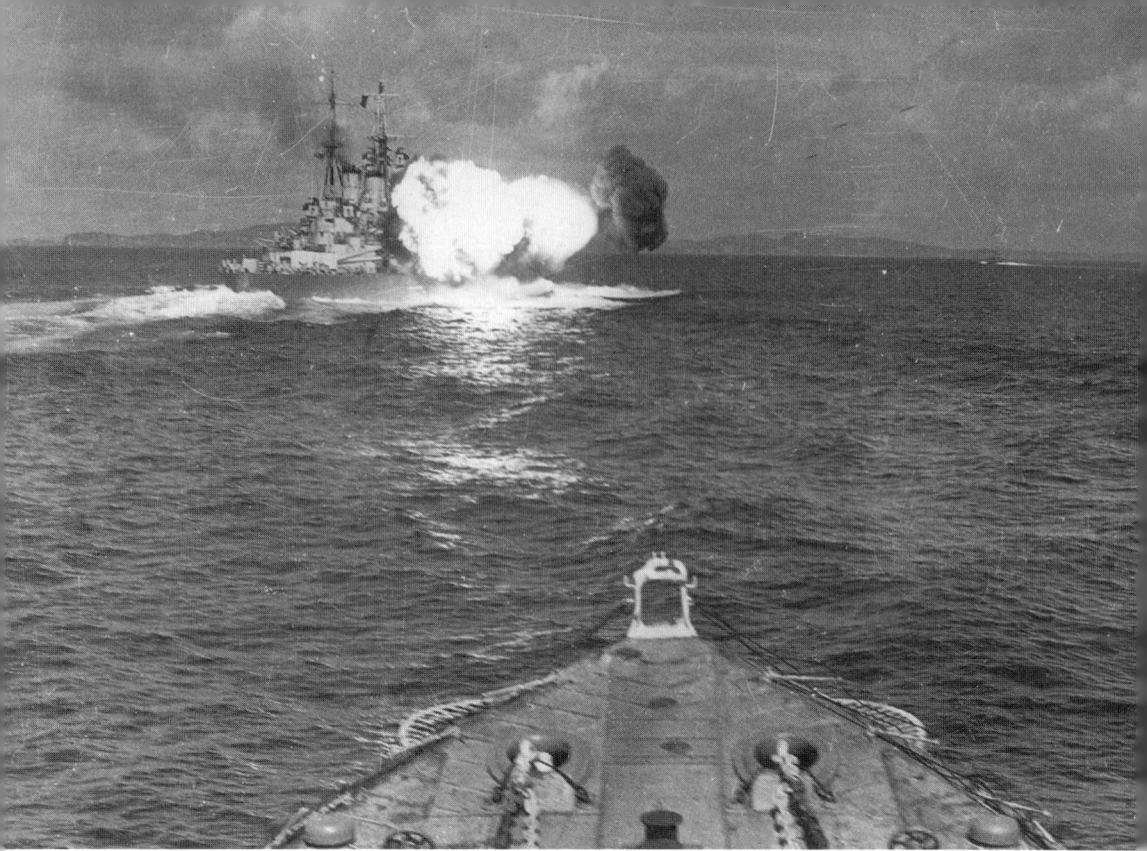

︿ 太平洋舰队的旗舰是"豪"号（Howe）战列舰。该舰先于舰队主力从澳大利亚出发，并于1945年2月访问了新西兰。照片中该舰正在新西兰沿海进行一次射击示范，3枚飞行中的356mm炮弹清晰可见。（作者私人收藏）

﹀ 大量舰载机起飞后组成编队需要相当的技术水平，这需要领队花费相当时间反复练习才能熟练完成。图中天气良好，大批"复仇者"式鱼雷机正在舰队上空盘旋组成编队。（作者私人收藏）。

此时日军飞行员的水平已远不如1942年。[17]

此战之后，每艘航空母舰的"海盗"式战斗机中队数量降为2个，以图充实剩余各中队的飞行员和后备机。同时，"胜利"号搭载的战斗机数量也有所减少，以搭载更多的鱼雷轰炸侦察机。东方舰队的下一次作战代号"宴会"（Banquet），参战舰只编为第64特混舰队，其核心为"胜利"号和"不挠"号，后者被穆迪少将选为旗舰。此时"光辉"号已经离开亭可马里，前往德班接受整修，此次整修预计1944年10月中旬方能完成。"不挠"号的舰载机群由各装备14架"地狱猫"式战斗机的第1836和第1839中队以及各装备14架"梭鱼"式轰炸机的第815和第817中队组成，其中两个战斗机中队组成第5海军战斗机联队，由皇家海军詹姆森（T G C Jameson）少校指挥，两个轰炸机中队组成海军第12鱼雷轰炸侦察联队，由皇家海军布里顿（Britten）少校出任联队长。[18]此次作战计划于1944年8月24日发动攻击，除进行侦察摄影外，还将攻击巴东（Padang）机场、埃玛哈文港（Emmahaven harbour，今称直落巴由）以及因塔隆（Indaroeng，又作Indarung）水泥制造厂，该水泥制造厂也是荷属东印度唯一的水泥制造厂，同时也是日本在其东南亚控制区内唯一的水泥来源，对日本在当地的工事建造非常重要。"宴会"作战的目的是将日军海空部队吸引在苏门答腊地区，以免日军将这些部队转用于抵抗美军在霍兰迪亚的登陆作战。然而"宴会"作战的规模太小，并不足以对日军的作战计划产生明显影响。[19]战列舰"豪"号于1944年8月8日①由英国本土抵达亭可马里，取代了几天前严重受损的"刚勇"号，后者当时进入海军部第23号浮动船坞接受修理，不料船坞突然折断，造成该舰受损。②

---

① 译注：疑为8月3日。

② 译注：此事故发生于8月8日，"刚勇"号推进器和船舵受损。事故原因尚不明确，有观点认为是船坞操作失误导致重量分配不当，加之当时"刚勇"号未卸载弹药，重量过大，导致船坞折断。亦有观点认为该船坞在1942年日军空袭中受损，且未完全修复，最终导致此次事故。还有观点认为事故由机械故障引起。幸运的是，"刚勇"号经此事故后仍能航行。原计划该舰前往亚历山大港入坞维修，但因该舰状况不佳难以穿越苏伊士运河，不得不在运河地区拆除两个受损的推进器后返回亭可马里。该舰最终于1944年10月离开亭可马里，后于同年12月离开苏伊士经南非开普敦和弗里敦返回英国本土。

第64特混舰队于1944年8月19日从亭可马里出发。由于原计划担任海空搜救任务的潜艇"塞文河"号（Severn）发生故障，需以"海盗船"号（Sea Rover）接替。为等待后者就位，计划中的空袭被推迟了一天。途中油轮"休闲谷"号于22日为特混舰队中的巡洋舰和驱逐舰补给了燃料。舰队于24日凌晨5时50分抵达预定起飞位置，当时天气很好，美中不足的是当时东南风风速仅有6海里/时，因此航空母舰不得不以27节的速度航行，以使舰载机获得足够的起飞速度。在执行这一机动的过程中，舰队上下惊讶地发现"豪"号战列舰竟无法保持这一速度。第一攻击波由两艘航空母舰的各10架"梭鱼"式组成，每架均挂载227千克炸弹，为其护航的是"胜利"号的19架"海盗"式战斗机。第二攻击波于7时10分编队完成飞往目标，该攻击波由"不挠"号的9架"梭鱼"式和"胜利"号的3架"梭鱼"式组成，为其护航的是"胜利"号的12架"海盗"式战斗机。机群在巴东和埃玛哈文港均未发现船只或其他活动迹象。此外两地仓库紧锁，起重机也无一运作。实际上，自从占领之后日军从未使用过该港，且早在4月一艘荷兰潜艇就已经汇报过这一情报，但东方舰队的情报参谋对此一无所知。空袭中机群未遇任何敌机阻碍，因此这一次"梭鱼"式轰炸机取得了较高的命中率，不过仍有一架"海盗"式被轻型防空火炮击落。此次作战的一大目的是让年轻且缺乏经验的飞行员经历实战环境的考验，但由于日军抵抗非常薄弱，这一目的未能达到。不过，此战中英国航空母舰首次搭载专职摄影单位作战，此即旗舰"不挠"号搭载的"地狱猫"式侦察摄影机中队。该中队在印度洋的处子秀堪称完美。但同时令人失望的是，设计时速超过28节的新战列舰"豪"号[①]竟然无法达到27节的速度与航空母舰编队航行。此外，该舰的油耗也限制了舰队撤退时的速度，在返回亭可马里前这引发了严重的不安。此次小规模作战中，"胜利"号共消耗约5.4万升航空煤油，约占其设计载油量的1/4。由此可见英式航空母舰在设计上为了追求防火性能而在作战能力上做出的牺牲。[20]

---

① 译注：该舰试航速度为27.5节，当时排水量42630吨。

∧ 某次突击作战后返航中的东方舰队编队，由近至远依次是"不挠"号、"豪"号和"胜利"号。摄于1944年。（作者私人收藏）

8月23日，自1942年3月起一直担任东方舰队总指挥官的萨默维尔上将正式卸任，布鲁斯·弗雷泽上将同日接任，他将把规模不断扩张的东方舰队拆分为两个舰队，即行将组建的英国太平洋舰队和仍继续驻锡兰作战的东印度舰队。由弗雷泽指挥的首次作战代号"光"（Light），参战舰只以"不挠"号和"胜利"号为核心，编为第63特混舰队，两艘航空母舰搭载的舰载机单位不变。此次作战的目的是出动战斗机扫荡棉兰（Medan）和德里河勿拉湾港（Belawan Deli）两地的机场，并计划于9月17日实施"光A"作战，对阿鲁湾（Aru Bay）庞卡兰苏苏港（Pangkalan Soesoe，亦作Pangkalan Susu）以东和以南地区进行侦察摄影，不过这一部分作战因天气原因取消。次日舰队执行"光B"作战，对苏门答腊实格里（Sigli）地区的铁路维修养护设施进行了空袭。作为对"光A"作战的替代，"不挠"号搭载的"地狱猫"侦察摄影单位于18日对北苏门答腊其他地区以及尼科巴群岛进行了侦察。担任海空搜救任务的潜艇则在棉兰和实格里附近海域就位。18 日晨 6 时，攻击机群迎着时速 10 节的海风开始起飞。两艘航空母舰各贡献了 10 架"梭鱼"式组成攻击波，其中来自"不挠"号的一架起飞后不久便在海上迫降。提供护航的是"不挠"号的 10 架"地狱猫"式和"胜利"号的 16 架"海盗"式战斗机，其中 3 架在起飞后立即因故障返航，这一故障是由于此前系泊于飞行甲板时遭遇大雨，舰载机被雨水浸透导致。从第一架舰载机起飞到编队完成共耗时 40 分钟，两个因素导致了这一结果：首先，"不挠"号的部分舰载机直到起飞前才发现因几天前遭遇大雨导致故障，无法参与战斗；其次，该舰很晚才确定甲板风速不足，无法一次性放飞全部舰载机。后者正是缺乏实战经验的体现。

∧ 在对实格里的空袭中，来自"胜利"号的一架"梭鱼"式拍摄的战场照片。(作者私人收藏)

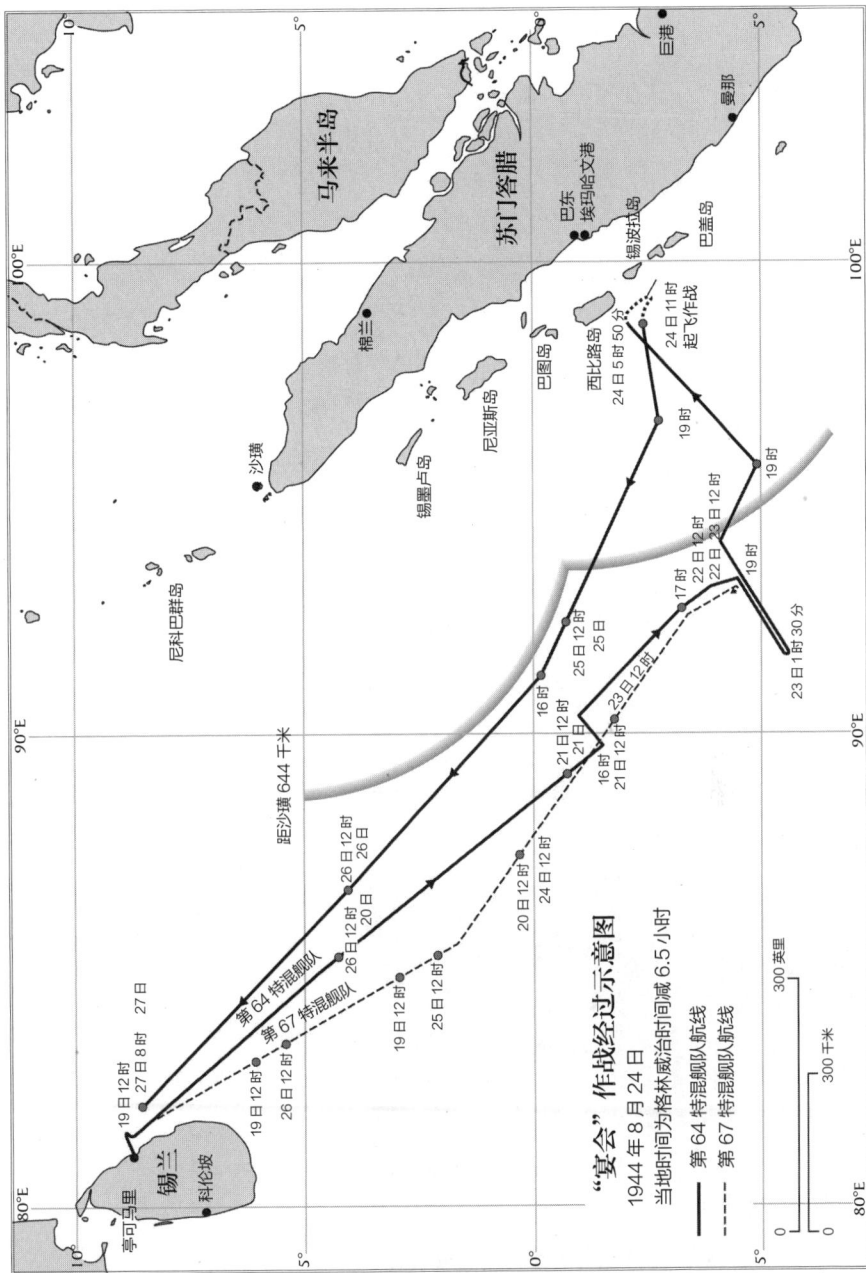

"宴会"作战经过示意图。

攻击机群抵达目标上方后发现天气较差，大雨倾盆且能见度不足，不过也没有遭遇敌机拦截，当地日军地面的防空炮火也很薄弱。"梭鱼"式轰炸机在600~900米的较高高度投弹，整个投弹过程在1分钟内完成，这意味着前后两机投弹时间间隔只有2~3秒，一般来说，如此短暂的间隔基本无法满足精确瞄准及轰炸所需。攻击机群成功命中主要目标，但一些次要目标未被命中。此次作战单程航程约210千米。尽管海军部一直想方设法增加"梭鱼"式的作战半径[21]，穆迪少将在此战后的报告中还是认为该机型最大作战半径仅为约240千米，这显然无法满足在太平洋战区与美军协同作战所需，也验证了将其更换为"复仇者"式鱼雷轰炸机的必要性。总体而言，此次作战中皇家海军依旧承袭了以往的错误和缺陷。飞行员往往长期将发信机置于"开"状态，导致正常的联络

〈 在海中迫降后，一架"梭鱼"式轰炸机的机组成员及其橡皮艇被"胜利"号的救生艇救起。(作者私人收藏)

通信被阻塞。航行过程中航空母舰未能较好地保持编队位置，导致各舰载机在降落盘旋时航线交错，不得不常常进行紧急避让，从而造成了相当程度的混乱。

"胜利"号的战斗机原本受命在高空负责掩护，但它们却俯冲至低空扫射地面目标。更令人难堪的是，战斗中，一架"梭鱼"式在海中迫降，负责海空搜救任务的潜艇"精神"号（Spirit）尽职地上浮营救飞行员，不料该艇竟然遭到了两架己方战斗机的扫射。这两架"地狱猫"式战斗机来自"不挠"号，当时正在执行空中战斗巡逻任务。尽管此次意外并未造成人员伤亡，但类似意外显然不利于海空搜救作业日后的改进。负责空中战斗巡逻任务的"海盗"式战斗机在起飞时未挂载大航程副油箱，因此9月18日下午"豪"号的对空搜索雷达发现不明目标后，上述战斗机因燃油不足无法实施拦截。聊以自慰的是，至少在犯下上述错误后，舰队还能及时发现错误并吸取教训。鉴于此时距离英国太平洋舰队正式成军仅剩几星期，如果要在未来的战争中与久经考验的美国海军快速航空母舰舰队旗鼓相当，显然舰队需要迅速做出显著改善。

"粟"（Millet）作战是东方舰队进行的最后一次带有演练性质的实战。参战舰只编为以"不挠"号和"胜利"号为核心的第63特混舰队，两舰搭载的舰载机单位不变。舰队于1944年10月15日出发。这不仅是航空母舰最后一次搭载"梭鱼"式轰炸机，也是穆迪少将最后一次以东方舰队航空母舰群指挥官的身份出战。第63特混舰队被分为3个战斗群，各战斗群之间有一定距离但仍作为一个整体作战。第一个战斗群下辖战列巡洋舰"声望"号及驱逐舰"奎利姆"号、"昆伯勒"号和"基伯龙"号，第二个战斗群下辖巡洋舰"伦敦"号、"坎伯兰"号、"萨福克"号及驱逐舰"无情"号、"袭击者"号、"诺曼"号、"范·珈林"号，第三个战斗群则包括2艘航空母舰，巡洋舰"菲比"号，驱逐舰"幼崽"号（Whelp）、"警醒"号（Wakeful）、"韦塞克斯"号（Wessex）和"赌注"号（Wager）。

此次作战的主要目标是制造英军即将在尼科巴群岛登陆的假象，从而掩护美军在菲律宾的登陆作战。10月17日，"不挠"号放出了10架"梭鱼"式轰炸机，每架各携带227千克炸弹，在8架"地狱猫"式的护航下扑向楠考里港（Nancowry），"胜利"号则派出8架"海盗"式担任高空掩护，另派出19架负责扫射当地机场及地面目标。此次作战战果颇佳，且再次达成了对日军的奇袭。

轰炸机轰炸精度颇高，港内唯一的船只"石狩丸"号被一枚炸弹直接命中后沉没。战斗中一架"梭鱼"式未能从俯冲中改出，另有一架"地狱猫"式在陆上迫降，飞行员阵亡。2架"海盗"式在马六甲以北迫降，另有3架受损。舰队中的重型舰只在舰载机的校射下，对卡尔尼科巴岛（Car Nicobar）地区的目标进行了炮击，炮击精度颇高。当夜第63特混舰队仍停留在附近海域，不过"菲比"号燃油余料较低，引起了舰队的注意。次日舰队再度对目标进行了攻击和炮轰。

19日，日军终于对英方的攻击做出了反应。8时40分，一架双引擎飞机从舰队上方飞过，未遭拦截。各舰展开防空炮火，"不挠"号的校射机也试图进行拦截，但未获成功。此前在炮击舰队上方执行空中战斗巡逻的战斗机也曾试图拦截，但因未能及时爬升至相应高度而失败。不过，由于作战信息网络发生故障，"不倦"号（Indefatigable）的作战指挥室当时对此一无所知。9时30分，舰队发现一群不明身份的飞机，遂派出"地狱猫"式战斗机前往拦截，但这些战斗机未能与目标接触。幸而最终"海盗"式战斗机在航空母舰东北20千米、卡尔尼科巴岛以南16千米处发现了目标，判明目标为一群日本陆航"隼"式战斗机，其中9架位于2100米高度，另有3架同型机位于4900米高度担任高空掩护。双方随即展开激战，炮击舰队上方执行空中战斗巡逻的战斗机也赶来支援。空战从9时50分一直持续到10时30分，期间4架"隼"式被击落，其余若干被击伤。英方的代价为2架"海盗"式和1架"地狱猫"式被击落。而后"地狱猫"式向东北方向追击敌高空掩护机，并将其全部击落，自身无一损伤。此次作战中，英方共损失4名飞行员、1名观测员、1名通信兵/射手和8架舰载机，但鉴于来袭的日军陆航战斗机被击退，且己方攻击机群在敌军顽抗下坚决进行了攻击并取得了不错的战果，因此整个舰队的士气得到提升。尽管如此，器材故障仍困扰着舰队。战斗中，一架"地狱猫"式侦察摄影机穿过敌军密集的防空炮火网完成拍照任务，该机返航后其机组成员却沮丧地发现照相机未打开。战斗中部分舰载机的机载机枪哑火，此外还发生了若干次电器和无线电故障，其中一次发生在截击敌机的关键时刻。舰队作战效率的确有所改观，但仍有很长的路要走。

自舰队航空母舰抵达印度洋以来，舰队在1944年3—10月底期间共进行了8次带有演练性质的作战，其中两次除发动空袭外还进行了炮击。对于那些从一开始就确定将加入英国太平洋舰队的战舰而言，迅速获取对日作战的实战经验至关重要，这种需要的迫切性也被印度洋地区历次作战所证明。在舰载机和后勤支援系统的通力合作下，上述远距离突击作战才得以完成，而这种作战的复杂程度早已超过皇家空军早期的作战理念，这也说明了1944年皇家海军东方舰队的成就是多么可观。随着作战规模的一次次扩大，具体的教训也在实战过程中被确认并汲取，其中教训之一便是一旦敌地面防空部队已全力投入作战，权衡得失，战斗机部队便不应冒险扫射地面目标。此外，在攻击机群返回后，航空情报官员应对飞行员就作战经过进行迅速且高效的征询并完成相应的简报，这对参谋人员决定是否需要再度对目标发动攻击尤为重要。对"地狱猫"式侦察摄像机带回的摄像情报进行快速判读，也有助于强化简报的细节。在重型舰只对岸上目标进行炮轰时，由战斗机飞行员进行校射的效果很好。尽管部分飞行员此前并无相关经验，但在进行若干次初步练习后，他们通常都能胜任这一任务。在诺曼底登陆战中，皇家海军的战斗机飞行员就成功完成了校射任务，并击落了若干架敌机。与1944年前使用"剑鱼"式或"海象"式等双翼机型执行校射任务相比，战斗机飞行员有充分的自卫和作战手段，在必要时可进行空战驱散敌方的干扰，从而完成校射任务。

不过，从这一系列作战中得出的最重要的教训，便是传统的英式海上补给燃油法，即从油轮船艉拖下一根浮动油管，接上受油舰只进行加油的手段难以满足实战需要。皇家海军辅助舰队油轮普遍较慢的泵油速度更加剧了这一问题的严重性，且这些油轮航速较低，无法跟上舰队。在英国太平洋舰队的筹备过程中，英国油轮的缺陷就已让海军部深感头疼。尽管如此，当时这些油轮是使舰队能从无到有实现运作，完成海军部对美国承诺的基础所在。随着新式英国战舰的逐渐集结以构成未来的英国太平洋舰队，这一缺陷被不断放大。大部分新式战舰设计于20世纪30年代晚期皇家海军再武装时期，设计时假想作战场景是在北海上与德国舰队进行一场"日德兰式"的海战。鉴于在这一场景下战场距离英国主要海军基地仅有数小时航程之遥，因此与美国海军同类舰只相比，皇家海军舰只航程普遍较短，不适于在太平洋战场作战。前者在设计时即考虑到太平洋上的海战战场与自身基地之间可能存在相当远的距离，并据此强调了续航能力。例如，现代化的巡洋舰"菲比"号①在航行 72 小时后其燃油余量仅为 55%，期间大部分时间该舰仅以 16 节②的速度航行，以 20 节速度航行时间仅为 10 小时。

就在航空母舰在印度洋海域实战苦练，提高作战效率的同时，海军部也在从全球范围抽调舰只以及辅助船只向印度洋集结，构建英国太平洋舰队。战列舰"豪"号于 1944 年 8 月抵达锡兰，"英王乔治五世"号此时也正在赶来途中。1944 年 12 月 10 日，"不倦"号航空母舰抵达锡兰加入太平洋舰队，其姊妹舰"不饶"号（HMS Implacable）则即将在罗塞斯（Rosyth）接受改装，准备加入太平洋舰队作战。此外，还有若干巡洋舰和驱逐舰正在东进途中，海军部也为它们制订了计划，分别在马耳他、孟买、西蒙斯顿、德班和悉尼对其进行改装，包括加强其防空火力，以使这些舰只可以与美国海军并肩作战。维护航空母舰"独角兽"号在 1944 年曾为舰队航空母舰提供了重要的支援。为应付舰队中数量日趋增长的美制舰载机，该舰还搭载了特别维修队（SRP）。1944 年 11 月，"独角兽"号从锡兰前往德班接受改装，以使该舰能对英国太平洋舰队在初期计划使用的载机进行修理和维护，这五种舰载机分别是美制"海盗"式、"地狱猫"式、"复仇者"式及英制"海火"式和"萤火虫"式。初期太平洋舰队的舰载机中不包括"梭鱼"式轰炸机，但按计划后期该机型将加入舰队。"独角兽"号于 1945 年 1 月 1 日离开德班，返回科伦坡。抵达后几天内，若干刚刚完成作战飞行训练，即将加入英国太平洋舰队的飞行员在该舰上进行了若干次着舰训练。此后该舰先后访问了印度柯钦（Cochin）和锡兰（Ceylon，今斯里兰卡）的科伦坡（Colombo），将东方舰队所有航空兵基地内的后备仓储席卷一空，最终搭载着创该舰纪录的 82 架舰载机和 120 具引擎，踏上了前往悉尼的航程。实际上，如果尚有其他后备设备器材，该舰仍有空间容纳。2 月 5 日，该舰在弗里曼特尔短暂停留补给燃料，随后搭载着上述重要物资于 2 月 12 日抵达悉尼。这就是英国太平洋舰队当

---

① 译注：该舰隶属"黛朵"级轻巡洋舰，实际上该级舰作为防空巡洋舰，其海战定位更近似于驱逐领舰，在设计时，其 133mm 主炮仅能满足水面作战的最低要求。

② 译注：该舰设计时速 32 节。

︿1945 年 2 月，"独角兽"号离开弗里曼特尔前往悉尼。（作者私人收藏）

﹀停放在"独角兽"号飞行甲板上随舰运往澳大利亚的舰载机。摄于 1945 年 2 月。（作者私人收藏）

时拥有的唯一有效舰载机后勤支援设施，以及当时舰队仅有的后备舰载机。

英国太平洋舰队的旗舰是"豪"号战列舰，弗雷泽上将乘坐该舰于 1944 年 12 月从锡兰出发前往悉尼。成军时太平洋舰队组成如下：

英国太平舰队

第 118 特混舰队（突击舰队）：

舰队航空母舰

第 1 航空母舰中队："不挠"号（旗舰）、"光辉"号、"胜利"号、"不倦"号

战列舰

第 1 战列舰中队："英王乔治五世"号（英国太平洋舰队副总指挥官旗舰）、"豪"号（英国太平洋舰队总指挥官旗舰，总指挥官驻悉尼）

巡洋舰

第 4 巡洋舰中队："敏捷"号（Swiftsure，中队旗舰）、"冈比亚"号、"黑王子"号（Black Prince）、"亚尔古水手"号（Argonaut）、"欧尔亚拉斯"号（Euryalus）

驱逐舰

第 4 驱逐舰队："速燃导火索"号、"基伯龙"号、"质量"号、"昆伯勒"号

第 25 驱逐舰队："格伦威尔"号（Grenville）、"阿尔斯特"号（Ulster）、"水精灵"号（Undine）、"熊星座"号（Ursa）、"乌拉尼亚"号（Urania）、"大胆"号（Undaunted）

第 27 驱逐舰队："肯彭菲尔特"号（Kempenfelt）、"韦塞克斯"号、"赌注"号、"幼崽"号、"旋风"号（Whirlwind）、"警醒"号

后勤支援舰队护航舰只

护卫舰及炮舰："起重机"号（Crane）、"红极"号（Redpole）、"野鸡"号（Pheasant）、"丘鹬"号（Woodcock）、"杓鹬"号（Whimbrel）、

"巴尔勒"号（Barle）、"赫尔福德"号（Helford）、"帕雷"号（Parret）

第21扫雷艇队（全部由澳大利亚皇家海军舰只构成）："巴拉腊特"号（Ballarat）、"马里伯勒"号（Maryborough）、"利斯莫尔"号（Lismore）、"怀阿拉"号（Whyalla）、"古尔本"号（Goulburn）、"卡尔古利"号（Kalgoorlie）、"图文巴"号（Toowoomba）、"本迪戈"号（Bendigo）

第22扫雷艇队（全部由澳大利亚皇家海军舰只构成）："杰拉尔顿"号（Geraldton）、"塞斯诺克"号（Cessnock）、"凯恩斯"号（Cairns）、"伊普斯维奇"号（Ipswich）、"塔姆沃思"号（Tamworth）、"伍伦贡"号（Wollongong）、"皮里"号（Pirie）、"朗塞斯顿"号（Launceston）

第117特混舰队，舰队后勤船队

补给航空母舰①

"投石者"号（Slinger）、"演讲者"号（Speaker）、"打击者"号（Striker）、"击剑者"号（Fencer）

维修工作船

"资源"号（Resource）、"阿特菲克斯"号（Artifex）

飞机修理船

"独角兽"号

驱逐舰供应舰

"泰恩"号（Tyne）

布网舰

"监护人"号（Guardian）

食品储备分发船

"埃德蒙顿要塞"号（Fort Edmonton）、"登比郡"号（Denbighshire）、

---

① 译注：均为护航航空母舰，用于向舰队输送后备舰载机。

"阿尔巴马要塞"号（Fort Albama）、"迪耶普城"号（City of Dieppe）

航空储备分发船

"科尔维尔要塞"号（Fort Colville）

枪炮储备分发船

"科林达"号（Corinda）、"达威尔"号（Darvel）、"赫墨林"号（Hermelin）、"赫伦"号（Heron）、"科提"号（Kheti）、"帕切科"号（Pacheco）、"列日公主"号（Princess de Liege）、"玛利亚·皮娅公主"号（Princess Maria Pia）、"罗伯特·马士基"号（Robert Maersk）、"塞拉·S"号（Thyra S）

枪炮储备运输船

"古德龙·马士基"号（Gudrun Maersk）、"吉斯缇娜"号（Kistina）、"科拉"号（Kola）

海军储备运输船

"博斯普鲁斯"号（Bosphours）

海水蒸馏船

"酒神"号、"斯塔格普尔"号（Stagpool）

医务船

"牛津郡"号（Oxfordshire）、"芝扎连加"号（Tjitjalengka）

油轮

"布朗·兰杰"号（Brown Ranger）、"叮当谷"号（Dingledale）、"圣安布罗西奥"号（San Ambrosio）、"雪松谷"号（Cedardale）、"阿恩谷"号、"圣阿多尔福"号（San Adolfo）、"浪王"号（Wave King）、"奥瑟·马士基"号（Aase Maersk）

拖轮 4 艘

空袭苏门答腊炼油厂

"罗伯森"（Robson）和"小扁豆"作战（Lentil）

英国太平洋舰队于 1944 年 11 月 22 日正式成立。作战期间，东方舰队进行过一系列带有演练性质的作战，作战目标通常较为重要，但对日军并未造成多大影响，而且应该承认，以太平洋战场的作战标准，这一系列作战的目标大多防御实力颇为有限。舰队成军后，下一步就是让维安少将指挥的第 1 航空母舰中队展现其作战能力，这一次作战的目标将具有重要的战略意义，且有敌军重兵防守。自从 1944 年 10 月 "复仇者" 式鱼雷轰炸机加入航空母舰舰载机群以来，太平洋舰队的航空母舰还未曾参加过任何作战行动。与 "梭鱼" 式轰炸机相比，"复仇者"巡航速度更快，不过其俯冲角度较缓，攻击方式更类似于滑翔轰炸。[1] 不同的攻击方式意味着战斗机中队需要设计新的作战预案，以执行护航、高空掩护、直接护航、压制防空炮火等作战任务。所有新的预案都需要在锡兰的靶场上进行充分的演练和推敲。

在准备上述作战预案期间，"光辉" 号从德班返回，[①] "不倦" 号则从英国本土赶到锡兰，[②] 从而使第 1 航空母舰中队的实力扩充到 4 艘舰队航空母舰。为下一步作战选定的战略性目标是苏门答腊岛上的日据炼油厂，截至当时，这些炼油厂是日本航空兵的航空煤油供应的最主要来源。[③] 苏门答腊地区最大的炼油厂位于巨港附近，1944 年 8 月，美国陆航的高空轰炸机曾对该目标进行过轰炸，但并未对该炼油厂造成明显破坏，炼油厂大部分设施完好无损。英国太平洋舰

---

① 译注：11 月 1 日该舰抵达亭可马里。
② 译注：维安少将搭载 "不倦" 号于 12 月 10 日抵达锡兰。
③ 译注：1944 年东印度地区输入日本的约合 670 万桶原油，约占当年日本全年原油消耗量的 23%。这还不包括联合舰队驻扎东印度地区时直接从当地获取的燃油。

队计划先出动部分舰载机对规模较小的炼油厂发动攻击，以期完善其作战方案，待作战方案演练成熟后，即出动太平舰队全军，在前往澳大利亚途中对巨港发动总攻。尼米兹上将此前曾要求弗雷泽上将出动新组建的英国太平洋舰队攻击这一目标，一方面是基于该目标重要的战略价值，另一方面也是为了检验皇家海军的战斗力是否已经达标。弗雷泽上将对此心知肚明，他决心证明舰队拥有足够的实力完成这一作战，而其麾下年轻的机组成员们也渴望着战斗。这些飞行员来自大英帝国各自治领，大多出身于本土或来自其自治领海军的志愿预备役，他们渴望通过战斗证明，在接受了良好的训练之后，他们的作战能力已经与美国海军旗鼓相当。他们还希望借此机会向皇家海军中顽固的高级军官证明，如今海军航空分支已经取代炮术分支，成为"新一代"皇家海军中最重要的部门。

太平洋舰队的首次出击代号为"罗伯森"，目标为庞卡南-布郎丹（Pangkalan Brandan），该目标位于苏门答腊炼油区最北部。参战舰只编为第67特混舰队，于1944年12月17日出发。鉴于太平洋舰队设于悉尼的总部尚未完成建设，此次作战由东印度舰队总指挥官阿瑟·鲍尔（Arthur Power）中将指挥。在东方舰队分裂为东印度舰队和太平洋舰队之后，中将及其参谋人员仍驻锡兰，使用原东方舰队司令部设施。第67特混舰队则由维安少将指挥，旗舰为"不挠"号。该舰共载有3个中队，分别是装备15架"地狱猫"式的1839中队和装备14架"地狱猫"式的1844中队，以及装备21架"复仇者"式的857中队。参战的另一艘航空母舰是"光辉"号，除各装备16架"海盗"式战斗机的1830中队和1833中队外，该舰还搭载了装备21架"复仇者"式的854中队。负责支援两艘航空母舰作战的舰只包括巡洋舰"纽卡斯尔"号、"亚尔古水手"号、"黑王子"号和驱逐舰"肯彭菲尔特"号、"旋风"号、"幼崽"号、"牧人"号（Wrangler）、"韦塞克斯"号和"警醒"号。此次作战中舰队首次从尼科巴群岛和苏门答腊之间穿过，以便从北方发动攻击。除第67特混舰队之外，还有一支油船船队担任支援任务。该船队番号第69特混舰队，由隶属皇家海军辅助舰队的油轮"浪王"号和为其护航的"赌注"号驱逐舰组成。1944年12月20日，第67特混舰队抵达预定起飞位置。两艘航空母舰共放出由27架"复仇者"式以及28架"海盗"式和"地狱猫"式组成的攻击机群，但由于首要目标上空天气不佳，集群领队决定转而攻击次要目标，即棉兰附近的德里河勿拉湾港。然而该目标上空天气亦不理想，云高较低，且目标区域频繁为狂风暴雨所遮蔽，因此此次攻击战果寥寥。机群对当地的储油罐、仓库以及铁路车辆进行了轰炸，但鉴于能见度有限，很难判断是否命中。值得安慰的是，此次作战中没有损失舰载机，且在舰队撤退途中舰载战斗机对沙璜附近的机场进行了扫射，击毁了若干停放在地面的敌机。

　　第67特混舰队于12月20日返回锡兰，一俟返航，舰队即开始谋划对庞卡南－布郎丹的再次攻击，此次作战代号"小扁豆"。新的作战方案计划投入三艘航空母舰，即旗舰"不挠"号、"胜利"号和"不倦"号，突击舰队番号编为第65特混舰队。"不挠"号搭载的舰载机单位不变，"胜利"号的舰载机群由装备18架"海盗"式的1834中队、装备16架"海盗"式的1836中队，以及装备21架"复仇者"式的849中队组成。"不倦"号的机库净空高度较低，无法搭载"海盗"式战斗机，因此其舰载机构成更为复杂。该舰共搭载4个中队，

〈 在棉兰机场上空飞行的一架皇家海军"地狱猫"式战斗机。（作者私人收藏）

其中第887中队装备22架"海火"F3型战斗机，第894中队装备18架"海火"L3型战斗机，第1770中队装备12架"萤火虫"式战斗机，第820中队则装备21架"复仇者"式鱼雷轰炸机。负责支援航空母舰作战的舰只包括"亚尔古水手"号、"黑王子"号、"锡兰"号和"萨福克"号[2]以及第25和第27驱逐舰队的8艘驱逐舰。第65特混舰队于1945年元旦当日从亭可马里出发，4日抵达苏门答腊西北沿海的锡默卢岛（Simalur Island，亦作 Simeulue Island）附近海域。与马六甲海峡附近海域相比，该海域距离目标较远，但途中无须飞越日军重兵防守的区域。不过这一选择也意味着攻击机群需飞越苏门答腊岛上的日占区，并翻越海拔达3300米的山脉。根据"小扁豆"作战计划，日出之后不久，舰队还放出了由16架"海盗"式和"地狱猫"式战斗机组成的"推弹杆"部队，对攻击机群航线途经或接近的民礼（Bindjai，亦作 Binjai）、棉兰、丹戎布拉（Tandjonpoera，亦作 Tanjungpura）和楚门（Troemon，亦作 Trumon）等地机场实施压制，以求最大限度地减小敌机拦截的可能。"推弹杆"部队的任务完成得非常圆满，在空战以及压制作战中消灭了若干敌机，其中皇家海军志愿预备役航空上尉杜尔诺（L D Durno）、新西兰皇家海军志愿预备役航空中尉理查德斯（Richards）分别击落了一架百式司令部侦察机和一架九七式重型轰炸机。被击落时前者正试图着陆，后者则在"推弹杆"部队执行压制作战期间靠近作战空域。[3]

　　"推弹杆"部队的战斗固然为突击机群扫除了威胁，但同时也使攻击失去了突然性。突击机群中，打头的是来自"不倦"号1770中队的12架"萤火虫"式战斗机，这也是该机型首次对日作战。除机翼上的20mm航炮外，每架"萤火虫"式还挂载8枚27千克火箭弹。这表示该机具有良好的适应性，能扮演战斗机、攻击机或侦察机等不同角色作战。紧随其后进行攻击的是857中队和849中队的各16架"复仇者"式鱼雷轰炸机，每机挂载4枚227千克航空炸弹。"不倦"号820中队的训练程度不足，因此没有参与攻击，仅执行反潜巡逻和其他日常勤务。攻击机群进一步细分为若干小战术单位，各自针对油厂内的不同目标。此外，"不倦"号还搭载了888中队的6架"地狱猫"式侦察摄像机，该机型负责对目标区域进行侦察摄像，并在条件允许时对苏门答腊其他地区进行侦察。[4]

　　当地时间1945年1月4日清晨6时，[5]舰队在锡墨卢岛东北就位，转向逆

∧ 攻击庞卡南－布郎丹途中翻越苏门答腊群山的一架来自 849 中队的"复仇者"式鱼雷机。(作者私人收藏)

∧ 849 中队的"复仇者"式即将对庞卡南－布郎丹炼油厂展开攻击。此前 857 中队的"复仇者"式和 1770 中队挂载火箭弹的"萤火虫"式已经取得了命中,图中可见浓烟正从目标位置升起。(作者私人收藏)

风准备放飞舰载机，这一海域距离目标 210 千米。在晨曦中，当天的天气状况并不理想，局部海域有暴风雨，苏门答腊岛上则被高度较低的云层覆盖。不过日出之后能见度迅速改善，云高上升，"推弹杆"部队从而得以于 6 时 10 分逐一起飞。该部全部升空后，飞行甲板调度人员开始在飞行甲板上排列攻击机群及其护航机群，机群随后逐一起飞并在舰队上空完成编队。7 时 40 分，总计 12 架"萤火虫"式、32 架"复仇者"式和 32 架"海盗"式及"地狱猫"式战斗机编队完成，飞向目标。其中一架"复仇者"式在抵达海岸前便因引擎故障被迫返航，另一架由 849 中队资深飞行员、皇家海军志愿预备役航空上尉贾德驾驶的"复仇者"式也因引擎故障在塔帕土安（Tapatuan）附近海域迫降。由于该机迫降时带着浓烟，且迫降地点距离海岸较近，因此机组人员起初担心日军会派出小艇试图捕俘。为避免落入敌手，机组成员一俟飞机落水就打开救生筏向外海划去。途中他们目睹了返航的攻击机群从他们上方飞过，40 分钟后，一个"地狱猫"

∧ "肯彭菲尔特"号正使用并舷输油法从油轮补给燃油。照片摄于"胜利"号，该舰自身当时正使用艉接近法由同一油轮补给燃油。"胜利"号右侧舰艏处可见垂下的浮动燃油管，可以想见该设备当时正承受的巨大张力。（作者私人收藏）

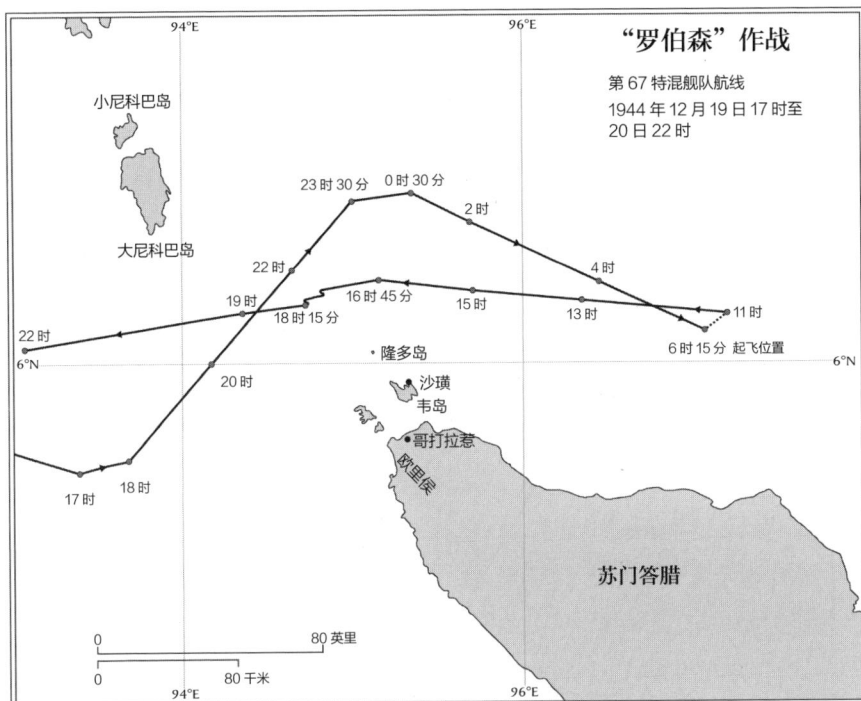

"罗伯森"作战

第67特混舰队航线
1944年12月19日17时至
20日22时

∧ "罗伯森"作战示意图，第67特混舰队机动航线图。

式战斗机小队发现了他们并一直在附近盘旋，直至因燃油不足被迫返回"不挠"号。"地狱猫"式离开后，一个"海盗"式战斗机小队从西方赶来搜索他们的位置，最终该小队发现了贾德上尉发出的日光反射信号。此后"海盗"式一直在机组成员上方掩护巡逻，直至11时25分"水精灵"号驱逐舰赶到现场实施救援。[6]

8时25分，攻击机群距离目标区域仅16千米，高度约3700米。2分钟后，"萤火虫"式战斗机首先发难，12架"萤火虫"式以平缓的角度俯冲至910米高度，然后转向左，以20°角、近500千米的时速继续俯冲，在730—365米距离上对预定目标发射了火箭弹。这一波攻击既未遭遇敌机拦截，也未遭遇敌防空火力抵抗。不过，尽管"萤火虫"式的飞行员尽可能瞄准了目标，但仍有部分火箭弹不可避免地失的，命中了一些油槽并引起大火，由此引发的浓烟对后续"复

7时12分

98°E

"罗伯森"作战

攻击机群航线图
1944 年 12 月 19 日

10时28分

10时26分

7时22分

7时26分

7时30分

7时43分

7时48分

7时53分

5°S

7时55分

5°S

9时45分

9时38分

8时1分

苏门答腊

8时3分

8时7分

8时11分

钻石角

淡洋角

8时18分

9时
10分

9时9分

9时7分

庞卡兰布兰丹

8时25分

9时3分

德里河勿拉湾港

0　　　　　　30 英里

0　　　　　　30 千米

棉兰

98°E

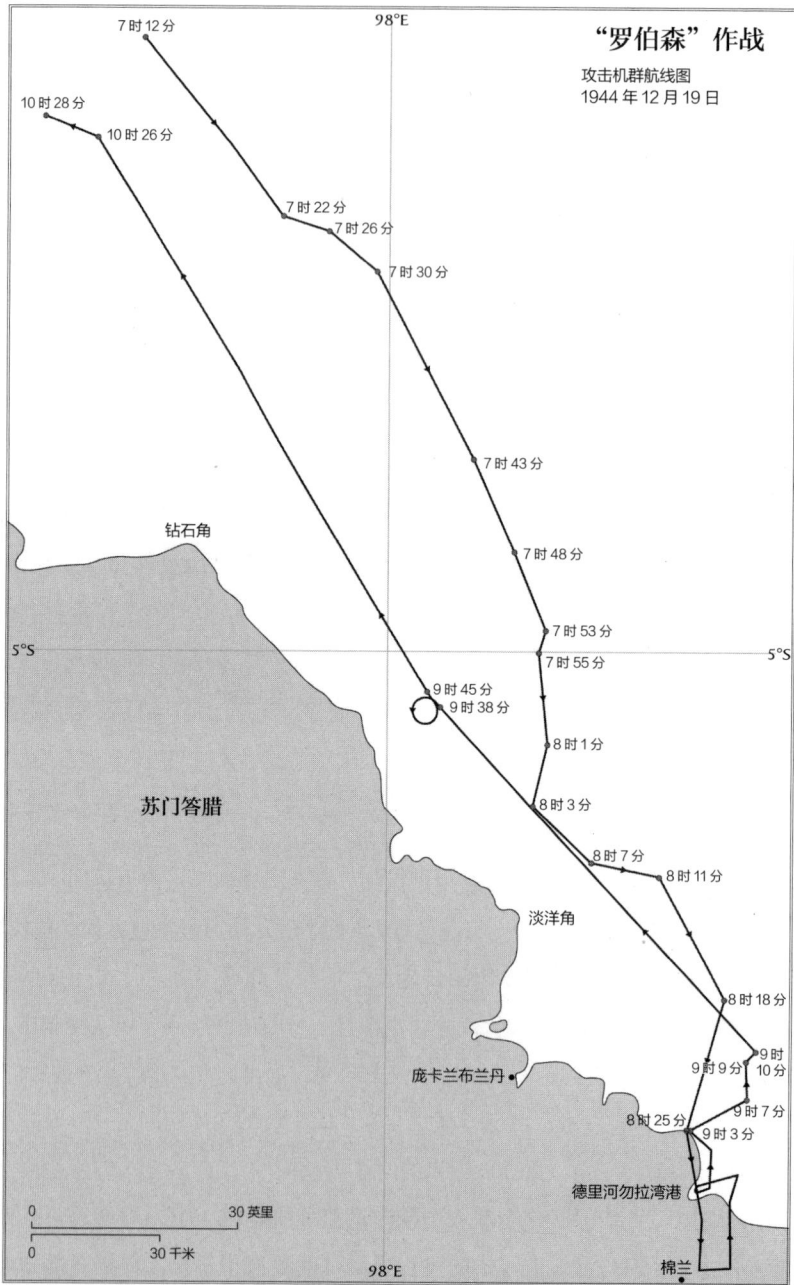

∧ "罗伯森"作战示意图，攻击机群航线示意图。

仇者"式鱼雷轰炸机的攻击造成了阻碍。

8 时 28 分，"复仇者"式中队开始向目标进行较缓的俯冲，3 分钟后，857 中队的鱼雷轰炸机开始对庞卡南－布郎丹炼油厂的核心部位展开精确轰炸，继而 849 中队的舰载机也于 8 时 33 分对附近的爱德林精炼车间（Edeleanu Plant）展开攻击。此时姗姗来迟的日军战斗机终于开始进行拦截，并击伤了一架"复仇者"式。然而这些战斗机很快遭到英军护航战斗机的反击。尽管有至少 15 架战斗机脱离护航任务飞往低空扫射地面目标，但仍有至少 7 架敌机被击落。返航过程中，1770 中队指挥官、海军陆战队切斯曼（Chesman）少校的座机在盘旋准备降落时燃油耗尽，少校不得不在海中迫降，不过他和座机观测员均被驱逐舰救起。此次作战中，第 1770 中队各机燃油消耗量差异颇大，这可能受热带较高气温的影响。①"小扁豆"作战前曾对此进行过测试，但测试结果显然不够准确。机组成员的战报以及"地狱猫"式侦察摄像机拍摄的照片均显示空袭和战斗机压制作战均堪称成功。抵达目标上空的 30 架"复仇者"式鱼雷机共携带炸弹 120 枚，其中 101 枚落入目标区域，且精度颇佳。中央泵房、动力车间、滚揉车间、预蒸馏车间均被命中，另有 8 座预蒸馏槽和 5 座油槽中弹起火。不过投弹失败的比例仍然过高。"萤火虫"式的机炮命中了停泊于某个车间附近防波堤的一艘小型油轮，并造成该船起火燃烧。在棉兰机场，"推弹杆"部队击毁了 7 架停放在地面的敌机，并击落了另两架正在机场上空盘旋的敌机，此外还有 5 架敌机被判定为击伤。10 时 33 分，攻击机群回收完毕，第 65 特混舰队于 12 时 30 分向亭可马里撤退，并于 1 月 7 日抵达。在往返途中，"浪王"号各为舰队补给了一次燃油。

尽管维安少将在战后报告中认为总体而言"小扁豆"作战仍堪称成功，但对此次作战少将仍不乏批评，其中一些批评在此前作战中就已出现。例如，从最后一架飞机起飞至机群完成编组飞向目标共耗时 42 分钟，而按标准这一时间不应超过 35 分钟。"复仇者"式轰炸过程中，前后两机投弹时间差掌握有所提高，

---

① 译注：该纬度地面温度常年在 30℃左右，即使在 12 月亦如此。

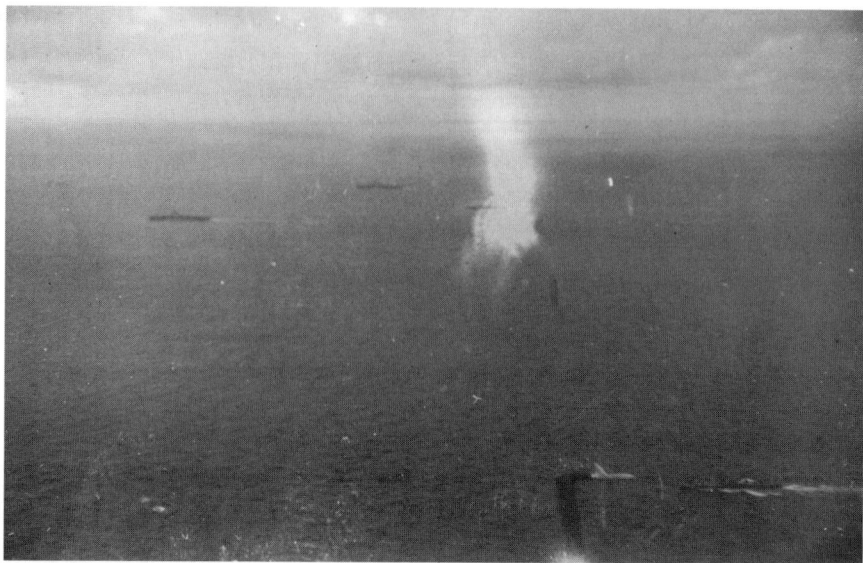

∧ 一张由"复仇者"式观测员拍摄的照片。尽管清晰度不佳，但仍可看出英国太平洋舰队舰只正排列成圆形战术阵型。摄于 1944 年 12 月 20 日。(作者私人收藏)

但仍有改善空间。[7] 油槽中弹引发的浓烟遮挡了目标，阻碍了部分"复仇者"式鱼雷轰炸机进行攻击。因此，在今后的作战中，完成攻击的总时间必须尽量压缩。"推弹杆"部队飞行员报告称，以树顶高度高速从机场上空掠过时很难选择攻击目标，因此少将在报告中建议各小队指挥官应首先爬升至 3700 米高度，避开敌防空火力范围，然后再俯冲至低空执行高速通场扫射。鉴于在第一次通场之后敌炮手已经有所警觉甚至完成作战准备，因此不建议在此后进行第二次通场扫射。此后情报显示，"小扁豆"作战造成庞卡南－布郎丹炼油厂产量减少三分之一。

在补充了损失舰载机后，英国太平洋舰队整编为第 63 特混舰队，于 1945 年 1 月 16 日 14 时 30 分最后一次从亭可马里出航，当天天气闷热潮湿。该舰队下辖航空母舰"不挠"号（第 1 航空母舰中队旗舰）、"胜利"号、"光辉"号和"不倦"号，战列舰"英王乔治五世"号，巡洋舰"亚尔古水手"号、"黑王子"号、"欧尔亚拉斯"号，驱逐舰"格伦威尔"号、"水精灵"号、"熊星座"号、

∧ 遭受空袭后的庞卡南－布郎丹炼油厂正燃起熊熊大火。（作者私人收藏）

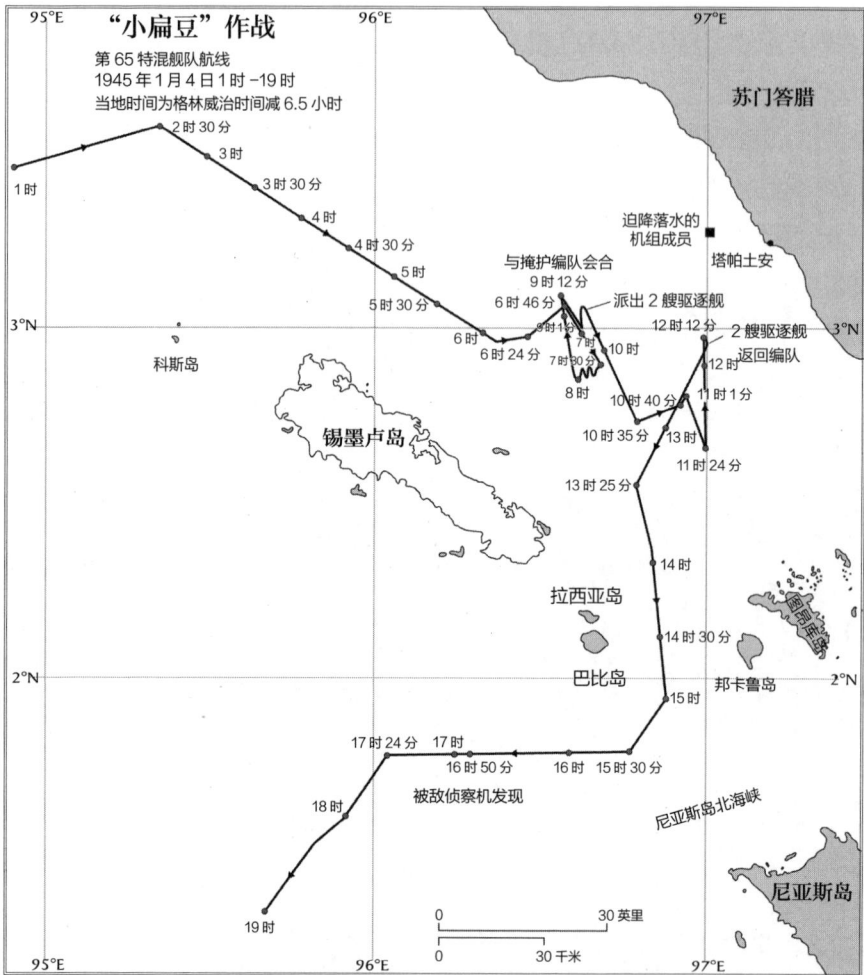

"小扁豆"作战

第65特混舰队航线
1945年1月4日1时–19时
当地时间为格林威治时间减6.5小时

苏门答腊

2时30分
3时
3时30分
4时
4时30分
5时
5时30分
6时
6时24分
6时46分
9时12分 与掩护编队会合
派出2艘驱逐舰
迫降落水的机组成员
塔帕土安
12时12分 2艘驱逐舰
12时 返回编队
11时1分
10时
7时30分
8时
10时40分
10时35分
13时
11时24分
13时25分
13时
14时
14时30分
15时
邦卡鲁岛
科斯岛
锡墨卢岛
拉西亚岛
巴比岛
17时24分 17时
16时50分
16时
15时30分
被敌侦察机发现
尼亚斯岛北海峡
18时
19时
尼亚斯岛

0 30英里
0 30千米

∧ "小扁豆"作战,第65特混舰队航线图。

"大胆"号、"肯彭菲尔特"号、"警醒"号、"旋风"号、"赌注"号和"幼畜"号。巡洋舰"锡兰"号和驱逐舰"韦塞克斯"号未随队出发,两舰暂时驻留亭可马里,等待接收邮件("锡兰"号)和雷达备件("韦塞克斯"号)。前者后于当日17时出航追赶第65特混舰队。配合英国太平洋舰队作战的海上补给船队(URG)编为第69特混舰队,于1月13日15时30分先期出航,以便在第63特混舰队

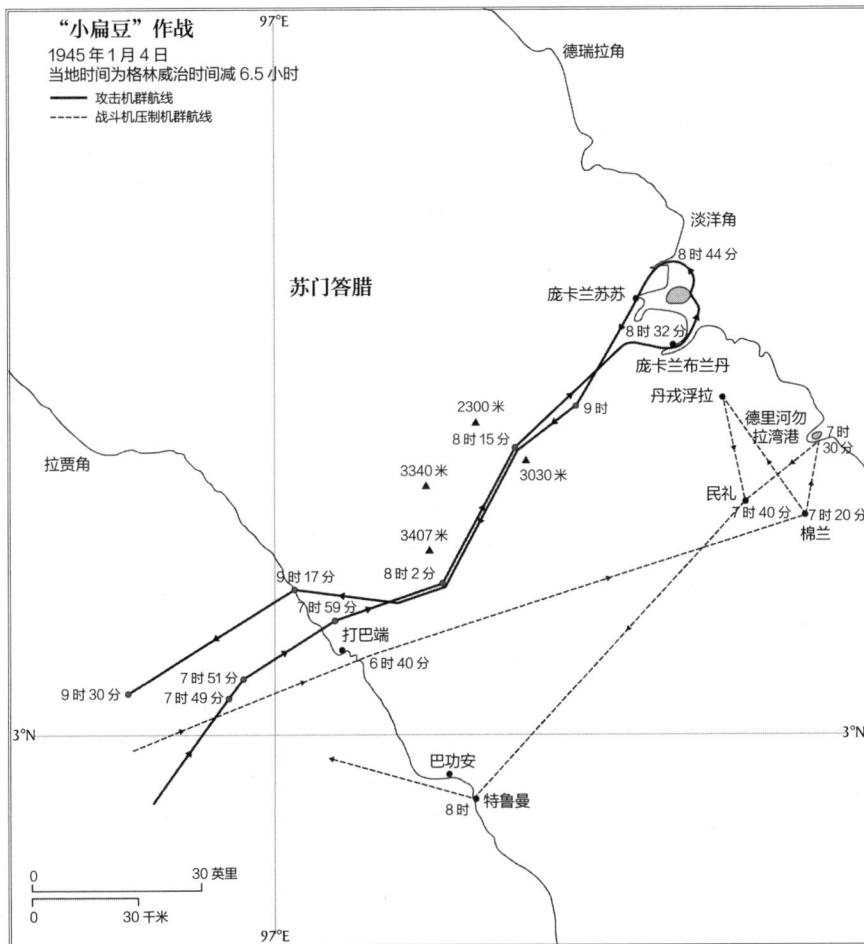

"小扁豆"作战
1945年1月4日
当地时间为格林威治时间减6.5小时
—— 攻击机群航线
----- 战斗机压制机群航线

苏门答腊

德瑞拉角

淡洋角

8时44分

庞卡兰苏苏

8时32分

庞卡兰布兰丹

丹戎浮拉

德里河勿拉湾港

7时30分

民礼

7时40分

棉兰

7时20分

2300米
8时15分

9时

3030米

3340米

3407米

9时17分

8时2分

拉贾角

7时59分

打巴端

6时40分

9时30分
7时51分
7时49分

3°N

巴功安

特鲁曼

8时

3°N

0　　30英里
0　　30千米

97°E

97°E

∧ "小扁豆"作战，攻击机群及"推弹杆"部队航线示意图。

发动首次攻击前在预定位置为后者补充燃料。第69特混舰队包括油轮"回音谷"号、"浪王"号和"救世帝国"号（Empire Salvage），以及驱逐舰"淘气鬼"号（Urchin），后者也是该舰队指挥官的座舰。同时，"阿恩谷"号油轮则从西澳大利亚弗里曼特尔港出发，与海上补给船队会合。出海之后，在"韦塞克斯"号19日19时30分赶上舰队前，第63特混舰队在3天中演练了夜间遭遇战、敌机追踪、战斗机拦截、鱼雷攻击以及其他各种炮术射击训练。在这一系列训练中，"海火"式战斗机被用于模拟日本"神风"特攻队的攻击，但令人担忧的是，17日起飞的第1个"海火"式4机分队中，有3架在着陆时因飞行甲板的移动①而坠毁。4艘航空母舰共载有238架舰载机，这也是当时皇家海军单一特混舰队中舰载机数目的最高记录。当第63特混舰队于20日晨7时抵达与第69特混舰队预定会合的海域（代号SA）时，后者却并未出现。舰队于是放出"复仇者"式鱼雷机进行搜索，并很快确定了第69特混舰队的位置。此时4艘舰队航空母舰无须补给燃油，但包括"英王乔治五世"号在内的其他舰只均需补充。根据作战命令[8]，所有舰只在补充燃油时均需至少补给至其最大储油量的93%。利用舷接近法，所有舰只于当日18时50分完成补给作业。进行补给作业时天气情况并不很理想，南风5级，中浪，海浪不断冲击输油管绳扣部分，造成部分输油管损坏。[9]此外舰队还频繁遭遇狂风暴雨。按计划，第63舰队将航行20天，在完成对巨港的攻击后继续航行前往弗里曼特尔。

"子午线 I" 作战

按计划，"子午线"作战的目标是试图"使巨港地区的炼油厂停止运转"[10]，为此精心设计的两次攻击乃是第二次世界大战中皇家海军对单独目标进行的规模最大的攻击。巨港城位于新加坡以南约434千米，苏门答腊东南部，穆西河（River Moesi）北岸，距离该河河口约64千米。至1945年，当地已经发展成苏门答腊岛上重要的公路、铁路和水运中心，岛上日军驻军司令部亦位于该城。列为主要攻击目标的两处炼油厂位于穆西河南岸下游8千米处，由汇入穆西河的科莫林河（River Komerine）将两处炼油厂分开。较西的普拉杰炼油厂（Pladjoe，亦作Pladju）原属荷兰皇家壳牌公司所有，是远东地区最大的炼油厂。该炼油厂各处设施位置较为分散，且各部门备份颇多，因此难以摧毁。偏东的索恩给吉荣炼油厂（Songei Gerong）由标准石油公司（Standard Oil）建立，其产量仅次于

---

① 译注：由于海面的起伏，战舰会纵横摇摆，导致飞行甲板前后左右摇晃。

∧　"子午线"作战之前，梅因普莱斯（Mainprice）少校利用目标炼油厂模型，对"光辉"号854中队的机组成员进行简报。（作者私人收藏）

普拉杰炼油厂。该炼油厂布局较为紧凑，关键设施的备份数量亦不如普拉杰炼油厂丰富。战前两炼油厂每年可生产300万吨原油，其产出占日本航空煤油需求量的75%。1942年2月，日军入侵苏门答腊，两炼油厂的工程师们试图赶在日军抵达之前破坏炼油厂，但由于日军进展迅速，破坏并未彻底完成。[①]在经过维修之后，两炼油厂于1942年底恢复运作。早在舰队离开亭可马里之前，此前曾在荷兰皇家壳牌公司和标准石油公司工作的工程师就建造了一座当地炼油厂的模型，并介绍了利用轰炸方式瘫痪两座炼油厂的最有效方式。这无疑大大有

---

①　译注：1942年2月，为尽可能完好地夺取巨港附近的炼油厂，日军投入空降兵作战。2月14日，当地荷兰守军顽强抵抗，守住了索恩给吉荣炼油厂和普拉杰炼油厂以及巨港1号机场，日军当日仅占领巨港2号机场，并一度攻入普拉杰炼油厂，但被守军当日发动的反击将其逐出。讽刺的是，双方在普拉杰炼油厂的激战对该厂设施造成相当的破坏，反而给工程师对该厂设施的破坏造成了困难。2月15日，日军得到增援，在没有空中支援的情况下冒着盟军空军的袭击向守军发动攻击。2月17日，守军放弃巨港。

助于太平洋舰队情报部门的工作。炼油厂模型及其复制品后来被分发至各航空母舰。在起航之前，舰队还利用锡兰空域针对即将对巨港展开的攻击进行了一次同等规模的演练。

　　情报显示，日军在巨港的防御相当严密。此外，情报还声称驻新加坡的日军舰只甚至可能包括战列舰和巡洋舰，并且德国潜艇正从巴达维亚（Batavia，今雅加达）出发返回本土。这些潜艇可能经过巨港附近的巽他海峡（Sunda Strait）以及科科斯群岛（Cocos Islands）。另外，情报认为日军不会从苏门答腊岛南部出发进行定期空中巡逻，但确定日军侦察机偶尔会从玛那（Mana）①机场起飞，巡逻至未被日军占领的科科斯群岛。此类巡逻侦察范围为玛那机场165°—270°方位（即东南南至正西），搜索距离通常约520千米，有时则达700千米。对此次攻击而言，最主要的威胁来自驻当地的日军航空兵。日军在苏门答腊南部部署了50架"钟馗"式战斗机②、30架"隼"式战斗机以及至少4架百式司令部侦察机。鉴于当地航空煤油产量丰富，很多部署在当地的战斗机被用于训练单位，其飞行员既包括教官，也包括相当部分经验不足的新手。此外，短时间内日军还可从新加坡和爪哇地区抽调包括战斗机、鱼雷机和中型轰炸机在内的各类军机增援苏门答腊，增援机数量估计可高达250架。"子午线"作战计划尤其强调了达成进攻突然性，但同时也承认在最近刚刚对庞卡南－布郎丹炼油厂进行过攻击的情况下，日军很可能已经预料到巨港将成为下一个目标。不过，从"小扁豆"作战的经验来看，日军的空中拦截能力并不如其纸面实力那样强大。同时，在顺利完成一系列攻击任务之后，太平洋舰队战斗机飞行员的作战信心也在逐渐增强。

　　对普拉杰炼油厂的攻击作战[11]代号"子午线I"，作战训令对空战调度员做出了相当详尽的指示。出任这一职务的海（R C Hay）少校来自"胜利"号，其任务是确保机群以最有效的方式进行攻击。作战令指示攻击机群应由48架"复

---

　　①译注：疑为苏门答腊岛明谷曼省南明谷曼行政区首府曼那（Manna）的笔误。本章下文中其他作为地名的"玛那"均疑为同一笔误，不再赘述。

　　②译注：盟军编号 Nakajima Ki-44 Shoki "Tojo" interceptor。

仇者”式鱼雷轰炸机组成，每艘航空母舰各贡献 12 架，每机各挂载 4 枚 227 千克中等装药航空炸弹，配备 TD025 引信，投弹时炸弹间距为 21 米。此外，还有 5% 的炸弹将配备延迟引信，延时从 1 小时至 2 天不等，以阻碍日军清理和修理作业。[12] 作战令中规定的机群数量乃是出于折中考虑，在摧毁目标所需的最低舰载机数量和各舰一次性可放飞载机的最高数量之间进行平衡的结果。除轰炸所需之外，确定机群数量时还需考虑日军可能出动的拦截战斗机规模，以及可与攻击机群一同起飞的护航战斗机数量。4 个“复仇者”式鱼雷机中队被分为 2 个战术联队，其中第 1 联队由 857 中队和 849 中队组成，第 2 联队则由 854 中队和 820 中队组成。护航机群包括 16 架“地狱猫”式和 32 架“海盗”式战斗机，后者包括空战调度员所属的 4 机小队。此外，“不倦”号上 1770 中队的 12 架“萤火虫”式战斗机还需同时担任护航和攻击任务，该中队在护航攻击机群抵达攻击展开点后即脱离集群编队，用其机载航炮攻击分配给该中队的目标，然后回到攻击机群会合点为轰炸机提供掩护。为此这些“萤火虫”式的 20mm 航炮将尽可能装备穿甲燃烧弹，如该弹种数量不足，则用交替排列的普通炮弹和曳光弹补足。在“萤火虫”式完成扫射攻击 40 秒后，“复仇者”式中队将轮流以 40 秒的间隔对要害目标进行轰炸，首先进行攻击的将是攻击机群领队——来自“不挠”号的皇家海军志愿预备役航空少校斯图亚特（W Stuart）及其所属的 857 中队。作战令对所有要害目标都进行了编号，并在简报中对攻击方式进行了规定。护航战斗机被划分为 5 个部分，即高空掩护群，中层左翼掩护群，中层右翼掩护群，前导近距离护航群和后卫近距离护航群。各机群飞行员在简报时都被重点提醒，必须特别注意在攻击机群完成投弹后从目标空域前往会合点途中为“复仇者”式提供保护，该阶段代号“走廊”。此时“复仇者”式处于爬升过程中，极易遭到攻击。作战令特别指出，任何情况下战斗机飞行员都不得脱离“复仇者”式机群去扫射地面目标。1 月 24 日凌晨，“不倦”号共有 32 架“海火”F3 型和 16 架“海火”L3 型战斗机可用，但一共只有 35 名飞行员可驾驶这些战斗机，这从一个侧面体现了英国太平洋舰队资源的窘迫。

太平洋舰队原计划于 22 日凌晨发动攻击，但当日天气恶劣，且天气预报显示次日天气也不会改善，因此攻击推迟了两天。在这两天中，高海况、海浪飞沫、热带暴雨反复冲刷着系泊在甲板上的舰载机，此外低云高也严重限制了能见度。地勤人员和飞行甲板调度人员尽可能地在系泊在甲板上和停放在机库中的舰载机之间进行轮换，以尽可能减轻进水对引擎及其他设备的影响，但随着时间的推移，可用载机数目不可避免地持续减少。在实际攻击当天，若干舰载机在起飞前进行热机时就发现无法使用，或在起飞后因发生故障不得不进行紧急降落。1月24日凌晨，[13] 天气好转足以发动攻击，于是各航空母舰开始排列舰载机。当日云高约6100米且云层很薄，能见度很好，从舰队位置向苏门答腊岛望去，沿该岛西岸延伸的巴里桑山脉（Barisan Mountain）清晰可见。当时风向南偏东，风速较低。6时15分，舰队转向逆风航行，在TA海域开始放飞舰载机，该海域位于恩加诺岛（Engano Island）东南东方位113千米之外。首先起飞的是16架"地狱猫"式和24架"海盗"式战斗机，随后是45架"复仇者"式鱼雷机。期间，"不倦"号上的事故导致两架"复仇者"式未能起飞。依照惯例，舰载机排列完成后，地勤人员移除了飞机轮挡。在"不倦"号一次猛烈的纵摆中，一架"复仇者"式向前滑动，撞上了停放在其前方的另一架"复仇者"式，两机均因此无法出动。[14] 攻击机群升空后，地勤人员随即开始排列第二波舰载机，但这一工作进行得并不顺利。第一批起飞的舰载机中，4架"复仇者"式和1架"海盗"式因引擎故障或其他故障不得不返航并降落在"胜利"号上，该舰不得不让出飞行甲板后部以便舰载机降落，因此拖延了排列第二波舰载机的进度。尽管上述意外导致"胜利"号需要进行复杂的甲板调度，但是该舰还是成功回收了隶属"推弹杆"部队的两架"海盗"式故障机，还放飞了另一架"海盗"式用于接替护航机队中的一架故障机。在"光辉"号上，为尽可能多地一次性放出舰载机，该舰利用弹射器放飞了前5架"复仇者"式。在起飞之后，各舰的舰载机分别组成独立的机群，随后攻击机群总领队再于6时50分开始进行一次盘旋，组织整合4个独立机群成为完整的攻击机群。空战调度员认为整理编队耗时过久，因此决定今后在类似状况下应打破无线电静默，以便加速这一过程。

　　攻击机群最终于7时4分从恩加诺岛东南113千米处出发，飞往约290千米外的巨港，并于7时18分飞越海岸线。为达到足够大的作战半径，包括"萤火虫"式在内，所有战斗机均挂载一副油箱。这导致"萤火虫"式无法挂载火箭弹并采用和此前攻击庞卡南－布郎丹炼油厂时类似的方式攻击。和"小扁豆"作战类似，机群在途中需翻越山脉，这意味着在编队完成后，几乎满载的"复仇者"式需要以约122米/分的爬升率爬升至约2140米高度，同时保持140节的地速。在抵达巴里桑山脉上方空域之后，"复仇者"式编队提速至180节巡航速度，且其队形保持得"堪称出色"。[15] 8时3分，机群飞越马塔普拉（Matapoera，亦作Matapura），并爬升至3700米高度。此时整个苏门答腊上空云高约6100米，且云层很薄，这使得护航战斗机飞行员搜索逆光方向敌机踪迹的难度相对较低。云层以下能见度超过80英里。[16] 中层掩护机群由皇家海军上尉科尔（PS Cole）指挥，在飞往目标的航程中，上尉指挥麾下"海盗"式战斗机采用如下战术：战斗机以与"复仇者"式航线垂直的路线从后者上方飞过，然后在护航宽度尽处折回。这种之字形航线不但使航速较快的战斗机较易与较慢的"复仇者"式编队保持队形，而且也利于战斗机飞行员警戒逆光方向敌机，同时也使所有飞行员可以获得良好的全向视野搜索敌机。此外，护航机群还首次尝试了劳（Law）上尉在海军部A/WAD 2253/44号信中建议的战术，即由小队中的1号和3号机负责射击，2号和4号机则负责掩护1、3号机。这一战术在实战中表现良好。[17]

第二波机群包括来自第15和第47海军战斗机联队、参加"推弹杆"部队作战的24架"海盗"式战斗机，第1770中队的12架"萤火虫"式，以及来自"不挠"号、用于压制玛那机场的4架"复仇者"式和4架"地狱猫"式。由于第一波机群中更多的飞机因故障返航，第二波机群直至7时20分才全部起飞。返航的飞机中包括第1770中队指挥官切斯曼少校的座机，该中队不得不在攻击展开前最后一刻转由队中资历最深的飞行员、皇家海军志愿预备役航空上尉莱维特（Levitt）指挥。另有两架"萤火虫"式在起飞后不久被迫紧急降落在"胜利"号上，因此参与攻击普拉杰炼油厂的"萤火虫"式一共仅剩9架。不过这9架"萤火虫"式还是赶上了早先出发的"复仇者"式编队，并及时地在后者抵达攻击展开点前，在"复仇者"式前方空域占据了前导近距离护航机群的位置。"萤火虫"式刚刚抵达编队预定位置不足一分钟，日本战斗机便展开了拦截。由于作战半径不足，"不倦"号搭载的"海火"式战斗机并未伴随攻击机群出战，也未加入"推弹杆"

部队，仅在舰队上空承担战斗巡逻任务。即使如此，鉴于该机型有限的滞空时间，第63特混舰队不得不每小时转向逆风航向一次，以便放飞和回收担任上述任务的"海火"式。在攻击机群出发后，舰队仍徘徊在预定攻击发起点附近海域。

"推弹杆"部队并未与攻击机群一起航行，该部沿独立的航线飞向其各处指定目标。在翻越普拉西山脉后，机群下降至低空，并赶上攻击机群的进度，在后者之前展开攻击。尽管抵达目标的时间迟于计划，"推弹杆"部队抵达楞巴克（Lembak）机场时日军战斗机仍未起飞。该部所属的24架"海盗"式分为3个小队，每个小队各8架战斗机，呼号分别为惠比特1号、惠比特2号和惠比特3号中队。"推弹杆"部队的典型战斗方式是由一个小队在目标机场上空担任战斗巡逻任务，另两个中队则对地面的敌机和设施进行扫射。在首次攻击中，飞行员皇家海军志愿预备役航空中尉布朗（A H Brown）被日军防空炮火命中，当场阵亡，其驾驶的"海盗"式则倒扣着坠毁在机场东机库前。中尉的战友们目击到该机起火后径直翻滚入停放在地面的一列日军军机中。在完成对楞巴克机场的攻击中，"推弹杆"部队又先后前往巨港机场和塔郎贝图图机场（Talengbetoetoe，亦作 Talengbetutu）进行攻击。当然，两地的日军在"推弹杆"部队抵达前已经严阵以待，部队不但遭到了密集的近距离防空火力射击，而且仍停放在地面的日机数目也较少。加拿大皇家海军志愿预备役上尉萨顿（A W Sutton）在对第三个机场进行通场攻击时失踪，在此前攻击中上尉已经击毁了若干架敌机。他的座机留给战友们的最后印象是在贴地高度穿过烟尘，直冲机场塔台。此外，在惠比特1号小队对巨港机场3号降落跑道的攻击中，皇家空军志愿预备役航空中尉格雷夫（I L Grave）的座机于8时10分与友机相撞，后者的飞行员为同军衔的罗伯茨，当时两机均在约9米的高度进行通场扫射。格雷夫的座机向右转过半圈，随后一头栽向地面，并在坠毁后起火。罗伯茨座机的右翼有约46mm长的部分被切除，但他仍驾驶该机返回舰队。[18] 此外，"推弹杆"部队成员还目睹了另一架"海盗"式坠毁并起火。尽管蒙受了上述损失，但"推弹杆"部队仍基本完成了作战目标，共击毁了34架停放在地面的敌机，并摧毁了机库、其他建筑设施[19]以及停靠在帕亚卡朋火车站（Pajakaboeng，亦作 Payakabung）的一列货车。"推弹杆"部队的战果可从另一侧面窥见：尽管早在 7 时 20 分飞越海岸线时就触发了日军的空袭预警，但"复仇者"式编队直到距离目标仅 24 千米时才遭到敌机拦截。惠比特 2 号小队的领队、杜尔诺上尉在战后建议，今后"推弹杆"部队应针对敌各主要机场划分为若干部，以使各部能同时对不同机场展开攻击，而非像此次作战一般利用全部战斗机对敌机场逐次展开攻击。根据"子午线 I"作战的经验，这种攻击模式显然效果并不够好。[20] 战斗中杜尔诺指挥的中队在攻击 3 座目标机场中的第二座时就已经观察到浓烟从普拉杰炼油厂方向升起。在返航途中，新西兰皇家海军志愿预备役航空中尉巴克斯特（E J Baxter）因座机受伤被迫跳伞，战友们目击到他于新邦（Simpang）附近安全着陆，[21] 但他于此后失踪。

在攻击机群方面，9 架"萤火虫"式于 8 时 3 分在 2700 米高度上占据了前导近距离护航群的位置，此时距离目标已经只有约 32 千米。当时能见度很好，可以发现拦阻气球正从炼油厂附近的锚点冉冉升起，这表示日军已经得到预警，正在匆忙应对。此前太平洋舰队收到的情报中并未提及日军装备有拦阻气球，不过这也许是因为这些气球平时都收藏在掩蔽所内，未被情报人员发现。8 时 4 分，日军战斗机对编队发起攻击，2 分钟后，攻击机群领队命令"萤火虫"式机群开火射击拦阻气球。此时气球已经上升至 1830 米高度，超过了"复仇者"式的最佳投弹高度。在风力吹动下，气球在空中的位置偏离锚点正上方，连接气球与锚点的系索在空中难以发现，对在气球间穿行的飞机而言这些系索是个不小的威胁。激烈的空战随之爆发，战场在空中绵延数千米之遥，一时间攻击机群使用的单一甚高频无线通信频率[22]中充斥着各种射击告警、命令和提议。由于无线电通信频道阻塞，仅有 2 架"萤火虫"式收到了领队的攻击命令并加以执行。虽然两机目击到命中若干气球，但对战局的发展并未起到太大影响。8 时 8 分，日军轻型和重型防空火力逐渐密集起来，不过大多数炮弹虽然高度较为准确，但方位误差较大，这表示日军炮手估测的目标飞机航速误差较大。与此同时，大约 25 架日本"钟馗"式战斗机与突击机群的高空掩护绞杀在一起，并吸引了其他护航战斗机的注意力。

"子午线 I"作战的航空作战令规定"复仇者"式机群使用"圆周展开"方式（circular deployment）投入攻击，并对这一机动的具体执行方式做出了详细的规定。机群取 354° 航向①接近目标，直至位于渭干河（Ogan River，穆西河支流）上显著弯曲部的港口②上空，随后两个鱼雷轰炸侦察联队左右错开并下降高度，此时"萤火虫"式机群领队将率队攻击其指定目标，同时通过无线电广播"熄灯"（Out Lights）这一暗语通知其他单位该机群已展开攻击。一俟听到这一暗语，攻击机群领队便保持 180 节航速（如果此前未达到这一速度则进行加速），并率其所属中队飞向指定目标。第 1 联队所辖另一中队的中队长则将先转向左，随后折回向右，以便该中队所辖舰载机排成一列纵队，向右进行一次大范围回旋。该中队不仅将从沿 230° 方位③延伸的输油管上方掠过，而且将飞越渭干河中的心型小岛。此后中队长将率队沿以目标为中心、半径 10 千米的一条弧线航行，在飞越另一条输油管后，该中队再直接冲向目标发动攻击。剩余两中队将继续沿圆形航向飞行，直至抵达科莫林河（Komerine River, 穆西河支流）上方后第三个中队转向发动进攻，最后一个中队则将在飞抵该河明显的弯曲部后发动攻击。这一复杂展开方式的目的是为了在确保两中队攻击时间差为 40 秒的同时，以 30° 的间隔设置各中队进入攻击的航线方位，以期增加日军防空火力解算难度。作战令中乐观地声称："各中队在转向敌防空炮火射击空域并发动攻击前都将得到己方战斗机的护航。"[23] 这一推测是基于此前历次作战经验，当时日军防空部队作战效率不高，炮火在距离炮位 8 千米之外的位置即不构成太大威胁，因此作战令期望能使攻击机群在发动攻击的最后一刻前一直免受防空炮火的直接威胁。实战中，日军防空炮火的分布及其战斗力都远超预期，而鉴于作战令中规定的展开方式过于依赖地标指示，因此实战中一旦地标被烟尘所遮蔽不易分辨，或攻击机群在遭到敌机拦截忙于保持队形时，展开机动就难以准确实施。

8 时 14 分，857 中队首先从 2150 米高度展开俯冲攻击。因观察"萤火虫"式是否已经摧毁拦阻气球所需，这一时间较计划略有延迟。该中队在拦阻气球下

---

① 译注：接近正北。
② 译注：原文为 Pelaboehan，在印尼语中该单词似泛指港口，而非某一特定地名。
③ 译注：接近西南方向。

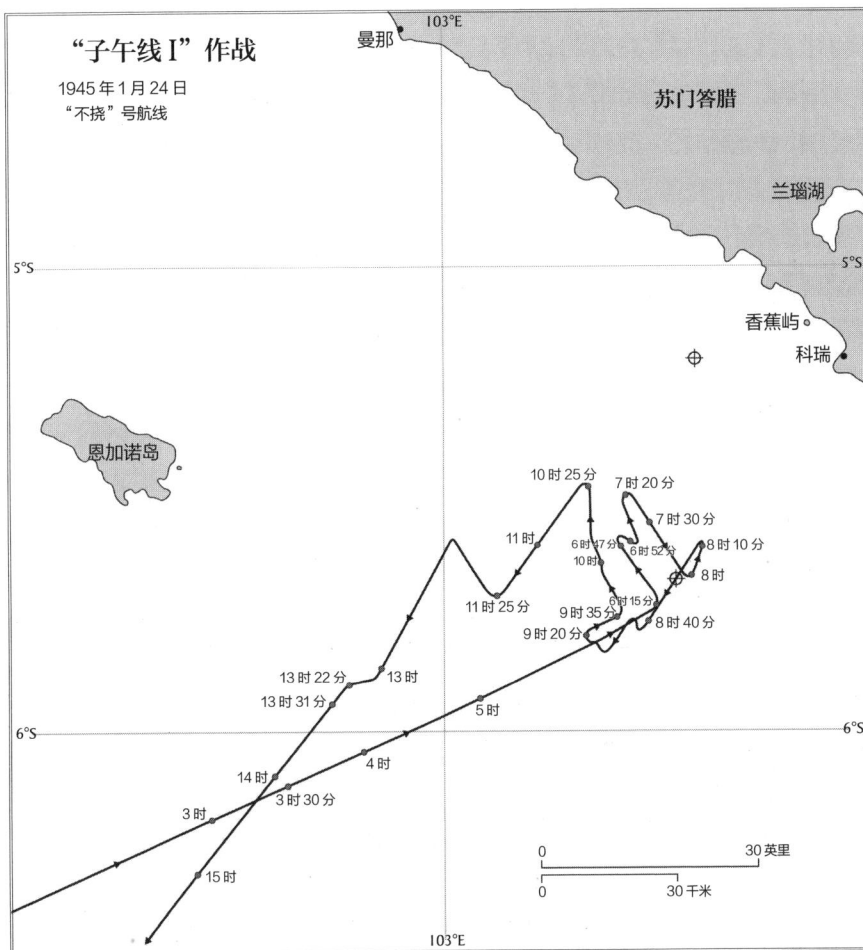

> "子午线 I" 作战
> 1945 年 1 月 24 日
> "不挠" 号航线

曼那
103°E
苏门答腊
兰瑙湖
5°S
香蕉屿
科瑞
恩加诺岛
10 时 25 分　7 时 20 分
7 时 30 分
11 时　6 时 47 分　6 时 52 分　8 时 10 分
10 时
8 时
11 时 25 分　6 时 15 分
9 时 35 分　8 时 40 分
9 时 20 分
13 时 22 分　13 时
13 时 31 分　5 时
6°S
14 时　4 时
3 时　3 时 30 分
15 时
0　30 英里
0　30 千米
103°E

∧ "子午线 I" 作战示意图，"不倦" 号航迹图。

方对预定目标投弹，平均投弹高度约 1070 米。849 中队指挥官、皇家海军志愿预备役航空少校福斯特观察到大多数 "萤火虫" 式并未就位攻击拦阻气球，于是未待 857 中队完成攻击即率领 849 中队进入俯冲准备攻击。[24] 第 2 联队指挥官梅因普莱斯少校于 8 时 15 分率队发起攻击，进入攻击的位置较原计划稍偏南，航向大致向北。在展开攻击队形的过程中，各机高度、航向和航速均稍有不同，以期

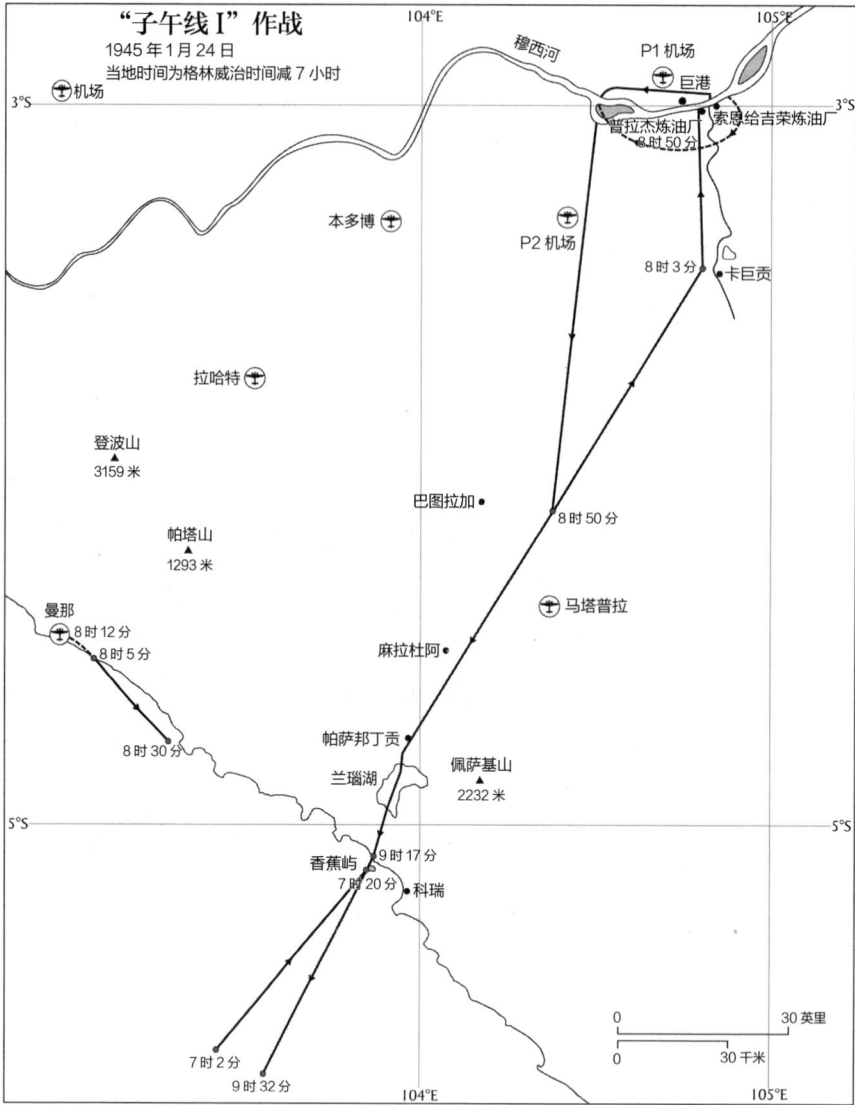

"子午线 I"作战
1945 年 1 月 24 日
当地时间为格林威治时间减 7 小时

3°S 机场

104°E
穆西河
P1 机场
巨港
3°S
普拉杰炼油厂
8 时 50 分
索恩给吉荣炼油厂
105°E

本多博

P2 机场

8 时 3 分 卡巨贡

拉哈特

登波山
3159 米

帕塔山
1293 米

巴图拉加

8 时 50 分

马塔普拉

曼那 8 时 12 分
8 时 5 分

麻拉杜阿

8 时 30 分

帕萨邦丁贡

佩萨基山
2232 米

兰瑙湖

5°S
5°S

香蕉屿 9 时 17 分
7 时 20 分 科瑞

0 30 英里
0 30 千米

7 时 2 分

9 时 32 分
104°E
105°E

∧ "子午线 I"作战示意图,攻击机群及"推弹杆"部队航线示意图。

扰乱日军防空炮火的火控解算，这导致实际展开时间比计划稍久。在该联队发动攻击时，若干拦阻气球在其俯冲开始点附近冉冉升起，至少 3 名飞行员被目击到几乎擦着拦阻气球的系索飞过。[25] 实战中受防空炮火的炸点以及零星的低云影响，"圆周展开"机动所凭借的地标在空中难以分辨，但 857 中队还是观察到投下的炸弹命中动力车间以及 3 座粗蒸馏塔。该中队的一架"复仇者"式在攻击中中弹，并在撤向会合点的途中坠毁。[26] 820 中队沿着第 41 号目标和第 61 号目标的连线飞向其指定目标，并从约 2150 米高度一路俯冲至约 760 米高度。为提高投弹精度，该中队的大部分轰炸机从这一低于拦阻气球位置的高度继续俯冲。实际上，鉴于炸弹下落约 300 米后其引信才能被风标激活，因此 760 米高度已经近乎是最低投弹高度。空战调度员海少校目击到第 1 联队取得若干次命中，该联队达成的另外几次近失弹命中了油槽，造成起火并引起了浓烟。少校报告称因若干目标被浓烟部分遮蔽，第 2 联队仅摧毁了约一半的预定目标。

在护航机群与日军战斗机的空战中，一架日军"屠龙"式战斗机试图混入英军攻击机群，不过在得逞之前该机便被科尔上尉击落。新西兰皇家海军志愿预备役航空上尉丘吉尔（A H Churchill）和皇家海军杰姆斯上尉（H James）共享了另一架"钟馗"式的击落战果。皇家海军志愿预备役航空中尉肖（R J Shaw）留给战友们最后的记忆是其座机在一架"钟馗"式的追击下向北躲避，此后他被列入"战斗中失踪人员"。皇家海军哈灵顿（T W Harrington）少校和皇家海军预备役少校肖顿（S F Shotton）各自击落一架"屠龙"式战斗机，后者还可能击落了一架"钟馗"式。另有 6 架敌机分别被皇家海军志愿预备役上尉斯维克（W F H Schwenk）、南非海军志愿上尉威尔逊（E T Wilson）、新西兰皇家海军志愿预备役航空中尉麦基（R F Mackie）、皇家海军志愿预备役中尉霍金斯（E J Hawkins）和芬威克 – 史密斯（W Fenwick-Smith）击落。[①] 日军战斗机数目足够缠住所有护航战斗机，海少校注意到双方的缠斗一直持续到目标上方空域。此外，海上校还注意到若干架日军双引擎飞机在战场边缘徘徊，他一度推测日军通过

---

① 译注：原文此处仅列出 5 人姓名。

这些飞机指挥其战斗机作战[27]，但发现其中3架被击落后日军战斗机的作战似乎并未受影响。少校拍摄了若干张空袭现场倾斜的航空照片，随后在飞往会合点试图与攻击机群一道返回的途中，少校所在的小队遭到了4架"钟馗"式战斗机的攻击。空战中少校亲自击落其中2架，另外2架则被其僚机击落。

在"不倦"号从亭可马里出航前一天，2具配备914mm焦距镜头的F.52型相机及相应设备被送上该舰，以供其搭载的侦察摄影小队[28]使用。新相机装备的镜头焦距超过此前使用过的所有镜头，为保护安装于机身下的该镜头，"地狱猫"式侦察摄影机需安装特殊的整流罩。实战中，该机没有辜负地勤人员为此付出的努力，原有的F.24型相机和新安装的F.52型相机均拍摄到了质量很高的照片，同时整流罩既没有影响航速，也没有影响飞机的配平。拍回的照片证明粗蒸馏塔和蒸馏收集箱，以及第16、第17和第18号目标均被直接命中。此外，对转化单元区域、二次蒸馏车间，以及第40—44号目标取得的命中大约摧毁了上述目标内约30%的设施。主锅炉室、电力车间和61号目标也被命中，2座变压器被毁。驾驶"地狱猫"式侦察摄影机的是皇家海军志愿预备役航空上尉米切尔（N G Mitchell）和航空中尉兰金（F R Rankin），两人很快成长为鉴定目标毁伤程度的专家，且在判断日军机场及其他有价值的目标位置时向情报部门提供了很多权威性意见。在"子午线I"作战中，两人除奉命对普拉杰炼油厂进行侦察摄影外，还受命对其他11处疑为机场的地点进行了侦察，不过后一任务两人完成得并不顺利。虽然进行了反复搜索，但有两处他们一直没找到，另有两处地点被云层覆盖，无法实施侦察。不过，此次侦察中两人发现了6处此前情报从未提到的新机场。此次作战中投弹失败的问题依然较为严重：820中队共发生11起炸弹未能正常投下的故障。其中1枚炸弹在弹舱门打开后脱落，另外10枚未脱离挂架。10枚在启动正常投弹程序后未脱离挂架的炸弹中，6枚此后由飞行员利用炸弹丢弃开关投掷在目标区域内，另有2枚此后被用于攻击一座桥梁，但未观察到战果，其余2枚被载机携回母舰。

攻击于8时20分结束。当完成攻击的"复仇者"式飞行员们逐一绕过巨港北郊前往位于预定会合点时，他们观察到遭受空袭的炼油厂升起滚滚浓烟，烟柱一直升至3000米高度。预定会合空域位于巨港以西16千米处、穆西河干流

∧ 攻击巨港炼油厂后拍摄的照片，判读人员在照片上标注了若干拦阻气球的位置。（作者私人收藏）

中的斯马龙岛（Simaloan Island）上方。由于该岛部分被云块遮挡，因此部分飞行员未能迅速找到该地标，不过，总体而言，编队整理的过程尚算顺利。在油槽起火造成的浓烟背景下，涂装灰/绿色迷彩的"复仇者"式并不容易分辨，因此当"复仇者"机群从目标空域撤出时，多数护航战斗机仍在与日军战斗机缠斗。幸运的是"萤火虫"式机群及时赶到，在"复仇者"式机群沿穆西河低空飞行时英勇地给予了支援。在脱离目标空域时攻击机群遭遇了意外的麻烦：英军掌握的情报并未显示日军在巨港附近穆西河北岸集中布置了大量重型防空火炮，攻击机群完成攻击后转向以便沿穆西河向西飞行时，其转向点恰恰位于这部分日军高炮炮位上方。这一意料之外的麻烦导致"胜利"号舰长丹尼（Denny）上校认为"子午线I"作战中最薄弱的一环便是自攻击完成至飞往预定会合点这一阶段，并认为"（在这一阶段）无论是轰炸机还是战斗机都没有达成任何程度的协同与集中，机群几乎相当于裸露在日军炮火之下"[29]。高空掩护群领队汤姆金森（Tomkinson）少校则指出，预定撤退路线长约 16 千米，宽约 8 千米，总面积约 128 平方千米。在前往预定会合点的航程中，他所率领的编队遭遇了数目相当的敌机，因此在缠斗中不可避免地脱离了攻击机群。如需维持对攻击机群的近距离掩护，那么护航机队就必须拥有足够的数量优势。他在报告中还表扬了其僚机，尽管在与敌机的长时间格斗中长机节流阀全开，进行了一系列急转弯机动，但是其僚机总能紧紧跟随。[30]

820 中队中队长当日身体不适无法出战，因此该中队由其最资深的飞行员、皇家海军志愿预备役航空上尉琼斯（F L Jones）指挥。在飞往预定会合点途中，琼斯的座机和该中队其他两架"复仇者"式被敌战斗机盯上，其中追击琼斯的敌机咬得最紧。后者利用标准的"开塞钻"机动成功地逃脱了日机追击，且其座机毫发无损。不过该中队其他舰载机就没有这么幸运，返回母舰的 9 架"复仇者"式中，有 4 架被敌机或防空炮火击伤。近距离护航群领队、皇家海军志愿预备役航空少校汉森（N S Hanson）在战后表示，他对在沿穆西河展开的一系列激烈空战中仅有两架"复仇者"式被击落感到十分惊讶。他还批评了那些在远离目标的空域过于执着与敌机缠斗的战斗机飞行员，他们导致在"复仇者"式机群从展开至对目标进行攻击期间，仅有丘吉尔上尉的第 54 小队和汉森自己所在的小队可执行掩护"复仇者"式完成攻击的任务。当他们驾驶"海盗"式冲向敌机时，即使正在向"复仇者"式俯冲准备攻击的敌机也会改出攻击以实施规避，但两个小队的"海盗"式显然远远不足以掩护 4 个中队的"复仇者"式。

从 8 时 22 分起，攻击机群逐渐组成编队，足以使用各机旋转炮塔的机炮相互掩护，同时护航战斗机也逐渐从与敌机的缠斗中脱身，赶来掩护攻击机群一同返航。8 时 26 分，敌机脱离战斗，攻击机群及护航机队于 9 时 12 分返回第 63 特混舰队附近海域，此后机群解散队形，各中队分别在母舰上方整队盘旋准备着舰，并于 10 时 25 分全部完成着舰，随后舰队立即向西南方撤退。期间一架敌机一路尾随机群至舰队附近，舰队识破该机身份时为时已晚，该机已经报告了舰队的位置、航向和航速，但显然未能正确报告舰队构成。[31] 在发回情报后，该机迅速撤退，负责战斗巡逻任务的战斗机追之不及。

820 中队的一架"复仇者"式未能返航，在战后报告[32]中，"不倦"号舰长格拉哈姆（Q D Graham）上校详述了可能与此有关的一些细节。8 时 50 分—9 时期间，空袭完成后不久，在舰队上空执行空中战斗巡逻任务的战斗机从甚高频无线电接收机的 B 频道中收听到一段呼救，主叫方无线电呼号为"牛眼豪"（Bullseye How），请求给予紧急归航引导。[33] 此外，"不倦"号还在 4475 千赫频率①上收听到一架呼号为"BFS"的飞机发送的 QDM 信号。在国际航空通用信号中，该信号代表请求引导返航。未能返航的"复仇者"式编号为 JZ379号，该机的识别符为 1H，飞行员是米切尔（H Mitchell）军士长，编号为 FAA/FX97016，观测员为皇家海军志愿预备役航空中尉海明顿（A Hemington），通信兵 / 射手为哈里斯（C Harris）二等兵，编号为 FAA/FX87003。格拉哈姆上校在报告中表示当时曾推测"BFS"这一呼号即代表 JZ379 号机，但"牛眼豪"这一呼号与"BFS"之间毫无联系。实际上，分配给该机及其机组的无线电呼号为"洋泾浜 936"（Pidgin 936）。另一架"复仇者"式在攻击机群主力抵达前请求归航引导及紧急降落，并于 9 时 37 分被舰队发现。820 中队仅有 8 架"复仇者"式随编队返航，另一架于 10 时 5 分追踪"不倦"号发出的 YE 导航信号返回该舰。鉴于该机落后主力编队较远，其机组成员明智地采取了与主力编队不同的航线，在树顶高度飞行返航，但该机并非 JZ379 号机。担任战斗空中巡逻任务的战斗机受命在 B 频道上呼叫"牛眼豪"，并通知后者使用 C 频道呼叫"不倦"号，但显然"牛眼豪"和"不倦"号之间未能建立双向通信。此外，"不倦"号在 B、C、D 三个频道上呼叫"洋泾浜 936"号也未获回复。

　　9 时 47 分，JZ379 号机再次使用 4475 千兆频率发送 QDM 信号，从 9 时 53 分起，舰队所属的驱逐舰便获得一系列无线电测向结果，其中 3 个结果上报"不倦"号。为指引该机返航，舰队先后向该机发送了若干航向，分别指向"不倦"号、"不挠"号和"英王乔治五世"号，但 JZ379 号机从未对上述航向信息做出回复。该机曾报告称仅剩约 45.5 升燃油，此后又报告称准备迫降，最终发送了 SOS信号。格拉哈姆上校认为该机约于 10 时 40 分迫降，发送给该机的最后航向为

---

　　① 译注：即 4.475 兆赫，注意该频率属于高频频段而非甚高频频段。

293°①，这意味着当时判断该机位于苏门答腊岛以南。舰队所装备的雷达从未发现该机，自然也无法判断该机是否打开紧急敌我识别信号（IFF，Identification Friend or Foe），该信号有助于操作人员在雷达显示屏上识别敌我。"不倦"号的调查报告中还提到"此后又发现米切尔军士长将配发的南苏门答腊航空地图遗落在舰上"。在致第1航空母舰中队指挥官的电报[34]中，"不倦"号详述了"子午线I"作战结束后第一时间对该事件进行的调查。该电指出，鉴于JZ379号机显然无法收到"不倦"号发出的YE导航信号，因此该舰无法引导该机返航。战斗经过显示当时"不倦"号的YE导航信号工作正常。此外，该机也没能爬升至足够高度以接收舰队发出的甚高频无线电讯号或努力让自己被舰队雷达发现，此外该机也没有打开紧急敌我识别信号。在攻击机群返航及舰队撤离期间发现的不明来机，导致舰队于10时27分发布黄色空袭警告，这不幸地导致舰队无法引导担任战斗空中巡逻任务的战斗机前去搜寻JZ379号机。据推测，该机在战斗中遭到敌机攻击，导致该机观测员阵亡或重伤。此外，尽管没有明确提及，调查报告还暗示米切尔军士长对于未能返航应负主要责任。原文如下：

> 在从亭可马里出航前不到一周的时间里，所有"复仇者"式机组成员都参加了有关归航引导的讲座。我舰已经反复对机组成员强调过在需要归航引导时及时爬升并打开敌我识别信号的重要性。我舰将指示在今后的战斗中，机组成员如忘记其指定无线电呼号，则应使用其姓氏作为无线电呼号。最后，我舰所有飞行员一致认为，如果米切尔军士长携带了航空地图，那么他理应能发现距离海岸仅约72千米的舰队。

在当时看来，该报告的结论不无道理，但这一结论意味着一名广受同僚尊重和爱戴[35]的舰载机飞行员竟然无法在天气良好、能见度达80千米、身后目标区域浓烟烟柱上升至3000米高空的情况下穿过他理应熟悉的苏门答腊山脉

---

① 译注：即西北西方向。

完成返航。实际上，米切尔军士长只需调整航向确保烟柱位于其后方，同时利用太阳方位导航向南飞行，即可抵达海岸线并很快找到恩加诺岛。一旦他飞抵海上，航空地图便无法帮助其导航。战后，根据相关档案，发现该机并未在苏门答腊以南海域迫降，而是在空战中被击落并坠毁在巨港西北，[36] 这让还原该机的遭遇变得更加困难。该机残骸严重烧毁，但仍可辨认出 3 具机组成员遗骸。当时，当地警方将遗骸从飞机残骸中移出并安葬在附近。机身残骸上可辨认出其框架编号最后两位数字为 79。[37] 很难想象，米切尔军士长会在攻击完成后驾机在目标附近徘徊两小时，随后返回目标空域并被击落。鉴于其他"复仇者"式机组成员曾目击到该机被日机攻击，因此更有可能的是该机在从炼油厂飞往预定会合点的途中被击落。果真如此的话，那么"牛眼豪"、"BFS"以及那个至 10 时 40 分为止一直发送无线电信号的呼号又是来自何方呢？最有可能的解释是以上呼号其实都来自一架日军信号 / 情报侦测机，该机试图通过假扮盟军舰载机诱使盟军舰队暴露自身位置。在太平洋战争中，日军利用英语假扮盟军部队的例子并不鲜见，即使在硫磺岛和冲绳的交手战中类似例子也时有出现，但迄今为止还没有明确证据显示日军于 1945 年 1 月在苏门答腊使用过这一策略。战后，鉴于遗骸很快被找到，英国政府并未对此事件进行详尽的调查，因此该机坠毁与"不倦"号试图引导一架失踪的"复仇者"式归航一事之间的联系也再未建立。

在对玛拉机场的小规模攻击中，16 枚 227 千克航弹准确地命中了跑道、机场建筑以及一架停放在地面的百式司令部侦察机，但是在该地没有观察到任何日军活动的迹象。飞行员战后汇报和侦察摄像获得的照片都显示对普拉杰炼油厂进行的主力攻击获得了不错的战果。尽管投弹失败的问题依然令人恼火，但是当日抵达普拉杰炼油厂的 41 架"复仇者"式共对预设目标完成了 153 次准确投弹。日后的情报显示此次攻击造成该炼油厂产量减半。[38] 此战中，皇家海军在苏门答腊上空损失了 6 架"海盗"式战斗机、2 架"复仇者"式鱼雷机和 1 架"地狱猫"式战斗机及其机组成员，其中 2 名机组成员曾被目击到成功跳伞着陆。此外，一架"海盗"式和一架"海火"式飞行员在舰队附近跳伞逃生，两人均被己方驱逐舰救起。

奉维安少将命令，9 时 53 分，"光辉"号放出一架"海象"式双翼机前往
香蕉屿（Pisang Island）附近执行搜救任务，当时分析某架飞机可能在该海域迫降。
不过该机在当地一无所获，并于 11 时 31 分与为其护航的"海盗"式一同返回。
"光辉"号的兰布（Lambe）舰长认为对海空搜救任务的引导细节仍有不足，该
任务的组织仍有提升空间。"不倦"号的格拉哈姆舰长则认为在对飞行员的战
前简报中，关于逃生和规避危险的内容较为含糊，以后应加以改进。此战中"萤
火虫"式的油耗仍令人担忧。1770 中队返航后，各机剩余油量差距较大，最少
者仅剩 441 升，最多者尚有 1273 升。作为对比，854 中队的"复仇者"式于 10
时 15 分返航时普遍仍有约 1 小时的剩余油量。

24 日下午，第 63 特混舰队以 22 节的航速向西南方向的撤退途中，舰队的
雷达发现一群敌机在舰队以北 68 千米外、恩加诺岛附近徘徊，显然试图锁定舰
队位置。起初舰队指引高空战斗巡逻机群前往拦截，但鉴于该机群剩余燃料有
限，难以支持在该距离上进行空战并返航，因此在发起截击前该机群便被召回。
25 日，驱逐舰"熊星座"号（Ursa）在从"英王乔治五世"号战列舰补给燃油后，
前往科科斯群岛（Cocos Islands）进行无线电佯动，以期隐藏第 63 特混舰队的
实际位置。该舰返回时，恰值特混舰队在集体补给燃料：在 26—27 日中，特混
舰队中的航空母舰分两批接受燃料补给。除锅炉重油外，"光辉"号和"胜利"
号还补充了航空煤油。在"子午线 I"作战中，"胜利"号消耗了其携带的 22.7
万升航空煤油[①]中的 6.1 万升。为"胜利"号补充燃油的是"回音谷"号油轮，
据"胜利"号报告，其燃油补充的速度为每小时 2.36 万升航空煤油和 165 吨锅
炉重油。如使用两根输油管补给锅炉重油，则该种油料的补给速度为每小时 290
吨。从航空母舰相关操作人员抓住油轮射来的抛射头开始，至断开最后一根输
油管为止，整个补给过程共耗时 10 小时。"胜利"号的丹尼舰长曾认为该舰是
整个第 63 特混舰队中唯一一艘无须补给燃油即可完成长达 19 天作战任务的舰
只。[39] 和以往一样，此次燃油补给过程依然过于漫长。期间数根浮动输油管接头

---

① 译注：第三章提到该舰的设计携带量为 18.4 万升，此处为实际携带量。

处断裂，此类事故进一步延缓了许多舰只的补给进度。成绩最好的是"不倦"号，该舰在 6 小时内从"回音谷"号接受了 1806 吨燃油，未遭遇任何意外。"光辉"号则在靠近"救世帝国"号（Empire Salvage）后发现后者仅抛下了汽油输油管用于执行燃油补给作业，且起抛射头部分长度仅有 88.5 米，远不能满足输油作业所需。"救世帝国"号不得不再抛出浮动输油管。在该输油管连上"光辉"号后油轮收起了先前较短的汽油输油管，重新接上了一根长度为 122 米的抛射头。为了完成燃油补给作业，"光辉"号与"救世帝国"号编队航行了 12 小时。由于后者一直无法保持稳定的航速，因此"光辉"号不得不持续调整自身航速以维持编队队形。该舰舰长此后承认这 12 小时的航行实在是一桩让人筋疲力尽的工作。"不倦"号在 26 日 8 时 30 分—18 时 30 分从"救世帝国"号补给了 1815 吨锅炉重油。浮动输油管断裂及油轮船员此后相应的修理作业是造成该舰补给速度缓慢的主要原因。鉴于当时的剩余油量状况，第 63 特混舰队最多只能对巨港地区再进行一次攻击，原计划针对前两次攻击中未能摧毁的目标展开的第三次攻击已无实施可能。

"子午线 II" 作战

参考"子午线 I"作战的经验及教训，参谋人员对攻击索恩给吉荣炼油厂的计划进行了一定修改。其中最重要的两处修改分别与"推弹杆"部队的攻击战术，以及"复仇者"机群轰炸完成后前往预定会合点的撤退路线有关。"子午线 I"作战的经验显示，单一"推弹杆"部队对目标区域内敌全部机场逐一进行扫射攻击所需时间过长，因此"子午线 II"作战中将出动两支独立的"推弹杆"部队，其代号分别是"X 射线"（X-Ray）和"轭"（Yoke）。前者由"光辉"号上 1830 中队和 1833 中队的共 12 架"海盗"式战斗机组成，后者由"胜利"号上 1834 中队的 13 架"海盗"式组成。根据作战计划，两部应同时抵达日军在巨港地区的两个主要战斗机基地，在完成通场扫射攻击后继续在两机场上空维持空中战斗巡逻，以防躲过通场扫射的敌战斗机升空拦截突击机群。参谋人员还考虑过让两部在攻击后加入护航机队，但鉴于护航机队必将与敌机展开空战，在双方混战中，"推弹杆"部队加入战场无疑将引发复杂的组织协调问题，因此这一想法最终被抛弃。"复仇者"式机群仍将由南向北进行攻击，不过，在攻击完成后各机需向右转弯经目标以南空域脱离战场，从而避开巨港附近已知的日军重型防空火炮主阵地。然而新路线虽然可以在一定程度上避开日军的防空火力，但是另一方面也意味着攻击完成后前往预定会合点的航程更长。鉴于护航机群的战斗数量较"子午线Ⅰ"作战略有下降，即使不考虑部分战斗机陷入与敌机缠斗的情况，战斗机在该段航线上的分布也必然较为稀薄。由于1月24日并未对索恩给吉荣炼油厂进行攻击，因此当地日军显然会估计到英军的下一次攻击会指向该炼油厂，如此第63特混舰队的攻击便失去了突然性。日军甚至可能对俘获的机组成员严刑逼供，从而获得舰队的作战意图，这无疑让参谋人员如芒在背。此外，日军在这几天中还可能向苏门答腊调集航空兵，集聚相当的实力在舰队可能的攻击发起位置附近进行伏击。鉴于上述可能，参谋人员决定削弱护航机群规模。作为补偿，10架"萤火虫"式将加入护航机群。"胜利"号、"光辉"号和"不挠"号各保留4架战斗机，以支援"不倦"号的"海火"式战斗机执行空中战斗巡逻任务。参谋人员预计日军将全力锁定舰队位置，并进而对航空母舰展开攻击，且可能为此投入神风特攻队。由于"海火"式滞空时间较短，因此如仅依靠该机型执行空中战斗巡逻任务，就有可能出现日本攻击机群恰在"海火"式换防时出现的危险情况，因此需保留大航程"海盗"式和"地狱猫"式战斗机用于填补"海火"式换防起降时留下的防御空白。

最终版本的作战计划需动用127架舰载机参与攻击战斗，实战中，在起飞前发现有3架"复仇者"式和1架"萤火虫"式发生故障无法起飞，因此实际参与作战的舰载机共123架。攻击机群仍由48架"复仇者"式组成，每艘航空母舰各贡献12架，炸弹挂载不变。近距离掩护机群由包括空战调度员所属小队在内的12架"海盗"式组成，均来自"胜利"号上的1836中队，高空掩护群由"光辉"号1830和1833中队的12架"海盗"式组成，中层掩护群包括"不挠"号1839和1844中队的16架"地狱猫"式，"不倦"号的10架"萤火虫"式则出任前导近距离护航。"推弹杆"部队共包括25架"海盗"式，如前所述，0"X射线"部队由"光辉"号1830和1833中队抽调，"轭"部队则来自"胜利"号1834中队。此外，2架"地狱猫"式侦察摄像机将进行摄像以供评估战果所需，另有 2 架"萤火虫"式则将对玛那机场进行侦察。

参谋人员曾考虑过改变攻击发起位置，但经过再三推敲，鉴于日军不太可能在苏门答腊以西海域部署潜艇并及时发动攻击，因此最终还是决定仍使用 TA 海域。第 63 特混舰队于 29 日晨 6 时抵达该海域，但发现该海域正被距离苏门答腊海岸约 50 千米处的一条暴风雨带所覆盖。尽管如此，从该海域仍可看见远方的巴里桑山脉，且山脉上空似乎晴朗无云，因此舰队最终决定不改变攻击发起位置，而仅仅将起飞时间推迟至 6 时 40 分。6 时 40 分，舰队恰巧位于两处暴风雨的间隙，各舰遂如期开始放飞舰载机。虽然当时能见度不佳，但是攻击机群还是顺利完成了编队，并于 7 时 34 分出发飞往目标，这一时间仅比原计划慢了 4 分钟。这从一个侧面体现了舰队的作战水平有所提升。除了在起飞前即已发现故障的 4 架舰载机外，另有 4 架"复仇者"式在升空之后发生故障，被迫进行紧急着舰或在海中迫降。一架来自"不挠"号的"复仇者"式在起飞后即发现引擎故障，被迫迫降，其机组成员被"水精灵"号驱逐舰救起。另一架"复仇者"式发现漏油故障，该机成功降落。因此最终攻击机群共包括 41 架"复仇者"式。虽然这意味着投往目标的炸弹总数下降，但同时护航战斗机与攻击机群的比例则有所提高。造成两次"子午线"作战中均有大量舰载机出现故障的主要原因仍是热带潮湿天气对系泊在甲板上的舰载机的不利影响，但不可忽视的是，载机数量的增加，地勤人员随之骤增的工作压力也是造成这一局面的重要原因。第二波起飞的舰载机包括"推弹杆"部队、"萤火虫"式和"地狱猫"式侦察摄像机。这一波飞机以最快的速度起飞，以便"萤火虫"式在攻击机群抵达海岸线前即占据前导近距离护航位置。"推弹杆"部队赶上攻击机群后，于 8 时 30 分抵达预定目标楞巴克机场和塔郎贝图图机场。这一时间较"复仇者"式机群抵达索恩给吉荣炼油厂附近早约 15 分钟。在抵达目标前，"推弹杆"部队的两架"海盗"式因故障被迫返航，其余抵达目标机场的"推弹杆"部队很快发现他们来得太晚了：两机场内几乎空空如也，仅发现 3 架"钟馗"式和 1 架双引擎飞机停放在地面，这 4 架飞机很快便被摧毁。另有 2 架敌机刚刚起飞，在爬升途中被击落。显然，日军已经决定昼间在巨港上空保持战斗机巡逻，以减少当地被突袭的概率。

由"胜利"号1834中队第41、第42和第48小队组成的"推弹杆""轭"部队于8时28分抵达巨港1号机场,当即遭到了日军轻型和中型防空火力的"热烈欢迎"。第42小队的小队长杜尔诺上尉在进行第二次通场扫射时,其驾驶的"海盗"式引擎油箱被击中[40]。上尉随后爬高脱离战场,并试图与其僚机——由皇家海军志愿预备役航空少尉戴维斯(Davis)驾驶——一同返回舰队。然而2分钟后杜尔诺上尉发现其座机油压降至约207千帕,估计几分钟后引擎便将因油压过低停转。有鉴于此,上尉折向东北,航向海岸附近代号为"尤斯顿"的海域,根据简报,潜艇"坦塔罗斯"号将在该海域执行海空搜救任务。上尉的座机支撑着飞越了海岸线,但在距离"尤斯顿"海域仍有约40千米时其引擎停止了转动,上尉于是只得迫降。戴维斯在观察到杜尔诺上尉在迫降成功后爬出座舱并吹起救生艇,于是独自飞往"尤斯顿"海域寻找"坦塔罗斯"号并通知后者前往营救。不幸的是,尽管中尉在该海域反复盘旋搜索,并反复通过无线电呼叫,但他始终未能与"坦塔罗斯"号取得联系。最终,鉴于座机燃油余量仅剩455升,中尉只得放弃尝试返回舰队。在飞越苏门答腊途中,中尉遭遇一架"钟馗"式战斗机的拦截,但最终中尉摆脱了对手并顺利返回"胜利"号。降落后中尉于第一时间汇报了其长机迫降的情况。

"坦塔罗斯"号于1月3日从弗里曼特尔出发,开始其第7次作战巡逻。该艇首先在埃克斯茅斯湾补给燃油,随后前往南中国海,并于16日抵达。该艇隶属东印度洋舰队编制下的第8潜艇中队,但同时亦作为美国海军第71特混舰队的一部分,接受美国海军第7舰队的作战指挥。1945年1月21日下午,该艇奉命前往"尤斯顿"海域执行海空搜救任务,并在该海域逗留至24日日落之后。不幸的是,第71特混舰队指挥官并不知晓"子午线"作战因天气原因展期,因此命令"坦塔罗斯"号的艇长麦肯兹(H S Mckenzie)少校[41]留驻赤道以南,并在邦加岛(Banka,亦作Bangka)与林加(Lingga)之间做攻势巡逻,但随时准备奉命执行海空搜救任务。少校执行了这一命令,以为空袭作战已被取消,[42]但1月31日晚该艇突然接到搜索失踪飞行员杜尔诺上尉的命令,命令还指出上尉于29日在"尤斯顿"海域迫降,已经在海上漂流超过48小时。"坦塔罗斯"号立即以其最高水面航速前往"尤斯顿"海域,并在当夜即展开搜索。为吸引失踪者的注意力，该艇还发射了绿色信号弹。考虑到杜尔诺上尉可能因洋流和海风作用漂离"尤斯顿"海域，次日晨，该艇又前往邦加岛北海岸展开搜索，但依旧一无所获。麦肯兹少校一度担心他错误理解了命令，但实际上他本人和第71特混舰队指挥官均不知晓第63特混舰队的攻击已经展期，而这一情况在此前9个月的作战中从未发生。英国太平洋舰队发出有关飞行员落水的情报经不同国家和战区指挥官层层转达，历经48小时才最终被"坦塔罗斯"号收到。杜尔诺上尉下落不明，并被归类于"战斗中失踪人员"。[43]

　　攻击机群于7时52分飞越海岸线，并在2300米高度上翻越了巴里桑山脉，但随后高度恰恰高于机群巡航高度的云层给编队造成了一定麻烦。由于攻击机群领队继续爬升，因此高空掩护群的战斗机也被迫随之爬升，直至飞入云层顶部。在此环境下，该机群显然既难以保持编队，也难以发现爬升至攻击高度的敌机。

∧ "坦塔罗斯"号潜艇。（斯蒂夫·布什收藏）

PALEMBANG REFINERY

JAP SHIPS

∧ 空战协调员海少校在对索恩给吉荣炼油厂的攻击中拍摄的照片。照片中可见受损的船只和目标区域燃起的大火。判读人员在照片中标注出了日本战斗机的位置。(作者私人收藏)

离开山脉空域后不久,机群便发现苏门答腊东部平原上空被大块的层云所覆盖,但这并未妨碍飞行员于 8 时 40 分发现索恩给吉荣炼油厂。鉴于攻击区域有限,这一次作战计划没有重复"子午线 I"作战中所采取的"圆周展开"方式,而是设计了所谓的"靠边展开"(step-aside deployment)方式。参谋人员认为,与"圆周展开"方式相比,此种方式赋予了各中队队长更大的机动自由度,并可能使敌防空火力的火控系统因饱和而瘫痪,因此在不要求战斗机必须进行持续护航的前提下更为优越。"靠边展开"方式的最初部分与"圆周展开"相同,但在"萤火虫"式机群领队广播"熄灯"这一暗语且先导"复仇者"式中队完成攻击后,

∧ 海少校拍摄的另一张照片,显示索恩给吉荣炼油厂正在熊熊燃烧。(作者私人收藏)

第 1 联队的第 2 中队要绕过渭干河弯曲部的外缘完成"靠边"再进行攻击,而第 2 联队则完成 90° 转向并飞越科莫林河完成"靠边",然后再飞向其指定目标。各中队之间的距离与"圆周展开"方式相同。各架"复仇者"式分散在不同方位分别逼近目标展开攻击。

在飞行过程中,空战协调员海少校曾一度将无线电切换到"推弹杆"部队

∧ 大火在索恩给吉荣炼油厂中蔓延, 照片中可见普拉杰炼油厂所受破坏。(作者私人收藏)

所使用的 C 频道上，因此得知该部队在机场地面并未发现多少敌机。他立即意识到目标上空的日军拦截力量必然较上次作战强大得多。日军在"复仇者"式机群展开队形时开始施放拦阻气球。与"子午线 I"作战类似，"萤火虫"式奉攻击机群领队的命令对拦阻气球展开攻击，但效果不佳。一路上升至 1200 米高空的拦阻气球很难被瞄准，因此仅有 3 个气球被击落，甚至连这 3 个气球对攻击机群而言也是一个不小的威胁。中弹的气球氢气着火，且氢气并未迅速泄露，因此即使是中弹的气球仍能保持一定浮力，只会缓缓降落。在日军施放拦阻气球的同时，其防空炮火也加入了战斗。与"子午线 I"作战中的情况类似，防空炮弹爆炸的高度大致正确，但方位偏差较大，不过，随着空战的进行，敌防空炮火的精度逐渐提高。当 857 中队的"复仇者"式在中队长斯图亚特少校的率领下，于 8 时 45 分从 2300 米高度开始俯冲，穿越拦阻气球群一路冲向其预定目标时，日军"隼"式战斗机杀到，并从后方和上方对"复仇者"式展开攻击。其余各"复仇者"式中队按照规定时间，从 2300 米高度以 200 节速度逐一投入攻击。梅因普莱斯少校的座机撞上了拦阻气球的系索，其右翼被系索扯下。该机随后倒转翻滚一路下坠，最终坠入燃烧着的炼油厂并起火爆炸。皇家海军志愿预备役航空中尉贝恩（D Bayne）目击到其所属分队队长皇家海军志愿预备役航空中尉阿姆斯特朗（R S Armstrong）的座机也被拦阻气球所伤，该机右翼外侧部分被扯下，此后失踪。随着攻击的展开，较早展开攻击的中队投下的近失弹引燃了储油槽，并造成了浓密的黑烟，导致后续中队因目标被遮挡而难以实施精确轰炸。战斗中，一次非常剧烈的爆炸震撼了数架投弹后正在拉高的轰炸机。820 中队最后投弹的飞行员则声称"目标仿佛在空中直冲他飞来"[44]。鉴于他的目标已经被烟尘遮挡，根据作战简报的指导，他选择的瞄准点稍稍超出目标。该机挂载的 1 枚炸弹因故障未能投下，但该机的观测员报告称观察到 1 枚炸弹在第 15 号与 16 号目标之间爆炸，另外 2 枚在第 18—20 号目标之间爆炸。海少校对第 1 联队的轰炸结果赞赏有加，称其"实为卓越"。[45]

849 中队指挥官福斯特少校则回忆称，当他即将开始攻击时，其观测员、皇家海军志愿预备役航空上尉威利特（F J Willett）通过机内通讯设备提醒他，两架日军战斗机正透过云块中的缝隙，以太阳被背景俯冲而来。少校的通信兵／射手立即操作炮塔对敌机射击。[46] 少校的僚机分别由伯恩斯（J R Burns）和伯伦斯顿（K M Burrenston）驾驶，两机当时分别跟在少校座机左后方和右后方。两机均被命中，战友观察到两机机身上均掉落若干碎片。之后两机逐渐脱离编队，此后遭遇不明。战后调查显示，两机均在战斗进行中同时实施了迫降，一架迫降在巨港东南部的森汤路（Centang Road）附近，另一架迫降在穆西河中赫拉姆岛（Horam Island）附近，夏季枯水期该机残骸露出水面。两机机组成员均在迫降中幸存，但在躲藏了几天后不幸被俘。其中一组在巨港以南 74 千米处的卡贾贡（Kadjoeagoeng）被日本宪兵俘获，另一组则在巨港以西 60 千米处的布东（Boetong，亦作 Butong）附近被俘。两组人员均于 2 月 12 日前后被俘，被俘前均被仇视欧洲人的当地民兵追踪。其中一组机组成员包括皇家海军志愿预备役航空中尉伯恩斯和罗巴克（D V Roebuck），以及巴克（I Baker，编号为 FAA/FX 86731）军士，另一组机组成员包括皇家海军志愿预备役航空上尉伯伦斯顿、皇家海军志愿预备役航空中尉林特恩（E J Lintern）以及麦克雷（W J S McRae，编号为 FAA/FX 96155）军士长。[47] 没有任何档案将上述机组成员登记为战俘，但据信 6 人于 1945 年 2 月被押解至新加坡，此后其中 5 人在新加坡被害。战后在新加坡的调查结果与此不无矛盾，但部分现已遗失的调查结果有足够的理由让海军部最终正式宣布他们于 1945 年 7 月 31 日或此前不久遇害身亡。6 位机组成员中仅罗巴克中尉的材料较为丰富：1945 年 3 月，原隶属米德尔塞克斯团（Middlesex Regiment）①的列兵沃尔顿（T H Walton）曾在东京附近的品川战俘医院见过中尉，当时中尉正患有湿性脚气病。沃尔顿与罗巴克两人算是同乡，于是很快建立了友谊。中尉曾向列兵展示过其女薇薇恩（Vivienne）的照片，中尉随身携带照片这一细节得到了薇薇恩的证实。不过中尉此后遭遇不明。此次见面 5 个月后，该战俘营被盟军解放，但中尉并不在幸存者名单中。

根据空袭后"地狱猫"式侦察摄像机所拍摄的照片，炼油厂锅炉房和发电车间（即第 15 和 16 号目标）因被浓烟所遮挡，无法确定是否命中，不过若干

---

① 译注：英国陆军中"团"一般为营级规模。

∧ 伯伦斯顿上尉的照片。(经哈罗德·钱德勒〔Harold Chandler〕从迪基·里查德森〔Dickie Richardson〕处获得)

∧ 罗巴克中尉的照片。(经哈罗德·钱德勒从迪基·里查德森处获得)

〉杜尔满上尉的照片。(经哈罗德·钱德勒从迪基·里查德森处获得)

机组表示曾目击上述目标中弹。此外，由照片可见裂化车间、分馏塔、精馏阵列、蒸馏及再蒸馏釜，以及第24、第32、第35、第36、第37、第38和第39号目标均被命中或可能被命中。皇家海军在目标空域的损失为4架"复仇者"式、1架"萤火虫"式和1架"海盗"式。此次作战中护航机群再次陷入与日军战斗机的缠斗，不过这一次战斗中无线电纪律有了很大的提高。摆脱与敌机的缠斗并试图掩护"复仇者"式的战斗机飞行员们发现，"复仇者"式在从浓烟中冲出并飞入零散云块寻求掩护的过程中很难被发现。至少7架"复仇者"式在攻

击完成后按计划进行大范围的右转，在前往预定会合点的过程中遭到了日本"隼"式战斗机的攻击。幸运的是，敌机飞行员的射术普遍较差，且很多攻击草草了事。尽管如此，仍有若干架"复仇者"式被重创。近距离护航群的领队汤姆金森少校率队与"复仇者"式一道俯冲。由于此次作战中无线电管制纪律维持得较好，少校可以在必要时指挥部下调整位置。皇家空军志愿预备役航空中尉罗兹（Rhodes）和辛格尔顿（Singleton）发现一架"隼"式正在600米高度、浓烟范围之外准备攻击"复仇者"式，便脱离护航机群与其交战，但汤姆金森立即命令他们脱离缠斗继续掩护己方鱼雷机。两位少尉迅速服从了命令。[48]哈灵顿少校、皇家空军志愿预备役中尉尼尔（R C Neil）、史密斯维克（J D Smithwick）和史密斯（A H Smith）各自取得击落战绩。

在撤退初期，皇家海军的飞行员们曾有过许多英勇行为。例如，854中队一架"复仇者"式的飞行员、皇家空军志愿预备役航空上尉康纳利（G J Connolly），在撤退过程中发现一架"隼"式战斗机正在追击849中队编号为P1G的一架"复仇者"，后者当时已经受伤。上尉随即对这架"隼"式展开俯冲攻击，双方一直缠斗到丛林上方约15米高度，最终上尉用座机的前向机炮将对手击落。上尉随即遭到另一架"隼"式的攻击，但通过执行剧烈的"开塞钻"机动，少尉最终摆脱了对手。康纳利的观测员、加拿大皇家海军志愿预备役上尉杰斯（R E Jess）此前抛弃了该机的机身舱门，以便手持F.24型相机对目标区域拍照。此后情报部门判读人员发现该相机拍摄的照片质量很好，对判断攻击战果大有裨益。此战中，"萤火虫"式战斗机竭尽全力为己方"复仇者"式护航，并击落了1架"零战"32型战斗机和2架"隼"式战斗机，其中一架"隼"式由在"子午线I"作战中担任1770中队领队的莱维特上尉击落。此后上尉为驱离敌机，陷入与若干敌战斗机的缠斗，未能返航。上尉及其观测员、新西兰皇家海军志愿预备役航空上尉韦伯（J F Webb）均被列入"失踪，推测阵亡"人员名单。

至当日9时，苦战之后的攻击机群在预定会合点重整编队，开始返航。一小时后编队解散，按中队分别返回各自母舰准备着舰。2架"复仇者"式因受损严重，奉命在海上迫降。除一名观测员因伤势过重阵亡之外，其余机组成员均安全获救。另一架被重创的"海盗"式飞行员奉命跳伞，并顺利获救。其余试图着舰的舰载机中，一架"复仇者"式和一架"海盗"式冲出甲板落入海中，但其机组成员安全获救。此次作战，第 63 特混舰队付出了较为高昂的代价：共计 6 架"复仇者"式、2 架"海盗"式和 1 架"萤火虫"式因战斗损伤而损失；[①] 更沉重的是一些经验丰富的飞行员，如梅因普莱斯少校、莱维特上尉和杜尔诺上尉也在战斗中牺牲。尽管日军早有防备，并得到了加强，但攻击机群的各机组成员仍冒着猛烈的火力完成了攻击，对于其中大多数人而言，这也是 5 天之内他们参与的第二次大规模攻击。侦察摄像照片显示，在对布局较为紧凑的索恩给吉荣炼油厂的攻击中，大部分预定目标均被命中。战后情报显示，该炼油厂的生产因此次攻击而彻底停顿，直至 3 月底才逐渐恢复生产。除"推弹杆"

∧ 英国太平洋舰队的防空炮火正在对一架低飞的敌机射击。（作者私人收藏）

---

① 译注：降落时发生意外、冲出飞行甲板的舰载机不计在内，但返航时迫降和放弃的舰载机计算在内。

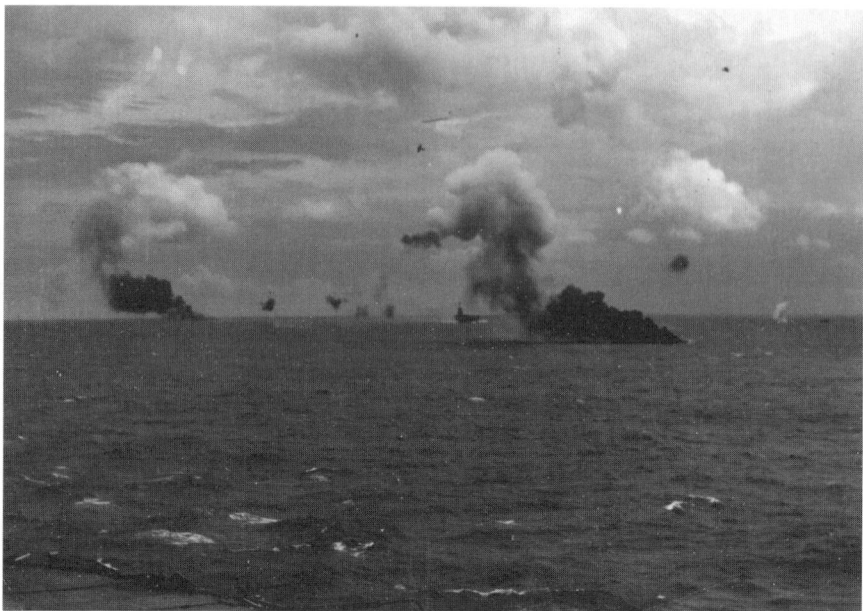

∧ 在 1945 年 1 月 29 日日军对英国太平洋舰队的攻击中，一架敌机被击落坠海。照片摄于"不倦"号，远处一
艘航空母舰上方可见担任空中战斗巡逻任务的"海火"式。（作者私人收藏）

部队击毁在地面的敌机外，在空战中还有 7 架敌机被击落，其中 3 架战绩由海
少校及其小队获得。对玛那机场的武装侦察中，发现日军的唯一动向是一场进
行中的足球赛。一俟日军发现不速之客来临，球赛便因参赛日军忙于操作机枪
而中断。[49]

　　在执行侦察摄像任务过程中，兰金中尉成功拍摄了空袭前后目标区域的照
片，但由于云层阻碍，对机场的摄像任务并不成功。由于供氧系统故障，中尉未
能完成其任务。鉴于因缺乏相应训练，飞行员对新相机的使用还不够熟练，又考
虑到使用新相机所需的极为精确的飞行路线，米切尔上尉和兰金中尉的表现堪
称出色。在攻击机群出发前不久，由参谋军官、皇家空军卢卡斯（W J Lucas）
少校驾驶的"海象"式水上飞机在无护航的情况下飞往兰瑙湖（Lake Ranau），
并沿湖盘旋了两圈，以试图寻找在"子午线 I"作战中跳伞逃生的飞行员。在简
报中，飞行员们被告知如不幸被击落，应前往该地等待救援。遗憾的是该机一

无所获，并于 8 时 55 分汇报了这一结果。另一架"海象"式由着舰信号官助理驾驶，在攻击机群返回前起飞，以备舰载机降落时执行搜救任务，不过在着舰过程中该机并未派上用场。在当天晚些时候日军对舰队的攻击中，该着舰信号官助理被机枪命中，不幸阵亡。

从午前开始，日军即出动军机搜索第 63 特混舰队，其中一架敌机于 9 时整被舰队雷达发现。担任空中战斗巡逻任务的战斗机迅速前往拦截，但敌机躲入云层并成功溜走。9 时 40 分，舰队雷达发现了一群敌机，一架担任巡逻任务的"海火"式击落了其中一架百式司令部侦察机，并将其余敌机驱散。10 时 26 分，雷达又发现了一群敌机，这一次担任巡逻任务的"海火"式和"海盗"式一同出击。其中"海盗"式报告称，发现 2 架携带炸弹的单引擎敌机，在进行拦截后又向东进行追击，直至距离舰队很远才停止追击，不过来自"胜利"式的 1 架"海盗"式在追击完成后未能返航。10 时 28 分，雷达侦测到更多的敌机正从距离舰队约 64 千米处向外海飞行。鉴于敌机似乎并未发现舰队所在，因此舰队并未指引战斗机前去拦截。11 时 52 分，正值担任空中战斗巡逻任务的战斗机行将进行换防时，雷达发现敌机正从南方接近。最初雷达信号被识别为一架大型飞机，距离约为 45 千米，但前往截击的战斗机报告称敌机为一群日本陆航轰炸机，包括 1 架"吞龙"式轰炸机和 6 架一式陆基攻击机。维安少将此后曾表示，他认为这些轰炸机并非受命前来攻击，而是恰巧出现在这一空域，不过包括一架九七式重型轰炸机在内的其他敌机就没这么无知了，当时 7 架执行低空空中战斗巡逻任务的"海火"式位于舰队以北，它们奉命立刻加速至最高速度，并按指引前往拦截敌机。最终这 7 架"海火"式恰恰于敌机进入舰队目视范围时赶到并展开截击，进而成功地打散了敌机编队。此时尚有 15 架战斗机正在舰队上方盘旋准备着舰，当中燃油余量最多者立即中止降落转而实施拦截，其中之一便是由皇家海军志愿预备役航空中尉肖（J A O' N Shaw）驾驶的"海盗"式。中尉来自"光辉"号，并在战斗中于距离舰队约 13 千米处击落了一架九七式重型轰炸机。在"不挠"号防空炮开火的同时，该舰的 3 架"地狱猫"式也紧急起飞参与战斗。在编队被打乱后，敌机从舰队左舷后方方位，在距离海面约 15 米高度各自展开攻击，其目标似为"光辉"号和"不倦"号。观察到敌机最初的展开方式，维安少将认为敌机将使用鱼雷攻击，因此命令舰队进行机动①，让敌机难以瞄准，同时各舰展开凶猛的防空火力，尽管此时各舰火控作业执行得并不好。随着敌机从"光辉"号左舷160°方位②逼近，该舰的Y号114mm高平两用炮群首先开火，随后"厄立孔"式20mm高炮也在约900米距离上加入射击。其中一架敌机从低空一直逼近到距离该舰90米处，随后打开弹舱并投下了一个长约90cm的"肥硕"状物体，随后该机爬升，避开飞行甲板末端以及舰岛结构，最终于"光辉"号右舷前方约1400米处坠海。另一架在低空沿"光辉"号左舷飞行的九七式重型轰炸机遭到了该舰B号114mm高平两用炮群、20mm高炮以及乒乓炮③的射击。不顾友军火力的误伤，两架"海火"式一直追踪该机射击，并最终让其中弹起火，坠入大海。其他很多战斗机也冒着己方的防空火力坚决俯冲，在近距离上对敌机展开攻击。全部7架敌机均被击落，其中6架战果属于战斗机，剩下1架由战舰高炮击落。此次作战暴露出舰队的近距离防空火力射击水平低下，在针对低空穿越圆形编队队形的敌机射击时这一缺陷尤为明显。此外，战斗中位于舰队中心的"光辉"号被位于其侧方的"欧尔亚拉斯"号误伤，两枚炮弹共造成12人阵亡，31人负伤，并造成舰岛受损。

　　此后舰队西撤过程中再未遭到空袭，但一架敌机始终在舰队以东约80千米处进行跟踪，其目的也许是获取航空母舰雷达特征，或窃取归航指引信号特征。14时30分，该机从雷达显示屏上消失。日落前，18时18分，雷达发现一架在约4600米高度飞行的敌机。一个"海盗"式分队奉命前往拦截。然而由于误以为敌机行将俯冲，这些"海盗"式奉命下降至1830米高度，因此未能与敌机实现目击接触。此后战斗机被召回，以便在日落前完成着舰。最后两架"海盗"式着舰时已是日落20分钟之后，云层使光线迅速变暗。雷达捕捉到不明敌机一直在舰队周围盘旋，直至19时10分。第63特混舰队首先向锡兰撤退，以期给敌人造成这是另一次"打了就跑"式袭击的假象。1月30日，舰队与第69特混

---

① 译注：即各舰转向，向着或背向敌机方向，使各舰在敌机方向上投影最小。
② 译注：0°为舰艏，180°为舰艉。
③ 译注：即8联装2磅炮，口径为40mm。作为防空火力，该炮性能较为落后。

舰队会合，再次进行了海上补给。当日 13 时 15 分，各舰开始补充燃油。除"胜利"号和"光辉"号无须额外补充外，其余舰只均补充了燃油，确保足以航行至弗里曼特尔港。为"不倦"号补充燃油的是"救世帝国"号，由于输油管断裂以及因此造成的延误，在近 4 小时内"不倦"号仅补充了 527 吨燃油。"不挠"号从"回音谷"号补充了 620 吨燃油，且未出现燃油管断裂现象。不过，由于"回音谷"号此前仅就为战列舰补给油料布置了相应设施，因此该油轮船员不得不为"不挠"号重新布置，造成了相当的延误。补给完成后，"熊星座"号再次前往科科斯群岛进行无线电伴动，该舰此后独自前往弗里曼特尔。22 时，补给完成的第 63 特混舰队开始向弗里曼特尔航行，并于当地时间 2 月 4 日 6 时抵达。抵达后，太平洋舰队副总指挥官、伯纳德·罗林斯（Bernard Rawlings）海军中将在"英王乔治五世"号上升起了将旗。2 月 10 日，英国太平洋舰队抵达其位于悉尼的主基地，这也标志着舰队正式抵达太平洋战场。

"子午线"作战之检讨

1945 年初，负责管理巨港地区炼油厂的是一位名叫浅野的日本陆军工程兵将官。战后接受盟军情报部门调查时该军官承认：

> 尽管我军当时动用了拦阻气球、重型防空火炮和战斗机进行拦截，但 1945 年 1 月（对巨港）的攻击仍堪称大胆而高效，其效果远强于 1944 年 8 月 B-29 轰炸机的攻击。我个人认为，海军使用的低空轰炸战术是获得成功的关键因素。（攻击机群）顺利找到目标，投弹也很精确。[50]

毫无疑问，"子午线"系列作战足称成功，此次作战也向美国方面证明，皇家海军是一支战斗力强悍、作战高效的盟军军队。不过，英国太平洋舰队的参谋们并未就此自满，而是仔细分析了战斗的各个环节，以求在此后的攻击作战中能进一步提高。参谋人员发现的若干缺点中，有些在当时较为明显，有些则未必。在飞往目标的航程中，攻击机群越早在预定飞行高度以预定速度就位，则显然各护航机群就能越快就位。攻击机群领队应尽力控制机群高度，防止高空掩护群被挤进云层。如果需要改变简报中介绍的飞行计划，那么领队应使用无线电明确广播改动，并在执行前得到各机群的确认。与"子午线II"作战中采用的"靠边展开"方式相比，"子午线I"作战中使用的"圆周展开"方式在实战中较难实施，但两种方式均依赖地标作为参照物，而实战中因种种原因地标往往远不如地图上那般分明。另一方面，"靠边展开"方式意味着攻击机群需在距离目标较远处就开始机动，这也意味着此种机动下，在最后进近阶段，护航战斗机更难掩护整个攻击机群。参谋人员认为这也是造成与"子午线I"作战相比，"子午线II"作战中有更多的敌机突破护航机群阻拦，直接攻击俯冲中的"复仇者"式的原因。

两次作战中护航战斗机群都展现了不错的进攻精神，但很多战斗机也因此在目标空域附近与敌机纠缠过久，导致"复仇者"式机群在超越战斗机位置进入撤退路线时或在预定会合点附近缺乏战斗机掩护。某些"复仇者"式中队在上述阶段的航程中甚至完全没有得到己方战斗机的掩护，因此护航机群领队需在进攻与提供掩护两者之间找到一个平衡点。"光辉"号的舰长兰布上校指出了"子午线I"作战中3个主要且急需改进的缺点：部分护航战斗机被未直接威胁攻击机群的日本战斗机所吸引，放弃了护航任务；无线电通信纪律执行得不够严格，尤其是"复仇者"式机组成员直接利用无线电向彼此报告各机战果，导致整个攻击机群使用的单一甚高频频道被阻塞；战前对日军施放拦阻气球缺乏准备，未能就摧毁或规避拦阻气球制订明确方案。在作战中，严格保持无线电通信纪律对减少不必要的通信非常重要，也有助于指挥官实施临场指挥。[51]

据攻击机群领队估计，在目标空域不同高度共有约40个拦阻气球。根据实战经验，太平洋舰队的参谋们也接受了难以通过将其击落的方式为己方攻击机群清理出一条航线这一结论，在空战中时间有限的情况下达成这一目标尤为困难。如需进行上述清理，战斗机需比攻击机群提前很久抵达目标空域，在日军刚刚开始施放气球时展开攻击。不过这当然意味着战斗机自身成了日军轻型防空火炮的目标。为保护拦阻气球锚点，日军通常将上述火炮布设在锚点附近。此外，为击落拦阻气球，战斗机需要装备大量的曳光弹，但就空战而言，这一弹种并不理想，因此也意味着牺牲战斗机总体作战效率，实际相当于缩减了护航机群的规模。战后无法查证在"子午线 I"作战中，第 1 联队领队是否命令所部从拦阻气球上方展开攻击，但很多飞行员表示清楚地听到梅因普莱斯（L C Mainprice）少校通过无线电下令各机俯冲穿过拦阻气球系索并展开攻击。这一行为无疑十分英勇，且少校的部下也忠实地跟随领队执行了这一机动。在参加了两次作战之间召开的联队领队会议后，梅因普莱斯少校返回"光辉"号，并认为在今后的作战中战斗机或"萤火虫"式将在拦阻气球群中清理出一条通道，以供"复仇者"式展开攻击，他也向兰布舰长传达了这一想法。然而在收到"子午线 II"作战计划后，兰布舰长发现其中并没有提到"清理通道"之事，于是便向空战协调员求证。鉴于后者回复称不会对拦阻气球展开任何攻击，舰长便通知梅因普莱斯少校，由其根据实际情况临阵自行决定"从气球上方掠过或穿过气球这两种方式中何种方式能更有效地达成目标"[52]，且舰长将支持少校的任何决定。战后，兰布舰长写道，在他看来，如果梅因普莱斯少校及其他中队指挥

〉1945 年 1 月 29 日，854 中队的一架"复仇者"式撞上拦阻气球系索的瞬间。该照片由另一架"复仇者"式的观测员拍摄，其座机正在向目标俯冲。（作者私人收藏）

官未曾为了保证轰炸精度选择穿过气球进行攻击，那么"子午线"作战的战果显然不会如此巨大。

两次作战中，"推弹杆"部队都以最坚决的方式对敌机场进行了扫射，并显著削弱了敌战斗机的实力。由于在"子午线 I"作战后日军必然对再次遭到攻击有所准备，导致英军作战突然性的丧失，因此很难比较两次作战中"推弹杆"部队采用的不同战术中哪种更为有效。"子午线 I"作战中"推弹杆"部队大大削弱了日军可用战斗机的数量，这也是"子午线 II"作战中敌战斗机群较为虚弱的主要原因之一。"胜利"号的舰长丹尼上校报告称，在两次作战中，该舰共有 27 架（39 架次）"海盗"式在执行空中战斗巡逻或低空扫射任务时开火，共消耗 12.7mm 弹 27000 枚。上述 39 架次涉及的 234 挺机枪中，共发生 14 起卡壳故障，比例约为 6%，其中大部分故障是由弹壳抛壳槽故障引起。这一故障在"海盗"式战斗机上非常常见，因此急需对该机型进行早已批准的改造，以排除这一故障。"胜利"号当时尚未接收到进行上述改造所需的零件和说明，但希望在抵达澳大利亚后实施这一改造。

在"子午线"作战中，"胜利"号的"海盗"式战斗机共计在空战中击毁 9 架"钟馗"式和 1 架"隼"式战斗机。除了独享 2 个击落战果之外，海少校还与战友协同击落了 2 架敌机。皇家海军志愿预备役航空中尉弗伦奇独自击落了另外 2 架，皇家海军志愿预备役中尉理查德斯、丘特（Chute）中尉和布莱尔（Blair）各击落一架，其余战绩则由皇家空军志愿预备役航空少校霍普金斯（Hopkins）、皇家海军志愿预备役中尉谢泼德（Sheppard）和理查德斯分享。[1] 此外，包括 2 架"屠龙"式战斗机、1 架"钟馗"式战斗机、2 架双引擎军机和 5 架单引擎军机共 10 架敌机被击毁在地面，这 10 架敌机的击落战果由霍普金斯少校、杜尔诺上尉以及理查德斯中尉[2]、罗伯茨（Roberts）中尉、斯普雷克利（Spreckley）中尉以及哈维兰 – 戴维斯（Haviland–Davis）中尉获得。

---

[1] 译注：此处两个理查德斯不确定是否为同一人，此外各飞行员击落总数似不足 10。仍按原文翻译。
[2] 译注：此处理查德斯仍不确定与上文是否为同一人，保留原文。

"地狱猫"式侦察摄影小队[53]在对目标区域及其周围机场的侦察中均获得了效果极佳的照片。此外，空战协调员和一些自行拆除机身舱门的"复仇者"式观测员也利用手持相机拍摄了照片。"子午线Ⅰ"作战中规划的攻击机群撤退路线恰好通过巨港附近、穆西河北岸日军的重型防空炮火集结地，后者对攻击机群造成了很大麻烦。根据攻击机群领队的要求，"子午线Ⅱ"作战修改了撤退路线，但实战证明该路线过长，导致"复仇者"式机群分散开来，暴露于日军攻击下的时间也更长。事后看来，最好的解决方案应是改变预定会合点，以缩短攻击机群攻击完成后的航程，或是在目标周围 16 千米范围内没有明确地标时，直接指定在目标某方位某距离上会合。

丹尼上校还坚持"推弹杆"部队应在完成对敌机场的扫射攻击后与攻击机群会合，从而在后者完成攻击后的撤退过程中加强护航机群，但这一观点并未得到维安少将的认同。在少将看来，负责压制作战的战斗机应仅承担一项作战任务，否则反而会造成混乱。如何更好地为攻击机群护航这一命题只有留待今后的作战中再行总结。鉴于对巨港地区炼油厂攻击的战斗规模所要求的无线电通信业务量，战斗中无线电通信纪律未能得到保持，解决方案同样只有通过实战获得经验，严肃无线电通信纪律。这一问题并非皇家海军独有，在整个太平洋战争中，美国海军也为同样的问题所困扰。

在"子午线Ⅰ"作战中，"推弹杆"部队达成了奇袭，并摧毁了若干敌机，但仍没有赶在己方攻击机群开始轰炸前完成摧毁敌战斗机升空拦截能力的任务。"子午线Ⅱ"作战中对"推弹杆"部队的战术进行了更为完善的谋划，但该部队仍没能及时完成上述任务。1834 中队队长霍普金斯少校在"子午线Ⅱ"作战中担任"轭"部队领队，在报告[54]中少校表示，在他看来，如果低空作战的"推弹杆"部队未能获得彻底的突然性，那么非但该部队的战斗效果会大打折扣，且该部队飞行员因此"可能需要在防空警报拉响后 30 分钟内在敌机场上空反复搜索隐蔽的敌机"，这不可避免地意味着飞行员自身也需冒着极大的风险。少校同时还强调，"海盗"式最适合完成压制敌机场任务的战斗配置，应为其挂载 2 枚 227 千克炸弹或 1 枚 454 千克炸弹，并配备延时为 11 秒的引信，如此战斗机便可先破坏机场跑道，然后再进行通场扫射，且上述作战应于攻击机群飞越海岸线前完成。他还坚信摧毁停放在地面上的敌机远比在空战中击落敌机容易，这一观点在舰队内被广泛接受。此后英国太平洋舰队的作战中，由装备炸弹的战斗机执行的战斗轰炸任务占了相当的比重。这一战术的优点是战斗机通常性能更好，且在面对敌方战斗机时足以自保，因此更容易取得战果，同时又解决了性能迥异的战斗机和轰炸机编队飞行的问题。此外，少校还强调需要更新、更有效率的对地攻击武器。在"子午线 I"作战中，某架战斗机将一个半空的副油箱扔在了某个机库附近，该机库内当时停满了敌机。副油箱引发的大火席卷了机库，并持续了相当长的时间。在"子午线 II"作战中，一个类似的副油箱被扔在了巨港 2 号机场的某个建筑物附近，该建筑物据推测应为军官宿舍，但这一次油箱并未起火。少校认为某种合适的引信可以将尚含燃油的副油箱变成一种高效的"燃油 – 空气"炸弹，对于停放在地面的敌机而言，这种炸弹将特别有效。

美制"复仇者"式、"地狱猫"式和"海盗"式舰载机乃是针对美国海军航空母舰作战设计，其共同特点是性能出色，坚固耐用，在太平洋舰队参谋及机组成员中广受好评。另一方面，从上任之初维安少将就认为"海火"式战斗机不适合在太平洋战场作战。由于该机型航程不足，因此既不能加入"推弹杆"部队作战，也不能承担为攻击机群护航的任务，即使承担空中战斗巡逻任务，该机型也需要频繁换班。这意味着舰队也需要频繁地转向逆风，从而严重阻碍舰队的机动。在其续航时间内，该机型的表现令人满意，但由于该机型乃是由陆基战斗机改型而来，其原型为追求轻量化导致起落架较为脆弱的弱点也被继承下来，该机型在降落时导了若干起事故，妨碍了"不倦"号甲板的正常调度。这一弱点在航空母舰发生明显的纵摆和颠簸时尤为明显。总体而言，舰队的雷达战场态势报告以及战斗机指引作业水平一直有所提高，但在估计来袭敌机数量时准确度一直较差。另外，在针对远距离目标时估测高度通常偏低。雷达战场态势报告、雷达指挥以及舰队内各舰飞行甲板调度官（FDO）之间的交流均通过同一超高频频率，战斗中该频道很快便因业务量饱和而阻塞。在"子午线 I"作战和"子午线 II"作战之间引入了所谓的"保护"系统，通过该系统可同时收听来自两个频道的通讯。通过将该系统用于指挥战斗机作战，高功率 87M 式甚高频无线电收发机便可专用于舰队内各舰飞行甲板调度官之间的交流。这一安排在实战中运转良好，并在此后继续使用，直至各舰安装第二套甚高频"舰间通话"通讯系统，以解决甚高频通讯频道过载的问题。[55]

根据"小扁豆"作战的经验，"光辉"号搭载了两架"海象"式水上飞机用于执行海空搜救任务。在"子午线Ⅰ"作战中，一架"海象"式曾前往搜寻一位据称迫降后位于陆上海岸线附近的飞行员，而在"子午线Ⅱ"作战中，一架"海象"式则前往兰瑙湖搜救此前作战中被目击跳伞的飞行员。由于出发前在给飞行员的简报中曾指示机组成员逃生后应前往该地区等待救援，因此当时舰队上下仍抱着飞行员平安抵达该地的希望。两次搜救行动中"海象"式的飞行表现均显示，该机型有能力在开阔海域有浪情况下安全降落，但在同等条件下起飞则很困难。

"海象"式未配备着陆钩，因此该机只能以两种方式回收，即直接在空旷的飞行甲板上降落，依靠其自身刹车制动，又或在航空母舰附近海域降落，然后再由停车的航空母舰利用起重机将其回收。鉴于"光辉"号甲板系泊机群的规模，飞行甲板上空旷的机会并不大。两次作战中，11架在海中迫降的舰载机的机组成员均被驱逐舰救起，但有关飞机迫降，以及陆上和海上幸存飞行员位置的报告通常都较为含糊，难以令人满意。鉴于今后在太平洋战场上攻击作战的时间跨度更大，上述缺陷急需改进。

两次作战中的损失规模显示了英国太平洋舰队面对今后作战时资源的贫乏。舰队所有的后备机均由"独角兽"号运往澳大利亚，在第63特混舰队中既无后备机群，也缺乏经过训练的后备飞行员及其他机组成员。4艘航空母舰上的机组成员，很多人都已临近其额定前线作战期限，并在长期作战中筋疲力尽。在其作战经过报告中，"光辉"号的舰长兰布上校指出，在两次"子午线"作战中，该舰损失了10%的战斗机飞行员、8%的鱼雷轰炸侦察机飞行员、24%的战斗机以及24%的"复仇者"式。"子午线"作战中，英国太平洋舰队因各种原因共损失16架"复仇者"式、15架"海盗"式、5架"海火"式、4架"地狱猫"式和1架"萤火虫"式舰载机，共计41架。其中6架"复仇者"式、8架"海盗"式、1架"地狱猫"式和1架"萤火虫"式因空战损失。6个完整的"复仇者"式机组以及1名观测员、8名"海盗"式飞行员、1名"地狱猫"式飞行员、一个"萤火虫"式机组的2名飞行员阵亡或失踪，共计损失30人。从舰队抵达澳大利亚开始，为舰队提供至少达到上述规模的补充人员装备的任务就落在了未经充分训练的后勤组织肩上。

"子午线"作战显然难称完美，但至少该作战卓有成效，并让舰队上下建立了足够的信心，这种信心恰恰是舰队前往太平洋战场与美国海军并肩作战所必需的。在给弗雷泽上将的作战经过报告中，维安少将在附信中简洁地写道：

> 无论此次作战中暴露了哪些缺点，在执行作战计划时各中队都尽了最大努力。在面对难以接近且有重兵把守的目标时，各中队获得了如此巨大的成功，这证明了对全体官兵在未来作战中的巨大期望并非妄想，且极有可能实现。[56]

澳大利亚和后勤支持

自 1944 年 5 月丹尼尔少将及其 3 名参谋军官抵达澳大利亚以后，在该国筹备皇家海军主要基地的工作便正式开始。至三军总参谋长联合会议正式批准组建英国太平洋舰队的计划时，少将已经就组建舰队主要基地完成了一份长达 250 页的行政性规划。该报告经受了联合行政规划小组（JAPSC）的仔细审阅修改，后者有权直接向澳大利亚国防委员会汇报。该小组从人力、物力两方面核算了澳大利亚政府为达成海军部目标所要做出的努力。当时澳大利亚民用部门正面临严重的人力资源短缺，因此难以通过从其他项目抽调人力的方式来满足海军部的需求。不过，由于此前服务于美军的某些项目将于 1945 年到期，因此这部分项目所涉及的土地和人力资源倒是可以释放。对于英国海军太平洋舰队而言幸运的是，该舰队的扩张在时间上恰与美军在澳大利亚驻军规模的收缩同期，后者是因麦克阿瑟上将所领导的西南太平洋战区司令部迁往刚刚夺回的菲律宾所致。联合行政规划小组最后完成了一份题为"将澳大利亚建为皇家海军部队基地的潜力"的文件，该文件日期为 1944 年 11 月 20 日，编号为 JAPSC 1/44 号。[1] 上述文件成了包括相应机场和航空基地建设在内的日后英国太平洋舰队主要基地建设的基础。

澳大利亚基地将负责为舰队提供后勤支持、后备补充人员，以及舰队运转需要的维修及改装设施。悉尼当地原有花园岛和白鹦鹉岛两处船坞，但太平洋舰队抵达时不可避免地意味着大量舰只亟须接受维修和改造，上述工程的规模显然超出了两处船坞的设计指标，因此导致了严峻的问题。白鹦鹉岛的萨瑟兰干船坞（Sutherland dry dock）长约 207 米，足以容纳巡洋舰和驱逐舰，但仍需通过开垦荒地、兴建新的干船坞以扩大花园岛船坞的规模，使其范围扩展至波茨角（Potts Point）。这一工程从 1940 年 5 月即已展开，至太平洋舰队抵达时已基本完成。新船坞是继悉尼港口桥工程（Sydney Harbour Bridge）之后澳大利亚进行的规模最大的工程项目，并被列为战略资产。根据海军部的建议，新船坞长 347.3 米、宽 45 米，低潮时船坞入口处深度最低为 13.7 米，足以满足当时英帝国及其自治领现有或规划战舰入坞所需。1945 年 3 月 24 日，由皇室成员、格洛斯特公爵（Duke of Gloucester）[①]正式将该船坞命名为库克船长船坞（Captain Cook Dock）。

实际上，在正式命名前，该船坞就已经开始运转。其接纳的第一艘舰船便是"光辉"号航空母舰，该舰于抵达悉尼的次日，即 1945 年 2 月 11 日便紧急入坞。[2] 在近 5 年高强度的作战中，战损以及并不充分的改造导致该舰的振动问题愈发严重，且其中央推进器传动轴漏水。在德班的整修并没能解决后一问题。据信造成故障的主要原因是传动轴伸出船体处的密封压盖老化。[3] 由于时间有限，当时决定仅采用一些应急措施以使该舰能与英国太平洋舰队一道参加太平洋战场的战斗。入坞后，该舰拆除了中央推进器，锁定了相应的传动轴，并压紧了舰艉密封压盖以达到水密。该舰于 2 月 24 日出坞，并在舰队主力出航几天后出发，以赶上舰队主力参加太平洋地区的作战。在拆除了中央推进器后，该舰最高速度下降至 24 节。鉴于舰队编队行动时航速取决于其中航速最低的舰只，"光辉"号的减速自然对整个舰队的运作产生了显著影响。尽管采取了应急措施，但在航速超过 19 节时该舰仍会发生较为明显的振动，其舰岛部分振动尤其明显，不过当时只能忍受这一问题。此次入坞还修理了该舰在"子午线"作战中所受的损伤[②]，并对其涡轮轴承进行了翻新。

悉尼的两座船坞紧密配合，其中花园岛船坞为若干舰只加装了 40mm "博福斯"（Bofors）防空炮，白鹦鹉岛船坞则组织了特设结构维修队，并生产特殊的钢铁制品。2 月 15—26 日期间，"不挠"号航空母舰添置了一座海军上将参谋人员住舱。同时，包括"欧尔亚拉斯"号、"大胆"号、"格伦威尔"号在内的若干舰只则先后接受了一系列维修工作，内容包括翻新铆钉、船体强化以及更换锅炉砖衬等。此外，"欧尔亚拉斯"号的厨房通风系统也接受了改造，以

[①] 译注：即英王乔治五世第三子，其长兄为原英王爱德华八世，后逊位为温莎公爵，次兄为当时的英王乔治六世。

[②] 译注：参见第四章，有关该舰被友舰误伤内容。

解决该舱室温度过高的问题。在英国太平洋舰队起航后，弗雷泽上将亲自向澳大利亚自治领海军委员会（Australian Commonwealth Naval Board）以及悉尼地区主管将官致电感谢，电文如下：

> 在英国海军太平洋舰队出航之际，我谨希望代表舰队就悉尼完成的工作表达诚挚的感谢。我注意到贵组织此前从未计划同时为如此多的舰只提供维修改装服务，但你们的辛勤工作、积极态度以及先见之明，使得贵组织提供了本应由更大规模的组织提供的设施，对此我深表感谢。仓储、供应、燃油弹药补充、舰只停泊、船舶业务、邮政、运输、通信、机密文件分发、无线电以及指挥、控制及通信对抗设备（CCM）安装以及其他诸项工作都以高质量完成，这应归功于相关官兵。尤其要提到入坞修理工作，其完成质量远超预期。希望贵部能向陆军机构以及邮政系统转达我的谢意，前者提供的船只运输和后者提供的电话服务均给予了舰队极大帮助。[4]

∨ "光辉"号于1945年2月11日进入花园岛船坞的库克船长干船坞，以接受紧急入坞维修。该舰也是首艘使用该船坞的舰船。当时该船坞尚未正式开放，其正式开放日为同年3月24日。（约翰·杰里米提供）

∧ 库克船长船坞的规模可从该照片中推测，照片中长达 225.5 米的"光辉"号仅仅占据了该船坞的部分空间。（约翰·杰里米提供）

　　鉴于英国太平洋舰队所辖航空母舰数量，以及其装备的舰载机种类，澳大利亚需为舰队提供大量的飞机支援设施。为满足该项要求，相关工作从 1944 年起即已展开。由此引发了一个人力资源上的重要问题。在英国本土，皇家海军航空器材储备由海军部平民职员负责，但鉴于英国太平洋舰队中显然缺乏此类人员，此项工作在澳大利亚只能由仓库列兵们完成。这些列兵中相当部分是刚刚入伍不久的战时征召人员，对其负责业务毫不熟悉。迫于当时情况，澳大利亚海军航空基地总指挥官的参谋们不得不亲自出任悉尼地区仓储组织顾问，负责鉴别各类物资，并就如何解决短缺问题提出建议。他们还需估测舰队的初期需求，并尽其所能，就今后作战所需后备补充的规模提出建议，而在当时后备补充作业的要求都尚未确定。上述任务大大超出了对所需参谋人员规模的预估。[5] 参谋人员需要首先找出未知因素，并迅速就面临的问题给出解答，而且他们深知，一旦解答错误，

∧ 停泊在花园岛的"不饶"号、"胜利"号以及其他战舰及辅助舰只。本照片拍摄于战后，但也体现了悉尼当地海军基地设施所需规模。（作者私人收藏）

便会在舰队抵达太平洋后对其运作产生显著影响。

　　除了舰队航空母舰之外，运输及补给航空母舰①还需装备维护保养设备、仓储设备以及相应人员，但当时很难决定装备的规模。如为实际参战航空母舰提供的供应规模过大，则很可能造成资源过度消耗，但如供应规模以及各舰配备的地勤维护保养团队规模过小，则意味着这些后勤部队将为完成相应任务疲于奔命，上述任务包括确保其管理的舰载机处于良好的状态，随时可转隶给作战中队。为此还特意组建了一个调研组织，调查澳大利亚当地有能力承担维修工作、供应相应材料，并保证维修工作质量的供应商。也许在这方面最困难的问题是

―――――――――――

① 译注：通常由护航航空母舰承担。

应从作战舰只上抽出多少储备，用于满足其他耗尽该种储备的舰只的最低需求。短缺程度最严重的物资种类包括飞机零部件、改装工具、无线电及雷达备件。

物资抵达悉尼后首先在码头卸载，然后通过公路运往设在兰德威克（Randwick）的主仓库，该地距离悉尼市中心区约8千米。1945年初，当地的仓库仍在建筑之中，为储藏物资，后勤部门只得利用接近完工的部分仓库，为此还需获得联合工作委员会（Allied Works Council）①的许可。根据当时的计划，澳大利亚皇家海军的所有物资最终也应被吸纳入兰德威克仓储中心，以满足皇家海军及航空兵所需。由于海军仓储主管（航空部门）（SNSO〔Air〕）的办公室位于悉尼市中心区，因此仓储工作的账目和相关记录并不存放于兰德威克。按照英国本土的惯例，舰只或航空基地的需求通常通过邮件寄往上述办公室，在紧急情况下也可由通信员直接送往该办公室。这套方法在战舰备件储备充裕的英国本土还行得通，但鉴于澳大利亚当地的条件，以及太平洋舰队准备作战时较快的工作节奏，这套方法就显得迟缓而笨重。1944年，在海军部进行的部署前简报中，英国太平洋舰队的高级后勤军官曾得到这样的保证，即至1945年1月，将在悉尼地区完成包括所有海军及航空相关储备在内的物资的大规模储备。他们还被告知当时"王子"号护航航空母舰正在前往悉尼，该舰安装有特殊的工具，并携带相应材料，可保证抵达战场的第一批后备机能立刻完成组装准备投入作战。实际上，1945年1月，澳大利亚地区的各种物资储备水平仍然很低，且在舰队航空兵维护保养团队（Fleet Air Maintenance Group，FAMG）以及各航空基地在陆上组建时，相应的物资所需也无法满足。为尽可能填补物资短缺，皇家海军与澳大利亚皇家空军达成协议，尽快从后者手中获得物资和设备。此后还为尽可能在澳大利亚当地大量生产所需物资做出了相应安排。[6]

1月16日，从亭可马里出发前，英国太平洋舰队的主要舰只奉命向锡兰当地海军仓储主管提出物资需求。各舰还被告知，任何锡兰当地当时无法供应的物资都将在此后送交。按照计划，后勤部门将储备足以满足各舰6个月作战所需的

---

① 译注：该委员会设立于二战期间，负责审查和组织军事工程的建设。

物资，且在 1945 年 5 月前各舰不会提出新的物资需求。然而，各舰提出的需求在种类和数量两方面均超出了悉尼海军仓储主管的掌握，且航空物资短缺构成了对太平洋舰队最初战斗能力的最大限制。这种短缺，一方面源于在正式决定组建英国太平洋舰队后，在澳大利亚展开物资储备工作的时间非常有限，另一方面也由于物资需从英国本土起运，而英国本土与澳大利亚的距离又十分遥远。其他因素还包括建筑和组织大规模仓库所耗时间、负责运作上述仓库的职员数目又常常严重不足。1945 年第 2 周，太平洋舰队的 4 艘舰队航空母舰抵达悉尼时，共提出 2300 吨航空物资需求，这些物资在锡兰并无储备。尽管满载的航空储备分发船"科尔维尔要塞"号于舰队发出 8 天前赶到，但至舰队起航时为止，实际供应的物资仅占需求的 10%。物资供应与作战需求之间的巨大缺口引发了舰队上下极大的关注。而同样严重的是，有限的物资被优先分发给了舰队航空母舰，因此设在澳大利亚的航空基地和机场便因缺乏物资供应无法执行相应任务。为解决这一紧急问题，助理物资仓储总监（太平洋战区）亲自飞往伦敦，直接前往海军部，寻求在太平洋舰队完成第一阶段作战返回澳大利亚前改善局势的办法。

　　航空母舰搭载的舰载机中队是英国太平洋舰队战斗力的核心所在，为保证舰载机能按美国方面的要求执行相当规模的作战，设于澳大利亚、负责为飞行员提供持续训练，并提供后备人员补充战争中伤亡减员的相关机构，应在太平洋舰队出发前为其补足"子午线"作战中蒙受的减员。实际上，舰队的确收到了足够的后备补充人员，但裕度非常有限。1944 年 8 月 24 日，海军部从皇家空军手中接过了一座被后者弃用的机场，该机场位于卢德姆村（Ludham），于 9 月 4 日被命名为"捕蝇器"号（HMS Flycatcher）并投入运转。该基地被用于训练所谓的"海军机动航空作战基地"（MONABs）所需人员。首个海军机动航空作战基地于同日成立，但由于当时还没有正式的训练计划，所以很多参与训练的水兵发现，他们在基地内更多的是干削土豆之类的杂活，而非学习新的技能。[7] 根据海军部最初的想定，海军机动航空作战基地人员将在遥远的太平洋岛屿上工作，且需紧紧跟随在登陆进行夺岛作战的部队身后，因此训练内容起初还包括轻武器射击训练。但很快实战需求被修改，这部分人员将用于运作位于澳大利亚的航空基地，这些基地负责舰队航空母舰在港时容纳其舰载机中队，并组织后备机通过补给

〈 刊登于 1945 年 1 月的《飞行甲板》杂志（Flight Deck）上的一副卡通画，表现了当时部队如何看待海军机动航空作战基地。该杂志是皇家海军内部的航空杂志。（作者私人收藏）

航空母舰前送至太平洋舰队。很多官兵在登船前往澳大利亚前几天才刚刚抵达基地报道，且未接受正式训练。例如第 1 海军机动航空作战基地所辖车辆配备的陆战队司机，他们中的很多人此前甚至没有驾驶经验。[8] 在其组建过程中，影响最大的因素是时间。1944 年 11 月 20 日，第 1 海军机动航空作战基地的人员搭乘运兵船"苏格兰皇后"号出发前往澳大利亚。在训练内容逐渐趋于现实之后，后续的其他海军机动航空作战基地逐步组建完成，并以每月一个的频率从英国本土前往澳大利亚。第 1 海军机动航空作战基地的车辆及打包的物资则单独由"萨福克"号货轮运往澳大利亚。其中车辆首先由司机从卢德姆开往利物浦码头，并伴随着英国秋季常见的雨水和泥泞一起装船，经巴拿马运河穿越太平洋抵达澳大利亚，整个航程耗时约 1 个月，期间车辆发生了严重的锈蚀现象。

和后续单位类似，第 1 海军机动航空作战基地的匆忙组建引发的后遗症也被带到了澳大利亚。在英国本土，大部分货物通过铁路运抵卢德姆规模很小的乡村小站，并在该站卸载，然后用卡车运往卢德姆机场。负责物资装船的少数列兵根本没有时间打开货箱并对货物进行分类重装以便日后分发，因此大部分货箱仅仅在重新粘贴标签后便直接被运往卢德姆车站，再运往利物浦装船，因此尽管很多货箱上贴有海军仓储主管、码头或制造商等数重标签，但这些标签均未指示箱中货物的零件编码，自然也无从得知各舰或各中队所需零件究竟储存于哪个货箱中。

第 1 海军机动航空作战基地于 1944 年 12 月 18 日抵达澳大利亚。按预先分配，该基地将进驻澳大利亚皇家空军设在瑙拉（Nowra）的机场，该机场位于新南威尔士州（New South Wales）的肖尔黑文市（Shoalhaven），大约位于悉尼以南 130 千米，靠近位于贾维斯湾（Jervis Bay）的训练海域。在等待物资及车辆抵达期间，基地人员首先进驻沃里克农场赛马场的大规模帐篷兵营群，该帐篷兵营群后成为"金色雌鹿"号下属兵营的一部分。[9] 第 1 海军机动航空作战基地的指挥官南纳利中校（G Nunnerley）及部分高级军官则搭乘皇家空军运输司令部的定期航班，赶在所辖人员和装备全部抵达之前抵达澳大利亚，以期提前做出一些必要的安排，缩短基地正式投入运转的时间。但由于部分航班以及转机延误，中校及其幕僚实际仅比其他乘船赶来的单位早抵达一天。该部所属的车辆和物资于 12 月 24 日运抵，并立即在码头卸载。在发现车辆已经生锈后，澳大利亚皇家空军第 1 运输与调遣部（1 TMO）立即组织人力物力卸载及维修车辆，尽管该部所辖人员对这些车辆几乎一无所知。在维修车辆的同时，澳大利亚皇家空军第 1 运输与调遣部还组织运力首先将物资与设备运往瑙拉，随车辆抵达的大部分人员则乘坐火车前往瑙拉。在澳大利亚当地部门的大力帮助下，瑙拉的这一机场成为皇家海军瑙拉航空基地，代号为"纳宾顿"号（HMS Nabbington）[10]，并于 1945 年 1 月 2 日正式加入皇家海军现役。澳大利亚皇家空军军官在 1 月中旬全部撤走，第 1 海军机动航空作战基地随之接过了机场的飞行调度控制权以及气象预报工作。此时该部自然已经不再是一个机动单位，其执行的任务实际与设于英国本土的大型航空基地部队类似。当然，与英国的航空基地部队相比，该部人数较少。

尽管第 1 海军机动航空作战基地从组建至运往澳大利亚的过程都很匆忙，但情势的发展证明这种匆忙确有必要。在该部接管瑙拉机场几天之后，英国太平洋舰队便抵达了悉尼，舰队所辖的各航空兵中队在抵达后急需利用岸基航空基地及相应设施，以便在舰队停留期间飞行员仍能进行飞行训练，为此后作战做好准备。尽管瑙拉基地无法容纳全部 4 艘航空母舰的舰载机群，但是至少仍能保证在航空母舰抵达贾维斯湾附近时，每个装备美制舰载机（即"海盗"式和"地狱猫"式战斗机以及"复仇者"式鱼雷机）的中队均可派出 6 架舰载机前往该基地。由于各舰共搭载 10 个装备美式舰载机的中队，因此一次性共有 60 架飞机可以进驻瑙拉机场。上述舰载机于 1 月 9—10 日先后离舰进驻瑙拉机场，限制该机场军机容纳数量的主要因素是停机坪面积不足，只能勉强容纳 60 架飞机，很多舰载机甚至只能停放在跑道旁的草地上。此外，过量的飞行员也将导致基地军官室有限的设施不堪重负，但如果能将航空母舰用于住宿，那么就可以实现飞行员在悉尼和瑙拉机场之间的轮换，这意味着飞行员可以在连续进行一段时间的训练后享受短期休假。英国太平洋舰队在澳大利亚可以使用的第二个机场位于悉尼西北郊的斯科菲尔德（Schofields），不过，至 2 月 10 日，该基地仍未完工。负责运作该基地的是第 3 海军机动航空作战基地。所幸"不倦"号搭载的英制舰载机（即"海火"式和"萤火虫"式）仍能在 2 月 10 日离舰后

︿ 第 1 海军机动航空作战基地所辖的部分车辆正在皇家海军卢德姆航空基地进行训练。该基地共辖有超过 100 辆各种车辆，包括移动病房和 1 辆烤面包车。（作者私人收藏）

降落在该基地尚未完工的跑道上，相应中队的人员则与建筑工人一同住在帐篷区中。2月18日，第3海军机动航空作战基地所属的最后一名人员从"金色雌鹿"号转隶至该单位。同日，斯科菲尔德航空基地正式加入皇家海军现役，代号"纳布索普"号（HMS Nabthorpe）。至此，英国太平洋舰队所需的航空后勤支援组织终于可以满足舰队所需，并为舰队提供下次作战所需的最低限度的后勤支援，尽管达成这一目标的时间几乎与舰队抵达同步。

第2海军机动航空作战基地进驻的则是悉尼西南约20千米外的班克斯敦（Bankstown），该部于1945年1月29日正式从澳大利亚皇家空军手中接管了机场。同日，该机场正式加入皇家海军现役，代号"纳伯利"号（HMS Nabberley）。在职能上，该部是一个接收/派发单位（RDU），负责在海军后备舰载机抵达澳大利亚战场后对其进行组装、改造以及储存，并根据需要分发给舰队。根据其任务性质不同，各海军机动航空作战基地的编制也不尽相同。除下辖指挥部、空中交通管制、安全设备、武器、医药、仓储以及包装等单位外，海军机动航空作战基地通常还辖有维护保养、改造以及中队后勤支持单位，其中某些中队后勤支持单位专为某一机型服务。与兄弟单位不同的是，第2海军机动航空作战基地还包括舰载机组装、设备以及储存单位。与第1海军机动航空作战基地类似，该部从正式承担接收/派发职责之日起便不再具有机动性。该部最先接收的飞机是2月12日由"独角兽"号运抵澳大利亚的"海盗"式。舰载机在码头卸载后，由澳大利亚皇家空军第1运输与调遣部负责转运至班克斯敦，其中部分舰载机已经组装完成，可依靠其起落架直接停放，另一些则尚处于分解装箱状态。为协助舰载机组装工作，"独角兽"号组织了一个工作团队，协助第2海军机动航空作战基地的舰载机组装单位以及由澳大利亚皇家空军抽调的一个团队共同执行这一工作，尽管后者对"海盗"式几乎完全不熟悉，但还是充满热情地参与了工作。组装工作起初进展缓慢，但随着越来越多的海军人员加入工作，并逐渐熟悉了相关流程，整体进度也随之逐渐加快。在1945年2月中旬，"独角兽"号还是英国太平洋舰队中唯一能有效运转的舰载机后勤支持设施，但在该舰成员的帮助下，至2月28日舰队出航时，班克斯敦基地已经足以正常履行其职责。在悉尼短暂停留期间，"独角兽"号完成了下列工作：卸载舰载机，协助需要后备机的友舰，支援班克斯敦基地展开工作，装载尽可能完备的备件，以备其舰队航空兵维护保养组能在前进区域完成对太平洋舰队装备的各种舰载机的支援维护工作。

　　1945年，整个皇家海军都面临着人力资源缺口，各部门都缺乏经过训练的人员，其中最缺乏的是机组成员。舰队抵达澳大利亚时，当地当时并没有合适的后备机组成员，为解决这一问题，必须采取一些极端性的措施。当时英国太平洋舰队中共辖有7艘护航航空母舰，其中5艘各搭载1个成建制的战斗机中队，共计5个中队。为解决舰队航空母舰上飞行员严重缺乏的问题，其中2个中队被解散，其飞行员转隶各舰队航空母舰。被解散的中队所辖的地勤人员仍留在护航航空母舰上，并随着护航航空母舰主要职责转为补给航空母舰继续执行相应的保养维护工作。另外2个中队离舰登岸，构成后备舰载机群的核心，最后一个由"演讲者"号搭载的中队则不受影响，该中队负责在后勤作业海域执行空中战斗巡逻任务，以便让舰队航空母舰的飞行员可以获得短暂的休息。当然，除了上述应急措施以外，还需找出长期的解决方案。为了让那些通过帝国航空训练计划、仅具备基本飞行技术的飞行员熟悉一线作战飞机，并满足作战标准要求，皇家海军在锡兰设立了海军作战训练单位（NOTUs）。一俟在该单位完成训练，飞行员就被送往澳大利亚。为了使这些刚刚完成作战训练的后备飞行员在加入前线作战中队前能继续接受飞行训练，皇家海军还在澳大利亚组建了第706中队。该中队于1945年3月在刚刚加入现役的皇家海军贾维斯湾航空基地成立，驻该基地的是第5海军机动航空作战基地。此后第706中队又移驻斯科菲尔德基地。该中队装备有英国太平洋舰队装备的所有机型，其规模迅速扩张，最终形成了一个相当大的单位，其任务也日趋复杂。该中队同时还为那些刚刚结束休假、从医院伤愈复出或结束短期休息的飞行员提供恢复性训练项目。起初从锡兰海军作战训练单位送来的飞行员较少，并不足以满足舰队所需，这导致一些年轻飞行员在未接受恢复性训练或近期内未进行着舰训练的情况下便作为后备补充人员被送往前线。在某些极端例子中，飞行员在完成训练之后甚至一连几个月没有驾驶过舰载机。这些飞行员的素质不仅无法达到一线战斗单位的要求，而且他们中的一些人还会随座机一起在事故中丧生除籍。[11]

　　鉴于英国太平洋舰队从澳大利亚起程后至抵达战场期间需要完成的长距离

∧ 英国太平洋舰队在澳大利亚最早建立的两个海军航空基地——瑙拉基地和邦克斯顿基地均接收自澳大利亚皇家空军,移交时两基地设施完好,可立即投入使用。照片中为第三处海军航空基地,该基地位于斯科菲尔德,接收时尚在施工中,且直至战争结束时该基地仍未彻底完工。(作者私人收藏)

∧ 英国太平洋舰队设在澳大利亚的大部分陆上兵营都远未完工,因此很多官兵只能如照片所示住在帐篷里。该照片收录于第 899 中队概况简介。(作者私人收藏)

∧ 缺乏机械调度设备意味着舰载机只能用人力调度。照片中的 "海火" 式即由人力推动，注意地面未经整备，并不平整。照片中还可见拍摄时人员的装具并不统一。(作者私人收藏)

航程，有必要在途中寻找合适地点建立中间基地。该基地将作为澳大利亚与战场之间 "供应链的蓄水池"，不仅需向前线战场前送从全球征集的大量物资，还需为维修保养船只、辅助船只和油轮提供安全的锚地以供停泊之需。[12] 海军最初计划中未打算在该基地进行大规模维修和补给，因此舰只需要返回澳大利亚执行上述作业。1944 年 12 月，在珍珠港会谈期间，弗雷泽上将和尼米兹上将同意英国太平洋舰队可使用设于阿德米勒尔蒂群岛的马努斯（Manus）基地。在发现该岛防御薄弱之后，美军于 1944 年 3 月占领该岛，并在 6 个月时间内将其打造为支持莱特湾作战的主要基地，该作战旨在夺回菲律宾。为执行莱特湾作战，该岛同时为美国海军第 3 和第 7 舰队所使用，部署在该岛的设施包括 3 座浮动船坞、1 座海军仓库以及若干维修船只，上述设施均坐落于该岛上巨大的天然港湾中。1944 年 11 月，第 7 舰队的后勤支援船队已经移驻新几内亚北海岸的霍兰迪亚，第 3 舰队后勤支援舰队的大部则已分别移驻乌利西环礁（Ulithi Atoll）、塞班岛和关岛（Guam），仅有少部分船只仍驻留马努斯。该基地因此空出的空间以及遗留的设施恰好可供皇家海军使用，可谓雪中送炭。

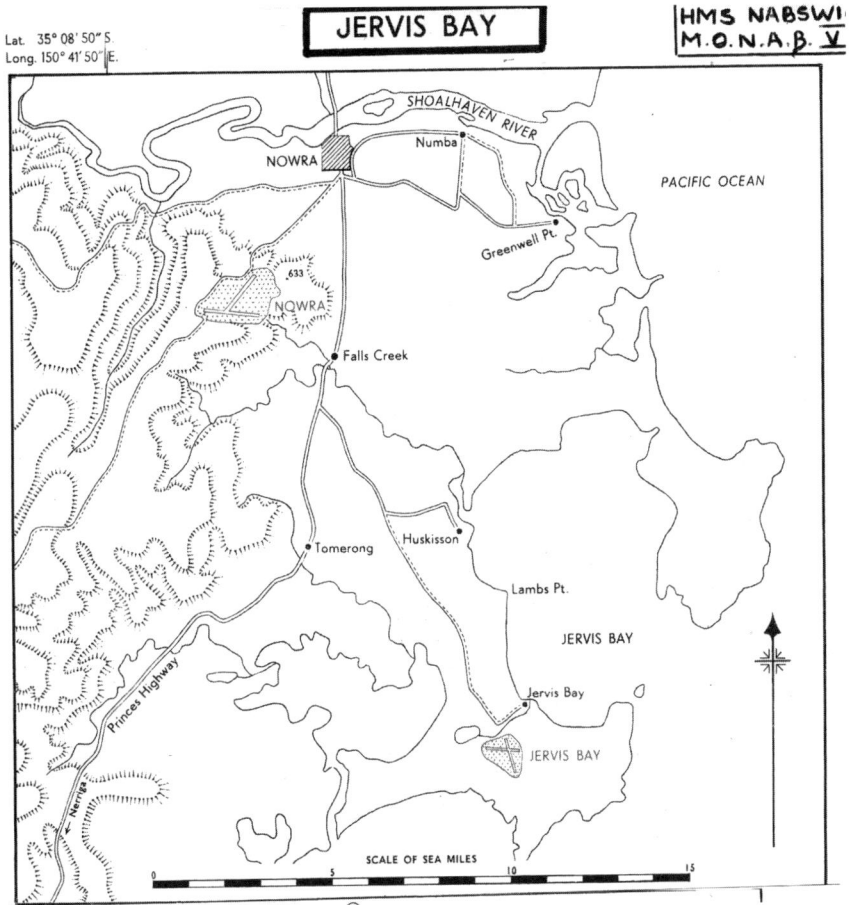

∧ 标示贾维斯湾附近、第1和第5海军机动航空作战基地相对位置的地图。（作者私人收藏）①

　　美国海军工程兵部队此前已经在马努斯附近的波南（Ponam）和皮特伊卢岛（Pityilu）上建筑了航空基地，其中一个移交给了皇家海军，并由一个海军机动航空作战基地进驻，另一个最终由规模迅速扩张的皇家海军挂靠单位占据。第4

---

　　① 译注：可见位于杰维斯湾（Jervis Bay）附近的同名航空基地。此外，在地图上端，可见瑙拉（Nowra）东北的同名航空基地，肖尔黑文河（Shalhaven River）从该基地北侧流过，注入太平洋。

海军机动航空作战基地1945年1月在皇家海军卢德姆航空基地成立，其指挥官为宾利（A N C Bingley）上校。该部人员后搭乘"自治领君主"号（Dominion Monarch）轮船前往澳大利亚，其车辆和物资储备则由航速较慢的"麦考利部落"号（Clan Macauley）轮船运输。"自治领君主"号轮于2月3日穿过巴拿马运河，并于同月21日抵达悉尼，人员离船后暂隶"金色雌鹿"号。在该部抵达前，皇家海军即已决定由该部进驻波南岛机场。此时命令"自治领君主"号调转航向已经为时过晚，但"麦考利部落"号则奉命直接前往马努斯等待卸载。第4海军机动航空作战基地组织了一支先遣队，于3月13日乘飞机抵达马努斯试图执行卸载作业，但先遣队很快发现，由于"麦考利部落"号未按照"作战装载"要求装船，因此第4海军机动航空作战基地的车辆和装备并未被安装在货舱最上层，其上方是运往其他目的地的货物，导致卸载的工作量大大增加。幸运的是，当地的美国海军部队提供了浮动起重机、驳船乃至人力帮助卸载，否则"麦考利部落"号将不得不前往澳大利亚，卸载货物重新装船之后再返回马努斯。3月24日，第4海军机动航空作战基地主力乘"火绳枪帝国"号（Empire Arquebus）轮船抵达马努斯，1945年4月2日，皇家海军波南航空基地正式加入现役，代号"纳巴容"号（HMS Nabaron）。[13] 3月22日，"埃德蒙顿要塞"号送来了3个月配额的食品，后续物资和食品则由"丹未干要塞"号（Fort Dunvegan）和"阿尔巴马要塞"号于7月底运抵。

从空中看去，波南岛的外形很像一艘大型航空母舰。美国海军工程兵在岛

∧ 皇家海军波南航空基地俯瞰，该基地整体造型类似战后服役斜角甲板的航空母舰。住宿和生活设施位于该岛西北部的树林中。跑道和飞机疏散区则位于东南部。（作者私人收藏）

上建立了一座机场，跑道由压碎的珊瑚礁构成。该机场连同所有后勤设施被一并移交给皇家海军，包括一座淡水脱盐系统、一座医院、食堂、军官俱乐部以及供住宿的活动房屋。此外还有发电机、冷库、设施堪称豪华并配备了冰激凌机的厨房，以及大型航空煤油仓库。美国海军还慷慨地留下了由1名军官和40名士兵组成的工程兵分队，帮助英军维护基地及其附属设施。

此外，美国海军还在莱特湾为英国太平洋舰队划出了一片前进锚区。这里接近美军的下一个作战目标冲绳，距离马努斯2400千米，后者距离悉尼约2900千米，但这一前进锚区与战场之间的距离仍超过1100千米。在筹划作战计划时，皇家海军低估了美军快速的进攻节奏，而由此大大延伸的距离也意味着需要在更远的距离上输送大宗补给，这无疑加重了本就只能勉强支撑的舰队后勤船队的负担。至1945年，美国海军依靠快速组建的大型前进基地以及舰队支援船队维持作战的体系已经日趋成熟。为了攻击冲绳，美国海军首次集结了一个既能够维持突击舰队在敌海岸附近持续作战之需，又能快速在若干后勤作业海域之间快速移动以供指挥官根据态势选择的大型浮动基地。因此，英国太平洋舰队也必须相应地展现其自身也具备适应新战争形式的能力，即完全依赖油轮的补给在敌海岸附近持续作战的能力。[14] 如果无法适应这一作战形式，英国太平洋舰队便只能如印度洋时期的作战一般，执行一系列间歇性的战斗，这不可避免地将导致舰队被打发到西南太平洋战区承担次要作战任务。

在英国太平洋舰队的各项任命中，最重要的决定之一是由费舍尔（D B Fisher）少将出任舰队后勤船队指挥官（RAFT）。少将及其规模有限的参谋团队肩负着组织和管理一系列性能差异很大的船只和大量人员的任务，力求使太平洋舰队能够自信地与装备更完善性能也更优越的美国海军并肩作战，尽管这意味着裕度总是非常有限。[15] 在后勤支援的各方面问题上，舰队后勤船队指挥官直接向罗林斯中将负责，包括：物资从各基地向舰队指定海域输送；输送后备人员，并将伤病员从前线撤出；向前线发送邮件以及如电影之类的文娱用品；通过机动海图办公室向作战单位分发海图；解救遇险船只。舰队后勤船队所辖船只包括油轮和枪炮储备分发船，后者能在航行中向各战舰输送航空炸弹和各种炮弹，其中最重的是单枚重量超过1吨的战列舰356mm主炮炮弹，最轻的则是大量

20mm 和 40mm 防空炮弹药。此外还包括食品储备分发船和海军储备运输船、医务船、修理船、拖轮、运煤船和海水蒸馏船。舰队后勤船队统编为第 112 特混舰队，并辖有专属的护航舰只。1945 年 3 月，舰队后勤船队共辖有 65 艘各种船只。这些船只将负责将大宗物资从澳大利亚经马努斯送往莱特湾，然后再输送至后勤作业海域。在长途航行中，为各类货船提供护航的通常是澳大利亚皇家海军"巴瑟斯特"级（Bathurst）轻护卫舰、大型护卫舰、炮舰、驱逐舰以及配属的护航航空母舰，其中护航航空母舰通常用于提供空中战斗巡逻，保护后勤支援船队。

∧ 由于很多舰载机在离开英国本土时状态并不很好，因此加重了驻澳大利亚接收／派发单位的工作负担。照片中的舰载机刚刚在格拉斯哥（Glasgow）的一场暴风雪中被运上一艘运输航空母舰，即将开始长达近 2 万海里的航程。（作者私人收藏）

上述护航舰只由后勤支援船队指挥官统一指挥。

为了向第1航空母舰中队输送其急需的后备舰载机，6艘护航航空母舰被专门用于担任运输或补给任务，负责将各种可用的舰载机送往舰队。鉴于最初在中间基地和前进基地均没有储备后备舰载机，因此这些后备舰载机只能从澳大利亚装船起运，且需在航程中避免发生任何故障。舰载机保养维护团队规模不大，且其成员大多是战时临时征召的兵员，其中某些人在乘船前往澳大利亚之前甚至从未见过大海，但就是这么一群堪称赶鸭子上架的团队，得同时完成对5种机型的保养维护工作，且其中3种美制舰载机和2种英制舰载机所需的工具、保养方法和引擎维修方式各不相同。对这些团队而言，保养维护工作的顺利完成堪称一项不小的成就。舰队后勤船队中的维修和保养维护船只大多隶属皇家海军，一部分油轮和物资储备船则隶属皇家海军辅助舰队，即由海军部拥有并管理的商船，但鉴于在整个大英帝国范围内海军人员的巨大缺口，也有一部分船只由签署合同的商船船员操作。如果强行用海军官兵取代这些商船船员，那么就不可避免地需要花时间训练海军官兵熟悉并操作这些陌生的船只，这在当时完全不可接受。不过这些由商船船员操作的船只上总是搭载着一支小规模的海军团队，负责处理战术通信、长距离通信以及编码译码任务。为了及时将足够的船只投往太平洋战场，海军部还包租了若干外籍船只及其船员，这些船只分别由荷兰、法国、比利时、挪威、丹麦、印度等国船员操作。尽可能充分地利用这些船只和船员则是舰队后勤船队副指挥官（COFT）的当务之急。

实际上，舰队后勤船队的所有船只都不是为这种新的作战形式而设计。以第112特混舰队旗舰"洛锡安"号（HMS Lothian）为例，该舰最初设计为一艘供联合作战所需的指挥船，其预想作战海域为北方高纬度海域，因此并未针对热带海域而安装空调。[①]作为第112特混舰队的旗舰，该舰过于拥挤，且舰上环境也很糟糕。[16]包括那些由皇家海军人员操作的船只在内，大部分船只都按商船标准设计，

---

① 译注：实际上，不仅仅舰队后勤船队的船只面临这一问题，包括主力舰在内的很多舰只均面临这一问题，不过部分舰只在前往东方前接受了改造，至少改善了通风设施。例如"声望"号战列巡洋舰便在前往锡兰前接受了改造。

因此各船的航速、航程均不相同，且几乎没有船只的上述性能可与战舰比肩。很多船只船况不佳，急需在投入运作前先在澳大利亚接受相当规模的保养维护。鉴于上述复杂情况，在各艘性能不同的船只间优化货物运输分配计划就成了一项颇费精力的工作，也使得舰队后勤船队副指挥官及其小规模参谋团队的工作量大大增加，他们必须利用手头性能各异的船只谋取最好的结果。

不过，1945 年 3 月，在与澳大利亚主基地距离进一步延伸的战场和有限的后勤支援能力之间最明显的缺陷是油轮装载量不足。在刨除那些用于向前进锚地运送燃油的船只之后，最初仅有 3 艘油轮可用于执行航行中的补给任务，这一任务在皇家海军中被称为"海上补给"（RAS），在美国海军术语中则被称为"航行中补给"（UNREP）。即使这 3 艘油轮也并非均可运载航空煤油，且其装备的输油管中很多不是输送量较小，就是成色较旧，且泵油速度也不如专为海上补给设计的美国海军油轮。大多数油轮都配有利用并舷输油法向巡洋舰和驱逐舰补给燃油的设施，但与所有舰只均使用并舷输油法的美国海军不同，英国太平洋舰队只能使用艉接近法向大型舰只输油，[17] 这一方法本身具有输油速度慢、不够灵活的缺点，战舰和油轮的船员都需要学习新的技术以备不时之需。

起初弗雷泽上将希望能将中间基地的地点进一步前移至更靠近菲律宾的位置，且尼米兹上将也同意皇家海军可以使用莱特湾的圣佩德罗湾作为临时前进基地，以供舰队保养维护船队（FMG）在冲绳战役期间支持英国太平洋舰队之用。但最终双方同意仅限于在"冰山"作战期间将该海域用于临时锚地，不过这一设想在相当程度上影响了皇家海军早期对前进后勤支援方式的设想。在英国太平洋舰队从悉尼出发前，已经有不少舰队支援船队的船只部署在马努斯或更靠近战场的海域，以便在需要时出现在更靠近战场的后勤作业海域进行补给作业。这其中包括油船以及通过"独角兽"号、补给航空母舰"打击者"号和"投石者"号运往马努斯的后备舰载机。

英国太平洋舰队于 1945 年 2 月 28 日从悉尼出发前往马努斯。尽管该舰队仍难称完美，但毕竟海军部还是成功地组建了一支新的太平洋舰队，并在距离英国本土 2 万千米外的地区建立了该舰队的主要基地，且组建了相应的技术支援和后勤支援团队，而这一切都是在第二次世界大战第五年，英国面临着人力、航运能力和设备短缺的大背景下完成的。尽管该舰队及其后勤支援力量中有很多互相依赖的部分在关键节点前最后几小时才顺利到位，但是它证明了自己有足够的能力达成其预设作战目标。3月7日，英国太平洋舰队抵达马努斯时，已经有27艘各类船只在该基地等候多时，这些船只共同组成了后勤支援体系所包含的各种物资和要素。在当时悉尼滨海地区连续不断的劳资纠纷乃至罢工的背景下，所有物资都是在罢工间歇搜罗、装船并从悉尼发出，尽管所有在澳大利亚并试图按照预定时间表完成工作的船只都受到了罢工的影响。[18] 虽然遭受了上述种种困难，但最终舰队支援船队还是及时就位并开展作业。对英国太平洋舰队的后勤支援体系而言，最令人震惊的并不是其自身的种种缺陷，而是在如此短的时间内便完成了组建，这一成果本身也许堪称海军部在战争中最伟大的成就之一，但长期以来未获得应有的重视和赞誉。

"冰山 I" 作战

在 1945 年 3 月 7 日抵达马努斯之后，英国太平洋舰队在等待与美国太平洋舰队并肩作战的执行命令期间进行了一系列训练。此前弗雷泽上将与尼米兹上将在夏威夷的会谈中，双方同意英国太平洋舰队在首战中应作为与美国海军第 5 舰队协同作战的一支独立特混舰队，其作战任务应以请求而非命令形式下达。但即使是措辞如此小心的协议，在 3 月 14 日之前也一直未能获得远在华盛顿的金海军上将的批准。即便在批准后，金海军上将还添加了一个附文，即在使用英国太平洋舰队作战时，美国海军有权在任何时候抽调该部投入另一战场，为此仅需提前一周通知。直至此时，金上将仍倾向于将英国太平洋舰队限制在支援夺回婆罗洲的作战中。[1] 对于英国太平洋舰队而言，这个开场当然不如人意，不过同样不满意的还有美国太平洋舰队。由于航空母舰在此前战斗中遭到的损失，美国海军快速航空母舰特混大队的数量已经从 5 个降到了 4 个。鉴于这一情况，尼米兹和斯普鲁恩斯均极力争辩，称英国太平洋舰队是美国海军第 5 舰队必须且重要的"灵活的预备队"。两人的观点最终占据上风，英国太平洋舰队遂被保留于第 5 舰队编制内。这一险胜充分证明了弗雷泽上将此前一切努力的必要性。

即将与英国太平洋舰队并肩作战的是至当时为止世界上最强大的舰队。总指挥官美国海军斯普鲁恩斯上将[2]麾下云集着若干特混舰队、特混大队、特混小队和特混支队，其中最强大的突击力量当属第 58 特混舰队，该舰队由美国海军中经验最丰富的飞行员之一米切尔（M A Mitscher）中将指挥。参加登陆的美国海军陆战队和美国陆军单位则由第 51 特混舰队负责运送，该舰队由特纳（R K Turner）中将指挥，主要包括远征部队登陆作战所需的攻击船舰。直接支援第 51 特混舰队作战的是番号为第 52 特混舰队的两栖支援舰队，后者下辖若干特混大队，其中由德金（C T Durgin）少将指挥的第 52.1 特混大队辖有 14 艘护航航空母舰，每艘护航航空母舰搭载 30 架舰载机。第 52 特混舰队其他战斗群则辖有对岸炮击舰、驱逐舰、护航舰、扫雷艇以及登陆舰船。"冰山"作战由一系列诸兵种联合作战组成，其最终目标是夺取冲绳诸岛。[3] 此次作战中分配给英国太平洋舰队的任务是压制先岛群岛的日军机场。此外，随着战事的推进，英国太平洋舰队还一度负责压制台湾地区的日军机场，防止日军战机从西南方向增援冲绳战场，从而达到掩护登陆作战左翼的战术目的。3 月 14 日，终于收到了"邀请"其配合"冰山"作战的执行命令后，仍留驻马努斯的舰队上下终于长吁了一口气。英国太平洋舰队副总指挥官罗林斯中将立即致电斯普鲁恩斯上将，表示将毫无保留地执行后者的命令，并立即挥师前往美军前进基地乌利西环礁补给燃料。3 月 23 日，英国太平洋舰队由乌利西环礁出发，按照美国海军番号系统[4]，该部番号编为第 57 特混舰队，尽管其实际规模仅相当于美国海军的一个快速航空母舰特混大队。4 艘英制航空母舰共搭载 220 架战机，而一个美国海军航空母舰特混大队平均载机量则为 320 架。

所有舰载机均按照美国海军系统要求喷涂了新的"太平洋"圆形识别标志

第 57 特混舰队初始编制

第 57 特混舰队			
英军番号	美军番号	舰只	备注
第 1 战列舰中队	第 57.1 特混战斗单元	"英王乔治五世"号	第 57 特混舰队旗舰
		"豪"号	
第 1 航空母舰中队	第 57.2 特混战斗单元	"不挠"号	第 1 航空母舰中队旗舰，第 57 特混舰队副总指挥官座舰
		"胜利"号	
		"光辉"号	
		"不倦"号	
		"可畏"号	正在赶来加入舰队途中
第 4 巡洋舰中队		"敏捷"号	第 4 巡洋舰中队旗舰
		"冈比亚"号	
		"黑王子"号	
		"亚尔古水手"号	
		"欧尔亚拉斯"号	驱逐舰总指挥官座舰

第 25 驱逐舰队		"格伦威尔"号	第 25 驱逐舰队指挥官座舰
		"阿尔斯特"号	
		"水精灵"号	
		"乌拉尼亚"号	
		"大胆"号	
第 4 驱逐舰队		"速燃导火索"号	第 4 驱逐舰队指挥官座舰
		"基伯龙"号	
		"昆伯勒"号	
		"质量"号	
第 27 驱逐舰队		"幼崽"号	
		"赌注"号	

舰载机群			
航空母舰	**联队番号**	**舰载机中队番号**	**机型 / 数量**
"不挠"号	第 5 战斗机联队	857	"复仇者"式 /15 架
		1839	"地狱猫"式 /29 架
		1844	
"胜利"号	第 47 战斗机联队	849	"复仇者"式 /14 架
		1834	"海盗"式 /37 架
		1836	
	直属小队		"海象"式 /2 架（海空搜救任务）
"不倦"号	第 24 战斗机联队	820	"复仇者"式 /20 架
		887	"海火"式 40 架
		894	
		1770	"萤火虫"式 /9 架
"光辉"号	第 15 战斗机联队	854	"复仇者"式 /16 架
		1830	"海盗"式 /36 架
		1833	
"可畏"号	第 6 战斗机联队	848	"复仇者"式 /19 架
		1841	"海盗"式 /36 架
		1842	

和其他标识。新的圆形标志中心为白色圆形，其外侧为一圈蓝色圆环，再外侧则为很窄的一圈白色边框。识别标志左右两侧均为白色横条配蓝色边框。为了杜绝与日军军机的"旭日"标志混淆的可能，英式标志中原先用于苏伊士运河以西战区的红色中心圆被彻底取消。与美国海军喷涂识别标志的方式类似，新

的识别标志喷涂于机身两侧、左翼上表面和右翼下表面。从远处看去，新的识别标志与美军使用的很难分辨，这也是其设计初衷之一。该识别标志仅用于英国太平洋舰队所辖军机。[5] 根据喷涂位置，圆形识别标志均以尽可能大的面积喷涂。此前皇家海军军机在机身侧面喷涂由字母和数字组成的编号，以指示其所属母舰、所属中队以及中队内编号，[6] 在加入"冰山"作战后，各机机身编号同样也采用了美国海军相应系统。每架战机均被赋予一个 3 位数编号，其中第一位表示机组成员人数，因此所有单座战斗机编号均以 1 开头，"萤火虫"式则以 2 开头，"复仇者"式则以 3 开头。各机垂尾上原先喷涂的红白蓝三色条纹被母舰的甲板识别代号所取代，其中"光辉"号的代号为 Q，"胜利"号为 P，"不挠"号为 W，"不倦"号为 S。每艘航空母舰的舰载机编号均在相同范围内，因此在需要区分不同航空母舰的载机时，甲板识别代号被添加在 3 位数编号之后。例如 100/P 代表"胜利"号的一架单座战斗机，100/S 则代表"不倦"号的一架单座战斗机。有时后备机在从补充航空母舰抵达舰队航空母舰之后不久便需执行飞行任务，因此地勤人员未必有时间为其喷涂新的标识和编号，在此情况下，

∧ "不挠"号上空的一架"复仇者"式鱼雷轰炸机，来自 857 中队。该机涂有新的"圆形—横条"标志，该标志喷涂于机身两侧、左翼上表面和右翼下表面，仅供英国太平洋舰队所辖军机使用。该机已经喷涂了 3 位数编号，即 385 号，但其垂尾上尚未喷涂母舰甲板识别代号。3 位数编号中的"3"表示该机的机组成员人数，并不一定代表该机能装载的最大人数。（作者私人收藏）

地勤人员会临时用粉笔在机身侧面写上该机编号。此外，常常能在重新喷涂后的战机上辨认出原先各种标识的位置。

各艘航空母舰上搭载的舰载机中队与此前攻击巨港炼油厂时相同，因此已经获得了短期作战的经验。不过，"不挠"号、"胜利"号和"光辉"号上的很多飞行员已经接近甚至超过了前线作战时间上限。[7] 至 1945 年 3 月初，第 58 特混舰队已经连续出海作战了相当长时间，期间该舰队执行了掩护攻占硫磺岛作战的任务。在硫磺岛战役中，共有 670 架敌机在空中或地面被击毁，但"萨拉托加"号被重创，护航航空母舰"俾斯麦海"号（Bismarck Sea）被神风特攻队击沉。战役结束后，舰队返回乌利西环礁进行了为期 10 天的补给作业，并在 3 月初进行了重组，期间"伦道夫"号（Randolph）航空母舰被一架夜袭的神风特攻机击伤。3 月14 日，第 58 特混舰队从乌利西环礁起航后，该特混舰队按计划将无限期地持续出海作战，其间完全由航行补给船队进行补给。此次作战中，后者终于达到了美国海军对航行中补给所期望的质量和数量。拥有超过 1000 架舰载机的第 58 特混舰队将奉命对本州南部、四国和九州的机场展开战斗机扫荡和压制，极力削弱日军的抵抗能力，掩护太平洋战斗中最大规模的两栖登陆战役——冲绳战役的展开。在冲绳战役这一系列的揭幕战中，航空母舰"富兰克林"号（Franklin）被神风特攻队重创，"黄蜂"号（Wasp）和"约克城"号（Yorktown）也被同样的方式击伤，但伤势较轻。上述损失导致在冲绳战役正式开始前，第 58 特混舰队便不得不进行重组，将所辖特混大队数目由 5 个缩编为 4 个。4 艘快速航空母舰受伤和 1 艘护航航空母舰沉没的惨重代价让金上将认识到冲绳战役中美军可能遭受的伤亡规模，而英国太平洋舰队则可成为太平洋战场上盟军一支及时且宝贵的援军。上将在批准英国太平洋舰队与美国海军第 5 舰队协同作战问题上的拖延导致前者抵达作战海域的时间较冲绳战役的展开晚了两天，此时该舰队出海已近一个月。第 58 特混舰队和第 52.1 特混大队的舰载机于 3 月 23 日起对冲绳群岛的目标展开了直接攻击，第 57 特混舰队则在 26 日才加入攻击。

第 57 特混舰队的任务是压制先岛群岛上的 6 座机场。群岛中面积最大的两座岛屿上各有 3 座机场，即石垣岛上的石垣岛主机场、宫良机场和辺木名机场，以及宫古岛上的平良机场、野原机场和须隈机场。在石垣岛上，仅石垣岛主机场设有铺筑跑道，另两座机场则为草地机场。在宫古岛上，3 座机场均设有铺筑跑道，其中最大的平良机场拥有 3 条铺筑跑道，野原机场拥有 2 条，须 限机场则拥有 1 条。侦察摄像情报显示，日军在石垣岛主机场附近部署了 26 门重型高炮和 66 门轻型高炮，在平良机场附近则分别为 12 门和 54 门。此外，日军其余机场附近均设有若干轻型高炮炮位，且随着战事发展，炮位的数目还大量增长。赋予英国太平洋舰队的作战任务显然经过了精心挑选，这一任务不仅是"冰山"作战的重要组成部分，同时也是战役中相对独立的一环，给予了舰队独立于第 58 特混舰队行动的空间。此外，通过对力所能及的重要的次要目标展开一系列攻击，英国太平洋舰队也可从中学习吸取足够的实战经验，从而在此后的作战中更好地与美军融合。

作战目标明确之后，作战方式也很直接：利用航空炸弹破坏 6 座机场，并尽可能频繁地打断日军对机场的整修。同时，昼间在两岛上空维持空中战斗巡逻，击毁任何出现在空中或地面的敌机。在暂时从战场撤退以便前往后勤作业海域执行航行中补给作业期间，第 58 特混舰队或第 52.1 特混大队将相应抽调快速航空母舰或护航航空母舰接替第 57 特混舰队作战。日军企图通过分散战机并施加迷彩的方式将军机保存在地面，同时利用假飞机作为诱饵，吸引盟军战斗机进入预定设伏空域，再利用多门高炮给予杀伤。日军机场跑道由碾碎的珊瑚礁铺设然后压平而成，这种建筑材料在当地非常普遍。由于来不及训练机组成员掌握相应技能，且没有安装"盲降"辅助设备，因此英国太平洋舰队没有夜间起飞作战的能力，虽然各舰的飞行甲板都设有照明设施。[8] 这就使得日军工程兵可以在天黑后立即投入跑道整修作业。对此，英国太平洋舰队唯一的应对方式便是混合使用碰炸引信和延时引信，配备后者的炸弹可在入夜后爆炸，从而干扰整修作业。尽管如此，日军还是能在整修完成后再次使用机场，且整修工作常常在黎明前完成。

在整个"冰山"作战中，英国太平洋舰队都使用美国海军标准的 5B 巡航队形，该队形也被简称为 CD 5B。该队形针对特混大队昼间作战设计，一方面能给予 4 艘航空母舰最大化的空间，以便各舰舰载机群在同时实施起降作业的过程中，各舰均能在各自目视范围内对各自机群实施管制，另一方面也有利于组织舰队各舰的防空火力应对空袭。该队形的中心舰只又称"引导舰"，通常为一艘巡洋舰。队形轴线方向逆风，并根据风向变化相应调节。4艘航空母舰呈钻石型排列，各舰距离引导舰4千米，构成所谓的2.5半径圆①，其尖端对准逆风方向。第一艘航空母舰位于引导舰前方，另两艘位于引导舰两舷正侧方，最后一艘位于引导舰后方。在需要为航空母舰提供防空火力支援时，战列舰和其他巡洋舰构成3.5半径圆②，位于最外层的驱逐舰则构成4半径圆和4.5半径圆③，形成对潜和对空警戒幕。[9]在执行舰载机起降作业时，整个编队一同转向逆风航向，并在作业完成后再次一同转向其他航向。此后各舰尤需注意保持与引导舰和队形轴线的相对位置与相对距离，从而实现互相掩护，且较易转向逆风航向执行舰载机起降作业。该队形的变种之一为CD 5V队形，通常在敌机攻击已经迫在眉睫时采用。该队形要求所有舰只均靠近引导舰，从而有利于发扬防空火力，其代价则是不利于舰载机起降作业。起初各舰并不能很好地保持阵型，因此维安少将在转向

∧ 从另一架"复仇者"式上拍摄的849中队的一架同型机，后者即将对敌机场展开攻击。其垂尾上的P字表示所属航空母舰的甲板识别符，说明该舰来自"胜利"号。注意该机的尾炮塔正瞄向左后方，显然炮手正在来回旋转炮塔，以便目视搜索可能出现的敌机。（作者私人收藏）

① 译注：实际距离为2.5英里（约4千米），故而得名。
② 译注：即以引导舰为圆心，半径为3.5英里（约5.6千米）的圆。
③ 译注：即以引导舰为圆心，半径分别为4英里（约6.4千米）和4.5英里（约7.2千米）的圆。

逆风时不得不放慢速度以保持 CD 5B 队形，这造成各航空母舰的降落盘旋空域出现重叠。但随着"冰山"作战的深入，各舰作业逐渐熟练，最终所有人都习惯了新的编队方式。另一个因素是时间。各舰都强调了舰载机应在简报规定的时间返航至各自母舰上空，此外为减小被敌空潜兵力攻击的可能，编队沿稳定航向逆风航行的时间应尽量压缩。

为实现所谓的"攻势防御"，各战斗机中队均付出了不小的努力。诸多作战任务均与这一概念有关，其中包括舰队和目标上空空域的空中战斗巡逻任务、"推弹杆"部队的作战、攻击机群护航任务，以及所谓的"杰克"巡逻。最后一项是美国海军的发明，旨在提供针对神风特攻队，尤其是那些低空掠海而来或是突破舰队外层空中战斗巡逻机群的神风特攻机的最后防御手段。执行该项巡逻任务的通常是"海火 L3"式战斗机，其巡逻高度通常为 910 米或更低，巡逻范围为距离驱逐舰警戒幕约 16 千米处。各机通过统一的本地防空专用频率，由战斗机目视引导员统一指挥。舰队的空中战斗巡逻则通常由分别在高空、中空和低空巡逻的若干战斗机分队担任。"海盗"式拥有出色的高空性能，因此通常用于担任高空战斗巡逻任务。"海火 F3"式和"海火 L3"式则分别担任中空和低空战斗巡逻任务。"不倦"号搭载的第 24 战斗机联队在"冰山"作战的第一天共出动 72 架次，但鉴于该联队共有 37 名飞行员，较标准编制缺编 13 名，因此这一强度难以保持。887 中队和 894 中队的指挥水平较为出色，但是两中队的大部分飞行员还是新手，缺乏在航空母舰上降落的经验，至于作战经验则聊胜于无。1945 年 4 月时"不倦"号损失的战机和飞行员均无法得到补充，该舰的损失直至 5 月才补足。在抵达悉尼当天，984 中队的资深飞行员、皇家海军阿加德 – 巴特勒（G D Agard–Butler）少校在空中撞机身亡，对于"不倦"号而言不啻一大损失。

3 月 25 日，第 57 特混舰队与其油轮会合，进行了一次海上补给作业。"打击者"号护航航空母舰向舰队提供了 4 架后备机，并向驱逐舰补给了燃油。[10] 在当时的浪高下，使用"舰接近法"为大型舰只补给燃料时遇到了不小的麻烦。"演说者"号搭载的 1840 中队为后勤作业海域提供了空中战斗巡逻，舰队航空母舰则出动"复仇者"式担任反潜巡逻任务。

∧ 排列在 "胜利" 号甲板上准备起飞作战的 "海盗" 式和 "复仇者" 式机群。照片中大部分 "海盗" 式机身两侧尚未喷涂新的编号，少数甚至还保留着东方舰队时期的编号。在各机的灰色 / 绿色迷彩上，刚刚喷涂的英国太平洋舰队标志异常显眼。（作者私人收藏）

第 57 特混舰队于 26 日黎明时分抵达其首个作战海域，该海域位于宫古岛以南 160 海里。从罗林斯中将手中接过战术指挥权后，维安少将着手实施起飞作业。[11] 由 48 架战斗机组成的扫荡机群首先前往攻击各机场的敌机并阻止敌机起飞。紧随其后的是两个由护航机群伴随的 "复仇者" 式攻击机群，它们将对机场跑道和建筑展开轰炸。此外舰队还出动了一个 "地狱猫" 式战斗轰炸编队。进入作战海域后，舰队发现了一架百式司令部侦察机，并发现该机正在汇报发现第 57 特混舰队。担任空中战斗巡逻任务的战斗机前往截击，但日机高速逃脱。这或许从一个侧面展现了当日空情标绘的混乱。当天，战斗机先后若干次按指示前往拦截不明飞机，但往往发现目标是美国海军的 "解放者" 式轰炸机，这些轰炸机被用于执行反潜巡逻任务，但其机组成员关掉了敌我识别器 [12]，因此担任空中战斗巡逻任务的战斗机必须抵近不明飞机，目视判断敌我，然后再行开火。这意味着战斗机将不得不暴露自身，且如果目标确为配有自卫火力的敌机，盟军战斗机将陷于不利局面。当日的战斗中曾有一次误击的战例，某艘驱逐舰在向一个雷达目标开火后才发现那是一架友军的"解放者"式。对于英国太平洋舰队而言，幸运的是，发生此类友机闯入舰队附近空域事件时，日军并未恰好发动攻击。侦察摄像结果显示，当日共有 32 架停放在地面的敌机遭到攻击，其中 12 架被判定为真实战机，其余则为假目标。舰队付出的代价则是 4 架舰载机在战斗中损失，其中 3 架的飞行员失踪，另有 5 架在运作中损失。[13]

黄昏时分，第 57 特混舰队向东南撤退，同时，战术指挥权重新由罗林斯中将掌握。当夜天气良好，月光皎洁，舰队上下不免担心日军可能趁夜展开攻击。2 时 45 分，"不挠"号装备的美制 SM-1 雷达发现了一架不明飞机，这可能是一架正在跟踪舰队动向的敌机。利用月光，某位资深飞行员驾驶一架"地狱猫"式紧急起飞试图截击。不幸的是，在"地狱猫"式开火前，不明飞机即躲入云层并随后逃脱。次日日出时，舰队又放出了由 24 架"海盗"式和"地狱猫"式组成的扫荡机群，攻击机群的战斗则与前一日类似。两个攻击机群各包括 24 架挂载航空炸弹的"复仇者"式，以及 4 架装备机炮和 76.2mm 火箭弹的"萤火虫"式，其目标除了与前一日相同的跑道和机场建筑外，还新增了雷达站、兵营以及停机坪。战斗中英军并未遭遇敌机抵抗，但 2 架舰载机在战斗中损失，另有 6 架在运作中损失。

当日损失的战机之一是 854 中队新任指挥官、来自南非约翰内斯堡的皇家海军志愿预备役少校诺丁汉（F C Nottingham）的座机。该机在平良机场上空作战时右翼被防空炮火击中，并在少校抛弃挂载炸弹、俯冲转向海岸试图逃生时起火。在该机下降至约 900 米高度时，其右翼从翼根部位脱落，少校随即命令机组成员跳伞逃生。虽然少校本人成功跳伞，但其观测员以及通信兵/射手至战机触海坠毁时仍未能脱离座舱，两人在战机坠毁时当场阵亡。由于救生筏随着舰载机一同沉入海底，因此少校只能利用救生衣保持浮力。此后一架来自"不挠"号的"复仇者"式发现了落水的少校，该机遂在少校上空盘旋并发出了通用无线电遇难呼救信号，但该机此后被迫在友军赶来实施救援前返航。该机降落后，其飞行员于 11 时向旗舰值班作战军官汇报了少校的落水位置，彼时舰队已经南撤以图与油轮编队会合，因此维安少将派出"水精灵"号驱逐舰返回战场附近，对少校和另一名据称搭乘救生筏的落水飞行员实施搜救。该舰抵达的海域距离诺丁汉少校的位置较远，不过仍幸运地发现了一名落水的美军战斗机飞行员。这名飞行员3天前在冲绳附近海域被击落，落水位置位于获救位置以北，距离约80千米。随后在附近担任海空搜救任务的美国潜艇"王鱼"号（Kingfish）插入英军舰间通话所用频道，报告称其已经得知少校落水一事并已抵达其落水位置附近海域，即将上浮实施搜救。"光辉"号遂派出4架"海盗"式战斗机提供掩护。"王鱼"号和"海盗"式共同搜索了几个小时，一无所获。18时，4架"海盗"式的领队、1833中队队长、皇家海军志愿预备役航空少校汉森（N Hanson）提出打算放弃搜索，以便在天黑前返回母舰，但"王鱼"号艇长说服少校再坚持15分钟，[14]于是各"海盗"式最后一次向四下展开进行搜索。这一次飞行员和潜艇的瞭望哨均在东方渐沉的暮色中发现了红色遇险求救信号，那正是诺丁汉少校。早在一小时前起他就已经看见正在执行搜索任务的友军，但鉴于少校的救生衣中只配备了3枚小型遇险求救信号，因此他勇敢地选择待薄暮时分再行使用，在较暗的天色背景下增加被发现的概率，而非将有限的信号浪费在朗朗晴空下。在潜艇向少校所在位置高速冲来的同时，"海盗"式则在上空盘旋观察，飞行员们目睹潜艇在少校附近停车，两位水手跳入海中实施救援，此后汉森少校的耳机中传来了潜艇艇长激动的呼声："飞行员姓名为诺丁汉，重复，诺丁汉。"对于舰载机机组成员而言，一旦确知在其作战的同时，战场附近有像"王鱼"号这样执行海空搜救任务的潜艇随时准备全力以赴执行搜救，他们的士气也会得到很大的提升。

第57特混舰队原计划于28日继续对目标机场展开攻击，但天气预报显示29日台风轨迹将影响当日预定的后勤作业海域。鉴于冲绳登陆的发动日期预定为4月1日，罗林斯中将认为第57特混舰队必须在3月31—4月2日期间坚持作战，竭尽全力为登陆作战提供支援，因此他决定舰队全体提前一天撤退至代号为"侏儒"（Midge）的后勤作业海域接受补给，在此期间，由第52.1特混大队抽调护航航空母舰接替作战任务。后者载机数量较少，因此无法取得与第57特混舰队相当的战果。

补给作业于 3 月 28 日 7 时 30 分展开，舰队并未使用美国海军反复试验成熟的补给方式，而是采用了独创的方式。进行补给作业时舰队分为两个舰群，其中一个在补给船队护航群的掩护下接受补给，另一个舰群则在若干千米外高速机动，并由其所属舰只自行护航。不过这一独创方式的实际效果并不理想，在对护航舰只的使用以及燃料消耗两方面上衡量都不甚经济。此外，完成补给所需的时间较长，各舰指挥官的工作量也较大。鉴于这一教训，此后舰队补给作业均采用美国海军的方式进行。这意味着各油轮需排成横列，包括航空母舰、战列舰和巡洋舰在内的舰队主力则跟在该横列之后逐一接受补给。同时，补给船队和第 57 特混舰队各自的护航舰只合兵一处，共同构成环形警戒线，掩护舰队与油轮及其他补给船只的互动、舰队航空母舰的起降作业。此外，负责提供空中战斗巡逻和提供后备机的护航航空母舰分别就位执行作业。和以往一样，舰队中的驱逐舰使用并舷输油法进行补给，而大型舰只则仍然只能使用有很多缺陷的艉接近法。由于油轮常常需要同时给舷侧和后方的舰只进行补给，因此泵油率低的问题更加严重。此外，在实施补给时，整个舰队的速度受限于油轮速度，而后者的速度常常不足 10 节。锅炉燃油输油管直径为 127mm，输油速度约为每小时 350 吨，但在油轮同时向舷侧舰只补给燃料时，输油速度便锐减为每小时 230 吨。航空煤油则通过口径为 50.8mm 或 76.2mm 的装甲输油管输送，其输油速率更低。与英国不同，美国海军所使用的油船专为配合舰队作战设计，不仅航速更高，其输油速率也更高。此外，输油管极高的损毁率甚至使得英国太平洋舰队连续出海作战的时间可能受限于可用输油管的数量，因此舰队紧急向澳大利亚后方发电，要求澳大利亚后方搜罗一切空闲输油管，由皇家空军的运输机直接送往中间基地，然后再前送至舰队。此次补给作业中，"打击者"号共输送了 17 架后备机。虽然罗林斯中将决定提前一天进行补给作业，但补充燃油的进度非常缓慢，直至 3 月 30 日下午才最终完成，舰队随即编队重返先岛群岛战场。

英国太平洋舰队于 3 月 31 日 6 时 30 分开始了对先岛群岛目标的第二轮打击，其组织形式与第一轮类似，首先由战斗机扫荡机群开道，继之以两个"复仇者"式攻击机群，每个攻击机群由 11 架鱼雷轰炸机组成，均挂载航空炸弹。

此外，昼间舰队还在目标机场上空和舰队上空维持空中作战巡逻。在这一轮打击中，"海火"式战斗机滞空时间较短的问题再次暴露出来。由于这一缺陷，该机型既无法为攻击机群护航，也无法在目标机场上空执行空中战斗巡逻任务，因此只能用于在舰队上空执行空中战斗巡逻任务，且即使执行这一任务，该机型也不甚理想。由于滞空时间较短，该机型在担任空中战斗巡逻时也需进行频繁的换班，因此远不如"海盗"式和"地域猫"式实用。攻击机群的首要目标依然是机场跑道、机库、兵营以及其他机场设施，当日仅有 1 架"复仇者"式在战斗中损失，其机组成员则被"王鱼"号潜艇救起。另有 2 架舰载机在运作中损失。为防止日军飞机尾随返航的攻击机群来到航空母舰附近并发动攻击或报告美军位置，美国海军从当日起采取了一种新的战术。一艘巡洋舰在第 57 特混舰队中心 300° 方位 50 千米外就位，充当舰队的雷达警戒哨。攻击机群在返航时从该舰上方飞过，由该舰官兵目视识别敌我，如此一来，辨认敌我的工作便在敌机可能发现舰队的范围外执行。该警戒哨配有独立的空中战斗巡逻机队，同时还承担着引导负伤或故障战机返回舰队或迫降在指定海域的任务，以便承担海空搜救任务的潜艇及时展开搜救。黄昏时，第 57 特混舰队向南撤退过夜，但考虑到日军反击的可能性较大，因此"不倦"号特意安排了两位资深飞行员备航。从月升时起他们便各自在一架"地狱猫"式战斗机中待命，准备随时对追踪者展开截击。选择"地狱猫"式的原因是该机型没有"海盗"式和"海火"式那样的长机鼻，因此着舰难度最低。不过，英国太平洋舰队搭载的"地狱猫"式并非配备雷达的夜战型号，因此在实施截击时只能依靠月光实施观察和射击。当夜舰队并没有发现尾随跟踪的敌机，因此这两架"地狱猫"式也并未起飞。同期美国海军已经生产出了"地狱猫"式的夜战型号，即 F6–F5N 型。该机型原计划装备"海洋"号轻型航空母舰，后者将作为英国太平洋舰队中专门的夜战航空母舰。[①] 然而直至战争结束该舰也未完工，夜战型"地狱猫"式自然也未能加入英国太平洋舰队。

---

① 译注：美国海军第 5 舰队中承担这一角色的是"独立"号轻型航空母舰和著名的"企业"号航空母舰。

4 月 1 日，周日，恰逢复活节。当日，当第 57 特混舰队的战斗机扫荡群于 6 时 40 分从先岛群岛以南作战海域起飞时，美军已经在舰队以北 320 千米外的冲绳展开了登陆。战斗机出发 10 分钟后，雷达发现敌机正从 120 千米外以 210 节的速度在约 2450 米的高度奔袭而来。舰队随即放出了更多的战斗机，同时引导战斗机扫荡群前往截击，双方在距离舰队 64 千米处展开激战。在打散敌机编队的战斗中，4 架"零"式战斗机被击落，但其余敌机仍继续独自向舰队接近。其中一架低空掠过的"零"式战斗机不顾身后英军战斗机的追赶，穿过舰队的防空火力网，于 7 时 25 分扫射了"不倦"号的飞行甲板，造成 1 名水兵阵亡，2 名军官和 3 名水兵负伤。该机随后又扫射了"英王乔治五世"号，但未造成伤亡。[15] 7 时 28 分，一架神风特攻机撞上了"不倦"号的舰岛，撞击点位于该舰的前部阻拦网位置，造成 4 名军官和 10 名水兵阵亡，另有 15 人负伤。受撞击影响，"不倦"号的装甲飞行甲板下凹，凹陷最深处达 76 毫米。在撞击点下方，B 机库天花板着火，此外舰岛中的一处无线电舱室损毁。系泊在甲板上的 2 架"萤火虫"式和 1 架"复仇者"式舰载机受损。尽管飞行甲板一度封闭，但在经过损管部门快速且高效的修理之后，甲板在撞击发生 37 分钟后恢复开放，可供舰载机起降。执行此次自杀性攻击的"零"式战斗机此前曾被 894 中队皇家海军志愿预备役航空中尉雷诺兹（R H Reynolds）追杀，中尉曾在远距离上用航炮取极大的偏转角命中该机左侧翼根部位，但在中尉抵达更佳的射击位置前，该机已经开始向"不倦"号俯冲。为防止误伤母舰，雷诺兹中尉只得放弃追击。20 分钟后另一架"零"式战斗机从云层中窜出，在驱逐舰"阿尔斯特"号附近投下一枚 250 千克炸弹，然后试图脱离。这一次雷诺兹中尉及时杀到，经过两轮射击后将其击落。几秒钟后中尉又盯上了另一架"零"式战斗机，该机飞行员试图将"海火"式引入"零"式战斗机最擅长的盘旋狗斗战，但经验丰富的中尉识破了对手的企图，采用高速"yo-yo"机动间歇性地占据射击位置。中尉的最后一击取得了决定性的结果，将对手击落在舰队驱逐舰警戒圈之外。[16] 当日，第 57 特混舰队仅出动了一波攻击机群，该机群对石垣岛主机场进行了攻击，并声称击毁了若干架停放在地面的敌机。攻击机群返航后，由 16 架"海盗"式组成的战斗机扫荡群杀到，该部与执行目标上空战斗巡逻任务（TarCAP）[17] 的友军一道共击毁了 14 架停放在地面的敌机，但其中部分可能为假目标。

命中"不倦"号的神风特攻机摧毁了该机最前端的阻拦网。通常阻拦网在舰载机降落时展开，以保护停放在甲板前部的舰载机。为了提供最长的降落距离，该舰往往只使用靠前的1号和2号阻拦网，但在1号阻拦网被毁后，该舰便也只能使用2号和3号阻拦网，这导致可用于降落的甲板空间缩小。舰载机在降落时如只勾住最靠前的两道阻拦索，便仍有可能撞上3号阻拦网。尽管在这种情况下其速度自然要比完全没有勾住阻拦索时慢，但仍有可能造成舰载机损伤。当日受海浪影响，"不倦"号甲板的纵摆幅度较为明显，加大了舰载机着舰时的风险。3架"海火"式在着舰时起落架液压动作筒受损，另有2架撞上了阻拦网。3架战机的损坏程度均超出了该舰地勤人员的能力范围。另一架在"不倦"号维修甲板期间试图降落的"海火"式奉命转向"光辉"号降落，该机起落架油压装置也在降落中受损。鉴于"光辉"号也没有相应的维修设施，该机只能被抛入大海。另一架奉命转向"胜利"号降落的"海火"式则一头撞上了阻拦网，飞行员当场阵亡。该机随后也被抛入大海。

17时30分，舰队的雷达再次捕捉到不明空中目标，执行空中战斗巡逻的战斗机确认来机为2架敌机，但两机随后躲入云层，甩开了英军战斗机。两机再次冲出云层时被舰队瞭望哨发现，各舰随即展开猛烈但混乱的防空火力，对着空中的敌机和己方战机劈头盖脸一通乱打，但这并未阻止其中一架敌机向"胜利"号俯冲。后者的舰长丹尼上校亲自操舵，老练地在敌机完成俯冲前完成了一次满舵转向，堪堪避开对手的撞击。敌机的翼尖挂上了飞行甲板边缘，造成了些许破坏，然后翻滚着坠入大海，就在"胜利"号近旁发生了爆炸。飞行员的部分遗体和遗物被爆炸的气浪卷上了"胜利"号，其中包括他收到的书面指令，指令中注明了其优先攻击目标。当天舰队的表现让罗林斯中将更加担忧舰队近防炮手们能力明显不足的问题，其中辨别敌我方面的问题尤为严重。因此他责令第30航空母舰中队的卡内（W P Carne）准将研究改进炮手训练的手段。"不倦"号在遭受神风特攻机撞击后的表现说明了装甲甲板设计的优势。该设计使得该舰在被撞击后仍能继续作战，而遭受同样攻击的美国航空母舰则可能需要接受大规模维修。尽管敌机的活动较以往活跃，但当日仅有1架舰载机在战斗中损失，另有 3 架在运作中损失。和以往一样，黄昏之后舰队南撤。按计划，舰队次日将撤往"侏儒"海域，但当天舰队出发前仍将派出"推弹杆"部队压制敌机场。

当夜天气同样晴朗，月光皎洁。利用这一条件，5 时 10 分，4 架"地狱猫"式战斗机在夜间升空，试图捕捉企图在破晓前的晨曦中起飞的敌机。其中 2 架起飞后发现无线电设备故障，因此被迫返航。另 2 架继续飞往先岛群岛，但并未发现敌机活动迹象。6 时 30 分，由 17 架战斗机组成的"推弹杆"部队出发对先岛群岛的全部 6 座机场进行扫射攻击。该部同样没有发现什么敌机活动的迹象，不过编队中的"地狱猫"式战斗机在石垣岛上空击落了一架"零"式战斗机，另有两架敌机被击落在地面。英方的损失为 1 架"海盗"式，该机受损后挣扎着返回舰队附近海域，飞行员跳伞逃生并被救起。10 时 45 分，在回收了全部舰载机后，第 57 特混舰队暂时离开前线前往后勤作业海域，并按计划于 4 月 3 日 6 时 30 分抵达。起初舰队在该海域并未发现油轮船队的踪迹，但由 3 艘巡洋舰组成的搜索群最终于 9 时 30 分找到了油轮。然而天公不作美，当日风力 5 级，且伴有东北方向的大浪，无法实施补给作业。舰队和补给船队因此只能前往"蚊"海域（Mosquito）碰碰运气。尽管该海域天气依旧不够理想，但舰队依然于 4 月 4 日 7 时 30 分展开了补给作业，包括补充燃油、物资以及接收后备机。此次作业中仍有大量输油管损坏，幸而备用输油管已由皇家空军第 300 联队从悉尼紧急经马努斯送往莱特湾，并进而被及时前送至各油轮，否则英国太平洋舰队的作战时间很可能会被迫缩短。在此次海上补给作业期间，"投石者"号护航航空母舰共发出了 22 架后备机至各舰队航空母舰，同时回收了 2 架仍可飞行的故障机。按计划，这些故障机将被运往莱特湾，由驻当地的舰队航空兵维护保养组实施维修。在第 57 特混舰队暂时脱离前线期间，第 58.1 特混大队的航空母舰接替了前者的作战任务，这导致直接用于冲绳作战的美国战斗机数量大减。有鉴于此，4 月 5 日下午晚些时候舰队补给尚未完成时，罗林斯中将便认为舰队有必要于次日返回前线继续作战，因此中将于 19 时 30 分下令中止补给作业，并返回先岛群岛以南的作战海域。此时舰队中的两艘战列舰实际载油量仅为其最大载油量的 50%，而各航空母舰储存的航空煤油也仅够两天作战所用，但舰队

PRINCIPAL INSTALLATIONS
ANCHORAGES

SAKISHIMA GUNTO

KEY MAP

YAEYAMA RETTO
ISHIGAKI JIMA
FROM H.O. CHART NO. 5307
SOUNDINGS IN FATHOMS
HEIGHTS IN FEET

Anchorage for
small vessels
(Difficult passage)

Open anchorage
in south wind
(Dangerous reef)

Lookout station
Reported radar

Road 10' wide

Anchorage for:
12 Capital ships
4 Cruisers
10 Destroyers

Narrow road

Reported airfield

TO IRIOMOTE JIMA

ISHIGAKI JIMA

Reported narrow gauge RR

MIYARA Airstrip

Barracks area
Radio station
Weather station

Road 10' wide

Seaplane base

Lookout station
Radar station

ISHIGAKI Airfield

SAKISHIMA GUNTO. CINCPAC-CINCPOA BULLETIN 163-44. 25 NOVEMBER 1944. CONFIDENTIAL

∧ 美国海军使用的石垣岛目标图。（罗伊·吉布斯收藏）[1]

也只能如此上阵了。

　　日军在冲绳采用了新的防御战术。在此前的登陆战中，日军从海岸线上就开始顽强抵抗，美国海军陆战队只能从泅水之际起寸土必争。在冲绳，日军的

---

　　[1] 译注：该图展示了石垣岛上的主要军事设施和锚地。其中石垣岛主机场（Ishigaki Airfield）位于该岛南端，宫良机场（Miyara Airstrip）位于东南部，此外该岛西南部还设有水上飞机基地、了望哨、兵营、无线电站和气象站，中部则据称设有跑道，可能为边木名机场。该岛主要锚地位于西端，岛北缘东西两侧各有一小型锚地，但条件较差。

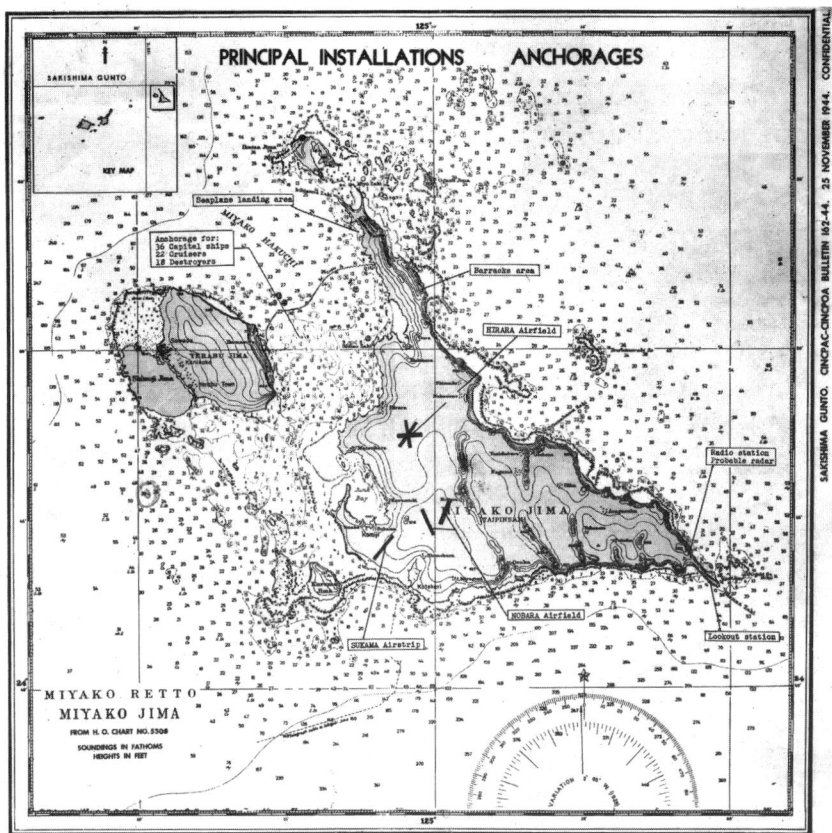

∧ 美国海军使用的宫古岛目标图。（罗伊·吉布斯收藏）①

主防线设于内陆，因此登陆作战之初美军进展迅速。但从 4 月 6 日起，美军陡然撞上了日军的坚固防线。这条被称为"首里要塞"的防线位于冲绳岛南部，美军的攻势在这条防线前整整停滞了两个星期。与此呼应，在登陆战之初日本

---

① 译注：该图表明了宫古岛上的主要军事设施和锚地。3 座机场在该岛中部呈"品"字形排列，其中规模最大的平良机场（Hirara Airfield）位于北侧，规模稍小的野原机场（Nobara Airfield）位于东南，须隈机场（Sukuma Airstrip）则位于西南。该岛的了望哨、无线电站以及被怀疑为雷达站的设施位于东南角上，水上飞机降落场位于北端，其东南方向不远处为兵营。该岛主要锚地位于西北方向。

战机仅进行了零星活动，但从 4 月 6 日起，日军对第 5 舰队展开了大规模的自杀式攻击，其作战代号为"菊水特攻"。为执行这一作战，日军从本土和台湾出动大量陆航和海航自杀攻击机。美方情报显示，参加第一轮"菊水特攻"的日军飞机共达 350 架。从长远来看，实施自杀飞机攻击无疑是对资源的浪费，但在冲绳战役期间日军同时也出动了数以千计架次的战机执行常规作战任务。[18]在整个冲绳战役中，日军共消耗了 1900 架神风特攻机及其飞行员，所幸此后日军再未能组织起与第一轮"菊水特攻"规模相当的神风攻击。

4 月 6 日晨，第 57 特混舰队再次对先岛群岛展开攻击。当日首先起飞的是在黎明前出发的 4 架"地狱猫"式战斗机，该机群在群岛上空遭遇了浓密的云层，但仍借助晨曦的微光在石垣岛上发现了 8 架敌机，并进行了扫射攻击，不过并未发现敌机升空的迹象。6 时 30 分，第 57 特混舰队放出了目标上空战斗巡逻机群，以维护先岛群岛上空的制空权。战斗机飞行员汇报称宫良机场的跑道已被彻底修复，该机场似乎可以正常运作，因此，当天下午舰队派出攻击机群前往轰炸该机场。第二波攻击机群遭遇了低云，无法顺利展开攻击，但各机仍利用云层间的空隙对目标进行了轰炸。当天舰队雷达曾发现了一架跟踪舰队的敌机，但该机在被截击前便已躲入云层并成功逃脱。16 时 55 分，战斗机引导频道阻塞，造成了一定程度的混乱。同时，雷达在舰队以北 80 千米距离上发现了不明目标。17 时，4 架敌机冲出云层并展开了大角度俯冲。"光辉"号进行了剧烈的机动，通过满舵转向试图规避向其冲来的一架敌机。敌机未能跟上"光辉"号的机动，但在坠海前其翼尖刮走了"光辉"号的一根雷达天线，该机携带的炸弹在触海时爆炸。爆炸产生的气浪对两架停放在飞行甲板上的"海盗"式战斗机造成了损伤。在当天的战斗中，3 架敌机被担任空中战斗巡逻任务的战斗机击落，1 架被驱逐舰击落，另一架在地面遭到扫射的敌机也被判定为全毁。英军的损失则为 4 架舰载机，其中一架"海火"号被己方舰只防空火力击落，飞行员阵亡。按惯例，第 57 特混舰队于黄昏后脱离战斗，向东南撤退。

罗林斯中将打算次日将舰队置于更靠近石垣岛的位置，并利用两艘战列舰炮击机场，以节约宝贵的航空煤油。但当晚中将接到了来自美国海军太平洋舰队总指挥官的电报，电报警告日军将于次日对盟军舰队发动全面攻击。鉴于这

＞罗林斯中将。(作者私人收藏)

一情报，中将决定保持第57特混舰队的集中态势，继续出动攻击机群以及目标上空战斗巡逻机群实施攻击。7日，从6时10分至日暮时分，舰队共出动了三波攻击机群轰炸先岛群岛的目标机场，并将所有敌机场跑道破坏至无法使用的程度。3架敌机被击毁在地面，但皇家海军也付出了2架舰载机在机场上空被击落、4架在运作中损失的代价。黄昏之后，第57特混舰队向代号为"虱子I"（Cootie I）的美国海军后勤作业海域转移。当晚，罗林斯中将得知第58特混舰队在当天的战斗中击沉了日本战列舰"大和"号及其大部分护航舰只，该场战斗日后被称为"东海海战"。除了世界上有史以来最大的战列舰"大和"号外，另有1艘巡洋舰和4艘驱逐舰被380架舰载机在不到90分钟的战斗中击沉，参战的机种包括鱼雷机、俯冲轰炸机和装备火箭弹的战斗机。"大和"号及其护航舰只仅携带前往冲绳的单程燃油，因此也可认为是一种特攻攻击，这也显示

∧ 美国海军配发给英国太平洋舰队机组成员的目标摄像资料，照片中为石垣岛上的辺木名机场。（罗伊·吉布斯收藏）

了盛极一时的日本海军联合舰队已经被削弱到了何种地步。[①]至 8 日 14 时 30 分，第 58 舰队结束了对"大和"号编队的攻击，继续执行其当日的主要任务——压制位于九州与冲绳之间的奄美岛上日军机场群。后来罗林斯中将在报告中评论称，根据他的了解，在对"大和"号编队的攻击中，美国海军战舰与敌舰的距离从未低于 400 千米，对此"英国太平洋舰队在充满敬意的同时，也抱有相当的嫉妒之情"[19]。当日下午，美国海军"汉考克"号（Hancock）航空母舰被一架神风攻击机命中，该舰被迫撤回乌利西环礁接受维修。

第 57 特混舰队于 4 月 8 日开始了另一次海上补给作业，这一次天气良好，海况较为平静。与此前几次补给作业相比，本次作业中输油管破损的情况较少，泵油率也较快。第 1 航空母舰中队从护航航空母舰上接收了 13 架后备战机，同时送出了 3 架故障机。此时"光辉"号持续恶化的船况引起了罗林斯中将及其参谋人员的担忧，该舰水下部分此前便已遭受了结构性损坏，但损管部门仅对受损部位进行了应急维修，并未完全解决问题。[②]该舰的中央推进器此前已经在澳大利亚拆除。为维持该舰航速，该舰剩余两个推进器此后只能长期以最大功率运转。此外该舰振动的问题也愈加严重。在曾隶属东方舰队和太平洋舰队的各艘英国航空母舰中，该舰随两舰队作战的时间最长，其舰载机群也几乎未作变更，因此该舰的部分战斗机飞行员已经显露疲态。该舰在德班完成整修[③]后才接纳了"复仇者"式中队。鉴于上述情况，罗林斯中将决定用"可畏"号接替"光

---

① 译注：在日本陆航和海航展开规模庞大的神风特攻攻势的同时，联合舰队水面舰艇部队高层产生了"总得做点什么"的心理，并因此决定出动"大和"号前往冲绳。但这种心理更多的是出于高层。尽管命令中规定"大和"号仅需携带单程油料，抵达冲绳后，"大和"号冲滩作为固定炮台，全体水兵则上岸作为步兵参与防御作战，然而这种荒唐的命令自然遭到了中低层军官的痛骂。如果说神风特攻机飞行员仍有主动返航的可能，那么这道命令几乎等同于命令参战全体官兵投身战争至死方休。在意识到此次出击的性质后，参战舰队上下在出击前最后一夜纵情声色醉生梦死。与此同时，后勤军官们则在翻箱倒柜四处搜刮包括油槽底油在内的各种边角油料，尽力填充"大和"号的油槽，试图为后者留下一线生机。当然，战事的发展使得后勤军官的一切努力成了无用功。

② 译注：上述损坏应主要归结于 4 月 6 日神风特攻机在该舰附近坠海，所携炸弹爆炸产生气浪的影响，但不可忽视的是，在此前 4 年半的战斗中，该舰已经是伤痕累累，加上船体老化，这一切都恶化了该舰在 4 月 6 日所受的伤势。

③ 译注：参见第三章相关内容，此次整修时间为 1944 年 8—10 月。

辉"号作战，以维持 4 艘舰队航空母舰在前线作战，前者当时已经抵达莱特湾。海上补给作业于 4 月 9 日 15 时 30 分完成，舰队随后再次返回先岛群岛附近海域，计划再进行 2 天的作战，然后按计划撤往莱特湾进行为期一周的大规模补给。然而美国海军第 5 舰队指挥官斯普鲁恩斯上将发来急电，请求第 57 特混舰队于 4 月 11—12 日期间攻击台湾北部的新竹和松山地区的机场群。罗林斯中将热情地接受了这一请求，并相应改变了航线。由于新的作战海域较原先更偏西，因此舰队在途中多花了一天时间。各中队地勤人员充分利用这一天时间进行整备维护工作，以期为新的作战准备更多的战机。

斯普鲁恩斯上将的这一请求出自几方面考虑。首先，按照美国海军第 5 舰队与英国太平洋舰队就当前作战关系达成的协议，前者发给后者的命令只能以请求形式传达，且罗林斯中将有权拒绝。更重要的是，这一请求体现了随着英国太平洋舰队逐步完成作战目标，舰队也赢得了斯普鲁恩斯上将的尊重，尽管此前金上将鉴于英军后勤系统的缺陷，对该舰队的表现并不看好。在战术上，斯普鲁恩斯上将认为台湾是除日本本土外日本建设的最为完备的作战基地，驻当地的飞行员水平也较高。鉴于此前几天的战况，上将估计在面对神风特攻队的攻击时，装备装甲飞行甲板的英制航空母舰所受损伤会比美国同行们轻，且美国海军航空母舰群正全力进行在冲绳附近的战斗，无暇分身。正如此前尼米兹上将所预言的那样，此时英国太平洋舰队正扮演着美国海军"最灵活的预备队"这一角色，舰队在盟军太平洋战区联合战线中的地位也随之确定。斯普鲁恩斯上将同时也曾向麦克阿瑟统帅的西南太平洋战区发出请求，希望后者所辖的战区航空兵部队对台湾展开攻击，然而不知出于何种原因，西南太平洋战区仅对台湾发动了有限的攻击，且并未对目标机场造成有效破坏。

第 57 特混舰队于 4 月 11 日晨 6 时抵达松山机场东南 160 千米处的预定起飞位置。然而当天天气不佳，云高很低并伴有雨水，舰载机无法起飞，因此舰队被迫将对目标的首轮攻击时间推迟 24 小时。当天下午，在冲绳附近海域作战的第 58 特混舰队再次遭到了一波神风特攻队的攻击，这一次日军集中攻击了担任雷达警戒哨的舰只，很多舰只被击伤甚至击沉。12 日晨 6 时，天气较前日有所好转，第 57 舰队遂展开攻击。舰队首先起飞了 16 架战斗机担任空中战斗巡

∧ 一架"复仇者"式开始俯冲，即将攻击机场。该照片由另一架战机拍摄，虽然清晰度不佳，但十分罕见珍贵。
（作者私人收藏）

逻任务，这 16 架战斗机按 4 机分队，分别在 6100 米、3000 米、1850 米和 910 米高度巡逻。7 时之后不久，舰队发现了敌机的踪迹，战斗机对位于舰队以东的 4 架"零"式进行截击，双方在云层之间展开战斗，在短暂的战斗中，1 架敌机被击落。7 时 15 分，两波攻击机群先后出发，每群均由 24 架"复仇者"式和 20 架战斗机组成。由于台湾当天浓云密布，攻击机群只能从低空绕过台湾北端。攻击机群很快发现了新竹机场并从云底 600 米高度成功进行了轰炸，但松山机场上空天气恶劣，因此再度出任空战协调员的海少校只得命令第二波攻击机群转而攻击基隆港。飞行员们目击到炸弹命中了一座化工厂、船坞以及港内船只。海少校本人则亲自率领所属小队穿过云层对松山机场进行侦察。该小队共发现 12 架敌机停放于地面，并通过扫射击毁了其中一架。日军在两处机场的防空炮火均不密集，且在两处机场均没有敌机活动迹象。当日，舰队战斗机的表现尤为出色。两架"萤火虫"式战斗机在奉命掩护一架海空搜救机前往与那国岛途中，发现 5 架日军陆航九九式袭击机正向东飞行，很可能经由台湾前往冲绳岛。两架战斗机随即上前展开攻击，击落了其中 4 架并击伤了剩余一架。一架"海盗"

式则击毁了降落在与那国岛上的一架九七式重型轰炸机。此外，雷达还侦测到由8架敌机组成的机群从石垣岛方向向舰队袭来，但在空中战斗巡逻单位的拦截下，所有8架敌机均在有机会看见舰队之前被击落。

维安少将当天开列了一份推荐受勋的人员名单，其中一名获得英勇钦佩奖章（Mention in Dispatches）的是"不倦"号820中队的军士长吉布斯（R J W Gibbs）。战斗中其座机被防空火力击中，右翼油箱燃起大火。[20]该机观测员负伤，因此当火焰蔓延至座舱时，吉布斯只能独自尝试控制火势、照料观测员并维修该机受损的无线电设备。军士长完成了上述全部工作，并重新与舰队取得联系，使得该机飞行员能尽快完成紧急着舰，从而挽救了观测员的生命。

当天晚些时候，887中队的一个"海火"式分队在皇家海军志愿预备役航空中尉科纳汉（J H Kernahan）的率领下执行空中战斗巡逻任务。该分队在1850米高度上发现4架单引擎飞机出现在距离舰队56千米处，但舰队雷达并未做出反应。飞行员在接受简报时得知美国海军战机可能出现在附近海域，因此该分队小心地接近不明来机加以辨认。来机最终被确认为3架"零"式战斗机和1架"飞燕"式战斗机。未等"海火"式开火，4架日机便发现了对手，并分为两组进行俯冲机动试图逃脱。4架"海火"式紧追不舍，但只有科纳汉中尉将敌机纳入射程。中尉对着一架"零"式打了两个长点射，目标中弹起火，坠入大海。随后中尉又盯上了那架"飞燕"式并打了两个长点射，但也就此耗尽弹药。分队的2号机也取得了命中，其战果记为"击伤"。鉴于该分队使用的是装有旧式反射瞄准器的后备机，而非原先装备的装有新式陀螺瞄准器、可计算提前量的新战斗机，因此该分队此次截击的成绩相当不错。[21]在另一次截击中，887中队的一架"海火"式按舰队调度指引前往拦截一个不明目标，但在云雾和细雨中飞行员难以辨认敌我，于是便在极限距离①上开火警告。此后飞行员靠近目标，惊恐地发现目标是一架美国海军PB-4Y型"解放者"轰炸机，后者没有打开敌我识别装置。这两起事件反映了在两军联合作战时，担任截击任务的战斗机飞行员面临的两

---

① 译注：在此距离上弹药杀伤力非常有限。

难困境：在前一起事件中，一个战斗机小队为避免误伤，错过了取得若干击落战绩的机会；在后一起事件中，飞行员因无法辨别敌我，险些击落了一架友机。英国太平洋舰队的战斗机引导任务由"不挠"号的战斗机引导主管勒温（E D G Lewin）中校负责，"不挠"号和"胜利"号上战斗机引导部门经验丰富的团队对中校的工作提供了巨大的帮助。中校在实战中发现，"不挠"号安装的美制SM-1 雷达在测量目标高度方面的性能优于其他舰只装备的英制 277 雷达。当日舰队的战斗机共在战斗中击落 16 架敌机，自身损失为 3 架。

当晚，在舰队后撤途中，罗林斯中将回顾了舰队这一阶段的战斗，对舰队取得了累累战果表示高兴，并打算主动向斯普鲁恩斯上将提出可以再对先岛群岛的目标进行一轮攻击，并延后撤往莱特湾接受补给的计划。尽管此时舰队补给船队携带的后备机已经全部耗尽，无法补充此前战斗中的损失。根据第 58 特混舰队的战报，中将判断该舰队仍在日军航空兵的大规模攻击下苦战，同时，根据情报判断，先岛群岛似乎是日军的一个主要基地，因此英国太平洋舰队的这一提议极为重要。斯普鲁恩斯上将满意地回电："（该提议）体现了良好的主动态度和合作精神。如无其他指令，请于 4 月 16—17 日期间压制先岛群岛。"[22]当晚，舰队通过雷达发现一架敌机，从动向上看，该机似正在执行搜索任务，试图锁定第 57 特混舰队的位置。因当天天气不佳，舰队无法实施截击，不过敌机似乎也没有发现舰队。

4 月 13 日的作战从早上 5 时 50 分开始，4 架战斗机奉命出击，对几分钟前雷达发现的不明目标展开截击。双方接近后，目标被确认为九九式舰载俯冲轰炸机和一架装备雷达的搜索机。太平洋舰队认为后者执行的是双重任务，即引导并监督己方军机按指示实施攻击，担任这一督战任务的战机被英军称作"盖世太保"（Gestapo）。一架试图攻击"不挠"号的九九式失手，另一架被舰队的防空火力击落。战斗中，一架"地狱猫"式不幸也闯入了舰队的防空火力网并被击落。在驱离了剩余两架敌机之后，第 57 特混舰队于 6 时 45 分放出了两波攻击机群，分别攻击新竹机场和松山机场。两处目标上空天气较前一日均有所好转，攻击机群对两座机场均造成了相当的破坏，且自身无一损失。护航战斗机对宜兰机场上停放的敌机进行了扫射，但鉴于敌机并未因此爆炸，所以在战后汇报中被判定为假目标。尽管当天舰队雷达先后发现了若干目标，但当日担任空中战斗巡逻的战斗机并未取得其他战果。日落之后，第 57 特混舰队撤出战场，前往"虱子 I"后勤作业海域。当天傍晚，英国太平洋舰队得知美国总统罗斯福已于 4 月 12 日去世，舰队对此表示了尊重和哀悼。"可畏"号于 4 月 14 日抵达"虱子 I"海域，正式取代"光辉"号。后者于当天下午离开舰队，经莱特湾前往悉尼，并最终返回英国本土接受大规模整修，这一工程直到战争结束后才完成。后勤作业海域天气良好，补给作业于 4 月 15 日 14 时完成。当晚舰队在"不挠"号上举行了悼念仪式，哀悼不久前去世的罗斯福总统。

4 月 16 日黎明前，第 57 特混舰队返回先岛群岛以东海域，并在日出前放出了空中战斗巡逻机群。雷达在约 6100 米高度发现了一个不明目标，不过在战斗机按指引爬升至这一高度之前该目标便从雷达探测范围中逃脱。6 时 30 分，当天舰队放出的第一波攻击机群出发，前往攻击石垣岛。共由 70 架"复仇者"式组成的攻击机群对全部 6 座机场进行了攻击并破坏了跑道。为取得最佳攻击效果，机群挂载的 227 千克标准炸弹混合使用碰炸引信和延时引信，各机在机群领队的指挥下从 910 米高度投弹。日军的防空火力相当疲弱，仅有 1 架"复仇者"式被击落。当日最后一批担任目标上空战斗巡逻任务的战斗机以对野原机场建筑的扫射结束了当天的作战。1842 中队指挥官、皇家海军志愿预备役航空少校加兰德（A McD Garland）在执行这一攻击时不幸被击落，皇家海军志愿预备役航空少校帕克（D G Parker）接替了他的职务。[23] 至日落后第 57 特混舰队撤退时为止，先岛群岛上目视范围内的所有敌机都已经无法使用。当日共在空战中击落 3 架敌机，并将另一架在地面击毁。舰队付出的代价则是 3 架舰载机在战斗中损失，另有 3 架在运作中损失。

鉴于不同机型的实战表现，舰队需要尽可能少使用为数不多的"海火"式战斗机，同时尽可能多地将"海盗"式和"地狱猫"式用于扫荡目标岛屿的任务而非空中战斗巡逻，因此舰队采用了新的作战飞行计划。少数"海盗"式和"地狱猫"式在黎明时起飞，担任高空战斗巡逻任务，负责在远距离上截击敌机。"萤火虫"式则用于执行目标上空战斗巡逻任务，8 架"海火"式在"不倦"号甲板上执行备航，为期 3 小时。如果在此期间无须升空作战，这 8 架"海火"式则

︿ 英国太平洋舰队对野原机场的一次攻击中,炸弹准确地在跑道上爆炸。(作者私人收藏)

︿ 攻击结束后,"地狱猫"式侦察摄像机对野原机场拍摄的照片,供判读战果使用。可见跑道和停机坪所遭破坏程度。(作者私人收藏)

将在备航时间结束后升空承担舰队和目标上空的空中战斗巡逻任务，并在此后由另外8架"海火"式接替。午后，"海火"式出动的数目减半，即4架承担空中战斗巡逻任务，另4架在甲板上备航。

新的作战飞行计划于4月17日首次实行，当日首批承担目标上空和舰队上空战斗巡逻任务的战斗机在日出前起飞。目标上空战斗巡逻机群的领队报告称石垣岛机场的跑道仍无法使用，因此当日的前三波攻击机群奉命前往宫古岛展开攻击。由于此后目标上空战斗巡逻机群报告称该岛机场也已无法使用，因此当日的第四波攻击被取消。战斗中，一架"复仇者"式被击伤，但其飞行员成功地驾驶该机飞越海岸线抵达海上，不过机组成员中仅有观测员成功跳伞逃生，并被"胜利"号上担任海空搜救任务的"海象"式救起。当日若干日军战斗机在先岛群岛上空巡逻，空战中，其中3架"零"式被击落，英军无损失。下午晚些时候，"英王乔治五世"号的炮手发现一架起火的"飞机"正在向该舰俯冲，该舰遂展开防空火力，但最终发现目标不过是一架承担空中战斗巡逻任务的"海盗"式扔下的副油箱。在其作战经过报告[24]中，罗林斯中将言简意赅地写道："（这一事件中）双方均未命中目标。"从战果看，当天舰队又成功完成了作战，当晚舰队撤离战场，并于19时45分驶向"蚊"后勤作业海域，此时舰队上下士气高昂。维安少将向罗林斯中将报告称，尽管机组成员与地勤团队均感到疲劳，但是第1航空母舰中队仍能为支援冲绳附近的美军舰队再出一次力。中将将此提议转交斯普鲁恩斯上将，后者立刻接受了这一提议。[25]海上补给作业于4月18日一天内完成，后勤补给船队向第57特混舰队输送了燃油、信件、物资以及舰间通信。由于已经耗尽后备机，补充航空母舰未参加此次补给作业，提前返回了莱特湾。罗林斯中将决定次日仍逗留后勤作业海域，以便给舰队航空母舰的机组成员留出短暂的休息时间，同时也让地勤人员有更多时间修复舰载机，保证能以最多数目的舰载机参与此后的作战。19日13时，第57特混舰队再次前往先岛群岛海域，计划再对该目标进行一天的攻击，然后再撤离前线前往莱特湾进行补给。

战斗机于4月20日晨6时首先起飞，攻击机群随后出发攻击先岛群岛上的全部6座机场，以求破坏跑道，并打断日军的修理作业。装备火箭弹的"萤火虫"式奉命攻击日本的近岸航运船只以及陆上有价值的目标。在进行了 4 轮攻击之后，除平良机场外，其他机场均已无法使用。"萤火虫"式机群则命中了若干平底帆船并造成目标起火燃烧。当日，在空中和地面均未发现日军活动迹象，英方的唯一损失是一架"复仇者"式，该机在迫降之前飞越了海岸线，机组成员于次日被美军担任海空搜救任务的水上飞机救起。19 时 10 分，英国

∨ 由一架"复仇者"式弹舱拍摄的攻击平良机场的照片。前景中的物体为一枚刚刚投放的炸弹，可见炸弹正对跑道。其余炸弹已经命中跑道，并造成了累累弹坑。（作者私人收藏）

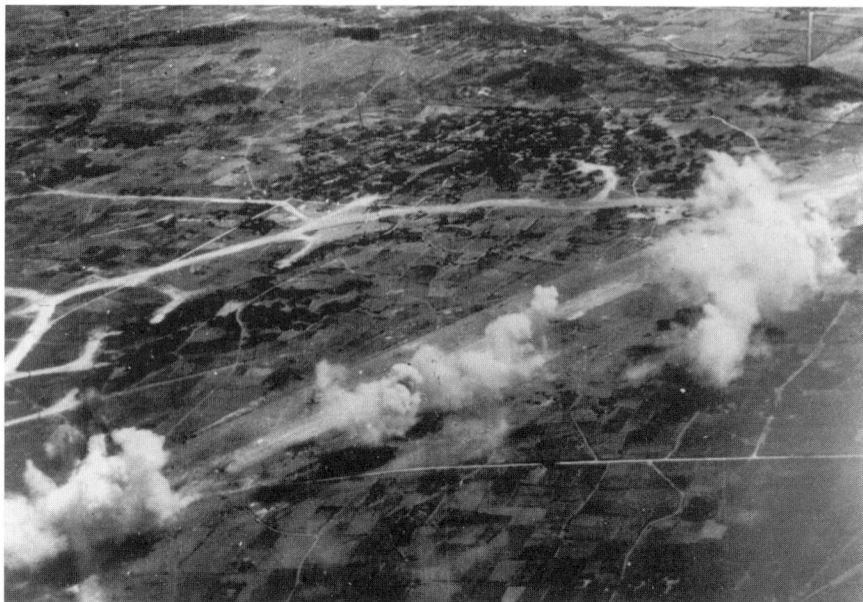

∧ 先岛群岛上许多机场的跑道都由碾碎的珊瑚礁制成,在中弹后会造成大量碎片飞上空中,照片中即为一例。
(作者私人收藏)

太平洋舰队撤离战场,驶向莱特湾。舰队于 4 月 23 日在圣佩德罗湾预先分配的锚地下锚,靠近先期抵达的舰队后勤船队。此前舰队最后一次下锚还是 32 天前在乌利西环礁,但自从 2 月底从悉尼出发后,舰队一直未能进入港口停靠。这一时间创造了从风帆时代以来英国舰队连续出海作战的新纪录,而英国太平洋舰队在"冰山"作战中的第一阶段作战也就此圆满结束,其战果足以让舰队全体官兵自豪。

在第一次和最后一次攻击期间,第 57 特混舰队在作战海域停留了 26 天,其中投入作战 12 天,共完成起降 2444 架次,其中 1961 架次为战斗机,其余483 架次则为"复仇者"式。各种舰载机共对敌机场投下了 412 吨航空炸弹,并向不同目标发射了 315 枚火箭弹。"冰山 I"作战期间舰队击毁击伤升空和停放在地面的敌机共计 134 架。超过 100 艘舢板或其他小型近岸船只被判定为击沉或重伤。太平洋舰队因各种原因共损失 68 架战机,34 名机组成员阵亡,此外还有 19 人阵亡，17 人重伤。在若干次海上补给作业中，舰队共补充了 93000 吨锅炉燃油和 1300 吨航空煤油，并从补充航空母舰接收了 43 架后备机，此外还接收了数吨物资以及多达 1064 邮包的信件。[26]

在作战经过报告中，维安少将着重指出了各航空母舰的不足，以及当时各种设备仍仅勉强够用的事实。他特别强调了在这一背景下，英国太平洋舰队在成军之后如此短的时间内所取得的成就。缺乏夜战航空母舰意味着舰队无法在日落后攻击敌机场，这一缺憾在实战中非常突出。但另一方面，舰队如需在夜间继续停留在作战海域，便需要装备大量夜间战斗机，以便击落或至少驱赶跟踪或攻击舰队的敌机。鉴于各昼间航空母舰的甲板调度团队规模不大，如被迫连续作业会对其成员造成极大的压力，因此这些夜间战斗机同样也需要由夜战航空母舰运作。美国海军已经将夜战航空母舰投入实战，并发现在昼间这些航空母舰还可作为备降舰，以供因种种原因无法在母舰上降落的舰载机着舰。这一工作仅需少数操作团队即可完成，因此大部分操作人员可在昼间休息。[①]按原计划，当时仍在英国本土建造的轻型舰队航空母舰"海洋"号将弥补这一缺陷。

报告中，维安少将对"海火"式战斗机的表现多有批评。尽管该机型在大西洋或地中海战区是一种有效的截击机，但维安少将认为该机型几乎无法胜任英国太平洋舰队的任何作战需要。在他看来，认为在"冰山Ⅰ"作战中，"海火"式战斗机对第 57 特混舰队的作战反而造成了很大困难的观点并无偏颇。这一观点也得到了弗雷泽上将的赞同。上将在作战经过报告中指出，在"冰山Ⅰ"作战期间，舰队编制内每架"海火"式平均每个作战日只能起降 0.89 架次，"地狱猫"式的这一指标为 1.22 架次，"光辉"号和"胜利"号上的"海盗"式则分别为 1.19 架次和 1.12 架次。[27]"海盗"式和"地狱猫"式的这一指标与美国海军的结果相仿，但"海火"式糟糕的表现拉低了舰队总体水平。造成这一糟糕表现的主要原因包括该机型消耗率高、飞行员人数不足、后备机及备件供应不足。其

---

① 译注：尽管如此，"企业"号仍鼓励官兵在不影响作业的前提下见缝插针地打盹休息，因此部分船员就直接睡在了甲板上。

较短的作战半径意味着该机既无法加入"推弹杆"部队，也不能为攻击机群护航。上将还指出，"作为舰队战斗机，（'海火'式）与'海盗'式和'地狱猫'式相比至少存在三方面不足"[28]，即较低的作战日日均起降架次、仅约一半的滞空时间，以及无法用于攻势作战。从马努斯出航时，"不倦"号搭载的"海火"式尚占舰队战斗机总数的25%，但在"冰山I"作战中，共有25架该型战斗机全损或损伤过重无法维修。在此期间，"不倦"号一共只接收了5架"海火"式后备机。缺乏后备飞行员进一步加剧了现有飞行员的负担，仅此一项限制便导致舰队无法执行连续3天的攻击作战。"冰山I"作战末期，"海火"式战斗机的出动次数明显减少。

　　另一方面，仍可修复且不缺备件的"海火"式可靠性倒还不差，因此也有人乐观地认为，随着更多的后备机和备件抵达前线，"海火"式的表现也会有所改善。鉴于第二艘装备"海火"式的航空母舰"可畏"号即将加入第1航空母舰中队，且按计划"不挠"号将于"冰山"作战结束后脱离太平洋战场，因此上述乐观观点能否成立将对舰队今后作战产生重大影响。相对而言，舰队对"复仇者"式的利用率还不够高。鉴于几乎未受敌潜艇的威胁，舰队自从4月7日起不再执行反潜巡逻任务以来，该机型的飞行小时数更是进一步下降。"复仇者"式平均每次任务时间为2小时30分，平均出动率为每机每天0.63架次。与"海火"式的情况不同，导致该机型出动率较低的原因乃是缺乏合适的目标，而非低可靠性。在"冰山I"作战中，431架次的"复仇者"或共投弹368吨，平均每架次投弹0.86吨。[29]考虑到每次攻击中"复仇者"式的挂载总是4枚227千克航空炸弹，这意味着有14%的炸弹并未投向目标，其原因包括因天气原因取消攻击、炸弹释放装置故障以及战机故障。在投弹吨位／战机损失数这一指标上，5艘航空母舰的表现大相径庭，其中"光辉"号、"胜利"号和"可畏"号该指标较差，"不挠"号和"不倦"号则较好。弗雷泽上将认为造成这一区别的原因可能有两个，其一是后两舰在简报中详细向飞行员介绍了规避敌防空火力的方式，其二是后两舰战机的投弹高度较高。根据美国海军在当时的一份研究报告，"在执行俯冲或滑翔轰炸时，脱离高度从305米提高至910米能有效地将中型高炮的威胁平均降低35%，对轻型高炮而言这一比例则是46%"[30]。尽管在较高高度投弹很难命中某些投影极小的目标，美国海军仍建议在轰炸较大目标——例如机场跑道和机库时——采用较高的投弹高度。美国海军陆战队航空队的统计数字显示，执行俯冲轰炸任务的"海盗"式在将投弹高度从 520 米提高到 910 米后，其轰炸误差几乎不受影响。

与"复仇者"式不同，在对先岛群岛上的机场执行扫荡任务时，战斗机的武装并不固定。"地狱猫"式通常携带 1 枚 227 千克炸弹，"海盗"式则通常携带 2 枚。在"冰山 I"作战期间，各型战斗机共执行 134 架次战斗轰炸任务，共计投下 44 吨炸弹。此外，4 架次"地狱猫"式和 43 架次"萤火虫"式还发射了 315 枚 27 千克高爆火箭弹。其中 100 枚火箭弹射向小型近岸船只，造成 3 艘沉没，不过根据照相枪拍摄记录，有时火箭弹对目标船只达成了跨射，但目标船只本身并未遭到严重破坏，因此此后出击前战斗机飞行员被要求使用机炮攻击此类目标。其他火箭弹则射向无线电台、雷达站以及相关建筑，并造成颇多目标严重受损。战斗机还进行了大量的扫射攻击，其主要目标是停放在地面的敌机。这一攻击消耗的弹药总量已无法计算。"不挠"号的"地狱猫"式战斗机执行的 181 架次作战中，12.7mm 机枪弹药消耗总数为 71000 发，或平均每架次近 400 发。"胜利"号的"海盗"式则在 182 架次作战中消耗了 121327 发，或平均每架次约 667 发。[1] 在第 1 航空母舰中队致英国太平洋舰队的报告中并未提及各飞行员飞行小时数详情，但弗雷泽的参谋人员计算结果显示，在"冰山 I"作战中，"海盗"式和"地狱猫"式飞行员平均飞行 45 小时，"海火"式和"复仇者"式飞行员则分别为 22 小时和 15 小时。"胜利"号的统计数据最为详尽，该舰的 42 名"海盗"式飞行员中，11 人飞行时间在 30~40 小时之间，22 人在 40~50 小时之间，2 人在 50~60 小时之间；17 名"复仇者"式飞行员中，12 人飞行时间在 10~20 小时之间，无人超过 30 小时。

尽管进行了反复轰炸和扫射，但是宫古岛上日军强大的防空火力一直未遭严重削弱。英国太平洋舰队并未装备配备空炸引信的破片杀伤炸弹，该弹在空

---

[1] 译注：两种战斗机均装备 6 挺 12.7mm 航空机枪，每枪备弹 400 发。

中爆炸后能产生大量的弹片，是杀伤炮手的理想武器。舰队使用的炸弹配备碰炸引信，因此只会在触地时爆炸，淤泥会极大地削弱炸弹的爆炸威力。[31] 舰队的敌我战机识别能力一直很差，这一问题在激战中尤为突出，对此问题，第30航空母舰中队并未找到有效的解决方案，但当务之急是如何有效地截击低空来袭的神风特攻队。鉴于这些敌机被发现时通常距离舰队仅 32~40 千米，因此可用于截击的时间非常有限。同时，舰队的战斗机还需在最大距离上截击从高空来袭的敌机群，为此需要投入足够的战斗机在敌机解散队形分别展开攻击前将其击退，然而这一数量要求舰队无法满足。一般情况下，在舰队上空执行空中战斗巡逻任务的战斗机共有 12 架，这一数量显然不够。舰队希望在"冰山 II"作战中，尽可能维持 20 架规模的空中战斗巡逻机群。战斗机引导是英国太平洋舰队的强项之一，负责该项作业的团队在战斗中展现出的技术水平和权威引起了随舰队作战的美国海军联络团的注意。皇家海军在这一作业上的技术水平乃是在与 4 个轴心国 [32] 军队 5 年多的战争中千锤百炼而来的。自从加入美国海军第 5 舰队以来，英国海军太平洋舰队有求必应乃至超额完成任务。即使各项作业中最弱一环——海上燃油补给作业，舰队作业水平也有所提高。从澳大利亚紧急送来的输油管对作战顺利完成也起了很大作用。在执行海上补给作业时，转隶油轮的水兵出力甚大。同时也应看到，下至油船上的平民水手，上至维持编队队形的军官，参与此项作业的全体人员在业务水平上都有了不小的提高。

此前对苏门答腊炼油厂的攻击向尼米兹上将及其参谋团队证明，英国太平洋舰队有能力达到与美国海军第 5 舰队相当的作战水平，以满足太平洋战区突击作战形式所需。在"冰山 I"作战中，一批有相当突击作战经验的美国海军联络官随舰队一同作战，其中军衔最高的是埃文（E C Ewen）上校 [33]。上校曾指挥"独立"号航空母舰（Independence），在其任职期间，该舰搭载第 41 夜战舰载机联队 [34]。"艾迪"·埃文上校不但有丰富的战前飞行经验，而且也具有全新的航空母舰指挥经验，他的经验和能力正是英国太平洋舰队所急需的。对该舰队而言，拥有这样一位顾问实属幸运。莱特湾之战中，正是他说服哈尔西上将批准第 41 夜战舰载机联队对日军中路舰队展开夜袭，以图在舰队面前一展身手。然而由于暴风雨的影响，联队所辖舰载机并未发现目标。朱利安·惠勒（Julian

Wheeler）上校作为联络官加入罗林斯中将的参谋团队，此前他曾指挥快速航空母舰护航群中的一艘巡洋舰。金上将对英国太平洋舰队的强硬立场在两位美军军官身上并无体现，惠勒上校甚至向太平洋战区海军航空兵总指挥官托尔斯中将（Towers）提出："出于作战效率和友好关系的考虑，应对（英国太平洋舰队）下达自由度较高的指令，并给予较宽泛的解释权。"[35] 这一观点得到了托尔斯中将的赞同，后者向尼米兹上将提议，英美两军应使用同一散装油料供应系统。尼米兹对此表示同意，并通知惠勒上校可以转告英国太平洋舰队，"（一旦作战开始）美方将尽一切可能实现这一安排"[36]。

埃文上校于 3 月 17 日在马努斯登上"英王乔治五世"号，向罗林斯中将报道，但鉴于上校的顾问意见对维安少将更有价值，因此当天晚些时候上校移驻维安少将的旗舰"不挠"号。他对英国航空母舰作业的第一印象是，限于飞行甲板设计，各舰一次只能排列约 25 架战机，且按美国海军标准，各舰甲板调度团队人手不足，几乎无法完成作战所需的调动次数或跟上调度节奏。尽管各机起飞间隔还不错，但降落间隔太长。为缩短这一时间，需要尽可能缩短最终直线进近段所需时间。安装在装甲甲板上的弹射器较甲板平面高出约 23cm，高于某些战斗机挂载副油箱时机腹下净空高度，因此很少用于实战。钢制飞行甲板未喷涂涂料，因此一旦覆上油料或雨水就变得很滑，这一情况在使用木制飞行甲板的美国航空母舰上非常罕见。湿滑的甲板导致战机滑行以及快速移动战机较为危险，经常导致战机受损。他还注意到在英国航空母舰上，维护保养人员人数远少于美军舰载机联队地勤团队可忍受的最低人数，这不仅对执行深度维修保养工作造成了不利影响，而且也不利于迅速执行补充燃油弹药之类的作战相关作业。这类"回场作业"的速度还因其他因素进一步降低，例如与美制航空母舰相比，英国航空母舰上将航空煤油输往飞行甲板的泵油系统压力较低，加油点的数量也较少。美制航空母舰在设计时即考虑到迅速再次放飞甲板上攻击机群的战术需求，并针对在飞行甲板上迅速完成大机群"回场作业"所需进行了相应安排。上述缺陷导致在英制航空母舰上两个攻击波之间间隔的时间很长。上校还观察到某次地勤人员竟然花了两个半小时才完成为 16 架"地狱猫"式补充油弹的作业。除此之外，上校还指出，除 227 千克炸弹之外，舰队缺乏其他特殊用途武器，同

∧ 照相枪拍下平良机场无线电台遭到"萤火虫"式扫射的场景,该机来自"不倦"号。(作者私人收藏)

时舰上还缺乏足够的军械士迅速为炸弹安装引信。英制战斗机作战半径较短的问题也引起了埃文上校的注意。这一点不仅体现在公认"腿短"的"海火"式上,也在一定程度上体现在"萤火虫"式上,尽管在美国海军中并无与其定位与功能类似的机型。

　　埃文上将最重要的评论有关维安少将本人。在简单评价了少将本人在驱逐舰和巡洋舰上出色的作战记录之后,上校略过了少将在萨莱诺登陆期间指挥 V 舰队掩护登陆作战的经历。该舰队由搭载"海火"式的护航航空母舰组成。随后上校写道:

　　　　(他)是一位神经过敏的将领,有时极为粗鲁,难以打交道。以参谋长赖特(J P Wright)上校为首的参谋团队精明强干,其中赖特上校的工作曾长期与皇家海军舰队航空兵有关。团队中另一位重要人物是担任航空作战计划参谋的史密顿（R M Smeeton）中校，他曾作为英军联络官先后随同美国海军第 3 和第 5 舰队作战，完全胜任其职务，并且熟悉美国海军作战程序。然而，上述参谋军官及其同僚卓有成效的工作显然因航空母舰群少将指挥官①的任意决定而失色。[37]

埃文上校还指出，维安少将"并不很了解美国海军高级联络官的身份地位"，且"少将几乎不会很好地接受（美国海军联络军官的）建议，这些建议常常被少将直接忽略，或在最初反对之后某天被实际采纳。这一类事件中典型的是有关保持航空母舰编队队形，以及旋转队形轴线并转向逆风方向的建议，相关建议起初一直被忽略，直至意见被落实成文件正式提交后才被采纳"。

关于埃文上校提出的批评，维安少将在战后提出了自己的解释。[38]受损舰载机的飞行员总是试图越过海岸，而少将又素有尽其所能拯救落水机组成员的美誉。为防止被已方战机误认为敌军并进行攻击，美国海军担任海空搜救任务的潜艇总是按严格指定的地理位置作业，英国太平洋舰队的飞行员在听取简报时总是被告知不要攻击这些区域内的潜艇，但对于已知区域外的目标则可以自由攻击。这些"救生"潜艇的控制权由美国海军联络官埃文上校负责。某次，一架"复仇者"式的机组成员跳伞逃生，同行战友目击到他们安全落水，并在某艘担任搜救任务的潜艇活动范围边缘以外打开了救生筏。在向所有可能在下次攻击中遇见该潜艇的飞行员简报有关情报的同时，维安少将也要求埃文上校指示潜艇上浮营救落水机组。"但他拒绝了这一请求。鉴于海况不佳，我舰队中的'海象'式无法出动，绝望之中，我只得通过罗林斯中将直接向斯普鲁恩斯上将申述。上将当即同意了我的请求，机组成员遂被潜艇救起。但该联络官显然无法原谅我这一行为。"

在"不挠"号上经历了一段难堪的时光之后，埃文上校于 4 月 5 日回到了"英王乔治五世"号，在他看来这里的情况迥然不同：

---

① 译注：即维安少将。

　　一旦出现任何突发情况，英国太平洋舰队副总指挥官伯纳德·罗林斯中将在任何时候都乐于加以讨论。在战斗中，中将展现了高度的与第5舰队指挥官合作的热诚，总是希望尽其所能进行合作。尽管认识到他所率领的特混舰队空中打击力量不足这一事实，但在失去一艘航空母舰后中将仍表达了愿意继续留在作战区域，在舰队还能维持足够的空中战斗巡逻兵力的前提下，尽量吸引日军航空兵注意力的意愿。中将对美国海军在太平洋所取得的成就满怀诚挚的赞誉之情。对他来说，突击作战是一种全新的战争形式。鉴于他手头实际只有一个特混大队，他不愿意对航空母舰的作战做出任何干扰。他希望英国新建的轻型舰队航空母舰能尽快抵达战场，从而构成第二个特混大队，他也可以成为一名名副其实的特混舰队指挥官。

　　埃文上校的报告以对装甲甲板的点评结束。此装甲甲板的设计最引人注目的价值是使航空母舰在遭受神风特攻机攻击之后继续作战，而这种攻击足以重创一艘美制航空母舰。他还表扬了"胜利"号的丹尼舰长，尤其是舰长出色的操船技术以及详尽且清晰的作战报告。前者在"胜利"号避开一架神风特攻机的攻击并使该机在该舰舰艏附近坠海这一战例中展现得淋漓尽致，[①] 后者则被上校推荐为其他航空母舰舰长参考的典范。在"冰山I"作战结束后，埃文上校在莱特湾与英国太平洋舰队分手。此时他一定已经观察到舰队中存在的下述现象：至1945年4月，皇家海军中掌握突击作战这一全新战争形式相关重要经验的，大多是皇家海军志愿预备役及来自各自治领海军志愿预备役的年轻机组成员，这些飞行员大多仅被授予"临时、代理军衔"，而大部分将官和参谋军官却缺乏此类经验。1945年8月，托尔斯中将接替麦凯恩（McCain）中将，出任第38特混舰队指挥官，他选定的作战主任（Operations Officer）正是埃文上校。上校最终荣升海军中将衔退役。

---

① 译注：参见本章前文4月1日战斗部分。

在莱特湾进行补给

在执行了"冰山 I"作战后，第 57 特混舰队急需进行大规模补给，此次补给规模远非后勤支援船队（LSG）所能提供，因此舰队从先岛群岛附近的前线作战海域撤出，前往建立在莱特湾圣佩德罗湾的前进"浮动"基地。在当地有遮掩的锚地中，英国太平洋舰队除接收了补给物资和后备舰载机外，还进行了包括清理锅炉在内的其他一系列维护保养作业，整修了此前作战中所受的损伤，并对人员和舰只进行了必要的轮换。在此后的作战经过报告中，罗林斯中将用下列文字描述了那一周的工作：

> 天气炎热，令人昏昏欲睡，但不如马努斯那般异常潮湿，这一切都使得在甲板间以及甲板以下进行例如清理锅炉之类维护保养工作的人员非常疲惫。大多数此类工作都需要尽快完成，相关人员干得不错。连续长期出海作战之后，不可避免地需要完成大量文字工作，此项工作也毫不轻松。事实上，这段时间内官兵们都没什么时间休息放松，而且我几乎可以确定，在莱特湾待了一两天之后，我们中的大部分人都宁愿立刻出海作战。[1]

此时第 5、第 15 和第 47 战斗机联队都已经在前线长期作战，其作战时间已经超过了正常一线作战规定时间，且上述联队所辖大部分飞行员都早应接受轮换。为解决这一问题，"演讲者"号护航航空母舰搭载的 1840 中队被解散，其所辖飞行员、舰载机及约 70 名地勤人员转隶"不挠"号搭载的第 5 战斗机联队所辖的第 1839 中队。此前，"演讲者"号船员和 1840 中队成员已经结下了深厚的情谊，因此该舰的战史将这一变动描述为"残酷的打击"。不过，令战史作者稍感欣慰的是，1840 中队成员抵达"不挠"号后，发现又和不少老战友们聚首了。该中队的部分前成员此前已经加入了"不倦"号，前 1840 中队的成员们"从此将有机会赢取战斗荣誉"[2]。"统治者"号护航航空母舰负责为舰队后勤船队提供空中战斗巡逻以及反潜巡逻，该舰搭载的885中队装备18架"地狱猫"式和4架"复仇者"式鱼雷轰炸机。[3]"光辉"号早于其他航空母舰提前从战场撤出，前往莱特湾补充燃料，并由舰队保养维护团队对其近期所受伤势进行了评估。后者发现，4月6日神风特攻机造成的近失爆炸对该舰造成的损伤比此前估计的更为严重，爆炸导致该舰水线下的船体板和船肋出现裂痕。在进行临时修理期间，该舰一度停泊于"独角兽"号及其姊妹舰附近，以便向后者移交物资和舰载机。

　　舰队所属各舰之中，航空母舰及其船员最需休息。尽管与美国同行相比英国航空母舰上舰载机数目较少，且地勤人员、甲板调度团队和军械师的数量都不足，但自参战以来各航空母舰都一直努力跟上美国海军的作战节奏。舰上也曾从其他各部门抽调水兵试图降低这些人员的工作负担，这些临时抽调的水兵在上手之初缺乏相应的专业技能，只能在实际工作中边做边学，但最终都为舰队成功作战做出了自己的贡献。在圣佩德罗湾的补给阶段固然是连续作战中的一次短停，但实际上舰队上下并没有放松多少。在圣佩德罗湾停靠期间，"独角兽"号曾发放过几次上岸许可，不过水兵们的体验却不甚愉快。该舰1945年战史中载有两名水兵的相关回忆：在获得上岸许可后，他们首先好不容易才在一艘运送工作小队上岸的小船上找到了落脚之处，上岸后搭乘美国海军一辆卡车的便车前往萨马岛（Samar Island）上圣安东尼奥（San Antonio）的一间酒吧，花大价钱买了10罐啤酒之后就得设法回舰了。所有舰只都需要补充燃料以及各类物资，同时还须吸纳及训练后备人员。修理船"阿特菲克斯"号和"资源"号的船员24小时轮班工作，对此前被神风特攻机命中的"不倦"号展开修理。他们首先依次拆除包括装甲板在内的各种受损钢制件，然后再重新更换为新制的相应零件，最终及时修复了该舰飞行甲板、阻拦网以及舰岛在此前战斗中所受的损伤。"独角兽"号上的舰载机维护保养团队以及维修团队也展开了24小时轮班工作，努力为航空母舰搭载的各中队提供后备机。该舰的10艘驳船是唯一可用于在各舰之间运送舰载机的交通工具，因此在整整7天内，这些驳船也昼夜不停地在各航空母舰之间运送舰载机。[4]在认识到"独角兽"号及其驳船的

△ 停泊于莱特湾圣佩德罗湾的第57特混舰队及其辅助船只。照片中最近处是"胜利"号，其后依次是"可畏"号、"独角兽"号、"不倦"号和"不挠"号。"光辉"号停泊于其他航空母舰前方一排，其周围是各种货轮和维修工作船。该舰当时正在向这些船只转运剩余物资和备件，此后将脱离英国太平洋舰队。（作者私人收藏）

▽ "独角兽"号及其搭载的舰队航空兵维护保养团队在维持第1航空母舰中队作战方面发挥了关键作用。照片中该舰飞行甲板上正停放着"海盗"式和"复仇者"式后备机。当时该舰刚刚在其艉楼后部开口下方喷涂了美国海军分配的作战舷号 R108。该舰也是唯一一艘拥有两个舷号的船舰，其在辅助船队中的舷号为 B312。（作者私人收藏）

辛勤工作对舰队此后继续在先岛群岛附近维持作战的巨大贡献，罗林斯中将亲自致电向相关官兵致谢。[5]

不用修理或保养所属或其他舰只的水兵则被组织起来，承担装运物资的任务。这些水兵需要驾驶小艇前往不同的储备分发船收集相应的箱装或盒装物资，然后再驶回指定舰只并装船。虽然舰队后勤船队指挥官费舍尔少将及其参谋人员此前已经就这一作业所需的船只做出了精确的预计，但尴尬的是，舰队后勤船队没有足够的运量将相应的小艇及船只从澳大利亚运往前进基地，因此超过一半的此类船只只能向美国海军暂借。借得的船只包括各种港口船只和登陆船只，它们的到来使得英国太平洋舰队能及时在出发之前完成全部补给任务。一旦物资抵达指定舰只，水兵们便组成人链，将物资从甲板通过各种平台、走廊和垂直出入井送往船体深处的相应货舱。在补给任务完成前，水兵们不得不在

∧ 在将舰载机从"独角兽"号移送至各舰队航空母舰的过程中，驳船发挥了巨大的作用。照片中的舰载机是一架"复仇者"式，可见英制驳船刚好能容纳该机。（作者私人收藏）

∧ 即使在运输"地狱猫"式时，驳船上剩余空间也很有限。（作者私人收藏）

甲板之间没有冷气装置的空间内，忍受着令人生畏的环境长时间奋力工作，且不会得到上岸休息的机会。即使舰只发放上岸许可，舰队也很难找到空余船只运送水兵上岸，而且各舰泊位也离岸较远。少数有幸上岸的水兵也遗憾地发现，虽然美国海军慷慨地对英国同行们开放了运动场所，但是这些场所也多为美式运动所设计，并不为英国水兵所熟悉。[6] 不过无论如何，在同甘共苦精神的激励下舰队始终保持着高昂的士气。其他保持士气的方式还包括及时抵达的航空邮件，以及每人每天配给的一瓶啤酒，最后这项福利由罗林斯中将亲自批准。搭乘"不挠"号的美国海军战斗机引导联络官在其报告中评论称，在他看来，英制航空母舰与美国同行相比"缺乏必要设备、各类便利和舒适条件"。这一缺陷在这段时间导致英国飞行员较早地出现了战斗疲劳的症状。[7] 英制航空母舰在设计之初即未考虑长期作战的可能，自然也没有配备相应设施，而当英国太平洋舰队连续出海作战的时间远远超过预计时，这一缺陷便逐渐暴露出来。联络官的这一评论不无道理。

　　舰队保养维护船队所辖的各种维护和维修工作船构成了所谓的"浮动船坞"，针对各舰无法利用自身力量完成的维修展开工作。除"阿特菲克斯"号和"资源"号外，驱逐舰供应船"泰恩"号也可承担一定维修工作。该舰还配备有一间作战舱以及大量通讯设备，可临时作为英国太平洋舰队3个驱逐舰队的旗舰。一般来说，重型维修船只和供应船只都设有完善的铸造车间、铜器车间、管道工车间、木匠车间、重型和轻型机械车间、铣削和磨削车床以及电气维修设备。"泰恩"号设有两座最高温度为1500℃的熔炉，各可一次性融化227千克钢材。受损的驱逐舰"阿尔斯特"号则进入浮动船坞接受维修。该船坞隶属美国海军，位于美国海军后勤中队锚地附近。至5月底，共有2艘巡洋舰、7艘驱逐舰和2艘护卫舰曾进入美国海军船坞维修。三艘大型步兵登陆舰（LSI）——"先锋帝国"号（Empire Spearhead）、"格伦恩"号（Glenearn）和"拉蒙特"号（Lamont）为维修保养团队提供了住宿设施。[8]维修保养团队的人员来自舰队及舰队后勤船队搬运工组织（Fleet Porters/Fleet Train Porters）的后备队伍。这两个组织每月最高可提供1000名候补人员，并经由运兵船送往前进基地。这些人员被授予皇家海军军衔，并在没有其他人力资源可用时执行装卸作业，或在舰队补给期间搬运物资，运送货物。在莱特湾与舰队后勤船队一同为舰队服务的还有3艘医务船，共可提供1400个床位。其中"芝扎连加"号是一艘荷兰籍船只，该船此后在"冰山II"作战期间加入后勤支援船队，但遵照国际红十字会的相关规定，该船只能在护航船队之外单独航行，且与其他补给船只保持50千米距离，仅在接到空投请求时方可靠近补给船只接收伤病员。[9]舰队后勤船队指挥官费舍尔少将的旗舰是"洛锡安"号，该舰原为一艘登陆作战指挥船，配备精良的通讯设备，足敷与澳大利亚、英国太平洋舰队和美国海军联络所需。在"冰山"作战期间，该舰的报务员和编码译码员平均每天处理1100封电报，最高记录则为单日处理1500封电报。

　　舰队航空兵维护保养团队的核心是"独角兽"号，舰载机引擎修理船"迪尔湾"号（Deer Sound）以及航空物资发放船"科尔维尔要塞"号则为前者提供必要的支持。"独角兽"号组织了一支小规模工作队进驻萨马岛上的美国海军航空基地，并在那里为修理完成的飞机进行罗差测定和试航。该基地与圣佩德罗湾之间仅通过一条长约100千米的肮脏道路相连，且由于基地规模不大，无法用于大规模作业。1945年初，英国太平洋舰队参谋人员曾考虑在菲律宾建立一个大

∧ "独角兽"号下层机库内停放的"海盗"式及"萤火虫"式后备机。照片右侧"海盗"式机翼折叠部位、进气口和机轮均以亚麻布覆盖，以保护在运输过程中相关部位不被盐雾破坏。（作者私人收藏）

∧ "独角兽"号上的车间几乎总是恰好可以供舰队航空兵维护保养团队完成相应工作。照片中为钣金车间。（作者私人收藏）

型前进基地，其下应包括多达 6 个海军航空基地，其中一个作为接收 / 派发单位。但美方对此兴味索然，而英方也意识到一俟"冰山"作战完成，下一次作战便将在日本本土沿岸展开。考虑到日本本土与莱特湾之间较远的距离，英方遂放弃了在菲律宾建设前进基地的想法，转而接受已经完成相当规模建设的马努斯作为前进基地，该基地也可为整个舰队后勤船队提供足够的锚地。在做出这一选择之后，该岛与战场之间距离遥远这一缺陷也只能被接受。"独角兽"号于 3 月 23 日—5 月 22 日期间停泊于莱特湾。新舰载机在海军机动航空作战基地完成组装试飞之后，由运输航空母舰运往莱特湾转交"独角兽"号，后者在完成整备之后再将舰载机转交补给航空母舰，并由后者送往战场。只有少数仍可飞行的故障机或引擎从第 57 特混舰队转交至该舰，因此实际上该舰和"迪尔湾"号的维修能力并未得到充分利用，两舰的大部分工作都花在修正和整备新舰载机上，以供分发给各中队。"独角兽"号的舰长梅里韦瑟（H G Merewether）上校同时

︿ "独角兽"号上的星形发动机试车平台。（作者私人收藏）

∧ 舰队维修工作船"协助"号（HMS Assistance）。（斯蒂夫·布什收藏）

也出任前进地区飞机协调机构（Forward Area Aircraft Co-ordinating Authority）主管职务，这一机构负责分配后备舰载机及机组成员、为后备舰载机和机组协调后勤支援资源，以及尽可能满足各艘航空母舰需求，并确保澳大利亚海军航空基地总指挥官及时掌握前线态势以及对新后备资源的需求。第 30 航空母舰中队的指挥官卡内准将亦协助梅里韦瑟上校完成这一工作，准将自己的旗舰是"打击者"号护航航空母舰。这套系统在"冰山"作战期间运作得颇为成功，但在此后人力物力愈加丰富之后，该系统就有些力不从心。

　　由于舰队所需的生鲜食品，尤其是土豆、鸡蛋、水果和蔬菜均需从澳大利亚东部采购，且鉴于舰队后勤船队辖有的全部 4 艘食品储备分发船均未曾离开莱特湾或与后勤支援船队一同前往后勤作业海域，因此在第 57 特混舰队出海作战期间，仅有四分之一的时间可以食用新鲜食品。修理和维修工作船大多由皇家海军人员操作，并挂有圣乔治旗，但舰队后勤船队中的大多数油轮和货船都是民船，其中隶属皇家海军辅助舰队的船只挂有英国蓝色旗，隶属英国或帝国商船队的船只则挂有红色的英国商船旗。舰队后勤船队中还有一些商船挂着荷兰、挪威、法国和比利时商船旗。1940 年 4 月丹麦被占领后，马士基航运公司的船只可被盟军征用并悬挂英国商船旗，直至"冰山 II"作战期间丹麦光复为止。由于欧洲裔商船水手严重短缺，因此和平时一样，缺员由大英帝国范围内各种族的志愿者补足。[10] 英国商船在整个战争期间一直以缺员状态维持运转，但良好

∧ 舰队停留莱特湾期间，修理船只和其他辅助船只在第57舰队泊位前按横队停泊。尽管如此，航空母舰派出的一艘小艇可能仍需航行数千米才能抵达指定的辅助船只所在位置。(作者私人收藏)

的岸上设施以及航程两端充足的劳力在一定程度上弥补了这一缺陷。虽然如此，但这一缺陷意味着当商船抵达设施不够全面的马努斯和圣佩德罗锚地后，便会面临着在装卸货物或在船只之间转运物资时人手不足的问题，因此急需舰队后勤船队搬运工组织的帮助。油船船员工作量尤其大，他们不仅需要在海上补给作业期间操控船只，而且由于油轮数量不足，因此在埃尼威托克环礁停留装载散装油料时必须极力压缩留港时间，导致水手们在此期间根本无暇休息或娱乐。

　　1944年9月28日，丘吉尔首相亲自在国会宣布太平洋舰队后勤船队正式成立。在首相的描述中，该船队事实上就是一座浮动的工业海港，并可依靠自身动力在不同锚地之间来往。船队中包括工厂、维修车间、浮动船坞、起重机、仓库、兵营、机库、冷库、油库、水厂、摆渡船、啤酒厂、医院、行政办公室以及社交和娱乐中心。至1945年4月，舰队后勤船队尽管还远称不上完善，但是毕竟已经拥有了大量特种船只。所有货轮均基于商用设计，并由皇家海军辅助舰队或航运公司人员操作。性能最好的货轮是在加拿大建造的"胜利"轮，

∧ 大量 227 千克炸弹通过起重机由驳船运上航空母舰飞行甲板,即将被运往该舰的炸弹库房。(作者私人收藏)

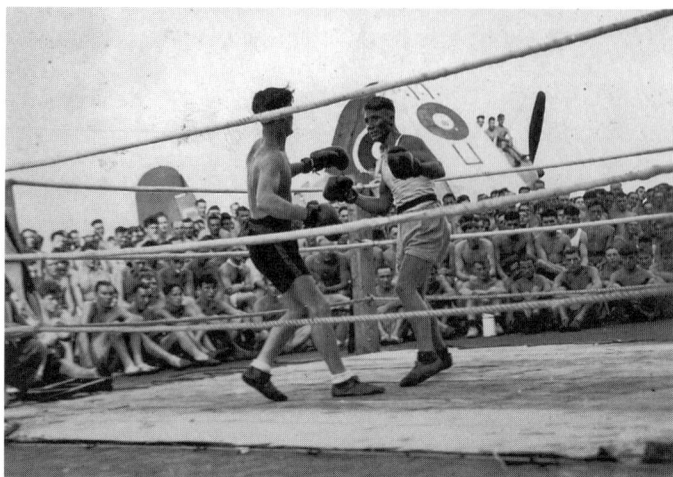

这种货轮使用标准化的船体和动力设备，但按不同设计目的安装相应设备。如果无法获得该种货轮，那么也只能使用现成的商船进行改装，尽管部分商船已经较为老旧，且设计彼此不同。发放船并不像普通货船那样散装货物，它们的货舱设有货架，"就像浮动的百货公司一般"，且配有额外的走廊以供抵达货舱最深处的角落。这些船只装载的货物必须仔细分类储藏，以满足快速出舱并分发不同数量的各种物资所需。

　　食品储备发放船专用于运载鲜肉、蔬菜以及无须冷藏的物资，例如被服和餐具，以满足 1 万人一个月食、用所需。不过，实际上，由于各船运载能力不同，导致很难将货载标准化。大致来说，英国太平洋舰队在 10 天左右便能耗尽一艘食品储备发放船的物资，因此在得到充足的散装货轮支持前，各艘食品储备发放船在物资耗尽后都只能返回悉尼重新装载，而这一航程单程即需 3 周左右才能完成。海军储备发放船被用于满足驱逐舰及更小型舰只物资所需，巡洋舰及更大的舰只则独立装载足够的物资，理论上应足敷半年作战之用，无须另行补给。理想状况下，每艘海军储备运输船都可运载约 2500 吨货物，其种类小至针线，大至备用锚。[11] 不过，实际上，与食品储备发放船的情况类似，各船船体设计不同导致标准化货载的工作极具挑战性，此外，实战中大型舰只所需的物资也多于预期。

　　理想状况下，弹药储备发放船应装载 2000 吨弹药，这些弹药应已经按统一标准装于相应的盒子或货盘上，可供直接发放。弹药种类包括舰队实际使用的各种弹药，上至单枚重量超过 680 千克的"英王乔治五世"级战列舰 356mm 主炮炮弹，下至每盒内装有数百枚的盒装 20mm 炮弹。机载武器包括大量 227 千克炸弹、火箭弹、闪光弹及 7.7mm、12.7mm 和 20mm 弹药。航空储备发放船与海军储备发放船大致类似，但该种船只不仅需装载多种小型部件，还需装载机翼及起落架支撑杆等体积较大的飞机零件。起初英国太平洋舰队内只使用 5 种舰载机，此后，随着轻型舰队航空母舰的加入，"梭鱼"式轰炸机也被引入舰队。航空储备分发船因此也需储备全部机型的零件。

　　各种船只装载的物资种类和数量从下表中可见一斑，该表记录了 1945 年 1—8 月食品储备发放船的发放记录：

肉类：10160.5 吨

新鲜蔬菜：22353 吨

面粉：10432.6 吨

糖：4082.3 吨

茶：635 吨

鞋子：20 万双

衬衫：18 万件

杯子：60 万个

盘子：60 万个

餐刀：20 万把

汤匙：25 万把

　　在"冰山 I"作战期间，"英王乔治五世"号共发射 119 枚 133mm 炮弹、1930 枚乒乓炮炮弹、118 枚 40mm 博福斯高炮炮弹和 2183 枚 20mm 厄立孔高炮炮弹。"豪"号的弹药消耗量与此类似，补充弹药需要被运上舰，然后相应地储存在舰只深处的弹药库或备便弹药箱中。自从乌利西环礁出发以来，两舰都各自消耗了超过 1 万吨锅炉燃油。

∧ 后勤支援船队指挥官旗舰——炮舰"野鸡"号。（斯蒂夫·布什收藏）

　　由于各艘货轮的背景不尽相同，各船的主机和副机因此也各不相同，相应的各船航速和最大航程自然也不相同。无法携带标准化货载这一缺陷使得根据预期消耗量规划运送时间表十分困难。因此在莱特湾补给期间，各舰只得派出小艇在锚地内转悠，寻找装载所需物资的货轮，然后再就物资数量和货轮协商并完成相应的文字工作。这一过程不可避免地提高了小艇和驳船需求量，且缺乏水上交通工具的问题一直未能彻底解决。

　　"门尼西修斯"号（Menestheus）体现了舰队后勤船队中独有的英国因素。该船原是蓝烟囱轮船公司（Blue Funnel）所属的一艘邮轮，经过改装后成为舰队娱乐船。虽然该船直至战争最末期才加入舰队后勤船队，但该船设有完善的图书馆、商店、电影院、一座350座剧院、小卖部、餐馆以及一座啤酒厂。该啤酒厂以脱盐海水为原料，每周约可生产400升啤酒。该船还载有一个电影图书馆，可供在舰队之内分发交流。

　　所有油轮大致可分为三类，即隶属皇家海军辅助舰队的"浪"级（Wave）和"谷"级（Dale）、3艘与"谷"级类似的鹰/壳牌公司船只，以及另一艘特殊船只。尽管如此，标准化货载仍无法实现。所有油轮中，仅"奥瑟·马士基"号的航速可达10节，该船仅装载锅炉燃油。"圣阿多尔福"号无法装载航空煤油，

"浪王"号和"雪松谷"号无法装载柴油。3艘"谷"级油轮中的2艘各只能装载500吨航空煤油，但第三艘可装载1000吨，壳牌公司的油轮每艘则各可装载1900吨。这些区别意味着部分舰只需要参加每次海上补给作业，且需及时将油料从约2700千米外的埃尼威托克环礁运至后勤作业海域。起初仅有7艘油轮装载航空煤油，且仅能使用舣接近法和76.2mm输油管输送该种油料，输油速度大致在每小时15~20吨之间。每次海上补给作业期间，每艘舰队航空母舰平均约需补充100吨航空煤油。尽管输油过程对油轮和受油舰只都存在风险，但航空母舰也别无选择，只能"和一枚浮动的炸弹捆绑在一起"最长达6小时。[12] 由于技术原

∨ 721中队装备的"复仇"式俯冲轰炸机(Vengeance)正停放在皇家海军波南航空基地。远处可见"地狱猫"式、"海盗"式、"复仇者"式以及一架"可靠"式(Reliant)商用机。鉴于这些舰载机未经驻澳大利亚的接收/发送单位之手，因此各机机身和左翼上表面上绘有草率涂装且非标准的英国太平洋舰队圆形识别标志以及横条图案，但右翼却涂有东方舰队的圆形识别标志。(作者私人收藏)

因，部分装载多种油料的油轮在完成一次海上补给作业后无法重新分配载荷以实现配平，这导致部分油轮在执行完一次补给作业后便被迫离开后勤作业海域，尽管此时这些油轮的油舱中还装载着大量某种油料。在莱特湾补给期间，油轮停泊于一独立锚地，各舰依次驶抵相应油轮附近并舷停泊，然后再从油轮补给油料。在莱特湾停泊期间，除了在最短时间内完成对第57特混舰队的补给任务，舰队后勤船队还需对其自身进行补给，以确保组成后勤支援船队的船只自身能在"冰山II"作战最初几天内及时抵达预定海域，支援舰队作战。

自英国太平洋舰队离开悉尼之后，海军机动机场组织（Mobile Naval Airfield Organisation）仍继续在澳大利亚扩张，不过随着战斗的展开，在马努斯建立一座海军航空基地，以服务设于当地中间基地的需要日趋紧迫。此前第4海军机动航空作战基地曾被匆忙组建，以便为英国太平洋舰队提供就近的后备舰载机储备。该基地的主要任务是保持舰载机可正常工作，同时在后备机组成员抵达后提供相应设备，以供其继续进行飞行训练所用。3月，在前往莱特湾途中，"独角兽"号放出6架"海盗"式前往该岛，作为驻留当地的舰载机储备，此后其他舰载机也以较为稳定的速度逐渐赶来马努斯。至5月底，共有40架各种舰载机从运输航空母舰上起飞后降落在该岛，加入驻留当地的舰载机储备。鉴于"独角兽"号足以应付前线需求，同时也考虑到需为下一阶段对日本本土的作战储备舰载机，这些舰载机并没有分发给前线作战中队。波南基地的次要任务是充当舰队靶场（Fleet Requirements base）。驻当地的飞机可拖曳靶机，供英国太平洋舰队各舰在指定海域进行对空射击训练。该基地也提供靶机，以供后备飞行员练习对空射击。为此装备伏尔提（Vultee）"复仇"式靶机拖曳机的第721中队于5月28日由"贝格姆"号（HMS Begum）护航航空母舰运抵波南，并立即投入运行。该中队在抵达波南前并未经驻澳大利亚的接收/派发单位检查舰载机。此外，装备秀泼马林（Supermarine）"海獭"式（Sea Otter）水陆两用飞机的1701中队B小队也驻扎波南基地，用于执行海空搜救任务，不过幸运的是该小队从未需执行这一任务。皇家海军波南航空基地甚至还自己出版了一份题为"丛林回声"（Jungle Echo）的报纸，其内容包括世界和当地新闻，当地部门间足球和板球比赛结果则作为当地体育新闻刊登。1945年4月25日，该报在头条位置报道了当天凌晨 2 时一架日军军机轰炸马努斯的消息。由于皇家海军物资短缺，连该报用纸都是由友邻美国海军部队赞助。至 1945 年 6 月，基地总人数上升至 1108 人。由于岛上几乎没有什么消费场所，水兵们共在邮政储蓄银行（Post Office Saving Bank）设在当地的营业处储蓄了 5012 磅 12 先令 6 便士。

在太平洋战争中，皇家空军在一些方面对舰队作战做出了贡献，其中之一便是后勤支援。[13] 舰队后勤船队指挥官费舍尔少将很早便认识到，鉴于英国太平洋舰队设在澳大利亚的主基地与设于马努斯以及莱特湾的前进基地之间距离遥远，因此有必要组建一支运输机部队以供快速运输重要人物、急缺物资或紧急邮件。由此皇家空军第 300 联队在悉尼马斯科机场（Mascot Airfield）成立。1945 年 2 月，该联队下辖第 243 中队和第 1315 小队，分别装备 30 架 C–47 "达科他"式（Dakotas）运输机和 6 架 "解放者"式轰炸机，其中 2 架 "解放者"式改装为要人专机，专供弗雷泽上将及其高级参谋使用，另外 4 架则用于远距离运输。开辟从澳大利亚至舰队前进基地的航线的工作遇到了若干困难，其中之一是在远涉重洋时缺乏地面导航航标。至马努斯最直接的航线须翻越新几内亚云雾缭绕的欧文斯坦利岭（Owen Stanley）。最初在悉尼和马努斯之间一次往返须 5 天时间，但从 3 月开始可实现当天往返。当年 4 月，航线延伸至莱特湾，7 月又开辟了飞往油轮终点站所在地埃尼威托克环礁的支线航线。随着各基地人数稳步上升，该联队在各降落场都设置了小规模的落脚点地勤单位，这些单位负责在飞机降落停航期间进行相应作业，并招待乘客。在设置这些地勤单位之前，地勤团队需要与乘客一同乘机航行。随着联队规模逐渐扩大，该部更名为第 300 大队，此外第 238 中队也转隶该部，至此，该部所辖 C–47 "达科他"式运输机的总数上升到约 70 架。在 "冰山 I" 和 "冰山 II" 作战中，第 300 联队共将 2587 包邮件送至或送出第 57 特混舰队，该部的工作得到了弗雷泽上将本人的赞扬，在电文中上将写道："邮件能如此频繁地抵达身处偏远海域的舰队，对维持士气大有裨益。"且舰队的水兵们 "认识到为了确保他们和数千千米外的家人保持联系，（第 300 联队）付出了巨大的努力"[14]。在执行任务过程中，部分飞机不幸遇难，共有两架 C–47 "达科他"式运输机在越海航行时和机组成员一道失踪。第 300 联队 / 大队的存在，使得弗雷泽上将成为皇家海军历史上唯一一位曾直接掌握皇家空军单位的战时舰队指挥官。

第 57 特混舰队于 1945 年 5 月 1 日晨 6 时 30 分从圣佩德罗湾起锚，驶向先岛群岛附近海域进行"冰山 II"作战，继续支援冲绳战役。后勤支援船队中的一个油轮船队前出，于 5 月 3 日在"蚊 I"后勤作业海域为巡洋舰和驱逐舰补给燃料，此时这一方式在舰队中已颇为常见。此次补给完成后，第 57 特混舰队重新集结，并于 4 日抵达预定起飞海域。舰队后勤船队中的大部分船只仍留驻莱特湾，但后勤支援船队构成的第 112.2.5 特混小队则需前往各后勤作业海域支援第 57 特混舰队作战。后勤支援船队指挥官负责起草海上补给作业计划，并按时将船队带至指定后勤作业海域的约定会合点。指挥官及其参谋人员乘坐"野鸡"号，同时承担作战指挥和行政管理任务，因此对"野鸡"号的通讯设备造成了不小的压力。该舰也是护航船队指挥舰。在"冰山 I"和"冰山 II"作战期间，舰队后勤船队的 52 艘各类船只中仅有 22 艘曾加入后勤支援船队在莱特湾以外活动。这 22 艘船只中包括弹药运输船"罗伯特·马士基"号、打捞拖轮"维策尔"号（Weazel）以及在后勤支援船队附近活动的医务船"芝扎连加"号。2~3 艘从埃尼威托克环礁出发并适当装载油料的油轮会在途中加入后勤支援船队，[15] 此外还有 1~2 艘补给航空母舰会加入后勤支援船队。在"冰山"作战初期，后备舰载机从马努斯起运，随后则经"独角兽"号及其设在萨马岛的卫星机场整修派发。后勤支援船队的护航船队包括一艘护航航空母舰，负责在整个昼间为后勤支援船队提供空中作战巡逻和反潜巡逻，并在海上补给作业期间为英国太平洋舰队全体提供上述两项巡逻。在"冰山 I"和"冰山 II"作战期间，承担这一任务的分别是"演讲者"号和"统治者"号。其他水面舰艇还包括"野鸡"号以及其他 3 艘防空炮舰、澳大利亚皇家海军第 7 驱逐舰队的 4 艘 N 级驱逐舰、第 27 驱逐舰队的 3 艘 W 级驱逐舰以及 3 艘"河流"级反潜护卫舰。2 艘 W 级驱逐舰专用于在后勤作业海域和莱特湾之间为油轮护航，但在往返埃尼威托克环礁的长距离航行中，为油轮护航的则是澳大利亚皇家海军第 21 和第 22 扫雷艇队的"巴瑟斯特"级轻护卫舰。令皇家海军上下颇感惊讶的是，日军从未试图切断英国太平洋舰队漫长的补给线。

"冰山 II" 作战

在英国太平洋舰队前往莱特湾补给期间，美国海军第 52 特混舰队的护航航空母舰接过了压制宫古岛和石垣岛上日军机场的任务。由于护航航空母舰的载机数量较少，因此它们无法实施与英国太平洋舰队规模类似的攻击，而日军在夜间修补机场这一工作上的孜孜不倦使得这些机场总能保持一定作战能力。除此之外，对冲绳岛上奋战部队的空中支援规模也因抽调护航航空母舰执行其他作战任务而有所缩减。与此同时，从 4 月 27 日起，美国海军第 58 特混舰队的快速航空母舰群也成了日军神风特攻队日夜大规模集中攻击的目标。由于舰队所辖夜间战斗机数量有限，因此神风特攻的夜间攻击令美军十分头疼。为缓解第 58 特混舰队所受压力，斯普鲁恩斯上将迫切希望英国太平洋舰队重返战场，尽一切可能削弱日军来自先岛群岛方向的威胁。由于航空母舰所蒙受的战损，上将已经被迫再次重组第 58 特混舰队，即解散第 58.2 特混大队，将"伦道夫"号（Randolph）航空母舰和"独立"号轻型航空母舰分别分配给第 58.3 和第 58.4 特混大队，取代被重创的"企业"号（Enterprise）①和"无畏"号（Intrepid）航空母舰。4 月 24 日，新服役的航空母舰"香格里拉"号（Shangri-La）加入第 58.4 特混大队，至此，第 58 特混舰队共拥有 7 艘大型和 5 艘轻型舰队航空母舰。

5 月 4 日凌晨 5 时 40 分，第 57 特混舰队抵达新的预定起飞海域，该海域位于"冰山 I"作战期间使用的起飞海域东北 160 千米开外。借着晨曦，担任空中战斗巡逻任务的战斗机首先在黎明前起飞，不久之后舰队雷达就发现目标岛屿上空有敌机活动迹象。其中一小群敌机接近舰队，但被担任空中战斗巡逻任务的战斗机截击，战斗中一架"零"式战斗机被击落。第一波攻击机群于 6 时 5

---

① 译注：自从太平洋战争爆发以来几乎无役不与的一代名舰"企业"号由此退出太平洋战场。同时，由于该舰已经改装为夜战航空母舰，其退出也极大削弱了第 58 特混舰队的夜间战斗力。

分出发前往宫古岛，2 小时后第二波攻击机群出发攻击石垣岛。两个机群均发现，在经过彻夜修理之后，目标机场的跑道已经修复完毕可以投入使用，且两机群均遭遇了密集且准确的防空火力。"复仇者"式的轰炸成功瘫痪了目标机场，此后舰队舰载机群的作战任务便回到了阻止日军使用机场的日常轨道。罗林斯中将及其参谋团队决定在这一阶段作战中采取略有不同的战术，并计划除了日常空袭以及在目标机场上空维持空中战斗巡逻外，还将动用战列舰和巡洋舰对机场展开炮轰。参谋人员认为日军在机场周围设置炮位时并未考虑抵抗大规模爆炸的冲击，因此重型舰炮的炮弹也许有能力大量摧毁日军防空火炮，从而减轻舰载机面临的威胁。将重炮舰只直接用于对敌攻击的另一个目的是为了改善其官兵士气。在"冰山 I"作战期间，与航空母舰上的同袍相比，火炮舰只上的水兵们日子过得颇为无聊，这对士气产生了不利影响。当日 10 时，"英王乔治五世"号、"豪"号以及 5 艘巡洋舰脱离第 57 特混舰队警戒圈，靠近目标岛屿，并得到了独立空中战斗巡逻机群掩护。除掩护任务之外，战斗机飞行员还负责承担校射任务。两艘战列舰在近 23 千米距离上对野原机场和平良机场展开射击，巡洋舰则抵近到约 15500~16500 米距离上开火。总体而言，空中校射作业完成水平不错，但有时由于通讯不畅导致校射信息未能准确传达，进而致使炮弹落点偏离较远。[1]

与此同时，大量重型舰只离队展开炮轰也意味着第 57 特混舰队的防空火力网被极大削弱。在战列舰和巡洋舰离队约 1 小时后，雷达在舰队以西发现了 4 小群敌机并对其中绕着舰队向南飞行的一群进行了追踪。虽然该机群可能仅仅是诱饵，但是舰队仍着重关注了其动向，并引导部分执行空中战斗巡逻任务的战斗机对其实施截击。炮击舰队的离开不仅意味着防空火力的削弱，也意味着可用于对空搜索的雷达数量的减少，这导致部分靠近舰队的敌机并未及时被雷达发现。11 时 31 分，一些躲过雷达侦测的敌机从约 910 米高度、覆盖了约四分之三的天空的积雨云中冲出，对航空母舰展开了俯冲。此时"可畏"号刚刚放飞了两架"海盗"式用于执行校射任务，甲板调度人员正在将停放在甲板上的 11 架"复仇者"式排成一列，推向阻拦网以前位置，以便空出飞行甲板后部供其他舰载机着舰，一架"零"式从该舰后方约 1.5 千米处向该舰展开俯冲。为干扰敌机瞄准，舰队整体紧急进行了一系列高速转向机动，但由于重型舰只离队，能为航空母舰提供额外防空火力的仅有驱逐舰上的火炮[①]。如此薄弱的火力并不足以击退敌机，"零式"首先扫射了"可畏"号的飞行甲板，然后在其舰艏上空向右急转。[2]"可畏"号立即右满舵转向敌机方位，但对手也在约 210 米高度上完成了一个半径仅为 1400 米的急转弯，再次进入攻击阵位。该机随即向"可畏"号飞行甲板展开俯冲，并在撞击前一秒投下炸弹，然后在撞击的爆炸中化为碎片，其投下的炸弹重量据推断为 227 千克上下。在敌机第一轮攻击中，"可畏"号的防空炮没有进行射击，但在该舰右转过程中右舷 1 号乒乓炮向敌机开火，尽管该炮射界被其底座前方、舷外支架上悬挂的一架"海盗"式阻挡。此外，右舷 2 号和 3 号乒乓炮、11 门双联装和 2 门单装 20mm 厄立孔高炮也曾向敌机开火。其中 A 炮群的 114mm 高平两用炮进行了 4 次弹幕射击齐射，但鉴于敌机极高的方位变化率，4 次齐射并没有对敌机机动造成妨碍。X 炮群的炮手在战斗期间观察到另一架"零"式，并对其发射了 46 枚炮弹，同时，这架"零"式还被"海火"式追杀，并最终被后者击落。

水兵们曾目击到"零"式在撞上"可畏"号前已经中弹并起火，但这并未阻碍该机达成作战目标。撞击点附近燃起大火，火苗高度直达该舰烟囱，继而又产生了浓密的黑烟。撞击和爆炸产生的大量破片击穿了舰岛左侧的多个舱室，并切断了若干电缆。飞行甲板上 79 号船肋附近、甲板中线偏右约 2.74 米位置被击出一个边长约 0.6 米的方形穿孔，其周围 7.3 米 × 6.1 米范围内的装甲板出现下陷。装甲甲板产生的一块大型破片向下先后击穿机库、中央锅炉舱下气道以及中央锅炉舱，最终在击穿 A6 号油槽之后停在内层船底。中央锅炉舱内的蒸汽管线被切断，舱室内人员被迫撤出，导致该舰最高速度下降至 24 节。距离撞击点最近的一架"复仇者"式被气浪直接吹下甲板，另一架则在靠近舰岛处熊熊燃烧，损管人员花了 20 分钟才将其扑灭。停放在飞行甲板上的其余"复仇者"式则或是在"零"式第一轮扫射中受损，或是被气浪和破片击伤，此外该舰的

[①] 译注：包括乒乓炮、20mm 厄立孔高炮以及 102mm 高平两用炮。

前部阻拦网扭曲变形无法使用，后部阻拦网虽然受损但仍可修复。"可畏"号的操控未受影响，该舰利用自身动力转向顺风向，以使损管部门扑火时浓烟和火焰向垂直方向扩散。其航速起初提高至 18 节，后又提高至 22 节。灭火作业中使用的水和泡沫经飞行甲板上的破孔涌入机库，不过损管人员尽快利用木材和混凝土临时堵住了破孔，并通过点焊薄钢板在甲板上打了补丁。至当天 17 时，该舰可利用仅存的唯一拦阻网继续执行舰载机起降作业，但其最高航速仍只有24 节。因舰岛内电缆被切断，且若干雷达天线被冲击波破坏，该舰仅剩 277 式雷达可继续使用。此次遇袭，该舰蒙受的伤亡为 2 名军官和 6 名水兵阵亡，另有 6 名军官和 41 名水兵受伤，其中很多被严重烧伤，且一名水兵于 7 日伤重不治。遇袭时，"可畏"号搭载的"海盗"式中共有 13 架已经升空，这些战机只得前往其他航空母舰着舰。与其他航空母舰一样，"可畏"号也针对神风特攻队准备了一些预防措施，这些措施统称为"反鹰状态"，包括两座升降机均处在升起状态并接受密封、关闭机库的装甲舱门、组织专门的飞行甲板灭火分队并在甲板上待命，该分队所使用的水龙从船尾下甲板接出，另一端则松弛地挂在甲板上的系固点上。舰上还组织了 20 个"中队战时团队"，每个团队由 1 名士官和 10 名水兵组成，用于应付各种突发事件。这些团队在甲板边缘的防跌落网或船尾上甲板最靠近飞行甲板系泊区域的部分待命。舰上的工程和损管官员试图控制该舰伤势并加以修复的最初反应相当有效，为此罗林斯中将亲自发电赞扬他们"出色的修复工作"。[3]

在完成受创后的应急应对之后，损管部门在全舰范围内继续修补损伤。因驱动马达以及相应的减速齿轮严重受损无法维修，A、B 机库之间的防火卷帘门无法开启，而维修这一设备则需要入坞。碰撞和爆炸冲开并扭曲了通往左舷锅炉舱的检查口，并导致两部前部风扇停机。损管部门拆除了扭曲的检查口，并在将其锤平之后安装回原位，此后该舰主机便可满功率运行。[4] 人员撤出中央锅炉舱之后，官兵通过应急控制位切断了输往燃油泵加热器以及风扇的蒸汽。该舰的 3 号和 4 号发电机被关闭，中央引擎起初处于空转状态。通过切换右舷锅炉舱产生蒸汽的输送管线，中央和右舷主机舱都能输出额定值一半的功率。随着中央锅炉舱内蒸汽压力逐渐降低，损管人员开始尝试进入该舱室并关闭其中

∧ 从"不倦"号连续拍摄的 3 张照片,显示 1945 年 5 月 4 日"可畏"号被神风特攻机击中的场景。(作者私人收藏)

全部 2 台锅炉。这一尝试在 4 小时后终告成功，此后损管人员得以检查该舱室伤势并展开修理。利用右舷锅炉组输送的蒸汽，发电器被重新启动并连上载荷。天黑后，受损油槽内的剩余燃油被泵出，损管部门接着修复了管道，锅炉也随之再次点火。至 5 月 5 日凌晨 2 时，中央锅炉舱再次连上中央引擎舱，该舰的三套动力单元由此全部恢复运转，并能输出额定功率。不过上述措施仅为临时措施，该舰仍需船坞或舰队保养维护船队的协助以完成永久性维修。

在"可畏"号被神风特攻机撞击 3 分钟后，另一架"零"式被瞭望哨发现并遭到了防空火力射击。该机躲入云中，几秒钟后突然冲出云层，对"不挠"号展开大角度俯冲，此时后者已在进行满舵转向。在俯冲过程中，敌机被舰队近防火力一再命中并起火，但其飞行轨迹并未改变。这凸显了以 20mm 厄立孔高炮为代表的轻型防空武器杀伤力不足，无法击毁目标的问题。在面对一架已经开始俯冲且决心坚定的神风特攻机时，任何杀伤力弱于 40mm 博福斯（Bofors）高炮的武器都无法起到有效的防御效果。敌机在最后一刻降低了俯冲角度，看来似乎试图在飞行甲板上进行一次一触即离式着舰，但最终敌机弹出舷外，其携带的炸弹在该机弹出后爆炸。此次攻击中，"不挠"号仅左舷舯部防空炮指挥仪配备的 282 式雷达天线受损，敌机的部分残片落在飞行甲板上。几分钟后，另一架神风特攻机也对"不挠"号展开攻击，该机也被命中起火，并最终坠落于该舰舰艏右侧 9 米开外的海中，估计该机坠海前其飞行员已经阵亡或重伤。

炮击舰队于 14 时 50 分完成任务并重新加入舰队，舰队的雷达覆盖范围以及防空火力强度由此得以恢复完整。整个下午，若干敌机被负责空中战斗巡逻任务的战斗机拦截并击坠。17 时 20 分，雷达发现又一群敌机正在接近舰队。战斗机再次展开截击，并在敌机能对舰队造成威胁前将其全数击落。5 月 4 日当天，舰队的战斗机共击落 11 架敌机，另有 2 架被舰队防空火力击落。

出动重型舰只炮轰敌机场的正面作用在第二天显现出来。当天黎明出发的第一波攻击机群在抵达目标机场后，报告称敌防空火力较前日明显薄弱。7 时 30 分，雷达发现一架日军侦察机，隶属"可畏"号但暂驻"胜利"号的一个"海盗"式小队对其进行了长时间追击，在追出颇远距离后，于 9 时 30 分在约 9 千米高度上将该侦察机击落。这也是当日在空战中击毁的唯一敌机。当日其他战果还

> "可畏"号损管部门拍摄的照片,显示神风特攻机撞击点位于若干块装甲板结合处。尽管照片清晰度欠佳,仍可明显看出飞行甲板下陷。(作者私人收藏)

∧ "可畏"号损管部门拍摄的另一张照片,显示在经过紧急维修后该舰的飞行甲板被铺平,可继续执行舰载机起降作业。(作者私人收藏)

包括在对地扫射中击毁停放在地面的 3 架敌机。同日，共有 1 架"海盗"式和 2 架"海火"式因事故损失。当晚，第 57 特混舰队撤往"虱子"后勤作业海域接受补给，其压制敌机场的作战任务暂由美国海军第 52.1 特混大队的护航航空母舰接替。在补给油料的同时，"可畏"号的工程师们用快干水泥修平了该舰飞行甲板的下陷部位，同时修复了该机的后部阻拦网，使得该舰恢复正常运作。20 名伤员被转运至"演讲者"号（Speaker）护航航空母舰，后者此后再将伤员转运至停泊于莱特湾的医务船"牛津郡"号（Oxfordshire）。[5] 其中两名负伤军官后来伤重不治。由于此时英国太平洋舰队以及后勤支援船队的海上补给作业水平都有所提升，补给作业得以按时于 5 月 7 日完成。5 月 8 日黎明，第 57 特混舰队已经再次回到先岛群岛附近海域。

〈 攻击完成后对目标机场拍摄的侦察照片，可见机场两条跑道交汇处弹坑累累。鉴于该处的弹坑将会导致两条跑道均无法使用，上述弹着点正是炸弹最理想的落点。（作者私人收藏）

与气象部门的预测类似,当天的天气并不够好,舰队遂取消了当日对目标机场的轰炸和炮击,不过仍布置了舰队以及目标机场上空的战斗巡逻。这些战斗机冒着大雨起飞,并在整个昼间维持巡逻。当晚19时,最后一架执行空中战斗巡逻任务的战斗机着舰,由于天色较暗,舰队打开了探照灯帮助该机飞行员找到其母舰。全部舰载机着舰之后,第57特混舰队向西挺进,试图寻找天气较好的海域。5月9日出发的第一轮目标上空空中战斗巡逻机队报告称岛上天气转好,舰队遂对宫古岛和石垣岛各放出一波攻击机群。毫不意外的是,大部分目标机场已经基本修复,足以供军机起降,但"复仇者"式机群再次瘫痪了全部机场。午后不久,舰队雷达在距离舰队约50千米处发现了一架日军侦察机,不过该机成功躲开了前往截击的战斗机。此后直至16时45分舰队才在西方35千米开外再次发现高度极低的不明目标。4架"海火"式后奉命在距离舰队24千米处截击敌机,但是这4架战斗机均被敌机群中的一架飞机吸引开。虽然这架诱敌敌机最终被"海火"式击落,但其余敌机由此得以继续向舰队逼近,其中一架突破了舰队的防空火力网,并从右舷后方较低高度上向"胜利"号展开俯冲。近防武器一再命中敌机,但敌机仍一头撞上了"胜利"号的飞行甲板,撞击位置位于弹射器和B2炮塔之间31号船肋附近,敌机携带的炸弹在该处爆炸,直接瓦解了该机。[6]损管部门迅速扑灭了撞击点附近的起火,但该舰也显著受损。飞行甲板本身下陷,下陷区域中心出现一个小型破孔,该舰唯一的弹射器[7]因受损无法运作,导致该机放飞战机的频率降低。几分钟后,另一架神风特攻机于16时56分也从右舷后方对"胜利"号展开攻击。丹尼舰长的操舰反应无懈可击,在敌机飞行员进入俯冲的同时开始满舵转向。与上一架神风特攻机类似,这一架敌机虽也被反复命中,但仍冲进了停放于甲板后部的机群,然后在"胜利"号转向脱离该机所在位置时被装甲飞行甲板反弹,最终在该舰左舷正横方向180米开外坠入大海。这架敌机没有投弹。4架"海盗"式因此次撞击全损,但"胜利"号本身未受明显损伤。

除了飞行甲板外,第一架神风特攻机还对"胜利"号的其他设施造成了破坏。受冲击波和破片的影响,该舰B炮群的114mm高平两用炮一时无法运转,其中B2号炮塔内起火,其右炮炮管损毁。部分弹药被水龙淋湿或因火烧破损,

∧　"胜利"号的军械师们聚集在该舰的飞行甲板上，围拢在隶属859中队的一架"复仇者"式周围准备拍照。照片中心是一枚227千克炸弹，弹体上用粉笔写着一些适合于宣传照的信息。随着英国太平洋舰队展开作战，维持公共关系并持续向媒体投喂相关信息愈加重要。照片摄于1945年5月8日，欧洲战场胜利日。（作者私人收藏）

∧　神风特攻机命中"不挠"号的瞬间。1945年5月4日摄于"不倦"号。（作者私人收藏）

∧ 炮口指向神风特攻机的驱逐舰，后者刚刚命中 "不挠" 号。（作者私人收藏）

∨ 另一架神风特攻机在 "不挠" 号左舷舰艏边坠海。（作者私人收藏）

这些弹药后来均被扔下大海。该舰弹射器受损较重，在由船坞人员或舰队保养维护船队协助修复之前无法使用。该舰飞行甲板曾短暂起火，其成因可能是神风特攻机上残余燃油在该机爆炸时被引燃。此外，在该舰设于船尾部分上甲板上的铁匠车间内以及部分猫道上也发生了碎屑着火。爆炸的冲击力在该舰飞行甲板76.2mm钢板上造成了若干破片，这些破片摧毁了设于起火点附近的消防设备，但损管部门从甲板右舷侧接出水龙，将火扑灭。飞行甲板本身未遭严重破坏，不过仍需对范围大致为3.7米×3.7米的下陷区域以及其中央位置的破孔进行维修，此外还需修理该区域下方发生变形的舱壁。

第二架神风特攻机坠海之后不足数秒，第三架神风特攻机也对"胜利"号展开了攻击，不过该机在最后一刻将瞄准点转移到了"豪"号战列舰上。敌机从右舷后方进行了一次角度较缓的俯冲，在此过程中反复中弹并起火，最终从"豪"号后甲板上掠过，并在距离该舰约90米处坠海。17时5分，第4架神风特攻机展开攻击，其目标起初为"可畏"号，后转向"不挠"号。两舰的防空火力都对敌机展开射击，并进行了满舵转向，然而敌机也进行了一次急转弯，并最终撞上了系泊在"可畏"号飞行甲板后部的舰载机群，进而引发了爆炸并导致了大火。尽管共有18架舰载机被毁，但"可畏"号本身仅轻微受损。仅15

∧ 一架转向中的神风特攻机，即将撞上"胜利"号。摄于1945年5月9日。（作者私人收藏）

∧ 被装甲飞行甲板反弹后，神风特攻机在"胜利"号前方坠海，此时碰撞造成的浓烟已经被吹散。（作者私人收藏）

∧ 神风特攻机撞上"可畏"号飞行甲板后部。摄于 1945 年 5 月 9 日。(作者私人收藏)

∧ 在被神风特攻机命中后,"可畏"号飞行甲板后部燃起熊熊大火。照片摄于"不倦"号。(作者私人收藏)

∧ 鉴于"可畏"号后部的大部分消防设施均在神风特攻机攻击中被毁或割断，损管人员只能从该舰前方拉出水龙试图扑灭该舰飞行甲板上的大火。（作者私人收藏）

∧ 在遭到神风特攻机攻击后，堆积在"可畏"号后甲板上被烧毁的舰载机。（作者私人收藏）

分钟后，该舰便又做好了放出舰载机的准备，但此时该舰上仅有 4 架 "复仇者"式和 11 架 "海盗"式可用。"胜利"号的情况也好不到哪里去，该舰仅有 28 架 "海盗"式可用，且因结构损伤，该舰难以按作战计划规定节奏放飞载机，作战能力也因此降低。鉴于麾下 4 艘航空母舰中有 2 艘受损且急需进行临时维修，罗林斯中将决定指挥舰队立刻撤向代号为 "虱子" 的后勤作业海域，并请求美国海军第 52.1 特混大队接替舰队作战至 5 月 12 日。中将预计至该日两艘受损航空母舰可完成必要的应急修理，并完成舰载机群整补，从而整个舰队的战斗力也可就此恢复。对于舰队而言，幸运的是，当日三次神风攻击造成的人员伤亡远小于预期，其中 "胜利" 号上有 4 人阵亡，4 人重伤，另有 20 人不同程度受伤。当日，1 架 "海盗"式在战斗中损失，另有 17 架 "海盗"式和 1 架 "复仇者"式因神风特攻机引发的火灾被毁。在抵达 "虱子" 后勤作业海域之后，舰队照例完成了燃油补充、交换信件以及从 "演讲者" 号获得后备战机的作业。"统治者"号则负责提供空中战斗巡逻和反潜巡逻。

在这一阶段作战中，日军明显改变了战术。敌机从低空接近舰队，而舰载雷达几乎只能在最后一刻才能发现这些掠海而来的目标，因此负责空中战斗巡逻的战斗机几乎没有时间展开截击。为应对这一战术，罗林斯中将决定在下一系列攻击中相应地改变编队巡航阵型。舰队将派出两个雷达警戒哨，分别在舰队西北和西南方向距离舰队中心 20 千米位置就位。这些担任雷达警戒哨的舰只在美国海军中被称为 "雄猫"（Tomcats）。每个雷达警戒哨由 1 艘巡洋舰和 1 艘驱逐舰组成，负责在对舰队威胁最大的方向上延伸舰队的雷达侦测范围。这些舰只的次要职责则是目视检查返航的己方攻击机群，以防敌机尾随。这一工作被称为 "除虱"（de-lousing）。除其自身防御火力外，每个雷达警戒哨都可指挥独立的空中战斗巡逻机群，该机群通常由 1 个小队的战斗机组成。为增强航空母舰周围关键区域的防空火力，装备 133mm 高平两用炮的防空巡洋舰被置于更靠近舰队核心的位置，此外每艘航空母舰后很近距离上都配有一艘驱逐舰，用于增强航空母舰后方的防空火力。根据此前作战经验，敌机似乎偏好从这一位置发动攻击。这些驱逐舰被称为 "守门员"。舰队还重新设计了用于日军空袭迫在眉睫之际最后的防御手段：一俟防空警报响起，4 艘航空母舰仍保持钻石形①巡航队形，但各舰向舰队中心靠拢，直至 4 舰构成的圆半径下降至 1830 米，同时舰队主力中的战列舰和巡洋舰也靠近至距离最近的航空母舰 1830 米的位置，从而最大程度强化各舰所载防空火力对航空母舰的支援能力。当然，采用这一阵型也意味着各艘航空母舰需要在如此密集的编队中完成起降战斗机的作业。由于空间限制，在此情况下几乎无法对战斗机盘旋进近进行目视引导。这一"密集队列"阵型不仅体现了舰队飞行员技术的提高，也证明了航空母舰已经展现出相当的调度舰载机能力，罗林斯中将才有信心采用这一阵型。[8] 在此后的作战经过报告中，罗林斯中将确认："采用（该阵型）进行试航本身即说明在这一阶段作战中飞行员技术有所提高。"[9] 这一新阵型的采用还显示，在与美国海军并肩作战一个月后，英国太平洋舰队的作战水平提高到了怎样的高度。不过，此后日军并未再在先岛群岛附近海域对第 57 特混舰队展开攻击，因此舰队也没有机会对这一全新巡航阵型的优缺点进行实战检验。

　　在各舰损伤修理完成且舰载机群整补完毕之后，第 57 特混舰队于 5 月 12 日恢复作战。鉴于舰队参谋怀疑日军利用岸基雷达追踪舰队上空空中巡逻机群位置，并由此判断出舰队所在，因此预定起飞海域再次东移。按照新的战术，担任雷达警戒哨的舰只离队前往预设阵位，同时舰队在放出第一波攻击机群前就按更紧密的巡航阵型整队完毕。5 时 28 分，第一波攻击机群出发。当日的作战计划中，除常例在舰队上方、目标上空及雷达警戒哨上空维持空中战斗巡逻外，舰队还将出动四波攻击机群对宫古岛和石垣岛上的日军机场跑道展开攻击。所有跑道均再次被"复仇者"式机群成功轰炸，战斗机也对停机坪进行了扫射。当日在目标岛屿上空或舰队附近均未发现敌机活动迹象，但若干舰载机被防空火力击落。例如第 1844 中队经验丰富的中队长、皇家海军志愿预备役航空少校戈德森（M S Godson）便在扫射日军炮位时被击落。当时其座机右侧中弹，一头栽向地面并爆炸，少校当场阵亡。另有 2 架"复仇者"式被击伤，但仍挣扎着在飞过海岸线后实施迫降，两机的机组成员均被救起。其中一架的机组成员

---

　　① 译注：即菱形。

被担任海空搜救任务的美国海军"鲑"号（Bluefish）潜艇救起，另一组则被"肯彭菲尔特"号（Kempenfelt）驱逐舰救起。后一组机组成员的获救极其幸运，他们在落水后报告的位置较其救生筏实际位置偏离了 160 千米，但他们利用日光反射信号器发出的求救信号被一架返航途中的"萤火虫"式机组成员观察到，该机遂引导驱逐舰前往机组成员实际位置。在执行两次搜救任务时，舰队都派出了小规模的空中战斗巡逻机群实施掩护。5 月 13 日，天气甚佳，舰队遂再次放出攻击机群对两岛上的各机场展开攻击。攻击机群在平良机场附近发现了一处带有掩体的新停机坪，并报告给了美国第 5 舰队情报部门。当日，"可畏"号的一名"复仇者"式飞行员驾驶受损的座机在"不挠"号上完成了一次难度颇高的降落，当时"可畏"号无法供其降落。这架"复仇者"式受损颇重，无法操纵襟翼，且只能放下一侧起落架，但该机飞行员仍成功着舰，且座机和飞行甲板几乎没有受损。负责黄昏时分空中战斗巡逻的战斗机于 19 时 20 分降落完毕，舰队再次航向"虱子"后勤作业海域接受补给。

由于包括护航航空母舰"打击者"号在内的后勤支援船队未能及时抵达指定海域，为获得联系，最终只能由"统治者"号派出舰载机搜索第 57 特混舰队，并在找到目标之后再将后勤支援船队引导至相应海域，因此 5 月 14 日的海上补给作业开始得较晚。补给作业开始之后，伤员首先被转送至医务船"芝扎连加"号，"统治者"号则放出舰载机执行空中战斗巡逻和反潜巡逻任务。除此之外，该舰还放出若干舰载机，充当航空母舰、战列舰和巡洋舰的靶机，以供上述舰只练习目标侦测以及战斗机引导作业。该舰的舰载机还对舰队展开了若干次突进，继之以模拟俯冲轰炸攻击。各舰则用实弹对靶机展开干扰射击。在这类实弹演习中，防空火炮指挥仪追踪靶机航迹并进行解算，但火炮则在解算结果基础上增加 15° 偏角，因此炮弹不会在靶机附近爆炸。这类实弹射击演习也可让"统治者"号搭载的 885 中队的飞行员获得一定的作战经验，保持飞行水平，当然其最重要的目的还是让舰队的防空火炮炮手们有机会在可控的场景下改进其射击技术。在此次海上补给作业期间，"可畏"号将 50 枚美制 727 千克炸弹移送"黑王子"号巡洋舰，并由后者转运至"不倦"号。由于炸弹舱储藏空间限制，后者从澳大利亚起航时无法大量携带这种炸弹。移送通过舷侧张索传送法进行，操作人员对这一作业十分熟练。在进行第二次输送时，炸弹送上"不倦"号的速度达到了每分钟1枚。尽管仍受油轮泵油最大速度限制，海上补给作业平均泵油速度仍有所提升。补给作业最终于5月15日17时完成，此后第57特混舰队再次返回作战海域。

5月16日，英国太平洋舰队开始了对先岛群岛的第10轮攻击。此轮攻击使用的预定起飞海域与前一轮相同，第一波攻击机群于5时40分起飞，前往攻击宫古岛上的日军机场，当日舰队还放出了四波攻击机群，其中两波目标仍为宫古岛，另两波目标则为石垣岛。日军已经全力以赴修复机场跑道，但攻击机群准确投下的90吨炸弹很快使得所有跑道再次瘫痪。[10] 当日舰队对两岛展开了广

∧ "统治者"号的飞行甲板调度团队聚集在该舰飞行甲板前缘，俯视一架在起飞过程中坠毁在该舰艏楼的"复仇者"式鱼雷机。在这一事故中，该舰较低的最高航速和当时不高的风速造成飞行甲板上相对风速不足，不足以让该机缺乏经验的飞行员成功起飞。（作者私人收藏）

泛的攻击，造成 1 座油库中弹起火、4 辆满载日军士兵的火车被击毁。攻击机群还利用火箭弹展开攻击，击沉了 1 艘小型沿岸贸易船和 1 艘小帆船，另有 2 艘小型帆船和 6 艘驳船被击伤。攻击机群在一个机场发现 2 架"樱花"式喷气自杀机停放在地面，遂展开扫射将其击毁。[11] 此外，攻击机群还在无意间轰炸了小滨岛[①]，并造成了一次规模巨大的爆炸。判读人员由此推断发生爆炸的建筑实际用于储存弹药。侦察摄像结果显示，日军将一大型洞穴改造为掩体，舰队遂派出舰载机对其进行轰炸，并利用半穿甲弹取得 5 次命中。天黑之后，担任海空搜救任务的"鲯"号潜艇在距离宫古岛海岸仅 5 千米处上浮，救起了一位落水的"海盗"式飞行员。这位飞行员的座机在对敌机场进行扫射时中弹受损，他遂驾驶着该机飞过海岸线迫降。由于此前要求提供新一批通用航弹的电报未能及时发出，因此舰队弹种储备有限。在此次对日军机场的攻击中，军械师们不得不为"复仇者"式混合挂载通用弹和半穿甲弹，这一情况直至新一批通用航弹运抵才得以解决。当天共有 7 架敌机在地面被击毁，但除了前文提及的在战斗中损失的一架"海盗"式之外，第 57 特混舰队还因事故损失了 4 架舰载机。

5 月 17 日，风速较低，这对舰队舰载机出动造成了一定麻烦。"不挠"号舰艉轴衬套出现故障，导致该舰航速受限。此外，"胜利"号发生了若干起坠毁事故，事故导致该舰阻拦网严重受损，该舰的 20 架舰载机因此只得转送其他航空母舰。由于上述损失，4 艘航空母舰当日只能放出三波"复仇者"式攻击机群。在"胜利"号发生的一起坠毁事故中，一架"海盗"式损毁，飞行员阵亡，另有 3 架战机受损，该舰阻拦网被毁。当日的攻击破坏了平良机场的跑道，但可能未能将其彻底瘫痪。19 时 15 分，第 57 特混舰队再次撤往"虱子"后勤作业海域补给燃油和炸弹。次日天色足够明亮之后，战舰驶近各油轮，燃油补给作业遂于 5 时 45 分展开。此次海上补给作业期间，"黑王子"号再次承担了将 727 千克炸弹从"可畏"号转运至"不倦"号的任务。当天午前，"可畏"号上发生了一起重大意外，罗林斯中将在其作战经过报告中记录了事件经过：[12]

---

① 译注：位于石垣岛西南方向，距离石垣岛 17.7 千米的一个小岛。

11 时 03 分，水兵观察到"可畏"号起火，调查显示当时该舰机库内的一架"海盗"式走火，其机枪子弹射入了一架"复仇者"式并导致后者爆炸。此前日军的自杀式攻击[①]造成该舰的防火卷帘门无法正常使用，这给灭火工作造成了很大困难。最终，在喷湿整个机库之后，火终于被扑灭。此次事故共造成 7 架"复仇者"式和 21 架"海盗"式不同程度损坏。当晚，该舰舰长报告称他认为可在机库内使用应急照明设备，以取代在火灾中被毁的正常照明系统，从而维持该舰继续作业。舰队此后决定尽可能替换掉该舰上受损战机，尽力使该舰参与下一轮攻击。

促成罗林斯中将做出这一决定的另一考虑是"胜利"号的伤势。尽管该舰的阻拦网经临时修复后可以使用，但是中将仍然担心该设备无法反复使用或再次被敌机毁伤，因此保留"可畏"号可正常运作的飞行甲板对维持舰队作战效率非常重要。此外，中将还担心就此命令"可畏"号提前撤出战场的话会严重影响官兵士气，不过中将也很清楚，无情的高节奏作战已经对各航空母舰官兵产生了影响，疲劳已经不可避免地降低了舰队的作战效率。当时舰队实际战斗力已经仅相当于 3 艘航空母舰，其物质状况已经衰落至一个临界点，在不久之后也许便将无力维持在前线作战。此外，部分舰只也急需船坞或舰队保养维护船队的协助以维修战损或修正故障。中将此前已经向美国海军第 5 舰队指挥官申请，在 5 月 25 日攻击完成后便率所部返回澳大利亚进行上述维修工作并重新补给。这一申请得到了斯普鲁恩斯上将的批准，但鉴于激烈的战况，中将又主动提出如有需要且在可补足舰载机损失的前提下，英国太平洋舰队可继续作战至 5 月 29 日。

更多的麻烦接踵而来。罗林斯中将的参谋团队计划在 5 月 18 日的海上补给作业期间再次利用"统治者"号的舰载机进行战斗机引导和防空火力射击训练，然而当天风速仍然较低，最高航速仅 18 节的"统治者"号无法获得足够的舰载

[①] 译注：参见前文该舰 5 月 4 日遭到的攻击。

机起飞所需的甲板风速。当天下午风速有所提高，恰恰足够战机起飞，然而飞行员训练不足的问题在这一次接近极端条件的起飞中暴露无遗。"统治者"号上年轻的后备飞行员们显然缺乏足够的经验。在当天下午的微风中，该舰18架"地狱猫"式中的6架和4架"复仇者"式中的一架在起降过程中坠毁，造成3名飞行员和1名水兵牺牲。事后调查发现，战斗机飞行员中有6人自从数月前开始接受初步训练以来从未实际进行过着舰，且此前在"地狱猫"式上也未接受过正式的着舰指导或训练。当天的这一记录凸显了通过流水线方式训练后备飞行员的激进程度，且显示了采取紧急措施纠正这一问题的迫切性。此时皇家海军在东印度地区和英国本土还有颇多富有经验的机组成员，且其中很多人志愿加入英国太平洋舰队，但这些机组成员毕竟还需一定时间才能抵达太平洋战场并加入英国太平洋舰队，远水不解近渴。且空军出身的他们在抵达之后不但需要花时间掌握英国太平洋舰队的技战术要求，同时还需要进行恢复性训练。因此，为了能持续向舰队各作战中队输送具有一定技战术水平的后备飞行员，在澳大利亚和波南基地进行中的二线中队组建工作便极为重要。作为临时解决方案，"追击者"号（Chaser）护航航空母舰上4位飞行经验较为丰富，且原计划加入"不挠"号的"地狱猫"式飞行员，于5月23日连同其座机一并临时转入"统治者"号，以使后者能继续执行空中战斗巡逻任务。5月19日，从弹药运输船"罗伯特·马士基"号上补充炸弹的工作继续顺利进行，补给速度达到了每小时75枚，但随着天气显著恶化，由"追击者"号向"不挠"号转送后备战机并由后者向前者转送可飞行故障机的作业被迫中止。至19时30分，鉴于无法进行进一步补给作业，第57特混舰队起航返回作战海域。

　　5月20日天气也不理想，云高较低且较密集，海平线起初较为清晰，能见度尚可接受，但在日出之后下起大雨并升起浓雾之后便消失不见。不佳的天气不但导致当日舰载机无法升空作战，而且导致了其他麻烦。浓雾中，"奎利姆"号驱逐舰试图按照新的巡航队形安排进入"不挠"号后方不远处战位，但由于舰长的判断为浓雾所干扰，该舰一头撞上了"不挠"号的舰艉。"不挠"号仅水线以上部分遭受轻微损伤，但"奎利姆"号的舰艏受损严重，只能被友舰拖曳移动。"诺曼"号首先将其拖曳出作战海域，然后再由"维策尔"号拖轮接班。起初整个舰队都负责为拖曳作业提供掩护，但7时45分天气稍有好转之后舰队开始执行起飞作战任务。当日舰队计划出动四波攻击机群，但由于先岛群岛上空天气不佳，只有一波攻击机群成功抵达了目标上空。该机群领队发现很难找到宫古岛，于是便利用云层间的空隙率队轰炸了辺木名镇。"萤火虫"式机群运气较好，得以从非常低的高度接近目标，并对敌地面设施进行了扫射。为了减轻日军在黄昏和月夜对冲绳附近美军舰船的攻击强度，罗林斯中将决心利用第57特混舰队尝试夜袭。据此，舰队对飞行员们做了简报，计划在15时30分放出攻击机群攻击石垣岛。然而由于当时目标上空天气非常恶劣，此次攻

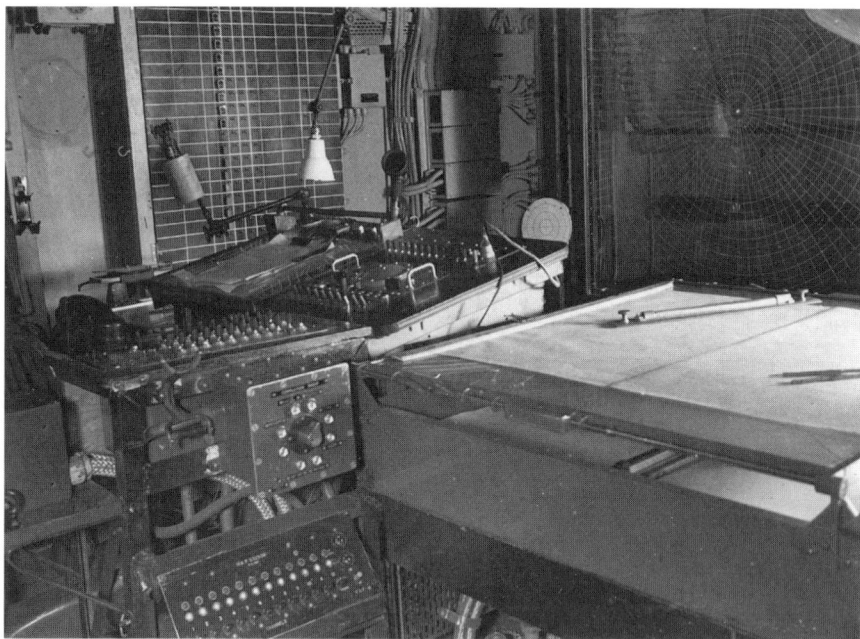

∧ 一个典型的航空母舰战斗机引导官战位。战斗机引导官坐在左侧，使用其独立的雷达显示屏以及通讯管控设备。右侧的绘图平台用于寻常战斗绘图，显示舰队的地理位置。左侧墙上绘有横线的黑板用于记录舰载机出击记录详情。右侧带有环形标记的垂直有机玻璃屏幕是战机位置绘图板，同时显示特混舰队"关注范围"以内的敌我军机位置，其内容实时更新。绘图员在屏幕另一侧标注并更新内容，因此不会阻挡战斗机引导官的视线，后者则可随时阅读屏幕上的内容。这意味着绘图员需要使用特种铅笔反向书写信息。敌我战机信息由雷达测绘员传达，后者坐在战斗机引导舱的其他部分，并使用独立的显示屏，更新信息的频率大约为每5分钟一次。(作者私人收藏)

击被取消，攻击机群则在雷达的指引下返回舰队。5 月下旬，若干美国海军航空兵中队已经进驻冲绳岛上的机场，其中之一番号编为第 99.2 特混大队，该部负责在第 57 特混舰队攻击石垣岛时对宫古岛展开攻击，当日该部派出的攻击机群也因天气原因放弃攻击返航。第 57 特混舰队的雷达当天几乎没有捕捉到敌机活动的迹象，当晚舰队暂时离开先岛群岛海域。与此同时，由于"奎利姆"号舰艇损伤过重，"维策尔"号难以实施拖曳，因此"黑王子"号奉命将受损驱逐舰拖曳回莱特湾。"黑王子"号以最高航速 5.5 节倒拖着"奎利姆"号航行了约 1100 千米后成功将后者带至莱特湾。抵达后受损驱逐舰进入美国海军浮动船坞接受紧急修理，随后依靠自身动力返回澳大利亚。该舰也是"冰山"作战过程中使用莱特湾设施的最后一艘英国及其自治领战舰。

　　5 月 21 日黎明时分，舰队抵达宫古岛东南 100 千米外的预定起飞海域。当时该海域雾气更重，云高很低，因此舰队被迫延后了起飞时间。一个"地狱猫"式 4 机小队于 6 时起飞，执行天气侦察任务，并汇报称舰队以北天气晴好。鉴于这一情报，当日 5 波攻击机群中的第一波于 7 时出发。尽管目标上空云量颇高，但利用云层间的空隙，攻击机群对宫古岛上的日军机场展开了攻击并取得了不错的战果。随后，舰队又分别对宫古岛和石垣岛上的日军机场各自放出了两波攻击机群。午后 14 时 23 分，舰载雷达探测到一架日军飞机正在高空从西侧高速靠近舰队。战斗机引导部门随即指挥一个负责空中战斗巡逻任务的战斗机分队爬升至约 9150 米高度进行截击，这些战斗机在随后 26 分钟内接近目标并将其击落在舰队西南 58 千米开外。这架"彩云"式舰载侦察机也是当天唯一一次空战中的唯一战果。不过，当天第 57 特混舰队有若干架舰载机在着舰过程中失事。19 时 30 分，舰队再次撤往"虱子"后勤作业海域。由于普遍认为当天干得不错，当晚舰队上下士气颇高。

　　5 月 21 日，罗林斯中将接到了来自哈尔西上将的电报，上将在电报中列出了从斯普鲁恩斯上将手中接过指挥权后他对英国太平洋舰队的战术想定。上将本人并不打算将英国盟友打发到次要战场上，且认同后者有能力与美国海军快速航空母舰战斗群并肩作战，并依靠舰队保养维护船队和舰队后勤船队自给自足。按照哈尔西的设想，英国太平洋舰队应在澳大利亚完成维修补给后加入美国海军第三舰队，并作为后者下属的一个特混大队（尽管在番号上仍作为特混舰队）。盟军太平洋舰队此后将对整个日本本土及沿海海域展开一系列突击，在此过程中不仅需要依靠舰队保养维护船队维持补给进而坚持作战，且需要在必要时转移作战海域。虽然美国海军从未对计划中的一系列突击赋予战役代号，但这一系列作战显然将作为"奥林匹克"作战（Olympic）的前奏。"奥林匹克"作战是计划于 1945 年秋展开的入侵日本九州的登陆作战。在"冰山"作战中，美国海军已经证明其自身后勤支援组织的工作效率足以维持极大规模的作战，而英国太平洋舰队也勉强跟上了美军的节奏。毫无疑问，对英国太平洋舰队规模不断扩张中的舰队后勤船队而言，在日本本土沿海海域的作战将是最严峻的考验，不过舰队上下对此仍保持乐观态度。虽然英国舰队后勤船队仅需支持一支规模较小的舰队作战，并已有现成的榜样以资借鉴，但无论如何，后勤船队能在半年时间内即达到美国海军花费数年才达到的业务水平，这一结果本身仍值得舰队及其后勤船队骄傲。

在得知哈尔西上将在未来数月中的战略计划，以及英国太平洋舰队将在其中扮演的重要角色之后，罗林斯中将对此前英国太平洋舰队的作战计划进行了一定修正。他决定按原计划于 5 月 25 日晚间——而非此前向斯普鲁恩斯上将建议的 29 日——撤出先岛群岛附近海域，以便给舰队更多的时间在澳大利亚接受修理、翻新和补给，从而为未来 7 月和 8 月间更严酷的作战做好准备。他还决定一旦燃料补充完毕，"可畏"号便应先行经马努斯返回悉尼，以使悉尼当地的船坞和舰队保养维修团队有更多的时间维修该舰所受战损。海上补给作业于 5 月 22 日 7 时在"虬子 I"后勤作业海域展开，这也是后勤补给船队中首次囊括 2 艘为舰队提供后备机的护航航空母舰。这一次承担这一任务的是"追击者"号和"演讲者"号。不过，此时后备飞行员素质较低的问题仍没有改观，在执行日常输送起降作业过程中，两架从"追击者"号起飞的"地狱猫"式战斗机失事，飞行员牺牲。当晚，在两艘驱逐舰的护卫下，"可畏"号先行离队驶向澳大利亚。补给作业于 23 日完成后，第 57 特混舰队最后一次前往先岛群岛海域，此时舰队仅剩 3 艘航空母舰，且其中一艘的作战效率因飞行甲板设施损坏而有所下降。

英国太平洋舰队对先岛群岛的第 12 轮攻击于 5 月 24 日展开。与前一轮攻击类似，受当日黎明时较低的云高、细雨和较差的能见度影响，第一波攻击机群直至 10 时 45 分才从舰队出发。尽管当日舰队原计划出动四波攻击机群，且自第一波攻击机群出发后天气持续好转，但由于时间所限，此后舰队仅又放出两波攻击机群。新近引入舰队的 727 千克炸弹有效地破坏了跑道，并对平良镇以及另一处预设目标造成了相当的破坏。攻击机群在岛屿上空未发现敌机，但用炸弹将两架停放在地面的敌机摧毁。当日舰队没有战机损失，并照例于 19 时南撤。25 日天气状况大有好转，在最后一天的攻击中，第 57 特混舰队共出动四波攻击机群，其中三波奉命攻击宫古岛，剩余一波攻击石垣岛。四波攻击机群投下的炸弹共对机场跑道以及大崎镇和须釜镇上的预定目标取得 48 次准确命中。根据"地狱猫"式侦察摄像机拍回的照片，判读人员发现了一处疑为日军自杀快艇基地的设施，舰队遂派出"萤火虫"式机群使用 76.2mm 火箭弹对其进行攻击，并造成了相当程度的破坏。"地狱猫"式侦察摄像机拍回的照片还显示，除了在夜间修整其他机场的跑道外，日军还在辺木名机场附近平整土地，准备建设新的跑道。担任海空搜救任务的美军潜艇"鲢"号在天黑后勇敢地抵近海岸进行侦察，该艇观察到石垣岛上日军工程兵点起灯光，正在彻夜整修机场。该艇遂利用其甲板炮轰击机场，不但为昼间英国太平洋舰队舰载机的战果锦上添花，而且也打断了日军的维修工作。

当日舰队在其位置附近空域同样没有发现敌机活动的迹象，日落时，第 57特混舰队胜利完成"冰山"作战中分配的作战任务，踏上了归程。罗林斯中将搭乘"英王乔治五世"号，在 3 艘驱逐舰的护卫下赶往美国海军太平洋舰队设在关岛的前进基地，当面向尼米兹上将和斯普鲁恩斯上将汇报英国太平洋舰队在第一阶段联合作战中的战况。第 57 特混舰队其余舰只则首先前往"虱子"后勤作业海域接受燃油补给，然后再驶向马努斯。此后舰队中的大部分舰只将回到澳大利亚，在各港口接受修理、整修并补给。随着此时各类物资源源不断地运往澳大利亚，英国太平洋舰队的后勤状况有所好转。5 月 27 日，罗林斯中将接到了斯普鲁恩斯上将的贺电，电文如下：

在贵部以第 5 舰队下属一支特混舰队的身份完成为期两个月的作战，

∧ "英王乔治五世"号于 1945 年 5 月从关岛起航。(作者私人收藏)

支援盟军成功夺取冲绳之际,我谨希望向阁下以及阁下麾下官兵表达诚挚的谢意。贵部出色地完成了作战任务,并在此过程中展现出了良好的合作精神。对于第 5 舰队中的美军而言,第 57 特混舰队代表了皇家海军悠久的优良传统。斯普鲁恩斯签名。[13]

这也是斯普鲁恩斯致英国太平洋舰队的最后一封电报。当天晚些时候,哈尔西上将接替了斯普鲁恩斯的职位,第五舰队也由此改编为第三舰队。5 月 28 日,第 58 特混舰队指挥官米切尔中将向第 38 特混舰队指挥官麦凯恩(J S McCain)中将移交了指挥权。随着指挥权的变更,快速航空母舰特混舰队的番号也于同日分别从第 57 和第 58 特混舰队相应地变更为第 37 和第 38 特混舰队,并开始为下一阶段突击作战做准备。

在英国太平洋舰队完成其在"冰山"作战中的作战任务 3 周后,日军在冲绳地区有组织的抵抗宣告结束。日军第 32 军付出了高达 8 万人的伤亡,该军事实上被彻底歼灭。美国海军陆战队和陆军也遭受了太平洋战争以来最惨重的损失。在前后延续 81 天的战斗中,共有 7032 名官兵伤亡,181 人失踪,31081 人负伤。

弗雷泽上将此前曾决定皇家海军不仅需要学习，更需要全方面参与新的作战形式。在"冰山"作战中，英国太平洋舰队显然同时完成了这两个目标。在舰队向南航行的同时，舰队上下也对这一阶段的作战展开了反省，记录下在此期间取得的成就，并向海军部汇报。第 57 特混舰队中的大部分舰只自 2 月 27 日从悉尼出发以来便一直出海作战，期间曾先后在马努斯、乌利西环礁和莱特湾短暂停留。除此之外，自风帆时代以来，如此长时间连续出海作战在皇家海军的历史上也堪称空前。在整个"冰山"作战期间，英国舰载机共出动 4893 架次，其中 2073 架次直接用于对敌攻击，202 架次因故障提前返回母舰，其余架次则用于执行各种空中战斗巡逻任务。此外，在后勤作业海域，补给航空母舰和负责提供空中战斗巡逻的护航航空母舰还完成了 479 架次起降。各舰载机共对目标投弹 958 吨，并发射了 950 枚 76.2mm 火箭弹。为此英军付出的代价为因各种原因损失舰载机 160 架，另有 43 架出现故障但仍可飞行的战机则可在后方基地被修复。上述数字还可进一步细分，即 26 架战机被击落或在战斗中损失，72 架在操作事故中损失，后者中有 61 架"海火"式在着舰过程发生事故损失，32 架停放在飞行甲板上的舰载机因遭遇神风特攻机的攻击被毁，另有 39 架毁于"可畏"号的机库起火。补给航空母舰共运输 190 架舰载机以补充舰队损失，并在后勤作业海域向舰队航空母舰以及负责提供空中战斗巡逻的护航航空母舰输送了 140 架后备机。与之相较，在"冰山"作战中，美国海军因各种原因共损失 665 架舰载机，其中包括 1945 年 6 月 5 日遭遇风暴被卷入大海的舰载机。皇家海军机组成员伤亡为 41 人牺牲或失踪，此外各舰上另有 44 名官兵阵亡，83 人负伤。在整个冲绳战役期间，美国海军的伤亡为 4907 人阵亡或失踪，4824 人负伤。[14]

冲绳战役中，英国和美国航空母舰均未被日军击沉，但在 3 月 26 日—5 月 25 日之间，神风特攻队共对 3 艘英国航空母舰造成显著损伤，[①]并对 1 艘航空母舰造成轻微破坏。[②]同期美国海军于 3 月 24 日—6 月 21 日期间共有 5 艘舰队

---

① 译注："不倦"号于 4 月 1 日，"可畏"号于 5 月 4 日，"胜利"号于 5 月 9 日。
② 译注："光辉"号于 4 月 6 日。

航空母舰、1 艘轻型航空母舰以及 3 艘护航航空母舰被神风特攻队显著损伤，其中若干艘因此被迫退出前线，前往后方基地接受修理。英制航空母舰在被神风特攻机攻击后仍能继续作战，直至逐渐累积的故障和战损迫使其撤出前线接受维修，而这些故障和战损并非均由神风特攻机导致。在整个冲绳战役期间，神风特攻队共击沉美国海军 82 艘各类舰只，并击伤 198 艘。有赖装甲飞行甲板的保护，通过损管部门的紧急修理，英制航空母舰在遭遇此类攻击后仍能迅速恢复舰载机起降作业，因此，从作战角度考虑，英军开始意识到尽快替换被神风特攻机击毁在飞行甲板上的舰载机的必要性。而美制航空母舰在遭遇神风特攻机攻击后通常不得不撤出战场接受大规模维修，无法再执行舰载机起降作业，因此也没有实施前述替换的必要。令人惊讶的是，在第 57 特混舰队的航空母舰上，因神风特攻机而损失的战机总数实际上超过了美国同行的这一指标。

　　舰队对舰载机飞行作战数据进行了详细的分析，并找出了若干改进飞行作战的提议。[15] 分析指出战斗机出击总架次中 73% 用于执行防御性任务，这一比例被认为是一种额外负担。不过，事后看来，这种分析并无道理。事实上，敌机仅在两处影响舰队作战，即舰队附近空域以及先岛群岛目标机场的上空或地面，因此舰载战斗机须在这两处与敌机交战，这也恰是空中战斗巡逻的意义所在。整个特混舰队通过与敌交战，造成敌伤亡，削弱其战斗能力，从而完成其作战任务。因此，事后看来，将击毁敌机战果分为"进攻性"和"防御性"两类并不符合逻辑，这一划分本身倒可能反映出战前英国皇家空军空军运用思想的残余。事实上，关键的是敌机被击毁，而不是敌机如何被击毁。各航空母舰保留的作战记录的数量和种类不一。"胜利"号的记录最为完整，并作为参谋人员大多数分析结论的基础。在该舰所有"复仇者"式出击记录中，92% 用于执行进攻性作战任务，其余则主要为反潜巡逻以及机组成员或其他成员在航空母舰之间的调动。在"冰山"作战期间，该舰"海盗"式飞行员平均飞行时间为 38 小时，这也是第 57 特混舰队搭载的各机型中的最高值。战机自由升空（即不利用弹射器辅助）的间隔平均为 31 秒，且这一指标随着作战的深入有所改善。舰载机降落的平均间隔为 55 秒，这一指标同样随着作战的深入有所改善。尽管与第 38 特混舰队的成绩相比，上述两个指标都不够理想，但至少英美两国海军的

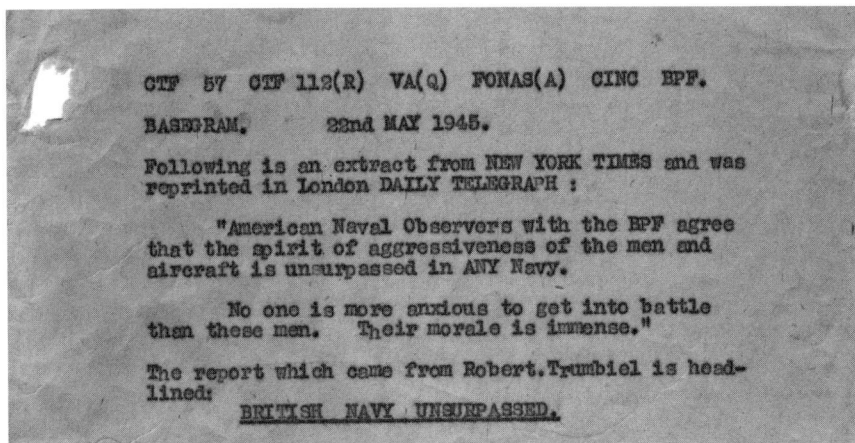

```
CTF 57 CTF 112(R) VA(Q) FONAS(A) CINC BPF.

BASEGRAM.      22nd MAY 1945.

Following is an extract from NEW YORK TIMES and was
reprinted in London DAILY TELEGRAPH :

      "American Naval Observers with the BPF agree
that the spirit of aggressiveness of the men and
aircraft is unsurpassed in ANY Navy.

      No one is more anxious to get into battle
than these men.   Their morale is immense."

The report which came from Robert.Trumbiel is head-
lined:
      BRITISH NAVY UNSURPASSED.
```

∧ 英国太平洋舰队公共关系部门从澳大利亚发往前线部队，用于激励士气的消息。（罗伊·吉布斯收藏）

差距在缩小。

　　维安少将在其作战报告中着重表扬了舰队战斗机引导主管勒温中校及其领导的战斗机引导团队的出色表现。[16] 勒温中校隶属"不挠"号，他曾是一名出色的飞行员。美国海军战斗机引导联络军官、美国海军预备役上尉科尼利厄斯·贝滕（Cornelius Betten）在"冰山"作战期间搭乘"不挠"号。他曾报告称英军在战斗机管控这一课题上的某些方面甚至明显强于美国海军。[17] 这些方面包括"出色的无线电通讯程序，尤其是战斗机小队飞行员在接近舰队过程中汇报内容详略得当；引导迷航战机所用的甚高频测向设备性能更好；内部信息分发效果更好"。这些评论无疑是对勒温中校工作的巨大褒奖。不过，贝滕上尉同时也指出英国太平洋舰队未能充分发挥其他舰只——例如战列舰和巡洋舰——的战斗力，以补充雷达侦测和瞭望哨汇报的情报。勒温中校的助手、皇家海军志愿预备役上尉凯伊（T A C Keay）也受到了贝滕上尉的赞扬，后者指出前者"能冷静处理对一般人来说十分复杂的情况"。维安少将坚信凯伊上尉赢得了接受其引导的飞行员们极大的信任，少将描述称："飞行员们接受并遵循上尉的指令，这种毫无保留的信任对于截击成功至关重要。"

　　与1月攻击巨港时相比，"冰山"作战中攻击机群编队所需时间有了明显改善。

这一指标指从第一架舰载机起飞至整个编队出发飞往目标为止的时间。在"冰山"作战中，30~40架规模的机群编队所需时间平均为24分钟，而18~30架规模的机群编队所需时间平均仅为20.5分钟。因故障原因在起飞后提前返航的例子占总出击架次的2.86%。整个"冰山"作战中共有36架舰载机在海中迫降，其中14架为"复仇者"式，其余均为战斗机。36次攻击中共有25次机组成员获救，共计64人，其中41人由海空搜救任务单位救起，分别为驱逐舰救起28人、负责海空搜救任务的潜艇救起8人、英国太平洋舰队的"海象"式和美国海军的"枪鱼"式水陆两用飞机（Marlin）救起5人。在"冰山I"作战中，舰队实施的截击总次数没有记录，但在"冰山II"作战中，舰载战斗机共进行了15次截击，目标敌机共计40架，其中14架被击落。敌机被发现时距离舰队的平均距离为90千米。

在"冰山II"作战中，被敌防空火力击落的"复仇者"式总数为"冰山I"作战中的一半，分析认为，造成这一差异的主要原因是"冰山II"作战前先于5月4日利用重型舰炮对日军炮位进行了炮轰，此后又利用航空炸弹以及火箭弹对敌炮位实施持续压制，大大削弱了日军防空火力。随着日军防空火力被逐步削弱，攻击机群也能对目标实施了更准确和更有效的攻击。夜间攻击能力以及夜间战斗机仍是舰队的诉求，不过这个问题只能留待日后解决。"不饶"号正从英国本土赶来，即将加入第1航空母舰中队，该舰训练完成的舰载机群有一定的夜间作战能力。长期解决方案仍得等到"海洋"号轻型航空母舰服役，该舰此时仍在安装夜间作战所需的设备，包括美制SM-1对空搜索雷达以及装备F6F-5N"地狱猫"式夜间战斗机的舰载机群。

"囚徒"作战

　　"不饶"号舰队航空母舰于 1945 年 2 月从英国本土出发奔赴太平洋，并于 5 月 8 日抵达悉尼。在悉尼短停期间，该舰的部分舰载机离舰前往皇家海军瑙拉航空基地继续进行飞行训练，直至随舰于 5 月 24 日从悉尼起航，此时第 37 特混舰队即将从先岛群岛附近作战海域撤往澳大利亚。"不饶"号于 5 月 29 日在马努斯岛海鹰港（Seeadler Harbour）下锚，并以皇家海军波南航空基地作为备降场所，继续对其舰载机中队以及防空火炮相关部门进行训练，以达到作战标准。29 日当晚，日军对马努斯深水锚地发动了一次空袭，但未对停泊的英军舰船造成破坏。次日，第 37 特混舰队抵达马努斯补充燃油，以便继续南返。6 月 1 日，舰队从马努斯出发时"不饶"号也随之出航，计划一同进行一次大型防空演习。不过当天上午海上升起浓雾，舰载机无法起飞。舰队于中午时分取消了演习计划，意外的是 10 分钟后浓雾逐渐消散。在"不饶"号精力充沛的舰载机指挥官的坚持下，该舰放出了 880 中队的 6 架"海火"式对第 1 航空母舰中队旗舰"不挠"号展开模拟攻击。[1]"不饶"号这种主动的精神受到了维安少将的表扬，他向"不饶"号发电："很荣幸贵舰加入我部。"

　　罗林斯中将决定以"不饶"号为核心，与其他新近赶到太平洋战场的舰只组成一个小型特混大队，对日军设在特鲁克环礁已被孤立的海军基地进行攻击，以使这些舰只能吸收英国太平洋舰队其他舰只在战斗中获得的宝贵经验，并在 7 月加入第 37 特混舰队前提高作战效率。[2]该战斗群番号编为第 111.2 特混大队，由第 4 巡洋舰中队指挥官布林德（E J P Brind）少将统一指挥，旗舰为"不饶"号，另辖有护航航空母舰"统治者"号以及巡洋舰"敏捷"号、"乌干达"号（Uganda）、"纽芬兰"号（Newfoundland）、"阿基里斯"号（Achilles）与第 24 驱逐舰队，后者由"特鲁布里奇"号、"蒂泽"号（Teazer）、"顽强"号、"泼妇"号（Termagant）以及"歌舞女神"号（Terpsichore）组成。与"不饶"

号类似，"纽芬兰"号和5艘驱逐舰都是英国太平洋舰队的新成员，不过其他巡洋舰以及"统治者"号都曾参与过在先岛群岛附近的战斗。"统治者"号稍晚赶到马努斯加入战斗群，并于5月31日将其搭载的第885中队移交给皇家海军波南航空基地。[3] 在"统治者"号离开马努斯期间，后备飞行员使用该中队舰载机继续接受飞行训练。此外，在此期间，该中队还临时得到了若干架"海盗"式战斗机，以便后备飞行员能使用更多机型进行训练。

特鲁克环礁位于西卡洛琳群岛，战前日军投入了大量人力物力将其要塞化，将其打造为一个主要作战及补给基地，供部署在前沿地带的己方舰队使用，该基地还一度成为日本海军在南太平洋方向扩张行动的重要基石。[4] 然而，自1943年起，美军在中太平洋方向、盟军在新几内亚方向分别展开快速突进，这一巨大的钳型攻势迂回了特鲁克并将其孤立。自1944年2月起，特鲁克遭到美军舰载机的反复攻击，导致当地的潟湖中充斥着各类船舰的残骸，供应断绝引发的饥饿也导致当地守军失去了战斗力。美军在1944年7月和9月间先后夺取马里亚纳群岛和帕劳群岛之后，几乎再也没有援军抵达特鲁克。尽管如此，特鲁克仍是距离盟军位于乌利西环礁和关岛基地过近的一个日军据点，不容掉以轻心。同时，该基地的存在也给盟军提供了一个重要的练兵场所。新建航空母舰战斗群通过对特鲁克的攻击，完成了加入快速航空母舰特混舰队之前最后的实战演练。因此第111.2特混大队对特鲁克的攻击实际也是遵照美国海军发展成熟的"战前热身"步骤，并以不亚于美国海军特混大队的表现完成了此次作战任务。对于一艘刚刚于同年2月离开英国本土，此前最后一次作战海域位于挪威附近的航空母舰及其舰载机群而言，此项成就堪称出色。这主要应归功于"不饶"号的舰载机指挥官伊万斯（C L G Evans）海军中校，其本人也是战争期间皇家海军击落战果最多的王牌飞行员之一。[5] 中校清楚地认识到，除非"海火"式能在实战中证明其不仅能执行空中战斗巡逻任务，否则英国太平洋舰队不会欢迎更多该型战斗机的加入，因此在马努斯进行恢复性训练期间，"不饶"号的两个"海火"式中队都挂载227千克炸弹实弹，练习以45°角进行俯冲轰炸。作为大规模密集飞行训练项目的一部分，6月4—5日，舰载机群重新上舰，并以一座名为"塔威"（Tawi）的珊瑚礁小岛为目标，使用炸弹和火箭弹进行了一系列攻

∧ 飞行甲板调度人员正在"不饶"号上排列舰载机。注意稍远处装备副油箱的"海火"式以及近处的小型飞行甲板拖拉机。拖拉机由美国海军提供,用于在飞行甲板上移动沉重的"复仇者"式。"不饶"号是最早使用这一设备的英制航空母舰之一。(作者私人收藏)

∧ 地勤人员正在为一架刚刚排布完成的"海火"式展开机翼。美制战斗机如"海盗"式配有液压动作筒,操纵人员可以在战斗机座舱内通过一个旋钮操纵该动作筒,从而轻松地展开或折叠机翼。当时的英制战斗机则需要地勤人员进行更多人力操作。(作者私人收藏)

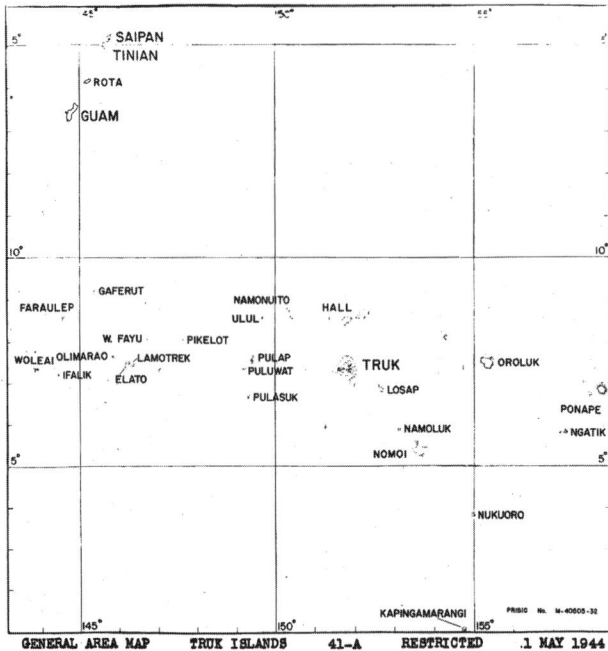

〈 美国海军使用的特鲁克海域海图。(作者私人收藏)①

击练习。6月7日，"不饶"号返回马努斯舰队锚地进行补给。

　　第111. 2特混大队于6月12日从马努斯出发，奉命对特鲁克岛上的日军航空设施进行为期两天的攻击。[6]战斗群出发后又收到了追加作战任务的命令。鉴于在日后的战斗中巡洋舰可能需要对日军岸上设施展开炮轰，因此在此次对特鲁克岛的攻击中也要加入这一内容。为此特混大队不得不在前往目标途中匆忙做出相应安排。"敏捷"号和"乌干达"号此前已于5月4日参与了对宫古岛的炮轰，而"纽芬兰"也曾于5月10日中断前往马努斯的航程，转而前往威瓦克（Wewak）执行炮轰任务，以支援澳大利亚陆军在西新几内亚的登陆作战，

---

　　① 译注：地图上部为马里亚纳群岛中的关岛（Guam）、塞班岛（Saipan）和提尼安岛（Tinian），中下部为加罗林群岛，特鲁克（Truk）位于图中心位置，图中该群岛中的其他主要环礁还包括波纳佩（Ponape）和奥罗卢克（Oroluk）。

因此特混大队所辖巡洋舰中仅有"阿基里斯"号近期没有进行过实弹射击。"不饶"号搭载的舰载机群规模在当时所有英制航空母舰中最为庞大，共计 80 架舰载机。其中由 801 中队和 880 中队组成的第 38 海军战斗机联队共辖有 48 架"海火"式战斗机，1771 中队和 828 中队则分别辖有 11 架"萤火虫"式和 21 架"复仇者"式。第 828 中队有一定的夜间飞行经验，有能力实施夜间攻击。"统治者"号载有隶属 1701 中队的一架"海象"式，用于执行海空搜救任务，该舰同时还负责为特混大队提供备降甲板，以供紧急着舰所用，从而使"不饶"号能专注于执行高强度舰载机起降作业，无须临时腾空飞行甲板。

特混大队于 6 月 14 日 5 时 30 分抵达预定起飞海域，该海域位于杜布伦岛（Dublon）以东 130 千米，后者是特鲁克环礁中最大的一个岛。抵达时，该海域正处于热带锋控制之下，构成该热带锋北侧的暴风雨天气主宰了海域上空。尽管天气不够理想，由 2 架"萤火虫"式组成的侦察机队还是率先出发。5 时 40 分，第 38 海军战斗机联队联队长皇家海军中校坎贝尔－霍斯维尔（Campbell–Horsfall）亲率由 12 架"海火"式战斗机组成的"推弹杆"部队逐一升空，首先前往摩恩（Moen），对当地的雷达站和机场进行扫射。同时，第 38 海军战斗机联队在特混大队上空长期维持强大的空中战斗巡逻机队。第 880 中队辖有少量装备照相器材的"海火"FR3 型，其中一架当天由克罗斯利少校驾驶升空，带回了特鲁克环礁上的机场、岸防阵地以及其他军事设施的照片。这些照片被用于此后的空袭和炮轰。[7]此后，"不饶"号以 2 小时 15 分的间隔持续放出攻击机队。大部分攻击机队由 5 架"复仇者"式和 4 架"萤火虫"式组成，前者各装备 4 枚 227 千克炸弹，后者除 20mm 航炮外，还各装备 8 枚 27 千克火箭弹。各机队攻击的目标包括机场跑道、船只、港口设施、无线电站及雷达站、炮位以及油槽。当天昼间最后一波攻击机群由 12 架"海火"式组成，这些战斗机对杜布伦岛南部的油槽进行了俯冲轰炸。这些油槽设于混凝土掩体中，因此无法通过扫射破坏。尽管所有炸弹均未直接命中目标，但近失弹的冲击波依然造成油槽开裂。飞行员们没有观察到液体喷出的迹象，因此他们估计存油已经耗尽。其中一位飞行员驾机从油槽附近低空飞过，他认为他观察到一座油槽侧面的油量计示数为 0，可以证明其他飞行员此前关于油槽的猜测。[8]飞行员们还观察到若干敌机停放在

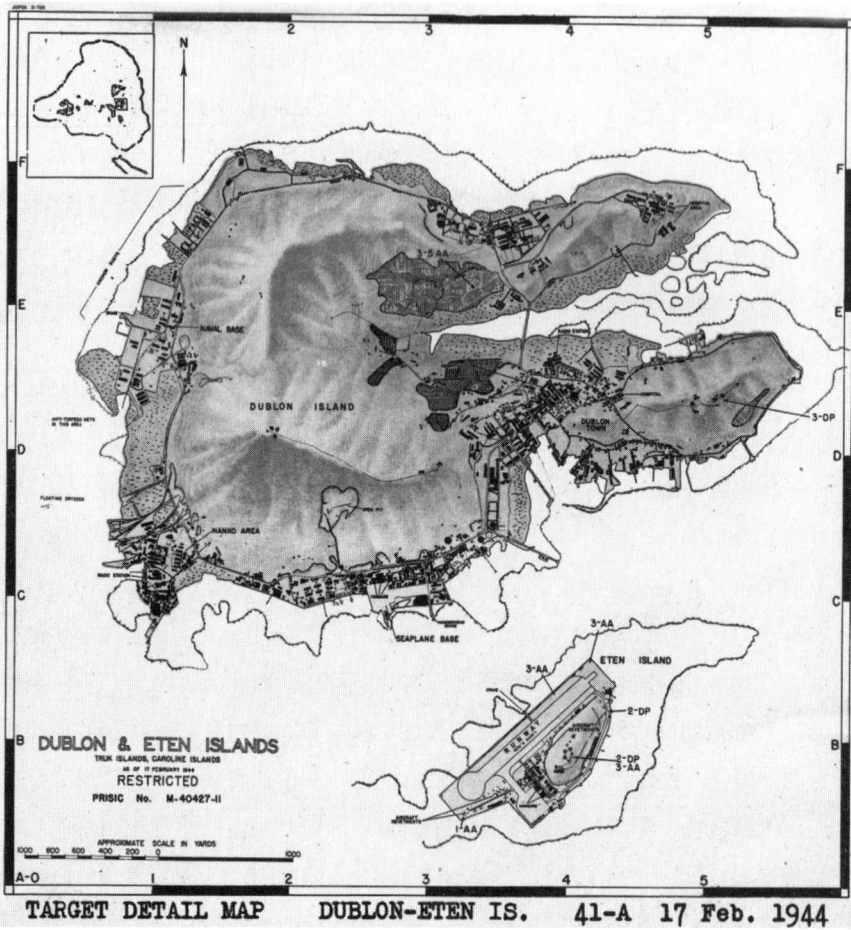

∧ 美国海军向机组成员发放的杜布伦岛以及埃滕岛（Eten）目标地图。(作者私人收藏)[1]

---

① 译注：图中较大的岛屿为杜布伦岛（Dublon），右下较小的为埃腾岛（Eten），两岛均为特鲁克环礁的一部分。埃腾岛上仅标注了防空炮（AA）和高平两用炮（DP）的位置和数量，杜布伦岛上还标注了位于南侧的水上飞机基地、位于西南海面的浮动船坞、位于西侧的海军基地及有关设施。杜布伦镇位于岛屿中央偏东位置。注意图上还大致显示了岛上地形起伏。

∧ 隶属"不饶"号的一架"海火"式战斗机拍摄的杜布伦岛鸟瞰照。(作者私人收藏)

地面的掩体中,但当日并无敌机升空,特混大队上空由8架"海火"式组成的空中战斗巡逻机队也未进行任何截击。当天皇家海军遭遇的唯一抵抗来自敌军轻型防空火力,不过其精度和密度都颇有限。令飞行员们颇感失望的是,此前不久,若干艘美国航空母舰的舰载机群刚刚对特鲁克进行过打击,因此岛上有价值的目标所剩不多。日落后,"不饶"号放出两架"复仇者"式前往特鲁克,在骚扰日军的同时也阻止日军修理跑道。日军用探照灯和防空炮火表示了"欢迎",但两机均安全返回。

6月14日当天,"海火"式战斗机共在"不饶"号上完成60次起降,无一事故,但在"统治者"号上发生了一起着舰事故。后者当天除作为备降航空母舰以供紧急降落之需外，还负责为空中战斗巡逻机队补充燃料和弹药。尽管"统治者"号的甲板调度团队和机械师们此前并无操作"海火"式的经验，且与"不饶"号相比，该舰航速慢 13 节，体积也小三分之一，舰载机起降难度大大增加，但总体而言当日该舰运转顺利。当日唯一的事故发生在第一班空中战斗巡逻机群降落过程中。当时"统治者"号正驶向一个热带暴风雨区域，最后试图着舰的一架"海火"式此前曾在逐渐恶化的天气中搜寻该舰，因此其剩余油量已经非常有限。考虑到油量和恶劣的暴风雨天气，飞行员在执行最终进近时不免有些仓促。[9]着舰之后，地勤人员解下阻拦索，飞行员在试图操纵座机向前滑行时该机引擎停转。当时风速超过 50 节，大雨滂沱，战斗机被狂风推向前方，并直接将停放在飞行甲板前部系泊区、负责承担海空搜救任务的一架"海象"式撞出了甲板，导致后者损失。在"囚徒"作战期间，海空搜救任务由美国海军负责承担，具体负责的单位是一艘最靠近海岸的潜艇和一架负责转运的"卡塔琳娜"式水上飞机。后者在接近舰队时未正确打开敌我识别设备，造成了一场虚惊，但并未导致误伤。在坠海损失前，"统治者"号搭载的这架"海象"式在此次作战中未曾执行任何任务。[10]

　　对特鲁克岛的炮轰于 6 月 15 日午前展开，目标为 2 座机场和若干处炮位。"海火"式负责提供空中校射。包括克罗斯利少校在内，执行该任务的一些飞行员此前曾于盟军在阿罗芒什（Arromanches）登陆当天[①]为盟军战列舰提供过类似服务。除留下 2 艘驱逐舰为"不挠"号和"统治者"号护航外，其他舰只分为 3 组分别逼近特鲁克，3 组分别为"敏捷"号和"蒂泽"号、"纽芬兰"号和"特鲁布里奇"号、"阿基里斯"号与"乌干达"号和"顽强"号，每组各由 2 架"海火"式提供校射。然而由于设备故障、部分舰只枪炮部门缺乏实战经验以及因临时追加炮轰任务导致无暇合练等原因，炮击进行得并不顺利。根据此前的安排，各舰发射的高爆弹应配备不同颜色的染色剂，然而直至炮击展开前不久才发现染色剂只有在炮弹落入水中的情况下方能生效，在对岸上目标攻击时并无作用。

---

①译注：1944 年 6 月 6 日诺曼底登陆日。

∧ 攻击机群已在"不饶"号甲板上排列完毕，机组成员正在前往各自座机准备登机。（作者私人收藏）

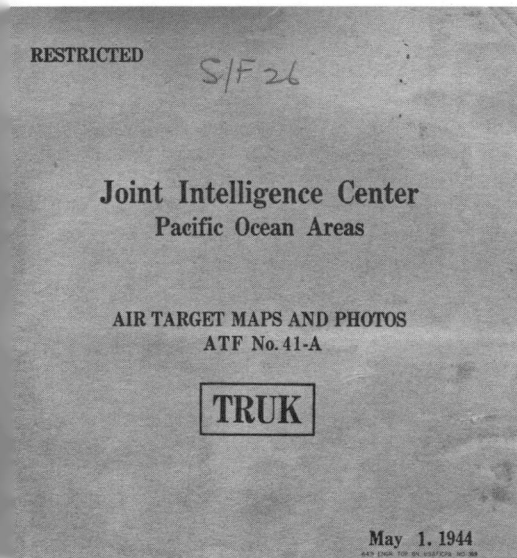

S/F 26

Joint Intelligence Center
Pacific Ocean Areas

AIR TARGET MAPS AND PHOTOS
ATF No. 41-A

TRUK

May 1. 1944

〈 典型的一本目标情报合集封面，该合集发放给"不饶"号机组成员，用于执行"囚徒"作战。（作者私人收藏）

∨ "歌舞女神"号是一艘战时建造的驱逐舰，隶属第6紧急驱逐舰队。照片摄于1944年该舰完工后不久，加入英国太平洋舰队之前。（作者私人收藏）

"纽芬兰"号战斗组进展较为顺利，该组两舰各自命中了指定的岸防炮位。鉴于日军岸防炮并未回击，该战斗组转而向埃滕岛机场进行射击并获得了成功。[11]

"乌干达"号和"阿基里斯"号负责炮轰杜布伦岛的水上飞机基地。一系列的通讯设备故障严重影响了两舰作战，两舰虽然各自发射了约30枚152mm炮弹，但是并未取得有价值的战果。当日表现最差的是"敏捷"号，尽管为其进行校射的是克罗斯利少校。该舰抵近海岸，并于10时正在距离海岸约3670米距离上开火。第一枚炮弹落点超出目标距离约370米，在参考校射结果之后，第二枚炮弹向一侧偏出900米以上。后继炮弹的落点散布在距目标炮位更远的地方，部分炮弹的落点则未被观察到。克罗斯利少校发回的所有校射数据似乎都未能改善射击精度，炮弹落点散布反而愈发散乱，不少炮弹甚至落入泻湖之中。鉴于该舰的火控系统明显发生故障，其枪炮长指示各炮塔利用本地火控进行射击，但是各炮的瞄准手无法分辨出山坡上伪装良好且投影面积有限的日军炮位。考虑到这些现实情况，该舰不得不中止了炮击，并前出至离岸更近处，使用其3门可以转向左舷方向射击的102mm火炮抓住射击窗口进行炮轰，其目标为日军设在外层礁石群中的小岛上建在棕榈树下的炮位。遗憾的是，这些火炮配备的是装有雷达近炸引信的弹药，该种弹药主要用于对付日军空袭，并不适合用于炮轰地面目标。①炮弹引信甚至被棕榈树叶激活进而引发爆炸，因此第一轮齐射的炮弹在树顶高度发生了一系列爆炸，把大量树叶击落并覆盖在目标上，反而对目标构成了极为有效的伪装，导致此后该舰官兵根本无法观察到目标，自然也无法继续射击。

在回撤途中，"敏捷"号上官兵的士气颇为低落，该舰随即展开紧急调查，研究该舰以往极为有效的火控系统的故障所在。技术人员很快发现问题的根源在于一个开口销未能正确装配，并从该舰装备的海军部火控台上脱落。后者是一种早期形式的模拟计算机，通常安装于发送台。该舰第一轮射击时产生的震

---

① 译注：配备近炸引信的炮弹会在雷达侦测到目标后，于目标附近爆炸。在防空射击中，炮弹主要通过弹片而非直接命中对敌机进行杀伤，因此该种炮弹适用于防空需要。

∧ "不饶"号在海上为"歌舞女神"号补给燃料。(作者私人收藏)

动可能便将这一开口销震落，进而导致一枚钝齿轮从火控台用于解算目标切向速度的部件内脱出，最终导致炮弹落点随机且偏差较大。该火控台在"敏捷"号于约 18 个月前完工时便整体安装完毕，在试航以及此前的若干次射击中表现良好。[12] 幸而这一故障发生时该舰几乎没有遭到敌方威胁。针对此次炮轰作战，布林德少将表示，除"纽芬兰"外，他对其他所有舰只的射击水平均不满意。

当天下午，"不饶"号派出了两波"复仇者"式攻击机群。各机挂载炸弹，对浮动船坞以及油槽展开攻击。轰炸精度较前一日有了明显的提高，显然实战经验磨砺了机组成员的作战水平。当晚舰队还派出了一波夜间攻击机群，由 6 架"复仇者"式和另外 2 架负责投掷照明弹的舰载机组成。此次出击不仅是特混大队对特鲁克攻击的最后一环，也是英国太平洋舰队执行的第一次大规模夜间作战，显示了未来夜间作战的巨大潜力。不过，当晚飞行员们几乎没有观察到爆炸发

∧ 摩恩机场跑道在遭到攻击后弹坑累累。(作者私人收藏)

生，因此推断投下的 24 枚炸弹中一定有相当部分落入海中。此次针对特鲁克的作战中并未发生炸弹未正常投下的事故，这应归功于军械师们在为"复仇者"式整备武器时一流的工作成果，不过也应注意到某个小队的"海火"式在俯冲轰炸中投下的 227 千克炸弹并未爆炸。夜间，攻击机群返航后，第 111.2 特混大队立即向马努斯返航。6 月 16 日，舰队雷达发现一架敌机。战斗机引导人员判断这是从雅浦岛（Yap Island）起飞的一架"紫电改"局地战斗机，并指引隶属

880 中队、正在执行空中战斗巡逻任务的一架"海火"式进行截击。然而该机右侧起落架未能正常收起，一部分结构凸出于机翼表面，影响了其后方的散热器进气口正常工作。在起飞以及在执行空中战斗期间低速飞行时这一故障的影响尚不明显，然而一旦飞行员打开节流阀让"海火"式装备的"梅林"引擎全速运转，该引擎便迅速发烫，导致该机被迫放弃截击。当天晚些时候，一架"复仇者"式携带新闻稿以及照片出发飞往约 630 千米外的皇家海军波南航空基地。6 月 17 日，"不饶"号卸载若干舰载机前往波南基地继续进行飞行训练，其自身则于 8 时 30 分在海鹰港下锚。在英国太平洋舰队从澳大利亚返回前，该舰一直驻留马努斯附近。

对这些新抵达太平洋战场的舰只而言，"囚徒"作战是一次实际且有益的训练。包括"敏捷"号上被火控系统困扰的炮手们在内，所有参战官兵都从此次作战中获益匪浅。在为期两天的战斗中，"不饶"号共完成 103 次昼间、10 次夜间"攻击性"起降和 103 次"防御性"起降。该舰"海火"式的表现要比迄今为止"不倦"号上的同型机更为出色和可靠。在整个作战期间，即使在航速较慢且地勤人员也不熟悉该机型的"统治者"号上，也没有一架"海火"式因着舰事故损失。部分"海火"式起飞时挂载一枚 227 千克炸弹，且一直未出现任何问题。这也是该机型在太平洋战场首次执行战斗轰炸任务。该机型作战半径不足的问题迫使"不饶"号抵近至离岸 100~130 千米处，以便"海火"式在返航时仍有足够的燃油等待逐一着舰。鉴于在日本本土沿海地区可能遭遇的激烈抵抗，这一条件实际上在今后作战中不可能实现。此次作战伤亡较轻，唯一一架被敌防空炮火击落的舰载机是 801 中队 PP975 号"海火"式，该机作为"推弹杆"部队的一员参与了 6 月 14 日对杜布伦岛机场的扫射攻击，并在其间被击落，该机飞行员皇家海军志愿预备役航空中尉佩恩（M H Payne）阵亡。同一日晚间，第 828 中队由皇家海军志愿预备役航空中尉斯科菲尔德（R S Scholefield）驾驶的一架"复仇者"式在夜间使用弹射器起飞时失事，斯科菲尔德中尉阵亡。按照正常操作规范，该机应通过两条滑车带与弹射器的小车相连，滑车带的一段连接在每侧机翼内段上。在此次事故中，一侧滑车带从机翼上松脱，在夜色中地勤人员也未发现这一故障。因此在加速过程中该机侧滑下弹射器并坠入海中。

虽然飞行员当场阵亡，不过该机观测员皇家海军志愿预备役中尉卡里瑙卡斯（L
Kalinaukas）及通信员/射手领班飞行员多利摩尔（R E Dollimore）幸运地爬出
座机残骸，并被"歌舞女神"号救起。[13] 另一重要损失为"不饶"号飞行副指挥官、
皇家海军兰姆（C B Lamb）少校的重伤。少校是一名参与过夜袭塔兰托（Taranto）
之战的老兵，具有丰富的经验。出事时天色尚未放明，但地勤人员和飞行甲板
调度人员已经排列好准备参加当日第一波攻击的舰载机。少校在飞行甲板上亲
自监督 "萤火虫" 式在一片黑暗中弹射起飞。第一架"萤火虫"式成功起飞，
弹射器的小车正向后退回以便弹射后续舰载机。然而弹射过程中附着于英制舰
载机上的空心支撑杆未能正常碎裂，黑暗中无人观察到这些支撑杆撞上了飞机
的螺旋桨，导致后者被击碎，其中一块碎片击中了兰姆少校的双腿。尽管少校
严重失血，但他最终还是挺了过来，并在"不饶"号返回马努斯锚地后被送往
设在岛上的美国海军医院。除了意外失事的"海象"式以外，另有2架"海火"
式在着舰时因撞上阻拦网受损。2架战斗机均由皇家海军志愿预备役航空中尉冈
森（D M Gunson）驾驶。[14] 另有4架"复仇者"式鱼雷轰炸机在起飞后不久因
引擎故障在海中迫降，这些飞机全损。

∧ 一架正对飞行甲板中轴线完成降落的"复仇者"式被飞行甲板调度人员推向一边，以清空"不饶"号舰岛
附近区域。（作者私人收藏）

∧ 舰载机指挥官伊万斯海军中校立于照片中后排远处,其左侧依次是本土舰队舰队副官(Captain of the Home Fleet)亨利·摩尔(Henry Moore)将军、一名美国海军访客和休斯－哈利特(Hughes-Hallett)舰长。(作者私人收藏)

　　"囚徒"作战的战果包括 2 架敌机被击毁在地面,另有 3 架被认定为击伤。停泊于特鲁克泻湖中的一座浮动船坞和若干小型船只、机场跑道和包括被击裂的油罐在内的若干港口设施均被炸弹和火箭弹命中。在作战经过报告中,布林德少将称,根据侦察摄像照片观察,在对付投影面积很小的目标时,火箭弹比航空炸弹更为有效。在安装了导轨之后,"海火"式也应能挂载 76.2mm 火箭弹这一武器。不过,由于海军部未正式批准"海火"式使用这一武器,因此尽管"不饶"号携带了导轨,但并未安装在"海火"式上。布林德少将评论称,他认为"不饶"号已经"最大限度地利用了'海火'式",这也是英国太平洋舰队高级军官对该型战斗机的首次正面评价。不过,少将还是提到了该机型滞空时间不足,以及着舰性能较差等由来已久的问题。这些问题导致该机型仍难以融入航空母舰舰载机群。在特鲁克附近海域展开的中等规模作战中,高密度的起降作业常常导致"不饶"号飞行甲板拥塞，此时如果"统治者"号不能提供备降，部分"海火"式便可能在等待着陆过程中耗尽燃油，并因此不得不在海中迫降。实战表明，连续进行舰载机起降作业直至夜间是可行且成功的，但同时也加重了指挥团队、飞行甲板调度团队和地勤人员的工作负担，导致相关人员过于疲劳。此前英国太平洋舰队已经决定学习美国海军的作战方式，将部分航空母舰专用于夜间作战，因此目前这种造成人员过于疲劳的状况可望在此后得到解决。

在 1945 年 6 月远离前线期间，"不饶"号和"不倦"号各自搭载的战斗机联队都在尝试更有效地使用"海火"式战斗机的方式，其中最重要的课题是改善该机型滞空时间，从而扩大其作战半径。"不倦"号搭载的第 24 联队暂时离舰进驻皇家海军斯科菲尔德航空基地，并从澳大利亚皇家空军处获得大量专用于"喷火"式（Spitfire）战斗机的 410 升副油箱。在挂载满载的副油箱后，该机型的重量超过了其主起落架的最大载荷。尽管官方从未正式批准使用该油箱，但鉴于该油箱能显著提高该机型的滞空时间，因此该联队依然决定使用这一设备。挂载该油箱时"海火"式的巡逻时间可达 4 小时以上。在此后的作战中，驾驶"海火"L3 型和"海火"F3 型的飞行员都能轻松达到这一巡逻时间。第 38 联队的解决方案则更加的非正式。[15] 该联队进驻皇家海军波南航空兵基地期间，各中队尝试了若干种副油箱，其中包括从澳大利亚皇家空军处获得、专用于"喷火"式的 136 升、205 升和 410 升油箱。试验结果显示，专用于美国陆航 P-40"战鹰"式（Warhawk）战斗机的 405 升[16] 副油箱效果最好。伊万斯中校设法从美国陆航设于新几内亚的仓库获得了大量该种油箱。[17] 首先安装这一设备的是克罗斯利少校本人的 NN621 号"海火"FR3 型战斗机，少校使用该副油箱进行了若干次试飞，以确定油箱顶端与机身之间、油箱底部与飞行甲板之间的理想净空高度，此外还需考虑到在弹射过程中起落架液压支撑柱处于压缩状态。在得到了最佳配置之后，该联队的所有"海火"式均在修改后的 227 千克炸弹挂架上挂载了该种副油箱。此外，另一项改良措施是在副油箱与机身之间插入透明橡胶管，如此一来，编队中的战斗机飞行员便可在必要时互相检查燃油是否从副油箱正常输出。[18] 此项改动同样从未获得官方批准，但实战证明这一改动非常成功，并被该联队一直保留至战争结束。

在澳大利亚进行维修
改进后勤系统

　　"可畏"号于 5 月底首先返回悉尼，此时该舰飞行甲板和舰岛上仍保留着着火的痕迹。该舰于 1945 年 5 月 31 日进入花园岛船坞内的库克船长干船坞，直至 6 月 26 日出坞。来自白鹦鹉岛船坞的工程师们承担了大部分维修工作，并从自备车间制造了替换用钢板，这也是当时该船坞与花园岛船坞合作完成的规模最大的工程。工程师们发现神风特攻机的撞击位置恰处在 3 块各重 14 吨的 76.2 mm 装甲板连接处。这三块严重受损的装甲板均被拆除，其中两块可以修复。

∧ "可畏"号穿过悉尼港反潜障碍，此时该舰舰岛上的战伤痕迹仍清晰可见。照片摄于 1945 年 5 月。(澳大利亚战争纪念馆收藏，照片编号 P00444.047)

∧ 停放在库克船长船坞内的"可畏"号。(作者私人收藏)

工程师们遂使用液压机将这两块装甲板压平并装回原位。第三块装甲板受损过于严重无法修复。鉴于澳大利亚当地没有 76.2mm 的装甲板,工程师们只得将两块 38.1mm 特种钢钢板叠在一起,安装在"可畏"号飞行甲板的相应位置。此外工程师们还更换了受损装甲板下方的甲板大梁,并在构成飞行甲板的装甲板的硬化表面上按原位重钻了铆钉孔。对该舰舰岛的修理工作包括更换若干在大火中受热弯曲的低碳钢板,同时还在舰岛结构上新建了一座海军上将参谋舱室,并为该舱室以及一间雷达操作室一道安装了相应设备。[1]鉴于"不挠"号需要接受长时间整修,维安少将决定选择"可畏"号作为新的旗舰。"可畏"号动力设备、锅炉以及电气系统的维修也按照紧张的时间表及时完成。

紧接着"可畏"号进入库克船长干船坞的是"不挠"号,英国太平洋舰队主管工程师、皇家海军工程上校辛普森（T H Simpson）对白鹦鹉岛船坞参与整修该舰的人员的表现提出了表扬。整修工作包括取下重达 50 吨的船舵、一个推进器、中央推进器主轴，在壳体上镗孔，安装新的轴瓦，以及更换所有零件。主轴直径为 521mm，对镗孔和安装的精度要求极高。海军部此前估计整个工程需 5~6 周才能完成，但在工作人员的努力之下，仅耗时 4 周便提前完成了整修任务。辛普森上校对此评论称，关于此项成就，英国太平洋舰队当局以及全舰官兵"唯有衷心赞赏工作人员展开工作的方式"。[2]

悉尼诸船坞承担的其他工作还包括维修"肯彭菲尔特"号的船艏舱、维修"监护人"号、为"德金河"号护卫舰①安装 147B 型声呐，修理"骚乱"号因搁浅而受的损伤，重新镗削该舰尾轴架，校准其推进器主轴以及修理其他动力设备。"冈比亚"号、"速燃导火索"号、"纳皮尔"号、"乌拉尼亚"号和"格伦威尔"号分别接受了小规模维修。驻澳大利亚和赶来太平洋战场准备加入英国太平洋舰队的舰船也先后接受整修并排除故障，其中包括修理了推进器的"贪食"号（Voracious）潜艇和修理了锅炉炉胆砖衬的维修航空母舰"先锋"号（Pioneer）。

在对舰船进行维修并实施补给作业的同时，英国太平洋舰队的参谋团队也在起草下一阶段作战中舰队的作战计划。在美国海军透露对日本本土的攻击计划之前，皇家海军方面一直希望在菲律宾建立一个中间基地。不过美军方面却不愿开放设于菲律宾的相关设施。在没有清晰作战时间线的前提下，参谋人员估计该基地动工后需 9 个月才能完成营建和仓储工作。[3]此外，菲律宾当地缺乏相应的人力、材料和航运运力，难以在营建澳大利亚主基地和组建后勤支援船队的同时在菲律宾营建新基地，因此营建菲律宾基地必将影响澳大利亚主基地和后勤支援船队的建设。鉴于此时盟军下一阶段作战的目标已经明确为日本本土，因此菲律宾基地对此后作战的价值非常有限，且该基地显然不可能于战争结束前完工。还在"冰山"作战早期，"独角兽"号舰长梅里韦瑟就报告称设

———————————

①译注：该舰为隶属澳大利亚皇家海军的一艘"河流级"护卫舰。

∧ 隶属皇家辅助舰队的"君士坦丁要塞"号（Fort Constantine）食品储备分发船。该船是在加拿大新建的特种辅助船只之一。（作者私人收藏）

∧ 停泊于悉尼港的"先锋"号。摄于 1945 年 5 月。（作者私人收藏）

于萨马岛的航空基地距离锚地太远，而且美国海军实际也需要莱特湾的几乎全部设施支援第3和第7舰队作战。

自从明确下一阶段作战将在日本本土沿海展开后，对英国太平洋舰队的参谋们而言，一个明显的问题便是新后勤作业区域的位置显然要远北于此前预计的位置。鉴于这一情况，弗雷泽上将亲自决定，对舰队的最佳支援方式是在马努斯建立一个"浮动"中间基地，从而省下从马努斯至菲律宾的长距离航运航程。此前在莱特湾建立维修和仓储基地的计划则被取消。按原计划，莱特湾的基地还需配备机场以供修理舰载机、为补给航空母舰舰载机群提供备降场地以及舰队需求单位（FDU）所辖中队之需。这一决定的影响很快便在澳大利亚主基地和阿德米勒尔蒂群岛体现出来。前者按原计划并未规划很多机场，后者除需支援第1航空母舰中队作战外，很快还需支援由轻型舰队航空母舰组成的第11航空母舰中队作战，该中队此时正在赶来太平洋战场加入英国太平洋舰队的途中。另有两个海军机动航空作战基地奉命在抵达澳大利亚后留驻悉尼，舰队同时开始为这两个单位寻找合适的进驻机场。舰队还计划在萨马岛部署一个应辖有维护保养、储存和修理单位的前进飞机储备基地（Forward Aircraft Pool

∧ 849中队的飞行员们拖着一台移动起动机电池组前往皇家海军斯科菲尔德航空基地的"海火"式战斗机停机坪。（作者私人收藏）

,FAP）。该基地在澳大利亚编制完成，并于 6 月 7 日登上"先锋"号。但在后者从悉尼起航前往莱特湾之前，舰队便决定一旦从美国海军处获得许可便将该基地移驻马努斯。最终，"先锋"号于 6 月 16 日从悉尼出发，前往距离波南不远的皮特伊卢岛，并于 6 月 21 日开始卸载前进飞机储备基地所辖人员物资。美国海军在皮特伊卢岛设有一个海军航空基地，前进飞机储备基地便在该美军基地借驻。

即使到了 1945 年 5 月，舰队物资储备情况仍不容乐观。英国太平洋舰队内部召开了若干会议，讨论加以改进的可能，与会人员重点关注的是航空物资储备状况。研究得出的改进方式包括通过更仔细地分析不同物资的消耗数据，从而得出更符合具体实战需要的发放量。与此相关的另一问题则是缩减发放给各舰物资的标准范围和数量，同时协调各舰所需，实现基于现有库存的最优分发方案。太平洋战区物资储备总监助理（AD of S〔P〕）从手下最精通业务的专家中抽调骨干力量组建了一支研究队伍，前往悉尼访问舰队各舰，试图得出在两段给定时期内各舰登记簿记录的实际物资消耗量，这些数据可以使今后的研究基于实际而非理论消耗量。第 1 航空母舰中队参谋团队中并无专门的航空物资管理官，因此舰队决定应从舰队航空兵维护保养团队中指定一名高级军官在前进地区协调各舰需要，同时应派出一名富有经验的航空工程军官加入太平洋战区物资储备总监助理的参谋团队作为顾问。该航空工程军官的任务非常艰巨，他需要在没有任何详细统计数据的情况下，预计拆解而来的备件可能的消耗量。这些拆解而来的备件由各航空母舰相关车间通过拆解无法使用的舰载机得到。此外他还需确认尚未列入各航空母舰物资消耗表的重要物资种类。某些物资由于在 1945 年 2 月还没有储备，因此在当时并未发放。相对而言，预测各航空母舰可能的舰载机出动率，以及统计各舰搭载的不同机型的服役时间和历史则是相对轻松的工作。

食品储备则是太平洋战区物资储备总监助理可利用实战经验做出改进的另一科目。在"冰山"作战期间，舰队后勤船队所辖 4 艘食品储备分发船均无法随同后勤补给船队一同前往后勤作业海域实施补给作业，导致第 57 特混舰队在出海作战期间仅有 1/4 时间可以享用新鲜食品。脱水食物很快便令人腻味，且几

△ NN632 号"海火" 3 型战斗机正在机动飞机养护厂（Transportable Aircraft Maintenance Yard/TAMY）的组装流水线上进行组装。虽然组装工作已经接近尾声，但该机尚未喷涂英国太平洋舰队标识。和很多后期生产型"海火"一样，该机并未来得及分配给某一中队。（作者私人收藏）

乎所有的舰长均在各自的作战经过报告中指出新鲜食品对官兵健康和士气的巨大贡献。[4] 两艘新建食品储备分发船"弗兰格尔要塞"号（Fort Wrangel）和"格兰纳特尼"号（Glenartny）的到来带来了巨大的改变。两船能与后勤补给船队一道行动，并在其自身携带货物发放完毕之后从冷藏货轮上获得补充。这使得舰队能得到的新鲜食品数量翻了一番。后勤部门当然并不满足于此，计划做出进一步改进，不过和很多其他改进项一样，在正式实施之前战争便结束了。

在英国太平洋舰队为接下来一系列作战积极进行出航准备的同时，第二艘航空储备分发船"兰利要塞"号（Fort Langley）抵达马努斯，从而缓解了紧张的航空物资库存状况。该舰直接从加拿大出发，满载着英国太平洋舰队全部 5

种主力机型的相关物资，不过并未装载"梭鱼"式的相关物资，该机型将随第11航空母舰中队于7月一同抵达太平洋战场。另一项行政上的改进则是设立了航空供应参谋官（Staff Supply Officer〔Air〕）一职，并为舰队航空兵维护保养团队设立了一支小型支援团队。该团队由1名皇家海军后勤中校、1名皇家海军志愿预备役后勤少校、1名皇家海军仓储士官和若干经过相应训练的"仓储"和"文书"水兵构成。与他们一同工作的还有1名经验丰富的平民仓储官员以及3名助理。当然，后勤补给状况逐渐改善的最大原因还是从英国本土运抵澳大利亚的物资数量不断增加，不过上述全部措施都有助于大量新到物资的合理化流转，并确保物资及时送抵正确地点。[5]

后勤支援系统的另一职责是为一线作战中队提供完成训练的后备机组。为此，第706中队于3月在皇家海军斯科菲尔德航空基地建立，并使用英国太平洋舰队所使用的全部机型。该中队为新晋机组成员提供飞行训练项目，并为从医院、休假或完成任务后返回部队的机组成员提供恢复性训练。[6]英国太平洋舰队于1945年2月抵达澳大利亚时，当地尚无后备机组成员，当时海军曾希望出自锡兰海军作战训练单位的飞行员最终能满足后备飞行员的需求，但实战表明该单位培训的飞行员仅能满足部分需要，且部分飞行员未经恢复性训练便直接前往前线。如前所述，这导致了严重的后果。此外，初期在英国太平洋舰队内部还存在着飞行员使用上的严重浪费。当舰队抵达太平洋战场时，舰队中很多飞行员都已经完成或大部分完成前线作战期限。在"冰山"作战完成后，舰队高层认识到，按照目前舰队的作战节奏，即使是新加入战场的飞行员也不可能在一线作战中队服役15个月期间一直保持最高作战效率。理想的解决方案自然是建立与美国海军类似的后备舰载机群，但起初并没有足够的飞行员或舰载机以供建立上述后备单位。作为专门针对舰队在日本本土沿海作战期间的临时解决方案，舰队引入了经过修正的前线作战期限指标：所有飞行员都最多连续在前线作战中队作战6个月，到期后，飞行员转入驻扎在岸上的二线中队服役4个月，然后再返回前线舰载机中队。作战单位的作战期限则为18个月，这一期限从该单位首次登舰起算，但并不包括在岸上进行适应性训练的时间。[7]

缓解"海火"式战斗机飞行员不足这一问题的应急解决方案则需要澳大利

亚皇家空军的协助。至 1945 年夏，澳大利亚皇家空军战斗机飞行员数量已经过剩。在收到海军部的征询后，澳大利亚皇家空军慷慨地同意抽调 24 名经验丰富的"喷火"式战斗机飞行员转隶澳大利亚皇家海军志愿预备役，并加入英国太平洋舰队作战。志愿申请者们需拥有至少 500 小时飞行经验，最终澳大利亚皇家空军于 1945 年 6 月从"数量庞大的申请者"[8] 中挑选了 24 人。为此设立的第 1 期澳大利亚皇家海军志愿预备役航空训练课程堪称整个战争期间最成功的"海火"式训练课程之一，参加课程的 12 名学员都拥有丰富的作战经验，分别曾在苏联北部、西部沙漠①、西北欧、新几内亚和达尔文港作战。大多数人在转隶海军后实际军衔都会比原先降一等。学员们在斯科菲尔德进行了大量模拟飞行甲板着舰练习（Airfield dummy deck landing, ADDL），然后于 6 月 24 日飞往"不挠"号进行航空母舰飞行资格测试。每名飞行员都至少完成了 10 次使用阻拦索着舰，以及若干次着陆钩收起条件下在飞行甲板上一触即离的进近飞行。首日，一架"海火"式冲出舷外，另一架撞上了阻拦网，但次日的 52 次阻拦索着舰中并未发生任何事故，第三日则仅发生一起"海火"式起落架液压支柱断裂事故。首批 8 名飞行员被派往马努斯，以待"不倦"号或"不饶"号经过时登舰。不过，由于日本突然投降，这些飞行员并未参战。参加第 2 期训练课程的飞行员则于 8 月在"仲裁者"号上进行航空母舰飞行资格测试。24 名澳大利亚飞行员中大部分人战后都继续在英国太平洋舰队的航空母舰上服役，其中一些在澳大利亚皇家海军成立其独立的航空分支后转为海军永久军衔，并在海军中长期服役，成绩斐然。

对澳大利亚皇家海军志愿预备役人员的培训由 899 中队在皇家海军斯科菲尔德航空基地进行，该中队搭乘"追击者"号（Chaser）护航航空母舰从英国本土赶赴澳大利亚。"追击者"号途经马努斯时，该中队的很多飞行员转隶"不倦"号和"不饶"号。此后"追击者"号负责在海上补给作业期间为舰队航空母舰提供后备机，而 899 中队则以学员单位的身份进驻斯科菲尔德。按计划，该中队最终将成为后备航空母舰舰载机群的一部分。

---

① 译注：即北非西部。

∧ 由第1期澳大利亚皇家海军志愿预备役航空训练课程学员驾驶的一架"海火"式在"不挠"号上进行着舰练习时左起落架液压支柱折断，该舰当时位于澳大利亚东海岸附近海域。（作者私人收藏）

∧ 损管部门人员拖出消防水管以防起火，飞行甲板调度团队则准备将受损"海火"式移出着舰区。（作者私人收藏）

THE BRITISH PACIFIC FLEET
THE ROYAL NAVY'S MOST POWERFUL STRIKE FORCE

英国太平洋舰队

【下册】

【英】大卫·霍布斯 著　　　张宇翔 译

吉林文史出版社
JILINWENSHICHUBANSHE

图书在版编目（CIP）数据

英国太平洋舰队 / (英) 大卫·霍布斯著；张宇翔译. -- 长春：吉林文史出版社，2018.7
书名原文：The British Pacific Fleet: The Royal Navy's Most Powerful Strike Force
ISBN 978-7-5472-5284-0

Ⅰ.①英… Ⅱ.①大…②张… Ⅲ.①海军舰队－军事史－英国 Ⅳ.①E561.9

中国版本图书馆CIP数据核字(2018)第167764号

THE BRITISH PACIFIC FLEET:THE ROYAL NAVY'S MOST POWERFUL
STRIKE FORCE by DAVID HOBBS
Copyright:© DAVID HOBBS 2011

This edition arranged with Seaforth Publishing
Through Big Apple Agency,Inc.,Labuan,Malaysia.
Simplified Chinese edition copyright:
2018 ChongQing Zven Culture communication Co.,Ltd
All rights reserved.

YINGGUO TAIPINGYANG JIANDUI

英国太平洋舰队

著 /【英】大卫·霍布斯　　　　译 / 张宇翔

责任编辑 / 吴枫　特约编辑 / 王晓兰

装帧设计 / 杨静思

策划制作 / 指文图书　出版发行 / 吉林文史出版社

地址 / 长春市人民大街 4646 号　邮编 / 130021

电话 / 0431-86037503　传真 / 0431-86037589

印刷 / 重庆长虹印务有限公司

版次 / 2023 年 3 月第 2 版 2023 年 3 月第 1 次印刷

开本 / 787mm × 1092mm　1/16

印张 / 35　字数 / 533 千

书号 / ISBN 978-7-5472-5284-0

定价 / 169.80 元

进驻斯科菲尔德时，包括其指挥官在内，899 中队一共仅有 4 名飞行员，分别是皇家海军志愿预备役少校丹尼森（G Dennison），皇家海军志愿预备役资深飞行员索尔兹伯里（H H Salisbury），前"不倦"号 894 中队的头号"海火"式王牌、皇家海军志愿预备役航空中尉雷诺兹，以及前"地狱猫"式战斗机飞行员皇家海军志愿预备役航空中尉麦克莱伦（K A MacLellan），后两人此前不久刚刚完成前线作战期限。第 5 名飞行员、皇家海军志愿预备役航空中尉菲利浦斯（P R Philips）被普遍认为是一名卓越的飞行员，他被选中派驻马尼拉，在当地驾驶"海火"式，与由美国陆航飞行员驾驶缴获的日军军机进行模拟对抗。两艘"海火"式搭乘"追击者"号被送往马尼拉，但根据对抗结果进行的分析已不可考。因此 899 中队便成了开设澳大利亚皇家海军志愿预备役人员培训课程的理想单位。

∧ 皇家海军"海火"式头号王牌雷诺兹中尉转隶 899 中队，照片中他正在通过无线电设备，指导参加第 1 期澳大利亚皇家海军志愿预备役航空训练课程的一名学员进行模拟飞行甲板着舰练习。摄于皇家海军斯科菲尔德航空基地。（作者私人收藏）

尽管课程中受训人员并未接受正式指导训练，不过培训效果很好。

　　皇家海军航空基地乃是机动海军机场组织（Mobile Naval Airfield Organisation,MNAO ）的重要组成部分,若干基地分别在澳大利亚瑙拉、邦克斯顿、斯科菲尔德以及阿德米勒尔蒂群岛的波南先后建成服役。这些基地在英国太平洋舰队准备进行"冰山"作战期间及时开放,有力地支援了舰队作战。投入运行后，皇家海军持续改善设于澳大利亚 3 个基地的条件和设施，但这一工程在战争结束之前未能完成。瑙拉基地和斯科菲尔德基地主要供离舰的中队使用，但邦克斯顿基地则主要作为接收 / 派发单位。该基地最初每月能组装 70 架海运而来的舰载机散件，此后随着设施的增加以及操作人员熟练度提升，每月组装数量上升到 200 架。[9] 机动海军机场组织是一项长期计划,对接收 / 派发单位设计的目标是至 1945 年秋"奥林匹克"作战展开时,实现长期保持多达 500 架可用海军舰载机的储备规模,以同时支持第 1、第 11 和第 30 航空母舰的中队所需。

　　至 1945 年 6 月， "澳大利亚海军航空基地总指挥官"这一头衔已经更改为"太平洋海军航空兵总指挥官" （Flag Officer Naval Air Pacific,FONAP ）。当时该指挥官和英国太平洋舰队行政主管及其各自的参谋团队均清楚认识到若干工作项目的进度已经落后于预期时间表,同时新的作战计划又要求在澳大利亚新建相当数量的飞机相关设施。为解决这一问题,他们试图获取一些不用像此前所获得的机场那样需要进行同等规模的改造才可投入使用的机场。第 5 海军机动航空作战基地于 1945 年 5 月 1 日从澳大利亚皇家空中手中接收贾维斯湾机场。第 6 海军机动航空作战基地则从 6 月 1 日起借驻澳大利亚皇家空军马里伯勒机场（Maryborough ）。第 7 海军机动航空作战基地于 1945 年 7 月抵达澳大利亚,并最终进驻皇家海军阿彻菲尔德航空基地（Archerfield ）, 支持当地的机动飞机养护厂作业。上述所有基地最初仅作为临时使用,但随着在菲律宾建立基地的计划夭折,所有海军机动航空作战基地均永久性驻扎相应基地。此外,为了应对日益增长的需求,伊万斯岬（Evans Head ）、纳洛迈（Narromine ）、格林希尔（Greenhills ）、科夫斯港 (Coffs Harbour)、塞西尔平原（Cecil Plains ）以及莱伯恩（Leyburn ）等地的机场也被英国太平洋舰队作为备选目标,以应付舰队日益增长的需要。上述大多数机场都是 1942 年间应澳大利亚皇家空军要求匆忙修

∧ "追击者"号护航航空母舰停泊于悉尼港环形码头（Circular Quay）。照片中可见美军为该舰分配的舷号 R306。（澳大利亚海权中心收藏）

建而成。尽管拥有现成的跑道，但是至 1945 年多数机场都亟待维修，且并不完全适合皇家海军的用途。[10] 大多数战时铺设跑道的基底都是用沙土和砂砾封层，施工人员先驱赶羊群踩踏，然后又出动压路机将其压平。在封层之上则是一层 25mm 厚的砂砾，其上敷设焦油，并用压路机压平。对于相对温和的空军着陆方式而言，这种跑道足敷使用，但一旦若干架飞机反复在同一区域连续进行数小时着舰练习，某些反复承受巨大冲击力的跑道表面便会破裂。[11] 此外，1945 年夏，澳大利亚政府已经着手将人力物力集中于住房建设项目，这也导致海军航空基地建设进度放缓。不过，至 1945 年 7 月，已有若干皇家海军陆战队工程兵单位加入英国太平洋舰队，战争结束时这些单位已经开始着手进行一些机场建设项目。

7月23日，英国太平洋舰队的参谋团队与澳大利亚劳工部官员进行了一次会议，双方同意将机场建设工程限制在马里伯勒、伊万斯岬、邦克斯顿、贾维斯湾等少数地点以及机动飞机养护厂。7月28日的另一次会议上，与会各方同意将澳大利亚皇家空军帕克斯基地（Parkes）和西塞尔基地（West Sale）先后于1945年12月和1946年1月移交英国太平洋舰队，后者位于墨尔本附近。[12]此外，英国太平洋舰队还派出一个侦察小队，前往澳大利亚皇家空军设在安伯利（Amberley）和奥基（Oakey）的航空基地进行检查，为第8海军机动航空作战基地寻找最合适的驻地，最终前者中选。

第一批海军机动航空作战基地在澳大利亚各机场安顿下来之后，远在英国的战略筹划人员便发现此前规划时对机动性的要求过高，实际在澳大利亚建立的是近似于永久性的海军航空基地，且基本利用主要基地范围内的现有设施完成运作。驻澳大利亚当地、波南和皮特伊卢岛的美军可为这些海军机动航空作战基地提供各种精密、完善的后勤支援，而如果将这些基地部署在没有上述后勤条件的其他地点，这些基地就很可能陷入瘫痪。皇家海军航空基地下属各部门中效率最低的是机动飞机养护厂，该部于1945年3月27日进驻皇家海军阿彻菲尔德航空基地。与用于执行特定任务的海军机动航空作战基地不同，机动飞机养护厂的定位是大型合成工业组织，但是实战中该部门缺乏合适的地面设施、设备、物资，且在绝大部分时间内也缺乏相应的专业技术。该部门尽管号称"机动"，但实际从未实现机动化。同时，由于缺乏材料，该部门的先遣团队不得不进行大量的准备工作。更为雪上加霜的是，由于该部门的主业——维修舰载机在很大程度上是一项非标准化作业，与组装新舰载机作业的要求迥然不同，因此需要相当程度的技术技巧，而对一支新近成立的仅经过匆忙训练的单位而言，这种技术技巧显然不可奢求。实际上，仅有极少数受损舰载机最终完成维修返回第1航空母舰中队，且这些舰载机中大部分也是由"独角兽"号和其他维修舰只修理完成。回顾建立机动飞机养护厂所需付出的努力，太平洋海军航空兵总指挥官认为现实需要迫使该部门实际扮演的是一个相当复杂的接收/发送单位，为此所花费的人力、精力以及物资显然并不得当。充足的航空物资、完备的地面设备以及掌握相当技术的水兵是完成深层保养维修作业的必要条件，

∧ 根据照片中停放的包括隶属皇家空军的 C-47 运输机在内的大量军机可估计克里路（Kerry Road）车间的机库以及构成机动飞机养护厂一部分的机库群的规模。皇家海军阿彻菲尔德航空基地亦在背景中。（作者私人收藏）

但 1945 年 6—7 月间这些条件在阿彻菲尔德基地都不具备。现代化军机的复杂程度意味着需要为每一种机型设置专业单位进行相应的维护维修作业。组织若干专门的维护维修团队，并相应授予进入适当车间的权限的方式在邦克斯顿基地首先采用，实际经验证明这一方式在资源利用上更有效率，因此太平洋海军航空兵总指挥官决定之后不再重复机动飞机养护厂这一尝试。[13]

皇家海军航空基地在输送舰载机和相关材料能力上的日趋增强也体现在海

∧ 机动飞机养护厂联合计划办公室。墙上图标中，各列中的每一横条分别代表一架军机。士兵身着海军机动航空作战基地水兵配发的标准卡其布战斗服，但他们依然需要在行李中保留原有的蓝白海军制服。（作者私人收藏）

上舰队后勤船队的改变中。1945 年 6 月 13 日，原舰队航空兵维护保养团队更名为英国太平洋舰队航空后勤船队，由"先锋"号的舰长、皇家海军准将莫里 – 史密斯（H S Murray–Smith）统一指挥，准将因此获得"航空后勤船队指挥官"（COMAT）这一职称，并就英国太平洋舰队在前进区域的航空后勤支援直接向舰队后勤船队指挥官负责，[14] 其输送内容包括后备舰载机、飞行员及相关物资。他还被授予第 30 航空母舰中队的作战指挥权，以便执行一系列相关作业，但并不具有该中队的行政管辖权。此外他还以类似的方式掌握数目日趋增长的舰载机、专门的引擎与零件保养维护船只，以及航空储备发放船的作战指挥权。航空后勤船队指挥官还负责分派后备机组，并负责管理由后备水兵构成的前进航空人员征调名单，且通过与驻"金色雄鹿"号的皇家海军驻悉尼兵营主管沟通确定具体人数。实际上，航空后勤船队指挥官扮演的是太平洋海军航空兵总指挥官与第 1 航空母舰之间的桥梁角色，且在起草及执行每次作战的后勤补给计划里有关航空内容的过程中发挥着关键性的作用。航空后勤船队这一部门的演变便是英国太平洋舰队后勤支援组织持续改善的例证之一。

1945 年 6 月，在澳大利亚的维护保养间歇也给了各舰成员自数月以来首次休假以及娱乐的机会，尤其是那些在悉尼港或附近停泊船只的船员。2 月英国太平洋舰队抵达澳大利亚时当地仅有很少的福利设施供他们使用，且"仅仅是由于悉尼当地及周边地区居民热情迸发，毫无保留地打开家门欢迎官兵，严峻的态势才得以避免"[15]。6 月，澳大利亚居民的好客热情有增无减，舰队行政主管评论称最大的问题并不是为官兵提供娱乐，而是再次归结于找到足够的官兵去接受来自澳大利亚普通民众的全部邀请。除了悉尼地区的"英国中心"及其分支[16]外，悉尼以外地区的福利设施还包括 2 座建在海边的"假日营"，所辖床位可供多达 1800 名水兵使用。对于那些打算暂时离开大海的水兵来说，他们也可接受去若干养牛场以及养羊场住上一段日子的邀请。在完成"冰山"作战回到澳大利亚之后，英国太平洋舰队的官兵们无疑急需一段时间的修整，方可进行下一阶段作战。澳大利亚人民将英国太平洋舰队视为"他们自己的舰队"，并尽其所能爱护舰队官兵。

部分无须接受修理或澳大利亚无法容纳的舰只则驻留马努斯。这些舰只包括参与"囚徒"作战的舰只，以及舰队后勤船队的大部，后者直接从莱特湾圣佩德罗湾返回马努斯。为迎接按计划应于 7 月抵达马努斯的英国太平洋舰队主力，舰队后勤船队早早地在马努斯展开了集结，新加入的船只也直接赶赴马努斯，从而扩大了舰队后勤船队的规模。重型修理船"阿特菲克斯"号于 1945 年 5 月 20 日从莱特湾驶抵马努斯，并在当地一直停留到 8 月末。修理船"资源"号则于 6 月间抵达马努斯锚地。驱逐舰供应舰"泰恩"号自从 1945 年 4 月抵达莱特湾之后其位置较为多变。该舰于 5 月 24 日离开莱特湾，经马努斯前往悉尼补充其备件库存。此后该舰又前往埃尼威托克环礁，并在停泊期间为油轮护航舰只提供后勤支援，这些油轮需赶赴埃尼威托克环礁装载散装油料。同时，"泰恩"号还扮演着第 37 特混舰队与设在马努斯的舰队后勤船队总部联络员的角色。该舰在埃尼威托克环礁一直停泊至 8 月 8 日，然后前往马努斯，并在那里停留至日本正式宣布无条件投降。[17]"独角兽"号返回澳大利亚，首先前往悉尼装载舰载

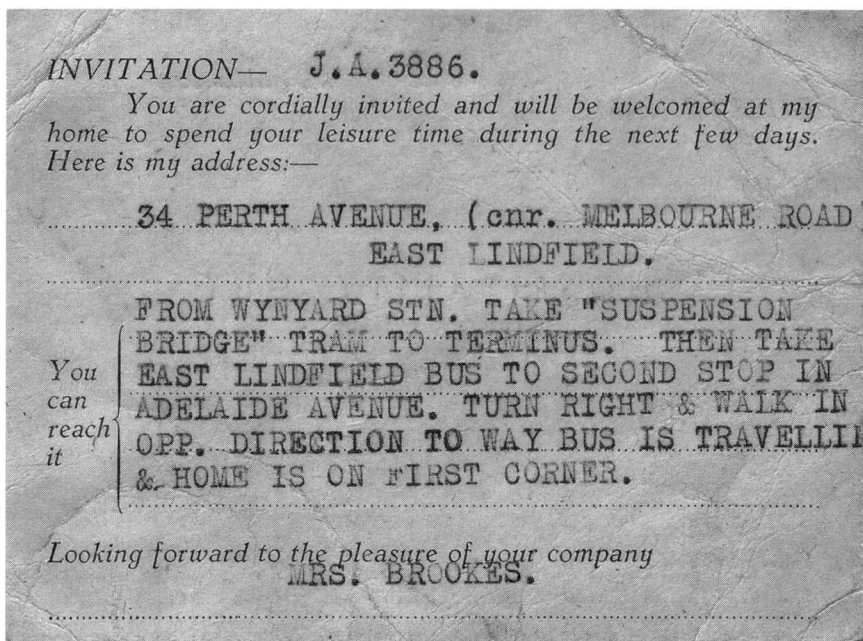

INVITATION—   J.A.3886.
    You are cordially invited and will be welcomed at my home to spend your leisure time during the next few days. Here is my address:—

34 PERTH AVENUE, (cnr. MELBOURNE ROAD)
EAST LINDFIELD.

You can reach it

FROM WYNYARD STN. TAKE "SUSPENSION BRIDGE" TRAM TO TERMINUS.   THEN TAKE EAST LINDFIELD BUS TO SECOND STOP IN ADELAIDE AVENUE. TURN RIGHT & WALK IN OPP. DIRECTION TO WAY BUS IS TRAVELLII & HOME IS ON FIRST CORNER.

Looking forward to the pleasure of your company
MRS. BROOKES.

∧ 得益于澳大利亚公众广泛的热情好客，英国太平洋舰队的水兵们并不缺乏娱乐。本图即为寄给"不饶"号上布莱克本（Blackburn）中尉的邀请函，邀请其到悉尼的布鲁克斯家（Brookes）做客。（作者私人收藏）

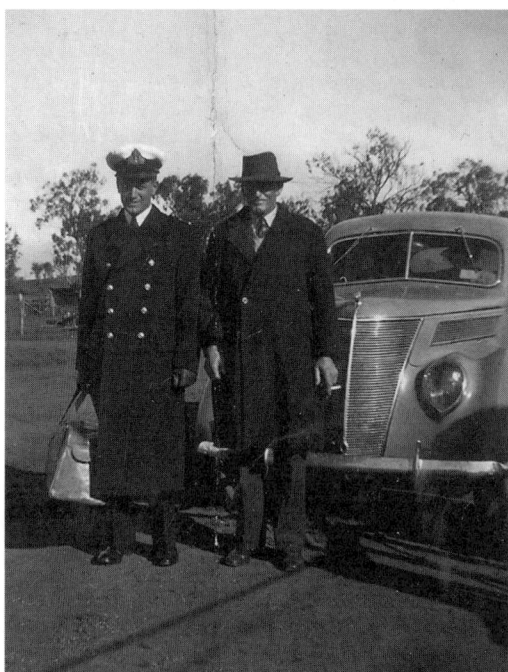

〈 布莱克本中尉抵达阿瑟尔·德文尼什养羊场（Athol Devenish Sheep Station）进行访问。（作者私人收藏）

〈 水兵在悉尼邦代海滩（Bondi Beach）享受
上岸休假。（作者私人收藏）

〈 水兵在新南威尔士州考拉公园（Koala
Park）上岸旅行。（作者私人收藏）

∧ 飞机引擎修理船"迪尔湾"号停泊在悉尼莫斯曼湾（Mossman Bay）。该船起初被征用为布雷船，因此保留了原先后部布雷舱门附近的结构。悬挂在吊艇架上的登陆船可供将工作小组以及引擎运往停泊在附近的航空母舰或将其接回之用。（作者私人收藏）

∧ 维护及修理船"弗兰伯勒岬"号（HMS Flamborough Head）。（斯蒂夫·布什收藏）

机，然后前往距离阿彻菲尔德基地以及机动飞机养护厂不远的布里斯班。该舰在布里斯班短暂入坞清理舰底，随后起航前往马努斯，并于 1945 年 7 月 22 日抵达目的地，与"先锋"号以及飞机引擎修理船"迪尔湾"号（Deer Sound）会合。"先锋"号在 8 周时间内修复了 24 架舰载机，并协助清理了更多架从澳大利亚运来的舰载机，以使这些飞机可投入实战。两艘可容纳驱逐舰的浮动船坞 AFDs18 号和 20 号在战争结束前抵达海鹰港，但大型舰只仍只能返回澳大利亚入坞或修理。补给航空母舰"演讲者"号于 7 月 15 日抵达马努斯，在皮特伊卢岛附近停泊，将其从澳大利亚运来的舰载机卸载在当地，并装载了后备飞机以供前送至后勤作业海域。该舰官兵设法登岸造访了当地的美国海军俱乐部，返舰后艳羡不已地谈起了美军临时基地内的冰镇饮料、冰激凌、洗浴及体育设施。皇家海军波南航空基地设有露天影院，定期放映由皇家海军电影公司（RN Film Corporation）提供的高质量影片。前进飞机储备基地成员则获准进入皮特伊卢岛上的美军电影院。这些便是在马努斯大型基地区内工作的大量水兵仅有的福利娱乐设施。

改善通往前进地区的后勤供应线

至 1945 年 7 月，舰队后勤船队所辖各类后勤支援船只总数已达 78 艘，其中 18 艘参与后勤支援船队。按原计划，至 8 月中旬，第 112 特混舰队将辖有 20 艘隶属海军的辅助船只以及 60 艘由平民操控的辅助船只。为上述辅助船只护航的舰只则多达 45 艘，同时还有 23 艘辅助船只正在赶来马努斯加入舰队后勤船队的途中，其中很多当时已经抵达澳大利亚。[18] 舰队后勤船队所辖人员约为 26200 人，预计 1946 年春这一数字将翻一番。期间海军最关注的是解决舰队油轮数量和性能问题。随着若干新船只尤其是隶属海军的全新油轮"欧拉"号（HMS Olna）的抵达，油轮问题有所缓解。"欧拉"号可以装载各种油料，并可使用并舷输油法或艉接近法两种方式给油。除了正常用途外，"欧拉"号还肩负着探索发展并改善皇家海军海上补给作业技术的任务。从技战术两方面而言，最理想的给油方式是并舷输油法，这需要受油舰只在油轮一侧正横方向就位，通过悬挂在伸出舷外的吊杆上的输油管传送燃油。与艉接近法相比，并舷输油法的连接方式简单而快捷。由于输油管并未拖入海中，因此其所承受的张力大大减小，且在紧急情况下也能快速而轻松地实现紧急脱离。在给油和受油双方船舰上，并舷输油法所需操作人员数目都较少，泵油速度则可高达每小时300~450吨，这明显超出了艉接近法的泵油速度。两艘"浪"级油轮和两艘"圣A"级油轮可以向两舷舰只给油，"阿恩谷"号只能向左舷舰只给油，其余油轮则只能通过艉接近法给油。不过，随着新油轮加入舰队后勤船队，大部分油轮都接受改装以采用并舷输油法给油。例如商用油轮"卡列里拉"号便在悉尼接受了改造，此后便可以向两舷供油，但不能使用艉接近法给油。"鹰谷"号则配有左舷和艉接近法给油设备，但右舷未安装给油设备，因此在起草补给方案时需要更谨慎。

　　至1945年夏，艉接近法并不是海上补给燃油最佳方法这一观点已经在皇家海军中被广泛接受，且实战经验也说明其效果比预期更差。然而，驱逐舰以上级别舰只仍未配备并舷输油法所需的相关设备。这显然和海军部的短视有关，实际上直至1944年海军内仍广泛认为大型舰只很难与当时海军所拥有的小型油轮保持编队航行。[19] 实际上，在美国海军中，并舷输油法从1943年初起便成为常态，而当皇家海军最终决定采用这项技术时已经来不及对划归英国太平洋舰队的大部分重型舰只进行相应改装。不过，"英王乔治五世"号上的工程师们

〈 "熊星座"号停泊于悉尼农场湾（Farm Cove），可见美国海军分配给该舰的舷号D29（作者私人收藏）

∧ "欧拉"号油轮由皇家海军人员操控，并以皇家海军舰船身份服役。该舰担负着在英国太平洋舰队乃至更广范围内改善海上补给作业技巧的任务。照片摄于 1945 年 6 月。（斯蒂夫·布什收藏）

∧ 一名飞行员从"幼崽"号驱逐舰前往一艘补给航空母舰以收集新舰载机。在舰队内部，驱逐舰经常扮演邮差的角色，负责在各舰之间传递信件、人员和物资。（作者私人收藏）

∧ 地勤人员在皮特伊卢岛前进飞机储备基地养护一架"海盗"式战斗机。（作者私人收藏）

∧ 皇家海军波南航空基地的露天电影院，别号"守护神"（Palladium），这也是该基地最主要的娱乐设施。地面上的若干排横木构成了座席。（作者私人收藏）

还是为此付出了相当的努力。1945 年 7 月，他们设计组装了一套设备，可在该舰上实现并舷输油。战争期间，在此后的海上补给作业实操中，这套设备表现成功，其组装难度也在大型舰只工程部门的能力范围内。

在"冰山"作战期间及之后，英国太平洋舰队的补给技术水平已经有了相当的提高。这一方面得益于油轮和战舰双方都在反复操作与练习中提高了作业水平，另一方面也得益于舰队后勤船队制订补给计划的相关人员在实战中获得了经验。这方面的提高意味着罗林斯中将在此后的作战中可以考虑下一次补给阶段以外的作战，同时也无须过于担心诸如战舰是否有足够的燃油执行未来若干小时的作战之类的琐碎问题。尽管如此，在日本本土沿海作战仍是一个艰巨的任务。美国海军为此投入了大量的支援船只，分别部署在若干各相距数百千米的后勤作业海域，且每个后勤作业海域的船队都足以支持整个第 38 特混舰队作战。这意味着第 38 特混舰队指挥官可以在短时间内决定改变攻击目标，然后迅速从一个后勤作业海域移动到另一个，并利用新后勤作业海域的燃油和弹药进行补给。海军部起初认为美国后勤船队的设置浪费且超标，但如今根据实战需要，英国太平洋舰队意识到，鉴于舰队仅拥有一个后勤支援船队，且该船队

〈 海滩总能为人提供另一种娱乐。吉普是前往海滩的理想交通工具，如照片中右侧所示。(作者私人收藏)

∧ "独角兽"号进入布里斯班干船坞清理船底。(作者私人收藏)

∧ "先锋"号停泊于悉尼港。(澳大利亚皇家海军收藏)

由若干性能不同的商船组成，因此舰队无法达到与第 38 特混舰队相当的灵活性。如果提前相当时间给出计划，舰队的确可以前往新的后勤作业海域进行补给，但无疑其转移节奏只能取决于后勤补给船队的工作节奏，而非像美国海军那样取决于快速航空母舰战斗群的作战节奏。当然，关键并不是英国太平洋舰队后勤支援船队先天怎样不足，而是后勤支援船队有能力支持英国太平洋舰队与美国海军一道，在太平洋战争的最高潮在日本本土沿海作战。

通过仔细观察补给作业如何展开，可以窥见英国太平洋舰队后勤船队所取得的成就。承担后勤任务的船队需要利用各种技术、战术、技巧以及来自整个大英帝国各个角落的设备来完成任务，且这支船队在半年之前还仅仅存在于纸面上。后勤支援船队在预定海上补给作业当天黎明前即需抵达指定后勤作业海域内预定的会合点。与作战特混舰队类似，抵达之后，船队将组成圆形巡航队形。船队中通常辖有 3~4 艘油轮，这些油轮排成横列，相邻两船之间距离约为 1800 米，如同加油站中排列的油泵一般，并以 10 节速度航行。其中一艘油轮将出任整个船队的引导船。其他辅助船只或在油轮横列引导船两侧延长队形，或在油轮横列后方单独组成第二条横列，并与油轮保持合适的安全距离。所有补给船只都应提前准备好运输设备，并提前测试相应的泵和绞盘是否工作正常，所有可投入补给作业的人员则做好待命准备。[20] 负责护航的驱逐舰、护卫舰和炮舰在距离舰队中心 7300 米处构成圆形警戒圈（即所谓的 "8 圈" [①]），警戒敌军机或潜艇的攻击。补给作业期间，第 37 特混舰队将在后勤支援船队后方就位，各舰分别前出，从相应的油轮或货轮接受补给。性能较好的油轮可在两舷分别向一艘驱逐舰输油的同时向后方的一艘重型舰只输油。虽然仅辅助船只装有重型支索供传输物资所用，但所有舰只均配有轻型支索，可供传输小型物资、信件和人员。

锅炉燃油稠似糖蜜，因此在泵送之前须进行预热，这一操作在加快油料流速的同时也确保了燃油能正常输入受油船油槽。[21] 如果油轮有相应装备，巡洋舰和其他大型舰只便可同时从油轮接入两根锅炉燃油输油管，但驱逐舰则只能接

---

① 译注：因半径为 8000 码（约合 7315 米）而得名。

∧ "浪王"号油轮，隶属皇家辅助船队。（作者私人收藏）

入一根。润滑油则储存在205升容器中，通过轻型支索送往战舰。在使用并舷输油法时，受油舰只必须注意维持队形，尽管实战中其难度要比前期规划时预计的低。由于在并舷航行时两船有分开的自然趋势，因此两船均需相应调整舵轮以保持队形。[22] 此外，考虑到邻近船只之间的相互影响，[23] 受油船只在接近和离开理想受油位置时均需倍加小心。受油时，重型舰只与油轮的距离约90~137米，小型舰只的距离则近得多。若干商船仅配备磁罗经，该设备较为敏感，当附近有大型金属物体（例如战列舰）位于侧方时，罗经指向会出现明显偏移。在进行补给时，货轮或油轮总是扮演编队引导船的角色，而接受补给的战舰则根据引导船的动向保持队形。在此过程中，很多战舰的舰长都亲自从舰桥操舰，并发现这一过程需耗费大量精力。其他舰长则会让副舰长或航海长轮流操舰。由于在此过程中操作人员会逐步积累经验，因此舰只控制水平也会周期性地起伏。在此过程中，舰长几乎总会留在舰桥上监督操作人员的全部动作。海上补给作业的起始通常利用旗语[24]传达，不过在利用并舷方式进行补给时，可同时在发送方和接收方之间连上电话线，两船的船长或舰长便能在可以看见对方的条件下直接通话，这也是并舷方式的另一大优点。所有舰船均使用舰间通话专用甚高频无线电设备进行联络。

由于货轮实际运量无法达到其货舱的设计容量，因此为各种物资发放船只设计装船方案也需要进行科学规划。物资需提前装载于货盘上，且其总重量应低于重型支索的最大承重。在装船时需在储藏舱室中留下足够的空间，以便移动货物并将其送至设于上甲板的支索设备附近，为此需要准备足够的人力或搬运机械。虽然英国后勤组织近乎奇迹般地搜罗到了足够的货船加入英国太平洋舰队后勤船队，但直至1945年10月后，皇家海军辅助舰队才能拥有专门设计、性能卓越的货轮。对于物资补给而言，最大的限制因素往往并非吨位，而是货舱体积，而补给所需时间则取决于接收方清理货物并装舱的速度。输送方往往能在海上补给作业正式开始前提前将若干指定货物搬运至支索附近，但接收方则需花费时间和人力将收到的货物送下甲板运至相应的储藏舱室。此项工作必须在接收方离开相应货轮前完成。皇家海军在实践中发现，在海上补给作业过程中装载食物和一般物资的速度要快于在港口装载，这是由于与舷侧供跳板使用的窄小进人孔相比，从战舰飞行甲板或上甲板通往舰只内部储藏区域的路线更为通畅。所有货物中以弹药最为危险，在接收并将其储藏进弹药库的过程中，堆积大量爆炸性武器以待搬运意味着重大的安全隐患。轻型支索通常是普通绳索或马尼拉麻绳，后者通常用于运送重量不超过91千克的货物。[25] 支索上还可安装内/外拉索以及动滑轮，通过操纵拉索，可控制动滑轮带动挂载的吊索、座椅或包裹在两船之间移动。由于这一工作纯靠手工操作，因此需耗费大量人力。

补给巡航队形中需要留出足够的空间，以供航空母舰实施舰载机起降作业。补给航空母舰通常位于油轮构成的横队两侧，从而在护航舰只构成的警戒圈内仍能有相当的空间进行必要的机动。在进行海上补给作业期间，船队通常逆风而行以便进行舰载机起降作业，但在高海况条件下，船队可能需采用其他航向以减小颠簸。负责提供空中战斗巡逻的护航航空母舰通常在后勤支援船队后方就位，并享有最大的活动空间以便持续进行舰载机起降作业。舰队航空母舰则往往留在后勤支援船队后方的等候区，接收后备舰载机着舰，并放出可飞行的故障机前往补给航空母舰。确保各航空母舰飞行甲板在必要时刻开放并防止拥塞也是海上补给作业计划中的重要内容，这方面则由搭乘"野鸡"号的后勤支援船队参谋负责。在整个海上补给作业期间，舰队会分配两艘驱逐舰执行运输任务，在特混舰队内部转运电报、邮件、轻型物资以及飞行员。通常此项作业包括在驱逐舰之间利用轻型支索传递物资或人员，将飞行员从舰队航空母舰送往补给航空母舰并再行送回，以及其他特混舰队内部的其他输送需要。这项工作不仅颇费时间，而且也往往让驱逐舰上的水兵们疲惫不堪。最简单的传送方式是利用引缆绳传输，通常用于传输邮包或报告。发送方首先靠近接收方的正横方向，然后用抛缆枪将引缆绳投至接收方。邮包被系于距离引缆绳一端合适位置，接受方则拉过引缆绳，并在收到邮包后将其解下。在此过程中，发送方一直保持引缆绳一端在手，并在邮包抵达并被解下后将引缆绳拉回。这项技术简单快捷，所需的人力也少于利用支索传输。

　　补给固态或液态物资固然需要精心策划，但补给后备舰载机及飞行员则有不同的要求，需要对细节进行一丝不苟的反复推敲。在进行海上补给作业前一天午前，各舰队航空母舰便需将后备机及后备飞行员需求提交给第1航空母舰中队参谋长。该参谋长在统计完成之后再将需要发送给第30航空母舰中队，后者将回电各舰队航空母舰应将飞行员送至哪艘补给航空母舰接收后备机，并提出可飞行的故障机应于何时飞往某一补给航空母舰。接收可飞行故障机的补给航空母舰和提供后备机的补给航空母舰通常并不是同一艘。第30航空母舰中队还须通知第1航空母舰中队预计可接受多少架可飞行故障机，不过实际上此类故障机的数目不会很多。舰队为每种机型设置了代号，对应关系如下：[26]

A/Able："地狱猫"

B/Baker："地狱猫"侦察摄像型

E /Easy："海盗"2型

F/Fox："海盗"4型

L/Love："复仇者"2型

P/Peter："复仇者"1型

Q/Queen："海火"L3型

R/Roger:"海火" F3 型

S/Sugar:"萤火虫"式

T/Tare:"海象"式

U/Uncle:"海獭"式

Z/Zebra: 可飞行故障机

在撰写电文时，各机型相应后备舰载机数量列在代号之前，相应后备机组数量则列在代号之后，这里一个机组包括操作某机型所需的飞行员、观测员和通信兵 / 射手。对于多座舰载机而言，如不需要一个完整的机组，则需另电详细说明。假设"胜利"号需要 3 架"复仇者"2 型后备机以及 2 组后备机组成员、4 架"海盗"2 型但不需要后备机组成员，同时将送出 1 架可飞行的"复仇者"2型舰载机，那么该舰相应的电文如下：

致：第 1 航空母舰中队

发自："胜利"号

3 LOVE 2, 4 EASY. ZEBRA 1 LOVE

只要条件允许，舰队航空母舰应在抵达后勤作业海域后立即将驾驶后备机所需的飞行员送至补给航空母舰，这一输送通常由驱逐舰完成。这些飞行员应自行携带包括降落伞和救生衣在内的相应的飞行装具。[27] 标准操作流程要求战斗机在输送时应挂载空载副油箱，并满载弹药。SCR522 型甚高频无线电设备应正常配备晶振，并调校至工作频道，不过，如有必要，各舰队航空母舰可拆除可飞行故障机上的晶振并保留作为备件。在必要情况下，舰队航空母舰可在送出可飞行故障机前拆除一切重要零件作为备件。YE 返航引导信标也应调校至所有相关频率，并确保飞行员知晓这些频率。移交舰载机时相关文件也一并移交，包括飞行日志和 A700 表格，后者记录当前维护保养记录以及飞行员签收记录。理想情况下，驾驶可飞行故障机前往补给航空母舰的飞行员也应驾驶后备机返回所属航空母舰，不过由于种种原因，这种情况并不总能实现，尤其在超过 1艘护航航空母舰参与海上补给作业的情况下。

与储备分发船类似，补给航空母舰也无法装载至满载状态。这些护航航空母舰需要留出空间对舰载机进行维护保养作业、放飞后备机并接受可飞行故障机。理想的装船搭配为 6 架"复仇者"式、9 架"海盗"式、4 架"海火"式、4 架"地狱猫"式以及 1 架"萤火虫"式，共计 24 架舰载机。由于新舰载机从位于澳大利亚的机动海军机场组织前送至前进飞机储备基地的频率、数量和型号并不恒定，因此上述装船搭配并不总能实现。另外，第 1 航空母舰中队损失情况的变动也意味着标准化装船搭配也并非总是合理。尽管如此，变更装船搭配无疑会提高起草补给方案的难度，而标准化至少具有可预测性这个优点。随着经验的积累，以及至 1945 年 7 月已经建立并证明切实可行的追踪记录系统正式运转，英国太平洋舰队的航空后勤船队以及支撑其运转的从英国本土通往澳大利亚的供应链已经足以支持第 37 特混舰队连续作战，这也是皇家海军在第二次世界大战中最显著的成就之一。

潜艇与布雷作战

潜艇

自从皇家海军1942年初从太平洋战场溃退之后，第4潜艇队及其供应舰"固执"号（Adamant）便一直驻留亭可马里，与东方舰队一同作战。荷属东印度沦陷之后，从爪哇海幸存的荷兰潜艇也加入第4潜艇队，并由英军指挥作战。[1] 可作战潜艇的数量一直很低，最低谷时甚至仅有4艘可用，这一情况直至1943年意大利投降后英军逐渐将潜艇转移至印度洋战区后才有所改观。至1944年5月，海军部已经打算将所有新建和整修完毕的S级和T级潜艇派往东印度舰队，使得该部所辖潜艇总数达到20艘，如此便能保证任何时间点都至少有6艘潜艇出海巡逻。至当年8月，目标潜艇总数已经上升到40艘，这也是在北海和大西洋的战事尚未结束时能配齐编制人员的潜艇数量的最大值。这一目标于1944年晚些时候实现。不过，由于在印度当地无法整修潜艇，因此潜艇只能返回英国本土接受大修和修理，因此各艇实际可投入作战的时间也受到了限制。[2]

自从以亭可马里为基地作战以来，共有3艘潜艇战损，另有1艘被重创。由皇家海军上尉弗斯科伊尔－坎贝尔（D S McN Vershoyle–Campbell）指挥的"巨石阵"号（Stonehenge）于1944年2月25日从亭可马里出发，前往卡尔尼科巴岛和楠考里港巡逻，该艇未能返航。由皇家海军佩利（C R Pelly）上尉指挥的"策略"号（Stratagem）于1944年11月22日在马六甲附近海域被一艘日军驱逐舰在反击中投下的深水炸弹击沉，当时该驱逐舰正在为一船队护航，其中一艘船刚刚被"策略"号击沉。[3] 由皇家海军中尉特纳（H B Turner）指挥的布雷潜艇"鼠海豚"号（Porpoise）于1945年1月16日沉没，其原因可能是遭受敌机攻击。该艇也是第二次世界大战期间英军损失的最后一艘潜艇。最后，"莎士比亚"号（Shakespeare）于1945年1月3日在安达曼群岛附近海域巡逻期间，在攻击某艘舰船时因遭目标炮火反击而被重创。由于无法下潜，该舰在1月8日被驱

∧ 第8潜艇队供应舰"梅德斯通"号。该舰作为英国太平洋舰队的成员先后驻弗里曼特尔港、苏比克湾（Subic Bay）和香港。（斯蒂夫·布什收藏）

逐舰"幼崽"号拖曳回亭可马里前遭受了敌机多次攻击。[4]

　　1944年9月，英国潜艇开始进入太平洋作战，并接受美国海军第7舰队指挥官金凯德中将的作战指挥。与美国同行相比，英制潜艇体积较小，续航能力也稍逊，因此被认为更适合在西南太平洋海域执行近岸作战任务。此时潜艇部队的规模已经扩充至3个潜艇队，即第2、第4和第8潜艇队。第8潜艇队下辖6艘S级和3艘T级潜艇，当时已经与其供应舰"梅德斯通"号一同移驻西澳大利亚弗里曼特尔港。第2和第4潜艇队则分别在爪哇海和南中国海活动。S级潜艇在10节航速下其续航能力可达11200千米，其食品储量可支持该级艇连续出海作战约30天。T级潜艇的续航能力可达近2万千米，食品储量则可支持连续出航作战约50天。[5]两级潜艇中各有部分潜艇以及新建的全部第三批潜艇的外部压载水柜均接受改装，可用于储藏燃油，从而将相应 shuo 潜艇的作战半径提高约30%。如此，T级潜艇的作战半径便大致与美国海军最新式的潜艇相仿，但该级艇的住宿条件远不如美国潜艇。英制潜艇并未安装空气调节系统，导致艇上拥挤的空间内环境炎热潮湿，令人不适，诸如痱子之类的皮肤病在艇上司空见惯。航程更远、性能更好的 A 级潜艇从 1944 年初开始铺设龙骨。该级艇原计划用于太平洋战场作战，但在战争结束前无一加入英国太平洋舰队。

自 1942 年起，美国海军的潜艇就以弗里曼特尔港为基地作战，因此皇家海军第 8 潜艇队必须遵照美军在当地已经制定的日程和惯例行事。当然，驻扎弗里曼特尔港也有明显的优点——美国海军向英军开放了设在当地的完善的维护保养设施，包括潜艇补给舰"欧律阿勒"号①。澳大利亚海军和政府当局对皇家海军第 8 潜艇队的到来表示了热烈欢迎，并给予了大力协助。西澳大利亚地区超过 2000 个家庭邀请英国潜艇兵在休假期间前往做客，其中有些家庭甚至距离弗里曼特尔港 300 千米开外。如果官兵假期较短，无法远离基地，那么他们则可前往基地以南 56 千米处的海军休假营区，该营区由一所海滨酒店改造而成。与亭可马里不同，弗里曼特尔港是一个完善的基地，拥有相当多的设施支援舰艇作战。澳大利亚皇家海军食品供应场（RAN Victualling Yard）以及军械库均设于弗里曼特尔港附近，两单位均给予了第 8 潜艇队竭力支援。1945 年 1 月 17日该港突发燃油起火事故，停泊在"梅德斯通"号前方的一艘船只被大火吞没，该舰也差点遭遇不测。火势蔓延至木制防波堤之上，当两艘拖轮赶来将"梅德斯通"号拖离火场时，该舰舷侧的油漆已经起火，其前部乒乓炮附近的备便弹药受热升温，因温度过高导致水兵无法对其进行处理。⁶ 为预防情况恶化，官兵对该舰前部弹药库实施了注水，最后，火被迅速扑灭，未遭受结构性破坏。

第 8 潜艇队的具体作战由美国海军第 7 舰队潜艇部队指挥官法伊夫（J Fife）少将指挥，其指挥部位于距离弗里曼特尔港内陆 20 千米处的珀斯。少将很高兴能将英国潜艇部队纳入麾下指挥，其个人也对英国潜艇的活动抱有浓厚的兴趣，以至在每次潜艇出发巡逻前都要亲自前往访问。1945 年 3 月，少将的指挥部移驻菲律宾苏比克湾，第 8 潜艇队以及"梅德斯通"号也于 4 月进驻该地，取代该部进驻弗里曼特尔港的是第 4 潜艇队及"固执"号。虽然上述调动意味着

---

① 译注：Euryale，原文 Eurayle 应为笔误。

∧ 一艘 T 级潜艇正在开始下潜，其通气口处于打开状态。与美制潜艇相比，英制潜艇下潜速度更快，但作战半径较小，为乘员配备的设施也较少。（斯蒂夫·布什收藏）

∧ "海童军"号（HM Seascout）是皇家海军的一艘 S 级潜艇。该级潜艇以及体积稍大的 T 级潜艇均隶属第8 潜艇队。与体积更大的美制潜艇相比，两级潜艇均被认为更适合在近海海域作战。（斯蒂夫·布什收藏）

∨ 隶属第 4 潜艇队的"沉默者"号（Taciturn）潜艇。注意该艇向后的外部鱼雷管，其外设有整流罩。（斯蒂夫·布什收藏）

英国潜艇部队更加接近太平洋战场中心，但"梅德斯通"号的船况已经非常糟糕。尽管该舰建成仅6年，但此间该舰从未接受过整修，其冷藏系统、厕所以及浴室设施严重超载，且由于过于拥挤，该舰并未设有任何供潜艇艇员休息的铺位。通常该舰总有一半的厕所坑位阻塞，光是为了保持该舰的内勤系统就几乎耗尽了该舰工程师们的全部精力和时间。在美国海军工程兵部队于该舰泊位附近的密林中开辟出一座简陋的休息营地之前，第8潜艇队的官兵们无法获得休假。不过，相对而言，食品供应的状况倒是不错，首批送来的食物包括57600瓶产自澳大利亚的啤酒，每瓶售价1先令，按每人每周2瓶计算足可供半年使用。尽管储存这些啤酒也并非易事，但这一饮料对保持部队士气大有裨益。

驻苏比克湾的美军同样乐于分享设在当地的各种工程设施。1945年7月13日，星期五，刚刚抵达当地的英国潜艇"海妖"号（Seanymph）突然起火，一艘美国海军救难船立即赶来救火。尽管大火最终被扑灭，但该艇前部住舱已被烧毁。维修"海妖"号的工作包括拆除残骸、重新布线、安设新设备并粉刷，对于本已不堪重负的英国维护保养人员而言，总工作量过于庞大，无法承受。美国海军"阿希尔"级（Agir）潜艇供应舰"安西登"（Anthedon）的官兵主动提出接手维修工作，该舰停泊于"海妖"号并舷位置，并抽调100人进行维修作业。[7]美国水兵们轮班通宵作业，并在7天内完成了维修工作。此后，"海妖"号在一艘美国驱逐舰的护卫下于7月31日从苏比克湾出发，前往马努斯。

1945年4月1日，第2和第8潜艇队的行政管辖权转隶英国太平洋舰队，尽管作战指挥权仍掌握在美国海军第7舰队手中。此时各舰艇每次出海巡逻时，一半以上的时间实际花在往返指定海域途中，且至1945年中，茫茫的太平洋上已经没有多少目标值得潜艇截击了，但就在这一时期，英国潜艇吸收了老对手的经验，开始使用狼群战术作战，由至少2艘潜艇协同执行巡逻任务。[8]利用这种战术，英国潜艇在日占区近海海域成功对若干低速目标实施了攻击。鉴于目标稀缺的现实，对此战绩弗雷泽上将表示满意。[9]在爪哇海和弗洛勒斯海（Flores Sea）海域，英国潜艇共击沉13艘日军船舰，其中6艘为战舰，这也可见上述海域日军商船已经稀缺到了何种地步。被击沉的日军战舰包括日本重巡洋舰"足柄"号，这也是第二次世界大战中最后一艘被潜艇击沉的大型舰只。

击沉该舰的是"锐利"号（Trenchant）。按原计划，该艇 1945 年 5 月间应在天鹅岛（Pulo Tengol，亦作 Tenggol Island，位于马来西亚东部沿海）附近巡逻，不过其艇长赫兹利特（A R Hezlet）中校在侦听到两艘美军潜艇报告一艘日本海军"那智"级重巡洋舰进入巴达维亚这一情报之后，便向潜艇作战局（Submarine Operating Authority）申请前往邦加海峡（Banka Strait）[①]北侧入口巡逻。获准之后不久，该艇与附近的"幽暗"号（Stygian）潜艇会合，后者由科拉勒伯特（G S C Clarabut）上尉指挥。两位艇长协商之后决定协同作战，分别在邦加海峡以北的一处雷区两侧设伏，该雷区由荷兰潜艇 O19 号新近敷设。该海域较为狭窄，潮流速度高达 4 节，属于危险航段，加之雷区进一步限制了舰船活动空间，因此显然并不是适宜潜艇巡逻的理想场所。

　　在得到美军潜艇发出敌巡洋舰已经出航的警报后，赫兹利特中校观察到一艘"神风"级驱逐舰于 6 月 8 日 9 时 55 分向北航行，遂让"幽暗"号对其展开攻击。11 时 48 分，中校观察到"足柄"号出现在南方 10 千米外并正向西北方向航行，遂操艇进入距离敌舰航线 3650 米处的攻击阵位，并于 12 时 9 分向目标齐射了 8 枚鱼雷，且每枚鱼雷都进行了独立瞄准。"足柄"号的瞭望哨发现了鱼雷航迹，并在最后一刻试图转向规避，然而为时已晚。5 枚鱼雷命中了目标，赫兹利特中校观察到"足柄"号向右倾斜，其舰艉被炸断，并燃起了大火。为了尽快了结目标，中校又使用潜艇艉鱼雷管进行了射击，但敌舰转向并试图利用浅滩冲滩，导致这一轮射击的鱼雷全部失的。最终，"足柄"号于 12 时 39 分倾覆，[10] 当时该舰载有大量从爪哇抽调的士兵，日军意图使用该舰将这些部队运往新加坡以增援当地守备部队，结果绝大部分士兵随"足柄"号一同葬身海底。

　　在英国太平洋舰队作战范围之外，还有若干潜艇执行特殊作战任务，例如运送特工部队至指定岛屿登陆并为其输送装备给养或助其撤退。执行此类任务意味着潜艇需暴露于海面之上，且在执行过程中需保持舱门开启以便将船只、武器和物资运上潜艇甲板，在必要时潜艇还需进入深度不够下潜所需的浅海，

　　[①] 译注：位于苏门答腊岛与邦加岛之间。

因此具有相当的危险性。人员回收任务尤其危险，因为此前送上岸的盟军特工可能被俘，并在严刑拷打之下被迫交代与潜艇预定会合的地点，因此敌军完全可能相应设伏。为了防止这一情况出现，盟军方面一般指定某些潜艇专门执行此类任务，其中大部分任务相关的岛屿处在东印度舰队作战范围内。1945 年"克莱德"号（Clyde）共执行了 4 次此类特种任务，当年"长尾鲨"号（Thrasher）执行的所有作战任务中除一次外均属此类特种任务。

　　潜艇作战领域中，与英国太平洋舰队水面舰艇部队关系最为密切的当属在敌占区近海海域执行海空搜救任务。以"坦塔罗斯"号的作战经历为例，可窥见潜艇在执行此类任务时遇到的困难。[1] 在英国太平洋舰队对索恩给吉荣炼油厂的攻击中，杜尔诺上尉被迫在海中迫降，其迫降地点本应是"坦塔罗斯"号在其第 7 次作战巡逻中执行海空搜救任务的海域，然而迫降发生时该艇却不在该海域。不过，这并非因为该艇玩忽职守。隶属皇家海军第 8 潜艇队的"坦塔罗斯"号于 1945 年 1 月 3 日告别"梅德斯顿"号，从弗里曼特尔港出发，并于 4 天后在埃克斯茅斯湾补给燃油。随后该艇穿过龙目海峡（Lombok Strait）后进入南中

∧ "西顿"号（Sidon）潜艇隶属英国太平洋舰队第 8 潜艇队，该照片摄于战后，此时该艇已经安装了通气管桅杆，照片中该桅杆处于放下位置。（斯蒂夫·纳什收藏）

---

　　[1] 译注：参见第 4 章相关部分。

国海，并在暴雨、强风和大浪环境下开始巡逻。由于该艇的两具雷达的发射器均出现故障，因此该艇只能依靠目视侦察敌情。1 月 21 日下午，该艇前往其预定海空搜救海域，并于 22—24 日期间在该海域逗留，期间未收到进行搜救的请求。[11] 预定海空搜救任务完成后，潜艇作战局命令该艇前往邦加岛和林加群岛之间巡逻，同时提醒该艇一旦有需要便需返回执行海空搜救任务。由于没有接到相关请求，该艇艇长麦肯兹少校便假定英国太平洋舰队原定的第二次攻击已经完成或已被取消，于是继续在指定海域执行进攻性巡逻任务。该艇于 1 月 30 日和 31 日用甲板炮分别击沉了一艘重载货轮和一艘小帆船，并救下了包括华人、马来人和日本人在内的若干幸存者。

1 月 31 日晚，麦肯兹少校突然接到命令，要求该艇搜寻一名落水失踪的飞行员，此时距离杜尔诺上尉迫降已经整整两天。接到命令后，麦肯兹少校一度担心他错误理解了命令，但实际上罗林斯中将发出的海空搜救请求直至 48 小时后才送抵第 71 特混舰队指挥官手中，后者正是麦肯兹少校的作战指挥官。"坦塔罗斯"号立即上浮并高速前往指定海域，在该海域内彻夜搜索并发射了绿色信号弹以吸引杜尔诺上尉的注意力。考虑到海风和潮流可能导致杜尔诺上尉搭乘的救生筏漂离原先位置，2 月 1 日，该艇甚至靠近邦加岛北部沿岸进行搜索，但同样一无所获。鉴于已经倾其所能，麦肯兹少校便指挥"坦塔罗斯"号用甲板炮击沉了一艘拖轮和 2 艘驳船，并将华人幸存者移交给一艘汽艇，随后继续执行巡逻任务。2 月 11 日 12 时 45 分，少校目视发现约 27 千米外位于阿南巴斯群岛以东的 2 艘日本战列舰，遂指挥"坦塔罗斯"号前往攻击，但在展开攻击前该艇便先遭到了敌机炸弹轰炸。虽然麦肯兹少校成功突破了日军堵塞无线电信道的尝试，发回情报，但"坦塔罗斯"号也被迫放弃追击敌舰。返回弗里曼特尔港的航程一路无事，但受飓风天气影响，该艇无法在埃克斯茅斯湾补给燃油，导致该艇险些没有足够的燃料返回母港。在利用最低经济航速完成最后若干千米航程后，"坦塔罗斯"号于 2 月 26 日抵达弗里曼特尔港。此次巡逻，该艇共出海 55 天，创造了二战期间英国潜艇的纪录。此次巡逻的成功使得麦肯兹少校的优益服务勋章更升一级，但也显示了不同指挥部之间的联络仍有待改善。

最晚加入英国太平洋舰队的潜艇单位是一支最不受美国海军太平洋舰队欢

迎的单位——第 14 潜艇队。该部下辖 6 艘改进型袖珍潜艇，其代号为 XE 潜艇，该潜艇队配属的供应舰为"圣文德"号（Bonaventure）。海军部认为，由于日本海军舰队因缺乏燃料愈发倾向于驻留港内，因此 XE 潜艇也许能复制"源头"作战（Source）的作战方式，对日军舰艇发动特种攻击。1943 年 9 月 22 日，皇家海军出动袖珍潜艇，袭击了停泊于喀峡湾（Kaa Fjord，亦作 Kåfjord，位于挪威北部）内的"提尔皮茨"号战列舰，是为"源头"作战。[①]"圣文德"号于 1945 年 2 月 21 日从英国本土出发，经巴拿马运河抵达太平洋，后于 3 月 7 日抵达珍珠港并在当地向美国海军演示了如何利用袖珍潜艇作战。XE 潜艇水下排水量为 33 吨，水下航程 130 千米，乘员 4 人，其中一人为潜水员，可通过所谓"干湿箱"或密封舱离开潜艇。该型潜艇携带两枚由 1820 千克迈纳尔炸药（Minol）构成的舷侧炸弹或由潜水员安装在目标舰只上的水下爆破弹。美军方面断然重申，根据与弗雷泽上将此前达成的协议，英军不得攻击日本舰队主要舰只，且鉴于美军已经拥有压倒性的优势，足以歼灭日本海军剩余的主力舰，因此在任何情况下美军都不打算接受任何"自杀式"的战术。据称，潜艇军官出身的尼米兹上将本人就认为袖珍潜艇这种武器不应该出现在盟军序列之中。美军甚至

∧ 一艘 XE 袖珍潜艇，这种武器并未获得美国海军太平洋舰队高级将领的认可。（作者私人收藏）

①译注：此次作战导致"提尔皮茨"号被重创但并未沉没，对该舰的修理至 1944 年 4 月才完成。

∧ 第14潜艇队的供应舰"圣文德"号。(斯蒂夫·布什收藏)

先后向海军部和英国太平洋舰队总部建议拆毁 XE 潜艇,并将"圣文德"号改装,以执行更正统的作战支援任务。不过,当华盛顿方面下令切断西贡附近海域日军敷设的电报线时,第 14 潜艇队指挥官费尔(W R Fell)上校立刻敏感地意识到机会来了。他成功地说服英美两国上级同意其麾下舰只是执行这一任务的最理想武器的观点,并奉命于 1945 年 4 月率部经布里斯班前往赫维湾(Hervey Bay),随后在那里为作战进行准备。[12]

5 月 31 日,美国海军正式提议利用 XE 潜艇切断位于香港和西贡附近海床上的电报线,同时英军也决定由东印度舰队指挥袖珍潜艇攻击新加坡港内的日军巡洋舰。针对切割电报线的任务,第 14 潜艇队利用澳大利亚和新几内亚之间一段废弃的电报线进行了演练,最终发现通过拖曳四爪锚扫过海底可定位电报线的位置。一旦成功定位,潜水员就可出舱将其切断。切断上述电报线的目的是剥夺日军利用电报发送密电的能力,迫使日军只能通过无线电通信,从而便于盟军情报部门监听和破译。"圣文德"号携带袖珍潜艇于 1945 年 7 月前往文莱湾(Brunei Bay)执行上述三项任务。

"拼搏"作战(Struggle)是针对停泊于新加坡与马来亚之间柔佛海峡(Johore Strait)的日军巡洋舰的攻击,具体目标为"妙高"号和"高雄"号重巡洋舰。7

月 26 日，XE1 号和 XE3 号袖珍潜艇分别由"火花"号潜艇（Spark）和"幽暗"号潜艇拖曳离开文莱湾，两艘袖珍潜艇的指挥官分别为皇家海军志愿预备役上尉斯马特（J E Smart）和皇家海军预备役上尉弗雷泽（I E Fraser）。两艘袖珍潜艇在霍斯堡灯塔（Horsburgh Light）①附近解除拖曳，并自行驶入柔佛海峡。XE1 号的目标是"妙高"号，其泊位位于海峡最深处。在经历了相当长时间的拖延之后，斯马特上尉决定在退潮时将炸药安放在"高雄"号附近，然后撤退。XE1 号艇最终平安与其母艇"火花"号在外海会合。弗雷泽上尉按计划对"高雄"号展开攻击，但 XE3 号在一道舭龙骨下被卡住，其携带的一枚炸药无法施放。几经努力脱身之后，该艇一度失去控制，并一度在一艘日军交通艇附近上浮，不过此后弗雷泽上尉恢复了对 XE3 号的控制并成功将其潜入海底。在海底稳定下来之后，潜水员领班水手莫根尼斯（Magennis）离艇并勇敢地利用锤子、凿子和撬棍取下了剩余的一枚炸药。所有炸药随后正常爆炸，导致"高雄"号下沉坐底，但其上层建筑仍矗立于水面之上。尽管技术上严格来说"高雄"号并未沉没，但该舰从此也不再可用。战后弗雷泽上尉和莫根尼斯均因此战获得维多利亚十字勋章。

其他 XE 潜艇成功地执行了危险性相对较低但技术难度较高的任务，即切断日军电报线。"箔"作战（Foil）和"军刀"作战（Sabre）分别旨在切断香港和西贡附近的电报线。澳大利亚皇家海军上尉马克思·谢安（Max Shean）奉命执行"军刀"作战，但在 XE4 号在海面上被拖曳过程中，上尉被浪花冲下该艇，险些淹死。在经历了"人生中最快的若干次划水"[13] 之后，上尉终于抓住了潜艇的飞线并把自己拉回了 XE4 号。上尉手下的两名潜水员各自切断了一条电报线，并各自带回一段电报线作为证明。

盟军对日布雷作战

盟军自 1942 年起对日军商船航运展开了一系列绞杀战，并最终导致 1945 年日本濒临崩溃边缘。绞杀战主要包括三个方面：潜艇攻击、战机攻击以及布雷。

---

① 译注：该灯塔是新加坡最早完工的灯塔，位于新加坡以东 54 千米处，标示着新加坡海峡东端入口位置。

按照击沉商船吨位计算，潜艇的战果占 56.7%，战机占 29.7%，水雷占 7.1%。[14]
实际上，英美两国战略布雷的效果远不是上述数字所能体现的。水雷不仅直接击
沉商船，而且还能造成大批商船延误或无法出港。盟军的布雷作战导致日本航运
部门不同程度的停滞，其后效不仅仅对日本正常运转造成干扰，有时甚至导致灾
难性的结果。雷区的存在和威胁也迫使日本投入大量人力物力加以应对，从而削
弱了其可投入战场的力量。最后，水雷还导致日本船厂内充斥着大量亟待修理方
能再次出航的船只，这一现象至少严重打击了日本商船船员的士气。[①]随着战争
的进行，日本商船船员的士气也持续恶化，最终导致船员在港口的大规模逃亡，
且日本政府及军队也发现征召替代船员愈发困难。

1943 年 6 月，英美两国就在日本外防御圈进行战略布雷一事进行了协调，
大部分水雷由美国陆航第 4、第 7、第 10 航空队与第 20 轰炸机指挥部以及美国
海军、英国皇家空军、澳大利亚皇家空军等部所辖飞机执行，使用的基地南起澳
大利亚，经新几内亚至缅甸、印度和中国。盟军共对 108 个目标海域布雷 9254
枚，其中 84% 为磁性水雷，10.1% 为音响水雷，仅有 2.9% 为碰炸水雷，其余水
雷中部分为所谓"无法扫除"的惰性水雷，其作用是在实际未大规模布雷的前
提下给敌方造成大片雷场的假象。1944 年 3 月 30—31 日期间，盟军还进行了一
次特殊的布雷作战，其性质介于战术布雷与战略布雷之间。此次作战中美国海
军"列克星敦"号（Lexington）、"邦克山"号（Bunker Hill）和"大黄蜂"号
（Hornet）航空母舰出动舰载机对帕劳群岛所有主要出入水道实施布雷，美国海
军特混舰队再接着对困在当地的日军船舰狂轰滥炸。[15]共计 24 艘辅助船只和商
船被击沉，其中包括隶属海军的两艘油轮。由于日本海军中此类船舶供不应求，
因此这两艘油轮的损失严重影响了日本海军联合舰队的机动。当时日本海军利
用帕劳群岛作为前进作战基地，其地位与特鲁克相当，不过受美军空袭的威胁，
日本海军的战舰已经提前撤离该群岛。在布雷攻击之后 20 天内，帕劳群岛航道

---

① 译注：太平洋战争期间，日本船厂几乎持续超负荷运转以支持舰船的修造，然而仍然无法满足修理舰
船所需或军队商船吨位的需求。鉴于开战时日本商船吨位就已经非常紧张，这一情况当然导致战争期间日本
的商船总吨位持续恶化。

一直无法开放，日本海军遂放弃了这一苦心经营的基地，转移至苏禄群岛（Sulu Archipelago）的塔威塔威岛（Tawi Tawi）。当地防御设施不足，并不是一个理想的海军基地。

皇家海军从 1944 年 3 月起开始加入布雷作战，起初进行作战巡逻的潜艇通过鱼雷发射管射出磁性水雷完成布设，1944 年夏，经过改装配属了专门布雷设备的"鼠海豚"号（Porpoise）和"鲲鲸"号（Rorqual）潜艇也加入布雷作战，负责在远东水域布雷，不过两艇需要不时前往其他战场作战。由英军指挥的荷兰潜艇 O.19 号也参与了布雷作战。由于执行布雷任务时潜艇需要卸载其主要武器——鱼雷以装载水雷，所以此类任务并不受潜艇艇员们欢迎。[16] 快速布雷舰"阿里阿德涅"号（Ariadne）[①] 于 1944 年 1 月部署至太平洋战场，并暂时隶属美国海军，当时美国海军编制内还没有该舰种。该舰分别于 1944 年 6 月和 9 月在新几内亚附近海域执行过两次布雷作战，不过此后便转而充任快送运兵船。该舰的两艘姊妹舰"阿波罗"号（Apollo）和"马恩岛人"号（Manxman）于 1945 年 6 月加入英国太平洋舰队，以备在必要时敷设雷场切断日本本土与中国大陆之间的航运，但鉴于盟军空投布雷作战的规模，两舰的设计用途没有派上用场。

1945 年 3 月，美军开始实施"饥饿"作战（Starvation），对日本内海尤其是关门海峡（Shimonoseki Strait）[②] 海域实施布雷，旨在切断目标海域内的日本航运。大部分水雷由第 21 轰炸机司令部所辖的 B-29 轰炸机实施，这一作战事实上剥夺了日本利用海运运送物资的能力。[③] 1942 年 3 月，日本商船船队总吨位为 615 万吨，其中 537.5 吨可用于执行运输任务，剩余占总吨位 12.6% 的船舶则亟待维修；至 1945 年 8 月，日本商船船队总吨位仅剩 162.5 万吨，其中仅 67.7 万吨可用于执行运输任务，其余占总吨位 41.7% 的船舶待维修。

至 1945 年 7 月，在盟军三重绞杀封锁战的压迫之下，日本已经处于崩溃边

---

① 译注：由旧式巡洋舰改装而成。

② 译注：位于日本本州岛和九州岛之间，因其两侧分别是下关和门司而得名。

③ 译注：在"饥饿"作战中，近 13000 枚音响和磁性水雷被投放在狭窄的下关以及四国的德山、安芸，濑户内海的野田、广岛、吴港、名古屋，以及东京湾等港口。布雷行动非常成功，到 4 月，日本海运已经停顿。5 月，日本商船被命令突破水雷封锁，结果有 85 艘触雷沉没。

∧ 快速布雷舰"阿波罗"号，摄于战后。（作者私人收藏）

缘。然而此时盟军尚不清楚日本已经被削弱到何种程度，因此盟军仍在计划攻打九州，登陆日期预计为 1945 年 9 月 1 日。对日本而言，1945 年夏食物和物资的匮乏程度不仅导致难以继续作战，更威胁到了民族生存，这自然也大大削弱了日本的抵抗能力。对日本铁路网和沿海航运的持续攻击也将日军的防御实际限制在日军士兵可步行抵达的范围以内。在这一背景之下，盟军快速航空母舰特混舰队即将对日本本土发动攻击，其攻击的目标并不限于日本海军，还包括了一系列具有战略和战术意义的军事和工业目标，以及公路、铁路和海运交通线。搭载于 4 艘舰队航空母舰上的英国皇家海军舰载机也即将成为攻击日本本土的唯一英国军机。

攻击日本本土

1945 年 6 月，随着登陆冲绳的岸基航空兵实力逐渐增强，足以应付后续清剿作战，由哈尔西上将指挥的美国海军第 3 舰队结束了支援冲绳战斗的作战任务。[1] 此后，第 3 舰队前往莱特湾，与停泊在当地的美军后勤支援船队会合，开始执行后勤补给作业。与此同时，罗林斯中将和维安少将从各自的参谋团队中选出一批军官，飞赴莱特湾与哈尔西上将的参谋团队会谈。在两周时间内，双方参谋人员建立起了个人关系，为此后英美两国舰队之间的协同建立了良好的基础，同时消除了在统一使用美国海军旗语通信手册时可能遇到的困难。[2]

"不饶"号自 6 月 17 日完成"囚徒"作战返回后，便一直驻留马努斯训练其舰载机群。该舰的舰载机群规模为各艘英制航空母舰中最大，但其 80 架舰载机中有 48 架为"海火"式，不过在官兵的努力之下，该机型通过装备"新"副油箱大大增加了航程。"不挠"号仍在悉尼接受整修，该舰将在完成整修后成为第 11 航空母舰中队的旗舰，该中队下辖的 4 艘轻型舰队航空母舰已经在地中海完成了一段时间的训练，正在赶赴澳大利亚途中。"豪"号战列舰前往德班接受整修，这一工程直至战争结束仍未完成，因此，在此期间"英王乔治五世"号就成了英国太平洋舰队所辖的唯一一艘战列舰。

"可畏"号、"胜利"号和"英王乔治五世"号于 6 月 28 日从悉尼出发前往马努斯，因主压缩机故障，"不倦"号不得不延后一周出发，因此该舰直至其他航空母舰发动对日本的攻击后才加入第 37 特混舰队。出港之后，舰队立即投入紧张的训练之中，就加入第 3 舰队后可能面临的各种情况进行反复练习。在这段航程两端，舰队充分利用了澳大利亚和波南等地航空基地的靶场设施，不仅练习了对岸炮轰作战中的联络，还利用由舰载机拖曳的筒形拖靶进行了实弹射击练习，此外舰队还利用一切机会对后备飞行员进行着舰训练。"不饶"号、"欧尔亚拉斯"号、"乌干达"号和"纽芬兰"号从马努斯出航，向南航行，与第 37

第 37 特混舰队所辖航空母舰及其搭载的中队

舰名	单位	机型 / 数目	备注
"可畏"号	1841 中队	18 架"海盗"4 型	第 1 航空母舰中队指挥官维安少将旗舰
	1842 中队	18 架"海盗"4 型	
	1844 中队	4 架"地狱猫"2 型，2 架"地狱猫"侦察摄像 3 型	
	848 中队	12 架"复仇者"2 型	
"胜利"号	1834 中队	19 架"海盗"2 型及 4 型	
	1836 中队	18 架"海盗"2 型及 4 型	
	849 中队	16 架"复仇者"2 型	
	直属小队	2 架"海象"式	
"不饶"号	801 中队	24 架"海火"L3 型	
	880 中队	24 架"海火"L3 型及 FR3 型	
	1771 中队	12 架"萤火虫"1 型	
	828 中队	21 架"复仇者"2 型	
"不倦"号	887 中队	15 架"海火"F3 型，9 架"海火"L3 型	
	894 中队	16 架"海火"L3 型	
	1772 中队	12 架"萤火虫"1 型	
	820 中队	21 架"复仇者"2 型	

第 112 特混舰所属航空母舰及载机

舰名	单位	机型 / 数目	备注
"统治者"号	885 中队	18 架"地狱猫"2 型，4 架"复仇者"2 型	
"打击者"号			第 30 航空母舰中队旗舰。补给航空母舰，载机搭配方式不定。
"追击者"号			补给航空母舰，载机搭配方式不定。
"演讲者"号			补给航空母舰，载机搭配方式不定。
"仲裁者"号			补给航空母舰，载机搭配方式不定。
"独角兽"号			维护航空母舰，随航空后勤船队驻马努斯。
"先锋"号			维护航空母舰，随航空后勤船队驻马努斯。[3]

特混舰队会合，双方会师后又进行了一系列训练，项目包括昼间和夜间空袭预警及截击、战斗机引导、夜间截击、对岸炮轰作战中的联络、对舰队进行模拟自杀性攻击、夜间着舰训练、损管、利用雷达统一指挥防空炮火盲射、对驱逐舰拖曳的目标进行实弹扫射。[4] 这一系列贴合实战的训练中，新引入的项目是通过舰载机释放干扰箔条，从而使雷达操作员习惯这一干扰措施可能带来的影响。

〈　"不饶"号从悉尼出发，其飞行甲板上排列着"海火"式战斗机，这些"海火"式均配备副油箱。英国太平洋舰队巨大的圆形与横条识别标志对于"海火"式娇小的机身而言过于庞大，因此应喷涂于机身侧面的3位数编号只能分成两部分喷涂于机身两侧。（作者私人收藏）

　　舰队于7月4日抵达马努斯，同日，罗林斯中将致电哈尔西上将："我特此代表第37特混舰队向第3舰队报到。我部非常期待执行阁下向我部下达的第一道作战令。"[5]哈尔西上将回电称："很高兴收到贵部040023Z号电。请准备于贵我两部首次会合时乘驱逐舰来'密苏里'号参加作战会议。第38特混舰队指挥官亦将出席，建议您携相应军官一道出席，以便讨论航空兵作战细节。"[6]最后一句透露出美国海军一直以来对英国太平洋舰队中缺乏高级航空参谋军官的不安，尽管此时美国海军已经逐渐接受皇家海军与其不同的作战方式。第37特混舰队所属各舰于马努斯锚地加满燃油，补充物资、舰载机及后备飞行员直至满额，随后于7月6日从马努斯起程前去与第38特混舰队会合并前往日本本土沿海作战。当时，即将开展的作战被视为"奥林匹克"作战的前奏，意在削

∧ 在"冰山"作战结束后几周内,英国太平洋舰队海上补给能力得到了很大的改进。这归功于新技术的引入,以及新建且性能更好的补给船只加入舰队,后者包括油轮和各类特制货轮。照片慑于"不饶"号,该舰此时正在"欧拉"号左舷侧接受燃油补给,"纽芬兰"号巡洋舰则在油轮右舷侧接受补给,另外远处可见"胜利"号。(作者私人收藏)

弱日军抵抗,因此并未赋予作战代号。第38特混舰队从莱特湾出发,并先后于7月10日、14日和15日攻击了东京以及本州北部的目标。

　　7月7日,"英王乔治五世"号、"纽芬兰"号、"冈比亚"号、"乌干达"号和"阿基里斯"号分别向驱逐舰补充了锅炉燃油,以确保驱逐舰们有足够的燃油抵达后勤作业海域。此时上述各舰进行并舷输油操作已经颇为熟练,在此过程中发现,如果能审慎地连接所有油泵,并配合在输油管最理想位置泵入燃油,那么战列舰每小时最高可输出150吨燃油,巡洋舰的这一指标则平均为每小时100吨。[7]在奔赴战场的航程中舰队继续进行密集的训练,项目包括汇报敌空袭来临、战斗机引导以及针对模拟神风特攻机攻击的防空火力演练。第37特混舰队于7月13日抵达后勤作业海域,并立即展开补给作业。鉴于按计划无须补给食品和弹药，这一次后勤支援船队中未包括装载相应货物的货轮，不过包括3艘油轮——"圣阿玛多"号（San Amado）、"浪皇"号（Wave Emperor）和"叮当谷"号。这也是"浪皇"号首次执行海上补给任务，遗憾的是该轮传信绳缆和浮力输油管状况均不佳。传信绳缆在收回时断裂，输油管则在"英王乔治五世"号试图利用舷接近法补充燃油时破裂。"叮当谷"号输油管的状况同样不佳。上述原因导致第37特混舰队没有在预定时间内完成补给，不过由于第3舰队指挥官临时修改了作战计划，舰队意外地多获得了一天时间可用于补给作业，这才在第三天上完成了燃油补充作业。"英王乔治五世"号的舰长最终决定利用临时搭建的设备在"叮当谷"号舷侧加油，这一临时措施大获成功，从此战列舰均利用并舷输油法补给燃料。使用这一技术，锅炉燃油的输送速度可达每小时400吨，且未发生任何问题。此前皇家海军内部曾担心并舷航行时大型战舰会导致较小的油轮难以操控。实际操作经验表明这一担心全无必要。"叮当谷"号的船长也被"英王乔治五世"号的舰长斯科菲尔德（B B Schofield）说服，与后者编队航行。在此过程中"叮当谷"号的船长表现得很出色。

　　补给作业于7月15日完成后，第37特混舰队立即出发驶向与第38特混舰队预定会合点，并于7月16日黎明抵达。此时组成第38特混舰队的3个特混

〈 至1945年7月，英国太平洋舰队进行补给作业时已需占据相当面积的海域。照片拍摄于一次海上补给作业期间，拍摄者位于"仲裁者"号护航航空母舰舰桥。停放在该舰飞行甲板上的若干后备战斗机中，一架"地狱猫"式在接受了某些最后一刻准备工作后，正在重新安装引擎整流罩。包括航空母舰在内的其他舰只正在照片中远处接受燃油物资补给。照片中水兵们在"仲裁者"号飞行甲板上排成一列，正利用轻型支索，从甲板边缘一艘勉强可见的驱逐舰上拖曳拉索，可能是为了将一名飞行员拉上舰以便接收后备机。（作者私人收藏）

大队仍在补充油料，规模庞大的舰队在整个海面上延展开来，从一侧海平线直抵另一侧海平线。事后罗林斯中将感叹称这一景象极具冲击力，令人难忘。按照约定，罗林斯中将和维安少将携各自的参谋人员一同前往哈尔西上将的旗舰"密苏里"号（Missouri）战列舰，并于当日上午与上将及其参谋团队就次日即将展开的战斗进行会谈。由于出乎所有相关人员意料，尼米兹上将此前并未对哈尔西上将做出明确的相应指示，因此双方的第一个议题便是英国太平洋舰队应以何种方式与哈尔西上将合作。在哈尔西上将的回忆录《哈尔西上将的故事》中，上将对此次会面的回忆如下：

> 在珍珠港，我得知英国太平洋舰队也将向我报到，于是我自然假设我应对该部具有完整的作战指挥权。然而当我在莱特湾重新阅读作战计划时，我惊讶地发现我并没有掌握该部的战术指挥权。这迫使我向罗林斯将军提出如下三个选择：
>
> 1. 第37特混舰队与我部一同作战，类似第38特混舰队的其他特混大队。该部不会直接从我这里接受命令，但是我对第38特混舰队下达的命令也会对该部公开。我将以"建议"形式向该部下达作战要求，并希望该部遵照执行，实现双方互利。如此盟军可将兵力收拢并进行集中攻击。
>
> 2. 第37特混舰队将在距离第38特混舰队100~110千米的距离上半独立地作战，从而保留其战术独立性，但这意味着盟军兵力分散。我补充声明，只有在收到书面申请的情况下才会同意这一选择。
>
> 3. 第37特混舰队将完全独立作战，打击目标将是我方选择的若干日本弱点。
>
> 罗林斯中将没有表现出丝毫的迟疑。他答道："我当然会接受第一个选项。"从那一刻起，他便赢得了我的敬意。[8]

在其作战报告中，罗林斯中将写道："此前我方已经确定的基本原则是希望英国特混舰队与第38特混舰队实现尽可能紧密的战术合作，与后者一同行动。除扫荡敌控地面及海面目标外，还应出动战列舰和巡洋舰参与炮轰任务。"[9]

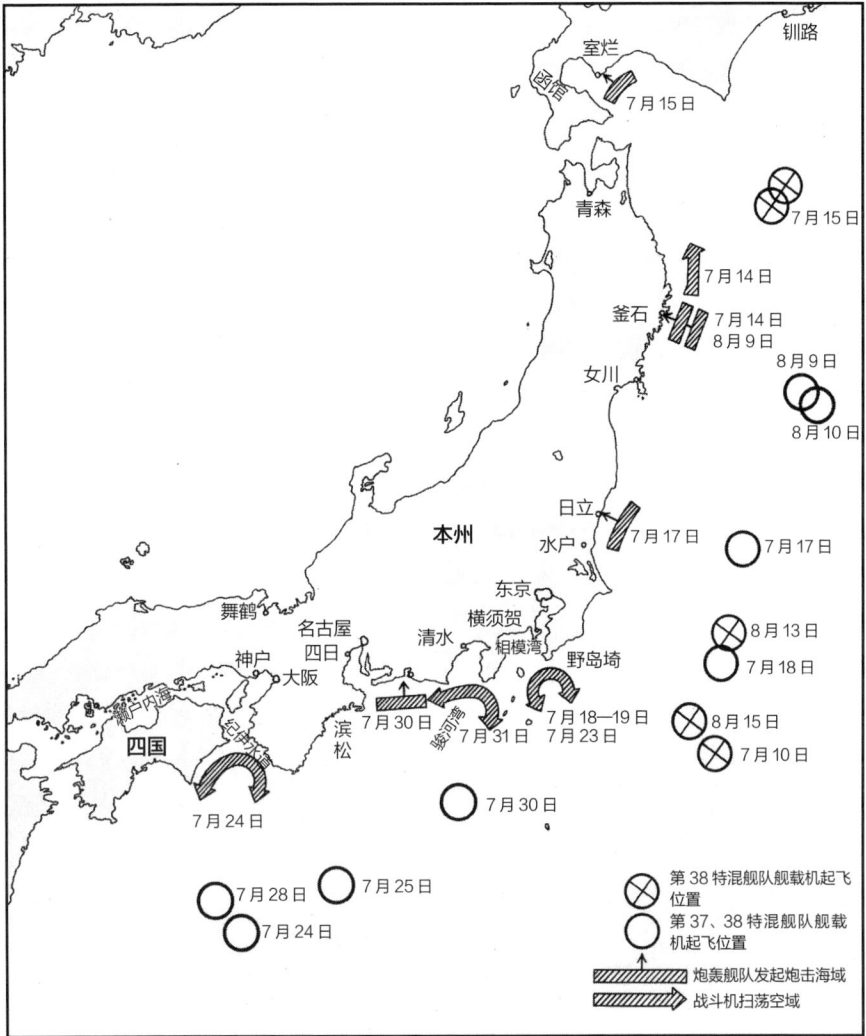

∧ 对日本的最后战斗，1945 年 7—8 月。（作者私人收藏）

　　哈尔西上将对罗林斯中将的答复非常满意，会师之后的盟军舰队遂于 1945 年 7 月 16 日 16 时取 250° 航向①以 15.5 节航速前往作战海域。罗林斯中将注意到"整个盟军舰队终于看起来几乎像是在接受统一指挥"，很可能"今后会证明，在通往世界胜利的漫长道路上，这将是值得注意的一座里程碑"[10]。第 3 舰队主力由 4 个战斗群组成，按地理位置从北向南依次是第 37 特混舰队、第 38.1 特混大队、第 38.4 特混大队和第 38.3 特混大队。自加入太平洋战场以来，英国驱逐舰首次与美国同行平等协作，共同奉命前出担任警戒哨任务。15 日下午，第 3 舰队还进行了一次必要的预防演练。英美双方组建了一支包括麾下所有机型的机队，在双方舰队上空进行通场飞行，以期让官兵熟悉己方各种机型特征，防止误伤。这一任务被称为"识别飞行"。第 38 特混舰队辖有 10 艘舰队航空母舰和 6 艘轻型航空母舰，由美国海军麦凯恩中将指挥，其旗舰为"香格里拉"

∧ 由"可畏"号 848 中队组成的"复仇者"式攻击机群正飞向日本海岸。(作者私人收藏)

---

　　① 译注：大致为西南西方向。

∧ 英国太平洋舰队的舰载机正在对东京西南的 Haba 地区进行反航运攻击，照片中可见炸弹在地面和海面爆炸。(作者私人收藏)

号。各航空母舰共搭载 1190 架舰载机，平均每艘航空母舰约搭载 70 架。在"不倦"号加入之后，第 37 特混舰队辖有 4 艘舰队航空母舰，其指挥官为刚刚晋升中将的维安[11]，旗舰为"可畏"号。各英国航空母舰搭载的中队与"冰山"作战期间基本相同，唯一的例外是"不倦"号的 1770 中队及其配属的"萤火虫"式战斗机被 1772 中队取代。"不饶"号搭载的舰载机群与"囚徒"作战期间相同，但若干机组成员进行了轮换，部分后备飞行员和观测员此前并无参战经验。

盟军特混舰队的作战目标是打击日本海军及航空兵部队、船运、船厂、军工工厂、海岸线以及其他指定的目标。第 38 特混舰队此前已于 7 月 14—15 日期间对本州北部以及北海道之间的铁路渡口进行了轰炸并将其彻底摧毁，导致运往本州的煤炭吨位锐减50%。由于天气不佳，攻击机群未能对同一地区内的机场展开攻击。在作战开始几天后，第3舰队修改了作战计划，打算集中力量歼灭日本海军余部。此时，由于缺乏燃料，日本海军残存的舰只不得不停泊在各自母港并进行伪装。尽管这些战舰已经失去了所有进攻能力，但其舰炮仍可用于防御。为了最大程度达成奇袭和震撼效果，哈尔西上将计划最大程度地发挥其舰队的机动性，沿日本诸岛连续机动，不断变化目标地域。这种高强度机动引起了罗林斯中将对其后勤支援船队的担忧，尤其是油轮航速缓慢，难以随时变换目的地，因此也很难及时跟上第37特混舰队的动向。不过，遵照罗林斯中将的命令，"仲裁者"号和"追击者"号在马努斯加装了浮动油管及相关设备，在必要时可代替油轮为舰队补给燃油，不过两舰只能通过舰接近法输送油料。幸运的是，中将担心的严峻情况并未发生。7—8月已是台风季节，经常恶化的天气严重影响了盟军作战的节奏，部分作战被迫展期，从而给了后勤支援船队喘息和转移的时间。此外，第3舰队补给船队也慷慨地向部分英军舰船提供了燃油补给。在上述因素的作用下，英国太平洋舰队始终能执行分派的任务。在很多攻击中，英美两国舰载机联合作战，几乎是排队攻击同一目标。

　　7月17日晨，第37特混舰队有如下舰只位于作战海域："英王乔治五世"号（英国太平洋舰队副指挥官、第37特混舰队指挥官罗林斯中将旗舰）、"可畏"号（第1航空母舰中队旗舰）、"胜利"号、"不饶"号、"纽芬兰"号（第4巡洋舰中队旗舰）、"黑王子"号、"欧尔亚拉斯"号、"阿基力斯"号、"甘比亚"号、"格伦威尔"号（第4驱逐舰队指挥官坐舰）、"水精灵"号、"乌拉尼亚"号、"淘气鬼"号、"尤里西斯"号（Ulysses）、"大胆"号、"基伯龙"号、"速燃导火索"号、"质量"号、"象限"号、"特鲁布里奇"号（第24驱逐舰队指挥官坐舰）、"顽强"号、"泼妇"号、"歌舞女神"号和"蒂泽"号。此外，"不倦"号、"巴福勒尔"号（Barfleur）（该舰属最新的"战役"级驱逐舰，且为英国太平洋舰队驱逐舰总指挥官旗舰）、"警醒"号和"牧人"号正从马努斯赶来与主力会合。舰队所属驱逐舰编为两个警戒群，代号分别为"雄猫"（Tomcat）和"看门狗"（Watchdog），于2时10分在指定位置就位，其中后者担任战斗机引导警戒哨。此后两天的作战目标包括东京以北地区的机场、设施以及航运。3 时 50 分，空中战斗巡逻机队以及 3 批"推弹杆"部队先后从北纬 37° 10′、东经 143° 19′ 海域起飞。第 4 支"推弹杆"部队则于 6 时 20 分出动。当天目标上空天气不好，第 38 特混舰队分配的所有目标上空均阴云密布，但美军舰载机依然设法找到了两处目标并展开攻击。第 37 特混舰队的攻击机群发现目标上空天气稍好，并对 6 个指定目标中的 4 个发动了攻击。"可畏"号当天出动两波攻击机群，共计 28 架"海盗"式；"不饶"号则出动了一波攻击机群，含 8 架"萤火虫"式和 12 架"海火"式；"胜利"号同样放出两波攻击机群，共计 28 架"海盗"式。全天舰队共放出 78 架①舰载机执行攻击任务，其中 16 架"海盗"式和全部"海火"式因天气原因均未找到预定目标。舰载机实际攻击的目标包括益田机场、仙台机场、松岛机场以及新潟机场。不过随着

∧ "乌拉尼亚"号（舷号 D27）正从"不饶"号接受燃油补给。（作者私人收藏）

---

① 译注：原文如此，此处总计应为 76 架。

∧ "尤里西斯"号驱逐舰(舷号D24)正在"浪王"号油轮舷侧接受燃油补给。"不饶"号则使用效率较低的艉接近法。照片摄于"不饶"号。(作者私人收藏)

天气持续恶化,麦凯恩中将取消了当日其余攻击计划。当日英国舰载机共投掷了83枚227千克炸弹,发射了26枚火箭弹,共在地面击毁9架敌机、1座机库、3个火车头以及1艘沿海舢板,另有9架敌机、若干小型船舶以及兵营被命中击伤。共有3架"海盗"式被日军防空炮火命中,但三机飞行员均飞越海岸线抵达舰队附近再行跳伞逃生,其中一名被美国驱逐舰"约翰·罗杰斯"号(John Rodgers)救起,另外两名被第37特混舰队所属驱逐舰救起。另有两架舰载机及其飞行员在战斗中损失。此外,"胜利"号的航空煤油供应系统被海水污染,影响了该舰当日作战。

14时30分,在"质量"号和"基伯龙"号的护卫下,"英王乔治五世"号战列舰暂时脱离舰队主力,编为第37.1.6特混小队,前出与由美国海军奥斯卡·巴杰(Oscar Badger)少将指挥的美国海军炮击群会合,参与该舰群的包括美国战列舰"依阿华"号(Iowa)、"威斯康星"号(Wisconsin)、"密苏里"号(Missouri)、"北卡罗来纳"号和"阿拉巴马"号(Alabama),巡洋舰"亚特兰大"号(Atlanta)、"代

∧ "地狱猫"式侦察摄像型机拍摄的东京东北原野机场（Harano）照片。（作者私人收藏）

顿"号（Dayton），① 以及 6 艘驱逐舰。会合后，炮击群统编为第 34.8.2 特混小队。在巴杰少将的指挥下，该特混小队不断调整航向和航速，最终于 23 时按时抵达预定炮击位置。此次炮击的目标是日立和水户市的工业密集区，在该区域内建有1 座铜精炼厂、3 座大型工厂、1 座兵工厂以及一系列其他工业设施。分配给"英王乔治五世"号的目标是位于日立的电线工厂②、"多贺"工厂以及一个未确定性质的工厂区，该舰向上述目标分别发射了 91 枚、79 枚和 97 枚 356mm 炮弹。炮击位置上空天气较差，云高较低，有雨并间歇有雾，能见度最高不过 5~8 千

---

① 译注：两舰均为"克里夫兰"级轻巡洋舰。
② 译注：即日立电线厂，日立电线株式会社的前身。

米，因此美军舰只无法放出水上飞机实施校射。特混小队利用雷达、"洛兰"系统（Loran）[12]以及回声测深设备实施导航，射击则纯由雷达指挥。各舰于23时15分开火直至0时10分，期间"英王乔治五世"号的平均射击距离为25.6千米，共计发射267枚炮弹。[13]其他5艘美国战列舰发射的炮弹数目也与此相近，各舰共射击炮弹近2000吨。此后的侦察摄像结果显示，9个目标区中仅有3个被击中，且总体而言炮击对工业区造成的破坏很小。日立公司下属的若干工厂负责电气设备、精炼铜以及军工业务，其中规模最大的是日立海军制作所，该厂生产的重型发电机组占日本总产量的25%。在7月17日之前，该厂已在美国陆航B-29轰炸机实施的空袭中被严重破坏，因此，对于战列舰主炮而言并不是一个理想的目标。

　　尽管炮轰对工业区本身的破坏并不让人满意，但炮轰对日本居民的副效应倒是意外的好。相当部分炮弹落入了工厂附近的建筑密集区，摧毁了当地的住房以及基础设施，并进而导致大量工人旷工。24小时后，B-29轰炸机再度光临，这一次它们投下了大量的燃烧弹，此时该地区内已经没有足够的人手参与灭火，最终导致上述建筑密集区基本全毁。[①]巡洋舰炮轰的则是近岸目标。整个炮轰过程中日军并未还击，虽然雷达发现有敌机在附近空域活动。7月18日0时15分，各舰完成射击，向东高速撤退。哈尔西上将通电各舰："干得好。希望战果配得上你们的表现。"凌晨4时，特混小队转向南，随后解散队形，各舰分别返回4个航空母舰特混大队，并在指定战位加入巡航队形。当夜，在"英王乔治五世"号离队期间，[14]第37特混舰队首次进行夜间空中战斗巡逻。[15]

　　"英王乔治五世"号及其护航舰只于7月18日晨7时15分重新加入第37特混舰队队形。当日天气依然恶劣，无法起降舰载机，因此哈尔西上将决定率整个第3舰队南下寻找天气较好的海域。当天午前晚些时候，舰队上空天气转好，上将遂下令于11时30分放出攻击机群。此外，由于舰队位置南移，此次攻击的目标也进行了相应调整。相应命令由另一特混大队通过某一较为繁忙的

---

　　① 译注：根据二战之后的统计，重型舰炮对地攻击的效率实际远不如轰炸机轰炸，不过这种攻击方式对敌我士气均有较大影响。

无线电频段转达第37特混舰队，后者接到命令时时间已经所剩无几，来不及向飞行员进行简报，然而放出攻击机群的时间又不可拖延：整个第3舰队已经转向逆风方向，以统一的节奏开始舰载机起降作业，因此第37特混舰队只得跟上第38特混舰队的节奏。由于"胜利"号航空煤油系统被海水污染的故障并未排除，当日该舰只能放出由6架"海盗"式组成的唯一攻击机群，因此当日第37特混舰队的攻击实力依然受限。"可畏"号放出两波攻击机群，分别由16架和18架"海盗"式组成；"不饶"号共放出3个攻击机群，共计8架"萤火虫"式和20架"海火"式。当日第37特混舰队的攻击目标为东京地区的野原机场[①]、鸣门机场、铫子机场、鸿池机场、名取机场、北川机场，以及北里附近的一个水上飞机基地。与分配给第38特混舰队的目标相比，上述目标与舰队的距离较近。当日第37特混舰队的战果为在地面击毁12架、击伤18架敌机。目标附近日军防空炮火较为猛烈和精确，两架"海盗"式及其飞行员在战斗中损失。若干"海火"式返航途中遭遇有雾天气，差点因未能找到"不饶"号而迫降，幸而能见度及时改善，这些战斗机才在燃油耗尽之前及时着舰。向第37特混舰队分配不同目标的一大原因自然是部分英制舰载机作战半径不足，而当日美国海军留给自己的大奖则是停泊在横须贺的"长门"号战列舰。这艘前日本海军联合舰队旗舰被蜂拥而来的美国舰载机重创，不过并未沉没。[②]早在英国太平洋舰队草创之际，尼米兹上将就明确表示剩余日军重型舰只均应由美国海军独立摧毁。由于"长门"号停泊位置的限制，无法使用鱼雷攻击，因此美国海军舰载机仅用炸弹进行了攻击。当日美军损失为12架舰载机和16名机组成员。

　　7月19日，天气依旧糟糕，哈尔西上将决定将原定于7月21日中午开始的

---

　　① 译注：与"冰山"作战中的攻击目标同名但显然不是同一机场。
　　② 译注：在1944年10月的莱特湾之战中，该舰被击伤，后前往文莱，于11月返回日本本土，就此停泊在横须贺。由于缺乏燃油和材料，该舰的损伤并未彻底修复，遂被充作浮动防空炮台，为此甚至拆除了烟囱和桅杆以改善该舰防空炮火的射界。1945年6月，该舰的全部副炮和约一半防空火炮被拆除上岸，其测距仪和探照灯也被一并拆除。在7月18日的攻击中，该舰受损严重，仅因横须贺港内海水较浅，该舰只是坐沉而非沉没，这一状态一直保持至战争结束。战后该舰作为战争赔偿被交付美国，并于1946年3月前往比基尼环礁，最终在当年7月美军的核试验中沉没。

补给阶段提前，与后勤支援船队会合的海域也相应改到距离下次预定起飞海域更近的位置。由于美军战列舰需补充弹药，因此补给时间比预期延长 24 小时，这对英国太平洋舰队而言实属幸运。为寻找英国后勤支援船队位置，第 37 特混舰队放出了一架"复仇者"式进行搜索，并于 7 月 20 日 4 时 30 分找到目标。同时"不倦"号以及为其护航的 3 艘驱逐舰为尽早加入舰队，自马努斯出发之后持续高速航行，油耗很大。为了给"不倦"号补充油料，补给作业结束后油轮上锅炉燃油余量比预期少了 2000 吨。这一情况迫使罗林斯中将向哈尔西上将求助，征求是否可以由美军油轮为"纽芬兰"号、"甘比亚"号和"乌干达"号补给油料，上将慷慨地同意了这一请求。补给作业期间，"仲裁者"号为各舰队航空母舰提供了后备舰载机。此次补给作业中，"英王乔治五世"号成功地利用并舷输油法从"圣阿多尔福"号补给了燃油，同时由于补给作业期间舰队的大致航向为西，指向下一轮攻击的预定起飞位置，从而也留出了更多时间用于燃油补给。若非如此，较低的泵油率以及输油管破裂事故无疑可能导致英国太平洋舰队无法及时完成补给，进而难以按时抵达作战海域展开作战。此次补给作业中，食品储备分发船"格兰纳特尼"号首次加入后勤支援船队，并成功完成了补给作业。该船利用并舷输送法，先后向"英王乔治五世"号、"不饶"号、"冈比亚"号、"欧尔亚拉斯"号以及 17 艘驱逐舰补充了新鲜食物。由于该船没有为船长配备陀螺罗经，因此船长要求除航空母舰外的其他战舰在补给食物期间均以其为基准保持编队。航空母舰情况比较特殊，"不饶"号须超出"格兰纳特尼"号相当距离，才能使用其舰岛后方的起重机搬运给养，因此"格兰纳特尼"号的船长认为不适宜要求"不饶"号以食品储备分发船为基准保持编队。"格兰纳特尼"号的船员们业务熟练，紧密配合，船长本人也乐于同时向位于两舷的一艘防空巡洋舰和一艘驱逐舰进行补给。[16]"不饶"号由此成为第一艘利用并舷输送法补充给养的英国战舰。此次补给作业于 7 月 21 日晚 19 时完成，期间第 37 特混舰队共补充了约 55000 吨锅炉燃油。

7 月 22 日起，天气仍不佳，无法展开起降作业，这一情况直至 7 月 24 日才有所改善。当天第 38 特混舰队的主要目标是停泊在吴港内的日本海军残余舰只，分配给第 37 特混舰队的目标以机场为主，但也包括没有主要战舰停泊的大阪港，以及濑户内海上的日本航运。由于燃油匮乏，日本海军的主要舰只实际上已经无力抵抗盟军对日本本土的登陆作战，但哈尔西上将仍决心将其全部摧毁。日后上将给出了下此决心的三个理由[17]：首先，自然是美国海军的自尊心。在美国看来，报珍珠港之仇的唯一方式便是彻底摧毁日本海军。其次，一旦苏联对日宣战，苏联红军及其后勤物资便须从堪察加半岛（Kamchatka）经海路输送至北海道。在哈尔西看来，这一路线非常脆弱，"只需几艘巡洋舰便可控制这一路线"。最后，上将也决心不留任何舰队给日本作为战后讨价还价的资本。7月24—25日期间的一系列作战展现了英美同盟关系中最自私的一面，譬如哈尔西上将在回忆录中所言："我认为有必要防止英国日后宣称它们参与了歼灭日本舰队的最后一击。"[18]无论在当时还是事后的检讨中，上将的这一言论对英国都堪称无礼。毕竟，大英帝国从太平洋战争之初起便承担了对日作战的责任，并在战争最初若干小时内便付出了包括"威尔士亲王"号、"反击"号以及两舰大部分水兵在内的沉重代价，此后作为忠实的盟友，大英帝国又先后派出若干名舰跨越半个地球与盟军并肩作战。

尽管未能获准攻击更有吸引力的目标，但是7月24日皇家海军还是取得了相当的战果。"复仇者"式机群在大分①以北16千米处的别府湾海域发现了"海鹰"号护航航空母舰并展开攻击，导致该舰甲板断为两截。这也是皇家海军军机历史上首次攻击敌航空母舰。[19]"海鹰"号此后又撞上一枚水雷并搁浅，因此，严格来说，就技术角度而言，该舰并未沉没。当日舰队共放出15波攻击机群，共计257架次，其中227架次成功完成攻击，5波攻击机群与美军舰载机一同攻击日军机场目标。加上执行空中战斗巡逻和反潜巡逻的机群，当日舰队共完成起降416架次。除了"海鹰"号外，攻击机群还击沉了CD4和CD30号护卫舰以及若干小型舰船，并击毁15架敌机。

24日夜间，第37特混舰队仍停留在神户以南约290千米处的预定起飞海域，并于25日4时30分开始放出攻击机群。当日天气较前一日明显恶化，但舰队仍

---

① 译注：日本九州岛东北岸港市。

∧ 海上补给作业期间, 隶属皇家辅助舰队的"格兰纳特尼"号正在"不饶"号舷侧与后者编队航行, 并为后者补充食物。"不饶"号也是第一艘在航行间利用重型支索从后勤支援船队补充食物储备的英国战舰。(作者私人收藏)

∧ "欧尔亚拉斯"号正从"不饶"号处补充燃料。远处可见英国太平洋舰队所辖其他航空母舰。(作者私人收藏)

完成了 155 架次进攻性起降，其中 118 架次舰载机成功找到指定目标并展开攻击，一架"复仇者"式在战斗中损失。由于天气恶化，当天下午舰队停止了对日攻击，但仍继续执行空中作战巡逻任务。黄昏时分，正当担任空中作战巡逻任务的战斗机逐一着舰之时，舰队雷达发现了 3 个日军机群。鉴于日军机群直扑舰队而来，舰队战斗机引导军官判断敌机为鱼雷轰炸机。当时舰队上空仅有来自"可畏"号、担任黄昏空中作战巡逻任务的"地狱猫"式机群尚未着舰，该机群遂奉命对第一个日军机群进行了截击。"地狱猫"式机群确定敌机确实挂载鱼雷，并击落了其中 3 架，第 4 架敌机则放弃攻击逃之夭夭。第二群敌机遭遇了美军夜间战斗机的截击，以及担任雷达警戒哨的驱逐舰防空火力的攻击，最终队形被打散，无一实现对舰队攻击。第三群敌机在距离舰队约 105 千米处返航。由于天气原因，当天舰队舰载机起降节奏放缓，这自然减轻了英国航空母舰飞行甲板调度人员以及军械师们的工作负担，使他们在此后可以继续帮助舰队维持指定的作战节奏。

舰队在 7 月 26—27 日间再次进行了补给作业，这一次后勤支援船队包括油轮

"雪松谷"号、"卡列里拉"号、"浪王"号、"鹰谷"号，以及食品储备分发船"格兰纳特尼"号和弹药储备分发船"罗伯特·马士基"号。这也是"卡列里拉"号和"鹰谷"号首次参加海上补给作业。前者利用并舷输油法为"可畏"号补充燃油，后者的水手们发现这一方式远比舷接近法简单直接。"可畏"号舰长此后在报告中赞扬了"卡列里拉"号经验丰富的船长、年轻的大副以及华裔水手们热情高涨，工作效率高。尽管如此，该轮的泵油率较低，即使在仅为"可畏"号补给燃油的情况下，该轮的泵油率也未超过每小时 300 吨。"鹰谷"号也遇到了麻烦，该轮舰部仅设有一根浮力输油管，且仅左舷设有并舷输油法所需设备。[20] 该轮的泵油率也很低，导致"纽芬兰"号和"阿基里斯"号不得不由美国海军第 30.8 特混大队的油轮补

∨ 炸弹对日军机场造成的破坏。（作者私人收藏）

∧ 发放给英国太平洋舰队机组成员的本州郡山机场目标照片。(作者私人收藏)

给油料。此次补给作业中，"英王乔治五世"号、"可畏"号和"胜利"号均采用并舷输油法补给燃料，且过程非常顺利，由此确立了重型舰此后只使用并舷输油法的操作。在26日燃料补给完成后，"英王乔治五世"号又行至"罗伯特·马士基"号舷侧，尝试海上补给弹药作业，这也是英国战列舰首次尝试该种作业。[21]该舰成功地运进了少量炮弹，并运出了若干空的药筒。鉴于这一成功，舰队决定次日进行一次具有实际意义的海上弹药补给作业。27日，"罗伯特·马士基"号打开两个舱口进行补给作业，其中船体前部的舱口通过"英王乔治五世"号前部壁吊杆输送了44枚炮弹和68个弹药筒，后部的舱口则通过后者的一部主起重机输送了50枚炮弹和87个弹药筒，平均速度为每小时每支索输送13枚炮弹。补给作业期间海浪较大，导致"罗伯特·马士基"号出现了相当程度的颠簸，因此该轮规模有限的甲板作业团队在搬运沉重的炮弹时遇到了相当的困难，尤其是在将炮弹从货舱中取出直至挂上舷内吊杆这一过程中，由于没有稳定索辅助，作业尤为困难。若干炮弹的底塞在与"罗伯特·马士基"号上层建筑的碰撞中受损且难于拆除，但炮弹本身并无故障。"欧尔亚拉斯"号则先后向"不倦"号、"可畏"号、"阿基里斯"号、"纽芬兰"号以及"黑王子"号补充了食物。

在进行海上作业期间，"尼泊尔"号奉命靠近"英王乔治五世"号，罗林斯中将及其部分参谋人员通过支索转移于9时30分至该舰，并搭乘该舰前往"密苏里"号与哈尔西上将举行了一次作战会议。会上双方广泛地检讨了此前的作战，并就今后的作战进行了交流。会议结束后，中将一行于15时返回"英王乔治五世"号。"基伯龙"号和"尤里西斯"号在此次补给作业期间承担了分发任务，两舰在舰队各舰之间收集邮件信函，并在舰队航空母舰与补给航空母舰之间往来运输后备飞行员。上述"分发"任务意味着两舰都必须与舰队中所有舰只至少接触两次，以确保两舰能与其余任何一艘战舰完成邮件收发。在完成海上补给作业之后，"乌干达"号脱离舰队，经埃尼威托克环礁前往加拿大埃斯奎莫尔特（Esquimalt），"打击者"号则在"尼泊尔"号的护航下前往马努斯，途中两舰将在关岛停留以便卸载宣传材料。"雪松谷"号和"鹰谷"号将剩余油料转交"卡列里拉"号后，在"怀阿拉"号和"朗塞斯顿"号的护卫下前往马努斯。"浪王"号则在"普利姆河"号（Plym）和"帕雷"号的护卫下前往埃尼威托克环礁装载油料准备进行下一次海上补给作业，"纳皮尔"号重新加入第37特混舰队。至此，后勤支援船队的运动已经逐渐演化成一项复杂的作业，需要进行精密的组织和实施。

"乌干达"号在日本投降几周前撤出前线，意味着加拿大皇家海军因此失去了在东京湾与英国太平洋舰队一道参加日本投降仪式的机会，尽管当时无人能预见这一结果。召回该舰的决定源自加拿大政府1945年5月23日发给隶属英国太平洋舰队各单位的一封电报，电报中提出了欧洲战事结束之后有关该国海军的政策要点，其中提到部分"战时人员"应尽快退役。由于"乌干达"号的 730 名官兵中有 576 人属于这部分人员，因此加拿大皇家海军决定，与其利用澳大利亚兵营中的后备人员取代这些亟待退役的人员，还不如直接让该舰返回不列颠哥伦比亚省（British Columbia）的埃斯奎莫尔特，并在当地接收志愿后备役人员，同时入坞修理故障，以便及时返回英国太平洋舰队参加"奥林匹克"作战。[22] 鉴于加拿大政府不可能预见战争如此迅速就结束，这一计划本属合理。在召回该舰的同时，另一艘加拿大巡洋舰"安大略湖"号（Ontario）[①] 5 月 26 日刚刚在贝尔法斯特建成，该舰及志愿人员组成的船员们在进行了短期试航之后，便从英国出发赶赴太平洋战场。遗憾的是该舰未能在日本投降前赶到。

　　7 月 28 日，第 37 和第 38 特混舰队位于神户以南 300 千米外海域，当日盟军共放出了 14 波攻击机群，共计 260 架次，其中 4 波机群由双方舰载机共同组成。当日的攻击目标是濑户内海东端的航运和船厂，以及陆上的机场。此外盟军还起降了 135 架次战斗机执行空中战斗巡逻任务和反潜巡逻任务，以及 4 架次侦察摄像机前往目标上空执行侦察任务。当日上午 10 时，"胜利"号报告，由于该舰的一座升降机卡死在"放下"位置，因此该舰一时无法执行舰载机起降作业。该故障于 11 时 45 分排除。攻击机群对船厂造成了相当程度的破坏，但是仅发现并击沉了少数小型船只。当日日军航空兵进行了较为激烈的抵抗，第 37 特混舰队损失了 8 架舰载机，其中一名飞行员和一名通信兵 / 射手未被救回。第 38 特混舰队则在战斗中损失了 27 架舰载机。19 时 30 分，第 3 舰队全体以 23 节航速向东南撤退。哈尔西上将通电舰队表达了他对当日作战的评价：

　　　　7 月 28 日表现很好。致海空搜救单位和救援单位，致空中战斗单位以及水面舰艇官兵，致我军右翼英勇的英国舰队，干得好。致在日本上空奋勇杀敌，并赢得大胜的战斗机飞行员们，他们用勇气、鲜血和生命赢得了

---

　　① 译注：隶属"米诺陶"级轻巡洋舰，该级舰是战争中英国设计并建造的最后一级巡洋舰。

∧ 1945 年 7 月 28 日对播磨船厂的攻击。(作者私人收藏)

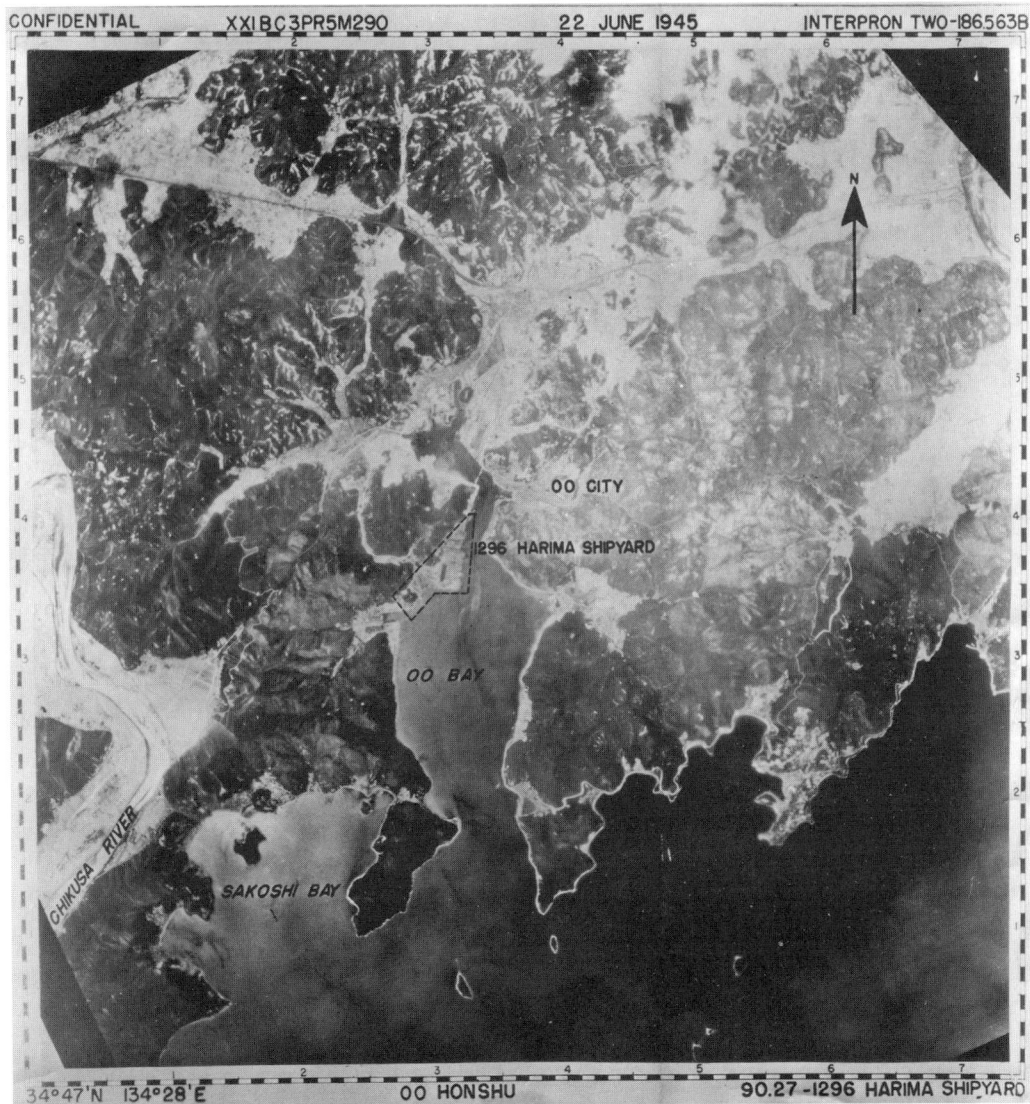

∧ 由美国海军提供，发放给英国太平洋舰队机组成员的播磨船厂目标照片。（罗伊·吉布斯收藏）

∧ 1945 年 7 月 30 日 "地狱猫" 式侦察摄像机对四日机场拍摄的照片。(作者私人收藏)

切实的胜利记录,对此荣耀我无以言表。哈尔西上将。[23]

7月29日当天,舰队并未计划出动舰载机实施攻击,但"英王乔治五世"号与"水精灵"号、"乌拉尼亚"号以及"尤利西斯"号组成第37.1.2特混小队,暂时脱队加入美国海军炮轰舰队。后者由若干战列舰和巡洋舰组成,由沙弗罗思(J E Shafroth)少将指挥,其旗舰为"南达科他"号(South Dakota)。在进入指定战位过程中,"乌拉尼亚"号以及"尤利西斯"号在浓雾中相撞,不过两舰均能继续作战。当日炮轰的目标是滨松地区,日本乐器公司设在当地的若干工厂被日军征用生产飞机螺旋桨。此前不久的一次空袭已经使上述工厂的产量骤降至其此前产量峰值的30%,不过由于仍有扩建扩容可能,该地区仍适于炮轰攻击。当晚月色皎洁,夜空无云,能见度良好,美国海军遂派出水上飞机执行校射任务。"英王乔治五世"号利用雷达,辅以挂塚灯台与目标之间的经线完成定位作业,并利用后者准确地完成射击。23时19分,该舰在18350米距离上独立开火,首轮齐射便命中目标2号乐器工厂,后续齐射亦密集地落在目标区域内。该舰共向目标射击了265枚高爆弹,"全舰官兵愉快地观察到"目标区域燃起大火。[24]美军校射机报告称观察到4座建筑起火,但由于浓烟影响,无法评估其他战果。[25]美国海军"马萨诸塞"号战列舰的目标是1号乐器工厂,此次炮轰中判定的109次可判明命中有9次计入该舰名下。整个炮击维持了27分钟,其过程中,日军航空兵或岸防炮兵并未还击,但"水精灵"号利用盲视火控①方式两次向疑为小型船只船队的目标射击,并声称目标起火,掉头逃窜。此次炮轰的直接效果并不明显,但是引发了旷工,同时,由于摧毁了一些关键设施,最终导致目标工厂彻底停产。其他美军战舰命中了国立帝国铁路机车厂(Imperial Government Railway Locomotive Works),并导致该厂在此后约3个月内无法运转。滨松地区的铁路亦被此次炮轰切断,交通断绝达4日之久。

7月30日,第3舰队恢复了舰载机起降作业,第37和第38特混舰队使用

---

① 译注:应为雷达火控。

统一的起降时间表，从神户东南东方向 300 千米外海域放出攻击机群，一同攻击了舞鹤和名古屋湾地区的日本航运，以及本州西南地区的日军机场。最初两波攻击机群遭遇不佳天气，战果有限，但英军舰载机仍于当天晚些时候击沉了日本护卫舰"冲绳"号，美军舰载机则独立击沉了若干商船。双方舰载机还合力击沉了其他若干沿海船舶。当天第 37 特混舰队共起降 216 架次舰载机执行进攻任务，其中 192 架次抵达目标空域，[26] 此外还起降了 130 架次舰载机执行空中战斗巡逻任务，并击落 1 架跟踪舰队的日军军机，但 2 架"海火"式和 1 架"海盗"式及其飞行员在战斗中损失。此时后勤作业海域已偏离原定海域约 700 海里，且根据计划下一次海上补给作业的时间仅有 24 小时。鉴于上述情况，罗林斯中将向哈尔西上将申请率部提前脱离战斗并独立前往后勤作业海域，从而可以多出一天时间进行补给作业。这一申请获得了批准。

燃油补给从 7 月 31 日 10 时开始进行，参与作业的油轮包括"浪王"号、"欧拉"号、"卡列里拉"号和"浪总督"号（Wave Governor），此外后勤支援船队中还包括两艘枪炮储备分发船"罗伯特·马士基"号和"科林达"号，以及食品储备分发船"格兰纳特尼"号。其中"欧拉"号是迄今为止英国太平洋舰队中性能最好的油轮，该轮可同时为 3 艘舰船补给燃油，其总泵油率峰值可达每小时 1000 吨，当日平均泵油率则为每小时 700 吨。不过该轮无法利用并舷输油法输送航空煤油，同时其载油中柴油比率过高，而大部分舰只均无须补充该种油料。此外，"浪王"号从悉尼出发时过于匆忙，其航空煤油载量并未达到额定值 750 吨，因此所有油轮携带的航空煤油仅够补充一艘航空母舰之需。整个海上补给作业期间，舰队一直受台风引发的长涌浪的困扰，涌浪与风向及洋流方向垂直，导致明显的横摇。油轮在输出油料后排水量变轻，因此横摇更加明显，有时甚至导致龙骨前端甚至推进器大部露出水面。尽管海况不理想，补给作业还是按时完成，且在此期间唯一的损伤是"浪王"号与"歌舞女神"号发生轻微碰撞，但后者的作战能力未受影响。"格兰纳特尼"号则先后向"可畏"号、"胜利"号、"冈比亚"号、"欧尔亚拉斯"号以及若干驱逐舰补充了食物。

补给作业中，"英王乔治五世"号还从"罗伯特·马士基"号上补给了 356mm 主炮弹药，共计 82 枚炮弹和 64 个药筒。此次补给仅通过后者的前部舱门进行，台风引发的长涌浪同样对这一作业造成了困难。由于"罗伯特·马士基"号的个头仅有"英王乔治五世"号的 1/20，因此前者的颠簸也更加明显。该轮不得不出动全部可用人手上甲板相应位置搬运装载炮弹的沉重容器。在横摇以及舷侧巨型舰只的共同影响下，"罗伯特·马士基"号的磁罗经产生了高达 15° 的误差。由于该轮未配备陀螺罗经，因此其舵手很难准确地保持航向。为了减轻该轮的困难，"英王乔治五世"号在"罗伯特·马士基"号上安装了一个分罗经，并通过电缆与自身陀螺主罗经相连，从而帮助后者确定磁罗经的偏差。不过后者船长此前从未使用过陀螺罗经，因此完全不得要领，甚至试图用分罗经对表。最终船长还是把分罗经送回了"英王乔治五世"号。[27]

8 月 1 日，"胜利"号尝试从"罗伯特·马士基"号补充航空炸弹，但由于海况太差未能成功。不过首次参加海上补给作业的"科林达"号倒是成功地向"可畏"号输送了 40 枚 227 千克炸弹。8 月 2 日海浪稍弱，但其方向仍与风向和洋流方向垂直，而舰队的行进方向为逆风。尽管如此，"胜利"号仍补给了炸弹，整个燃油补给作业于当日 16 时 50 分完成。新西兰皇家海军"花"级轻护卫舰"杨梅"号（HMNZS Arbutus）仅为执行海上补给作业接受了少量改造，但是该舰还是携带若干重要设备参加了此次补给作业，其中包括 8 套 TF37 雷达急需的 CV12 阀门、若干变压器、一套后备舰间通话系统器材、86M 式雷达整流器以及 281 式雷达和 79 式雷达的后备天线。不过除上述器材之外，"杨梅"号缺乏其他物资以及维修设备，因此无法对战舰雷达展开维修，其作用也仅限于在特混舰队各舰之间输送器材物资。不过至少该舰乐于执行分发任务。

8 月 2 日 17 时 50 分，燃油补给完成，"卡列里拉"号、"皮里"号和"尤利西斯"号离队前往马努斯，后者将在那里维修此前碰撞造成的损伤。"浪总督"则在"奥萨尼河"号（HMS Odzani）护卫舰的护卫下前往埃尼威托克环礁重新装载油料以备下次补给作业之需。后勤支援船队的指挥官则乘坐"野鸡"号，率领"欧拉"号、"浪王"号、"格兰纳特尼"号、"统治者"号、"追击者"号、"诺曼"号和"起重机"号以 15 节航速前往北纬 34° 20′、东经 147° 的下一后勤作业海域。"红极"号则伴随"罗伯特·马士基"号、"科林达"号、"杨梅"号、"德格河"号（Derg，"河流"级护卫舰）以及"丘鹬"号一同以最高编队速度独立前往下一后勤作业海域。此时第38特混舰队中距离第37特混舰队最近的是第38.1特混大队，双方距离约为70海里。不过，美国海军装备的快速油轮使得第38特混舰队得以迅速追上英国盟友。为保持语音通信，"亚尔古水手"号、"纽芬兰"号、"格伦威尔"号、"黑王子"号以及"冈比亚"号在两支特混舰队之间分散开，充当舰间通话系统视线之内的中继。当晚20时前后，哈尔西上将发来命令，受天气预报播报的台风影响，如天气允许，下一次攻击将在台风过境后的8月5日展开，预定起飞位置为北纬25°、东经136°45′，各战斗群应于8月3日为各自所辖驱逐舰补给燃料。这一命令引发了罗林斯中将新的担忧。根据原定作战计划，第37特混舰队可跟随第38特混舰队一同作战，然而新的作战计划可能导致下一次海上补给作业期间后勤支援船队无法在有限时间内向第37特混舰队提供足够的燃油。为了解决这一困难，中将申请提前脱队拦截航速较慢的后勤支援船队，从而使"胜利"号能完成弹药补给。这一申请获得了批准，其好处在于下次海上补给作业期间可以在有限的时间内全力补充燃油。

8月3日天亮后"胜利"号即开始从"罗伯特·马士基"号补充航空炸弹。这意味着第37特混舰队必须迎着涌浪取稳定的航向向西航行，而第38特混舰队此时则向东前进。炸弹补给完成之后，英国太平洋舰队立即掉转航向，于当天下午与第3舰队会合，并由此与后者一同行动。罗林斯中将的担忧可从他发出的下列两封电报中窥见：

发自：特混舰队指挥官　　　致：第37特混舰队　　　030021Z 1945年8月
　　昨夜收到命令，下一次攻击日期将被推迟，最早为8月5日。
　　如此，8月8日再次补给油料时油料状况将会非常紧张，必须以最经济的方式使用油料。
　　无论如何，8月8日油轮所携油料无法为舰队全部舰只加满燃油。

稍后：

发自：特混舰队指挥官　　　致：第37特混舰队　　　030830Z 1945年8月

∧ "尼扎姆"号进入"香格里拉"号舷侧位置，利用轻型支索传输物资。（作者私人收藏）

∨ "地狱猫"式战斗机正飞翔在"统治者"号护航航空母舰上空。（作者私人收藏）

∧ 本州北部的港湾船厂。(作者私人收藏)

　　燃料状况：保守计算结果显示，除 T 级驱逐舰之外，其他驱逐舰在抵达下一燃油补给海域时均应剩余 8 吨左右燃油，较为宽裕。T 级驱逐舰须使用柴油，"纳皮尔"号则需使用无烟火药作为燃料。

　　尽管如此，我部仍需设法在途中为驱逐舰补给燃料，尽管时间表非常紧张。

　　"英王乔治五世"号和重巡洋舰需做好准备，从明日（周六）晨 5 时起

∧ 冈崎地区目标照片，该地位于本州北部。拍摄日期为 1945 年 8 月 10 日。(作者私人收藏)

为驱逐舰补给燃料。

在与第 3 舰队保持编队航行的同时向驱逐舰补充燃油意味着需要对编队队形进行精确的调整，不过，从 8 月 4 日 5 时起，"英王乔治五世"号、"阿基里斯"号、"纽芬兰"号以及"冈比亚"号还是开始为驱逐舰补给油料。至上午 10 时 30 分，

"特鲁布里奇"号、"顽强"号、"泼妇"号、"蒂泽"号、"歌舞女神"号、"纳皮尔"号、"大胆"号和"水精灵"号均补给完毕,驱逐舰和巡洋舰剩余油料大致达到平衡。13 时 30 分,哈尔西上将通知第 3 舰队全体下一次攻击日期将不早于 8 月 8 日,下一次补给作业时间则于 8 月 6 日在北纬 33° 36′、东经147° 海域进行。英国后勤支援船队相应地改变了目的地,从而也解决了燃油补给问题。[28] 当日 18 时,美国驱逐舰"贝纳姆"号(Benham)将哈尔西上将参谋团队中的英国太平洋舰队联络官拉芬努(M Le Fanu)中校送上"英王乔治五世"号向罗林斯中将汇报战争最新进展。中将由此首次得知对日本的原子弹轰炸迫在眉睫,鉴于这一原因——而非台风——舰队有必要远离日本海岸。由于这一信息过于敏感,因此不能利用无线电传输。当晚,"贝纳姆"号与第 37 特混舰队一同航行,并于 8 月 5 日晨 9 时 15 分靠近"英王乔治五世"号接回拉芬努中校并将其送回"密苏里"号。当天英国航空母舰持续放出舰载机进行训练任务,以保持飞行员的战斗水平,不过舰队航向一直指向后勤作业海域。

　　燃油补给作业从昼间开始,"欧拉"号、"浪王"号、"叮当谷"号和"圣阿玛多"号整日不停地进行输油作业。为了弥补油轮的载油短缺,护航航空母舰"仲裁者"号和"追击者"号也临时扮演了辅助油轮的角色,这无疑体现了罗林斯中将决定让上述两舰接受相应改造的先见之明。除油轮外,后勤支援船队还包括 2 艘食品储备分发船"格兰纳特尼"号和"弗兰格尔要塞"号,为船队护航的舰只包括提供空中战斗巡逻的"统治者"号以及"野鸡"号、"伯尼"号(Burnie)、"诺曼"号、"起重机"号、"巴拉腊特"号、"尼扎姆"号和"巴尔勒"号。由于此前已经完成各舰弹药补给,因此各舰得以专注于补充燃油、后备舰载机以及给养,不过分发邮件和飞行员的工作量较大,导致须动用"尼扎姆"号、"诺曼"号、"淘气鬼"号、"蒂泽"号、"泼妇"号和"质量"号共计 6艘驱逐舰担任分发任务。各舰执行燃油补给作业的技术水平均有比较大的提高,作业于 18 时 30 分完成。"仲裁者"号、"追击者"号、"格兰纳特尼"号、"诺曼"号、"浪王"号和"叮当谷"号此后返回马努斯,并奉命在途中与"红极"号以及枪炮储备分发船会合,且于 8 月 7 日黎明时分为上述船舰补充燃油,随后一同返回马努斯。按计划需前往悉尼整修的"黑王子"号也于补给完成后离队,

∧ 对本州松岛机场的攻击。由一架"复仇者"式的观测员拍摄。(作者私人收藏)

该舰途中将前往关岛,将若干急件交付即将在当地与尼米兹海军上将会晤的弗雷泽上将。出发前,"格兰纳特尼"号报告称该船在若干次补给作业期间共向77艘舰船补充了442吨给养,平均每小时输送7.5吨物资。这一成就堪称出色。

8月7日,"欧拉"号和"圣阿玛多"号继续为驱逐舰补给油料,而"纽芬兰"号则从"弗兰格尔要塞"号处补给给养。当天下午,各舰成员得知了前一日盟军动用原子弹轰炸广岛的消息,于是战争将在几天之内结束的流言由此广为流传。当天下午晚些时候,罗林斯中将率整个第37特混舰队开始机动,以跟随美国海军各特混大队的动向,准备次日继续展开对日本的攻击。21时50分,"阿基里斯"号报告称该舰雷达发现若干不明水面目标位于舰队以西120千米外。22时45分,该舰又补充称目标数目超过20个。鉴于这一情报,哈尔西上将派出由巡洋舰和驱逐舰组成的一支舰队前往截击,不过该舰队并未发现目标,由此推测雷达波的异常传播导致"阿基里斯"号的雷达截获明显的异常杂散信号,并进而被判断为水面目标。

按照简报，8月8日的攻击目标应是北本州以及北海道的航空设施以及航运，不过当舰队抵达北纬40°、东经144°30′的预定起飞海域时，天气非常恶劣，导致攻击机群和空中战斗巡逻机群的起飞均被延后。7时5分，雷达发现了两架从高空逼近舰队的敌机，不过考虑到由于云高很低且能见度很差，敌机未必能发现舰队所在，因此哈尔西下令各舰无须开火或放出战斗机截击。[29]在从舰队上空飞过后，敌机继续向北飞行，因此无法判断敌机是否发现舰队。此后舰队统一机动，试图寻找天气较好的海域展开攻击。至9时30分，舰队编队中心点——即所谓的"选择点"（Point Option）已经位于原定海域以东约30海里海域，编队则取4节航速向南航行。然而天气始终很不理想，同时天气预报部门也报告称目标区域也将被浓雾覆盖，因此当天所有作战计划取消，各特混舰队及特混大队指挥官奉命指挥麾下驱逐舰执行燃油补充作业。英国太平洋舰队随即利用重型舰只为各驱逐舰补充燃油直至黄昏。至17时，"纳皮尔"号、"尼扎姆"号、"象限仪"号、"乌拉尼亚"号、"泼妇"号、"顽强"号和"歌舞女神"号均完成燃油补给。

8月9日凌晨3时15分，第4巡洋舰中队指挥官布林德少将搭乘"纽芬兰"号，率"冈比亚"号、"歌舞女神"号、"泼妇"号和"顽强"号暂时离队，组成第37.1.8特混大队，前往与美军战舰会合。按计划会合后的盟军战舰将于当天下午炮轰釜石地区[①]。当天计划出动舰载机攻击的目标包括本州北部的机场、北海道以及上述地区内各港口的航运。黎明起飞位置位于女川湾以东210千米海域，该海域恰位于积雨云带以南，距离正覆盖在整个北海道北部上空的浓雾群约50千米。由于浓雾的影响，盟军未能攻击北海道地区的目标，各航空母舰遂将注意力转移到本州北部的机场上。情报称日军正利用这些机场集结大量军机。除派出攻击机群轰炸预定目标外，各舰还派出"推弹杆"部队打击目标区域内有价值的目标。当日，4艘英国航空母舰共完成407架次起降，其中267架次用于执行攻击任务，另140架次执行防御性任务。258架次发现目标的舰载机共投下

---

① 译注：位于本州东北部。

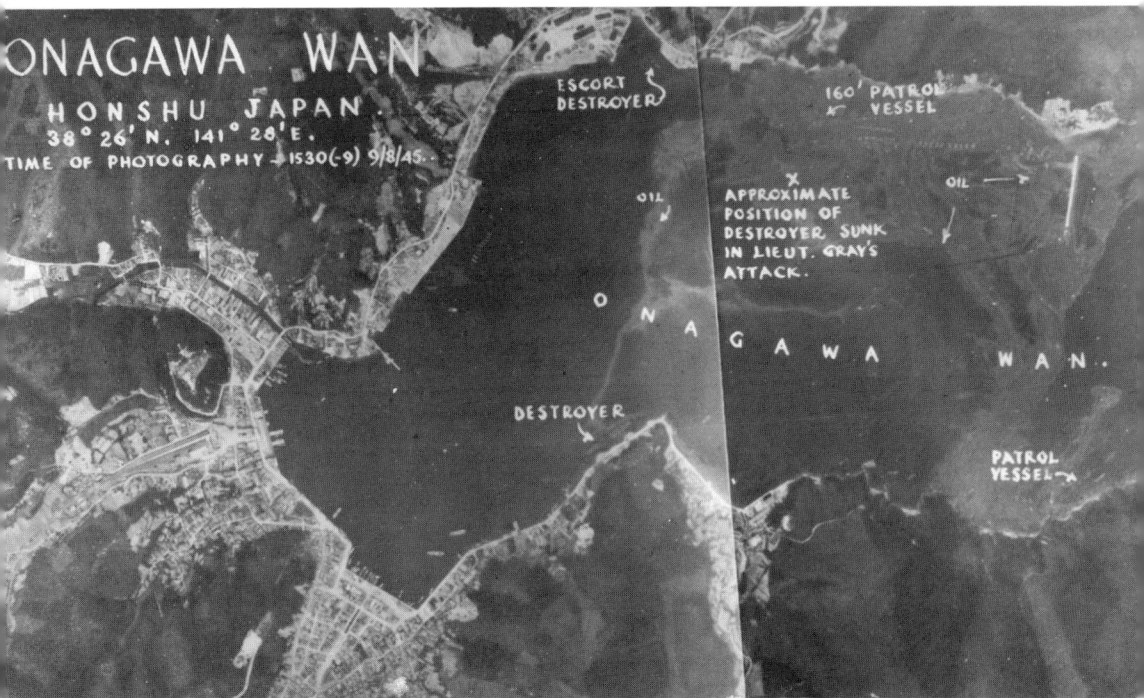

∧ 拼接而成的女川湾空中俯拍。摄于当地时间 1945 年 8 月 9 日 15 时 30 分。（作者私人收藏）

和发射 120 吨各种弹药，这也创下了皇家海军在二战期间的单日最高记录。当日，"胜利"号的 15 架"复仇者"式和 37 架"海盗"式共完成 82 次起降，总计完成 378 个飞行小时，同样创下了纪录。"不饶"号的 48 架"海火"式共完成 94 架次起降。

　　当天黎明天气晴好，能见度极佳，同时又有足够的云层可在必要时为攻击机群提供战术掩护并达成奇袭。"可畏"号从 4 时 10 分开始放出舰载机，最先出发的是由 12 架"海盗"式组成的"推弹杆"部队，其领队为 1841 中队指挥官皇家海军志愿预备役航空少校里查德·比格－威瑟（Richard Bigg-Wither），一小时后，848 中队的"复仇者"式随后出发，该中队参与了第 37 特混舰队舰载机群对松岛机场的攻击。该舰当日的第二波战斗机扫荡部队代号"推弹杆

<加拿大皇家海军志愿预备役上尉罗伯特·汉普顿·格雷。(作者私人收藏)

3A", 按计划, 该部也应攻击日军机场, 但就在该部战斗机被送上飞行甲板时, 其领队1841中队资深飞行员、加拿大皇家海军志愿预备役上尉罗伯特·汉普顿·格雷(Robert Hampton Gray)收到一份情报, 显示了女川湾内停泊的日军舰船信息。斯威特(Sweet)军士长在得到这一情报后立即冲上飞行甲板, 发现由于原座机受损, 格雷上尉正坐在KD658号"海盗"式上, 该机编号为115/X。这支"推弹杆"部队包括2个4机小队, 除领队外, 其他飞行员分别为皇家海军志愿预备役航空中尉麦金农(L Mackinnon)、里夫(L M Reeve)、休斯(A Hughes)、梅特兰(L A Maitland)、布雷德(J Blade)、阿博特(P E Abbot)以及挪威皇家海军上尉斯托黑尔(Storeheill)。该部中除领队和斯托黑尔外其他飞行员均来自英国本土, 这在英国太平洋舰队中颇为少见。其中休斯、布雷德和阿博特原先隶属"仲裁者"号搭载的1845中队。此前为给"可畏"号和"胜利"号提供后备舰载机及飞行员, 该中队被解散, 三人遂于7月28日加入"可畏"号。8月

∧ 在恶劣天气中航行的"胜利"号。如图所示的海浪冲击此前已经损坏了若干美军航空母舰开放式的飞行甲板前部，但对于采用装甲飞行甲板和减阻舰艏的皇家海军航空母舰而言，这样的巨浪并不会对舰只造成损坏。1945 年后，美国海军基于英国航空母舰的设计，在后续航空母舰上采用了所谓的"飓风艏"设计。（作者私人收藏）

9 日的战斗也是三人首次执行作战任务。战斗中他们的表现体现了前几周对后备机组成员的更换其素质已经有了较大的提升。全部 8 架战斗机除在机翼上装备 6 挺 12.7mm 机枪外，还各挂载 2 枚 227 千克炸弹。

格雷上尉于 8 时 10 分率领麾下 2 个小队起飞，航向直指女川湾。根据第一波"推弹杆"部队发回的情报，该海域内有大量日本船只。一小时后，飞行员们发现了停泊在海湾内的敌舰，并判明两艘驱逐舰停泊在近岸，另有一艘舰队扫雷艇以及其他船只正在驶向外海。格雷上尉随即率领他的小队展开攻击，各机俯冲至较低高度以便利用跳弹攻击方式实施精确轰炸，使用该种方式轰炸时炸弹将在海面上弹跳，并最终击穿目标舷侧，进而在船体内部爆炸。岸上和敌舰的防空火力非常密集，格雷座机的引擎下部中弹起火。岸上和船上的日本目击者声称，上尉挂载的两枚炸弹中一枚脱落，但上尉不为所动，继续瞄准目标，最终用另一枚炸弹命中目标。事后，日本水兵声称，当上尉座机带着浓烟和火焰从舰船上空掠过时甚至能看见上尉的脸庞。几秒钟后，上尉的座机倒扣过来，并最终坠毁在海上，他根本没有机会跳伞。麦金农中尉随后接过了领队职责，率领 2 个小队绕回女川湾准备进行第二次通场，并搜索其他有价值的目标。事后，中尉表示，在目睹格雷上尉阵亡后，他立刻意识到自己有必要承担起领队责任。[30] 其余 7 架战斗机均安全返回"可畏"号，但其中一架在着舰时失事除籍。格雷上尉攻击的目标是"天草"号驱护舰，该舰在中弹后 5 分钟内即告沉没，157 人与舰同沉。"推弹杆3A"部队的其他飞行员声称还击沉了另一艘驱逐舰和若干沿海航船，并击伤了一艘扫雷舰，导致海湾上覆盖着一层燃油。战后调查显示，除了"天草"号之外，W.33 号扫雷艇也在同日被皇家海军舰载机击沉，161 号辅助猎潜艇则被击伤。[31]

当天下午，作为美英联合大规模空袭的一部分，第五波攻击机群和"推弹杆5A"部队先后前往女川湾大开杀戒。前者来自全部 4 艘英军航空母舰的 41架"复仇者"式、"萤火虫"式、"海火"式和"海盗"式组成。此次攻击对日军造成了进一步打击，战果包括击沉若干商船和小型沿海船舶。这也是当天的最后一波攻击。在 8 月 9 日的战斗中，英军舰载机在松岛机场将 44 架敌机击毁在地面，并击毁了该机场的机库以及其他设施，在女川湾，除击沉两艘战舰外，还击沉了大量日本沿海船舶，自身损失则为 7 架"复仇者"式、"海火"式和"海盗"式，5 名飞行员失踪。日军也曾尝试出动少量军机对第 3 舰队展开自杀性攻击，但敌机先后被担任警戒哨任务的驱逐舰发现，并被美军战斗机击落。为了确认格雷上尉以及第 37 特混舰队其他飞行员报告的战果，"可畏"号于 8 月 10日一早放出了一架"复仇者"式前往女川湾执行侦察摄像任务。该机发现了海面上漂浮的油渍，但并未发现其他迹象。

在此前攻击"提尔皮茨"号的战斗中，格雷上尉曾因在扫射该舰时表现出的勇敢和技巧获得优异服务十字勋章。鉴于 8 月 9 日战斗中的表现，上尉被提名追授维多利亚十字勋章，海军部于 1945 年 11 月 12 日批准了这一追授。嘉奖令如下：

鉴于 1945 年 8 月 9 日率领"可畏"号航空母舰的舰载机对日本本州岛女川湾内的日军驱逐舰所展现的英勇行为，特颁发本勋章。面对岸上炮位以及来自多达 5 艘敌舰密集的防空火力，格雷上尉坚持攻击，并为确保攻击成功在很低高度飞行。尽管上尉本人中弹，其座机着火，但上尉仍至少取得一次直接命中并击沉了敌驱逐舰。格雷上尉一直表现出极高的战斗热情以及富于鼓舞性的领导才能。

黄昏之后不久，炮轰舰队从近海海域返航，解散之后各自返回原舰队编队。布林德少将向罗林斯中将汇报了麾下巡洋舰在炮轰中取得的战果。该炮轰舰队仍由以"南达科他"号为旗舰的沙弗罗思少将指挥，番号为第 34.8.1 特混大队。除"南达科他"号外，还包括战列舰"印第安纳"号以及由皇家海军布林德少将指挥的英军巡洋舰及驱逐舰。"英王乔治五世"号并未参与此次炮轰。因动力系统故障影响，该舰 4 个主轴中 2 个无法正常工作，导致其最高航速低于炮轰舰队的编队航速。舰队于午后 12 时 54 分对釜石地区的工业区展开炮轰，并持续了约两小时。共约 750 吨炮弹命中了目标范围内的各工厂，结束了从 7 月 14 日开始的摧毁该工业区的战斗，并实际彻底终结了该工业区生产生铁的能力。"南达科他"号和"印第安纳"号均放出水上飞机为英军巡洋舰提供校射服务，并技巧性地指导各舰射击，确保了作战成功。炮轰的平均距离为 12800 米，且昼间实施炮轰火控解算和校射的效果均优于夜间，因此此次炮轰的精度与此前几次相比均较高。[32]

当天下午，舰队官兵得知盟军已经于当天上午对日本实施了第二次原子弹轰炸，目标为港口城市长崎。晚些时候，舰队又收到苏联已经正式对日宣战的消息，从而彻底打破了日本利用苏联作为中介与盟军进行和平谈判的迷梦。哈尔西上将立即决定，为掩护和支援苏联即将对日本北部展开的战斗，第 3 舰队应继续当前的作战。他随即向麾下各特混舰队指挥官下令：

发自：第 3 舰队指挥官　　　致：第 38 特混舰队指挥官，并请求第 37 特混舰队指挥官　　　030830Z 1945 年 8 月

为支援俄国攻击，第 38 特混舰队应于 8 月 10 日之后继续对本州北部以及北海道的敌部队、航空设施以及其他有价值的目标进行至少为期 2 天

∧ 停泊在悉尼港的"复仇"号（HMS Vengeance）轻型舰队航空母舰。即使是最早抵达太平洋战场准备加入英国太平洋舰队的 4 艘轻型舰队航空母舰也没能赶上对日本本土的作战。（安东尼军士长〔R C Anthony〕收藏，作者通过文斯·法齐奥〔Vince Fazio〕获得）

的攻击。明天继续执行当前攻击，8 月 11 日补给油料，12 日和 13 日按计划实施攻击，具体计划将随后下达。请第 37 特混舰队指挥官评估该部是否可以参加战斗，并向我汇报。

这份命令让罗林斯中将颇感为难。按照第 3 舰队的原作战计划，各特混舰队将于 8 月初撤离日本沿海进行修理和后勤补给作业，以便投入未来的"奥林匹克"作战。根据这一计划，英国太平洋舰队的参谋人员已经为第 37 特混舰队返回澳大利亚进行了相应安排。这意味着 8 月 11 日之后，英国后勤支援船队以及长达数千千米的后勤补给线将按计划不再前送后勤补给物资。由于命令来得非常突然，参谋团队几乎无法在几天之内修改原定计划，且此时油轮已经向后方返航，也没有安排弹药前送至后勤作业海域。这一突发情况使英国太平洋舰队上下深刻地认识到美国海军后勤体系巨大灵活性的重要意义，正是这种灵活性才使得哈尔西上将能指挥舰队在得知苏联对日宣战后短期内就能继续对日本本土实施攻击。起初罗林斯中将打算提议第37特混舰队凭借现存油料再进行一天攻击，这意味着舰队此后便得被迫撤出战场。当然，此时中将仍无从得知战争的结束已经迫在眉睫。不过哈尔西上将不满于此，他建议双方旗舰"密苏里"号和"英王乔治五世号"应于8月11日同时在美国油轮"色宾河"号（Sabine）两舷补给油料，从而罗林斯中将可以在此期间通过支索前往"密苏里"号与上将面谈。中将对此表示赞同。

8月10日，盟军舰队继续展开攻击，其方式与前几日类似。尽管舰队所在海域天气不佳，但是目标上空天气较为理想。当日目标包括盟军遭遇的任何敌机，以及女川湾和四日市的航运、铁路机车、机场及兵营。各英国航空母舰当日共起降236架次舰载机进行攻击，其中227架次发现目标并展开攻击。当日英军在战斗中的损失为6架舰载机、4名飞行员及其他2名机组成员。美军分析人员估计，在8月9日和10日的攻击中，盟军舰载机共在空中和地面击毁720架敌机。第38特混舰队的损失为13架舰载机、9名飞行员和3名其他机组成员。11日，英军舰载机在女川湾内又击沉了扫雷艇W.1号及"小滨"号护航船两艘敌舰。[33]盟军摧毁的其他目标还包括机车、车皮、5艘小型商船以及大量沿海船舶。当天下午，舰队收到了另一起台风警报，于是在回收了全部舰载机后，第3舰队于18时撤往后勤作业海域。21时，新的消息传来：日本提出接受《波茨坦公告》，并派出代表试探达成和平的可能性。8月11日，哈尔西上将在发往第3舰队的0232Z号电[34][①]中建议，鉴于另一场台风将至，12日的原定攻击任务取消，如无另行通知，各特混大队应逗留在北纬38° 30′、东经148°附近海域。

补给作业于8月11日4时40分展开，"英王乔治五世"号和"密苏里"号如约在"色宾河"号两舷同时补给燃油，这一场景足以令所有目击者难以忘怀。哈尔西上将向罗林斯中将指出，战争在几天之内就将结束。双方在协商之后一致同意，至少英国太平洋舰队的一部在战争结束时理应在场。双方随后分别致

---

① 译注：为方便起见，包括前文在内，本书中保留原文电报时间，不再另行转化为当地时间。

电尼米兹上将和弗雷泽上将，商讨留在战场的舰队规模。尽管如此，哈尔西上将仍警告麾下各特混舰队指挥官：战争仍未结束，因此尽管日本做出了求和试探，但为了防止日本重演"珍珠港"式的突然袭击，各部仍需保持高度警惕。两舰补给燃料之际，英国太平洋舰队中广受欢迎的美国海军联络官埃文上校也借此机会告别了第37特混舰队参谋人员，返回"密苏里"号就任第38特混舰队参谋。罗林斯中将在"密苏里"号停留期间，英国太平洋舰队舰队副官则前往"纽芬兰"号监督舰队从己方后勤支援船队接受补给，事后证明，这也是整个战争期间舰队最后一次通过己方后勤支援船队大规模接受补给。参与此次补给作业的有油轮"浪皇"号、"欧拉"号、"圣阿多尔福"号、"圣阿玛多"号和"圣安布罗西奥"号，以及食品储备分发船"弗兰格尔要塞"号和补给航空母舰"统治者"号。医务船"芝扎连加"号接近至舰队目视范围之内。为后勤支援船队护航的是"野鸡"号、"起重机"号、"杰拉尔顿"号、"伯尼"号、"芬德霍恩"号（Findhorn）、"巴尔勒"号、"厄斯克"号（Usk）、"巴拉腊特"号和"伊普斯维奇"号（Ipswich）。

　　罗林斯中将及其参谋人员于15时30分返回"英王乔治五世"号，半小时后，该舰完成燃料补给，遂离开"色宾河"号，回到第37特混舰队编队中的位置。"芝扎连加"号奉命接近后勤支援船队，将船上所有即将康复的病患送回原舰，同时为接纳和遣返从日军战俘营中解救出的盟军战俘做相应准备。17时，舰队收到了弗雷泽上将的回电，上将建议保留一支由1艘航空母舰、1艘战列舰、2艘巡洋舰以及相应护航驱逐舰组成的象征性舰队，与第38特混舰队合作完成对日本的海上占领。这一建议已经被尼米兹上将接受。尽管深知在今后十多天内美军舰队的燃油情况亦不乐观，但是罗林斯中将仍认为应有尽量多的皇家海军战舰见证"日本帝国最终的覆灭"，[35] 尤其是那些长期承担战斗核心主力任务、劳苦功高的航空母舰，因此他派出参谋长面见哈尔西上将，看看美军是否能分享一些燃油，如果可以，参谋长应提出罗林斯中将希望整个第37特混舰队均留在战场。然而，哈尔西上将明确表示，应按照双方主将的决定行事。

　　8月12日虽并未对日本展开攻击，但对第37特混舰队而言仍是忙碌的一天。罗林斯中将需要在舰队中选择将会留在日本沿海，并在受降仪式上代表大英帝国的舰只。由于"乌干达"号不久前刚刚离队，因此加拿大不幸没有代表舰只出席。最终留下的舰只包括"英王乔治五世"号、"不倦"号[36]、"冈比亚"号、"纽芬兰"号、"特鲁布里奇"号、"泼妇"号、"顽强"号、"蒂泽"号、"歌舞女神"号、"巴福勒尔"号、"纳皮尔"号、"尼扎姆"号、"警醒"号和"牧人"号，编为第38.5特混大队。该战斗群由第38特混舰队指挥官麦凯恩中将亲自指挥。7时30分起，"警醒"号、"淘气鬼"号、"象限仪"号、"昆伯勒"号和"幼崽"号便开始从各艘留驻战场的舰只上收集信件，并从旗舰向将离开战场的各舰发放邮件。8时30分，"纳皮尔"号和"尼扎姆"号分别从"英王乔治五世"号和"纽芬兰"号补给燃料，所有未被选中加入第38.5特混大队的舰只于13时起程撤往马努斯。"可畏"号、"不饶"号和"胜利"号的被迫离开无疑最令人失望，尤其是自英国太平洋舰队组建之日起即在序列之中且无役不与的"胜利"号。当天下午消息传来，同盟国各国政府已经接受日本的投降，且日本天皇需服从盟军最高长官的命令。弗雷泽上将此前与尼米兹上将一同驻留关岛，得知这一消息后，前者搭乘其新旗舰"约克公爵"号（Duke of York）①，在"幼崽"号和"赌注"号的护航下赶往日本海与第3舰队会合。

　　8月13日，盟军继续展开对日本的攻击，"不倦"号于8时15分放出第一架舰载机，其目标为东京地区。13时15分，该舰放出第二波攻击机群，但由于目标上空天气恶化，攻击被取消。当天昼间直至黄昏时分，日本军机相继接近舰队，且大部分敌机以单机行动。这些敌机首先被担任雷达警戒哨的驱逐舰发现，随后又遭到担任空中战斗巡逻任务的战斗机截击，所有21架敌机均在发现舰队之前便被击落。罗林斯中将后来在作战经过报告中写道："截击的精度以及敌机被击落的速度均引人注目。"此时中将所率领的特混大队已经被美国海军普遍承认战斗素质相当，并取得了与美军其规模相当的成就，无人再会以缺乏经验为由降低对英军的标准。同日，哈尔西上将致电第38特混舰队，命令各舰选拔陆战队员和水兵组成武装登陆部队。发往第38.5特混大队的信息误将分

---

　　① 译注：该舰也是上将任英国本土舰队指挥官时的旗舰，围歼德国海军"沙恩霍斯特"号战列舰的北角海战期间上将即乘坐该舰。

〈 皇家海军志愿预备役航空中尉弗雷德·霍克利。
（作者私人收藏）

配给该部的人数指标计为 2000 人。该战斗群经过迅速清点，发现只能搜集出武装 1500 人的轻武器，遂回电哈尔西上将表示难以执行命令，后者回复称人数实际应为 200。这对正兴高采烈进行相应准备的英国太平洋舰队而言无疑一盆兜头冷水，罗林斯中将遂致电哈尔西，询问可否增加这一数字，这一次上将倒是很慷慨，当下将原定数字翻倍。[37] 当日英军在战斗中未遭任何损失，战果则为击沉 4 艘小型船舶、击毁若干建筑物和列车车皮。18 时 15 分，舰队回收了最后的空中战斗巡逻机群，25 分钟后，战斗群起程前往指定的美军燃油补给海域，该海域位于北纬 31° 45′、东经 144°。次日，战斗群从美军油轮补给了燃料，并于 17 时 10 分起程返回作战海域。第 3 舰队随后彻夜航行，前往预定起飞海域，准备于 8 月 15 日继续展开攻击。此时，舰队上下已经很清楚，战争就要结束了。

8 月 15 日的第一波攻击机群于 4 时出发，目标为东京附近的木更津机场。打头的是由 4 架"萤火虫"式组成的"推弹杆"部队，紧随其后的是由 887 中

∧ 英国太平洋舰队的舰载机正在日本沿海攻击航运。（作者私人收藏）

队和 894 中队的 8 架"海火"式护航的 6 架"复仇者"式。攻击机群发现其第一目标上空天气不佳，于是转而对另一目标进行了攻击。护航机群领队为 887 中队的皇家海军志愿预备役航空中尉洛登（V S Lowden），其中近距离和中距离护航机群则由 894 中队的皇家海军志愿预备役航空中尉霍克利（Fred Hocley）指挥。[38] 在 14 架舰载机编队飞越东京湾时，飞行员们发现两架"零"式战斗机位于"复仇者"式下方。根据经验，飞行员们判断这两架敌机是企图将护航战斗机引诱至低空的诱饵，随后在机群上空和后方发现的另外 12 架敌机证实了这一猜测，护航机群随即与后者展开空战。由于无线电故障，霍克利中尉未能完整了解战场态势，因此在敌机的第一轮通过时便被击落。部分战斗机飞行员未能在投入战斗前及时抛弃副油箱。洛登中尉在弹药耗尽前命中了 5 架敌机，击毁了其中 2 架，并与其僚机飞行员、皇家海军志愿预备役航空中尉威廉姆斯（W J Williams）共同击毁了第三架。洛登中尉在 730 米距离上对第一架"零"式开火，直至双方距离拉近至 410 米，期间命中率相当高。此后，尽管左翼 20mm 航炮卡弹故障导致座机向右偏航，但中尉仍在 230 米距离上命中了第二架"零"式，后者在中尉的 3 次短点射之后起火爆炸。中尉随即又转向第三架敌机，并在短距离上与对手交战，然而在观察到另外 3 架"零"式接近之后，中尉把这架敌机留给了僚机，后者在此前已经击落了一架敌机。洛登中尉此后被迫逐一与新赶到的对手交战，且在弹药耗尽后利用时速 425 节的高速俯冲脱离战斗。[①] 另一名"海火"式飞行员、皇家海军志愿预备役航空中尉墨菲（G J Murphy）则与一对"零"式展开缠斗，双方以 200 节速度进入低速转圈狗斗，这本应是"零"式的强项，然而结果却是中尉利用出色的偏转角射击将对手全部击落，且仅消耗了 75% 的弹药。

领队在第一个照面中便被击落后，近距离护航机群不得不在不利局势下奋起作战。由于该组战斗机受命不得脱离"复仇者"式，因此其机动性严重受限。霍克利中尉的僚机在第一轮通过时受损，其飞行员、皇家海军志愿预备役航空中尉戈文（R A Gorvin）无法获得理想的射击位置。雪上加霜的是，该机右翼机炮卡壳，副油箱未能正常抛弃，这些都限制了中尉的发挥。近距离护航机群的一员、皇家海军志愿预备役航空中尉邓肯（D N Duncan）没有选择抛弃其 410 升的副油箱，战斗中，他发现尽管副油箱内仍有约 163 千克燃油，但该机水平方向战斗力乃至爬升速度并未受到影响。根据《海军航空战术要点》（Naval Air Tactics Notes）上的推荐战术，中尉将航速控制在 250—300 节之间，先后与 3 架"零"式展开战斗。尽管中尉座机的一门机炮也出现卡壳故障，但他仍击毁了最后一架"零"式。弹药耗尽之后，中尉利用爬升机动脱离了战斗。最后一架脱离战斗的"海火"式由邓肯所在分队的指挥官、皇家海军志愿预备役航空中尉凯伊（R C Kay）驾驶。他的座机并未发生机炮卡壳故障。中尉首先从后方向一架"零"式射击并使后者左翼翼根起火，随即又发现另一架"零"式从其前方穿过。尽

---

① 译注：由于机体结构强度先天不足，"零"式无法实施高速俯冲，否则会有机翼扯断的危险，所以无法对高速俯冲的洛登中尉实行追击。

管射击偏转角高达 60°，但是中尉的第一次点射还是让敌机尾部断裂。在弹药耗尽前，中尉又发现并击伤了第三架"零"式，随后中尉脱离了战斗。根据此后的判定，此次空战中护航的各"海火"式共确定击落 4 架敌机，可能击落 4 架，并击伤了剩余全部敌机。这也是二战期间英国参与的最后一次空战。

得益于"海火"式飞行员们的奋勇杀敌，6 架"复仇者"式仅在敌机第一轮通过时被敌机威胁。当时 4 架"零"式突破了英军近距离护航机群的保护，并对第二分队的长机展开攻击，对后者造成了相当的损伤。该机右侧水平尾翼以及升降舵被打飞，右翼和副翼均被航炮击伤。该机的通信兵 / 射手、皇家海军航空士官辛普森（A A Simpson）操作该机炮塔内的 12.7mm 机枪奋起还击，数次命中其中一架敌机并声称将其击落。不过与凯伊中尉的第一个目标一样，这架"零"式并未被判定为击落。在护航机群与敌机激战的同时，5 架"复仇者"式抛弃了炸弹，并返回舰队，其中包括严重受损的那架"复仇者"式。该机飞行员为皇家海军志愿预备役航空上尉鲍德温（L Baldwin）。由于座机的伤势，上尉最终选择在一艘担任雷达警戒哨任务的驱逐舰附近迫降，后者将该机的全体机组成员救起。第六架"复仇者"式则对神奈川县境内一间伪装起来的工厂进行了轰炸。[39] 洛登中尉在脱离战斗后与部下失散，于是单独返回舰队所在处，不料途中却遭到了若干美国海军"海盗"式战斗机的截击，部分友军战斗机甚至逼近至危险的距离。迫于无奈，中尉放下起落架和副翼，并进行一系列急转弯以展示其机身上的英国太平洋舰队识别符，这倒是成功地让友军辨认出这是自己人。为防止再生枝节，中尉便驾机以放下起落架和副翼的态势回到"不倦"号上空。最终中尉带着引擎过热的座机着舰时，战争已经结束。7 时正，舰队收到来自尼米兹上将的命令，该电指示取消当日所有的攻击作战，但起初并未给出原因。不过舰队仍维持空中战斗巡逻值班。

在皇家海军的最后一战中，唯一被击落的弗雷德·霍克利中尉此后则遭遇不测。被击落后，中尉成功跳伞，并在千叶县境内东村附近安全着陆。此后中尉被一批当地民防人员俘获，并移交日本陆军步兵第 426 联队的士兵。中尉随后被押送至该联队联队部所在地东村公立学校。早上 8 时，该联队指挥官田村大佐给其上级第 147 步兵师团的参谋打电话，告知俘获一名敌军飞行员，并请示如何处置。师团参谋告知大佐师团将派出车辆将俘虏押送至设在鹤舞的师团部。当天中午 12 时，裕仁天皇通过广播向全日本宣告日本投降的旨意，并下令停止一切敌对行为。收听到这一圣谕后，田村大佐再次致电师团部，询问鉴于没有车辆抵达，师团部是否有新的指示。师团参谋平野少佐通过第三方转告田村，师团并不打算保留俘虏，因此 426 联队应将俘虏"处置"掉。少佐所使用的日语原文为"处分"，实际上，根据以往经验，盟军方面的翻译直接将其等价于"消灭"或者"杀"。⁴⁰① 18 时 30 分前后，田村大佐通知该联队的藤野上尉准备挖个坟坑，并于天黑之后避开士兵，将霍克利中尉押至坟坑附近干掉。19 时前后，霍克利中尉被押至坟坑边，藤野上尉亲自对其胸部连射数枪。中尉一头栽倒后，藤野上尉和一名军曹分别抽出军刀向其乱刺。战后，盟军调查部门发现，为掩盖罪证，田村及其同伙将霍克利中尉的遗体掘出焚烧，然后埋藏在一座日本庙宇下。

　　战后，盟军调查部门发现，步兵第 426 联队在其驻地重重设防，并限制人员出入。非军事人员进出时需蒙住双目，而在押解过程中霍克利中尉并未被蒙目，因此，显而易见的结论是"说明日本军民均心知霍克利中尉不会有机会活着向其战友告知观察到的情报"。⁴¹ 尽管田村一伙试图毁尸灭迹隐藏罪行，但日本目击者仍向英美战争罪行调查员提供了目击证词。田村大佐、平野少佐以及藤野上尉于 1947 年被拘押，并在香港被英国当局审判。1947 年 6 月 13 日判决公布，下令处决战俘的田村和平野被判处绞刑，执行处决的藤野因执行上级命令从轻发落，逃脱一死，被判处 15 年徒刑。霍克利中尉的遗骸移葬横滨的英联邦国殇纪念坟场管理委员会公墓。

　　8 月 15 日上午 11 时，第 3 舰队收到的电报称日本已经接受盟军的和平条件，指示舰队停止一切对日攻击作战。20 分钟后，当"停止敌对"的信号旗还飘扬在信号桁上时，一架"彗星"式轰炸机躲过盟军探测出现在第 3 舰队上空，随后向"不倦"号展开俯冲并投下两枚炸弹。炸弹在后者附近落水，未对该舰造

---

① 译注：盟军方面并没有误解这个词在日军中的含义。"处置"这一"含蓄"的说法也并非是太平洋战场上的独有现象。1937 年南京陷落后，第 16 师团师团长中岛今朝吾便曾在日记中记载，所部在仙鹤门一代"处置"了 7000 名战俘。

成破坏。第 38.1 特混大队的"海盗"式随后赶到将该机击落。当天下午还有若干架敌机试图对舰队展开攻击，但均被担任雷达警戒哨的盟军驱逐舰以及担负空中战斗巡逻任务的战斗机击落。这些敌机的飞行员也许未曾收到天皇亲自下达的停战令，但无论如何舰队仍保持着相当的警惕性，并指示担任空中战斗巡逻任务的战斗机飞行员"以友好的方式"击落一切靠近第 38 特混舰队的飞机。

在这一阶段对日作战中，通过挂载副油箱并因此在过载状况下升空，"不倦"号和"不饶"号搭载的"海火"式战斗机的用途大大拓宽，这也是这一阶段对日作战的突出特点之一。尽管接受这一改动后该机型作战半径仍不如挂载两枚 227 千克的"海盗"式战斗机，但毕竟该机型的滞空时间得以延长至 4 小时以上，足够作战使用。在 1945 年 7—8 月间，"海火"式共参与了 8 个作战日的攻击作战，期间完成的进攻性起降架次总数超过了此前"冰山"作战期间 24 个作战日的总和，具体数字为 1172 架次对 1051 架次，同时，执行空中战斗巡逻任务的架次总数也高于"冰山"作战期间。另一方面，对日本土作战期间，"复仇者"式出动架次明显减少，仅为 423 架次，而在"冰山"作战期间则为 1022 架次，投弹总吨位也因此相应减少。不过，舰队攻击目标的范围较"冰山"作战期间大为扩展。在对日本土作战期间，第 37 特混舰队舰载机共对日军机场投弹 190 吨，对日航运投弹 178 吨，对敌船厂投弹 51 吨，对港口设施投弹 20 吨，共计 439 吨。其中"复仇者"式投弹 320 吨，"海盗"式投弹 119 吨，"海火"式和"萤火虫"式共投弹 21 吨，并共计发射 56 枚火箭弹。如果"奥林匹克"作战按计划于 1945 年秋展开，各英国航空母舰上搭载的"复仇者"式数量可能将大幅减少至足敷反潜巡逻任务之需的最低值。同时，搭载的战斗机数量则将相应地大幅增加，尤其是在可以操作"海盗"式的航空母舰上，该机型的数量将显著增加。美国海军第 3 舰队致第 37 特混舰队的作战任务"建议"中常常提出使用英国太平洋舰队并未配备的引信种类，由此得到的经验之一便是：为执行突击作战，今后须增加各舰携带的武器数量、引信种类以及军械师数目。

8 月 15 日，哈尔西上将向第 3 舰队各舰广播了胜利感言。这一演讲收录于本书附录 K。罗林斯中将最初的感言较为保守。中将首先提醒全体官兵，即使在签署停战协议、各舰驶入敌方港口后，遭遇敌袭的可能性仍然存在。随后中将告知全体官兵，他"希望看到（全体官兵）尽一切可能恢复各舰昔日整洁的外观标准，并去除伪装涂装"。[42] 中将随后致电弗雷泽上将，询问后者希望英国太平洋舰队所属各舰战后应采用何种灰度涂装。[①] 在消化胜利的各方面影响的同时，第3舰队起程驶向北纬32°45′、东经143°20′，代号为"就绪点"（Point Ready）的海域，等待有关占领日本的指示。借此机会，哈尔西上将还展现了一次英美两国太平洋舰队一体作战的紧密程度。他致电第3舰队各特混大队指挥官"接合大桅操桁索"（Splice the Mainbrace）。5分钟后，这一命令的收件人被上将修改为"除第38.1、第38.2和第38.4特混大队外全体人员"。这一修改在英国太平洋舰队各舰中得到了广泛赞赏。[②]

---

① 译注：皇家海军战前和战争中采用一系列不同深度的灰色进行涂装，战前以美观亮眼的浅色涂装为主，战争中则以伪装程度较高的深色为主。

② 译注：在皇家海军传统中，"接合大桅操桁索"这一命令实际指向水兵额外发放一份朗姆酒，即1份1/8品脱（约合70毫升）酒精含量为47.75%的朗姆酒配上3份水。这一命令通常在庆祝场合发布。早在19世纪中叶，美国海军即已不向水兵供应朗姆酒，因此这一命令对美国海军无效。事实上，根据哈尔西上将的回忆录，他发布这一命令也算是"礼尚往来"。一战期间，美国海军战列舰加入英国皇家海军，并编成大舰队第6战列舰中队作战。终战当天，当时大舰队指挥官贝蒂上将下令，"除第6战列舰中队外其余各部接合大桅操桁索"。哈尔西上将一战期间曾指挥驱逐舰参与护航作战。1945年8月15日当天，在欢庆胜利时，他回忆起了27年前的那一幕，于是发出了这一命令。

胜利

弗雷泽上将于 8 月 16 日一早乘"约克公爵"号[1]，在"幼崽"号和"赌注"号的护卫下与英国特混舰队在东京东南约 320 海里海域与英国舰队会合。3 舰加入第 38.5 特混大队，随后罗林斯中将及其参谋人员前往"约克公爵"号接受简报，但并未交出英国太平洋舰队的战术指挥权。中将及其参谋人员返回"英王乔治五世"号后，3 个美军特混大队以及第 38.5 特混大队奉命互相靠拢，直至各战斗群的驱逐舰警戒圈之间距离仅为 1.6 千米。整个第 3 舰队随后在哈尔西上将的指挥下高速机动，以便美国海军舰载机从空中拍摄整个舰队，这一队形变换有个贴切的代号——"快照"行动（Snapshot）。当天晚些时候，罗林斯中将前往"密苏里"号并对整个第 3 舰队进行了广播。

弗雷泽上将北上期间有几件事值得记录。首先，为表彰尼米兹上将在战争中的成就，英国政府向上将颁发爵级大十字级巴斯勋章。授勋的决定在伦敦发布，但授勋仪式则需由弗雷泽上将代表英王乔治六世执行。鉴于当时的态势，最实际的授勋方式便是上将首先与其新旗舰"约克公爵"号会合，然后搭乘该舰前往尼米兹上将的驻地关岛。"约克公爵"号于 7 月 31 日从悉尼起航，该舰首先前往马努斯补给燃油，并在那里与乘飞机赶到的弗雷泽上将会合，随后于 8 月 4 日抵达关岛。弗雷泽上将原计划利用此行与尼米兹上将一同讨论"奥利匹克"作战计划，但 8 月 6 日太平洋地区美国战略轰炸部队指挥官、美国陆航卡尔·斯帕茨（Carl Spaatz）上将和尼米兹上将向弗雷泽上将透露，"伊诺拉·盖伊"号（Enola Gay）B-29 式轰炸机已经飞往广岛执行原子弹轰炸任务，[2] 此次轰炸乃是战争期间盟军方面最高等级的军事机密之一。[3] 同时，弗雷泽上将此前已经得知封锁对日本的影响，并估计战争已经临近结束，但直至得知原子弹相关信息前，上将及其麾下的舰队都不知道日本的最终崩溃已经迫在眉睫。8 月 10 日下午，向尼米兹上将授勋的仪式在"约克公爵"号后甲板上进行，斯帕茨上将也作为

∧ 为纪念战争结束，在"不饶"号飞行甲板上举行的感恩祈祷仪式。(作者私人收藏)

观礼嘉宾之一出席了仪式。授勋后，尼米兹上将佩戴着爵级大十字级巴斯勋章的徽章，先后前往"约克公爵"号的海军上将住舱、军官室、军官候补生住舱以及士官住舱接受英国战友的致意。英国军官和士官们在各处都布置了美酒招待上将。弗雷泽上将事后回忆道："我们一路喝过去，喝得满脸红光酩酊大醉，最后尼米兹上将偷偷跑上了他的交通艇。"[4] "约克公爵"号于 8 月 12 日从关岛出发，期间该舰舰长尼科尔（A D Nicholl）允许弗雷泽上将参谋团队中的美国海军联络官朱利安·惠勒上校下达舵令指挥该舰出海，从而"将英国太平洋舰队旗舰引向和平"。[5]

　　8 月 17 日黎明，"纳皮尔"号和"尼扎姆"号分别从"英王乔治五世"号和"不倦"号补给了燃油。当日第 3 舰队再度集结队形，又进行了一系列高速机动以便进行空中拍摄。期间"歌舞女神"号的一个锅炉发生故障，导致该舰最高航速只能达到 20 节，因此未能参加当日的拍摄。当天晚些时候，弗雷泽上

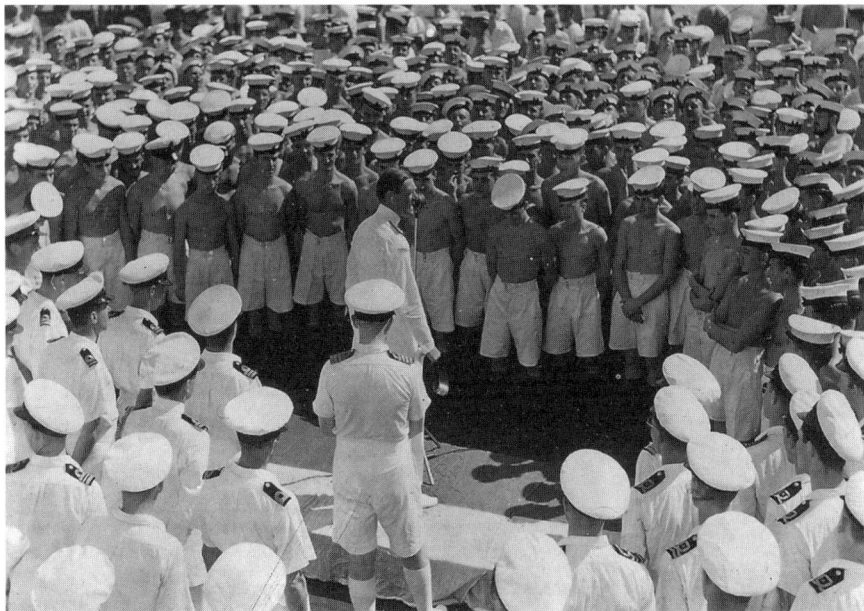

∧ 维安少将向"不饶"号的官兵致辞。拍摄于 1945 年 8 月 15 日之后。(作者私人收藏)

将通过单人座板登上美国海军"泰勒"号(Taylor)驱逐舰,并搭乘该舰前往"密苏里"号。在后者的后甲板上,弗雷泽上将为哈尔西上将颁发了大英帝国骑士指挥官勋章。这也是英国海军上将历史上首次在外国海军将领的旗舰上向其颁发英国勋章。在盟军与日本逐步达成停火方案细节期间,第 3 舰队仍在日本附近海域巡航,以防部分日军拒绝投降并继续展开敌对行动。包括"不倦"号在内,第 3 舰队所辖各艘航空母舰均纷纷派出舰载机前往日本本土。这些舰载机的任务是在空中搜寻战俘营位置,并在定位战俘营之后向其空投各类给养。与此同时,英国舰队后勤船队竭力改变了部分所属油轮以及补给船只的航向,引导这些船只重新驶向日本,并在北纬 32° 25′、东经 143° 30′,代号"英国饮料"(British Drink)的海域集结了一支小型后勤支援船队,该船队包括油轮"圣阿多尔福"号、"圣安布罗西奥"号和"浪总督"号以及补给航空母舰"统治者"号、食物储备分发船"弗兰格尔要塞"号,为该船队护航的则是"野鸡"号、"奥萨尼河"

号、"伯尼"号、"厄斯克"号、"伊普斯维奇"号和"巴拉腊特"号。凌晨2时，第38.5特混大队通过雷达发现了后勤支援船队，并于黎明时分开始补给作业。当天17时补给作业完成，"圣阿多尔福"号、"圣安布罗西奥"号在"伯尼"号和"厄斯克"号的护卫下离队前往与第112特混舰队会合，并前往莱特湾装载油料。"浪总督"号则负责从8月19日起按需求为英国舰船补充燃油。为了交流作战经验和技战术，"不倦"号和"香格里拉"号交换了部分飞行员。当天下午，哈尔西上将登上"约克公爵"号，向大英帝国听众进行广播。

　　盟军舰队登陆部队编为第31特混舰队，由美国海军巴杰少将统一指挥。各舰于8月20日奉命保持8小时备航状态。英国太平洋舰队参加登陆的部队由澳大利亚皇家海军上校布坎南（H J Buchanan）指挥，共计37名军官和499名水兵及陆战队员，统一在"英王乔治五世"号后甲板上集中。上校在该舰领受指令后，全员乘机械化人员登陆艇转乘美国海军攻击驱逐舰"巴尔"号（Barr）、"西姆斯"号（Sims）和"帕夫里奇"号（Pavlic）。[6]在登陆部队转乘期间，"英王乔治五世"号则通过"格兰纳特尼"号补充给养，后者此前刚刚返回加入后勤支援船队。补给作业在3小时内顺利完成。罗林斯中将随后注意到登陆部队中军官数量异常的高，这显然意味着有相当数量的军官走后门加入了登陆部队。补给航空母舰"演讲者"号也于当天赶到加入后勤补给船队，并奉命尽可能向"不倦"号转交后备机，以使后者的舰载机各机型数量平衡，同时尽可能向"统治者"号移交地勤人员。移交完成后，"不倦"号脱离第38.5特混大队加入第38.3特混大队，以便继续执行舰载机起降作业。为该舰护航的舰只包括"特鲁布里奇"号、"顽强"号、"泼妇"号、"蒂泽"号、"歌舞女神"号、"巴福勒尔"号、"牧人"号和"警醒"号。同时，"约克公爵"号、"英王乔治五世"号、"纽芬兰"号、"冈比亚"号、"纳皮尔"号、"尼扎姆"号、"幼崽"号以及"赌注"号则加入第38.4特混大队并编为第38.4.6特混小队，准备靠近日本海岸，不过，21日的台风警报迫使第3舰队取消了这一计划，转而继续南移避风。英国后勤支援船队奉命留在"英国饮料"海域附近，"基伯龙"号奉命前往乌利西环礁和马努斯投递邮件、信件以及新闻公告。

　　8月22日，第3舰队又展开了一次与公共关系相关的作业，其代号为"锡版照相法"（Tintype）。为拍摄机群照片，盟军各航空母舰上所有可用的舰载机一齐出动，从舰队上空编队飞过。尽管暴雨干扰了拍摄进度，但公共关系部门最终还是拍到了理想的照片。所有舰载机均于午后安全着舰。8月23日，第3舰队部分舰只从哈尔西上将处收到了进入日本水域的行动令，参与此次行动的"约克亲王"号与"幼崽"号和"赌注"号一道脱队并组成第30.2特混舰队，与以"密苏里"号为首的第30.1特混舰队会合。"英王乔治五世"号则和"纽芬兰"号、"冈比亚"号、"纳皮尔"号、"尼扎姆"号以及美国驱逐舰"乌尔曼"号（Uhlmann）和"贝纳姆"号（Benham）一道重新组成第37特混舰队，并奉命在代号为"博根区"（Area Bogan）的海域集结待命。舰队中，英军各舰趁此机会重新粉刷了上层建筑，去除了长期出海作战留下的痕迹，并重新打磨黄铜件——战时为避免暴露目标，这些原本闪闪发光的铜件早已被层层战时涂装覆盖。[7] 当天上午，"英王乔治五世"号和各巡洋舰展开了利用信号旗进行机动的训练，在此期间军官候

∧ 托马斯（Thomas）中校将皇家海军波南航空基地，亦即"纳巴容"号的全体官兵召集起来，向他们通报日本投降的消息。（作者私人收藏）

补生们有机会在高级军官的监督下操舵。驱逐舰则忙于从重型舰只处补给油料的作业。同日"速燃导火索"号携带邮件从马努斯返回加入舰队。

　　舰队待命期间，发生了若干起舰只私自企图进入日本海域的事件，同时舰队上下也一直焦虑地关注着一系列台风的动向，并持续绘制其轨迹。这些台风严重影响了盟军军机在冲绳的集结，按计划这些军机将负责将美国陆军占领部队运往日本。为避免遭遇不必要的损失，较为明智的做法是在占领军先头部队进入日本并就位前，舰队应避免靠近日本沿岸，因此舰队进入日本海域的时间取决于盟军占领军的时间表。8 月 25 日，舰队曾下达了各舰移动至"牧师"海域（Point 'Priest'）的命令，但这一命令又于次日夜间中班[1]取消。终于，8 月 26 日下午，舰队正式下令，指示各舰于 8 月 27 日前出至东京湾入口处的相模湾，扫雷舰艇则率先进入东京湾对预定锚地实施扫雷作业。舰队旗舰所属战斗群将于 8 月 29 日首先进入东京湾，其余各舰则于次日进入。美军在日本的大规模登陆将在 8 月 30 日正式进行。1945 年（以及此后约 20 年间），大英帝国及英联邦战舰均悬挂圣乔治旗，但这一次弗雷泽上将特意就进入东京湾时各舰所需悬挂的旗帜下达了指示。海军将官的将旗应尽可能悬挂在前桅桅顶，圣乔治旗则应悬挂在主桅桅顶以及舰艏柱或舰艉柱上。各自治领舰只则可在主桅桅顶悬挂各自国旗以替代圣乔治旗。在此后的报告中，罗林斯中将写道："就代表一个庞大帝国而言，这可能仅仅是一支很小的舰队，但在抵达太平洋战场与盟友并肩作战之前，舰队各舰都曾在不同大洋中先后与若干个对手作战。"[8] 自从 7 月 6 日从马努斯出航以来，"英王乔治五世"号的主机已经连续运转了 55 天[2]，对于英国战列舰而言，这一纪录是空前的，现在看也是绝后的。在此期间该舰共航行了 30900 千米，消耗了 15086 吨锅炉燃油，仅此一项便耗资 120688 英镑[3]。8 月 27 日 14 时 50 分，"英王乔治五世"号、"纽芬兰"号、"冈比亚"号、"纳皮尔"号以及"尼扎姆"号先后在指定泊位下锚，两艘美国驱逐舰则离队与第 35 特混舰队会合。当天天气晴好，能见度极佳。当

---

①译注：午夜 12 时至凌晨 4 时之间。
②译注：原文如此，但从 7 月 6 日至 8 月 27 日实际共 53 天。
③译注：按零售物价指数计算，约折合 2017 年的 478 万英镑，约合 4143 万人民币。

晚弗雷泽以及其他若干军官目睹了"火红的夕阳从白雪覆盖的富士山顶缓缓落下"这一壮观景象，并以此为话题进行了交谈。鉴于富士山被日本奉为圣山，这一景象无疑具有标志性意义。夕阳仿佛直接坠入了富士山的火山口，似乎正标志着日本帝国的覆灭。

次日，8 月 28 日，英军各舰均组织水兵进行大扫除，同时监视日本海岸以防出现任何抵抗迹象。不过实际上岸上几乎连活物出没的迹象都没有。罗林斯中将在其报告中写道："我方满意地发现，各工厂的烟囱中从未升起黑烟，这自然说明工厂并未开工。往日充斥着船舶和小艇的海湾也是一片荒芜。"⁹ 8 月 29 日昼间，美英两军旗舰所属战斗群——第 30.1 和第 30.2 特混大队相继起锚进入东京湾内部，同日，尼米兹上将抵达东京湾，并在"南达科他"号战列舰上升起了将旗。当日，"歌舞女神"号和"蒂泽"号先行前往相模湾排除一些小故障，因此与第 38.3 特混大队一同滞留外海的英国驱逐舰数目从 8 艘降至6 艘。"质量"号从马努斯赶回，并与第 38.3 特混大队会合，一同赶来的还有医务船"芝扎连加"号及为其护航的"起重机"号。"英王乔治五世"号、"纳皮尔"号、"尼扎姆"号、"质量"号以及"芝扎连加"号奉命于 8 月 30 日进入东京湾，并于横滨附近下锚。途经横须贺时，英国水兵们注意到，己方参与登陆部队的战友已经在 2 号要塞上竖起了圣乔治旗，同时另一侧岸上的若干日军炮位上白旗飘扬。这一景象无疑让英军官兵们欣喜不已。"歌舞女神"号和"蒂泽"号当天晚些时候进入东京湾，并在战列舰舷侧下锚，以便继续排除故障。"演讲者"号进入东京湾后，象征性的英国舰队规模也随之扩大。该舰任务是遣返从战俘营中解救出的战俘。8 月 31 日，"纽芬兰"号和"冈比亚"号也先后进入东京湾，并在指定泊位下锚，随后澳大利亚皇家海军巡洋舰中队在柯林斯准将（J A Collins）的率领下也进入东京湾。除准将的座舰"什罗普郡"号（Shropshire）外，该部还包括"霍巴特"号（Horbart）①、"巴丹"号（Bataan）

---

① 译注：该舰参与了 1942 年初盟军在东南亚的战斗，但并未参加爪哇海战，并在此后及时从爪哇海撤出，从而躲过了大量盟军舰只在爪哇海覆灭的命运。

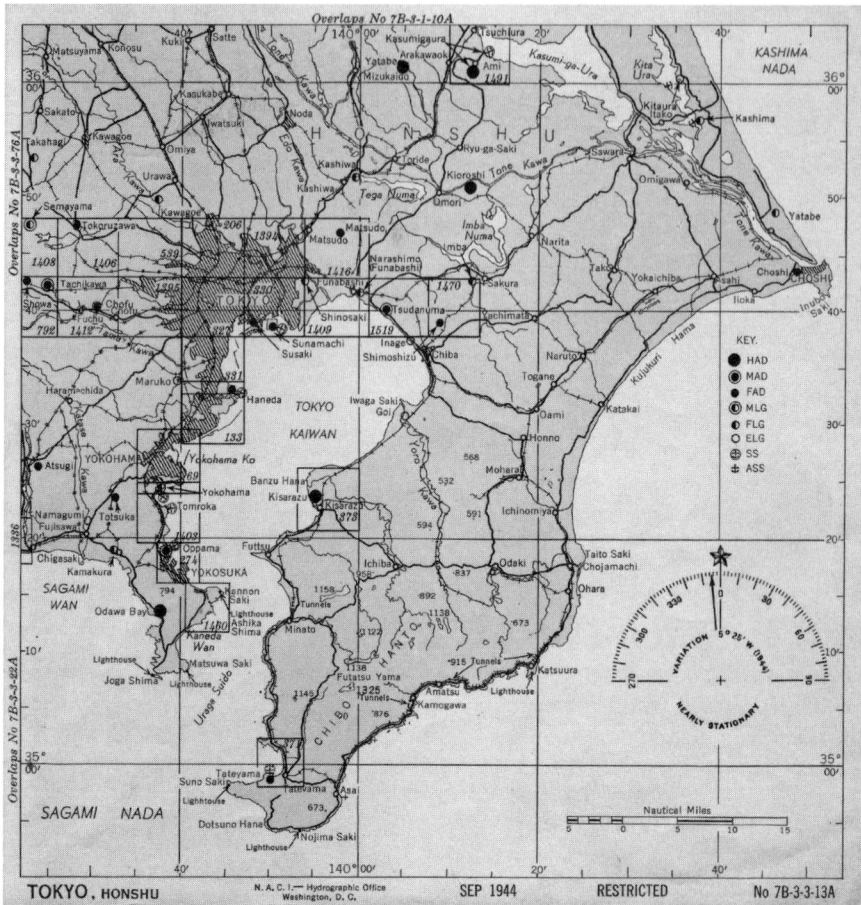

∧ 东京湾。（罗伊·吉布斯收藏）①

和"瓦拉蒙格"号（Warramunga）②，上述舰只此前曾在冲绳附近海域加入美国海军第 7 舰队作战。英军后勤支援船队此后也在东京湾内下锚，该船队包括

---

① 译注：图中阴影部分为东京（Tokyo），可见东京湾（Tokyo Kaiwan）地形。东京湾周围大小形状不一的黑点为不同类型的机场。相模湾（Sagami Wan）位于东京南偏西方向。
② 译注：后两舰均为"部族"级驱逐舰。

∧ "幼崽"号，摄于该舰 1944 年完工后不久。(作者私人收藏)

油轮"浪王"号、"卡列里拉"号、"叮当谷"号，补充航空母舰"统治者"号以及食物储备分发船"弗兰格尔要塞"号。为其护航的舰只包括"野鸡"号、"丘鹬"号、"起重机"号、"伊普斯维奇"号、"德格河"号、"皮里"号、"塞斯诺克"号以及"巴拉腊特"号。

　　日本投降仪式于 1945 年 9 月 2 日晨在"密苏里"号上举行，这一仪式也宣告第二次世界大战正式结束。仪式中使用的办公桌取自哈尔西上将住舱，乃是美国海军标准金属办公家具，办公桌上覆以绿色粗呢布。不过仪式中供签字人员使用的木制座椅则取自"约克公爵"号，理由是这一座椅比美军使用的标准金属座椅看起来正式许多。仪式中，弗雷泽上将代表联合王国在受降书上签字，此后受降书的 6 份副本之一由尼米兹上将转赠弗雷泽上将，这也成了后者最珍贵的收藏之一。日后弗雷泽上将回忆起受降仪式时，将其称之为一生中最骄傲的时刻。除了受降书的副本之外，尼米兹上将还赠予弗雷泽上将"密苏里"号的航海日志，并题词"致以最温暖的问候和最美好的祝愿，你的朋友和同事"。[10] 受降仪式由美国陆军麦克阿瑟上将主持，在"密苏里"号 B 炮塔右侧的甲板上进行，场面令人难忘。英国太平洋舰队信号通信官理查德·卡里奇中校（Richard Courage）对

∧ 1945 年 9 月 2 日，弗雷泽上将代表联合王国在受降书上签字。（作者私人收藏）

在场人员位置的描述如下：

　　站在桌边的是仪式的主角们，他们将在受降书上签字。立于办公桌靠舷内一侧、背靠 406mm 主炮炮塔的是两长排将星闪耀的美国陆海军将官。位于办公桌后侧，面向前方的是各国代表及其参谋人员。英国太平洋舰队的代表立于其他各国代表与美国陆海军军官之间。办公桌舷外一侧、面对主炮炮塔的则是记者、摄影师、录像师以及其他各种可以想到的相机操作人员。"密苏里"号的官兵们充分利用主场优势，占据了舰上例如炮塔、舰桥之类各处有利地形，其热闹场面堪比大规模赛马时蜂拥而至、人山人海的观光客。此次受降仪式的特殊之处在于，参与仪式的人员无一提前就座，所有人均矗立在甲板上，直至轮到其签字时才上前坐在办公桌旁。除麦克阿瑟上将外的其余所有人均集合完毕后，一时间仪式现场突然鸦雀无声。

就在此刻，一名头戴大礼帽的日本文官爬上舷梯登上"密苏里"号，跟在他后面登舰的是一名美军宪兵。宪兵随后领着日本文官从艉楼一直来到办公桌前，此时时间为 8 时 56 分。此人便是日本外相重光葵，形象苍老，跛得厉害，但面无表情。他戴着手套，身着黑色晨礼服和白色马甲，拄着一根手杖。随后登舰的则是日本陆军总参谋长梅津美治郎上将，他也将在降书上签字，接着是其他政府及陆海军代表。[11]

日本代表登舰后还需等待受降仪式的主角麦克阿瑟上将的出场。在这几分钟内，他们就矗立于 4 年间与日本作战的各国代表的注视之下。麦克阿瑟上将于 9 时 2 分步出哈尔西上将的住舱，走向位于英国太平洋舰队军官和其他各同盟国签字人之间的办公桌。日本外相的副官首先上前查阅英日两种文本的受降书，然后向重光葵递交了两份日文文件，这两份文件证明裕仁天皇授权外相代表天皇本人在降书上签字。在简短的演讲之后，麦克阿瑟上将指示日方代表在降书上签字，随后以盟军最高司令官身份在受降书上签字。此后美国尼米兹海军上将、中国徐永昌陆军上将、联合王国布鲁斯·弗雷泽海军上将、苏联红军杰列维亚科（Kuzma Derevyanko）中将依次代表四大国政府签字。随后签字的依次是：澳大利亚托马斯·布来梅（Thomas Blamey）陆军上将、新西兰伊斯特（Isitt）空军少将、加拿大摩尔·科斯格来夫（Moore Cosgrove）陆军上校、法国勒克莱尔（Leclerc）陆军上将、荷兰陆军上将范奥延（L H Van Oyen）依次代表各自国家签字。[①]受降仪式于 9 时 26 分结束，随后驱逐舰靠近"密苏里"号接送各位要员离舰。麦克阿瑟上将和尼米兹上将分别于 9 时 58 分和 10 时 44 分离舰，后者随后前往"南达科他"号。返回"约克亲王"号之后，弗雷泽上将立即开始

---

① 译注：原文如此，但是原作者这里显然弄错了名单。伊斯特空军少将应该是最后一个签字，而代表荷兰签字的是康拉德·赫尔弗里奇海军中将。太平洋战争爆发时其军衔为少将，任荷属东印度部队最高指挥官，ABDA 联军司令部成立后，他于 1942 年 2 月接任 ABDA 太平洋战区海军司令官，尽管此时海上局势已经无可挽回。荷属东印度沦陷后他前往锡兰。1945 年，赫尔弗里奇升任中将并奉命指挥所有荷兰海军部队。范奥延中将在 1942 年则任皇家荷属东印度陆军参谋长，在荷属东印度沦陷前后前往澳大利亚。1943 年，中将负责重建荷兰武装部队，但 1945 年 9 月并未在受降书上签字。

〈 新西兰皇家海军"冈比亚"号轻巡洋舰在桅顶同时悬挂新西兰国旗和圣乔治旗，摄于东京湾。（作者私人收藏）

为当天傍晚在该舰举行的招待会以及落日礼做准备，盟国各国指挥官都受邀参加了此次招待会。[1]

　　尽管美方试图保留所有用于在受降书上签字的钢笔，但是弗雷泽还是保留了自己那一支，并用这支笔给前首相温斯顿·丘吉尔写信。在最近一次也是1935年以来的首次大选中失利后，丘吉尔已经卸任首相。[2] 前首相回电称："阁下在日本无条件投降当天、用在受降书上签字的钢笔写来的信件已经收到，鄙

---

　　① 译注：这也是自1939年战争爆发以来皇家海军舰只首次进行落日礼。
　　② 译注：按照英国惯例，每届国会的任期不超过5年，因此每5年内必须进行一次大选，获胜党派的党首出任首相。1935年大选中保守党获胜，党首斯坦利·鲍德温出任首相。1936年因反对爱德华八世国王的婚事，在后者逊位、英王乔治六世继位后鲍德温宣布退休，由内维尔·张伯伦接任首相和保守党领袖。后者任期内推行绥靖政策。1940年德军发起西线攻势后，张伯伦被迫下台，由丘吉尔出任首相组建战时联合政府。1945年7月的大选中艾德礼领导工党获胜，并出任首相。

∧ 第38特混舰队的舰载机机群从"约克公爵"号上空飞过。(作者私人收藏)

人十分感激。对阁下战争期间的工作,鄙人倍加尊敬。在我们岛国筚路蓝缕的历史上,承担职责的道路不止一次地意味着荣耀之路。"[12]受降仪式结束之后,上百架盟军舰载机组成庞大编队飞越东京湾上空。按计划,"不倦"号将出动24架舰载机参与这一编队,然而在机群起飞前两小时,一架美国海军"地狱猫"式战斗机撞上了该舰仅剩的一座可用的阻拦网并将其损坏。由于可能在着舰时引发故障,因此"不倦"号实际并未放出舰载机参与编队。

9月2日傍晚,弗雷泽上将在旗舰后甲板上主持了皇家海军传统的落日礼。当天"约克公爵"号的主桅上飘扬着同盟国各国国旗,前桅上则飘扬着加入英国太平洋舰队的英联邦各国国旗。"英王乔治五世"号和"约克公爵"号两舰的皇家海军陆战队乐队一道演奏了若干传统乐曲,包括《橡树之心》、《统治吧,不列颠尼亚》以及赞美歌《天颂祷》。喇叭手们在"约克公爵"号的Y炮塔上

∧ 从"不倦"号上拍摄的东京湾。远处可见"战列舰行列"，其中包括"约克公爵"号和"英王乔治五世"号。（罗伊·吉布斯收藏）

列队，该舰其他水手们则同样借助主场优势拥挤在各处有利位置观赏这一令人难忘的仪式。仪式中所有旗帜一齐缓缓落下，很多目击者事后均声称，在降旗过程中，泪水不由自主地湿润了他们的眼眶。[13] 自从"英王乔治五世"号和"约克公爵"号服役以来，这也是第一天两舰在日落后无须进行灯火管制。为庆祝胜利，两舰还打开泛光灯照亮各自上层建筑。

　　日本正式投降后，在返回澳大利亚前，弗雷泽上将先后访问了东京和香港。上将的情报主管谢泼德（Sheppard）少校战前曾在远东服役，对远东较为熟悉，因此留驻东京作为麦克阿瑟上将的英国海军联络官。[14] 少校于是带领弗雷泽上将及其核心参谋人员于 9 月 5 日参观了东京。途中上将一行座车抛锚，随后一大群日本士兵围了上来。不过熟悉东方的谢泼德少校处变不惊，从容对这些士兵高声下令，后者顺从地按指挥将车推至附近的英国大使馆。战争期间，瑞士外交人员很好地保护了英国大使馆建筑群，当上将一行进入大使馆时，发现来宾登记簿仍安静地打开置于大厅中的桌子上，最后一栏的日期为 1941 年 12 月 5 日。于是弗雷泽上将另起一页，并与随员们依次在登记簿上签名。上将于 9 月 9 日乘"约克公爵"号从东京出发前往香港，为该舰护航的仍是"赌注"号和"幼崽"号。

英国太平洋舰队的舰只不仅仅在东京湾参与了受降仪式。战争结束前，驻新几内亚的日军不待澳大利亚第 1 集团军抵达便已经开始撤退，因此澳大利亚政府请求皇家海军提供一支大型舰只以举办受降仪式，正式接受驻新几内亚、新不列颠（New Britain）、布干维尔（Bougainville）、新爱尔兰（New Ireland）以及附近岛屿的大批日本陆海军单位的投降。皇家海军派出的是隶属第 11 航空母舰中队的轻型舰队航空母舰"光荣"号（HMS Glory），该舰在 8 月 15 日之后才抵达悉尼。9 月 1 日，澳大利亚第 1 集团军指挥官斯特迪（V A H Sturdee）上将及其参谋人员登舰后，该舰随即出发前往皇家海军瑙拉航空基地，接收配属该舰的舰载机中队。此后在炮舰"紫石英"号（HMS Amethyst）和"哈特"号（Hart）的护卫下，该舰于 9 月 5 日星期三上午在新不列颠岛南侧的杰基诺特湾（Jacquinot Bay）下锚。为防备部分日军单位发动自杀性攻击，三舰不仅所有火炮均处于备战状态，还处于短时间备航状态以便快速起航。当天斯特迪上将上岸检查，以确保次日的受降仪式已经准备就绪。17 时 55 分，上将返舰后三舰起锚彻夜航行，经圣乔治海峡（St George's Channel）于次日早上 7 时 50 分抵达该岛北侧的拉包尔（Rabaul）附近海域。同样为防止日军攻击，三舰各炮组成员均在炮位待命，两艘炮舰分别在"光荣"号两侧 1.6 千米外就位，并进入临战状态。"光荣"号本身并未下锚，该舰虽然停车但仍做好准备，在必要时可立即移动。[15] 停车之后不久，该舰官兵感到一阵异常的振动，事后查明这是该海域附近一次小规模地震的影响。10 时 40 分，所有不当班的官兵均身着作训服，前往飞行甲板上列队集合，其队列面对着用于举行受降仪式的办公桌。小办公桌布置在放倒的后部阻拦网上，与东京湾的受降仪式类似，办公桌上也覆盖着绿色粗呢布，此外还放着受降书、钢笔以及墨水。斯特迪上将及其参谋人员在办公桌后就位。几分钟后，日本代表团在今村均陆军中将和草鹿任一海军中将的带领下登舰。当天海面波浪起伏，负责将日本代表团从拉包尔

∧ 新几内亚、新不列颠、布干维尔和新爱尔兰①的日军在"光荣"号飞行甲板上向澳大利亚陆军斯特迪上将投降。(作者私人收藏)

运送至"光荣"号的小艇艇长选择的航向不甚理想，导致途中日本代表团被浪花淋得精湿。登舰后，在警卫的护卫下，代表团成员经过英军官兵队列，从"光荣"号的后部升降机一直步行至举行投降仪式的办公桌前，此时代表团成员的军装仍是湿淋淋的。仪式上，日军军官首先放下军刀作为投降的标志，随后签署了相关文件。仪式结束后，日本代表团被护送至"光荣"号预订舱室内，以便与盟军军官商讨完成投降的细节，其中包括新几内亚地区的日军分布以及各部放下武器投降的具体安排等内容。在双方商讨上述问题时，"光荣"号及其护航舰只以 10 节的速度航行，直至当天 15 时在拉包尔附近停车，随后斯特迪上将及其参谋人员以及日本代表分别搭乘交通艇前往"哈特"号，"光荣"号则在

①译注：均位于今巴布亚新几内亚。

上述人员离舰后起程返回悉尼，准备接受改装以执行遣返盟军战俘回国的任务。

　　早在 8 月 10 日，弗雷泽上将就已经下令，抽调停泊在澳大利亚以及从日本沿海返航的部分舰船组成若干新特混大队，准备分别前往香港、上海和新加坡。[16] 计划前往香港的是第 111.2 特混大队，下辖"不挠"号、"可敬"号（HMS Venerable）①、"敏捷"号、"欧尔亚拉斯"号、"肯彭菲尔特"号、"熊星座"号、"旋风"号、"象限仪"号以及新近抵达太平洋战场的加拿大辅助防空舰"罗伯特亲王"号（Prince Robert）。该战斗群由第 11 航空母舰中队指挥官哈考特（C H J Harcourt）少将指挥，其旗舰为"不挠"号。计划前往上海的是第 111.3 特混大队，下辖"百慕大"号（Bermuda）、"亚尔古水手"号、"巨人"号、"骚乱"号和"基伯龙"号，由第 4 巡洋舰中队指挥官瑟韦斯（R M Servaes）指挥，其坐舰为"百慕大"号。最后一个战斗群计划前往新加坡，番号为第 111.4 特混大队，由"安森"号、"提尔人"号（Tyrian）和"骚乱"号组成，由以"安森"号为旗舰的第 1 战列舰中队指挥官丹尼尔少将（Daniel）指挥。不过考虑后勤因素，最后决定由东印度舰队负责前往新加坡接受当地日军的投降，而第 111.4 特混大队所辖舰只则用于加强部署至香港的舰队。9 月 2 日，沃克中将在停泊在槟城附近海域的"纳尔逊"号（Nelson）上接受了马来亚地区日军的投降，[17]② 次日，鲍尔中将③搭乘"克莱奥帕特拉"号（Cleopatra）巡洋舰④进入新加坡海军基地。9 月 12 日，马来亚和新加坡地区日军在新加坡高等法院正式向盟军东南亚战区最高指挥官蒙巴顿（Mountbatten）海军上将投降。

　　英国太平洋舰队进行的规模最大、可能难度也是最高的重占领任务便是"回归"香港。战争初期，当地英军于 1941 年平安夜投降。作为战前英国在远东的商业和金融中心，香港被英国政府视为战后重建本国在远东利益的关键所在。不过，收回香港远比收回新加坡困难。由蒋介石领导的中国国民党政府也希望

---

　　①　译注：隶属"巨人"级轻型舰队航空母舰。
　　②　译注：主持受降的是东印度舰队副总指挥官哈罗德·沃克中将，其时"纳尔逊"号同时担任第 3 战列舰中队和东印度舰队的旗舰。
　　③　译注：东印度舰队总指挥官。
　　④　译注：隶属"黛朵"级轻巡洋舰。

收回香港，且起初还得到了美国的支持。事实上，中国军队已经在香港边境集结，随时准备进入新界，但鉴于香港地区的日军实际未被击败，因此这些中国军队在这一威慑下并未采取果断行动。[①]自从美国政府公开宣布反对殖民主义政策回归之后，香港受降便陡然具有了重要的政治意义。讽刺的是，美国政府在声明反殖民主义态度的同时，其自身恰恰正在菲律宾遂行殖民主义政策。对于美国的这一态度，英国外交大臣同样强硬地表示，大英帝国理应夺回一切被武力非法夺去的领地。具体到香港问题上，两名战俘在现地明确而勇敢的行动

∧ 英国太平洋舰队的舰船停泊在香港港中。（安东尼军士长〔R C Anthony〕收藏，作者通过文斯·法齐奥〔Vince Fazio〕获得该照片）

---

① 译注：1945 年夏日军从华南向华东以及东南沿海收缩，国民党军一路紧紧尾随日军，但基本未爆发激战。日军对于紧紧跟随但并不交战的国民党军也非常厌烦，于是当年 8 月 13 日放弃广西全州后在周围设伏。紧随日军的国民党军落入圈套，被日军杀了个回马枪，8 月 14 日，全州再次沦陷，因此日军投降前华南国民党军并未在大规模交手战中击败日军。

∧ 停泊在香港港的"冈比亚"号。（作者私人收藏）

∧ 几艘舢板从停泊在香港港的"不挠"号附近穿过。（作者私人收藏）

∧ "复仇"号及其他英国太平洋舰队舰只在停泊香港期间打开灯光，庆祝重回平时状态。（作者私人收藏）

解决了潜在的争端。战争爆发时任香港辅政司司长的詹逊（Franklin Gimson）[18] 在香港投降后被日军关押。1945 年 8 月 15 日，赤柱拘留营（Stanley Internment Camp）的日军营长将其释放。詹逊遂步行前往香港总督府，自任港督，并将日本人员逐出。在此期间他得到了另一名战俘、前国王港（King's Harbour）总管克雷文（D H S Craven）海军中校的大力协助，后者也于 1941 年 12 月沦为战俘。两人共同宣布英国恢复对香港的统治，并试图查明日军布设的雷场以及其他防御工事的具体位置。如此一来，就造成了有利于英方的既成事实。英国外交大臣欧内斯特·贝文（Ernest Bevin）遂趁机向美国政府施压，要求其承认现状，最终双方达成一致，应由英国太平洋舰队重占香港。日本同意接受盟军受降条件的消息抵达悉尼两小时后，第 111.2 特混大队首先从悉尼出发，另外两个特混大队随后出发。

　　第 111.2 特混大队首先前往苏比克湾，在那里，潜艇供应舰"梅德斯通"号率领第 8 潜艇队的 8 艘潜艇加入战斗群，同时加入战斗群的还有澳大利亚皇家海军的 6 艘扫雷艇。整个特混大队于 8 月 29 日破晓时分抵达香港附近海域，并与第 111.4 特混大队会合，由哈考特少将统一指挥。与香港当地日本当局的联系最初是通过空投邮包的方式完成的，当日"不挠"号派出"推弹杆"机队，从香港上空飞过以炫耀武力。其中，由吉克中校（P D Gick）率领的一个"地狱猫"式战斗机小队投下了邮包。当天下午，克雷文中校发来消息，要求舰队尽快派出飞机迎接他本人和日方代表。中校还表示，由于"日方已经从战败引发的震惊状态中恢复过来，战败的羞辱感正在逐渐转化为好斗和蛮横的态度"，因此舰队必须迅速做出应对。[19] 于是舰队于下午派出一架"复仇者"式前往香港启德机场（Kai-Tak airfield），将克雷文中校和日方代表牧村接回舰队，后者此后携带着给香港地区日军守军指挥官田中久一陆军中将[①]的指令返回，通知中将英国军队将于次日抵达香港。行动进行得并不顺利，第一架"复仇者"式在遍布残骸的启德机场跑道上降落时发生爆胎事故，因此舰队不得不派出另一架"复仇者"式携带备用轮胎前往启德机场，并由该机将目标人员接回"不挠"号。然而该机返航时在恶劣天气中迷航，最终迫降在中共抗日游击队活动范围内。直至次日清晨，一架来自"可敬"号的"海象"式才赶到迫降地点附近接到相关人员并将其安全带回"不挠"号。与此同时，哈考特少将决定于 8 月 30 日中午 12 时进入香港港，预计到时特混大队所辖扫雷艇已经清扫出一条狭窄航道，可供前往主港口。尽管此前日方已经提出警告，指出战争期间美军在香港水域空投了大量水雷且具体并不明确，而克雷文中校也指出此前相当长一段时间内，没有任何船只从鲤鱼门水道（Lyemun Channel）穿过，但少将仍一意孤行，觉得风险完全可以接受，并于当天上午 10 时在移驻"敏捷"号之后率领"肯彭菲尔特"号、"欧尔亚拉斯"号、"托斯卡纳"号（Tuscan）、"罗伯特王子"号以及 2 艘潜艇一同向港口进发。一俟上述舰只安全通过鲤鱼门水道，"梅德斯

[①] 译注：田中久一时任第 23 军司令官，兼香港总督。

通"号与剩余潜艇及扫雷艇便奉命向港口前进，最后出发的是"安森"号和回收了全部舰载机的"不挠"号。各舰下锚后，由"敏捷"号和"欧尔亚拉斯"号官兵组成的登陆部队便在布朗（W L M Brown）中校的指挥下登陆并夺取了船坞，一路未遇抵抗。次日，"安森"号派出若干登陆队，负责在香港地区恢复秩序。在进入港口前舰队曾收到警告，称香港当地部署有大量用于实施自杀攻击的船舶，不过"可敬"号派出的侦察机并未发现这些船舶。该舰并未随同其余舰只一同进入香港港，而是留在外海负责为特混大队提供空中掩护，担任其水面护卫的则是"象限仪"号。各舰下锚后，一架舰载机报告称在南丫岛（Lamma Island）索罟湾（Picnic Bay）附近发现了"约100艘"可疑船只。稍后另一架舰载机报告称其中3艘船只正航向舰队锚地的西侧入口，舰队遂下令舰载机向上述船只发起攻击。参与攻击的舰载机报告称1艘敌船被击沉、1艘搁浅，另一艘返回出发港口。随后，舰队又派出舰载机对敌船聚集的港口展开轰炸，据观察，战果颇丰。尽管如此，此后舰队仍一直在该海域上空保持空中巡逻直至9月2日。当天，在摧毁了全部剩余敌船后，英军俘获了当地约260名日军，并将其押往维多利亚湾（Victoria），从而彻底解除了潜在的威胁。

一俟"敏捷"号在香港湾内下锚，詹逊便立即登舰与哈考特少将会面。此时詹逊已经再度宣誓就职，并在香港当地建立了一套行政管理部门，作为香港临时政府的雏形，而哈考特少将则奉命出任香港地区临时军事长官。两位文武大员一同研究了英国政府下达给少将的命令，并讨论了如何将其落实。当天晚些时候，詹逊领着少将登岸，先后访问了当地战俘营中的战俘，并参观了香港和九龙两地的医院。事后少将在其作战经过报告中这样描述了此行的感受：

我们首先前往赤柱拘留营，战争期间所有被日军抓捕的平民和公务员均被拘押于此。抵达时，我们发现所有人都对我们翘首以盼，并为我们安排了此生难忘的欢迎仪式。在与在押人员的领袖们会见之后，我得知他们正打算举行仪式，正式升起英国国旗。他们一致认为升旗仪式应尽量正式，因此在我抵达之前他们一直没有升旗。不久之后我们就参与了一次非常感人的升旗仪式，伴随着合唱《神佑吾王》以及两名神职人员的简短朗诵，包括英国国旗在内，拘留营中所有在押人员各自的国旗一并升起。仪式结尾时全体人员为国王献上三次欢呼。仪式上使用的英国国旗亦别有意义。香港沦陷时，一名退役海军水兵将这面国旗藏在其被褥中，安全度过了整个战争时期，直至此次仪式中重新迎风招展。与此后我访问的若干战俘营／拘留营一样，赤柱拘留营内在押人员虽然人人面黄肌瘦营养不良，但仍保持着高昂的士气。如果不是亲临其境耳闻目睹，很难相信当时他们迸发出的热情和欢呼是如此发自内心令人动容，仿佛是几年战争期间一直被压抑的情感终于得到了宣泄。这场景我永生难忘。

离开赤柱拘留营之后，我们前往九龙，先后访问了关押欧洲裔战俘的深水埗战俘营（Shamshuipo Camp）、关押印度裔战俘的战俘营以及专向欧洲裔人士开放的医院。我们在各处都感受到人们的热情。在医院，由于病号们表示希望能亲眼再次见到一名英国海军将官，我便访问了每一间病房，

∧ 水兵和皇家海军陆战队成员正为穿越香港的胜利游行进行训练。（安东尼军士长〔R C Anthony〕收藏，作者通过文斯·法齐奥〔Vince Fazio〕获得该照片）

效果很好。医生们表示对于病人们来说，我的访问甚至比我们可以提供的额外食物及药品的效果更好。任何人都不会对医生的这一论断表示怀疑。[20]

当晚哈考特少将返回"不挠"号。次日（8月31日）一早，日军指挥官及其他日军代表登舰。据少将观察，这些日本人登舰时态度非常蛮横好斗，仿佛是来谈判而非接受胜利者命令一般。于是少将断然打破了对方的这种幻想，明确指出，针对尚未正式交还英国的香港殖民地地区日军的一切行径，日方代表应负全责。所有日军部队以及日本公民均应在次日即9月1日16时前撤出香港本岛。

1945年9月1日，哈考特少将通过广播宣布香港军政府正式成立，他本人出任总督，第111.2特混大队转由丹尼尔少将指挥。医务船"牛津郡"号抵达香港后，搭载获救的战俘和在押人员于9月3日前往马尼拉。此前东南亚战区（South East Asia Command）已经组织了一支负责香港地区军事占领的部队，但9月初该部仍在赶赴香港途中，[①] 不过，随着3000名皇家空军人员先期抵达，英军兵力不足的问题得到了暂时缓解。这些人员原计划用于在冲绳地区为英军轰炸机部队修建机场，但现在则用于承担警察职务，并掌握启德机场。9月3日香港当局认为局势已在掌握之中，无须再执行航空兵巡逻任务，于是"可敬"号以及"象限仪"号便一同进入香港港，停靠在九龙蓝烟囱货仓码头（Holt's Wharf）。至9月8日，先后有约18000名日军在设于九龙以外的指定堆积场放下武器。由于此时香港地区的若干战俘营仍由盟军前战俘居住，短期内无法为投降的日军提供营房，因此这些日军被派往其他指定地域集中看管。不过，当时在新界地区仍聚集有约3000名尚未放下武器的日军。为实现占领，各舰分别组织了登陆部队，负责前往不同的指定街区维持秩序控制局势，因此这一时期香港地区陆上聚集了大批登陆部队。以"可敬"号为例，分配给该舰的区域是九龙半岛。该舰的皇家海军陆战队指挥官麦加勒尔－格罗夫斯上尉（R J McGarel–Groves）领受的任务极为沉重。他不仅需要在弥敦道（Nathan Road）的威菲路军营（Whitfield

---

① 译注：东南亚战区司令部位于锡兰。

Barracks）①设立战俘营，而且需要占领并运作位于九龙郊区的生力啤酒公司（San Miguel Brewery）。[21] 针对各项任务中遇到的各种前所未见的问题，上尉及其部下均需殚精竭虑想方设法才能解决。威菲路军营原仅设计容纳 700 名印度裔士兵，但很快英军便须利用该兵营关押超过 16000 名日裔、韩裔以及台湾地区军事和非军事人员。陆战队员们在兵营四周布设了带刺铁丝网，并骑乘自行车绕铁丝网巡逻，以保证战俘营的动向持续位于英军监视之下。英军还在战俘营中设立了一个车辆修理厂，用于修复战争结束时遗弃在九龙地区的包括公共汽车在内的各种车辆，很多车辆在经过修复后重新投入使用。"可敬"号的皇家海军陆战队还设立了香港地区战后首个车辆登记体系，其中九龙地区军事当局所拥有的车辆牌照以 MAK②开头，后缀以数字。啤酒厂生产的啤酒则用于供应各舰登陆部队，皇家海军在暂时拥有该啤酒厂期间并未滥用该厂设施。此外，"可敬"号还派出陆战队和水兵前往维多利亚湾看管日军战俘并维持秩序。同时在盟军前战俘以及前在押平民及公务员被分批遣返之前，该舰还派出皇家海军陆战队乐队登陆为上述人员提供娱乐。

　　至 9 月 5 日，英国太平洋舰队还派出大批人员在香港登岸，负责恢复供电、供水、有轨电车、火车以及其他重要公共服务部门的正常运转。水兵们在街头巷尾巡逻，其中一些甚至找到马匹充当骑警。此外，英军还将放下武器的日军编为若干工作队，专门负责清理日据期间留下的各种废墟。为考察香港当地的船坞设施，"金色雄鹿"号派出由维特上校（H F Waight）率领的一支先遣队，由上校出任船坞主管（尚未正式就职）。先遣队在来自"梅德斯通"号以及其他舰队后勤船队船只工程师们的帮助下展开工作。通过调查发现，包括电气车间以及潜艇电池充电车间在内的船坞东半部分已经被彻底摧毁。动力车间虽然看起来状况很糟，但安装在该车间的柴油发电机仍能正常启动，并在先遣队开始工作当天黄昏前提供照明并输出电力。泵房状况良好，仅需加煤便可正常运转。大型干船坞内已被注水，浮箱式坞门漂在坞内水面上。虽然坞门被沉船残

---

① 译注：该军营后改建为九龙公园，但仍保留了若干营房及其他军事设施。
② 译注：即九龙军事当局 Military Administration Kowloon 的缩写。

骸所阻无法移出，不过其自身并未损坏。机器车间和库房状况良好，不过所有电动起重机均无法运转。若干小型船舶沉没在港池内，亟待打捞。船坞生活区污秽不堪，厕所堵塞，供水断绝。港内及岸上所有用于导航的航道灯均已熄灭，港内和诸海湾中遍布各种残骸。商用港内所有浮标均已失踪，战舰锚地内的状况也相差无几，唯一幸存的航标上附着着肉眼可见的船只残骸。经过水兵以及前被拘押人员连续数日的辛劳工作之后，船坞至少可用于进行有限的修理工作。管理人员将这一成果通报给了海军部和英国太平洋舰队。

　　舰队后勤船队主力9月9日从马努斯抵达香港，船队指挥官费舍尔少将也搭乘供应舰"蒙特克莱尔"号（Montclare）随队抵达。9月11日，由皇家海军陆战队哈迪（C R Hardy）准将指挥的第3突击旅（3 Commando Bridge）搭乘加拿大巡洋舰"安大略"号（Ontario）、护航航空母舰"打击者"号（Striker）以及运兵船"圣斯特凡城堡"号（Llanstephan Castle）和"格伦吉尔"号（Glengyle）抵达香港，并担任当地守备队。随同该旅一同抵达的费斯汀（F W Festing）少将则出任香港陆上部队总指挥官。9月14日，弗雷泽上将乘"约克公爵"号与两艘驱逐舰一同从东京抵达香港。

　　香港地区日军正式投降仪式于1945年9月16日在总督府楼下大堂举行。参与仪式的日方代表为藤田类太郎海军中将和冈田梅吉陆军少将[①]，两人在来自"不挠"号的皇家海军艾克尔斯（J A S Eccles）上校以及6名皇家海军陆战队突击队员的护送下从威菲路军营前往总督府。沿途数千华人拥挤在街道上，围观皇家海军主导的这一"香港历史上规模最大的表演"。[22] 2000名水兵身着最整洁的白色热带作训服，在海滨至总督府的路线两侧列队。在炫目的泛光灯光和如林的相机镜头下，哈考克（Admiral C H J Harcourt）[②]少将与加拿大代表克里里（W B Creery）海军上校、美国代表威廉姆森（A Williamson）陆军上校等一同坐在一张橡木办公桌旁，等待日本代表投降。来到办公桌对侧后，两名日本代表以及跟随的翻译人员向盟军代表鞠躬致意。在哈考克少将简洁地解释了

---

① 译注：藤田类太郎和冈田梅吉分别任日军华南舰队司令和香港守备司令。
② 译注：中文名夏悫。

日方代表前来的原因之后，日方代表逐一入座并签署投降书的两份文件。首先签字的是冈田梅吉，在工作人员提供的三支毛笔中，冈田选择了一支驼毛笔，然后将其重重戳入砚中蘸墨，随后左手执笔，缓慢地在相应文件上签下了姓名。花了几分钟才在两份文件上署名完毕后，冈田又从衣袋内的皮质小包中掏出印章，在印泥上蘸了蘸之后在其签名下盖章。藤田类太郎同样不慌不忙地完成签字，随后从一个附有拉带的丝绸小包中掏出印章盖章。完成签字盖章的流程后，两人立正，将佩剑交给哈考克少将的副官，并由后者转交少将本人。再次鞠躬致意后两名日本代表离开大堂，不再参与仪式其余部分。此后哈考克少将独自在受降书上签字，弗雷泽上将、丹尼尔少将和费舍尔少将则一同观摩了哈考克少将的签字过程。受降仪式以哈考克少将的如下演说结束："本殖民地日本武装力量正式投降仪式就此结束。接下来我们将举行在总督府升英国国旗的仪式。仪式结束后我们将分头执行各项任务，修复战争对本殖民地造成的破坏。我们将与中国、美国以及其他国家盟友一道，重建太平洋地区的和平与繁荣。"当天停泊在香港港内的30艘大英帝国各类战舰鸣放21响礼炮，并向水兵们发放

∧ 1945 年 10 月，战争期间被日军拘押在香港的儿童参观"复仇"号航空母舰。（作者私人收藏）

∧ 隶属812中队的一架"梭鱼"式完成在香港上空的飞行任务后，降落在"复仇"号上。（作者私人收藏）

了额外份额的朗姆酒。由皇家海军陆战队、皇家海军水兵以及皇家空军单位组成的卫队举枪致敬，与此同时，皇家海军陆战队的乐队先后演奏了英国国歌以及《统治吧，不列颠尼亚》。印度部队则在皇家海军先遣队旁列队。仪式结束后，伴随着乐队演奏的音乐和突击旅吹奏的风笛，卫队和在街道上列队的部队整队返回各自母舰或宿营地。

　　总指挥官搭乘"约克公爵"号抵达香港在舰队内引发了一定程度的不满。尽管弗雷泽上将本人在英国太平洋舰队中广受爱戴，但是不少舰队官兵看来，日本宣布投降后才姗姗来迟的舰队新旗舰"约克公爵"号无疑夺了那些舰队中长期浴血奋战的舰只的风头。因此在该舰与"欧尔亚拉斯"号两舰交错时，后者的水手们向旗舰发出了嘘声。这一事件引得弗雷泽上将大怒，并决定在下一次周日阅兵礼[①]期间亲自前往"欧尔亚拉斯"号进行检查，后者原定于该次周日

----

　　① 译注：原文为 Sunday Divisions，在皇家海军中指在周日举行的阅兵，通常在周日上午的弥撒之后进行。期间舰长将检查官兵，并宣读战争法规。

阅兵礼次日从香港出发前往悉尼，并在抵达后给官兵放假。在周日阅兵礼上，上将明确表示他对于部分官兵们此前的可耻行为非常不满，同时，上将亦指出由皇家海军陆战队尤尼亚克（J A C Uniacke）上尉率领的陆战队分遣队当时正在岸上执勤，与此事无关。上将本有权延后"欧尔亚拉斯"号离开香港的时间，但鉴于该舰官兵已经明白了自己的过失，因此上将仍然让该舰如期出发。[23] 这一事件体现出了上将能与麾下各级官兵进行交流的卓越才能。

日本投降后，哈考克少将继续担任香港英国军政府总督，直至1946年5月杨慕琦（Mark Young）返回香港再次出任港督为止。[①] 1945年10月19日，澳门总督访问香港，这是外籍政府官员[②]首次以官方身份访问香港。尽管战争期间澳门在葡萄牙当局的统治下一直保持中立地位，但日军通过封锁澳门边境，实际孤立了当地居民。此次访问也显示港澳两殖民地均恢复正常状况。10月20日，澳督访问了"复仇"号，然后搭乘葡萄牙炮舰"贡加洛·威霍"号（Goncalo Velho，作者此处笔误为 Goncala Velho）返回澳门。9月27日，"不挠"号从香港出发，计划经马努斯返回悉尼，此前驻扎香港的其余各舰此后也先后返回澳大利亚。"复仇"号则经常出海进行日常飞行训练，并出动其搭载的"梭鱼"式轰炸机，在香港上空执行喷洒滴滴涕杀虫剂的任务。日据期间日本占领当局从未试图控制疟疾的传染，因此新任英国当局不得不采取紧急措施以根除疟疾。同年10月，"巨人"号轻型舰队航空母舰抵达香港进行长期访问，并派出登陆队支援在香港当地执行任务的同袍。

在香港停留期间，弗雷泽还公布了对英国太平洋舰队组织架构的改动。新设的英国太平洋舰队西部指挥官一职由费舍尔少将兼任，所辖舰只统一编为第112特混舰队，并分为3个战斗群，即由丹尼尔少将指挥的第112.2特混大队、由瑟韦斯少将指挥的第112.3特混大队，由莫里－史密斯准将指挥的航空后勤船队改

[①] 译注：杨慕琦于1941年9月10日出任第21任港督，战争爆发后率香港当局投降，后先后被押往设于上海、台湾、日本本土、中蒙边界和沈阳的战俘营，直至战争结束。1946年5月1日杨慕琦返回香港，续任港督至1947年5月17日。

[②] 译注：当时澳门被葡萄牙殖民者占领。

编为第 112.4 特混大队。按原计划，第 112.5 特混大队乃是由洛夫（Love）上校指挥的英国长江巡逻舰队（British Yangtse River patrol），该部计划前往上海，必要时将与美国海军舰队一同沿长江逆流而上，攻击前进。至当年 10 月，由于长江上日伪军未作抵抗，该战斗群被解散。

∨ 1945 年 9 月，"独角兽"号停泊于马努斯舰队锚地。（作者私人收藏）

∧ 弗雷泽上将、罗林斯中将和哈尔西上将一同庆祝胜利。（作者私人收藏）

∧ 作为 1945 年 8 月 31 日悉尼胜利阅兵的组成部分，"不饶"号的官兵正整队通过悉尼街头。（作者私人收藏）

同样于 8 月 15 日从悉尼出发的第 111.3 特混大队由瑟韦斯少将指挥，该战斗群首先前往莱特湾，随后少将前往马尼拉拜访了美国海军第 7 舰队指挥官金凯德上将，并提出该战斗群可听从第 7 舰队调遣。

此后，舰队又在太平洋地区进行了一系列外交宣威活动。

日本投降后，在太平洋各处举行的大量正式受降仪式以及战后初期的一系列外交接触构成了战后的大背景。在微观层面上，每艘战舰均以不同的方式标志着战争的结束。大多数舰只均以发放额外份额朗姆酒的形式庆祝胜利，而停泊在马努斯舰队锚地的"独角兽"号则是举行聚餐纪念胜利的舰只之一。尽管锚地靠近赤道，炎热潮湿，不过菜单仍包括番茄奶油浓汤、火鸡配豌豆、烤土豆以及葡萄干布丁等菜肴。此次聚餐几乎被公认为该舰战时两年半服役期间最丰富的一餐。[24] 最幸运的当属那些在澳大利亚主基地迎来日本投降的官兵，当地举办了一系列聚会庆祝胜利。这些聚会大多在很短时间内组织起来，有些甚至完全即兴举办，毕竟此前不久官兵们还普遍认为战争将拖延至 1946 年，因此对于胜利的突然降临完全措手不及。起初参考 5 月 8 日被定为欧洲胜利日或 VE–Day，8 月 15 日被定为太平洋胜利日或 VP–Day，不过这一名称很快便被对日胜利日或 VJ–Day 所取代，这一名称流传至今。在经历了胜利之初的兴奋和激动之后，各城镇组织了一系列胜利阅兵。英国太平洋舰队的官兵们参与了其中不少阅兵式，其中最著名的自然是 8 月 31 日在悉尼举行的阅兵。

战争胜利之后，英国太平洋舰队的首要任务便是在广大区域内接受日军投降。这一任务完成之后，舰队的主要精力便集中在解决遣返前盟军战俘以及被押人员这一当务之急上。

— 14 —

战俘遣返，人员运输以及战争新娘

1945 年 8 月 28 日，"约克公爵"号正停泊在东京湾入口处相模湾的指定锚地。当天，一艘美国海军巡逻艇停靠在该舰舷侧，送来了列兵埃德加·坎贝尔（Edgar Campbell）和陆战队员约翰·韦恩（John Wynn），两人均于 1941 年圣诞节香港陷落当天沦为战俘。[1] 得知日本投降的消息，并亲眼见到盟军战舰已经抵达日本沿海海域之后，两人不顾连续 3 年多战俘生涯后虚弱的身体，利用战俘营营门大开之际从战俘营动身，徒步约 50 千米抵达相模湾附近的一处海滩，然后下海游至一艘美军战舰。他们也成了最早从日本解救出的英裔战俘。

正当盟军战舰聚集东京湾之际[①]，各特混大队的航空母舰仍滞留在外海担任警戒任务，并为登陆部队提供空中掩护，以免拒绝投降的日军对其发动攻击。此前盟军已经指示日军将军机排列在机场跑道上，以便盟军舰载机从空中进行监视。同时，日军还需拆除各机螺旋桨、并在各机的旭日标志上打上白底，然后涂上绿色十字图案，作为投降的标志。上述指令得到了日军普遍的服从，盟军并未观察到日机升空。参与监视任务的盟军飞行员无不对日军从各处掩体中拖出的军机数量表示震惊，在经历了连续的轰炸之后，日军竟然还保留着大量军机，准备用于攻击入侵日本本土的船队。此外，盟军还出动舰载机执行搜索战俘营，并向发现的战俘营空投补给的任务。"不倦"号的舰载机也参与了这一行动，并在名古屋西南的四日市附近发现了一处此前未曾标出的战俘营，该战俘营附近设有若干工厂、一座炼油厂以及一座造船厂，日军强迫战俘在上述工厂中充任劳工。[2] 该战俘营 4 座棚屋中，有 3 座屋顶上都涂有大大的白色 PW[②] 字样，

---

① 译注：即 8 月底前后。
② 译注：即英文战俘 "prisoner of war" 的缩写。

∧ 820 中队的"复仇者"式正在向四日市附近的一所战俘营空投物资。"不倦"号官兵准备的给养和鼓励信件被装在帆布包中进行空投，照片中间偏右位置的黑点即为空投包裹，注意拍摄时包裹的降落伞刚刚打开。为了吸引盟军飞行员的注意力，战俘们在营房屋顶涂上了显眼的 PW 字样。照片中战俘们正聚集在海滩上，等待获得补给。（罗伊·吉布斯收藏）

此外战俘们还在附近的海滩上写下 YANKS 296 BR 25 DU 75 字样，指示该战俘营中共有 296 名美国人、25 名英国人和 75 名荷兰人。第一架英军舰载机从战俘营上空飞过时，该战俘营的大门已经打开，大量战俘聚集在海滩上。该机为他们拍摄了照片。"不倦"号的船员们捐出各种给养，分装入若干帆布工具袋中，然后再配上降落伞，最后由"复仇者"式空投给这些战俘。与给养一道空投的还有各类药品，以便战俘营的军医对伤患实施救治。官兵们还准备了大量鼓励信与给养一同送给战俘，表示盟军的陆上救援部队很快就会赶到。这一切都给

∧ 停车下锚的"演讲者"号。不幸的是，一名过敏的审查员从照片上抹去了该舰的舷号和雷达天线。（作者私人收藏）

了战俘们很大帮助，很多战俘事后都回复了催人泪下的信件。舰队很快派出联络小队，利用一切可以搜罗到的车辆（通常为美制车辆）前往日本内陆，安排遣返战俘事宜。

8月末，补给航空母舰"演讲者"号以及为其护航的护卫舰"德格河"号一同跟随一支小型英国后勤支援船队在日本沿岸活动。8月28日，后勤支援船队指挥官命令两舰尽快前往东京湾。依照这一命令，两舰于次日一早抵达东京湾附近，并在东京湾入口处遭遇负责警戒的美国驱逐舰"弗兰克·诺克斯"号（Frank Knox）。[3] 后者指示两艘英舰应尽快向美国海军第3舰队指挥官报到。此后另一艘美国驱逐舰赶来，询问两舰是否需要领水员，不过当英方询问对方是否可以提供这一服务时，该舰却又表示领水员也帮不了什么忙。按照此前指定的路线，"演讲者"号在驶入东京湾入口时一直保持海上的红色浮标位于其左舷位置，然而不久之后一艘美国战舰又通知该舰："贵舰应保持浮标位于贵舰右舷位置。根据我舰海图，贵舰目前位置位于一片雷场之中！"依照这一指示改变航线之后，接下来的航程中一路无事。

此前英军战舰在驶入东京湾时均保持临战状态，以防日军突袭。不过自进入东京湾以来，盟军舰船一直未遭遇任何意外，因此"演讲者"号的舰长杰姆斯（UHR James）上校决定让该舰成为第一艘以平时状态进入东京湾的舰只。驶入东京湾时，该舰的水兵们身着白色制服，沿飞行甲板排列成整齐的直线，同时该舰的乐队一直演奏乐曲。该舰也是第一艘进入盟军锚地的航空母舰，因此需从战列舰"衣阿华"号、"密苏里"号、"南达科他"号、"约克公爵"号和"英王乔治五世"号旁驶过。这些战列舰的桅杆上均飘扬着不同将官的将旗，体现着一种仪式般的炫耀。分配给"演讲者"号的锚地距离战列舰锚地和海岸均约8千米。起初该锚地较为空旷，但随着越来越多的盟军舰只进入东京湾，该锚地很快便拥挤起来。该舰奉命准备接受尽可能多的前盟军战俘并执行遣返任务，为此，"统治者"号于8月31日驶抵"演讲者"号舷侧，接收了后者全部地勤人员，从而使得后者可以腾出更多铺位供接收人员。即将迎来的前战俘们此后将被统一称呼为"乘客"。为了给这些乘客腾出较为舒适的主舱甲板铺位，"演讲者"号的机库内拉起绳网，以供该舰的大部分官兵们改睡吊床。在尽可能做好准备之后，该舰被划入第30.6特混大队，并奉命改泊于293号泊位。该泊位靠近停泊在横滨附近的一群美国海军救难船只。"演讲者"号在新泊位下锚之后仅仅5分钟，第一艘满载着激动不已的英国籍前战俘的登陆艇便靠了过来。由于来不及准备物资，盟军只能向这些前战俘发放当时唯一能迅速大量获得的服装——美国水兵制服。

为了迎接"乘客"们登舰，"演讲者"号组织了记录员团队和向导团队。前者负责准确记录所有登舰乘客的姓名、军衔以及编号，后者负责将乘客们引领至住舱甲板相应位置，并让他们熟悉各区域相应的厕所、浴室以及食堂。随着越来越多的乘客登舰，该舰不得不组织起第三支团队，负责保管乘客们携带的各种纪念品，甚至包括枪械和军刀。当然，起初该舰官兵并不清楚将有多少名被释放的前战俘会被送抵该舰，不过官兵们一致同意，应尽可能接收那些抵达时身体状况足以进行长途航行的战俘。至9月1日中午，共有54名军官和423名士兵抵达该舰，经过体检，其中约200人被认为不适合乘船航行，并被送往美国海军医务船"仁慈"号（Benevolence）。这些战俘隶属英国三军以及商船船队，分别来自大英帝国各个角落，包括非洲人、印度人等。

在此期间，该舰上还发生了一个乌龙。负责组织统计英国籍疏散人员的职员在统计时发现一名名叫"张旺"（音）的华裔商船水手走失，因此他们便派一名军官候补生前往"演讲者"号调查此人是否登舰。这名军官候补生逮着登舰后遇到的第一名华裔，竭力用"纯正"的洋泾浜英语要求后者"去问问所有华裔是否有人叫张旺"。半小时后，这名华裔回报称："已经询问所有华裔的姓名，没人叫张旺。"该军官候补生对此大感惊讶，他坚信张旺就在舰上，于是他便打发这名华裔去记录舰上所有华裔的姓名。颇费了一番功夫后，这名华裔再次返回并报告称："我已经问了所有华裔的姓名，一人叫霍州（音）、一人叫阙灵（音）……"这一串人名报完后，军官候补生便问道："那你叫什么？"这名华裔答道："我么，叫张旺。"[4]

之后该舰又奉命前往东京湾北部停泊。由于估计这一调动的目的是接收更多的乘客，该舰舰长紧急提出需要更多的行军床、毯子以及食堂用具。这一要求很快便被批准。当天午夜，负责值班的驱逐舰送来了上述物资。实际上，进行这一调动的目的是为了空出原先的锚地，以便按计划将从横滨中转的陆军占领部队能顺利登陆。

起初该舰舰长既不了解要把乘客送往何处，也不清楚谁有权下令"演讲者"号出发，因此当受降仪式在"密苏里"号上进行时，该舰仍停留在东京湾内。在此期间，该舰广播了受降仪式，全舰官兵和全体乘客均收听了这一仪式。仪式结束后，该舰还在飞行甲板上举行了一次感恩崇拜，为和平以及全体乘客的安全获救而祈祷。当晚，相关指挥体系最终确定，于是罗林斯中将便电令"演讲者"号于次日午后即前往马尼拉，并指示该舰在出发时应从英联邦各国主要舰只附近驶过，以便各舰官兵送别。遵照这一命令，"演讲者"号向以轻巡洋舰"圣胡安"号（San Juan）[①]为旗舰的救难船队指挥官、美国海军辛普森（Simpson）准将告别，并于 9 月 3 日 13 时起锚。出发时，乘客们聚集在该舰飞行甲板前部，

---

① 译注：隶属"亚特兰大"级防空轻巡洋舰。

不值班的船员则在乘客们后方整队。从锚地到东京湾入口最窄处的航程共约 19
千米，出发后杰姆斯舰长便发现，上至战列舰下至轻护卫舰，英国太平洋舰队
所属所有在场舰只均清空了下甲板，各舰所有不当值的官兵均在甲板上列队准
备向"演讲者"号的乘客们欢呼。感动于这一热忱，杰姆斯舰长认为坚持原定
航线可能会导致那些泊位较远的舰只无法向乘客们致敬，因此他断然决定改变
航线，在尽可能近的距离上逐一经过锚地中各舰，其中一次与目标舰只的距离
甚至低于舰长本人认为的安全距离。期间，该舰乘客们所获得的欢呼让"演讲者"
号的官兵们永生难忘。弗雷泽上将乘坐澳大利亚皇家海军驱逐舰"巴丹"号一路
跟随"演讲者"号，直至东京湾入口最窄处才向后者告别。罗林斯中将则致电"演
讲者"号："贵舰离开时的状态和进入时同样出色。"对此，杰姆斯舰长回电称："感
谢致意，我舰从未获得过如此多的关注。"航行过程中，"演讲者"号的通信
兵们异常忙碌，他们不得不利用所有信号灯接收友舰的致意与询问，同时，安
排在舰桥两侧的军官们也奉命做出回复。该舰最终出海时其乘客已是筋疲力尽。
按照杰姆斯舰长的描述，此时麾下所有官兵"想到这些前战俘们在经过了数年
近似奴役般的战俘生涯后终获自由，不由得哽咽起来"。起初"德格河"号与"浪王"
号陪同"演讲者"号一同航行，不过"浪王"号在发生机械故障后便不得不与"德
格河"号一同转而前往冲绳的巴克纳湾（Buckner Bay）。离别前，"浪王"号
慷慨地利用支索将香烟和书籍作为礼物送给"演讲者"号的乘客们。

　　为乘客们安排作息时间也颇花了一些心思。尽管经历了数年战俘生涯，但
大部分乘客的身体状况相当不错，乘客中唯一的常见疾病是皮肤感染。日本投
降后 3 周内，盟军舰载机空投的物资不但使战俘们迅速恢复了体重，也使战俘
们逐渐习惯了正常饮食。不过这一切都无助于战俘们恢复纪律性：经历了长期
的战俘生活之后，乘客们已经不再习惯于在不被殴打的前提下自发遵守任何纪
律。即使是严格遵守重要的禁烟规定或按时就餐这类基本要求，乘客们都很难
做到自觉遵守。而对于这些历经磨难的战俘，采取任何惩罚措施显然都不适宜。
不过，该舰官兵们最终还是找到了一个令人满意的解决办法。该舰宣布，如果
乘客们严格遵守舰上纪律，那么他们每天都能得到一份与水兵们相同分量的朗
姆酒，否则就享受不到这一优待。这一措施对乘客们颇具吸引力，从此再没闹

∧ 在穿越太平洋前往珍珠港和温哥华的航程中，前战俘们在"不饶"号飞行甲板上休息。（作者私人收藏）

出过大的麻烦。在解决了一系列小问题后，此次为期6天的航程圆满结束，期间天气一直不错，因此乘客们可以长期待在飞行甲板上休息。在阳光、闲暇以及良好食物的共同作用下，乘客们的状态以明显的速度持续改善。部分乘客原先为军乐队成员，且在从新加坡前往日本的阴郁航程中幸运地保留了包括一部双簧管在内的若干乐器。在与"演讲者"号的乐队进行了几天合练后，这些乘客恢复了演奏水平，从此开始进行日常演奏。英国太平洋舰队特许"演讲者"号的供应部门向每位乘客发放价值折合5英镑的货币，以期"无论乘客们抵达何处都有钱可花"。为此，该舰向每名乘客发放了5澳元和4美元。[5] 对此乘客们非常高兴。

　　"演讲者"号的首次遣返航行自然吸引了英国本土以及各自治领媒体的关注，很多报纸均在头条报道了此次航行，连英国广播公司（BBC）都对此进行了报道。不过，部分报道内容出现了偏差，导致颇多家庭以为该舰会一路将前

战俘们直接送回英国本土。这自然不符合该舰收到的命令。9月9日，该舰在马
尼拉附近下锚。此前，为接收"奥林匹克"作战中的死伤者，盟军在马尼拉进
行了相应的后勤准备，在当地建成了太平洋地区规模最大的军事医院群，因此
该地也被选为遣返前战俘的集散地。[6]指导乘客们换乘美国海军登陆艇的工作很
快完成，不过，由于天气恶化，为"演讲者"号补给燃油和物资以便执行下一
次营救任务的作业只能延后，因此该舰直至9月12日才从马尼拉出发。为避开
雷场，美国海军"维顿"号（Weeden）①在航程之初为该舰提供了护航。"演
讲者"号官兵们原以为此次出航将返回东京，不过该舰收到的命令却是前往长崎。
航程中，该舰遇上了美国海军护航航空母舰"希南戈"号（Chenango），后者
称其载有"埃克塞特"号（Exeter）和"珀斯"号（Perth）的幸存者。②"演讲者"
号随即向这些幸存者发了贺电。这些幸存者们在被俘3年后终于再次见到皇
家海军圣乔治旗在海上飘扬，激动不已。9月16日，在一艘美国海军扫雷艇的
引导下，"演讲者"号穿过长崎港外的雷区，并在进入内港后转向180°，面对
港口入口处下锚，其泊位两端均设有浮标。该舰也因此成为原子弹轰炸后进入
长崎港的第一艘英国舰只。停泊后，该舰加入了美国海军法里昂（F G Fahrion）
少将指挥的搜救船队。除旗舰"威奇塔"号（Wichita）重巡洋舰③外，该搜救船
队还吸收了一个美国海军护航航空母舰群以及若干其他舰只。首先抵达的是美
国籍乘客，他们于当晚登舰。次日，一场猛烈的风暴从北方吹来，至当天17时
30分，风速已高达60节，风向正对"演讲者"号右舷后方方位。为固定舰只，
"演讲者"号的官兵们在舰艉额外增设了绳索和两道粗麻大绳，同时调整舰艏
方向绳索，让该舰舰艏指向顶风方向。得益于这一调整，该舰成了当天港内4

---

① 译注：隶属"巴克利"级驱护舰。
② 译注：皇家海军"埃克塞特"号重巡洋舰隶属"约克"级，澳大利亚皇家海军"珀斯"号轻巡洋舰隶属"利
安德"级。太平洋战争之初，两舰均隶属活动在东南亚的 ABDA 联合舰队。两舰均参加了1942年2月27
日的爪哇海战，海战中"埃克塞特"号被重创，提前脱离战场，"珀斯"号与美国海军"休斯敦"号重巡
洋舰一同成为该场海战中结束时盟军仅存的两艘巡洋舰。1942年2月28日—3月1日夜间，"珀斯"号和
"休斯敦"号试图通过苏门答腊岛与爪哇岛之间的巽他海峡逃出爪哇海，不幸在海峡中遭遇日军。在随后
展开的巽他夜战中，两舰均于3月1日凌晨被击沉。3月1日晨，"埃克塞特"号同样试图经巽他海峡撤出
爪哇海，不过尚未抵达海峡便遭遇日军4艘重巡洋舰和4艘驱逐舰的截击，最终在爪哇海被击沉。
③ 译注：隶属"威奇塔"级。

艘航空母舰中唯一未遭损坏或断链漂流者。不过，英国军官们同时也惊讶地看到，美军登陆舰艇依然冒着风暴继续在港内载着乘客们往来。次日一早，法里昂少将出人意料地访问了"演讲者"号，并对该舰未受损坏表示高兴。雨过天晴后，该舰便搭载899名乘客，在美国海军"格林"号（Greene）驱逐舰①的护卫下，出发前往冲绳。途中，该舰官兵依照正式仪式，为在美国海军医务船"避难所"号（Haven）上不幸去世的一名英军士官进行了海葬。该舰乘客以及"演讲者"号不当值的官兵们参加了这一令人心碎的葬礼。

　　"演讲者"号于9月20日抵达冲绳附近海域，并奉命前往渡具知湾。当时，该海域聚集着约500艘满载的美国海军攻击船舰和运输船。这些船舰原计划用于攻击日本，而今只能停泊在该海域等待处理。除了停泊在渡具知湾的船舰外，另有500艘同类舰艇当时停泊在巴克纳湾，美军为入侵日本所做准备的规模由此可见一斑。不过，战争结束之后美军需要头疼的问题便是如何处理这些舰船和物资。"演讲者"号于9月21日返回长崎，部分官兵有幸登陆，参观了一个月前原子弹攻击在当地留下的废墟。9月24日，该舰搭载8名军官和633名士兵及平民再次前往冲绳，由于人数较少，总体居住环境较此前略有改善。该舰再次从冲绳出发时，法里昂少将向其致电："贵舰执行任务过程中完美的表现以及愉快的私人接触均令人赞赏。干得好，'演讲者'号。"9月28日，该舰抵达香港，并在港内从舰队后勤船队处获得补给，然后又从香港前往马尼拉，运送当地的澳大利亚籍乘客前往悉尼。在马尼拉停泊期间，分配给该舰的泊位离岸约24千米，靠近同样载有乘客的"可畏"号。海浪和强风造成引导乘客登舰的过程颇为困难。此前，日军为彻底封锁马尼拉港，于撤退前在该港内自沉了包括各类货船、驳船在内的750艘船舶，这也是战争期间交战各方执行的规模最大的封锁行动。[7]除了沉船之外，日军还在半沉的船只上布置了机枪射手和狙击手以阻碍盟军的打捞清理作业。为确保船只按指定位置迅速沉没而非随波漂移，日军在沉船上安置了大量炸药，并在沉船时留有水手控制船只。

---

① 译注：隶属"克莱姆森"级。

计划登舰的澳大利亚籍前战俘们此前已经在马尼拉度过了两周的恢复期。盟军为他们配发了新的制服，伙食标准也颇不错，这都有助于前战俘们身体状况的改善。此前4年中，前战俘们的指挥官牛顿（R Newton）少校一直与部下同甘共苦，用实际行动赢得了部下们的喜爱和尊敬。杰姆斯舰长在提到这些前战俘时评论道："（他们是）挺不错的一群小伙子，在舰上随时乐于承担任务，并能主动参与进船员日常生活中去。"为了尽可能腾出铺位供战俘们使用，"演讲者"号官兵编制较战时大为缩小，因此澳大利亚籍前战俘们的帮忙受到了船员们的广泛欢迎。此时该舰已经恢复了平时日程安排，其副舰长对该舰舷侧明显的锈迹已经愈发难以容忍，于是他说服杰姆斯舰长以稍高于经济航速的速度航行，从而挤出时间在抵达悉尼岬（Sydney Heads）前粉刷舰只。在布里斯班附近海域，该舰幸运地遇到了适合粉刷工作的好天气。于是该舰停车下锚，从舷侧放下工作台，并放下两艘小艇。舰上组织大量人员，其中包括100名志愿加入的澳大利亚陆军乘客，配

∧ "不饶"号的官兵们在该舰的飞行甲板上搭建了一个帆布泳池，并利用消防水管注水。照片中前战俘们正在该泳池中嬉戏。（作者私人收藏）

发漆刷执行粉刷任务。作业期间，若干条鲨鱼曾在舰只附近游弋，大概是打算觅食，不过这一次它们的"猎物"可不好惹，先后共有 5 条鲨鱼被官兵击毙。整个粉刷工作于当晚 18 时圆满完成，随后该舰回收了人员和器材继续航行。10 月 15 日，"演讲者"号抵达悉尼，进港时港内各船不仅鸣放汽笛，而且向该舰欢呼，欢迎该舰及其乘客的抵达。抵达悉尼后，该舰按计划进行了为期 3 周的维护保养，期间船坞工作人员改善和增设了舰上供运送人员所需的设施，各班水兵也分别得到了一周的假期。不过，3 周之后该舰并未按时出航。出发前，该舰一条锈蚀的管道爆裂，导致锅炉燃油喷入柴油发电机舱并引发火灾。该舰不得不在悉尼再待上 6 周以修复火灾造成的损坏。维修工作期间，悉尼城内又爆发了一系列罢工，城内一度较为萧索。不过，该舰在此期间组织了若干次舞会，并再次开展粉刷作业，直至该舰完成平时标准涂装。"演讲者"号在悉尼一直逗留至节礼日（12 月 26 日），此后长期执行在香港与澳大利亚之间的输送任务。

　　"演讲者"号在战争结束之初执行运送任务的成功结束了英国太平洋舰队内部有关哪支部队应总体负责战俘遣返任务的争论。起初，在没有得到上级指示之前，盟军舰队内部任务分配如下：美国海军负责遣返从日本和朝鲜解放的人员，英国负责遣返从上海、华北和台湾解放的英国及其自治领籍人员，以及从香港解放的全部人员。[8] 此后舰队收到一份总参谋长指示，该指示规定所有从日本解放的前战俘均应首先前往马尼拉集中。于是弗雷泽上将致电海军部，询问被日军拘押的平民和公务人员应由哪方负责遣返，他得到的回复称，美国当局已经明确表示，原则上既不会开放康复营接纳被解放的平民和公务人员，也不会负责遣返上述人员。战争结束后不久，运兵船"澳大利亚皇后"号曾搭载约 1000 名英国籍平民和公务人员从香港前往马尼拉。虽然得到了太平洋地区盟军最高统帅麦克阿瑟上将的特许，但是马尼拉当局仍拒绝该船乘客登岸。于是该船返回香港，并于 9 月 12 日得到了直接运送上述乘客返回英国本土的许可。出发之前又有约 900 名被解放的人员登上该船。大约与此同时，海军部指示英国太平洋舰队，应对前战俘和被日军拘押的平民及公务人员一视同仁。

　　9 月 18 日，轻型舰队航空母舰"巨人"号完成支援盟军部队在上海登陆的任务，后于 26 日接收了 354 名在新加坡被俘的英国籍和澳大利亚籍前战俘，

∧ 盟军前战俘正从一艘美国海军登陆船舶换乘停泊在马尼拉附近的"不饶"号。（作者私人收藏）

并将他们运送至马尼拉。10月4日，"巨人"号抵达马尼拉，并与"演讲者"号及"可畏"号一同在指定锚地停泊。虽然条件不甚理想，该舰还是卸载了全部乘客，并接纳了174名战俘和被押平民，其中包括部分妇女儿童。该舰将新乘客送抵香港，并组织武装巡逻队登岸维持当地秩序。10月19日，该舰出发前往锡兰，由此转隶东印度舰队。"巨人"号的姊妹舰"复仇"号在离开香港后仅执行过一次运输任务。该舰将442名澳大利亚籍前战俘从婆罗洲北部的纳闽岛（Labuan）运送至悉尼，然后在花园岛接受了短期整修，随后转隶东印度舰队。"可敬"号则在离开香港后执行了若干次输送任务，包括将印度籍前战俘从印度支那半岛上的海防港（Haiphong）运往马德拉斯（Madras）[1]，将皇

---

① 译注：即今金奈，位于印度东南沿海。

家空军和陆军人员从新加坡运送至印度。该舰执行的最后一次运送任务是将一个廓尔喀（Gurkha）步兵营运往巴达维亚丹戎不碌港（Tanjong Priok），此后该舰返回悉尼接受整修，并继续展开舰载机起降作业。

"演讲者"号和其他轻型舰队航空母舰的经历显示了战后初期英国太平洋舰队通过临时就地改装适当舰只遣返前战俘的努力。"不饶"号的经历则显示了利用船坞和更多的作业时间完成改装后舰只在遣返战俘上的潜力。该舰与"可畏"号一道于8月24日抵达悉尼，并按计划进入库克船长干船坞接受短期维护。8月25日，该舰按计划接受维护，借此机会，船坞工人和舰队保养维护团队成员迅速清空了机库空间，并将其改造为宿舍、就餐区，并安装了医疗设施。该舰于9月13日从悉尼出发，其舰载机群及相应人员并未同行，这意味着海军航空兵官兵的住舱都可以供乘客们使用。先后在马努斯和莱特湾补充燃料后，该舰抵达马尼拉。此时当地已经成为整个太平洋地区前战俘遣返工作中各地前战俘集中并换乘的中转站，美国海军将遣返前战俘的工作称为"魔毯"行动（Magic Carpet）。[9]英国太平洋舰队对其的称呼则平实得多——遣返盟军前战俘及在押人员（RAPWI）。9月25日8时30分，第一批乘客搭乘美国海军登陆舰只抵达该舰，至当日15时，包括8名陆军准将在内，共有超过2000名加拿大籍和美国籍前战俘登舰，其中加拿大籍前战俘于1941年12月在香港被俘，美国籍前战俘则于数月之后于马尼拉湾（Manila Bay）科雷吉多（Corregidor）被俘。[①]尽管这些前战俘自被解放之后已经经过了几周的康复治疗，但是他们登舰时的憔悴之态仍让"不饶"号的官兵们大吃一惊。该舰于当天17时起锚前往珍珠港，并在那里卸载美国籍乘客。整个航程期间，不仅船员们利用飞行甲板组织了若干体育活动，随舰牧师及其委员会也组织了一系列娱乐活动，这一切都让乘客们在航程中感到轻松愉快。[10]除了乘客外，还有20名英国亚历山德拉王后皇家海军护理队（Queen Alexandra's Royal Naval Nursing Service,QARNNS）以及志愿救护队（Voluntary Aid Detachment,VAD）的护士

---

① 译注：科雷吉多岛于1942年5月初陷落，美军在菲律宾有组织的抵抗就此告终。

也登舰协助该舰常规医护人员的工作。此外，在抵达珍珠港前一天，该舰还在飞行甲板上举行了一次大规模运动会。

"不饶"号于10月5日停靠在珍珠港福特岛（Ford Island），并卸载了全部美国籍乘客。在补给燃料之后，该舰带着全部加拿大籍乘客于10月11日抵达温哥华，受到了闻讯而来的当地群众的欢迎。该舰在温哥华港A码头停靠了一个星期，期间还向当地公众开放参观。后一活动大受当地群众欢迎，希望参观该舰的人群蜂拥而至。在发现无法在日落前接待所有排队人群后，该舰只得决定停止开放。10月18日，该舰起程前往香港，抵达后于11月2日接纳了数百名前战俘，随后前往马尼拉，并于11月7日在当地又搭载了2114名待遣返的乘客。随后，该舰前往婆罗洲巴厘巴板（Balikapaen），并在那里卸载了全部乘客。这些

∧ "不饶"号进入珍珠港时，该舰的乘客们在飞行甲板上列队。（作者私人收藏）

∧ "不饶"号停靠在温哥华港，该舰的乘客们在飞行甲板上列队。（作者私人收藏）

∨ 1945年10月14日，聚集在温哥华港码头希望参观"不饶"号的人群。（作者私人收藏）

∧ 停靠在香港港口期间，靠近"不饶"号的舢板。注意和水兵们一同倚靠在栏杆旁的海军护士们。（作者私人收藏）

∨ 红十字志愿者们正在向准备登上列车的前战俘们分发苹果，这些前战俘们由"不饶"号运送至温哥华。（作者私人收藏）

乘客此后分别换乘运兵船返回原籍。此前澳大利亚第 7 师曾在婆罗洲登陆作战中浴血奋战，粉碎了当地日军的顽强抵抗，赢得了广泛赞誉。"不饶"号的到来使得该师的部分官兵可以搭乘该舰返回澳大利亚。11 月 11 日，"不饶"号搭载着 2126 名官兵出发，途中该舰穿越了位于北昆士兰（Northern Queensland）约克角（Cape York）北端的托雷斯海峡（Torres Strait），成为当时穿越该海峡的最大船舶。此后 3 天，该舰沿澳大利亚东海岸、大堡礁内侧一路南下，让其乘客拥有了一段难忘的游览经历。澳大利亚陆军总参谋长普兰特中将（E C P Plant）于 11 月 19 日一早在悉尼岬附近海域与领水员一同登舰，提前欢迎澳大利亚子弟兵。抵达悉尼后，"不饶"号停靠在 2 号泊位，靠近设于乌鲁姆鲁（Woolloomooloo）的舰队保养维护船队基地。该舰在悉尼短暂停留，并向水兵们分配了假期，然后于 12 月 8 日出发前往新几内亚巴布亚岛（Papua），在当地接纳了 2170 名澳大利亚陆军官兵，并赶在圣诞节前将其送回悉尼。圣诞节期间，该舰拆除了设于机库内

∧ 澳大利亚部队搭乘"不饶"号返回悉尼。（作者私人收藏）

的铺位，恢复航空母舰正常功能，并做好接收舰载机单位的准备。这些单位 1946
年 1 月正在设于澳大利亚的海军航空基地继续飞行训练

　　"光荣"号于 1945 年 9 月返回悉尼后也接受了类似的改装和任务。工作人
员利用皇家海军赫恩湾医院（Royal Naval Hospital Herne Bay）的设备在该舰机库
后部设立了一个医疗所，该医疗所由亚历山德拉王后皇家海军护理队以及志愿救
护队共计 36 名护士操作，工作人员也为她们准备了专门的生活区。为了提供足
够的铺位，工作人员在该舰中部机库的甲板上焊上了 200 架双层床，并清空了飞
行中队住舱甲板。该舰的前部机库则安装了桌椅，兼用为大型食堂和电影院，并
设置了两座放映机，还在前部升降机机井设置了全尺寸荧幕。[11] 改装完成后，该
舰于 9 月 26 日从悉尼出发，先后经马努斯和莱特湾补给燃料后，最终于 10 月 8
日 8 时 30 分抵达马尼拉。航行期间，全舰官兵就遣送前战俘这一新任务进行了
反复演练，并计划利用飞行甲板展开体育运动、健身锻炼以及其他活动，让即将
到来的乘客们有个愉快的旅程。抵达马尼拉当天，该舰接收了大量为乘客们准备
的制服，并按种类和大小分别储存，以便次日乘客登舰后发放。

　　10 月 9 日，"光荣"号共接纳了 1100 名乘客，其中大部分为英国籍。很多
乘客身体虚弱无法行走，这些乘客在通过担架登舰后被送往医疗所，小小的医
疗所很快便爆满。其中 5 名乘客原隶属皇家海军陆战队，战争之初他们从"威
尔士亲王"号和"反击"号上幸存并回到新加坡，最终在当地被俘。登舰很快
便告完成，于是，"光荣"号于 18 时 30 分出发前往珍珠港。从巴扎德（Buzzard）
舰长开始，航程中全体官兵都竭尽全力让乘客们感到舒适愉快，幸运的是天气
一直晴好，海况也较平静。航程中昼间最受欢迎的活动是在飞行甲板上举行的
曲棍球赛，以及利用木马举行的赛马。参与后一活动的选手沿指定跑道行进，
距离则通过掷大型骰子决定。夜幕降临后，电影、音乐会和摸彩则继续激发着
乘客们的兴致。途中皇家工兵部队成员萨珀·威廉·奥厄斯（Sapper William
Owers）因罹患结核病于 10 月 15 日不幸病故，后被海葬。与此行的大多数乘客
类似，死者在新加坡被俘。死者在获救之后的回家途中离世一事让全体官兵和
乘客深感同情。10 月 20 日，"光荣"号在珍珠港补给燃料，随后继续前往加拿
大设于太平洋沿岸的埃斯奎莫尔特海军基地。就官兵们在航程中所受到的热情

招待表示感谢，乘客中军衔最高的军官向该舰赠送了一支银制军号和权杖。巴扎德舰长对该军官表示了感谢，并召集官兵对乘客们三次欢呼致敬。卸载了全部乘客后，"光荣"号前往温哥华进行为期9天的访问。

访问结束后，"光荣"号于11月5日出发，直接前往香港补给燃料，途中未再作停留。此后该舰前往马尼拉搭载更多的乘客。这一次乘客为战争期间被日军关押的荷兰籍平民，其中包括妇女和儿童。这些乘客首先搭乘该舰前往巴厘巴板，然后由当地荷兰当局负责送回本土。此时荷兰殖民政府重返婆罗洲一事已经在当地引发了反抗。乘客们登陆后，"光荣"号前往打拉根岛（Tarakan）①附近的锚地，搭载澳大利亚第7师的部分官兵和装备。该舰于12月2日出发，途经马努斯补给燃料，最终于12月12日抵达悉尼，于当日9时在"昆伯勒"号的护航下穿过悉尼岬。一小时后，该舰在乌鲁姆鲁7号泊位下锚，并卸载了乘客。与"不饶"号类似，该舰此后拆除了为执行输送任务临时安装的设备，恢复为一艘作战航空母舰。

"不倦"号于9月4日进入东京湾下锚。自7月12日以来，该舰持续航行未曾中断。与其他航空母舰不同，该舰并未集中用于执行遣返任务，仅运送了少数前战俘返回澳大利亚。在以作战航空母舰身份运行几个月后，该舰于1946年初脱离英国太平洋舰队返回英国本土，并于1946年3月抵达朴茨茅斯。尽管并不隶属英国太平洋舰队，该舰还是接受了大规模改装，以便执行在英国本土和澳大利亚之间运送人员的任务。[12] 工作人员在该舰A机库右侧设置了一个新的厨房，并通过餐用升降机与设于下一层甲板的主厨房相连。在原机库内还设置了备餐室以及可供380人同时就餐的食堂，并配备了相应的餐桌和长椅，此外还设置了一间小卖部和冰激凌吧。728座双层床被焊在B机库和C机库的甲板上，另有172座被安装在下层的Y机库内。同样数量的水兵物品储藏箱、镜子和架子则被安装在舱壁上。工作人员还在机库中划出空间作为娱乐活动区，并安装了桌椅。为了与下层机库相连，工作人员在C机库甲板上割开一个出入孔，

---

① 译注：位于婆罗洲东北。

并在相应位置焊上了永久性爬梯，同时还在该舰后部升降机平台上割开出入孔并同样安装了永久性爬梯，以供人员从机库通往飞行甲板使用。此外还在下层甲板上设置了一座剧院 / 电影院，并安装了舞台和永久性座席。该舰的前部舰载机零件库房则被改造为女乘客住舱，并配有独立的备餐室，通往原海军上将厨房。使用上述舱室的女乘客其身份相当于士官。鱼雷雷身库房被改造为女性休息室，X 和 Y 火炮弹药库则被改造为女厕。身份相当于军官的女乘客则住在军官室，此类舱室被改造为若干双人舱，且与舰上军官舱室隔离开。

上述工作完成后，"不倦"号仅靠约 500 名船员完成运作，同时一次可搭载约 2000 名乘客，其中女性乘客人数不超过 232 名。该舰于 1946 年 4 月 25 日搭载 976 名乘客前往悉尼，其中 130 名为嫁给澳大利亚军人的英国籍战争新娘，后者的旅费由澳大利亚政府支付。她们也成为战后首批通过"补助差旅"方式成行的移居者。其中一名新娘后来向《泰晤士报》撰稿称："对（航行期间）所受的无微不至的照料致以最高的赞誉。官兵们为我们的舒适竭尽所能。我们住在配有大衣柜和大量抽屉的双人舱内，伙食也组织得不错，食物质量无懈可击。我们还受邀参加各项体育活动、戏剧表演以及其他娱乐活动。"[13] 该舰执行人员运送任务直至 1947 年，此后该舰退休进入预备役，然后被作为训练舰使用。尽管是至 1947 年为止皇家海军建造的最大的航空母舰，但是该舰自战后一直再未被作为作战航空母舰使用。

自离开香港后，"不挠"号便经马努斯返回悉尼，途中抛弃了大部分剩余弹药。该舰的舰载机离舰飞往澳大利亚并驻留当地，随后该舰安置大量行军床，准备执行将部队人员运送回英国本土复员的任务。该舰于 10 月 22 日从悉尼出发，并于 11 月 30 日抵达朴茨茅斯船坞，之后在 1946 年间又执行了若干次向澳大利亚和远东运送人员的任务，最终仍被改装为作战航空母舰。这一部分内容已经超出了本书的范畴，此处不再详述。值得一提的是澳大利亚政府向海军部支付了运送部分人员至悉尼的差旅费，这些人员包括由 25 名军官和 84 名其他军衔人员组成的澳大利亚皇家空军特遣队[14]、新西兰陆军的 8 名军官和 32 名士兵、23 名澳大利亚籍商船水手、一支英式橄榄球队的 24 名成员、9 名天主教牧师以及 87 名受澳大利亚政府资助移民澳大利亚的平民。

　　"可畏"号在放出了全部舰载机后，于8月24日与"不饶"号一同进入悉尼港。在花园岛短暂入坞改装之后，该舰的机库内安装了大量铺位，随后该舰于9月19日出发前往马尼拉，途中先后在马努斯和莱特湾补给燃料。抵达马尼拉后，该舰泊位离岸较远，受大风大浪影响，乘客登舰时间被迫延后。至10月4日，在搭载了超过1000名澳大利亚籍前战俘后，该舰出发返回悉尼。出发3天后，一名乘客不幸去世，该舰官兵们用全套军礼将其海葬。该舰于10月21日抵达悉尼，停靠在悉尼海港大桥附近的越洋邮轮码头，以便乘客离舰。10月24日，"可畏"号又前往拉包尔附近的喀拉维亚湾（Karavia Bay），在那里搭载了1254名印度裔陆军，然后前往新加坡搭载印度籍前战俘，最后将所有乘客送往孟买。抵达目的地卸载全部乘客后，该舰又搭载了一个印度步兵营及其配属车辆和其他装备，然后将其送往荷属东印度的雅加达，与其他英国及各自治领部队会合。这些部队负责解除当地日军武装并维持秩序，直至荷兰殖民地军队返回东南亚

∧　"可畏"号停靠在悉尼港口，该舰搭载的澳大利亚部队正在飞行甲板上列队。尽管部分绳索已经连接，但是在舷窗檐板就位前人员仍无法离舰。该舰乘客们的亲友聚集在码头上等待他们登岸，另外，附近还有两列公交车准备将部队运回兵营。照片中还可见停泊在"可畏"号后方的快速布雷舰。（作者私人收藏）

︿"不饶"号返回悉尼港。搭乘该舰的澳大利亚部队在该舰飞行甲板前部列队，水兵们则在后部列队。（作者私人收藏）

﹀"不饶"号进入乌鲁姆鲁泊位准备停靠时，澳大利亚部队正在飞行甲板上集中。注意"演讲者"号正停泊在该舰前方。（作者私人收藏）

△ "不饶"号进入悉尼港时，聚集在甲板上激动不已的澳大利亚士兵。他们终于回家了。（作者私人收藏）

接手防务。完成此次输送任务后，该舰前往打拉根岛，并接收了澳大利亚第7师的部分人员和装备，此后又前往莫罗泰岛（Morotai）[1]搭载了另一部分澳大利亚军队，然后于11月29日返回悉尼。12月28日，"可畏"号脱离英国太平洋舰队编制，搭载着800名即将提前复员的海军人员，从悉尼出发返回英国本土。1946—1947年间，该舰同样执行了若干次向远东地区输送人员的任务，但再未作为作战航空母舰使用。该舰也是同级舰中第一艘被拆解的舰只。

　　按原计划，"胜利"号将作为英国太平洋舰队中继"不挠"号之后第二艘接受大规模整修的航空母舰，舰队决定该舰应提前直接返回英国本土接受

_____

① 译注：位于印度尼西亚东部。

∧ 在打拉根附近海域登上"光荣"号后，澳大利亚部队官兵在该舰飞行甲板上挥手致意。（作者私人收藏）

整修，无须动用悉尼当地的设施。此前运抵澳大利亚准备安装的一个新船舵通过起重机被吊上该舰飞行甲板，并在甲板上焊死，以确保在高海况条件下该船舵不会松脱。该舰同样在机库中安置了临时铺位，于 9 月 18 日搭载着英国太平洋舰队其余各舰上即将复员的水兵以及第一批被遣返的前战俘从悉尼出发。10 月 27 日，星期六，"胜利"号抵达朴茨茅斯船坞，同时升起表示该舰暂时退出现役的旗号。与姊妹舰相仿，该舰 1946 年间一直执行人员运输任务，且大多与澳大利亚 / 太平洋地区有关，期间该舰不时重新划归英国太平洋舰队指挥。1946 年 4 月 23 日，该舰搭载 1580 名乘客从悉尼出发后在大澳大利亚湾（the Great Australian Bight）①遭遇风暴，舰体结构受损。抵达弗里曼特尔港后，潜水

①译注：位于澳大利亚南岸。

员检查了该舰的伤势，发现该舰艋艉均有大块船体板脱落。为了不耽误人员输送日程，英国太平洋舰队总指挥官下令调整"不挠"号的航线，让后者可以前往弗里曼特尔接纳"胜利"号的乘客。换乘完成后，"不挠"号直接返回英国本土，而"胜利"号则在接受临时修理后携带原先由"不挠"号运载的乘客，以及若干即将在澳大利亚成婚的"不挠"号官兵前往悉尼。抵达悉尼后，该舰于6月7日进入库克船长干船坞接受永久性修理。修理期间，工作人员还对该舰机库甲板的住宿区进行了改装，以便容纳更多的女性乘客。7月3日，该舰搭载971名乘客从悉尼出发，其中619名是赶赴英国与丈夫会合的战争新娘。

对"胜利"号的改装很好地体现了英国太平洋舰队在面对困难时就地取材的精神和尽一切可能完成任务的能力。当"胜利"号由花园岛船坞工作人员负责维护期间，该船坞高级工作人员、修造队长克拉格（Craggs）指挥员工完成了

∨ 维护航空母舰"先锋"号也参加了运送澳大利亚部队回国的任务。该照片摄于1945年12月，当时该舰正进入悉尼港。该舰的水兵在飞行甲板后部集中，澳大利亚军人则集中在飞行甲板前部。照片前方的战舰是澳大利亚皇家海军"什罗普郡"号巡洋舰。（作者私人收藏）

∧ "胜利"号，摄于马耳他。当时该舰正执行一项战后人员输送任务。（作者私人收藏）

大量改装工作，从而使得划归女性乘客使用的机库住舱区与船员生活区、动力
舱室以及作战指挥部门隔离开来。工作人员不仅在机库内加入了更多的隔断和
床位，而且加装了3间浴室和4组分别靠近不同生活区位置的厕所。身份相当
于军官的女性乘客被安置在双铺舱室内，使用军官室内的厕所和浴室，且与舰
上其他厕所及浴室隔离。此外她们也使用军官室进餐。居住在机库生活区的女
性乘客则分配有一个洗衣房，洗衣房内设有14个洗涤盆，并配有熨斗及烫衣板。
淋浴头、厕所坑位、烫衣板与女性乘客人数比例分别为1：25、1：20和1：35。
工作人员还在该舰前部升降机机井设立了一处独立隐私空间，并布置了晾衣绳，
专供女性乘客晾晒衣物使用。[15] 在咨询了1945年8月接替丹尼少将出任"胜利"
号舰长的安斯利（J C Annesley）上校的意见之后，英国太平洋舰队的参谋们同
意，海军人员家属中孕期不超过5个月的孕妇可以搭乘该舰，为此包括志愿救
护队护士以及一名助产士在内的医疗人员也将登舰照料孕妇。对于孕期超过5
个月的孕妇以及携带3个月以上婴儿一同出行的母亲，英国太平洋舰队参谋则
在商业邮轮"朗吉塔塔"号（MV Rangitata）和"斯特灵城堡"号（MV Stirling
Castle）上包租了铺位供她们成行。

最终从悉尼出发时，"胜利"号上的乘客包括 23 名海军军官、1 名皇家海军陆战队军官、4 名海军部平民雇员、3 名皇家海军女子服务队军官、1 名亚历山德拉王后皇家海军护理队官员、12 名志愿救护队护士、5 名从事福利事业并在此行中充任海军人员妻子们女伴一职的女士、1 名皇家海军女子服务队列兵、318 名皇家海军列兵和 619 名战争新娘。另有 38 名战争新娘在"胜利"号于弗里曼特尔港补充燃油时登舰。每名海军人员家属可以携带不超过 101.6 千克的行李，集中存放在机库内生活区附近特制的行李架上。出发时该舰还携带了大量物资，还在飞行甲板上系泊了若干架"海盗"式战斗机。不过，出海后，经英国太平洋舰队参谋人员同意，6 架"海盗"式被扔下大海，以腾出更多甲板空间供进行娱乐活动以及在紧急情况下集合乘客之需。搭乘该舰的海军人员家属中，有 18 人的丈夫当时就在"胜利"号上服役。1946 年 7 月 3 日，在乐队的伴奏声中，"胜利"号从乌鲁姆鲁出发，有超过 5000 人前往港口欢送。轮船及运送战争新娘们其他物品的船只也随同"胜利"号出发。

在英国本土，为避免任何意外，各福利机构一早就做好准备，以防出现妻子抵达后丈夫无力抚养的情况。令人遗憾的是，的确出现了若干起类似事件。不过，总体而言此次旅行完全成功，参加此次航行的新娘们对一路上该舰提供的各种福利和照顾赞誉有加。"胜利"号于 1946 年 8 月 6 日抵达普利茅斯（Plymouth），抵达后，该市市长发言欢迎战争新娘们来到英国本土。在英国太平洋舰队服役期间，很多水兵对澳大利亚留下了良好印象，因此这些战争新娘的丈夫中，有相当比例在从皇家海军退役后利用"补助差旅"计划移民澳大利亚。

在结束其在皇家海军中短暂的服役期前，第 30 航空母舰中队的护航航空母舰也参与了相当数量的遣返以及人员运输任务。"投石者"号于 1945 年运送部分战俘从香港前往澳大利亚，"演讲者"号直至 1946 年 6 月才在完成了近一年的人员输送任务后彻底返回英国本土。英国太平洋舰队中唯一英制的护航航空母舰"文德克斯"号（Vindex）于 1945 年 8 月 11 日才抵达澳大利亚。该舰首先在布里斯班附近卸载了机动舰载机养护厂所需的舰载机和物资，随后于次日前往悉尼。该舰是舰队中最后抵达的补充／运输航空母舰，该舰也是最后一艘脱离英国太平洋舰队的航空母舰，最终，该舰于 1946 年 9 月 23 日返回英国本土。

1945 年 8 月该舰搭载 300 名人员和人道主义物资从悉尼出发，途中在布里斯班和马努斯装载了其他物资后前往香港。在九龙停靠时，该舰撞上了一艘未在海图上标明的沉船，但损伤不重。该舰此后搭载了从赤柱拘留营解放的 300 名澳大利亚籍前战俘，于 9 月 18 日出发返回悉尼。之后几个月内，该舰忙于执行在澳大利亚、香港地区以及英联邦占领部队基地所在地日本岩国之间运输人员、物资以及舱面货物的任务。11 月 30 日，该舰在香港港与一艘舢板相撞，导致其伤势恶化。经过花园岛船坞的整修，该舰自 1946 年 2 月起被用于执行将英国太平洋舰队总部从悉尼移驻香港的任务。此外，该舰还与其他维护航空母舰一道，执行将战争中英国通过租借法案获得的美制舰载机运往澳大利亚东部海域，并将其扔下大海销毁的任务。按照租赁协定，如果英国政府希望在战后继续保留这些舰载机，则须向美国政府支付相应费用。与其他很多英国战舰类似，该舰在最后一次从澳大利亚出发时装载了大量食品援助以及其他礼物，作为澳大利亚人民对英国人民的馈赠。

除了航空母舰外，其他舰只也参与了遣返战俘以及此后的人员输送工作。共有 5250 名英国籍和印度籍前战俘以及在押人员先后乘坐"澳大利亚皇后"号、"格伦吉尔"号、"圣斯特凡城堡"号、"塔克利瓦"号（Takliwa）①、"高地君主"号（Highland Monarch）以及医务船"泰利亚"号（Tairea）离开香港。其中有 700 名印度籍、英国籍以及荷兰籍前战俘和在押人员在海南获救，随后分别搭乘"格伦恩"号、"肯彭菲尔特"号、"昆伯勒"号和"旋风"号前往香港。加拿大皇家海军辅助防空舰"罗伯特王子"号于 1945 年 10 月运送若干加拿大籍前战俘和被押人员返回加拿大。同月，"洛锡安"号指挥舰运送 277人从马尼拉前往新加坡，这 277 人国籍不详，仅被记录为"亚洲人"。

至 1946 年 5 月底，遣返盟军前战俘及在押人员的工作已经接近尾声。最后一次大规模遣返行动由"克莱德皇帝"号和"杓鹬"号承担。两船共搭载约2500 名香港籍人士从海南返回香港。这些香港籍人士是战争期间日本从香港地

---

① 译注：货轮。

区强征劳工中的幸存者，劳工中很多人在战争结束前便在监禁中死亡。弗雷泽上将此后记录称："此次撤退给英国太平洋舰队完成的一项大规模工作画上了句号。期间舰队共帮助约 5 万人重返家园，其中包括被解放的各国前战俘和在押人员及整个大英帝国范围内亟待复员的水兵、士兵和飞行员。"在上将看来，这一工作"很好地保持了皇家海军的悠久传统"。[16]

— 15 —

平时舰队

直至日本正式投降，英国太平洋舰队及其舰队后勤船队一直全力为进攻日本本土的作战做准备。名副其实的一夜之间，舰队的参谋部门便突然需要中止此前在澳大利亚扩张舰队基地规模的计划，转而筹划船只以供遣返战俘、重占英国战前殖民地，以及在日本统治结束后潜在的真空期维持各地秩序的工作，其中最后一项工作需持续至当地重新建立起任何形式的稳定常态为止。舰队面临的另一同样重要的任务是在太平洋地区维持强大的存在，以支持英国政府在泛太平洋地区以及远东商业活动中恢复战前地位的意图。尽管英国太平洋舰队

∨ 1945 年 8 月 24 日，在结束了日本沿海的战斗后，"可畏"号、"不饶"号、"格伦威尔"号、"淘气鬼"号和"水精灵"号正依次穿过反潜网上的开口，进入悉尼港。（作者私人收藏）

∧ "可畏"号、"不饶"号以及远处的驱逐舰，摄于 1945 年 8 月 24 日。（作者私人收藏）

的规模无疑将遭到削减，但该舰队仍将是一支强大的作战舰队，也是英国当时唯一一支可以在广袤的太平洋地区施加影响力的力量。就舰队此前建设完成的部分设施而言，战后一些行动对其依赖程度不降反增。这些设施的典型代表便是马努斯，该基地已经成为大规模舰队在太平洋海域调动时的加油站。"奥林匹克"作战自然会涉及特混舰队及其后勤补给船队的机动，但这种机动此前都已经按照可预测的需要进行精心计划。然而，战争突然结束之后，各舰的机动只能按需要进行调整，且这种调整往往很突然。

战争结束也意味着需要复员大量人员，并将其送往大英帝国各个角落。随着大量航空母舰加入遣返盟军前战俘及在押人员的工作，舰载机、弹药、物资以及后备人员的输送计划均需进行调整，同时运回澳大利亚的物资也需要处理。英国政府坚持复员人员应尽快返回英国本土从事民用职业，为重建战后经济贡献力量。同时，澳大利亚、加拿大和新西兰政府也对舰队提出了类似要求。因此舰队不得不解散部分舰只的船员，将其中服役期较长或其他敏感类型人员送回国提前复员，这自然引发了一定动荡。

　　首先关停的部分机构之一便是设于皮特伊卢岛美国海军航空基地的皇家海军前进舰载机储备基地。鉴于自日本投降后对该基地的需求也随之消失，英国太平洋舰队总部遂下令于9月中旬关停该基地。该基地所辖舰载机则飞往附近的皇家海军波南航空基地，在那里由驳船转运至途经该基地锚地的维护航空母舰、运输航空母舰或补给航空母舰，最终运回澳大利亚。1945年9月17日"独角兽"号在马努斯附近海域停泊，期间皇家海军前进舰载机储备基地的人员和器材被运上该舰，而该基地则被交还美国海军，此后皮特伊卢岛上的机场由美国海军一直运行至1947年8月。接着被关停的则是波南基地。根据计划，该基地将在一个月内关闭，其飞行任务则立刻开始削减。首先离开该基地的部门是第6机动养护和维修单位（Mobile Servicing and Repair Unit, MSR），该部人员于9月26日登上"文德克斯"号，相应的海军及航空物资则由货轮"弗恩摩尔"号（Fernmoor）运送。从"复仇"号卸载的舰载机在该基地继续进行了短期飞行训练。10月3日，第1701B中队首先与其麾下的"海獭"式一同搭载"收割者"号（Reaper）护航航空母舰撤离，随后"独角兽"号于10月6日返回该基地，搭载第721中队、第4机动养护和维修单位以及大量装箱尚未启封的航空物资撤离。该舰于10月9日出发。同日，货轮"查曼"号（Charmain）抵达波南，搭乘该轮的是机动空投鱼雷养护单位（Mobile Air Torpedo Maintenance Unit, MATMU）。该部负责保养供"复仇者"式和"梭鱼"式挂载的鱼雷，但鉴于英国舰载机并未遭遇适于动用鱼雷攻击的目标，因此该单位实际仅作为人力资源库使用。10月7日，基地内首批人员搭乘快速布雷舰"阿里阿德涅"号（Ariadne）撤离。10月24日，"独角兽"号再度返回，搭载剩余英国设备撤退，其中包括由陆军提供的床铺和办公家具，这类物资在登记表上统一记录为G1098类物资。10月30日，"追击者"号抵达波南基地，运载第5机动保养维护单元（Mobile Maintenance component, MM）以及两架"海象"式撤离。除了少数负责将机场交还美国海军的收束人员之外，第4海军机动航空作战基地的其余人员均于10月31日搭乘"独角兽"号撤离。收束人员最终乘军机返回澳大利亚。随着所辖人员各有安置，第4海军机动航空作战基地实际上业已解散。还在驻留波南期间，"纳巴容"号（Nabaron）的成员们利用美国海军提供的纸张，出版了自己的报纸《丛林回音》。该报的第 150 期——最后一期于 10 月 22 日出版，其中刊登了该基地最后一任指挥官布莱克（C J Blake）上校撰写的文章，其中写道：

> 在我任职期间，"纳巴容"号各部门以及各附属单位和谐共处，通力合作，同时又维持着各单位自身的特色，这让我非常满意。"纳巴容"精

∧ "胜利"号和"可畏"号卸载的大量"海盗"式战斗机正停放在第 6 海军机动航空作战基地驻地——澳大利亚皇家空军马里伯勒基地，等待战争结束后接受处理。（作者私人收藏）

∧ 一架"复仇者"式鱼雷轰炸机正被"先锋"号官兵从舰艏位置推下大海。当时该舰位于澳大利亚以东海域。注意甲板上画的白线，其目的是为了在20mm厄立孔高炮炮位之间对齐舰载机机轮位置。为保证舰载机迅速沉没，官兵们还在机身上制造了大量孔洞。（作者私人收藏）

神令人称道，因此，今后无论是在军队中继续服役还是退役回归平民生活，都希望各位能在往后工作中继续保持这一精神。尽管在寒雨中穿过斯通豪斯桥（Stonehouse Bridge）[1]时，你们也许并不会想要回到波南，但我仍希望你们能永远记得你们曾服役的"纳巴容"号这一出色的单位。再见，波南，祝你们所有人好运。

在某些人看来，第4海军机动航空作战基地在波南的经历或许可以说明建立机动航空作战基地初衷的正确。该基地实现了在几乎不依靠外界援助的情况下，在热带岛屿上的正常运转。然而，考察波南基地的实际运作便会发现，上述论断并不符合实际情况。如果没有美国海军工程兵部队的前期工作以及在英军抵达后的大力协助，第4海军机动航空作战基地便完全无法运作。部分从英

---

① 译注：应为斯通豪斯当地的代表性建筑。

国本土运抵波南基地的设备一直没有投入使用，其中最重要的当属供宿营所需的帐篷和发电机。美国海军工程兵部队慷慨援助的部分标准化装备在英军装备中并无替代品，而如果没有这些装备，机场本身都难以正常运转。此类装备包括诸如支索和起重机之类提升设备、用于开辟和维修机场跑道、道路以及停机坪的专用机械、冷库以及除湿降落伞打包房。波南当地还设有塔台以及设备齐全的车间，虽然塔台上的无线电设备拆自从英国运来、由货车改装的机动控制车辆，但相应建筑仍不是普通机动航空作战基地所具备的。事实上，即使与驻扎在前澳大利亚皇家空军机场中的其他海军机动航空作战基地相比，波南基地在某些方面的装备都更加全面和优秀。同时还应注意到，与其他机动航空作战

∧ 一架从护航航空母舰上推下大海的"复仇者"式鱼雷袭炸机。摄于澳大利亚沿海。（作者私人收藏）

∧ 战争结束后，针对通过租借法案获得的美制舰载机，英国政府有两个选择，即以美元将其买下或将其摧毁。后者无疑更为经济，因此这些舰载机便集中在皇家海军班克斯敦航空基地，等待被销毁。约有1000架舰载机搭乘不同航空母舰出海并被推下澳大利亚附近海域，但具体数字已经不存。（作者私人收藏）

< 一架"海盗"式正被从驳船上吊起，即将被运上"独角兽"号并被运回澳大利亚。照片摄于皇家海军波南航空基地附近海域。部分"海盗"后并未被立即销毁，而是装备部分由轻型舰队航空母舰搭载的中队直至1946年。（作者私人收藏）

∧ 1945 年 10 月 10 日的皇家海军贾维斯湾航空基地，一个月后，该基地便将交还给澳大利亚皇家空军。工作人员正在对照片右侧的"可靠"式商用机实施拆解，以便按照美国当局的要求将其归还。全球范围内共有超过 500 架该机型在皇家海军中服役。（作者私人收藏）

基地类似，第 4 海军机动航空作战基地实际运作的乃是一个半永久性机场，而非机动航空基地。实际操作中，该部成员发现，即使美制起重机也没有吊起"梭鱼"式的能力，因此，一旦该机型随轻型舰队航空母舰大量抵达前线，如何支持该机型作战就将成为一个严重的问题。

自皇家海军逐步关停了阿德米勒尔蒂群岛上的前进基地并回收人员、装备之后，逐步削减军机支援活动的工作重心便逐步转移到澳大利亚。8 月 31 日，第 8 海军机动航空作战基地抵达悉尼，进驻"金色雄鹿"号设于沃里克农场赛马场的帐篷兵营区。鉴于此时已经无须继续在澳大利亚部署机动航空作战基地，英国太平洋舰队的参谋们决定将该部送往香港。其先遣部队搭乘"投石者"号于 9 月 5 日首先出发，其余后续部队则搭乘"收割者"号也在同月随后出发。9 月 26 日，第 8 海军机动航空作战基地进驻香港启德机场，该机场遂被编为皇家海军启德航空基地，代号"纳博凯驰"号（HMS Nabcatcher）。进驻之后，该部利用其机动装备和帐篷展开工作，并掌握了机场西半部的运行。机场东部则由皇家空军负责运行，后者同时承担空中管制任务。进驻之后，英军大量使用日军战俘充作劳动力。每天一早，英军便把战俘们聚集在"后甲板"区域，并命令战俘向圣乔治旗鞠躬致敬，然后由海军武装人员押送战俘上工。一场台风的光顾给清理启德机场的工作添了不小的麻烦，若干帐篷被台风吹走，一座从未使用过的移动式多兰机库（Dorland hangar）的屋顶也被台风扯落。尽管如此，1701中队的"海獭"式水上飞机仍率先在启德基地展开了飞行作业。该部此前搭乘"复仇"号于10月3日抵达香港，负责承担海空搜救和靶机拖曳任务。10月12日，1846中队的"海盗"式战斗机和827中队的"梭鱼"式轰炸机从"巨人"号起飞进驻启德基地。此外，1850中队的"海盗"式也从"复仇"号出发进驻该基地。当月晚些时候，上述舰载机又再次返回航空母舰。1946年1月11日，721中队从结束了遣返任务后的"演讲者"号出发，进驻启德基地，并成为该基地永久性靶机单位。1946年8月27日，启德基地的皇家海军行政管理部门不再隶属海军机动航空作战基地编制，转隶香港永久性驻军编制下，后者代号为"他玛"号（HMS Tamar）。1947年12月31日，驻启德基地的皇家海军单位降级至"维护保养"（care and maintenance）状态，不过该机场此后很多年内仍被皇家空军用作空军基地。

1945年8月15日日本宣布投降之际，第9海军机动航空作战基地尚未离开英国本土，不过海军部仍决定先将该部部署至澳大利亚，进而再部署至新加坡，进驻新加坡海军基地附近的三巴旺机场。该部搭乘"自治领君主"号（MV Dominion Monarch）货轮从英国出发，并于一个月后进驻沃里克农场赛马场的帐篷兵营区，其所辖的车辆和设备则直接运往新加坡。该部的先遣队搭乘皇家海军运输机司令部麾下的运输机从澳大利亚飞往新加坡，后续部队则搭乘澳大利亚运兵船"拉格斯湾"号（Largs Bay）奔赴新加坡。10月5日，先遣队进驻机场，并将该机场改编为皇家海军三巴旺航空基地，加入皇家海军现役，代号"纳布洛克"号（HMS Nabrock），主力则于11月1日进驻。日军撤离后三巴旺机场一片狼藉，遍布瓦砾和损坏的军机，因此第9海军机动航空作战基地的首要任务自然是清理机场使其能重新投入使用，其次则是组装即将运抵新加坡的美

〈 鉴于战争结束时庞大的英制军机数量，英国太平洋舰队在战后处理舰载机时将相当数量的舰载机直接扔下大海，从而省去将其运回英国本土的费用。这张不够清晰但颇具历史意义的照片摄于"先锋"号，照片显示一架已被拆解的"梭鱼"式被推下大海。（作者私人收藏）

〈 另一张不够清晰但罕见的照片。图为进驻香港皇家海军启德航空基地的"海盗"式战斗机，这些战斗机由一艘轻型航空母舰运抵香港。（作者私人收藏）

〈 战后生产的"海火"F15型战斗机进驻新加坡皇家海军三巴旺（Sembawang，原文笔误为Sembewang）航空基地。这些战斗机此前从"提修斯"号（HMS Theseus）轻型航空母舰出发。（作者私人收藏）

制舰载机。这批舰载机以"地狱猫"式为主，此前从澳大利亚起运，按计划将前送至英国太平洋舰队。不过，8月15日后，为尽可能释放运力以投入其他更为紧迫的任务，这些尚未完成组装的舰载机被匆匆卸载至距离货轮最近的港口。最终这些舰载机也未能抵达三巴旺机场：在大致完成组装，可由起落架支撑并可大致操控后，这些舰载机被拖至船坞运上航空母舰，然后由后者运往外海销毁。如前所述，根据租借法案的规定，如果在战后继续保留这些舰载机，英国政府便需用美元将其买下，而外汇正是战后英国政府严重缺乏的资本之一。1945年12月15日，第9海军机动航空作战基地的编制正式撤销，所辖人员转编为皇家海军三巴旺航空基地的永久性职员，该基地的代号也改为"海鸥"号（HMS Simbang）。

　　在皇家海军逐渐建立若干"新"机场的同时，澳大利亚当地机场的规模则被相应缩减，以适应当地对军机逐渐缩小的需求。驻扎皇家海军阿彻菲尔德航空基地的机动舰载机养护厂实际从未达到其规划产出规模，因此在8月15日之后被充作富余舰载机集中和处置中心。自10月15日从"独角兽"号卸载之后，第721中队便用新军机进行了换装，该部装备的机型包括"挑衅"式（Defiant）靶机拖曳机、"海盗"式、"复仇者"式以及一架"哈佛"式（Harvard）教练机。该部此后搭乘"演讲者"号离开澳大利亚前往香港。1701中队装备的"海獭"式在前往香港之前也曾在机动舰载机养护厂逗留。10月22日，太平洋海军航空兵总指挥官访问了皇家海军阿彻菲尔德航空基地，并通知基地全体官兵，该基地将继续作为机场以支持英国太平洋舰队的运作，不过其规模将逐渐缩小。当时，驻扎该基地的是第7海军机动航空作战基地和机动舰载机养护厂，共编有超过2000名官兵，其中500人很快便返回英国本土复员。同年11月，第7海军机动航空作战基地编制撤销，该部的部分人员转隶机动舰载机养护厂，另一部分人员转隶英国太平洋舰队后备人员役，其余人员则返回英国本土复员。机动舰载机养护厂本身则于1946年2月起逐步关停，1000名该单位官兵转隶"金色雄鹿"号等待进一步处理，其余人员则负责关停机动舰载机养护厂各组成部分，并将该厂交还澳大利亚当局。此时，驻澳大利亚各海军航空基地库房中仍集中了大量物资和装备，由于此类物资装备在英国本土更为富余，因此也不再为英国所需。

∧ 在为英国太平洋舰队所辖油轮提供了意义重大的远洋护航之后，"皮里"号前往香港，在当地以巡逻艇身份继续服役。1946 年，该舰转隶皇家海军并被充作扫雷艇。这张罕见的照片显示该舰仍保有美国海军为其分配的 B 系列舷号 B249。（澳大利亚海权中心收藏）

鉴于战后没有足够的运力将上述物资装备运回英国本土，因此其绝大部分都被扔入澳大利亚附近海域或被烧毁。代号为"纳布斯福德"号（HMS Nabsford）的皇家海军阿彻菲尔德航空工作场于 1946 年 3 月 31 日正式关闭。

　　英国太平洋舰队的筹划者们在战后面临着一个两难问题。与新近建立的海军航空基地相比，早先建立的海军航空基地拥有较好的设备，但负责其运行的人员则通常离开英国本土时间最久，理应迅速送回本土。为解决这一问题，舰队高层决定从 1945 年 10 月起通过一系列调动实现各海军机动航空作战基地的回滚。首先进行调动的是第 6 海军机动航空作战基地，该部自澳大利亚皇家空军马里伯勒机场撤出，进驻皇家海军斯科菲尔德航空基地，原驻扎该基地的第 3 海军机动航空作战基地则撤出等待复员。11 月 14 日，皇家海军正式撤离马里伯勒机场，次日，

︿战争结束后，英国太平洋舰队仍继续执行大规模飞行任务，因此仍需后备机以取代在事故中损失的舰载机。1945 年 12 月 6 日，隶属第 894 中队的 PR331 号"海火"式因事故除籍。当时该机由皇家海军志愿预备役航空中尉拉其里弗（C B Ratchliffe）驾驶，在"不倦"号阻拦索上倒扣过来，并进而撞上了该舰舰岛。中尉位于该照片底部部分，正被战友引导着从事故现场离开。（作者私人收藏）

第 6 海军机动航空作战基地正式进驻斯科菲尔德，其代号则更换为马里伯勒基地原代号"纳布斯托克"号（Nabstock）。由于仍需支援相当数量的航空母舰的运作，至 1946 年春，皇家海军斯科菲尔德航空基地的飞行作业仍较为繁忙，但从此其规模也日趋缩减。最后离开该基地的舰载机单位为装备"萤火虫"式夜间战斗型的 1790 中队，该部于 1946 年 4 月 19 日离开基地后前往"不饶"号，并搭乘该舰返回英国本土。[1] 在飞行作业停止后，该基地的人员也被逐步缩减，基地所辖物资和设备则被运回英国。不过，当地有流言称相当数量的富余设备被堆放在基地内烧毁，其灰烬则被倾倒在灌木丛中。斯科菲尔德机场于 1946 年 6 月 9 日由皇家海军正式交还给澳大利亚皇家空军运行。[2]

随后进行回滚调动的是第 5 海军机动航空作战基地。该部于 1945 年 11 月 14 日将贾维斯机场交还给澳大利亚皇家空军，随后于次日进驻皇家海军瑙拉航空基地，该基地代号更改为贾维斯湾基地原代号"纳布斯维克"号（Nabswick）。1946 年 2 月，该基地成员前往瑙拉街道游行，一方面感谢当地居民在此前一年中给予皇家海军的大力协助，另一方面也向当地居民告别。1946 年 3 月 18 日，第 5 海军机动航空作战基地将瑙拉机场交还给澳大利亚皇家空军，该部的人员则被遣散。[3] 此后，英国太平洋舰队中在澳大利亚暂时离舰的舰载机中队则前往澳大利亚皇家空军机场短期停留。作为接收 / 发送单位，驻扎皇家海军班克斯敦航空基地的第 2 海军机动航空作战基地在战争结束后仍执行小规模的飞行作业。鉴于战争结束后不再需要大量新舰载机，该部的规模从 1945 年 9 月起逐步缩减。1945 年 8 月该部编制巅峰期间共编有 59 名军官和 1373 名士兵直接参与接收 / 发送单位任务。该部最终于 1946 年 3 月 31 日解散，基地则被交还给澳大利亚皇家空军。[4]

1945 年期间，作为兵营的"金色雄鹿"号规模持续扩张，其下辖有悉尼地区的若干场所。1945 年 5 月，驻乌鲁姆鲁的舰队保养维护团队曾独立出来，代

∧ 停泊在悉尼港的"敏捷"号。（作者私人收藏）

号"金色雄鹿 II"号，不过在 8 月 15 日之后又被划归"金色雄鹿"号。为避免
与早期命名混淆，各地兵营曾被统一命名为"金色雄鹿 III"号，[5] 不过此后又于
1946 年 6 月恢复为最初简单的"金色雄鹿"号这一命名。1947 年 1 月 31 日"金
色雄鹿"号正式解散，此时英国太平洋舰队及其所附兵营早已全体移驻香港。

　　战争结束后，舰队后勤船队所辖船只很快便被分散处置。"迪尔湾"号战
后首先前往香港，然后返回英国本土，并于 1947 年交还其船主。"霍尔姆湾"
号（Holm Sound）抵达澳大利亚的时间过晚，来不及参加战斗，因此该船很快
返回本土。与同时期很多从澳大利亚返回英国本土的舰船一样，该船出发时也
装载着澳大利亚人民赠送给英国人民的礼物——800 吨食物。作为英国太平洋舰
队中资历最老的舰只之一，"独角兽"号早在 1943 年 12 月便从英国出发，此
后在战争期间该舰的绝大部分船员并未变动，因此也成为先期归国的有力候选
者之一。[6] 该舰在完成协助原先部署在阿德米勒尔蒂群岛前进单位回撤的任务后，
将其搭载的舰载机和物资卸载于悉尼，然后返回英国本土，自此"先锋"号便
成了英国太平洋舰队编制内唯一一艘维护航空母舰。"独角兽"号于 1946 年 1
月抵达德文波特船坞（Devonport Dock），并转入预备役。随后，"先锋"号也

∧ 英国太平洋舰队所辖的很多舰只均于 1945 年末离队返回英国，但仍有部分舰只按原计划抵达太平洋加入
舰队，其中便包括照片中的"安森"号战列舰。（作者私人收藏）

∧ "波浪"号（HMS Wave）是1945年加入英国太平洋舰队的大量扫雷艇之一，这些扫雷艇负责执行清理战争期间盟军和日军布设的雷场这一危险任务。（作者私人收藏）

∧ "坎珀当"号（HMS Camperdown）是首批加入英国太平洋舰队的"战役"级驱逐舰之一。该级驱逐舰的防空火力专为在太平洋地区作战设计，其中包括4座安装在海斯梅尔底座（Hazemeyer）①上的双联博福斯高炮。照片中上述4座高炮清晰可见。（斯蒂夫·布什收藏）

---

① 译注：该底座具有稳定功能，最初由西门子公司的子公司——荷兰海斯梅尔公司设计完成。荷兰沦陷前，搭载装备该底座样炮的荷兰扫雷艇携带该底座设计图纸前往英国，后在英国发扬光大，其最终版本可实现火炮的三轴稳定，因此对于防空火炮火控非常理想。

∧ 停泊在悉尼乌鲁姆鲁的"英王乔治五世"号、"尼扎姆"号（舷号 D15）和"巴福勒尔"号（舷号 D61）。"巴福勒尔"号是第一艘加入英国太平洋舰队的"战役"级驱逐舰，也是该级舰第一艘在日本附近沿海参战的舰只。（作者私人收藏）

∨ 舰队旗舰"约克公爵"号在悉尼接受整修。（斯蒂夫·布什收藏）

于次月抵达，并立即转入预备役，该舰此后再未被用于执行舰载机维护作业。该舰的姊妹舰"英仙座"号（Perseus）于1945年12月21日抵达悉尼，承担舰载机补给船队的全部任务，直至1946年2月28日舰载机补给船队编制正式取消。该舰此后搭载着被鉴定为适合在英国本土继续使用的舰载机，于1946年3月22日从悉尼出发，抵达罗塞斯后转入预备役。[7]驱逐舰供应舰"泰恩"号一直隶属英国太平洋舰队直至1946年8月8日，当日该舰从悉尼出发返回英国本土，于9月16日抵达德文波特，此后在哈里奇（Harwich）转入预备役。

虽然舰队规模的缩减在所难免，然而1946年初英国太平洋舰队仍保留有战列舰"约克公爵"号（旗舰）、"安森"号及航空母舰"不饶"号、"不倦"号、"光荣"号和"复仇"号。在执行遣返盟军前战俘及在押人员的工作的同时，舰队也调整了各舰的船员构成，以便今后能按优先级实施复员。上述工作完

〈直至1946年，悉尼诸船坞仍是英国太平洋舰队维护保养组织的重要组成部分。照片中停在库克船长干船坞中的是"不饶"号。（作者私人收藏）

△ 澳大利亚公众始终对英国太平洋舰队怀抱着亲密的鱼水之情，这也体现了杰里科上将早先有关大英帝国太平洋舰队应以悉尼和弗里曼特尔港为基地这一建议的明智。"不饶"号、"不倦"号和"光荣"号于1946年1月访问墨尔本，此次访问被当地报纸《预兆》（The Herald）描述为"惊人的成功"。注意码头末端棚屋上的横幅——"欢迎回家"。（作者私人收藏）

▽ 1946年1月，在码头边排队等待参观英国太平洋舰队航空母舰的人群。（作者私人收藏）

成后，舰队的工作重心转移到恢复英国在泛太平洋地区战前地位的任务上来。新加坡和香港先后"光复"后，海军部指示英国太平洋舰队的总部应尽快搬迁至香港，相应的准备工作则从 1945 年 10 月和 11 月间展开。[8] 1945 年 12 月 1 日，弗雷泽上将搭乘"约克公爵"号从悉尼出发前往其设于香港的新岸上总部，途中先后在弗里曼特尔港、圣诞节岛和新加坡停留补给燃料。此次航程的最后一段过程中，"约克公爵"号遭遇大风天气，巨浪反复冲刷了该舰艏楼，导致该舰的一只锚松脱。[9] 由该舰副舰长副手（First Lieutenant）梅（J May）海军少校主管的锚链班成员奉命在艏楼甲板紧急集合固定舰锚。然而由于对命令有所误解，锚链班成员在该舰改变航向削弱上浪前便前往艏楼甲板，包括少校在内的不少成员均被海浪卷下大海。大部分成员均被救起，但梅少校本人却就此失踪。

1945 年末，弗雷泽上将得知自己将被列入优异战争指挥官名单中。克莱门特·艾德礼（Clement Attlee）首相亲自致信上将称："将您的大名列入这一

∧ 1946 年 1 月，由"不饶"号的国旗班为先导，该舰的全体船员列队在墨尔本街头游行。"刺刀闪亮，国旗飘扬。"（作者私人收藏）

∧ 礼仪任务构成战后英国太平洋舰队公众形象建设的重要组成部分。图为"不饶"号在悉尼乌鲁姆鲁停泊期间，皇家海军女子服务队成员登舰观摩该舰的皇家海军陆战队卫兵在飞行甲板上进行训练。（作者私人收藏）

名单并将授予您男爵爵位一事，是对您为赢得战争所做出的突出贡献的承认，对此我十分欣慰。"[10] 深思熟虑之后，上将决定以北角海战（Battle of the North Cape）的所在地作为其男爵领。此战中，其旗舰"约克公爵"号以及本土舰队其他战舰一同击沉了德国海军快速战列舰"沙恩霍斯特"号（Scharnhorst），这也是皇家海军历史上最后一次大口径火炮炮战。此举也延续了皇家海军的传统：自圣文森特（St Vincent）伯爵起，功勋卓著的海军将领均被封为贵族。①

　　1946 年 4 月 15 日，弗雷泽上将搭乘"敏捷"号巡洋舰，率领英国太平洋舰

---

　　① 译注：第一代圣文森特伯爵为约翰·杰维斯海军上将。18—19 世纪之交，上将先后参与了七年战争、美国独立战争、法国大革命战争和拿破仑战争。1797 年 2 月 14 日，上将率领英国地中海舰队在圣文森特海角之战中大败西班牙舰队，沉重打击了法西同盟，恢复了皇家海军的信心。此战也是纳尔逊上将光辉战斗生涯中极为出彩的一战。

∧ "霍尔姆湾"号的成员正在弗里曼特尔码头进行周日阅兵。（作者私人收藏）

队从香港出发展开了一次行程密集的巡航，其中也包括访问日本港口。弗雷泽上将带领着一个舰队前往东京，在那里，他与麦克阿瑟上将讨论了日本的行政状况，并告知后者自己很快便将离开太平洋。5月17日，上将率舰队返回香港，并着手准备将舰队移交给其继任者丹尼斯·博伊德（Denis Boyd）海军航空上将。卸任前，舰队在停泊于香港的"门尼西修斯"号举行了一次盛大的欢送仪式。此次活动大获成功，舰队上下各军衔官兵中均有相当数量人员亲自向"他们自己的"上将道别。在参加港督府举行的一次招待会后，上将不幸食物中毒，其原因可能是宴会上的一道鱼。受此影响，上将离开香港的时间较原计划略有延后，不过最终他于1946年6月6日在"约克公爵"号上升起将旗，并于同日搭乘该舰前往新加坡，正式将指挥权移交其继任者，然后返回英国本土。1946年7月11日，"约克公爵"号抵达德文波特船坞，上将也降下了自己的将旗。在上将统率下，英国太平洋舰队及其岸上和海上的支援力量共同构成了皇家海军史上

〈 英国太平洋舰队也曾公开参加一些非正式活动。1946年澳大利亚小姐选美大赛的参赛者曾搭乘"不饶"号的水陆两用军车在悉尼港巡回游行。（作者私人收藏）

∨ 1946年澳大利亚小姐选美比赛冠军朗达·凯莉（Rhonda Kelly）搭乘"不饶"号的水陆两用军车在悉尼街头游行。（作者私人收藏）

∧ 1945 年在"光荣"号上举行的圣诞庆典。（作者私人收藏）。

部署的最强大也最高效的舰队，其创立在很大程度上应归功于上将个人。与其同时代的军人中，几乎没有人曾取得与之相当的成就，而这一伟大成就也为他赢得了公正的国际国内赞誉。在"约克公爵"号抵达英国当天，海军部向其发出了如下电文：

> 致弗雷泽上将个人：
>
> 　值阁下返回联合王国并降下将旗之际，海军本部委员会（Board of the Admiralty）希望就阁下在担任东方舰队和英国太平洋舰队总指挥官期间的工作致以最高的赞誉。
>
> 　委员会并未忘记阁下执掌东方舰队之际，该部正在扩张规模，以期能以更强的实力打击敌人。决定组建在太平洋地区作战的英国舰队之后，阁

下被选中承担指挥该舰队的责任。委员会对在您卓越的领导下舰队保持的高昂士气、出色效率以及旺盛的求战欲望赞赏有加。

委员会深知阁下的个人榜样和激励对贵部的巨大影响。舰队的战舰和舰载机成功执行了一系列英勇的战斗，而这一切都与您的影响息息相关。

委员会也认识到，只有在解决了大量技术和战略问题之后舰队才能获得如此骄人的成绩。其间阁下丰富的经验当然也具有重大的价值。

罗林斯中将于 1945 年 10 月 27 日脱离英国太平洋舰队返回英国，继任舰队副总指挥官的是维安中将，后者同时仍担任第 1 航空母舰中队的指挥官。两名中将往日相处得并不十分融洽。罗林斯中将后来曾致信弗雷泽上将，信中回忆往昔时，中将自责称，当初在英国太平洋舰队规模扩张，并将其活动与美军进行整合这一困难时期，自己本应向他提供更多的帮助。[11] 维安中将最终于 1946 年 5 月 5 日搭乘"不饶"号从悉尼出发返回英国本土，其双重职务也随之

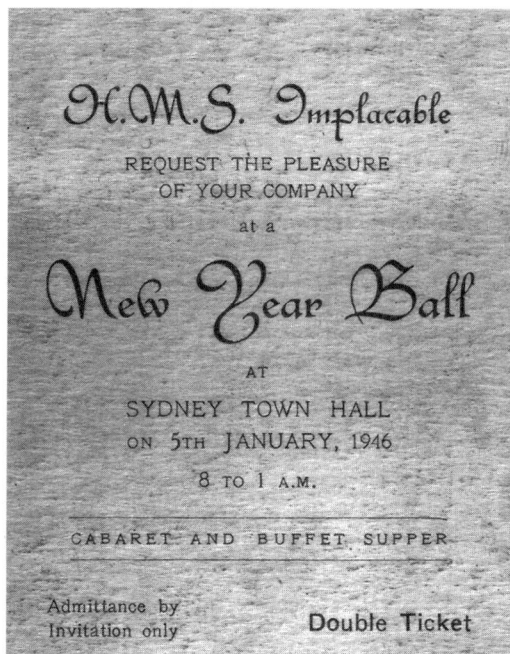

> 尽管英国太平洋舰队的规模已经大大缩小，但至 1946 年舰队仍参与了大量社交活动，同时舰队仍广受澳大利亚人民欢迎。（作者私人收藏）

Season's Greetings.
H.M.S. VENGEANCE

Too muchee
long time no have see,
Old flend acloss the sea,
One litty Card my sendee you,
Talkey Melly Klisimas, and New Year too.

HONG KONG
CHINA

Merry Xmas
1945

∧ 1945年"复仇"号的圣诞贺卡显示了此时驻香港各舰官兵的心态。（作者私人收藏）[①]

取消。此后又设立了英国太平洋舰队航空指挥官这一新职位，由伍德豪斯（C L Woodhouse）少将出任，其旗舰为"光荣"号。此时英国太平洋舰队名义上下辖"光荣"号和"复仇"号两艘航空母舰，不过两舰不时随同东印度舰队活动。7月30日，伍德豪斯少将离任，布里奇（A R M Bridge）少将出任英国太平洋舰队与东印度舰队航空指挥官，前者则接替瑟维斯少将出任第5巡洋舰中队指挥官，该中队此前于6月25日吸收了原第2和第4巡洋舰中队的单位后，共辖有"百慕大"号、"敏捷"号、"贝尔法斯特"号、"纽芬兰"号和"欧尔亚拉斯"号。至1946年底，上述巡洋舰中仅剩"百慕大"号和"贝尔法斯特"号仍隶属英国太平洋舰队，不过此时"冈比亚"号已经再次加入舰队。[12] 英国太平洋舰队行政

---

① 译注：大意为："昔日旧友，洋阻隔，经年未见，思念不变。奉上小小卡片，恭祝圣诞新年快乐。"

△ 随着战时英国太平洋舰队的逐步复员，很多单位抓紧时间完成合影留念。照片为第2海军机动航空作战基地航空物资参谋们的合影，该单位当时驻扎于代号为"纳伯利"号的皇家海军班克斯敦航空基地。（作者私人收藏）

▽ "先锋"号的船员们于起程回国前整队合影留念。可见甲板后部的驳船和舰载机。（作者私人收藏）

主管李维特－卡纳克（Rivett-Carnac）中将战后仍驻留澳大利亚，并担任南方区域指挥官，负责在1945年12月舰队总部移驻香港后处理澳大利亚当地与舰队的有关事宜。期间中将的总部从墨尔本搬迁至悉尼，最终中将于1946年4月27日降下了将旗。太平洋海军航空兵总指挥官波特尔（R H Portal）少将已于2天前离职。两位将官此前曾为收束舰队在澳大利亚的活动密切合作。

至1946年末，英国太平洋舰队仅辖有2艘航空母舰、4艘巡洋舰、由8艘新型Ca级驱逐舰组成的第8驱逐舰队、4艘潜艇及其供应舰"固执"号，以及由9艘防空炮舰和护卫舰组成的护航舰队。海军部原计划在战争拖延下去的情况下，利用Ca级驱逐舰替换较早级的驱逐舰，从而使后者能接受整修并更换船员。实际上，所有较早级的驱逐舰均被该级驱逐舰取代。该级舰也是战争期间建成的最后一批"紧急驱逐舰队"。尽管大小与T级、U级和W级驱逐舰相仿，但相比前辈，该级舰拥有条件更好的作战室和更强的防空火力。随着装备"战役"级驱逐舰的第19驱逐舰队撤回英国本土，舰队中驱逐舰数量的减少最终导致英国太平洋舰队驱逐舰指挥官这一职务的撤销。根据1943年中英新约规范的中英关系，舰队不能如1941年中国基地时期那般频繁访问中国港口，不过英国仍持续在日本水域保留了一支小型舰队。该部代号T舰队，起初包括2艘英国或澳大利亚驱逐舰，以及若干英国或澳大利亚驱逐舰及护卫舰。该舰队同时也是盟军占领军的一部分，由美军驻日海军总司令负责战术指挥。此外，1947年4月4日前，总有1~2艘印度皇家海军的护卫舰驻日本海域，不过上述舰只则编为C舰队，其战术指挥权由英联邦占领军总指挥官掌握。此后，"戈达瓦里河"号（Godavari）加入T舰队。

1946年8月15日—10月15日间，英国太平洋舰队新任总指挥官博伊德海军航空上将搭乘"贝尔法斯特"号，率舰队前往日本进行了一次行程密集的巡航。1947年3月8日，克雷西（G C Creasy）少将接替布里奇少将担任航空指挥官，不过，至1947年底舰队所辖两艘航空母舰均已返回英国本土，且舰队没有得到新的航空母舰，同时舰队又决定裁撤T舰队编制。裁撤工作通过在T舰队所辖舰只逐步离队后不再派遣舰只接替的方式完成。T舰队所辖的最后一艘战舰为英国护卫舰"哈特"号，该舰于1947年12月18日脱队。不过

∧　"先锋"号返回英国时也运载了军机返回。照片中停放在该舰飞行甲板上的军机包括一架拆除机翼的C-45"催料员"式客机（Expeditor）、若干"海火"式、若干"萤火虫"式以及一架"哈佛"式。（作者私人收藏）

此后仍有 1~2 艘英国驱逐舰继续驻扎吴港，作为英联邦占领军的英国支援单位。1947 年末，第 5 巡洋舰中队则仅辖有"苏塞克斯"号（Sussex）和"伦敦"号两艘巡洋舰。英国太平洋舰队作战实力的凋零也是英国政府对整个皇家海军进行整体削减的一部分，其目的乃是加快复员速度。除了这一削减的影响外，超过 18 岁的青年男子在海军中的服役期限意外地遭到缩短也使得海军的状况雪上加霜。上述政策最终导致原计划 1948 年 3 月舰队人数上限从原计划的 178000 下降至 147000 人。[13] 由于巴勒斯坦巡逻任务的需要，主要承担该任务的地中海舰队在 1948 年间仍保持了较高的战斗力，但包括英国太平洋舰队在内的其他各舰队和基地的人数规模均遭到快速缩减，这自然也意味着经过训练、富有经验的人员大量流失。恰恰是这一原因——而非总人数的削减——导致了舰队出海舰只数量的削减以及其他舰只逐步转入预备役。很多经验丰富且继续服役的人员则主要被投入对新兵的训练。

∧ 悬挂着弗雷泽上将将旗的"约克公爵"号于 1945 年 12 月 1 日最后一次从悉尼出航,此行目的地是香港。
(斯蒂夫·布什收藏)

　　1947 年 11 月,在帝国总参谋长①阿拉曼勋爵蒙哥马利陆军元帅的鼓吹下,英国三军总参谋长会议提出了一项提案,其主要内容为在英国的各处海外基地的三军总指挥官应驻扎在同一地点,以便在其各自参谋团队中实现整合。如此一来,各总指挥官便可构成一个永久性的"静坐委员会",在其辖区内执行战区最高指挥官职责。对英国太平洋舰队而言,这意味着舰队总部将从香港移驻皇家空军和陆军总部所在地新加坡。如此一来,舰队总指挥官将永久性驻扎在岸上,由其副手负责实际海上指挥。尽管这一构想与战争期间英国太平洋舰队的实际运作方式相符,不过当时并未计划将这一安排永久化,且做出这一安排的主要原因是作战时舰队指挥官的军衔不应高于指挥盟军海军作战的美国海军上将。即使如此,战

---

① 译注:即英国陆军总参谋长。

争期间舰队总指挥官仍不时搭乘旗舰出海，战后这一行动更加频繁。除了改变总部所在地和总指挥官指挥方式外，三军总参谋长会议还企图将英国太平洋舰队更名为"远东舰队"，从而与以新加坡为总部的陆军和皇家空军部队的名称统一，同时鼓励"联合作战"。当时，其他两军种的番号分别为远东陆上部队和远东空军。最后一项改动自然将淡化战争期间战功卓著的英国太平洋舰队的特性，且可能削弱其影响力范围，尤其就美方认知而言。美军架构中，以日本为中心的远东海军隶属太平洋舰队编制下，因此美方也会习惯性地认为英方的这一改变意味着降级。针对这一提案，皇家海军认为，该方案不仅削减了舰队责任范围，又未能通过倡导联合军事筹划获得显著的收益。英国政府也许认为上述改变能促进三军更紧密地合作，但在皇家海军看来，比起三军之间的合作，更重要的是与各自治领以及盟军舰队紧密联合，在远超陆军和皇家空军所能涉及的地域外施加影响力。这正是英国太平洋舰队一直以来出色完成的任务。

　　三军总参谋长会议的提案一经提出，便遭到了英国太平洋舰队现地指挥官博伊德中将的强烈反对。在三军总参谋长会议上，第一海务大臣约翰·坎宁安（John Cunningham）[1]上将的反对态度同样坚决。海军方面最主要的反对理由便是一旦永久性驻扎岸上，舰队总指挥官与其麾下官兵的个人接触便会中断，而这种接触对有效指挥作战而言不可或缺。[14]然而海军的观点最终被首相艾克莱门特·艾德礼亲自否决。[15]所幸提案的最终版本中有关新联合组织的定义被修订为"讨论平台"，而非三军联合总部，这才多少削弱了提案对海军的影响。各海外基地总指挥官会议被命名为"英国防务协调委员会"（British Defence Co-ordination Committee），[16]由此新构建的英国远东舰队于1948年9月14日午夜正式成立，其基地为新加坡。与此同时，英国太平洋舰队编制正式取消。9月15日，博伊德中将在新加坡升起将旗，并就任皇家海军远东基地总指挥官。同时，刚刚接任第5巡洋舰中队指挥官不久的马登少将（A C G Madden）出任皇家海军远东基地副总指挥官以及担任出海指挥的总指挥官副手。此项变动由海军部3993/48

---

① 译注：尽管同姓，但是他与前任第一海务大臣、著名将领安德鲁·坎宁安上将并无亲戚关系。

号舰队命令正式宣布，并记录在 1948 年 10 月 10 日出版的海军部月度情报报告 1948 年 9 月号中。后者中相关文字如下：

> 远东基地—原英国太平洋舰队岸上总部及总指挥官（丹尼斯·博伊德上将）的参谋团队于 1948 年 9 月 15 日从香港移驻新加坡，同日，该上将就任远东基地总指挥官。香港仍作为该基地的作战训练基地。此项变动乃是为了便于远东地区军种之间的合作。奥利弗（R D Oliver）少将的继任者马登少将于 1948 年 9 月 14 日出任远东基地副总指挥官，兼任第 5 巡洋舰中队指挥官，并作为出海期间总指挥官的代表。博伊德上将于 1948 年 9 月 15 日搭乘其通信船"警告"号（HMS Alert）[①]抵达其位于新加坡的新总部。

舰队名称的改变并未立即对英军的指挥结构造成影响，但约 10 年后，每个

∧ 1946 年 2 月，返回英国本土途中停泊开普敦附近的"不挠"号。（作者本人收藏）

---

① 译注：该舰隶属"海湾"级护卫舰。所谓通信船，即指运送军事报告的船只。

∧ 加入英国太平洋舰队后，停泊于悉尼港的"英仙座"号（HMS Perseus）。（澳大利亚海权中心收藏）

英国海外基地均设有一名总指挥官，其下辖有三军各自指挥官，由此皇家海军远东地区的最高职位便成了远东舰队指挥官（COMFEF），其驻地仍位于新加坡。其副手——远东舰队副指挥官仍是出海指挥官中职位最高者。远东基地的总指挥官可以由皇家海军、皇家空军或陆军高级将领出任，但各军中均拥有该战区独立的作战参谋团队。

仅仅为了适应调整组织架构这一纯粹官僚操作的需要，皇家海军历史上最强大、影响最深远的舰队名称便就此废除，而这一操作甚至没有在其他地区实施。对于英国太平洋舰队而言，这一结局或许令人忧伤。然而取代英国太平洋舰队的舰队此后不久便参加了 1950 年 6 月爆发的朝鲜战争，并长期作为一支强大舰队存续至 1971 年被纳入全新的皇家海军舰队统一架构中。

― 16 ―
回顾

　　虽然英国海军部第一时间重返太平洋的决心非常坚定，而且曾与丘吉尔首相及其三军参谋长进行过长期、大量的讨论，但直至1944年秋初英国太平洋舰队还不存在。海军部虽然提出建立舰队，但在茫茫的太平洋上，该舰队运作所需的基地还不存在，也没有任何浮动后勤支援体系，可以支持该舰队在距离固定基地较远的海域与装备完善的美国海军并肩作战。事实上，对于日后那支青史留名的著名舰队而言，其称号中的"英国"这一定语多少显得名不副实。实际上，舰队的成功运作在很大程度上依赖于各自治领提供的船舰、基地以及负责操作的人员。对于皇家海军而言，幸运的是，海军仍能找出一名具有足够洞察力的总指挥官迎难而上，克服重重障碍并激励麾下全体官兵。

　　为成功组建英国太平洋舰队，弗雷泽上将首先必须说服美国海军金海军上将和尼米兹上将认同该舰队不仅可以自给自足，而且可以在不影响美军资源调配的前提下完成分配给其的任务。上将麾下的官兵们则需要完成分配的任务，并在日常舰队运作中赢得美国盟友的信任，而后者已经在太平洋上与冷酷无情而又冥顽不灵的敌人进行了四年的生死搏杀，早已通过实战积累了丰富的经验和技术。除此之外，弗雷泽上将还需要说服澳大利亚政府继续调拨巨量资源，建立和扩展设在当地的舰队主基地。上将甚至还亲自参与了澳大利亚滨海地带的劳资纠纷。英国政府并不愿意为上将配齐他所需的人力和商船运力，因此上将无法忽视其麾下大量船舰和人员来自澳大利亚、加拿大和新西兰海军这一基本事实。欧洲战事结束之后，三国制订了各自的复员方案，这也对英国太平洋舰队造成了相当的影响。

　　笔者在此强调英国太平洋舰队初期遭遇的种种困难并非意在贬低该舰队，而是为了突出舰队最终的成功是多么来之不易。1945年1月，舰队终于成立，为此皇家海军动用了其全球范围内的船坞、仓储和航空基地系统，才将这支辖有现代化战舰和舰载机的舰队部署至战略所需地域作战，并支持舰队规模随着其他舰只和军机的持续加入而不断扩张。最终，皇家海军终于及时凑齐了足够的后勤支援力量，支持英国太平洋通过对巨港地区炼油厂展开的战略攻击以展现自身作战能力，而设在澳大利亚的舰队基地直到舰队抵达当天才建设完成。仅仅6个月之后，英国太平洋舰队就作为美国海军第3舰队的一个有机组成部分，在日本沿海以与美国海军相当的专业水平与后者并肩作战。舰队补给船队中很多船只——尤其是油船——其性能远逊于美国海军专为舰队海上补给作业设计的相应船只，但无论如何这些船只还是奉命行动，并完成了支持舰队连续作战的任务。在经历了整整6年的全球性战争后，英国不但在大西洋损失了大量船舶，且急需商船满足战后重建所需。考虑这一大背景，舰队后勤船队的组建堪称一项显著的成就。当然，如果弗雷泽上将及其部下知难而退，选择在挑战性相对不那么高的战场作战，那么一切都会轻松很多。然而这一想法从一开始就没有被舰队上下列入考虑范围。舰队全体都投身于学习模仿美国海军正在执行的新战争形式之中。

此前从未有过任何一支英国舰队曾在与太平洋舰队相当的程度上整合各自治领单位，或如此密切地将各自治领单位纳入单一组织之中，也没有任何一支舰队曾与外国海军如此紧密地合作，甚至被纳入外国海军的作战指挥系统中，并采用外国海军的密码、通信规范、舷号以及信号系统。除了英国太平洋舰队，再没有其他任何一支英国武装力量能在1945年在日本核心地区作战。战争中曾展开对日本本土攻击的全部英国军机均是从皇家海军航空母舰飞行甲板上起飞的皇家海军舰载机。战争结束后第一批在日本、香港地区以及其他很多地区登陆的英国军人均是由英国太平洋舰队舰船运送至目的地。因此，在历史上，英国太平洋舰队占据着独特的地位。

如果日本没有如现实中一样于1945年夏投降，盟军便将展开"奥林匹克"作战。此次作战中英国太平洋舰队将派出两个航空母舰特混大队作战，这两个战斗群不仅将包括舰队航空母舰，而且也将包括新近抵达太平洋的轻型舰队航空母舰，从而构成一支名副其实、与美国海军同级别部队规模相当的特混舰队，其中还将包括夜间航空母舰"海洋"号。英国太平洋舰队也将完成与美国海军第 3 及第 5 舰队的整合，同时至 1946 年初舰队的后勤支援力量也将形成相当庞大的规模，足以支持舰队彻底摆脱"冰山"作战期间后勤上几乎毫无余裕的窘境。

在现代英国参与的战争中，英国太平洋舰队组建、学习使用以及实际部署其后勤支援船队和舰队后勤船队、航空后勤支援船队的速度堪称前所未有。与花了 4 年时间建立了一支规模相当庞大的后勤舰队的美国海军相比，皇家海军完成这一工作的速度堪称优秀。与 1939 年皇家海军的任何一支舰队相比，1945 年 8 月的英国太平洋舰队都堪称脱胎换骨，无论是在其组成、战术、后勤支援力量还是战斗能力方面，英国太平洋舰队都要远远超过其前辈。

由于时间紧迫，英国太平洋舰队只能采取一些激进的方式学习并完善新的战术及作战程序，尤其是在航空母舰舰载机作战有关的方面。专用的攻击机型、武器研发计划、攻击后实施富有成效的侦察以及对夜间战斗机的需求均成为战后皇家海军发展的要素。当然，信息交流并非总是单向的，通过在北海和地中海与德国空军的搏杀，皇家海军积累了丰富的舰载战斗机引导经验并在该领域颇有心得，相关经验也传授给了美国海军。后者在吸收并加以改进之后获益匪浅。盟军之间还交流了舰船设计和建造理论，因此英国新设计的"马耳他"级（Malta）舰队航空母舰便采用了开放机库设计。[1] 而美方则对英制航空母舰的装甲甲板与封闭舰艏印象深刻，并在对其战时舰只进行改造以及战后设计全新的"福莱斯特"级（Forrestal）航空母舰时采用了上述设计。[2] 此外，皇家海军通过太平洋舰队的实战，对拥挤且超员的住舱甲板生活条件的影响有了深刻的认识，并进而在很大程度上影响了 1945 年以后英国战舰的设计。实战经验表明，如果战舰需要利用航行间补给技术长期出海作战，那么舰上居住条件便必须加以改善。[①] 皇家海军还接受了下述观念，即诸如邮件投递、电影播放以及有组织的娱乐活动等有利于激发士气的活动亦具有重要意义。战争期间，美国海军曾克服种种困难

---

① 译注：即使不考虑战时因增加各种设备导致的超员，战前英国条约规定的轻巡洋舰上的居住条件就已经不够理想，这通常是为了适应条约限制，在不影响部分性能的前提下做出的牺牲。

∧ "凯旋"号（Triumph）轻型舰队航空母舰和"哥萨克人"号（Cossack）驱逐舰①正在日本沿岸海域执行任务。继承了 5 年前皇家海军的经验后，两舰官兵发现采用前人经验后与美国海军合作作战就"似乎非常熟悉了"。（作者私人收藏）

携战争记者乘舰出海，并帮助这些记者撰写稿件以及提供合适的照片，以便让海军持续出现在公众视野之中。皇家海军起初对搭载媒体从业人员出海持抵制态度，但 1945 年海军也在战舰上大量搭载媒体人士。1982 年福克兰群岛战争期间，记者以及摄影师的大规模登舰便是基于 1945 年英国太平洋舰队的早期探索。

英国太平洋舰队最终在其从事的各方面工作上都获得了成功，尽管其过程中不时出现捉襟见肘的情况，并常常不得不在实践中学习。因此舰队获得的经验教训对皇家海军战后的现代化进程至关重要。皇家海军由此认识到，由航空

---

① 译注：分别隶属"巨人"级航空母舰和 C 级驱逐舰。

∧ 1950 年 8 月，"独角兽"号搭载即将部署在朝鲜的英军抵达韩国釜山。图为"联合国军"组织的接待团正在欢迎该舰抵达。(作者私人收藏)

母舰搭载的舰载机才是在远距离上投射国家实力的关键因素。囿于政治因素限制和"独立的"皇家空军的反对，坦白地说，1945 年以前皇家海军既无合适的机型也无相应的技术发挥其航空分支的全部潜力。通过作为历史上最强大的舰队——美国海军第 3 舰队的一部共同参与战斗，前述状况终于得以扭转，在由此打造出一支由"航空意识"主导的海军的同时，一代专精飞行的军官也逐渐成长为中队以及航空母舰指挥官，并于战后先后在巴勒斯坦、朝鲜以及苏伊士地区作战，还催生了以"掠夺者"式（Buccaneer）攻击机为代表的一系列出色的舰载机，该机型曾被广泛认为是同时代最好的攻击机。很多曾以皇家海军志愿预备役航空军官身份服役的机组成员 1945 年后都转为全职服役，如果没有他们的参与，战时皇家海军便会缺乏足够数量的飞行员和观测员供作战所需，而他们在海军中的继续服役也意味着有关海军航空作战的宝贵经验得以在海军中保留。这些经验是在太平洋上的战斗中通过血汗得来的，弥足珍贵。此外，鉴于战争期间皇家海军舰载机机组成员大部分出身于预备役或战时征召人员，因此继续服役也可视为对人员结构的一种纠正。尽管如此，皇家海军还是花了很多年才将其机组成员人数提高至其自身标准的"正常"水平。美国海军1941年前便拥有不少正式役的骨干飞行员，因此战争中美军并未遭遇与英军类似程度的困难。

1945年之后，海上补给作业成为舰队日常作业，且皇家海军辅助舰队中专门设计或改装的船只也逐步成为战后舰队的永久性成员，这些船只类型的第一代成员往往便是曾参加英国太平洋舰队的老兵。1945年后，海军仍继续举行有自治领或美国海军舰船参与的演习。虽然自诸如北约之类的联军成立之后，国际信号的引入本身就已经使得协同作战更加简单，但联合演习的作用仍无可替代。远东舰队的英国舰只曾于1950年春在日本海域与美国战舰共同参与演习。

自1945年以来，英国太平洋舰队的遗产影响了皇家海军的各个方面。例如在收复福克兰群岛代号"共同作战"（Corporate）的行动中，皇家海军在距离英国本土约13000千米外的福克兰群岛周围设置了禁航区（Total Exclusion Zone）。为此，皇家海军需要在禁航区内无限期部署一支航空母舰特混舰队。战争期间，"无敌"号（HMS Invincible）航空母舰共出海作战166天。隶属第800、第801、第809和第899中队，分别由"无敌"号和"竞技神"号①搭载的"海鹞"式（Sea Harriers）战斗机[4]共击落了24架敌机。[5]战争期间，皇家海军从日常贸易船队中征用商船，并对其进行改装以支持特混舰队以及舰队海军陆战队。这一做法与1945年皇家海军为英国太平洋舰队创建舰队后勤船队的方式非常相似。21世纪，海军需保证战舰可以迅速抵达战场，并在战场逗留较长时间。不过，即使是实力最强大的美国海军也不愿单独执行这一任务，因此多国联合行动逐渐变得较单一国家行动更为普遍。

---

① 译注：该舰隶属二战期间设计的"半人马座"级轻型航空母舰，在战后经历多次改装。

∧ 1945年后，皇家海军非常重视保留与各自治领以及盟国海军无缝衔接密切配合联合作战的能力。照片中正在同时执行补给和传输作业的4艘舰船分别是澳大利亚皇家海军"悉尼"号（HMAS Sydney）航空母舰[①]、皇家海军辅助舰队"浪首相"号（RFA Wave Premier）油轮、美国海军"汉纳"号（USS Hannah）[②]驱护舰以及皇家海军"警告"号护卫舰，展现了各舰在朝鲜海域的团队合作能力。（作者私人收藏）

　　据笔者所知，目前仅有一座与英国太平洋舰队有关的纪念牌，其位置位于原英国太平洋舰队岸上总部附近，即悉尼花园岛船坞入口处附近的波特角（Pott's Point）。这一纪念牌由澳大利亚海军历史协会构思并安置，并于1973年12月2日由摩尔少将揭幕。该纪念牌由一块刻有花纹的金属板、1958年"约克公爵"号被拆解时取下的一块该舰舰徽以及一块说明标牌构成。该纪念牌此后被移至数米外的澳大利亚皇家海军舰队总部内，作为英联邦国家曾经组建的最强大舰队及其背后各成员之间紧密合作的纪念。有关英国太平洋舰队的记忆将永世长存。

---

　　① 译注：隶属"庄严"级轻型舰队航空母舰，1944年下水时该舰被命名为"可怕"号，但战争结束时该舰尚未完工。1947年，该舰被出售给澳大利亚，后者将其重新命名为"悉尼"号，并于1948年完工加入澳大利亚皇家海军。
　　② 译注：作者笔误，该舰舰名应为Hanna，隶属"巴特勒"级。

〈 在设于悉尼的澳大利亚皇家海军舰队总部内的一面墙上，安置着如今唯一专用于纪念英国太平洋舰队的纪念牌。该纪念牌原先安置在距离英国太平洋舰队战时总部旧址数米之遥的一面墙上。遵照澳大利亚海军历史协会的提议，1973 年，摩尔（G D Moore）少将在英国太平洋舰队老兵的陪同下为该纪念牌揭幕。（澳大利亚海权中心收藏）

〉 英国太平洋舰队纪念牌说明标牌详情。（澳大利亚海军历史社／士官卡农收藏）

THE BRITISH PACIFIC FLEET

This memorial was erected by
The Naval Historical Society of Australia
to commemorate the service of the British Pacific Fleet
in the war of 1939-1945.
The treadplate and ship's badge were removed
in the year 1958 from the battleship,
H.M.S. DUKE OF YORK, last flagship of the Fleet.

UNVEILED BY REAR-ADMIRAL G.D. MOORE C.B.E.
ON THE 2ND OF DECEMBER 1973.

附录

1945 年 1 月英国太平洋舰队编成

航空母舰	"不倦"号、"光辉"号、"胜利"号、"不挠"号
战列舰	"英王乔治五世"号、"豪"号
巡洋舰	"敏捷"号、"冈比亚"号（新西兰皇家海军）、"黑王子"号、"亚尔古水手"号、"欧尔亚拉斯"号
驱逐舰	"速燃导火索"号（澳大利亚皇家海军）、"基伯龙"号（澳大利亚皇家海军）、"质量"号、"昆伯勒"号、"格伦威尔"号、"阿尔斯特"号、"水精灵"号、"熊星座"号、"乌拉尼亚"号、"大胆"号、"肯彭菲尔特"号、"韦塞克斯"号、"赌注"号、"幼崽"号、"旋风"号、"警醒"号
越洋护卫舰只	"巴拉腊特"号、"马里伯勒"号、"利斯莫尔"号、"怀阿拉"号、"古尔本"号、"卡尔古利"号、"图文巴"号、"本迪戈"号、"杰拉尔顿"号、"塞斯诺克"号、"凯恩斯"号、"伊普斯维奇"号、"塔姆沃思"号、"伍伦贡"号、"皮里"号、"朗塞斯顿"号（全部隶属澳大利亚皇家海军）
护卫舰及炮舰	"起重机"号、"红极"号、"野鸡"号、"丘鹬"号、"杓鹬"号、"巴尔勒"号、"赫尔福德"号、"帕雷"号

舰队后勤船队（隶属海军）

补给航空母舰	"投石者"号、"演讲者"号
运输航空母舰	"打击者"号、"击剑者"号

维修工作船	"资源"号、"阿特菲克斯"号
舰载机修理船	"独角兽"号
布网舰	"监护人"号
驱逐舰供应舰	"泰恩"号

舰队后勤船队（隶属皇家海军辅助舰队或商船船队）

食品储备分发船	"埃德蒙顿要塞"号、"登比郡"号、"阿尔巴马要塞"号、"迪耶普城"号
医务船	"牛津郡"号、"芝扎连加"号
拖轮	4 艘
油轮	"棕色游骑兵"号（Brown Ranger）、"叮当谷"号、"圣安布罗西奥"号、"雪松谷"号、"阿恩谷"号、"圣阿多尔福"号、"浪王"号、"奥瑟·马士基"号
海军储备分发船	"酒神"号①
航空储备运输船	"科尔维尔要塞"号②
海水蒸馏船	"斯塔格普尔"号③
枪炮储备分发船	"科林达"号、"达威尔"号、"赫墨林"号、"赫伦"号（Heron）、"科提"号、"帕切科"号、"列日公主"号、"玛利亚·皮娅公主"号、"罗伯特·马士基"号、"塞拉·S"号
枪炮储备运输船	"古德龙·马士基"号、"吉斯缇娜"号、"科拉"号
海军储备运输船	"博斯普鲁斯"号

---

① 译注: 对照第三章和附录 B 内容, 此处作者笔误, 应为"博斯普鲁斯"号。当时并未辖有海军储备运输船。"酒神"号实际为海水蒸馏船。

② 译注: 对照第三章和附录 B 内容, 此处作者笔误。该船为航空储备分发船。

③ 译注: 应还有"酒神"号。

附录 B

1945 年 8 月英国太平洋舰队编成

航空母舰　　　"可畏"号、"不倦"号、"不挠"号、"巨人"号、"光荣"号、"可敬"号、"复仇"号、"不饶"号[1]

补给航空母舰　"打击者"号、"仲裁者"号、"追击者"号、"统治者"号、"投石者"号、"演讲者"号

运输航空母舰　"文德克斯"号、"击剑者"号、"收割者"号

战列舰　　　　"约克公爵"号、"英王乔治五世"号、"安森"号、"豪"号

巡洋舰　　　　"百慕大"号、"贝尔法斯特"号、"欧尔亚拉斯"号、"冈比亚"号（新西兰皇家海军）、"阿基里斯"号（新西兰皇家海军）、"敏捷"号、"亚尔古水手"号、"纽芬兰"号、"黑王子"号、"安大略湖"号（加拿大皇家海军）、"乌干达"号（加拿大皇家海军）

防空舰　　　　"罗伯特王子"号（加拿大皇家海军）

快速布雷舰　　"阿波罗"号、"阿里阿德涅"号、"马恩岛人"号

驱逐舰　　　　"象限仪"号、"质量"号、"昆伯勒"号、"基伯龙"号（澳大利亚皇家海军）、"速燃导火索"号（澳大利亚皇家海军）、"奎利姆"号、"纳皮尔"号（澳大利亚皇家海军）、"尼泊尔"号（澳大利亚皇家海军）、"尼扎姆"号（澳大利亚皇家海军）、"诺曼"号（澳大利亚皇家海军）、"巴福勒尔"号、"特鲁布里奇"号、"蒂泽"号、"顽强"号、"泼妇"号、"歌舞女神"号、"骚乱"号、"托斯卡纳"号、"提尔人"号、"特拉法尔加"

---

[1] 译注：似应还有"胜利"号。

号（Trafalga）、"无敌舰队"号（Armada）、"坎珀当"号、"霍格"号（Hogue）、"格伦威尔"号、"阿尔斯特"号、"尤里西斯"号、"水精灵"号、"大胆"号、"乌拉尼亚"号、"淘气鬼"号、"熊星座"号、"肯彭菲尔特"号、"赌注"号、"警醒"号、"韦塞克斯"号、"幼崽"号、"旋风"号、"术士"号（Wizard）、"牧人"号、"阿冈昆"号（Algonquin）（加拿大皇家海军）

炮舰	"女巫"号（Enchantress）、"野鸡"号、"起重机"号、"红极"号、"杓鹬"号、"丘鹬"号、"欣然"号（Alacrity）、"紫石英"号、"黑天鹅"号（Black Swan）、"白尾鹫"号（Erne）、"哈特"号、"雄鹿"号（Hind）、"小天鹅"号（Cygnet）、"火烈鸟"号（Flamingo）、"负鼠"号（Opossum）、"八哥"号（Starling）、"鹳"号（Stork）、"鹪鹩"号（Wren）
护卫舰	"埃文河"号（Avon）、"芬德霍恩"号、"帕雷"号、"赫尔福德"号、"巴尔勒"号、"德格河"号、"奥萨尼河"号、"普利姆河"号、"厄斯克"号、"威德茅斯湾"号（Widemouth Bay）、"海布里湾"号（Highbury Bay）、"弗扬湾"号（Veryan Bay）、"白沙湾"号（Whitesand Bay）
潜艇	"沉默者"号、"貘"号（Tapir）、"金牛座"号（Taurus）、"周密"号（Thorough）、"极北"号（Thule）、"脚尖"号（Tiptoe）、"图腾"号（Totem）、"锐利"号、"喇叭"号（Trump）、"特平"号（Turpin）、"苏格兰人"号（Scotsman）、"海洋童子军"号（Seascout）、"月女神"号（Selene）、"西顿"号（Sidon）、"警犬"号（Sleuth）、"索伦特"号（Solent）、"矛头"号（Spearhead）、"顽固"号（Stubborn）、"至高"号（Supreme）、"乐观"号（Sanguine）、"蝠鲼"号（Sea Devil）、"海妖"号、"火花"号（Spark）、"幽暗"号、"水龟"号（Terrapin）、"都铎"号（Tudor）、

"贪食"号、"噪音"号（Vox）、"美德"号（Virtue）

扫雷舰	"调情"号（Coquette）、"罗威娜"号（Rowena）、"玛莉·罗斯"号（Mary Rose）、"月亮"号（Moon）、"天意"号（Providence）、"海熊"号（Seabear）、"尽女星"号（Thisbe）、"信使"号（Courier）、"幸福"号（Felicity）、"野兔"号（Hare）、"自由"号（Liberty）、"迈克尔"号（Michael）、"吟游诗人"号（Minstrel）、"波浪"号（Wave）、"欢迎"号（Welcome）（此外还包括浮标敷设艇"希莱岛"号［Shillay］和"特洛代岛"号［Trodday］）
轻护卫舰	"巴拉腊特"号、"本迪戈"号、"伯尼"号、"古尔本"号、"马里伯勒"号、"图文巴"号、"怀阿拉"号、"塞斯诺克"号、"高勒"号（Gawler）、"杰拉尔顿"号、"伊普斯维奇"号、"朗塞斯顿"号、"皮里"号、"塔姆沃思"号、"伍伦贡"号、"卡尔古利"号、"利斯莫尔"号、"凯恩斯"号
舰载机靶船	"刘易斯"号（Lewes）、"佩恩"号
水雷障运输船	"费恩摩尔"号（Fernmoor）、"利奥"号（Leonian）

舰队后勤船队（隶属海军）

指挥舰	"洛锡安"号
运输船	"格伦恩"号
驱逐舰供应舰	"泰恩"号、"蒙特克莱尔"号
潜艇供应舰	"固执"号、"梅德斯通"号、"圣文德"号
重型维修工作船	"阿特菲克斯"号、"资源"号
交通船	"库克山"号（Aorangi）、"兰开夏郡"号（Lancashire）
船体维修船	"杜里斯克湾"号（Dullisk Cove）
辅助维修船	"协助"号、"勤勉"号（Diligence）

护航舰只保养船	"贝里海角"号（Berry Head）、"弗兰伯勒角"号（Flamborough Head）
扫雷舰保养船	"吉兰丹"号（Kelantan）
无线电设备修理船	"杨梅"号（新西兰皇家海军）
后勤支援船队指挥船	"亚拉河"号（Aire）
舰队随行油轮	"欧拉"号
布网舰	"监护人"号
消磁船	"春谷"号（Springdale）
打捞船只	"救难之王"号（King Salvor）、"萨尔维斯特"号（Salvestor）、"萨尔维克特"号（Salvictor）

舰队后勤船队（隶属皇家海军辅助舰队或商船船队）

油轮	"艾斯·马士基"号（Aese Maersk）、"阿恩谷"号、"主教谷"号（Bishopdale）、"卡列里拉"号、"雪松谷"号、"叮当谷"号、"鹰谷"号、"圣阿多尔福"号、"圣阿曼多"号（San Amando）、"圣安布罗西奥"号、"浪皇"号、"浪总督"号、"浪王"号、"浪君主"号（Wave Monarch）
小型油轮	"棕色游骑兵"号、"达斯特·克里克"号（Darst Creek）、"金色牧场"号（Golden Meadow）、"绿色游骑兵"号（Green Ranger）、"易瑞"号（Iere）、"洛马·纳维亚"号（Loma Navia）、"拉皮多"号（Rapidol）、"瑟波尔"号（Serbol）、"七姐妹"号（Seven Sisters）
给水船	"山顶帝国"号（Empire Crest）、"瓦克坡特"号（Vacport）
煤船	"埃德娜"号（Edna）

医务船	"克莱德皇帝"号、"耶路撒冷"号（Gerusalemme）、"芒格努伊"号、"牛津郡"号、"芝扎连加"号、"瓦斯纳"号（Vasna）
枪炮储备分发船	"科林达"号、"达威尔"号、"赫墨林"号、"赫伦"号、"科提"号、"基斯特纳河"号（Kistna）、"帕切科"号、"列日公主"号、"玛利亚·皮娅公主"号、"罗伯特·马士基"号、"塞拉·S"号、"山胡桃溪"号、"古德龙·马士基"号、"科拉"号①
海军储备分发船	"迪耶普城"号②、"博斯普鲁斯"号③、"亚斯特罗姆"号（Jaarstroom）、"马如杜"号（Marudu）、"圣安德列斯"号（San Andres）、"石勒苏益格"号（Slesvig）
食品储备分发船④	"阿尔巴马要塞"号、"君士坦丁要塞"号、"丹未干要塞"号、"埃德蒙顿要塞"号、"天意要塞"号（Fort Providence）、"弗兰格尔要塞"号、"格兰纳特尼"号④
水雷分发船	"普罗姆"号（Prome）
海水蒸馏船	"酒神"号、"斯塔格普尔"号
舰队娱乐船	"门尼西修斯"号

航空后勤船队（隶属皇家海军）

舰载机维护保养舰	"先锋"号
舰载机修理舰	"独角兽"号

---

① 译注：最末两船似为枪炮储备运输船。
② 译注：应为食品储备分发船。
③ 译注：应为海军储备运输船。
④ 译注：似缺少"迪耶普城"号。

引擎维修船　　　　"迪尔湾"号

零件维修船　　　　"比尤利湾"号（Beauly Firth）、"默里湾"号（Moray Firth）、"库林海峡"号（Cuillin Sound）、"霍尔姆湾"号

航空后勤船队（隶属皇家海军辅助舰队或商船船队）

航空储备分发船　　"科尔维尔要塞"号、"兰利要塞"号

注：尽管上述全部舰只均登记在英国太平洋舰队的记录中，但是若干舰船1945年8月15日尚未就位。

附录 C

1948 年 8 月英国太平洋舰队编成

巡洋舰　　　"伦敦"号、"苏塞克斯"号

驱逐舰　　　"哥萨克"号、"宴乐之神"号（Comus）、"一致"号（Concord）、
　　　　　　　"配偶"号（Consort）、"康斯坦斯"号（Constance）

护卫舰　　　"欣然"号、"紫石英"号、"哈特"号、"黑天鹅"号

潜艇　　　　"埃涅阿斯"号（Aeneas）、"滋事"号（Affray）、"御
　　　　　　　夫座"号（Auriga）

通信船　　　"警告"号

舰队拖轮　　"安可"号（Encore）

打捞船只　　"救难之王"号、"救难王子"号（Prince Salvor）

调查船　　　"丹皮尔"号（Dampier）

遥控扫雷艇　"小鸊鷉"号（Dabchick）（预备役）

扫雷艇　　　"迈克尔"号、"飞鱼"号（Flying Fish）、"雌狮"号（Lioness）、
　　　　　　　"吕山德"号（Lysander）、"酒神祭司"号（Maenad）、
　　　　　　　"魔法师"号（Magicienne）（预备役，位于新加坡）

英国太平洋舰队所辖航空基地和航空工场

名称	代号	入驻单位	存续时间
皇家海军瑙拉航空基地	"纳宾顿"号	第 1 海军机动航空作战基地	1945 年 1 月 2 日加入现役
	"纳布斯维克"号	第 5 海军机动航空作战基地	1945 年 11 月 15 日进驻 1946 年 3 月 18 日关闭
皇家海军班克斯敦航空基地	"纳伯利"号	第 2 海军机动航空作战基地	1945 年 1 月 29 日加入现役 1946 年 3 月 31 日关闭
皇家海军斯科菲尔德航空基地	"纳布索普"号	第 3 海军机动航空作战基地	1945 年 2 月 18 日加入现役
	"纳布斯托克"号	第 6 海军机动航空作战基地	1945 年 11 月 15 日进驻 1946 年 6 月 9 日关闭
皇家海军波南航空基地	"纳巴容"号	第 4 海军机动航空作战基地	1945 年 4 月 2 日加入现役 1945 年 11 月 9 日关闭
皇家海军贾维斯湾航空基地	"纳布斯维克"号	第 5 海军机动航空作战基地	1945 年 5 月 1 日加入现役 1945 年 11 月 14 日关闭
澳大利亚空军马里伯勒基地（借驻单位）	"纳布斯托克"号	第 6 海军机动航空作战基地	1945 年 5 月 24 日加入现役 1945 年 11 月 4 日关闭
皇家海军阿彻尔菲尔德航空基地	"纳布雷基"号（HMS Nabreekie）	第 7 海军机动航空作战基地	1945 年 8 月 8 日加入现役 1945 年 11 月 5 日关闭
皇家海军启德航空基地	"纳博凯驰"号	第 8 海军机动航空作战基地	1945 年 9 月 26 日加入现役 1946 年 8 月 27 日关闭
皇家空军启德基地（借驻单位）	"他玛"号		1946 年 8 月 28 日 —1947 年 12 月 31 日
皇家海军三巴旺航	"纳布洛克"号	第 9 海军机动航空	1945 年 10 月 5 日
	"海鸥"号		1945 年 12 月 15 日加入现役 1971 年关闭
皇家海军阿彻尔菲尔德航空工场	"纳布斯福德"号	第 1 机动舰载机养护厂	1945 年 2 月 27 日加入现役 1946 年 3 月 31 日关闭
美国海军皮特伊卢航空基地（借驻单位）	前进舰载机储备基地		1945 年 6 月 21 日进驻 1945 年 9 月 17 日关闭

岸上设施

代号	地点	用途及存续时间
"警告"号	悉尼	舰队保养维护单位居住区 1945年9月—1946年3月
"比肯斯菲尔德"号	墨尔本	行政基地 1944年11月—1945年11月
"弗尔诺"号 （HMS Furneaux）	布里斯班	会计基地 1945年9月—10月
"金色雄鹿"号	悉尼	兵营及征募人员中转站 1944年11月—1947年1月
"乌鲁姆鲁"号	悉尼	维修基地 1945年7月—1946年4月

附录 E

1945 年 8 月英国太平洋舰队将官及各部与舰只指挥官名单

总指挥官	布鲁斯·弗雷泽海军上将
副总指挥官	伯纳德·罗林斯海军中将
第 1 航空母舰中队指挥官	菲利普·维安海军中将
舰队后勤船队指挥官	费舍尔海军少将
第 11 航空母舰中队指挥官	哈考克海军少将
第 4 巡洋舰中队指挥官	布林德海军少将
驱逐舰队总指挥官	埃德尔斯滕海军少将
第 3 巡洋舰中队指挥官	瑟韦斯海军少将
舰队行政主管	丹尼尔海军中将

战列舰

"约克公爵"号 （英国太平洋舰队总指挥官座舰）	尼科尔（A D Nicholl）上校
"英王乔治五世"号 （英国太平洋舰队副总指挥官座舰）	斯科菲尔德（B B Schofield）上校
"安森"号	马登上校
"豪"号	麦考尔（H W U McCall）上校

舰队航空母舰

"胜利"号	丹尼（M M Denny）海军少将
"可畏"号	安德鲁斯（W G Andrewes）上校

"不倦"号　　　　　　　　　　格拉哈姆上校

"不挠"号　　　　　　　　　　艾克尔斯上校

"不饶"号　　　　　　　　　　休斯－哈利特

　　　　　　　　　　　　　　（C C Hughes-Hallett）上校

轻型舰队航空母舰

"巨人"号　　　　　　　　　　斯托克斯（G H Stokes）上校

"光荣"号　　　　　　　　　　巴扎德（A W Buzzad）上校

"可敬"号　　　　　　　　　　达尔梅耶（W A Dallmeyer）上校

"复仇"号　　　　　　　　　　尼姆（D M L Neame）上校

护航航空母舰

"打击者"号　　　　　　　　　卡内海军少将

"仲裁者"号　　　　　　　　　埃弗雷特（D H Everett）上校

"追击者"号　　　　　　　　　普尔（R G Poole）上校

"统治者"号　　　　　　　　　柯里（H P Currey）上校

"投石者"号　　　　　　　　　霍普金斯（J G Hopkins）少校

"演讲者"号　　　　　　　　　杰姆斯上校

"文德克斯"号　　　　　　　　威廉姆斯（J D L Williams）中校

"收割者"号　　　　　　　　　克拉克（I T Clark）中校

海军航空中队

801　皇家海军志愿预备役航空少校杰沃斯（S Jewers）　　　"不饶"号

812　皇家海军航空少校考克森（C R J Coxon）　　　　　　"复仇"号

814　皇家海军航空少校科伊（G R Coy）　　　　　　　　　"可敬"号

820　皇家海军航空少校坎普（J P Camp）　　　　　　　　　"不倦"号

827　皇家海军航空少校克拉克（G R Clarke）　　　　　　　"巨人"号

828　皇家海军航空少校斯旺顿（F A Swanton）　　　　　　"不饶"号

837　皇家海军志愿预备役航空少校马丁（R B Martin）　　　　"光荣"号

848　皇家海军航空少校特尼（A W R Turney）　　　　　　　"可畏"号

849　皇家海军志愿预备役航空少校格里菲斯（A J Griffith）　"胜利"号

857　皇家海军志愿预备役航空少校斯图亚特（W Stuart）　　"不挠"号

880　皇家海军志愿预备役航空少校克罗斯利　　　　　　　　"不饶"号

885　皇家海军志愿预备役航空少校卢特列（J R Routley）　　"统治者"号

887　皇家海军航空少校哈利特（N G Hallett）　　　　　　　"不倦"号

894　皇家海军志愿预备役航空少校克罗斯曼（J Crossman）　"不倦"号

899　皇家海军志愿预备役航空少校丹尼森　　　　　　　　　斯科菲尔德基地

1701　皇家海军志愿预备役航空上尉普兰特（L F Plant）　　波南基地

1770　皇家海军航空少校霍姆斯（D J Holmes）　　　　　　"不倦"号

1771　皇家海军航空少校麦克沃特（W J R MacWhirter）　　"不饶"号

1772　皇家海军志愿预备役航空少校沃特（L C Wort）　　　"不倦"号

1790　皇家海军志愿预备役航空少校尼尔（J H Kneale）　　斯科菲尔德基地

1831　皇家海军志愿预备役航空上尉伯恩斯（R W H Boyns）　"光荣"号

1834　皇家海军航空少校金－乔伊斯（T J A King-Joyce）　　"胜利"号

1836　皇家海军航空少校埃德蒙森（J B Edmundson）　　　　"胜利"号

1839　皇家海军航空少校内申（B H C Nation）　　　　　　　"不挠"号

1841　皇家海军航空少校比格－威瑟（R L Bigg-Wither）　　"可畏"号

1842　皇家海军志愿预备役航空少校帕克　　　　　　　　　　"可畏"号

1843　皇家海军少校奇尔顿（P C S Chilton）　　　　　　　瑙拉基地

1844　皇家海军少校莱基（P J P Leckie）　　　　　　　　　"不挠"号

1846　皇家海军航空少校德沃拉尔德（S L Devonald）　　　　"巨人"号

1850　皇家海军航空少校霍登（M Hordern）　　　　　　　　"复仇"号

1851　皇家海军志愿预备役航空少校斯迪利亚德（K Stilliard）"可敬"号

巡洋舰

"百慕大"号　　　　　　　　　　　　　　贝瑟尔（J S Bethell）上校

"贝尔法斯特"号 　　　迪克（R M Dick）上校

"欧尔亚拉斯"号 　　　沃恩（R S Warne）上校

"冈比亚"号（新西兰皇家海军）　　　爱德华兹（R A B Edwards）上校

"阿基里斯"号（新西兰皇家海军）　　　巴特勒（F J Butler）上校

"纽芬兰"号 　　　拉文希尔（R W Ravenhill）上校

"黑王子"号 　　　格莱斯顿（G V Gladstone）上校

"安大略"号（加拿大皇家海军）　　　格兰特（H T W Grant）上校

"敏捷"号 　　　麦克劳克林（P V Mclaughlin）上校

"亚尔古水手"号 　　　麦卡锡（W P McCarthy）上校

舰队布雷舰

"阿波罗"号 　　　布朗菲尔德（L N Brownfield）上校

"阿里阿德涅"号 　　　劳埃德（F B Lloyd）上校

"马恩岛人"号 　　　希斯特勒顿－史密斯（G Thistleton-Smith）上校

驱逐舰供应舰

"泰恩"号 　　　鲍彻（S Boucher）上校

"蒙特克莱尔"号 　　　霍尔－史密斯（G W Hoare-Smith）上校

驱逐舰

"象限仪"号 　　　霍普金斯（P C Hopkins）少校

"质量"号 　　　中校乔斯林（Viscount Jocelyn）子爵

"昆伯勒"号 　　　索马里兹（P L Saumarez）中校

"基伯龙"号 　　　斯图亚特（G S Stewart）中校（澳大利亚皇家海军）
（澳大利亚皇家海军）

"速燃导火索"号 　　　比彻（O H Becher）少校（澳大利亚皇家海军）
（澳大利亚皇家海军）

"奎利姆"号 　　　斯蒂芬斯（J R Stephens）上尉

"纳皮尔"号　　　　　布坎南（H J Buchanan）上校（澳大利亚皇家海军）

（澳大利亚皇家海军）

"尼泊尔"号　　　　　斯蒂芬森（C J Stephenson）少校

（澳大利亚皇家海军）　（澳大利亚皇家海军）

"尼扎姆"号　　　　　布鲁克斯（C H Brooks）中校（澳大利亚皇家海军）

（澳大利亚皇家海军）

"诺曼"号　　　　　　普伦基特－科尔（J Plunkett-Cole）少校

（澳大利亚皇家海军）　（澳大利亚皇家海军）

"巴福勒尔"号　　　　汤森（M S Townsend）中校

"特鲁布里奇"号　　　伯格哈特（G F Burghard）上校

"蒂泽"号　　　　　　泰勒（T F Taylor）少校

"顽强"号　　　　　　克罗利（G C Crowley）少校

"泼妇"号　　　　　　比蒂（D C Beatty）少校

"歌舞女神"号　　　　怀特（R T White）中校

"骚乱"号　　　　　　波默罗伊（A S Pomeroy）少校

"托斯卡纳"号　　　　刘易斯（P B N Lewis）少校

"提尔人"号　　　　　米尔斯（R H Mills）中校

"特拉法尔加"号　　　帕格斯利（A F Pugsley）上校

"无敌舰队"号　　　　费尔（R A Fell）少校

"坎珀当"号　　　　　约克（J J S Yorke）少校

"霍格"号　　　　　　克莱尔－福特（A St Clair-Ford）中校

"格伦威尔"号　　　　昂斯洛（R G Onslow）上校

"阿尔斯特"号　　　　汉森（R J Hanson）少校

"尤利西斯"号　　　　博兹（B G B Bordes）少校

"水精灵"号　　　　　罗宾逊（T C Robinson）中校

"大胆"号　　　　　　夏普（C E R Sharp）少校

"乌拉尼亚"号　　　　加德纳（D H P Gardiner）少校

"淘气鬼"号　　　　　哈克尼斯（A F Harkness）少校（皇家海军预备役）

"熊星座"号　　　　　怀布德（D B Wyburd）中校

"肯彭菲尔特"号　　　麦格雷戈（E G McGregor）上校

"赌注"号　　　　　　沃特金（R C Watkin）少校

"警醒"号　　　　　　庞德（G D Pound）少校

"韦塞克斯"号　　　　霍恩卡斯尔（R Horncastle）少校

"幼崽"号　　　　　　诺福克（G A F Norfolk）中校

"旋风"号　　　　　　霍金斯（W A F Hawkins）中校

"术士"号　　　　　　霍奇金森（R H Hodgkinson）少校

"牧人"号　　　　　　沃伦（E G Warren）少校

"阿冈昆"号　　　　　皮尔斯（D W Piers）少校（加拿大皇家海军）

（加拿大皇家海军）

辅助防空舰

"罗伯特王子"号　　　克雷瑞（W B Creery）上校（加拿大皇家海军）

（加拿大皇家海军）

炮舰

"女巫"号　　　　　　克莱曼斯（A J Clemence）少校

"野鸡"号　　　　　　帕尔默（J B Palmer）中校

"起重机"号　　　　　詹金斯（R G Jenkins）少校

"红极"号　　　　　　李（E J Lee）少校

"杓鹬"号　　　　　　莫奇（N R Murch）少校

"丘鹬"号　　　　　　帕森斯（S J Parsons）少校

"欣然"号　　　　　　克拉顿－贝克（J Clutton-Baker）少校

"紫石英"号　　　　　斯科特－艾略特（N Scott-Elliott）少校

"黑天鹅"号　　　　　英格利斯（A D C Inglis）少校

"白尾鹫"号　　　　　伊万斯（P S Evans）少校

"哈特"号　　　　　　莱夫特威克（H F C Leftwich）中校

"雄鹿"号　　　　　怀特（A D White）少校（皇家海军预备役）

"小天鹅"号　　　　皮尔斯（A H Pierce）少校

"火烈鸟"号　　　　特雷尔（A Traill）上尉

"负鼠"号　　　　　霍林斯（W F Hollins）少校

"八哥"号　　　　　朱利安（G C Julian）少校

　　　　　　　　　（新西兰皇家海军志愿预备役）

"鹳"号　　　　　　曼斯菲尔德（D E Mansfield）

"鸲鹆"号　　　　　伍兹（S R J Woods）中校（皇家海军预备役）

护卫舰①

"埃文河"号　　　　金（P G A King）少校（皇家海军预备役）

"芬德霍恩"号　　　伯内特（J P Burnett）少校（皇家海军志愿预备役）

"帕雷"号　　　　　胡德（T Hood）少校（皇家海军预备役）

"赫尔福德"号　　　卡斯伯森（C G Cuthbertson）中校（皇家海军预备役）

"巴尔勒"号　　　　邓肯（J Duncan）少校（皇家海军预备役）

"德格河"号　　　　斯泰普尔顿（N B J Stapleton）少校（皇家海军预备役）

"奥萨尼河"号　　　伯吉斯（J N Burgess）少校

　　　　　　　　　（澳大利亚皇家海军志愿预备役）

"普利姆河"号　　　福克萨尔（A Foxall）少校（皇家海军志愿预备役）

"厄斯克"号　　　　麦德利科特（G B Medlycott）少校（皇家海军预备役）

"威德茅斯湾"号　　麦卡利斯特（J H MacAlister）少校

　　　　　　　　　（皇家海军志愿预备役）

"比格伯里湾"号　　霍尔（G P D Hall）少校

"弗扬湾"号　　　　布朗里格（J S Brownrigg）少校

"白沙湾"号　　　　隆巴顿（B C Longbottom）少校

---

① 译注：此分类似乎尚欠"海布里湾"号。

潜艇供应舰

"固执"号　　　　　布莱恩特（B Bryant）上校

"梅德斯通"号　　　沙德韦尔（L M Shadewell）上校

"圣文德"号　　　　费尔（W R Fell）上校

潜艇

"沉默者"号　　　　斯坦利（E T Stanley）少校

"貘"号　　　　　　罗克斯博格（J C Y Roxburgh）上尉

"金牛座"号　　　　纽斯特德（P E Newstead）上尉

"周密"号　　　　　钱德勒（A G Chandler）上尉（皇家海军预备役）

"极北"号　　　　　玛斯（A C G Mars）少校

"脚尖"号　　　　　杰伊（R L Jay）上尉

"图腾"号　　　　　圣·约翰（M B St John）少校

"锐利"号　　　　　奥格尔（J C Ogle）上尉

"喇叭"号　　　　　卡特洛（A A Catlow）

"特平"号　　　　　斯蒂文斯（J S Stevens）上尉

"苏格兰人"号　　　安德森（A H B Anderson）上尉（皇家海军预备役）

"海洋童子军"号　　凯利（J W Kelly）上尉

"月女神"号　　　　牛顿（H R B Newton）少校

"西顿"号　　　　　高恩（H C Gowan）上尉

"警犬"号　　　　　马丁（K H Martin）上尉

"索伦特"号　　　　马丁（J D Martin）上尉

"矛头"号　　　　　杨曼（R E Youngman）上尉（皇家海军预备役）

"顽固"号　　　　　戴维斯（A G Davies）上尉

"至高"号　　　　　巴洛（T E Barlow）上尉

"乐观"号　　　　　普理查德（P C S Pritchard）上尉（皇家海军预备役）

"蝠鲼"号　　　　　米尔斯（D W Mills）上尉

"海妖"号　　　　　厄舍（M I Usher）上尉

"火花"号	肯特（D G Kent）上尉
"幽暗"号	科拉勒伯特中尉
"水龟"号	布伦纳（R H H Brunner）上尉
"都铎"号	坡特德（S A Ported）上尉
"贪食"号	威尔逊（D R Wilson）上尉
	（澳大利亚皇家海军志愿预备役）
"噪音"号	利特尔约翰（W E I Littlejohn）上尉
	（澳大利亚皇家海军志愿预备役）
"美德"号	雷克斯（I G Raikes）上尉

扫雷舰

"调情"号	汤姆森（R W D Thomson）中校
"罗威娜"号	霍卡特（G C Hocart）少校（皇家海军预备役）
"玛莉·罗斯"号	阿多斯顿（D H Edleston）上尉
"月亮"号	兰姆（J B Lamb）上尉
"天意"号	梅森（E G Mason）上尉
"海熊"号	哈维（W A C Harvey）少校（皇家海军预备役）
"尽女星"号	柯克帕特里克（F A I Kirkpatrick）中校
"信使"号	杰罗姆（E S Jerome）中校
"幸福"号	理查德斯（H R Richards）中校
"野兔"号	沃德（J K M Warde）（皇家海军志愿预备役）
"自由"号	罗（J S Roe）中校（皇家海军预备役）
"迈克尔"号	琼斯（J D Jones）少校
"吟游诗人"号	卡特拉克（E B Cutlack）中校（皇家海军预备役）
"波浪"号	索尔特（D C Salter）少校
"欢迎"号	金特尔（T Gentle）少校（皇家海军预备役）

"巴拉腊特"号①　　　　　　　里德（N R Read）中校

（澳大利亚皇家海军）　　　　（澳大利亚皇家海军）

"本迪戈"号　　　　　　　　　杰克逊（W Jackson）上尉

（澳大利亚皇家海军）　　　　（澳大利亚皇家海军志愿预备役）

"伯尼"号　　　　　　　　　　安德烈沃斯（E M Andrewartha）少校

（澳大利亚皇家海军）　　　　（澳大利亚皇家海军预备役）

"古尔本"号　　　　　　　　　康纳（E K Connor）上尉

（澳大利亚皇家海军）　　　　（澳大利亚皇家海军预备役）

"马里伯勒"号　　　　　　　　兰卡斯特（M W Lancaster）少校

（澳大利亚皇家海军）　　　　（澳大利亚皇家海军）

"图文巴"号　　　　　　　　　古德温（H F Goodwin）上尉

（澳大利亚皇家海军）　　　　（澳大利亚皇家海军预备役）

"怀阿拉"号　　　　　　　　　帕里（G L B Parry）上尉

（澳大利亚皇家海军）　　　　（澳大利亚皇家海军志愿预备役）

"塞斯诺克"号　　　　　　　　查普曼（A G Chapman）上尉

（澳大利亚皇家海军）　　　　（澳大利亚皇家海军预备役）

"高勒"号　　　　　　　　　　迪克逊（J H P Dixon）少校

（澳大利亚皇家海军）　　　　（澳大利亚皇家海军预备役）

"伊普斯维奇"号　　　　　　　克里西（R H Creasy）上尉

（澳大利亚皇家海军）　　　　（澳大利亚皇家海军预备役）

"朗塞斯顿"号　　　　　　　　巴伦（E J Barron）少校

（澳大利亚皇家海军）　　　　（澳大利亚皇家海军预备役）

"皮里"号　　　　　　　　　　马肯齐（C K Mackenzie）上尉

（澳大利亚皇家海军）　　　　（澳大利亚皇家海军志愿预备役）

"塔姆沃思"号　　　　　　　　盖尔（M B Gale）上尉

---

① 译注：作者未注明，但从该舰以下到"凯恩斯"号应为轻护卫舰。

（澳大利亚皇家海军）	（澳大利亚皇家海军预备役）
"伍伦贡"号	黑尔（J Hare）上尉
（澳大利亚皇家海军）	（澳大利亚皇家海军预备役）
"卡尔古利"号	麦克布莱德（J S McBryde）少校
（澳大利亚皇家海军）	（澳大利亚皇家海军预备役）
"利斯莫尔"号	萨瑟兰（K S Sutherland）上尉
（澳大利亚皇家海军）	（澳大利亚皇家海军志愿预备役）
"凯恩斯"号	卡洛（C M Callow）上尉
（澳大利亚皇家海军）	（澳大利亚皇家海军志愿预备役）

浮标敷设艇

"希莱岛"号	罗德里格斯（R P Rodriguez）上尉
	（澳大利亚皇家海军志愿预备役）
"特洛代岛"号	奇泽姆（H S Chisholm）上尉
	（皇家海军志愿预备役）

舰载机靶船

"刘易斯"号	格利尔斯（M H Grylls）少校（南非海军预备役）

水雷障运输船

"费恩摩尔"号	克龙（E R Crone）少校（皇家海军预备役）
"利奥"号	格拉哈姆（R F Graham）中校（皇家海军预备役）

登陆舰①

"洛锡安"号	布兰森（G C Branson）上校（澳大利亚皇家海军）
"格伦恩"号	哈奇森（C A G Hutchison）上校

---

① 译注：此处分类不当。保留原文。

维修船

"阿特菲克斯"号	弗莱明（G C Fleming）上校
"资源"号	奥康奈尔（D B O'Connell）上校
"贝里海角"号	德雷克（K M Drake）中校（皇家海军预备役）
"弗兰伯勒角"号	登曼（J F Denman）少校
"杜里斯克湾"号	赫伯特－琼斯（G B Herbert-Jones）少校 （皇家海军预备役）
"协助"号	杨（J H Young）上校
"勤勉"号	霍普金森（E H Hopkinson）上校
"春谷"号	希尔（J S Seale）上尉（皇家海军预备役）
"吉兰丹"号	赫里沃（S P Herivel）中校（皇家海军志愿预备役）
"杨梅"号	布莱尔（N D Blair）上尉
（新西兰皇家海军）	（新西兰皇家海军志愿预备役）

后勤支援船队指挥舰

"亚尔河"号	怀特（H I S White）少校（皇家海军预备役）

舰载机维护保养和维修船只

"先锋"号	莫里－史密斯中校
（航空后勤船队指挥官座舰）	
"独角兽"号	梅里韦瑟①上校
"迪尔湾"号	约翰逊（R H Johnson）上校

舰队油轮

"欧拉"号	威廉姆斯（P L Williams）上校（皇家海军预备役）

---

① 译注：正文为 H G Merewether，此处作者写作 C M Merewether，疑为笔误。

布网舰

"监护人"号 宾克斯（R D Binks）上校（皇家海军预备役）

打捞船只

"救难之王"号 亚当斯（R H A Adams）上尉（皇家海军志愿预备役）

"萨尔维斯特"号 商船人员操作

"萨尔维克特"号 哈维（W J Harvey）少校（皇家海军预备役）

附录 F

英国太平洋舰队使用的军机简介

舰载机[①]

钱斯·沃特"海盗"式

单座战斗机 / 战斗轰炸机

装备 1 台普拉特·惠特尼公司 R-2800-8"双黄蜂"引擎，2000 马力功率

最高航速： 370 节

最大空重： 5488.5 千克

翼展： 12.09 米

武器： 翼上装备 4 挺 12.7mm 机枪，挂点可挂载 2 枚 454 千克或 2 枚 227 千克炸弹或 2 个 454.6 升副油箱

格鲁曼"地狱猫"式

单座战斗机 / 战斗轰炸机

装备 1 台普拉特·惠特尼公司 R-2800-8"双黄蜂"引擎，2000 马力功率

最高航速： 370 节

最大空重： 5772.9 千克

翼展： 13.05 米

武器： 翼上装备 6 挺 12.7mm 机枪，挂点可挂载 2 枚 454 千克或 2 枚 227 千克炸弹或 2 个 454.6 升副油箱或 6 枚 27 千克火箭弹

---

① 译注：本附录部分数据可能和正式数据有出入，译者不作订正，均保留原文，仅供读者参考。

格鲁曼"复仇者"式

3 座鱼雷轰炸机 / 攻击机

装备 1 台莱特 GR-2600-8"飓风"引擎，1850 马力功率

最高航速： 250 节

最大空重： 7438.9 千克

翼展： 16.5 米

武器： 翼上装备 2 挺 12.7mm 机枪，动力炮塔内装备 1 挺 12.7mm 机枪，机腹部位装备 2 挺 7.62mm 机枪。弹舱可挂载 1 枚 725.75 千克鱼雷或 4 枚 227 千克炸弹或 2 枚 454 千克炸弹。翼下挂点可挂载 8 枚 27 千克火箭弹

秀泼马林"海火"式

单座战斗机 / 战斗轰炸机 / 战术侦察机

装备 1 台罗尔斯－罗伊斯公司梅林 55M 引擎，1585 马力功率

最高航速： 350 节

最大空重（FR3 型）： 3265.9 千克

翼展： 11.18 米

武器： 翼上装备 2 门 20mm 航炮和 4 挺 7.7mm 机枪，机身下挂点可挂载 1 枚 227 千克炸弹或在经过战地修改后挂载 1 个 454.6 升副油箱

费尔雷"萤火虫"式

双座战斗机 / 攻击机 / 侦察机

装备 1 台罗尔斯－罗伊斯公司格里芬 12 型引擎，1990 马力功率

最高航速： 300 节

最大空重： 6359.4 千克

翼展： 13.56 米

武器： 翼上装备 4 门 20mm 航炮和 4 挺 7.7mm 机枪，挂点可挂载 8 枚 27 千克火箭弹或 2 枚 227 千克炸弹或 2 枚 454 千克炸弹或 2 个 409 升副油箱

费尔雷"梭鱼"式

3 座鱼雷轰炸机 / 俯冲轰炸机

装备 1 台罗尔斯－罗伊斯梅林 32 型引擎，1640 马力功率

最高航速： 220 节

最大空重： 5987.4 千克

翼展： 15 米

武器： 座舱后部装备 1 部双联装手动操作的 7.7mm 机枪，可挂载 1 枚 734.8 千克鱼雷或 4 枚 227 千克炸弹或 6 枚 114 千克炸弹

岸基军机

比奇"催料员"式

6 客座交通 / 轻型运输机

装备 2 台普拉特·惠特尼公司"幼黄蜂"引擎，每台功率 450 马力

最高航速： 220 节

最大空重： 3560.7 千克

翼展： 14.5 米

伏尔提"复仇"式

舰队多用途机 / 靶机拖曳机

装备 1 台莱特双排"飓风"引擎，1700 马力功率

最高航速： 270 节

最大空重： 5660.8 千克

翼展： 14.6 米

秀泼马林"海獭"式

海空搜救 / 通信水陆两用机

装备 1 台布里斯托尔"水星 30"引擎，855 马力功率

最高航速： 200 节

最大空重： 4649.3 千克

翼展： 14 米

史汀生"可靠"式

4 座轻型多用途机 / 通信机

装备 1 台莱康明 R-680 引擎，290 马力功率

最高航速： 130 节

最大空重： 1814.4 千克

翼展： 12.8 米

北美"哈佛"式

双座教练机 / 仪表飞行教练机 / 标准机

装备 1 台普拉特·惠特尼公司"黄蜂"引擎，550 马力功率

最高航速： 200 节

最大空重： 2381.4 千克

翼展： 12.8 米

由英国太平洋舰队使用的皇家空军运输机

道格拉斯"达科他"式

远程货运 / 客运机

可搭载 28 名乘客或 2721.6 千克货物

装备 2 台普拉特·惠特尼公司 R-1830-93"双黄蜂"引擎，每台功率 1200 马力

最高航速： 220 节

最大空重： 11793.4 千克

翼展： 29 米

联合"解放者"式

超远距离货运 / 客运机

最高可搭载 5806 千克货物或相当重量乘客

装备 4 台普拉特·惠特尼公司 R-1830-65"双黄蜂"引擎,每台功率 1200 马力

最高航速: 290 节

最大空重: 32295.8 千克

翼展: 33.5 米

附录 G

1944—1946 年间美国海军为英国太平洋舰队舰船分配的舷号

　　下表内容整理自美国海军可视呼号表 DNC4(A)1944 年 3 月版，并根据至 1946 年中期未登记出版的备忘录合集（NRPM）的记录修订，后者还包括 340、400、415、488 等舷号。未登记出版备忘录合集是针对基础 DNC4 文件的补充。所有盟军舰只在与美国海军特混舰队协同作战时，美国海军均会赋予其舷号。舷号由一个打头的字母旗号和一个数字组成。对于美国海军而言，皇家海军及各自治领战舰使用的旗号系统过于复杂，因此赋予其统一的舷号也有助于美国海军分辨友舰。所有将被用于太平洋战场的舰只均被赋予舷号，即使那些实际并未前往太平洋战场的亦不例外。除了英国太平洋舰队的舰只之外，东印度舰队的舰只以及与美国海军第 7 舰队一同作战的英国及其自治领舰只也被分配了舷号，不过鉴于本书的关注范围，这些舰只并未被收入本附录。驱逐舰的舷号涂装在舷侧及舰艉，但按照皇家海军的习惯，战列舰、航空母舰、巡洋舰和驱逐领舰的舷号并未涂装在相同位置。本附录共含两表，第一表包括作战舰队中驱逐舰及更大型的舰只，第二表则包括舰队后勤船队船只及其护航舰只。后者内容可能在未登记出版备忘录合集第 340 号中公开。

B 旗号——战列舰

B1	"安森"号
B2	"约克公爵"号
B3	"豪"号
B4	"英王乔治五世"号

R 旗号——航空母舰

R1	"可畏"号
R2	"光辉"号
R5	"不饶"号
R7	"不倦"号
R8	"不挠"号
R23	"胜利"号
R61	"巨人"号
R62	"光荣"号
R63	"可敬"号
R64	"复仇"号
R65	"海洋"号
R108	"独角兽"号
R301	"活动"号（HMS Activity）[①]
R303	"仲裁者"号
R306	"追击者"号
R308	"击剑者"号
R311	"统治者"号
R313	"投石者"号
R314	"演讲者"号
R315	"打击者"号
R319	"文德克斯"号

C 旗号——巡洋舰

C1	"阿基里斯"号（新西兰皇家海军）

[①] 译注：英制护航航空母舰，自成一级。

C161	"亚尔古水手"号
C162	"贝尔法斯特"号
C163	"百慕大"号
C164	"黑王子"号
C167	"欧尔亚拉斯"号
C168	"冈比亚"号（新西兰皇家海军）
C172	"纽芬兰"号
C175	"乌干达"号（加拿大皇家海军）
C182	"敏捷"号
C184	"安大略"号（澳大利亚皇家海军）
C185	"壮丽"号（HMS Superb）[1]

D 旗号——驱逐舰

D11	"格伦威尔"号
D12	"肯彭菲尔特"号
D13	"纳皮尔"号（澳大利亚皇家海军）
D14	"尼泊尔"号（澳大利亚皇家海军）
D15	"尼扎姆"号（澳大利亚皇家海军）
D16	"诺曼"号（澳大利亚皇家海军）
D17	"象限仪"号
D18	"质量"号
D19	"昆伯勒"号
D20	"基伯龙"号（澳大利亚皇家海军）
D21	"速燃导火索"号（澳大利亚皇家海军）
D22	"奎利姆"号

---

[1] 译注：与"安大略"号同属"米诺陶"级。

D23	"阿尔斯特"号
D24	"尤利西斯"号
D25	"大胆"号
D26	"水精灵"号
D27	"乌拉尼亚"号
D28	"淘气鬼"号
D29	"熊星座"号
D30	"赌注"号
D31	"警醒"号
D32	"韦塞克斯"号
D33	"幼崽"号
D34	"旋风"号
D36	"牧人"号
D45	"蒂泽"号
D46	"顽强"号
D47	"泼妇"号
D48	"歌舞女神"号
D49	"特鲁布里奇"号
D50	"骚乱"号
D52	"提尔人"号
D58	"埃格斯福特"号（HMS Eggesford）[1]
D61	"巴福勒尔"号
D62	"坎珀当"号
D63	"恺撒"号（HMS Caesar）[2]

---

[1] 译注：隶属"狩猎"级驱逐舰3型。
[2] 译注：隶属C级驱逐舰。

D72　　　　　　　　"卡文迪许"号（HMS Cavendish）①

M 旗号——扫雷舰

M1　　　　　　　　"阿里阿德涅"号

M2　　　　　　　　"阿波罗"号

M3　　　　　　　　"马恩岛人"号

　　除了战舰之外，美国海军还为舰队后勤船队及其护航舰只制定了另一张舷号表，其中所有舰只的舷号均以 B 旗号开头。现存有关英国太平洋舰队的照片中，几乎没有上述舰只涂装该系列舷号的记录。实际上，这些舷号主要被充作可视呼号。

B 舷号

B201　　　　　　　"火绳枪帝国"号

B228　　　　　　　"考德雷"号（HMS Cowdray）②

B236　　　　　　　"巴拉腊特"号（澳大利亚皇家海军）

B237　　　　　　　"本迪戈"号（澳大利亚皇家海军）

B238　　　　　　　"伯尼"号（澳大利亚皇家海军）

B239　　　　　　　"凯恩斯"号（澳大利亚皇家海军）

B240　　　　　　　"塞斯诺克"号（澳大利亚皇家海军）

B241　　　　　　　"高勒"号（澳大利亚皇家海军）

B242　　　　　　　"杰拉尔顿"号（澳大利亚皇家海军）

B243　　　　　　　"古尔本"号（澳大利亚皇家海军）

B244　　　　　　　"伊普斯维奇"号（澳大利亚皇家海军）

---

① 译注：隶属 C 级驱逐舰。
② 译注：隶属"狩猎"级驱逐舰 2 型。

B245   "卡尔古利"号（澳大利亚皇家海军）

B246   "朗塞斯顿"号（澳大利亚皇家海军）

B247   "利斯莫尔"号（澳大利亚皇家海军）

B248   "马里伯勒"号（澳大利亚皇家海军）

B249   "皮里"号（澳大利亚皇家海军）

B250   "塔姆沃思"号（澳大利亚皇家海军）

B251   "图文巴"号（澳大利亚皇家海军）

B252   "怀阿拉"号（澳大利亚皇家海军）

B253   "伍伦贡"号（澳大利亚皇家海军）

B254   "信使"号

B255   "幸福"号

B256   "野兔"号

B257   "自由"号

B258   "迈克尔"号

B259   "吟游诗人"号

B260   "波浪"号

B261   "欢迎"号

B262   "调情"号

B263   "玛莉·罗斯"号

B264   "月亮"号

B265   "天意"号

B266   "埃文河"号

B267   "巴尔勒"号

B268   "起重机"号

B269   "德格河"号

B270   "芬德霍恩"号

B271   "赫尔福德"号

B272   "奥萨尼河"号

B273   "帕雷"号

B274   "野鸡"号

B275   "普利姆河"号

B276   "红极"号

B277   "厄斯克"号

B278   "杓鹬"号

B279   "丘鹬"号

B280   "紫石英"号

B281   "杨梅"号（新西兰皇家海军）

B282   "黑天鹅"号

B283   "女巫"号

B284   "白尾鹫"号

B285   "哈特"号

B286   "喜鹊"号（HMS Magpie）①

B288   "雄鹿"号

B289   "亚尔河"号

B290   "威德茅斯湾"号

B291   "欣然"号

B292   "负鼠"号

B297   "鹳"号

B301   "阿特菲克斯"号

B302   "协助"号

B303   "勤勉"号

B304   "资源"号

B311   "弗兰伯勒角"号

---

① 译注：隶属"黑天鹅"级炮舰。

B312	"独角兽"号
B317	"迪尔湾"号
B319	"霍尔姆湾"号
B326	"比尤利湾"号
B336	"艾劳尼亚"号（HMS Alaunia）[1]
B337	"兰普拉"号（HMS Ranpura）[2]
B343	"杜里斯克湾"号
B346	"英仙座"号
B347	"先锋"号
B357	"贝里海角"号
B361	"吉兰丹"号
B371	"圣文德"号
B394	"克莱德皇帝"号
B395	"耶路撒冷"号
B396	"芒格努伊"号
B398	"牛津郡"号
B399	"芝扎连加"号
B400	"瓦斯纳"号
B406	"门尼西修斯"号
B408	"刘易斯"号
B435	"监护人"号
B436	"保护者"号 (HMS Protector)[3]
B441	"救难之王"号
B442	"萨尔维斯特"号

---

[1] 译注：改装为修理船。
[2] 译注：改装为修理船。
[3] 译注：布网舰。

B443	"萨尔维克特"号
B451	"约瑟芬皇后"号（Empress Josephine）
B452	"萨姆帝国"号（Empire Sam）
B453	"正直"号（Integrity）
B454	"套索"号（Lariat）
B456	"鼬鼠"号（Weasel）
B492	"兰开夏郡"号
B501	"卡列里拉"号
B502	"达斯特·克里克"号
B504	"洛马·纳维亚"号
B505	"山顶帝国"号
B506	"奥瑟·马士基"号
B507	"阿恩谷"号
B509	"棕色游骑兵"号
B510	"雪松谷"号
B511	"叮当谷"号
B512	"鹰谷"号
B515	"绿色游骑兵"号
B516	"欧拉"号
B517	"拉皮多"号
B518	"圣阿多尔福"号
B519	"圣阿玛多"号
B520	"圣安布罗西奥"号
B521	"瑟波尔"号
B523	"浪皇"号
B524	"浪总督"号
B525	"浪王"号
B526	"浪君主"号

B527	"金色牧场"号
B528	"易瑞"号
B529	"七姐妹"号
B531	"科尔维尔要塞"号
B532	"兰利要塞"号
B533	"瓦克坡特"号
B536	"科林达"号
B537	"达威尔"号
B538	"古德龙·马士基"号
B539	"赫墨林"号
B540	"赫伦"号
B541	"科提"号
B542	"基斯特纳河"号
B543	"科拉"号
B544	"帕切科"号
B545	"列日公主"号
B546	"玛利亚·皮娅公主"号
B547	"罗伯特·马士基"号
B548	"塞拉·S"号
B556	"酒神"号
B557	"博斯普鲁斯"号
B558	"迪耶普城"号
B562	"亚斯特罗姆"号
B563	"马如杜"号
B564	"圣安德列斯"号
B565	"石勒苏益格"号
B577	"阿尔巴马要塞"号
B578	"君士坦丁要塞"号

B579	"丹末干要塞"号
B580	"埃德蒙顿要塞"号
B582	"天意要塞"号
B583	"弗兰格尔要塞"号
B584	"格兰纳特尼"号
B596	"比格伯里湾"号
B602	"小天鹅"号
B611	"罗伯特王子"号（加拿大皇家海军）
B619	"弗扬湾"号
B622	"白沙湾"号
B633	"火烈鸟"号
B649	"鹪鹩"号
B800	"罗威娜"号
B801	"海熊"号
B802	"尽女星"号

1945 年 8 月 9 日英国太平洋舰队舰载机出击统计

时间	代号	航空母舰	机型及数量	目标	抵达目标 / 损失数量
4 时 10 分	"推弹杆" 1A	"可畏" 号	12 架 "海盗" 式	盐釜市	10
	"推弹杆" 1B	"不饶" 号	10 架 "海火" 式	松岛机场	9/1
	"推弹杆" 1C	"胜利" 号	10 架 "海盗" 式	航运	9
5 时 10 分	第 2 攻击波	各舰联合	20 架 "复仇者" 式	松岛机场	20
	护航机群	"不饶" 号	9 架 "萤火虫" 式	同上	8
	护航机群	"不饶" 号	10 架 "海火" 式	同上	9/1
5 时 10 分	"推弹杆" 2C	"胜利" 号	11 架 "海盗" 式	航运	11
	"推弹杆" 2D	"不倦" 号	9 架 "海火" 式	八户	11
8 时 10 分	第 3 攻击波	各舰联合	20 架 "复仇者" 式	松岛机场	20/1
	护航机群	"不倦" 号	8 架 "萤火虫" 式	同上	8
	护航机群	"不倦" 号	12 架 "海火" 式	同上	10
8 时 10 分	"推弹杆" 3A	"可畏" 号	8 架 "海盗" 式	女川湾	8/2
	"推弹杆" 3B	"不饶" 号	11 架 "海火" 式	航运	10
11 时 10 分	第 4 攻击波	各舰联合	19 架 "复仇者" 式	航运	19
	护航机群	"不饶" 号	6 架 "萤火虫" 式	同上	6
	护航机群	"不饶" 号	12 架 "海火" 式	同上	12
	护航机群	"可畏" 号	4 架 "海盗" 式	同上	4
11 时 10 分	"推弹杆" 4C	"胜利" 号	15 架 "海盗" 式	航运	15/1
14 时 10 分	第 5 攻击波	各舰联合	21 架 "复仇者" 式	女川湾	20/1
	护航机群	"不饶" 号	7 架 "萤火虫" 式	同上	7
	护航机群	"不饶" 号	9 架 "海火" 式	同上	9
	护航机群	"胜利" 号	4 架 "海盗" 式	同上	4
14 时 10 分	"推弹杆" 5A	"可畏" 号	11 架 "海盗" 式	女川湾	11
	"推弹杆" 5B	"不饶" 号	7 架 "海火" 式	松岛机场	7
多项侦察摄像任务		"可畏" 号	4 架 "地狱猫" 式	评估攻击战果	4
多项战斗空中巡逻任务		"不倦" 号和 "不饶" 号	90 架次 "海火" 式从事防御性巡逻		
		"胜利" 号和 "可畏" 号	50 架次 "海盗" 式从事防御性巡逻		

1945 年 9 月 17 日，"不饶"号为执行遣返盟军前战俘及在押人员任务下达的行政令

乘客管理部门

　　本文件所附指示并非对我舰乘客进行管理时应遵守的硬性规则，但其内容体现了我舰希望有关人员在管理乘客时应遵循的基本原则。相关军官应熟悉相关指示，并在实践中发挥常识和主动性灵活掌握。

签字

埃弗拉德（M. Everard）

中校

1945 年 9 月 17 日

各组管理人员名单

组别	护士或志愿救护队成员	负责军官
红	科莉小姐（Colley）	波拉德（Pollard）少校
黑	雷·克拉克小姐（Rea Clarke）	黑德（Head）少校
黄	斯科特小姐（Scott）	戴维（Davey）上尉
绿	达夫小姐（Duff）	朗（Long）上尉
蓝	哥达特小姐（Goldart）	福塞斯（Forsyth）上尉
红／黑	贝利小姐（Baillie）	沃尔基（Walkey）上尉
红／黄	梅特兰小姐（Maitland）	马歇尔（Marshall）中尉
红／绿	怀特小姐（White）	爱德华兹（Edwards）中尉
红／蓝	科万小姐（Cowan）	劳伦斯（Lawrence）中尉
黑／黄	哈珀小姐（Harper）	阿米蒂奇（Armitage）上尉

黑 / 绿	里查德森小姐（Richardson）	吉本（Gibbons）中尉
黑 / 红	布朗小姐（Brown）	霍利（Hawley）少校
黑 / 蓝	邓肯－史密斯小姐（Duncan-Smith）	汉弗莱（Humphrey）轮机上尉
黄 / 红	拉比兹小姐（Rabbets）	勒维耶热（Le Vierge）轮机上尉
黄 / 蓝	迪肯森小姐（Dickenson）	莱特（Light）海军陆战队上尉
蓝 / 红	罗伯森小姐（Robertson）	福利（Foley）中尉
白	罗斯小姐（Rose）	布莱克本（Blackburn）上尉
白	马奇小姐（Madge）	森（Senn）中尉
白	奥斯瓦德小姐（Oswald）	布朗利（Brownlee）上尉

乘客就餐时间

	第一批	第二批	第三批
早餐	7 时	7 时 30 分	8 时
午餐	12 时	12 时 30 分	13 时
下午茶	15 时	15 时 30 分	16 时
晚餐	18 时 30 分	19 时	19 时 30 分

加餐时间	6 时 30 分 -7 时	在上层机库享用茶和饼干
	10 时 -11 时	在飞行甲板享用饮料和饼干
	14 时 -15 时	在飞行甲板享用果汁
夜宵	21 时 -22 时	在上层机库享用阿华田等饮料

乘客们应在听到"军用厨房"（Army Cookhouse）号令后根据不同的 G 号令分批前往相应地点就餐。一声、两声和三声 G 号令分别指示第一批、第二批和第三批人员就餐。

士官使用本舰后部食堂就餐

各批人数如下

第一批	466 名士官及其他军衔
第二批	466 名士官及其他军衔
第三批	418 名士官及其他军衔

伤病员

所有伤病员均应由鱼雷班负责搬运登舰，搬运作业由一名鱼雷少校指挥，他还负责并下达必要的命令。进行搬运作业时可使用起重机和后部升降机。伤病员抵达下层机库后将由本舰主治军医负责管理。

安置乘客（其他军衔）

乘客将徒步通过左右两舷前部舷梯登舰，登舰后乘客应按照标定的路线前往前部升降机井。乘客登舰当天，上层机库前部以及前部升降机井将被改装为乘客净化室。需向乘客发放下列物品：

登舰卡，包含铺位、就餐安排等信息	枪炮少校负责
个人用	品后勤中校负责
津贴	后勤中校负责

三军合作社免费物品领用卡

净化之后乘客将前往指定铺位安置。所有铺位都将分区统一管理，并按区赋予相应的颜色代号以及编号。所有铺位上应为乘客准备下列物品：

调查表
红十字盥洗包

根据乘客抵达时间，登舰后乘客将被送往指定地点就餐或按指示填写表格。各组引导员负责帮助乘客在相应生活区安顿下来，并带领乘客熟悉相应的厕所和浴室等设施。

安置乘客（军官）

乘客中的军官将通过后部舷梯登舰，并由皇家海军陆战队上校皮斯（Pease）和贝尔（Bell）上尉负责管理。戴维森（Davison）先生、乘务长以及由皇家海军陆战队组成的一个工作队负责协助管理。如果军官与其他军衔人员一同抵达，应首先安排军官前往后甲板。完整的登舰过程、特设哨兵、引导员以及工作队的详情将于获得进一步信息后公布。

调查和情报

对乘客的调查将由皇家海军志愿预备役上尉布朗利和本舰情报参谋负责指导，科兹（Coates）中尉将提供协助。本舰应在乘客抵达时向其发放必需的表格供其填写，并在此后规定的某个时间由各组负责军官统一收集。收集到的表格应统一上交调查办公室（该办公室设于 G 甲板右舷侧原小卖部位置）。必要时应对乘客中某些军官及其他军衔人士展开进一步调查，这种调查通常应在调查室进行。布朗利上尉还应在不影响主治军医工作的前提下，安排指定调查人员对伤病员进行调查。

乘客信息中心

本舰将在上层机库控制岗位（电话号码 126）正下方位置设立乘客信息中心。该中心由尼科尔斯（Nicholls）少校负责，森中尉、威廉姆斯中尉、熟练水兵彭福尔德（Penfold）以及两名雷达兵将协助少校管理该中心。乘客登舰当日该中心应满员工作，此后在由尼科尔斯少校决定的时间段内由部分人员运行，直至不再需要该中心为止。各部门领导以及与管理乘客有关的全部人员应保证尼科尔斯少校了解有关各项活动的一切信息，上述活动包括但不限于服务、娱乐、体育活动以及其他重要和相关的方面。该中心还可使用上层机库中的广播系统，并通过与信息台相连的麦克风在机库内广播通知。一般通知则应通过电话或传声管下达。

娱乐活动

娱乐活动将由本舰神父组织，并由其领导的委员会提供协助。考虑到组织娱乐活动时需招待的庞大观众数量，因此与就餐时间类似，每日日程中也应规定娱乐时间。神父应将其一切需求通知乘客管理部门。

灭虱

理想状况下，乘客们应在彻底清洁后登舰。若非如此，或有特殊灭虱需要，去污浴室（军官浴室，设于 G 甲板右舷侧）将被用作灭虱中心，由主治军医负责管理。

上层机库医务室

需要求医的乘客应于每天 8 时 30 分向卫生员领班报到。

需要求医的军官则应于 10 时 30 分报道。

军医将于每日 9 时对列入患病名单的乘客进行检查。

列入患病名单的军官将于 10 时 30 分接受军医检查。

除非另行通知，军医将于每周二、周五对列入主治医生名单的病患进行检查。对水兵和军官的检查时间分别为 10 时和 11 时。

如遇突发危重病患，军医应立即进行检查。

如无另行通知，列入主治医生名单的病患应于每日 8 时 30 分、13 时 15 分和 17 时前往医务室接受治疗。

乘客日常信息栏范例

乘客日常信息公告

1945 年 10 月 6 日

第 11 值日组

8 时	我舰离港。 届时乘客无须集合。出港时乘客应按照指示离开飞行甲板和风雨甲板。
9 时	（必要时推迟）点名集合。
9 时 30 分	有工作任务的乘客在后部升降机后方集合。
13 时 30 分	当日值日的 20 名乘客在后部升降机井后方集合。分发啤酒。
17 时	其他军衔乘客按组别在飞行甲板集合。每人配给 1 瓶啤酒。各组负责军官应在各自乘客组集合位置前方放置一张桌子，以执行配给。

附录 J

弗雷泽海军上将澳大利亚离别演讲

几天后我就将告别澳大利亚前往香港。尽管我麾下的部分战舰此后仍将不时返回澳大利亚，但是对我们中的大部分人而言，如今已经是说再见的时候。

在海军生活中，告别乃是司空见惯之事，然而于我而言，从 15 岁成为军官候补生起直至今日作为海军上将，与逐渐亲密的知己们离别总是伤感之事。

我们都熟悉这样的场景：离别时站在甲板上，目睹缆绳解开，此后岸上人群挥舞的手绢越来越小，最终其他船只和海岸都消失在远方，唯有碧海和蓝天永伴身边。然而对我而言，记忆永不褪色，我希望对你们而言也是如此。

我们这些水兵常常被认为是一群随遇而安的人，在某种程度上的确如此。长期在海上迎风斗雨的艰苦生活，以及在岸上的短期驻留，使得我们自然而然地学会抓住一切机会享受生活中的美好。然而在内心深处，水兵恰恰也是世上最多愁善感的人，生活中的点滴小事都能激起他们的感激之情，譬如友谊，譬如善意，譬如欢笑。而恰恰是通过这些方式，澳大利亚完美地展现了对我和部下们真挚的欢迎之情……

作为舰队总指挥官，我的大部分时间都花在执行公务和履行职责上。职责所在，众目睽睽之下，个人爱好必须屈从于个人所代表的形象。由于需要身着引人注目的制服，通常我也很难有机会信步徘徊。然而在澳大利亚，我曾数次身着便服，悄悄地潜入你们之中，并得以观察你们的特质。

我曾以这种方式前往位于国王十字区（Kings Cross）的一座小型新闻片影院，并排队等待购票入场。当时队列颇长，我一度曾怀疑是否来得及进入影院。不久后一名年轻的澳大利亚飞行员也加入了队列，于是我们聊起了澳大利亚，然后话题又转向了英格兰。我猜那时候他一定已经发现我是个英国人，尽管对其原因我至今一无所知。随后他仔细打量了我，我知道这回可藏不下去了。不久后他问道："我想您就是弗雷泽上将。"我也只能回答："是的。"他便热情地说道："哦先生，那您不应该站在这里。我直接领您进入影院吧。"对此我答道："我可不认为我能这么干。他们大概会把我当作一个傲慢的英国人！"对方思忖片刻，又提议称："那么先生，我能替您付门票吗？"门票钱诚然只值一个先令，然而这位年轻人的所作所为对我而言却是无价之宝。随后他又问道："先生，您能帮助我加入舰队航空兵吗？"这自然更让我动容。如今已经有20名澳大利亚飞行员在我麾下的航空母舰上服役，而如果战争没有结束，还会有更多的澳大利亚飞行员加入进来……

　　于我而言，过去的一年曾颇令我不安。我确信舰队本身在任何战斗中都将会表现出众，然而考虑战场与澳大利亚之间遥远的距离，下列问题总是令人揪心：我们能提供足够的供给、输送给养、替换伤亡人员、前送信件吗？这些问题对于舰队官兵而言无比重要。幸运的是，在澳大利亚人民和美国人民的帮助下，我们最终得以完成这些任务，尽管其方式往往捉襟见肘。在这一年中，我们蒙受了相当轻微的伤亡，但我们永不应忘记，对于那些出海作战的官兵而言，这仍是一场艰苦的战争，而我对官兵们的表现感到无比自豪。

　　自胜利之后，人事方面的事务愈发繁杂，这其中包括慈善事业、复员、重新适应平时正常生活。与此同时，海军仍需继续履行其永不终止的职责。面对这些困难，面对暗流涌动、内部矛盾依旧重重的新世界，无论遭遇何种失望和挫折，我们均应保持冷静沉着。我们应该认识到，英联邦国家具有巨大的稳定影响力，因此我们必须将彼此之间的争论与怀疑搁置一旁，共同保持英联邦国家的完整性，而这恰恰是当今世界所倚重的特质之一……

　　这一年即将结束。我越来越深信，随着时间的流逝，无论我们之间相距多远，在澳大利亚期间我们与你们之间建立的纽带将永不断裂。

附录 K

1945 年 8 月 15 日 13 时哈尔西海军上将对第三舰队进行的广播演讲

战争业已结束。对此最终结果，诸位，以及与诸位并肩作战的各军种袍泽都做出了不可估量的贡献。我们的战士们最终击败了凶狠、狡诈而野蛮的敌人，并迫使其惨淡地投降。这也是卑鄙的日本民族历史上首次被迫品尝投降的耻辱。

我曾于 1942 年断言日军并非超人，你们的努力最终使得这句断言在 1945 年成真。你们的威名将光辉地载入史册，永世不朽。无论是在海上、空中还是陆上，在与敌人的遭遇中你们总是占据上风。从战争初期依靠如旧鞋带般脆弱的后勤线作战，[①] 直至如今以世界历史上最强大的联合舰队结束战争，战斗的结果总是相同——胜利便是对你们浴血奋战的赞誉。正义之师、堂堂之师获得了最终的胜利。

此时此刻，我们的思绪转向了我们欢乐且幸运的家园，转向我们的爱人。在所有人的内心深处，我们都抱有同样的期望：混乱的战争业已结束，我们的一切努力已经换来了胜利——无条件而绝对的胜利，现在该是我们回家的时候了。

仅仅简单地回顾过去，便足以说明胜利是多么来之不易。我们曾经历厌倦、思乡、恐惧、悲剧，还曾如此慷慨地倾泻汗水和鲜血。依靠着坚毅信念、同袍深情和乐观精神的支撑，我们所有人忍受了这一切，直至胜利。对我们所有人而言，无论官阶军衔，这都是一笔共同且值得骄傲的财富。我们的同袍之情经历了史上最为惨重的浩劫的考验，也因此永不磨灭。我们为之战斗，为之流血甚至为之牺牲的目标如今终于成为现实，而这一现实不应也不会仅仅是过眼烟云，恰恰相反，现实应建立在牢固的基础上。我们所努力建立的新的世界架构

---

① 译注：此处应指瓜岛争夺战初期，美日双方均面临兵力不足，难以实施有效运输的问题。

必须坚不可摧，后世的任何风暴都理应无法伤其皮毛。由于你们，以及与我们并肩作战的各军种袍泽的浴血奋战，我们眷念的土地幸而未曾被战争蹂躏，家园中我们挚爱的人们也未曾身处险境。

让我们赞美全能的上帝，并为他选择我们作为实现其意志的工具致以谦卑而衷心的谢意。

胜利并非终结，而恰恰是另一个开端。我们必须建立和平，牢固、公正且长久的和平，让所有正直的民族无惧而繁荣生活的和平，让人类代代相承的尊严与高贵增辉的和平。我们应永不容忍对正直之人的奴役，永不容忍文明世界再出现暴君。这要求我们在未来数年中不辞辛劳，不懈努力。在整个世界上，敌人已被征服，并向我们这些胜利者屈膝投降。然而敌人仍未悔改。促其悔改重生乃是我们的使命，我们的职责。这当然并非一日之功，而需经年累月乃至数代人的努力。第3舰队当下和未来的职责非常明确。我们必须与盟军部队一道，彻底摧毁日本的军力，并在此后持续限制其武装力量。在此之后，我们还必须建立相关机构，教化日本摆脱其野蛮的传统、教义和思想。为此我们需要利用常识、判断力、政策和坚定信念，并需要利用军事威压以促执行，当然还需要最富智慧和洞察力的政治才华。

我们无从预见实现这一目标所需的时日。战斗已经终结，但我们不应有任何松懈。前路漫长而艰难，我们唯有坚忍以待。所有掌权者均应铭记，忙碌之人乃是幸福之人。如今我们便应开始制订一系列计划——提供工作、学习和娱乐的计划。这不仅对维护和保持我们完美的战舰具有建设性的意义，也对我们无与伦比的战士们保持士气实属必须。

我曾希望能亲自与我们战斗的第3舰队上下的每一名官兵见面、致意和结交，然而由于舰队的规模和分布，这一愿望无法实现。尽管如此，你们仍永在我的心中占据着特殊而光荣的位置。我们曾一起经历过这一段艰难岁月，我们曾一起分享喜乐。我们是同袍兄弟，这种情谊乃是在我们都曾投身的这场规模史无前例的宏大海上战争中用我们积极参与战斗时流下的鲜血凝成。

不久之后，很多人都将再次穿上便服。请不要丧失奋斗的精神，继续努力追求正义与正直。你们曾经历了战争这一残酷熔炉的试炼——感谢上帝，你们在这场试炼中证明了自己。所有人都不应有负你们曾经付出的巨大牺牲换来的一切。作为公民，你们的职责依然沉重。请用你们曾在战争中展现的毅力面对这一切。如此，我们伟大的祖国才能永葆和平稳定。

仍将在海军中服役的袍泽，请严加戒备，毋稍松懈。你们重任在肩，必须保持海军伟大的传统，毋失丝毫防范之心，要知后者也是我国我军的第一道防线。请枕戈待旦，并关心时势，早做准备。战争的形式可能变化，但其基本原理永恒不变。愿上帝保佑我们再也无须诉诸战争。请谨记，一支严阵以待、高效强大的舰队乃是对战争的恐怖最有力的威慑。我还想对你们说，我随时乐意在我力所能及的范围内向你们提供建议、帮助乃至救济。

致与我们并肩作战的英国太平洋舰队的兄弟，请容许我就贵部高效而无私的战斗致以永恒的感激之情。对能在西太平洋战争最后阶段指挥贵部作战，我感到无比自豪。所有了解你们的人都对你们的作战素质抱有很高的期待，而你们的实战表现满足乃至超出了我们的期待。你们的合作精神，你们积极配合，达成我军意图，乃至根据作战预期主动调整计划的方式，联合作战中你们主动配合和适应我军调动计划的态度，都堪称卓越。在贵我两部在海上和空中协同展开的进攻和防御作战中，我们实际上乃是作为同一作战团队并肩作战。

致负伤乃至致残的战士，请容许我致以感激之情，幸而你们今后再无须承担重任。愿对你们所做的一切充满感激之情的国家，永远铭记你们为全人类的福祉而做的牺牲。

致已经献出一切，做出最伟大牺牲的兄弟们，向你们致敬，安息吧，与上帝同在。与你们有关的记忆将永不磨灭。你们的英名和功绩将永世长存，并将激励所有正义的人类。对你们的爱人，我致以最深切的同情。愿时间能平复你们的哀伤，并充分展现你们爱人不朽的威名。

致所有对胜利有所贡献的人们，我将尽我所能使你们得到应有的赞誉。再一次的，愿主保佑你们，干得好！

1945年8月16日罗林斯海军中将对第三舰队进行的广播演讲

哈尔西上将、各位将官、各位舰长、第3舰队的全体官兵，各位好。荣幸地作为第3舰队的成员，我部在昨日收听了哈尔西上将致第3舰队鼓舞人心的演讲。此后我向上将申请，可否前往他的旗舰并向你们所有人说两句。我不确定我部装备的广播器材是否足以覆盖第3舰队的各个角落，而我又觉得如果我打算说两句的话便应趁热打铁。因此我向上将请示，可否前往他位于舰队中心位置的旗舰说两句。

自从今年3月我奉命向尼米兹报到以来，我们拥有了一段非常丰富的经历。我奉命将我部置于上将的指挥下，执行这道命令时我对上将说："英国太平洋舰队满怀骄傲与喜悦之情加入美国海军，并归阁下指挥。"

自那以后，我从未想过更改我当时的言辞。两支舰队合并的过程颇为直截了当，恰如水兵之间的惯例一般。

起初我部作为第57特混舰队，并接受斯普鲁恩斯上将的指挥。那时他仅仅告诉我们他希望我部达成怎样的作战目标，从而给我们留下了充分自由发挥的空间。当时我们把这种殊遇当作一种礼遇。回首冲绳战役期间那些决定性的日子，我们颇感自豪。虽然从未谋面，但对斯普鲁恩斯上将的宽容和大度我们铭记于心。总体来说，冲绳作战期间我部不但得以自由发挥，而且也由此逐渐习惯了此前对我部而言颇为生疏的调动和联络方式。我部从中获益匪浅。

在那之后，我部加入了第3舰队。那时我部不仅满怀热望，而且我相信，我的部下们多少也抱有这样的信心：我部已经足以与闻名遐迩的第3舰队并肩作战。也正是因为如此，哈尔西上将昨日的发言才对我们具有重大的意义。

我部与贵部并肩作战的经历也许即将告一段落。在最后的日子里，我部改编为第38.5特混大队，由麦凯恩中将直接指挥，从而成为快速航空母舰特混舰队的一部分，这支光荣的部队从 1941 年的黑暗岁月中走来，一直迎来了今天的胜利。我认为，将贵我两国海军并肩作战、有机结合的方式看作贵我两大民主国家此后共同前进的典范，大约并非一种夸张。而在两国海军融合的过程中，双方都没有丧失其个性和特点。在我看来，如果丧失了这些个性和特点才反而是一种悲哀。纵观世界海上战争史，最终唯有个性和特点才有传承价值。当然，在保有个性和特点的同时，当今世界合作亦是不可或缺的要素。在以往的几个月中，我们通过实践证明，这一切均可实现。

在此，我也许应该补充声明，我完全认同哈尔西上将的如下概念：对贵我两国而言，海军依然是第一道防线。我也坚信，如果有一天贵我两国之一竟然放弃保持海军战斗力，那么我们便更可能遭到邪恶势力的攻击，而这种邪恶势力并不会弱于我们刚刚击败的敌人。

有鉴于此，在此我认为有必要援引德国投降时海军部致英国舰队公文的开场白："自特拉法尔加海战之后，通过坚决地利用海权优势，我们的国家和各自治领第二次得以保全，并最终促成了德国决定性的战败。"

我部曾有幸与第 3 舰队并肩作战。在过去的 6 周里，第 3 舰队的经历完美地展现了在太平洋海域坚决地施展海权优势的效果。

贵我两国海军中，很多人不久之后便会回归平民的日常生活。对继续留在海军中服役的袍泽，我认为对世界未来而言，没有任何行为能比贵我两国海军形成的交流和共同作业的惯例贡献更大。也许即将远离大海的同袍们能将这一观点传播开去。

不过对你们所有人而言，无论此刻你们是否能理解这一观念，无论未来将会怎样，我都建议你们能对自己说："我曾在哈尔西魔下的第 3 舰队中作战。"然后带着更大的勇气直面明天的考验。

原注

第一章：背景、理论和经验

1. 参见约泽夫·斯特拉杰科（Jozef Strazek）著，The Pacific War: A Strategic Overview' in David Stevens (ed), The Royal Australian Navy in World War II (Allen & Unwin, Crow's Nest NSW, 1996)，18~30 页。

2. 参见海军舰队上将、斯卡帕子爵杰里科 1919 年 5—8 月访问澳大利亚自治领的海军使团的报告。

3. 华盛顿条约签署时英、美、日三国实际在役的主力舰数目分别为 30、20 和 11。

4. 参见皇家海军上校罗塞尔·格伦菲尔（Russell Grenfell）所著，Main Fleet to Singapore (Faber and Faber, London,1951)，第 39 页。

5. 参见 Naval Staff History of the Second World War CB 3303(1), War with Japan 第 1 卷 – Background to the War (Admiralty, London, 1953)，第 6 页。

6. 同上。

7. 参见约泽夫·斯特拉杰科著，The Pacific War。

8. 参见莫顿（L Morton）所著，Strategy and command (Department of the Army, Washington, 1962)。[①]

9. 同上。

10. 参见皇家海军罗斯基尔上校（S W Roskill）所著，The War at Sea 1939~1945 三卷本及附录 (Her Majesty's Stationery Office,London,1954)，第 1 卷，第 553 页。

11. 同上。

12. "拉米利斯"号和"复仇"号当时隶属于北大西洋护航舰队，用以对付据推测即将完工的德国战列舰"提尔皮茨"号（Tirpitz）。两舰的另外两艘姊妹舰"皇权"号（Royal Sovereign）和"决心"号（Resolution）正在接受整修，后者在美国接受整修。

13. 参见罗斯基尔上校所著，The War at Sea，第一卷，第 555 页及以下。

---

① 译注：在"橙色方案"20 年代版本中，尽快集结舰队和陆战队及陆军部队，直接冲击至菲律宾的方案一度成为主流。然而这个设想无疑会遭遇补给，特别是燃油补给的困难，而另一个困难则是菲律宾地区缺乏足够大的船坞供舰队日常运作所需，后者尤其需要投入大量人力物力。上述困难导致 30 年代"橙色方案"的想定改变为首先在中太平洋方向、由日本接管的原德国各殖民地群岛夺取自然条件良好的环礁并建立起中继基地，然后再以此为跳板进攻菲律宾。这个理想中的基地即位于日后日本在太平洋地区的关键枢纽和要塞：特鲁克（Truk）。然而，形势的发展、陆军的不配合又造成 30 年代末这一方案也被逐渐抛弃。无论如何，庞大的后勤支援船队和移动干船坞都是战争期间美国海军的作战计划制订者们所不能预见的。此外，在浩瀚的太平洋上实现相当程度的侦察也是令战争期间的计划制订者们头疼的问题。

14. 参见阿瑟·马德（Arthur J Marder），马克·雅各布森（Mark Jacobsen）和约翰·霍斯菲尔德（John Horsfield）合著,Old Friends New Enemies – The Royal Navy and the Imperial Japanese Navy,The Pacific War 1942–1945 (Oxford University Press,Oxford,1990)，第 21–28 页。

15. 悲哀的是，这种情形居然在 21 世纪之初重演。现在的英国政客们一方面处心积虑地大刀阔斧削减皇家海军规模，另一方面又大肆吹嘘通过提高单舰战斗力、减少舰只数目实现提高海军总体作战效率的伟大政绩。一旦发现他们一手打造的海军无法应付突发紧急事件，这帮牛皮大王们所受的震撼大概不会弱于他们的前辈。

16. 参见罗斯基尔上校所著，The War at Sea，第二卷，第 559。

17. 严格按时间顺序，日军最早发起的战斗是在马来亚北部打巴鲁（Kota Bharu）的登陆，时间为格林威治时间 12 月 7 日 16 时 55 分。对珍珠港的突袭于格林威治时间同日 18 时 30 分展开。

18. 参见 Naval Staff History,Battle Summary Number 14。

19. 参见议会会议事录，1942 年 1 月 29 日。

20. 参见丘吉尔所著，The Second World War，第三卷（Cassell,London, 1950）。

21. 3 架侦察机来自日巡洋舰"鬼怒川"号和"熊野"号。太平洋战争中，日军频繁利用巡洋舰上搭载的水上飞机执行侦察任务，定位敌水面舰艇。

22. 该战队下辖"熊野"号、"铃谷"号、"三隈"号和"最上"号 4 艘同级重巡洋舰以及 3 艘驱逐舰。

23. 参见罗斯基尔上校所著，The War at Sea，第 1 卷，第 565 页。

24. 根据战后日本 107 号专题的内容，以及高井海军少校以及其当时的指挥官园川海军上校的陈述。高井少校当时是日元山航空队的一名中队指挥官，率部参与了对 Z 舰队的攻击。上校则在该航空队的基地坐镇指挥。

25. 参见佐岛直子（Naoko Sajima）和立川京一（Kyoichi Tachikawa）合著，Japanese Sea Power – A Maritime Nation's Struggle for Identity(Sea Power Centre – Australia,Department of Defence,Canberra,2009)，第 43 页。

26. 参见雷内·弗兰西昂（Rene J Francillon）所著，Japanese Aircraft of the Pacific War (Putnam, London, 1970)，350 页及以下，以及 378 页及以下。

27. 德国空军第 10 航空军曾接受对舰攻击训练，准备加入航空母舰"格拉夫·齐柏林"号（Graf Zepplin, 该舰未完工）。该部 1941 年 1 月 10 日在马耳他附近海域攻击了英国"光辉"号（Illustrious）航空母舰。此次攻击并未击沉目标，且作战海域距该部在西西里岛的基地较近。

28. 参见威尔默特（H P Willmott）所著，The Barrier and the Javelin,Japanese and Allied Pacific Strategies February to June 1942 (Naval Institute Press, Annapolis,Maryland, 2008)，第 334 页。

29. 即格鲁曼 F4F "野猫"式战斗机（Wildcat）的皇家海军出口型。皇家海军也是世界上第一支使用 F4F 可折叠机翼型号的军队。直至 1941 年，英国都通过直接购买而非租借法案获得该机型。在美国海军将该机型命名为"野猫"之前，皇家海军即将其命名为"欧洲燕"。为保持盟军之间的一致，

1944 年 1 月 1 日起，皇家海军正式将所辖的该机型改称为"野猫"。

30. 2010 年版作训服为浅蓝色衬衫搭配深蓝色长裤。两者分别生产，并特别规定了色号，因此尽管两者设计颜色不同，但不会产生不搭配之感。

31. 大卫·布朗晚年对位于华盛顿特区华盛顿海军船厂的美国海军历史中心所藏资料进行了研究。在接受了布朗先生的这份遗产之后，笔者对其进行了总结。上述信息即出自其中。

32. 适应新的流程不乏困难。例如，皇家海军"你机高度过高"与美国海军"你机高度过低，请升高"的命令信号恰好相同，造成机组成员不适应。为熟练掌握新的信号，机组成员需要进行反复的练习。

33. 皇家海军最初将该机型称为格鲁曼"大海鲢"（Tarpon），这一命名造成了英美之间交流的混乱，因此自 1944 年 1 月 1 日起，皇家海军采用了美国海军的称呼，即"复仇者"。

34. 参见威尔莫特（H P Willmott）所著，Grave of a Dozen Schemes,British Naval Planning and the War against Japan 1943–45(Naval Institute Press,Annapolis,Maryland,1996)，第 9 页及以下。

35. 参见罗斯基尔上校所著，The War at Sea，第 3 卷，第一部分，第 240 页。

36. 在皇家海军系统中，维持舰只、小艇及其机械系统运转的补给，统称为船只补给。食物补给则包括食物、朗姆酒、啤酒及水兵被服，但军官被服不计在内。军官需要自掏腰包从平民裁缝那里购得制服。

37. 当时采用的是所谓"艉接近法"（astern method），即油船以约 8 节的航速航行在前，同时从船艉拖出一根有浮力的输油管。受油船只船艏接近输油管，将其捞起后连上船上的阀门。该种方式输油速度很慢，且输油过程中，输

油管在油船船艉至受油船只艏楼之间自然下垂，落入水中，构成一个巨大的弧形。这部分输油管将承受巨大的张力，除非油船和受油船只均以最低航速航行，否则输油管极易断裂。相较并舷输油法，艉接近法的优势仅仅是需要的训练较少，且补给过程中船只较易实施转向。

38. 参见查特菲尔德海军舰队上将（Chatfield）的自传，It Might Happen Again，第二卷 (William Heinemann,London,1947)，第 89 页。

39. 参见布朗(D K Brown)所著，Nelson to Vanguard: Warship Design and Development 1923–1945 (Chatham Publishing,London,2000)，第 147 页。

40. 国防协调大臣（Minister for Defence Co–ordination）托马斯·因斯基普（Thomas Inskip）爵士裁定海军飞机并非"传统船舶上的货物"，而是"海军武器系统的重要组成部分"，且"海军飞机机组成员必须与其他海军军官拥有同样的背景，接受同样的训练"。此前，皇家海军航空队（RNAS）于 1918 年被吸收入新组建的皇家空军，海军部仅保留对舰船上搭载飞机的指挥权。日后舰船上搭载的飞机及其机组被划为"舰队航空兵"（Fleet Air Arm，缩写为 FAA），但航空部保留着对飞机采购、机组训练和岸上基地的行政管辖权。因斯基普爵士指出这种"双重控制"机制并不合理，指示在两年内，即于 1939 年完成行政管辖权从皇家空军至皇家海军的交接。实际上，在皇家空军的配合下，这一交接比预计提前两个月完成。尽管如此，战争初期海军航空兵仍需要皇家空军提供技术支持。

41. 参见作者所著，Moving Bases – Royal Navy Maintenance Carriers and MONABS (Maritime Books,

Liskeard, 2007)，第 11 页。

42. 同上。

43. 因此，一名承担飞行任务的海军上尉在出海时保留其海军军衔，但一旦返航离舰后，他就使用其皇家空军军衔。这一军衔通常不高，往往为皇家空军上尉。授予皇家空军军衔原意为显示相应的飞行经验，但即使在皇家空军内部也很少采用这种方式。

44. 例如，1940 年为了让罗尔斯－罗伊斯公司的航空引擎生产厂能全力生产梅林引擎（Merlin），该公司专为新的费尔雷"梭鱼"式轰炸机（Barracuda）开发的新引擎项目被取消。

45. 即"狮"级战列舰（Lion）和"牛头人"级巡洋舰（Minotaur）。

46. 包括 4 艘"马耳他"级舰队航空母舰，16 艘"巨人"级（Colossus）和"庄严"级（Majestic）轻型舰队航空母舰。

47. 参见雅庞（E Arpee）所著, From Frigates to Flat Tops – The Story of the Life and Achievements of Rear Admiral Moffett USN, the Father of Naval Aviation (Published and distributed by the author in 1953)。

48. 巧合的是，在英美两国，奠定海军航空兵发展基础的都是著名律师，而政客则往往不能理解海军航空兵所面临的问题，或无法认识某些问题急需解决。

49. 因此前曾与皇家空军联系在一起，1939 年 5 月，"舰队航空兵"（Fleet Air Arm，简称 FAA）这一称呼被"皇家海军航空分支"所取代。尽管如此，"舰队航空兵"这一称呼并未完全消失，并最终在 1953 年正式恢复。

50. 由于原先皇家海军航空兵的制服早在 1912 年就已确定，因此皇家海军飞行员的制服上总装饰有飞行徽章，或被简称为"翼"的图案。最初徽章图案为一只鹰，该图案被皇家空军继承，装饰在军官的帽徽上。1924—1939 年采用的第二版图案为缠着链的锚以及信天翁翼，1939 年之后采用的第三版图案在第二版基础上，在锚上方加上了皇冠图案。

51. 战时经过正规训练的皇家海军飞行员数量稀缺，因此 1945 年后，很多原皇家海军志愿预备役航空分支出身的飞行员被转授海军通用军衔，这通常意味着军衔降低，即从临时性的皇家海军志愿预备役代理军衔转为平时皇家海军正式军衔，并接受海军相关训练。其中很多人最终升任高级军衔，并获得战舰指挥权。

第二章：早期规划

1. 参见莫里森（S E Morison）所著, History of United States Naval Operations in World War II，第 7 卷，Aleutians, Gilberts and Marshalls June 1942 to April 1944 (Little, Brown & Co,Boston, 1951)。

2. Naval Staff History of the Second World War, War with Japan 第 4 卷，The South-East Asia Operations and Central Pacific Advance (Admiralty, London, 1957)，第 34 页。

3. 参见莫里森所著, History of United States Naval Operations in World War II，第 7 卷。

4. 参见 Naval Staff History，Combined Chiefs of Staff 428 (Revised), Annex III。

5. 参见作者所著，Moving Bases，第 12 页。

6. 引自 Naval Staff History, War with Japan，第 4 卷，第 14 页及以下。

7. 参见 1944 年 5 月 2 日丹尼尔少将向澳大利亚军事顾问委员会所做陈述。该陈述收录于《军事顾问委员会会议纪要 1352 号澳大利亚档案 2682 号卷 7》。

8. 同上。

9. 参见 Naval Staff History, War with Japan，第 4 卷，第 11 页以下。

10. 参见理查德·亨伯（Richard Humble）所著，Fraser of North Cape, The Life of Admiral of the Fleet Lord Fraser (Routledge & Kegan Paul, London, 1983)，第 249 页。

11. 参见作者所著，The Hobbs Report, An Historical Analysis of RN Clothing (Ministry of Defence, London, 1995)。

12. 团队包括其副官梅里上尉（Merry）、总参谋长伊万斯－洛姆准将（Evans–Lombe）、负责作战计划的参谋长助理布朗上校、秘书奥尔弗里上校（Allfrey）及其助理皇家海军女子服务队二级官员[①]邦德（Bond）和雷恩·布朗（Wren Brown），此外还有情报官谢波德（Sheppard）少校以及皇家空军联络官凯雷伊（Kearey）上校。

13. 参见 Naval Staff History, War with Japan，第 4 卷，第 198 页以下。

14. 参见布朗所著，'The Forgotten Bases – The Royal Navies in the Pacific,1945'，收录于斯蒂文斯（Stevens）所编撰,The Royal Australian Navy in World War II，第 100—110 页。

15. 参见亨伯（Humble）所著，Fraser of North Cape，第 260 页及以下。

16. 参见布朗所著，'The Forgotten Bases – The Royal Navies in the Pacific,1945'收录于斯蒂文斯（Stevens）主编，The Royal Australian Navy in World War II，第 100—110 页。

第三章：演变和扩张

1. 皇家海军、皇家海军陆战队以及其预备役和皇家海军女子服务队共拥有 80 万名男女成员、120 艘主要战舰[②]，还拥有超过 40 座海军航空基地，用于支持 69 个一线作战中队、超过 2000 架各式军机作战。上述中队均配属给航空母舰作战。除此之外海军还有数千架飞机用于训练或作为后备机。包括驱逐舰、护卫舰和轻护卫舰在内的轻型舰只共计 846 艘，岸上基地共计 150 处。

2. Torpedo Bomber Reconnaissance Wing.

3. 当舰载机暴露在航空甲板上的开放环境中时，废气中含有的烟尘以及海水带来的盐雾会覆盖在机身上。此外，通常情况下，甲板上强劲的风力也使得地勤人员难以翻阅维护手册。另外，夜间航空母

---

① 译注：相当于海军上尉军衔。
② 译注：驱逐舰以上级别。

舰会实施灯火管制，因此任何在夜间进行的维护保养工作都只能依靠手电筒微弱的灯光进行照明。为缓解甲板系泊带来的问题，平均故障率，地勤人员通常尽量让不执行飞行任务的舰载机在甲板系泊与机库间进行轮换。

4. "梭鱼"式原基于罗尔斯－罗伊斯公司计划的新引擎设计，该引擎为套筒式滑阀，高压风冷设计，气缸纵向排列。原计划该型引擎代号为"北风"（Boreas），但却普遍被称为"埃克斯"式（Exe）引擎，尽管这一称呼并不正确。1940 年，为使罗尔斯－罗伊斯公司能全力生产梅林引擎，飞机生产部取消了新引擎的开发计划。此后"梭鱼"式轰炸机只能基于功率较小的梅林引擎重新设计，这导致该机型实际所受阻力增大，在其整个服役期内，其性能也较原先有所下降。1940 年决定做出多年之后，一具改进型"北风"引擎被安装在费尔雷"巴特尔"式轻型轰炸机（Fairey Battle）上供测试所用，该机成功地进行了飞行，其表现显示，因 1940 年武断的决定，"梭鱼"式丧失了相当的潜力。

5. 一架"地狱式"战斗机为第 12 舰载机大队的大队长座机，VF-12 中队装备 26 架"地狱猫"式战斗机，VB-12 中队装备 24 架"无畏"式轰炸机，VT-12 中队装备 18 架"复仇者"式鱼雷机。鉴于"光辉"号与"萨拉托加"号排水量的差异，两舰舰载机能力之差并不如实际数字那么巨大。

6. 较格林威治时间早 6 个半小时。

7. "推弹杆"这一代号被用于称呼那些执行扫射敌机场任务，并在敌机场上空执行攻击性战斗巡逻任务的战斗机群，执行这一任务的目的在于防止敌战斗机升空，从而压制敌战斗机对机场的防卫能力。通常而言，"推弹杆"部队的攻击总与空袭同步进行，作为对后者的支援作战，但在必要时也可单独进行，以求在敌方上空夺取制空权。

8. 参见 Naval Staff History of the Second World War, War with Japan，第四卷，The South East Asia Operations and Central Pacific Advance (Admiralty, 1957)，第 209—211 页。

9. 参见布朗为尚未出版的 Naval Staff History, The Development of British Naval Aviation 1919-1945，第三卷，The Fleet Air Arm in the Indian and Pacific Oceans 所做笔记。

10. 参见 Naval Staff History, War with Japan，第 4 卷。

11. 参见作者所著，A Century of Carrier Aviation (Seaforth Publishing, Barnsley, 2009)，第 178 页及以下。

12. 同原注 9。

13. 同原注 9。

14. 同原注 9。

15. 同原注 9。

16. 参见 Naval Staff History of the Second World War, War with Japan，第 4 卷，第 214 页。

17. 同上。

18. 参见雷·斯特蒂文特（Ray Sturtivant）和西奥·巴兰塞（Theo Balance）合著，The Squadrons of the Fleet Air Arm (Air-Britain (Historians), Tonbridge, 1984)，第 472 页。

19. 参见战后对沼田多稼藏中将的审讯记录，中将时任日本南方军参谋长。审讯记录参见东南亚翻译与审讯中心（SEATIC）第 242 号公告。

20. 所有英国航空母舰的航空煤油均储存于油柜中，为防火起见，容纳油柜的舱室注入了水。这些舱室都位于装甲以下。美国与日本航空母舰则将航空煤油储存于双层船底中，储存位置与锅炉重油类似。这种方式可以携带更多的燃油，但一旦航空母舰在战斗中受伤，渗出的燃油或燃油蒸汽很可能导致起火。"胜利"号的航空煤油设计载油量约为 18.4 万升。

21. 包括取消通信兵／射手，拆除机枪、机枪弹药、无线电设施及其他设备。

第四章：空袭苏门答腊炼油厂

1. 与"梭鱼"式不同，"复仇者"式在设计时并未强调俯冲轰炸能力，该机型在以约 30° 俯冲时投弹精度最佳。

2. "萨福克"号暂借自东印度舰队，用于执行此次作战，并非英国太平洋舰队成员。

3. 参见雷·斯特蒂文特合著，British Naval Aviation (Arms & Armour Press, London, 1990)。

4. 参见布朗为尚未出版的 Naval Staff History, The Development of British Naval Aviation 1919–1945，第三卷，The Fleet Air Arm in the Indian and Pacific Oceans 所做笔记。

5. 较格林威治时间早 6.5 小时。

6. 参见唐纳德·贾德（Donald Judd）所著，Avenger from the Sky (William Kimber, London, 1985)，第 154—159 页。

7. 同原注 4。

8. 参见太平洋舰队航空母舰群指挥官 0109/5 号令，1945 年 1 月 11 日。该命令当时被列为"绝密"。

9. 参见太平洋舰队航空母舰群指挥官，作战经过报告第 0109/5 号，致太平洋舰队总指挥官和东印度舰队总指挥官的报告，1945 年 2 月 10 日。

10. 参见太平洋舰队航空母舰群指挥官作战经过报告，日期为 1945 年 2 月 10 日。

11. 同原注 8。

12. 参见太平洋舰队航空母舰群指挥官作战令，"子午线"作战第二部分，航空作战令，日期为 1945 年 1 月 11 日。

13. 当日当地海上破晓时间为当地时间 5 时 20 分，该时间较格林威治标准时间早 7 小时。日出时间为 6 时 7 分，日落时间为 18 时 30 分。

14. 参见"不倦"号舰长的报告，收录于致太平洋舰队航空母舰群指挥官作战经过报告，第 90/1054/00190/7 号，日期为 1945 年 2 月 4 日。

15. 参见空战调度员报告，该报告参见致"胜利"号第 0217/7537 号报告，附件 2，日期为 1945 年 2 月 1 日。

16. 同上。

17. 参见中层右翼掩护群领队作战记录，收录于"光辉"号 ROP 04/C 号文档，日期为 1945 年 1 月 31 日。

18. 参见惠比特 1 号小队领队的报告，该报告参见致"胜利"号第 0217/7537 号报告，附件 5，日期为 1945 年 2 月 1 日。

19. 参见太平洋舰队航空母舰群指挥官报告作战经过报告，第 0109/5 号，日期为 1945 年 2 月 10 日。

20. 参见惠比特 1 号小队领队的报告，该报告参见致"胜利"号第 0217/7537 号报告，附件 6，日期为 1945 年 2 月 1 日。

21. 参见"光辉"号舰长致太平洋舰队航空母舰战斗群指挥官的作战经过报告第 04/C 号，日期为 1945 年 1 月 31 日。

22. 皇家海军舰载机上装备的甚高频无线电设备共设有 4 个频道，其代号分别为 A（Able）、B（Baker）、C（Charlie）、D（Dog），当天攻击机群和护航机群均使用 A 频道。

23. 参见太平洋舰队航空母舰群指挥官航空作战令，"子午线"作战，日期为 1945 年 1 月 11 日。

24. 参见"胜利"号攻击机群领队报告，该报告参见致"胜利"号第 0217/7537 号报告，附件 3，日期为 1945 年 2 月 1 日。

25. 参见鱼雷轰炸侦察第 2 联队领队作战记录，收录于"光辉"号作战经过报告第 04/C 号，日期为 1945 年 1 月 31 日。

26. 参见"不挠"号舰长的报告，收录于致太平洋舰队航空母舰群指挥官作战记录报告，第 2704/0244 号，附录 2，日期为 1945 年 2 月 3 日。

27. 参见空战调度员报告，该报告参见致"胜利"号第 0217/7537 号报告，附件 2，日期为 1945 年 2 月 1 日。

28. 该舰搭载 1 个小队共 2 架"地狱猫"式侦察摄影机，两机由第 1 航空母舰中队指挥官及其参谋长直接指挥。

29. 参见"胜利"号舰长报告，该报告收录于致太平洋舰队航空母舰群指挥官作战记录报告，第 0217/7537 号，日期为 1945 年 2 月 4 日。

30. 参见高空掩护群领队报告，该报告参见致"胜利"号第 0217/7537 号报告，附件 4，日期为 1945 年 2 月 1 日。

31. 舰队中若干大型舰只搭载别号 Y 团队的监听队伍，该部配备监听设备，并配有日语翻译。

32. 参见"不倦"号作战记录报告，第 90/1054/00190/7 号，1945 年 2 月 4 日。

33. 根据当时的无线电设备工作原理，仅在正对发射机发射方向时接收机才能收听到甚高频无线电信号，因此在空中巡逻的战斗机可以收听到这一请求，但鉴于舰队实际位于发射机所处位置的水平线以下，因此各舰并未收听到这一请求。

34. 参见"不倦"号 1 月 251640 号电，"不倦"号作战记录报告第 90/1054/00190/7 号中引述了该电，报告日期为 1945 年 2 月 4 日。

35. 参见原作者 2010 年 3 月与罗伊·吉布斯（Roy Gibbs）的访谈，吉布斯当时与米切尔军士长同在 820 中队服役，担任通信员／射手。

36. 该机坠毁位置位于"不倦"号收到的最后一次神秘无线电通讯发送位置以北数百千米。

37. 相关信息参见海军部伤亡统计科逐日记录，原件收藏于朴茨茅斯海军历史科所藏档案。作者拥有该档案的副本，另一副本由英联邦国殇纪念管理委员会（CWGC）收藏。战后英联邦国殇纪念管理委员会将 3 具遗骸发掘，并重新安葬在巨港战争公墓（War Cemetery at Palembang）中。1961 年印尼政府要求关闭该公墓，上述遗骸被重新安葬在雅加达战争公墓（Djakarta War Cemetery）。至本书（英文原书）成书时，上述遗骸仍位于该公墓。

38. 参见海军情报局（NID）02477/47 文件，布朗在为尚未出版的 Naval Staff History, The Development of British Naval Aviation 1919–1945, 第三卷, The Fleet Air Arm in the Indian and Pacific Oceans 所做笔记中引述了这一内容。

39. 同原注 29。

40. 参见"推弹杆""轭"部队领队报告，该报告参见致"胜利"号第 0217/7537 号报告，附件 12，日期为 1945 年 2 月 1 日。

41. 麦肯兹少校后来晋升至海军上将衔，并于 1963 年出任"北极星"导弹系统最高执行官。

42. "坦塔罗斯"号第 7 次作战巡逻报告，收录于 SM8 2537/73 档案，日期为 1945 年 4 月 4 日。

43. 上尉的名字镌刻在坐落于朴茨茅斯以西李索伦特小镇（Lee-on-the-Solent）的舰队航空兵纪念碑上，具体位置为 6 区第 3 块。

44. 参见"不倦"号作战经过报告，第 90/1054/00190/7 号，日期为 1945 年 2 月 4 日。

45. 参见空战调度员报告，该报告参见致"胜利"号第 0217/7537 号报告，附件 9，日期为 1945 年 2 月 1 日。

46. 参见大卫·福斯特（David Foster）所著，Wings over the Sea (Harrop Press, Canterbury, 1990)，第 189 页。

47. 参见战后在苏门答腊对"子午线"作战中英军幸存者的搜索总结，其副本之一为作者收藏。

48. 参见近距离护航群领队的报告，该报告参见致"胜利"号第 0217/7537 号报告，附件 11，日期为 1945 年 2 月 1 日。

49. 参见太平洋舰队航空母舰群指挥官作战经过报告第 0109/5 号，1945 年 2 月 10 日。

50. 参见海军情报局 396/46 文件，布朗在为尚未出版的 Naval Staff History, The Development of British Naval Aviation 1919–1945, 第三卷, The Fleet Air Arm in the Indian and Pacific Oceans 所做笔记中引述了这一内容。

51. 参见"光辉"号舰长的报告，收录于致太平洋舰队航空母舰群指挥官作战经过报告，第 368/04C 号，日期为 1945 年 2 月 4 日。

52. 同上。

53. 迄今为止，以一部配属给英国太平洋舰队但主要随东印度舰队作战的第 888 中队，仍是皇家海军中唯一专用于侦察摄像的单位。

54. 参见"推弹杆""轭"部队领队报告，该报告参见致"胜利"号第 0217/7537 号报告，附件 2，日期为 1945 年 2 月 1 日。

55. 同原注 49。

56. 同原注 9。

第五章：澳大利亚和后勤支持

1. 即组织将级太平洋战区海空部队基地的报告，作者个人藏有该报告副本。

2. 参见约翰·杰里米（John Jeremy）所著，Sydney's New Dock and the British Pacific Fleet 草稿，该书为悉尼港口联合会信托机构（Sydney Harbour Federation Trust）所作，2009 年于悉尼完稿。

3. 参见大卫·里昂（Davide JJ Lyon）所著，Warship Profile Number 10 - HMS Illustrious Technical Paper (Profile Publications, Windsor, 1971)，第 221 页。

4. 参见太平洋舰队总指挥 280659Z 号电，1945 年 2 月。

5. 参见霍布斯所著，Moving Bases，第 14 页。

6. 这些安排恰恰体现了杰里科上将 1919 年提出建议时的深谋远虑。上将当时建议假想中的帝国太平洋舰队应以澳大利亚为基地，充分利用当地的工业基地。

7. 参见霍布斯所著，Moving Bases，第 114 页。

8. 该基地所辖车辆为 12 辆吉普车、34 辆 3 吨卡车，以及包括机动车间、发电机车、加油车、移动病房、移动洗衣车、充电车、烤面包车、无线电及雷达设备货车、塔台在内的若干特种车辆。

9. 参见第 1 海军机动航空作战基地经过报告，该报告收录于《太平洋战区海军航空兵总指挥组织架构报告》，作者收藏了后者。

10. 所有海军机动航空作战基地的代号均以"NAB"开头。

11. 参见作者所著，Moving Bases，第 29—30 页。

12. 参见 Naval Staff History of the Second World War, War with Japan，第 4 卷，第 214 页。

13. 宾利上校在海军中绰号"男爵"，该基地的代号也体现了上校鲜明的个性。不过没有记录显示上校本人在选择这一代号过程中的影响。

14. 参见 Naval Staff History of the Second World War, War with Japan，第 4 卷，第 14—19 页。

15. 参见罗斯基尔所著，The War at Sea，第三卷第二部分，第 330—331 页。

16. 参见 Naval Staff History of the Second World War, War with Japan，第 4 卷，第 204 页。

17. 尽管已经获得相当的实战经验，但是 1944 年 12 皇家海军依然顽固地认为并舷输油法对于大型舰只而言既困难又危险。在实战经验证明这一输油法也可在大型舰只上使用时，已经来不及改造舰只和油轮并安装相应设备了。

18. 参见 Naval Staff History of the Second World War, War with Japan，第 4 卷，第 14—19 页。

第六章："冰山 I"作战

1. 参见布朗为尚未出版的 Naval Staff History, The Development of British Naval Aviation 1919–1945, 第三卷, The Fleet Air Arm in the Indian and Pacific Oceans 所做笔记。

2. 在太平洋战区，美国海军航空母舰突击舰队的指挥官由两人分别出任，舰队在更换指挥官的同时更换番号。因此在任何时候，总有一位指挥官及其参谋人员可以在后方岸上基地制订下一步作战计划，而另一位指挥官则出海指挥舰队作战。舰队所属舰只基本不变。因此当斯普鲁恩斯出海指挥作战时，舰队番号为第5舰队；而当哈尔西出海指挥作战时，舰队番号则变为第3舰队。

3. 参见英国太平洋舰队副总指挥官作战经过报告第1092/4号，日期1945年5月9日。该报告收录于英国太平洋舰队总指挥官报告BPF/932/OPS内，日期为1945年7月13日。作者收藏有后者副本。

4. 美国海军习惯在执行某特殊作战任务的战舰按规模编为大舰队、舰队、大队、小队和支队，并赋予数字番号。这些数字番号有利于通讯、下达命令以及区分由若干舰只组成的不同编队。其中第一位数字代表所属大舰队，第二位则指示所属舰队。因此美国海军快速航空母舰及其护航舰只编为第58特混舰队，而英军的快速航空母舰及其护航舰只则编为第57特混舰队。更小规模的编队则被定义为大队或更小单位，并在所属特混舰队番号后加入小数点和数字进行命名。例如第57.1特混大队即为第57特混舰队所属的一个大队，第57.1.1特混小队则是该大队的一个小队，至于第57.1.1.1特混支队则为该小队所属的一个支队。这套系统简单明了，易于理解和采用，因此直至21世纪美国海军、英国皇家海军、澳大利亚皇家海军仍采用此套番号系统。

5. 除了舰载机外，由皇家空军所属的B-24"解放者"式轰炸机和C-47"达科他"式运输机组成的第300联队也使用了上述涂装，该联队亦隶属英国太平洋舰队。

6. 例如，P-1G表示该机隶属"胜利"号的849中队，其中P是"胜利"号1945年1月的甲板识别代号，1则表示该舰的第1攻击中队，即849中队，G则表示其中队内编号。该中队其他各机编号则在A—X之间。

7. 同原注1。

8. 原计划专门建为夜战航空母舰的"海洋"号轻型航空母舰（Ocean）当时仍在建造中。按计划该舰将于1945年晚些时候加入英国太平洋舰队。实际上该舰直至日本投降仍未完工。关于航空母舰的照明以及夜间飞行技术，请参见作者所著A Century of Carrier Aviation(Seaforth Publishing, Barnsley,2009)，第115—122页。

9. 4.5半径圆是针对防空和反潜不同要求做的折中。在单纯反潜场景下，驱逐舰应置于距离中心更远位置，从而在敌鱼雷射程外拦截敌潜艇，保护位于阵型中心的高价值单位[①]。

10. "统治者"级护航航空母舰（Ruler）可装载3270吨锅炉燃油，在以11节速度航行时其航程可达近4.4万千米。因此可利用其富余燃油作为对油轮载油的补充。在印度洋战场和太平洋战场，护航航空母舰均多次为护航舰只补充燃料。

11. 同原注1。

12. IFF，即敌我识别装置。该装置针对盟军雷达信号发射某一预定信号，显示装备该设备的飞机为友机，否则则被识别为敌机。

---

① 译注：日制95式潜射鱼雷射程可达10千米左右。

13. "战斗中损失"指在目标上方空域被敌机或防空火力击落的舰载机，"运作中损失"则指此外一切原因造成的损失，例如降落事故、因引擎故障在海中迫降等。

14. 参见诺曼·汉森（Norman Hanson）所著, Carrier Pilot (Patrick Stephens, Cambridge, 1979), 第 223—224 页。

15. 同原注 1。

16. 参见布朗所著, The Seafire – The Sptifire that Went to Sea(Ian Allen, London, 1973), 第 108 页。

17. "目标上空战斗巡逻"指由战斗机在预定目标上空执行战斗巡逻任务，并攻击任何企图升空或停留在地面的目标。

18. "'奥林匹克'作战以及日军对策的报告"，文件号为 MO2293/46，布朗在为尚未出版的 Naval Staff History, The Development of British Naval Aviation 1919–1945, 第三卷, The Fleet Air Arm in the Indian and Pacific Oceans 所做笔记。

19. 同原注 1。

20. 参见维安上将所著, Action This Day–A War Memoir (Frederick Muller L2imited, London, 1960), 第 183 页。

21. 当时始于澳大利亚的前送后勤供应链尚不完善。战机从英国本土出库，运抵澳大利亚之后，在前送至前线之前并不会接受最新的作战改装。这一状况直至 1945 年 7 月驻邦克斯顿的接收 / 派发单位工作步入正轨之后才得到改变。

22. 同原注 1。

23. 在确认英国太平洋舰队提出的英勇作战表彰名单的过程中，相关部门过度的拖延造成了弗雷泽上将的不满，上将亲自过问了此事。在上将的要求下，海军部同意优益服务十字勋章（DSC）可即时授予，无须等待海军部确认。帕克少校是第一批通过此种方式获得该勋章的官兵之一，这无疑是对其战功的肯定。战后少校转入永久役，成了一名试飞员。在其各类成就中，最重要的一项是参与了美英两国航空母舰斜角甲板的演变发展过程。以上内容出自作者在远东舰队（Far East Fleet）"竞技神"号服役时与帕克上校的交谈，当时上校任该舰舰长。

24. 同原注 1。

25. 参见罗斯基尔所著, The War at Sea, 第三卷第二部分, 第 349 页。

26. 参见英国太平洋舰队航空母舰指挥官作战经过报告，该报告收录于 M 059135/45 号档案。参见布朗为尚未出版的 Naval Staff History, The Development of British Naval Aviation 1919–1945, 第三卷, The Fleet Air Arm in the Indian and Pacific Oceans 所做笔记中引用了该报告。

27. 参见英国太平洋舰队总指挥 BPF/932/OPS 文件，日期为 1945 年 7 月 13 日。

28. 同上。

29. 同上。

30. 参见美国海军 OPNAV-16-V A102 号报告，日期为 1945 年 4 月。该报告向英国太平洋舰队公开。

31. 因此专用于对地攻击战机被称为"泥巴搬运者"。

32. 即德国、意大利、日本以及维希法国。

33. 下文中大多数评论即摘自上校的报告，该报告题为"关于英国太平洋舰队支援冲绳战役期间作战的报告"，编号为 CINCPAC BOX#4911 RS#11723 FILE A16-3/USNLO#1。作者藏有该报告副本。

34. 该连队辖第 41 夜间战斗机中队和第 41 夜间鱼雷机中队，分别辖有 16 架 F6F-5N "地狱猫"式战斗机和 8 架 TBM-1D "复仇者"式鱼雷机。

35. 参见克拉克·雷诺兹（Clark G Reynolds）所著，The Fast Carriers, the Forging of an Air Navy (Naval Institute Press, Annapolis,1992)，第 312 页。

36. 同上。

37. 同上。

38. 参见维安所著，Action This Day，第 179 页及以下内容。

第七章：在莱特湾进行补给

1. 给《伦敦公报》的补充材料，于 1948 年 6 月 2 日发表。

2. 参见"演讲者"战史，The Pinnacle Press,Sydney,1946。

3. 参见布朗为尚未出版的 Naval Staff History,The Development of British Naval Aviation 1919-1945，第三卷，The Fleet Air Arm in the Indian and Pacific Oceans 所做笔记。

4. "独角兽"号 1945 年战史，由悉尼 Langlea Printery 公司印刷。

5. 参见原作者所著，Moving Base，第 54 页。

6. 参见布朗所著，The Fleet Train，收录于其本人编辑的 The British Pacific and East Indies Fleets – The Forgotten Fleets – 50th Anniversary Publication, (Brodie Publishing Ltd, Liverpool,1995)，第 92 页。

7. 同原注 3。

8. 重型维修舰只需要约 700 人才能操作全部设施，但除基本编制人员外，各船仅可多容纳约 200 人住宿。其余人员只得住宿在交通船上，并搭乘小艇前往相应船只工作。

9. 参见布朗所著，The Fleet Train，第 90 页。

10. 同上。

11. 参见英国太平洋舰队笔记 29 号，日期为 1945 年 8 月 14 日。该文件收藏于朴茨茅斯海军历史科档案馆。作者拥有该文件副本。

12. 同原注 9。

13. 参见皇家空军准将亨利·普罗伯特（Henry Probert）所撰，The Royal Air Forces Part in the Maritime War，收录于布朗编辑的 The British Pacific and East Indies Fleets – The Forgotten Fleets – 50th Anniversary Publication, (Brodie Publishing Ltd, Liverpool,1995)，第 85—88 页。

14. 同上。

15. 参见布朗所著，The Fleet Train，收录于其本人编辑的 The British Pacific and East Indies Fleets – The Forgotten Fleets – 50th Anniversary Publication, (Brodie Publishing Ltd,Liverpool,1995)，第 90 页。

第八章： "冰山 II" 作战

1. 参见布朗为尚未出版的 Naval Staff History,The Development of British Naval Aviation 1919-1945, 第三卷 ,The Fleet Air Arm in the Indian and Pacific Oceans 所做笔记。

2. 参见"可畏"号舰长撰写的战损报告，该报告提交第 1 航空母舰中队指挥官，文件号 774/206，日期 1945 年 5 月 11 日。作者藏有该报告副本。

3. 同原注 1。

4. 同原注 2。

5. 参见"演讲者"号战史，The Pinnacle Press,Sydney，1946。

6. 参见"胜利"号舰长撰写的战损报告，该报告提交第 1 航空母舰中队指挥官，文件号 155/8376，日期 1945 年 5 月 24 日。作者藏有该报告副本。

7. 1945 年以前皇家海军术语中的"弹射器"专指战列舰或巡洋舰上用于弹射水上飞机的设施。为加以区分，航空母舰上的设备则被称为"加速器"。自从除航空母舰外其余所有舰只都卸载飞机之后，"弹射器"这一术语被普遍用于各种辅助飞机起飞的设施，并从 1945 年起正式用于航空母舰。鉴于对一般读者而言"弹射器"这一术语更为熟悉，因此本书中统一使用这一术语。

8. 在 1943 年萨莱诺登陆战期间，舰载机盘旋航线拥挤的问题在当时的航空母舰起降作业中非常常见。

9. 同原注 1。

10. 参见海军战机发展与作战 CB3053(11) 号，定期摘要第 11 号，海军部 1945 年于伦敦。

11. 同上。

12. 同原注 1。

13. 同原注 1。

14. 数字摘自布朗为尚未出版的 Naval Staff History, The Development of British Naval Aviation 1919-1945, 第三卷 ,The Fleet Air Arm in the Indian and Pacific Oceans 所做笔记。

15. 下文中的数字摘自作战研究报告，文件号 BPF/932/OPS，日期 1945 年 5 月 28 日。作者藏有该文件副本。

16. 参见维安所著，Action This Day，第 201 页。

17. 参见美国海军驻英国太平洋舰队高级联络官报告，文件号 CJW/lat A9-8 Serial 0088，日期 1945 年 6 月 20 日。作者藏有该报告副本。

第九章： "囚徒" 作战

1. 参见皇家海军中校克罗斯利（R M Crosley）所著，They Gave me a Seafire (Airlife Publishing Ltd,Shrewsbury,1986)，第 157 页。

2. 参见布朗所著，The Seafire，120 页。

3. 参见斯特蒂文特和巴兰塞合著，The Squadrons of the Fleet Air Arm，第 310 页。

4. 参见皇家海军文森特上校（P M C Vincent）所撰，'Inmate–For Want of a Split-Pin，收录于布朗编辑的 The British Pacific and East Indies Fleets – The Forgotten Fleets – 50th Anniversary Publication，(Brodie Publishing Ltd, Liverpool,1995)，第78–80页。

5. 至1945年，英国航空母舰上最资深的飞行员被称为"飞行指挥官"。当年这一称呼被改为"舰载机指挥官"。新的称呼不仅在英国太平洋舰队内统一使用，且一直沿用至2010年。

6. 参见布朗为尚未出版的 Naval Staff History,The Development of British Naval Aviation 1919–1945, 第三卷,The Fleet Air Arm in the Indian and Pacific Oceans 所做笔记。

7. 参见克罗斯利所著，They Gave me a Seafire，第159—163页。

8. 同上。

9. 同上。

10. 参见布朗所著，Carrier Operations in World War II (Seaforth Publishing, Barnsley,2009)，第101页。

11. 参见文森特所著，Inmate–For Want of a Split-Pin，第78—80页。

12. 同上。

13. 参见克罗斯利所著，They Gave me a Seafire，第162页。

14. 参见斯特蒂文特和米克·伯罗（Mick Burrow）所著，Fleet Air Arm Aircraft 1939 to 1945 (Air Britain (Historians)，Tunbridge Wells,1995)，第496页。

15. 参见布朗所著，The Seafire，第131页。

16. 折合106.9美制加仑。

17. 为此舰队专门派出驱逐舰将这些副油箱运至马努斯。有流言称，"不饶"号从军官室抽调了若干箱威士忌作为交换，但作者并不能加以确认。不过毫无疑问，此类互惠"交易"在太平洋战场并不罕见。

18. 参见克罗斯利所著，They Gave me a Seafire，第245—246页。

第十章：在澳大利亚进行维修，对后期系统的改进

1. 参见约翰·杰里米所著，Cockatoo Island – Sydney's Historic Dockyard (University of New South Wales Press,Sydney,1998)，第128页。

2. 刊登于悉尼当地刊物《太阳》，1945年7月31日星期二版。

3. 参见作者所著，Moving Bases，第25页。

4. 参见布朗所著，The Fleet Train，第91页。

5. 同上。

6. 参见"太平洋海军航空兵指挥官组织报告"，海军部1946年发布。该报告的副本收藏于设于皇家海军维尔顿航空基地（Yeovilton）的舰队航空兵博物馆档案中。

7. 同上。

8. 参见布朗所著, The Seafire, 第119—120页。

9. 同上。

10. 在海军舰载机大规模进行模拟飞行甲板着舰练习几天之后, 瑙拉机场跑道着陆点附近便出现损坏迹象。

11. 参见作者所著, Moving Bases, 第116页。

12. 同上。

13. 同上。

14. 参见英国太平洋舰队备忘录BPF/1043P号, 日期1945年6月13日。作者藏有该备忘录副本。

15. 参见布朗所著, The Forgotten Bases – The Royal Navies in the Pacific 1945, 收录于大卫·斯蒂文斯(David Stevens)编撰的 The Royal Australian Navy in World War II (Allen & Unwin, Crows Nest NSW, 1996), 第105页。

16. 至1945年6月, 共有约2200名皇家海军女子服务队成员在英国太平洋舰队设在澳大利亚的不同指挥部中工作。

17. "泰恩"号1944年11月刚刚离开英国本土。直至1946年8月, 该舰一直隶属英国太平洋舰队并以悉尼为基地。

18. 参见彼得·纳什(Peter V Nash)所著, The Development of Mobile Logistic Support in Anglo-American Naval Policy, 1900–1953 (University Press of Florida, Gainesville, 2000), 第43页。

19. 同上。

20. 同上。

21. 在英制油轮上, 加热器、绞盘和油泵均使用蒸汽作为动力。由于以最高功率运转时需要从主机输入蒸汽, 因此某些航速本已很低的补给船只其航速便会进一步降低。

22. 参见 Admiralty Manual of Seamanship, 第3卷, 1964年版 (HMSO, London 1964)。

23. 在两船距离很近地并行时, 受文丘里效应(Venturi)的影响, 两船之间舯部位置水流截面面积最小, 因此水压较低, 而在两船艏部和艉部水压则较高。因此, 在并舷编队航行时, 为防止偏离战位甚至相撞, 各船最佳位置便是邻船正横位置(即与邻船的龙骨成直角)。由此引发的推论是, 在战舰接近相应补给船只时, 迅速接近然后减速落位进入正确补给位置, 要比低速缓慢靠近的方式更为理想。

24. "R"旗处于降旗位置时代表准备进行补给作业, "R"旗升起则代表开始补给作业。

25. 参见纳什所著, The Development of Mobile Logistic Support, 第68页。

26. 参见作者所著, The Moving Bases, 第97页。

27. 令人惊讶的是, 除了后备飞行员外, 担任补给航空母舰角色的护航航空母舰上其他飞行员均不携带降落伞和救生衣。后备飞行员将携带这些装具加入前线作战队中。

第十一章：潜艇与布雷作战

1. 参见 Naval Staff History of the Second World War – War with Japan 第4卷, The Blockade of Japan (Admiralty, London, 1957),

第 20 页。

2. 同上。

3. 参见"策略"号"第 4 次也即最终一次作战巡逻报告"，文件号 M.5469/45，由该艇幸存者皇家海军上尉道格拉斯（D C Douglas）撰写。

4. "莎士比亚"号"1944 年 12 月 20 日—1945 年 1 月 8 日期间巡逻报告"，文件号 M.01447/45。

5. 参见 Naval Staff History of the Second World War - War with Japan 第 4 卷，第 84 页。

6. 参见加德纳（W J R Gardner）所著，Submarines，收录于布朗编辑的 The British Pacific and East Indies Fleets - The Forgotten Fleets 一书，第 59 页。

7. 同上。

8. 同原注 5。

9. 同原注 5。

10. 参见加德纳所著，Submarines，第 63 页。

11. 参见"坦塔罗斯"号"第 7 次作战巡逻（远东地区第 6 次、西南太平洋海域第 2 次）报告"，该报告由驻"梅德斯顿"号的第 8 潜艇队上校指挥官撰写，递交驻东印度地区总司令和第 7 舰队潜艇部队指挥官，其副本递交英国太平洋舰队指挥官，文件号 2537/73，日期 1945 年 4 月 4 日。作者藏有该报告副本。

12. 参见费尔上校所著，The Sea Our Shield（Cassell,London,1966）。

13. 参见 2009 年 6 月 20 日《每日电讯报》讣告栏。

14. 数据援引自 Naval Staff History of the Second World War - War with Japan 第 5 卷，第 v 页。

15. 同上。

16. 很多潜艇迷信这一说法，即由潜艇布设的水雷的首个牺牲品便是布雷潜艇自身。

第十二章：攻击日本本土

1. 参见布朗为尚未出版的 Naval Staff History,The Development of British Naval Aviation 1919–1945，第三卷，The Fleet Air Arm in the Indian and Pacific Oceans 所做笔记。

2. 同上。

3. 英国太平洋舰队及舰队后勤船队的完整编制参见附录 B。

4. 参见布朗为尚未出版的 Naval Staff History,The Development of British Naval Aviation 1919–1945，第三卷，The Fleet Air Arm in the Indian and Pacific Oceans 所做笔记。

5. 参见第 37 特混舰队指挥官 040023Z 号电，1945 年 7 月，收录于英国太平洋舰队副指挥官 1092/14 号文件附件 1，该文件日期为 1945 年 10 月 1 日。作者藏有该文件副本。

6. 参见第 3 舰队指挥官 062107 号电，1945 年 7 月，出处同原注 5。

7. 参见英国太平洋舰队副指挥官 1092/14 号文件附件 4，该文件日期为 1945 年 10 月 1 日。

8. 参见威廉·F·哈尔西（William F Halsey）和布莱恩（J Bryan）合著，Admiral Halsey's Story (Whittlesey House of McGraw Hill,New York,NY,1947)。

9. 参见英国太平洋舰队总指挥公文件，1944 年 11 月至 1945 年 7 月，文件号 M.059378/45。Naval Staff History of the Second World War‐War with Japan 第 6 卷 'The Advance to Japan' 第 213 页引用了该文件。

10. 参见英国太平洋舰队副指挥官 1092/14 号文件附件 1，该文件日期为 1945 年 10 月 1 日。

11. 1945 年 5 月 8 日晋升。

12. 即长距离无线电导航协助系统，1945 年若干英国和美国主要舰只安装了该系统。

13. 参见 Naval Staff History of the Second World War‐War with Japan 第 6 卷，第 220 页。

14. 此种巡逻形式为按照预定计划在舰队上空持续执行巡逻，这与"冰山"作战期间准备战斗机在飞行甲板上待机，随时准备升空截击的方式截然不同。

15. 同原注 1。

16. 参见英国太平洋舰队副指挥官 1092/14 号文件附件 1，该文件日期为 1945 年 10 月 1 日。作者藏有该文件副本。

17. 同原注 8。

18. 同原注 8。

19. 参见布朗所著，Warship Losses of World War 2 (Arms and Armour Press,London,1990)，第 155 页。

20. 同原注 16。

21. 在马努斯期间，"罗伯特·马士基"停泊于"英王乔治五世"号舷侧，在实际进行海上补给作业前完成了必需的测量并研究了补给过程。

22. 参见布朗所撰 "Royal Canadian Navy" 一文，收录于布朗编辑的 The British Pacific and East Indies Fleets‐The Forgotten Fleets 一书，第 106 页。

23. 参见英国太平洋舰队副指挥官 1092/14 号文件附件 1，该文件日期为 1945 年 10 月 1 日。作者藏有该文件副本。

24. 同原注 23。

25. 参见美国海军所编，"Ships Bombardments of Japan 1945,Comments and Data on Effectiveness of Ammunition and Accuracy of Firings",Washington,1946。

26. 参见 Naval Staff History,War with Japan 第 6 卷，第 217 页。

27. 同原注 7。

28. 同原注 10。

29. 同原注 10。

30. 参见原作者所撰，"Ramrod 3A"，收录于布朗编辑的 The British Pacific and East Indies Fleets‐The Forgotten Fleets 一书，第 81 页。

31. 战争结束之后，日本政府修建了女川湾之战纪念碑。碑文记录 1945 年 8 月 9 日上午共有 158 名"勇士"阵亡。这自然是"天草"号上的 157 名日本官兵和格雷上尉。

32. 参见战舰炮轰调研团队的报告，编号为 BIOS/JAP/PR/1722/1945，收录于 Naval Staff History, War With Japan，第 6 卷，第 224 页。

33. 参见布朗所著，Warship Losses of World War 2，第 156 页。

34. Z 代表该电使用格林威治标准时间。英国及其自治领以及美国海军战舰均使用格林威治时间发报，时间按 24 小时制用 4 位数字表示。例如该电的时间即为格林威治标准时间 2 时 32 分（如使用当地时间时，则需采用适当的当地时区代码，例如 A 代表英国夏令时）。必要时日期以两位数的方式加入代表时间的 4 位数字之前，例如 250232Z 即格林威治标准时 25 日 2 时 32 分。如果需要提及月份，则将月份缩写置于日期－时间数字之后，其格式如 250232Z NOV。

35. 同原注 10。

36. 该舰最晚抵达日本沿海，因此其备件最全，飞行员平均战斗时间也最少。

37. 同原注 10。

38. 参见布朗所著，The Seafire，第 127 页及以下。

39. 参见"不倦"号 1945 年 10 月致皇家海军军法署署长（RN Judge Advocate General）的 231215Z 号电，作者藏有该电副本。

40. 参见盟军最高司令统帅部法律科调查部报告，1946 年 6 月 24 日。作者藏有该报告副本。

41. 同上。

42. 同原注 10。

第十三章：胜利

1. 该舰此前曾担任本土舰队旗舰。为前往太平洋作战，该舰在利物浦进行了为期 6 个月的改造以配备相应设施。该舰与"安森"号（HMS Anson）一道于 1945 年 4 月 25 日从斯卡帕湾出发。为修理主供电回路故障，途中该舰在马耳他停留了 3 周。该舰于 7 月 20 日抵达悉尼，并于 7 月 31 日出发前往加入第 37 特混舰队。鉴于日本战场态势的急剧变化，该舰后来停留在马努斯。

2. 参见亨伯所著，Fraser of North Cape，第 278 页。

3. 波茨坦会议期间，人类历史上第一枚原子弹"阿拉莫戈多"（Alamogordo）于 1945 年 7 月 16 日在新墨西哥州的沙漠中成功引爆。当时共组装了 5 枚原子弹，其中 2 枚被用于对日攻击。

4. 同原注 2。

5. 参见塔兰特（V E Tarran）所著，King Georeage V Class Battleships（Arms & Armour Press，London,1991），第 259 页。

6. 参见英国太平洋舰队副指挥官 1092/14 号文件附件 1，该文件日期为 1945 年 10 月 1 日，作者藏有该文件副本。

7. 差不多在此期间，舰队收到海军部来电，电文中希望舰队中的"战时人员"志愿申请加入和平时期海军正式役。不过在当时，即使有志报名的水兵也把这道电令暂时抛诸脑后，毕竟高级军官们下达的粉刷舰只和打磨铜件的命令引发了更高的热情。①

8. 同原注6。

9. 同原注6。

10. 同原注6。

11. 参见塔兰特所著，King George V Class Battleships，第264页。

12. 参见亨伯所著，Fraser of North Cape，第279页。

13. 参见塔兰特所著，King George V Class Battleships，第271页。

14. 参见亨伯所著，Fraser of North Cape，第284页。

15. 参见尼尔·麦卡特（Neil McCart）所著，HMS Glory 1945-1961（Maritime Books,Liskeard,2002），第14页。

16. 参见战争史实例8957，引自朴茨茅斯海军历史科所藏档案中一份题为"英国太平洋舰队"的文件。

17. 参见Peter Smith所著，Task Force 57(William Kimber，London,1969)，第189页。

18. 詹逊后被授予圣迈克尔和圣乔治二等勋爵士勋章，并于1946—1952年间出任战后首任新加坡总督。

19. 参见尼尔·麦卡特所著，The Illustrious & Implacable Classes of Aircraft Carrier 1940-1969 (Fan Publications,Cheltenham,2000)，第134页。

20. 参见战争史实例9289，引用自朴茨茅斯海军历史科所藏档案中一份题为"英国太平洋舰队"的文件。

21. 参见尼尔·麦卡特所著，The Colossus Classes of Aircraft Carrier 1944-1972(Fan Publications,Cheltenham,2002)，第42页。

22. 引自皇家海军官方通讯员撰写的通讯稿，日期为1945年9月16日。作者藏有该通讯稿副本。

23. 参见亨伯所著，Fraser of North Cape，第284—285页。

24. 参见"独角兽"号年表，1945年（The Langlea Printery Pty Ltd,Sydney,1945）。

第十四章：战俘遣返，人员运输以及战争新娘

1. 参见塔兰特所著，King George V Class Battleship，第263页。

2. 参见泰迪·基（Teddy Key）编纂，The Friendly Squadron‐1772 Naval Air Squadron 1944-1945 (Square One Publications,Upton upon Severn,1997)，第153页。

3. 参见"演讲者"号年表，1945年（The Pinnacle Press,Sydney,1946）。

4. 同上。

5. 当时，澳元的价值略低于英镑，5澳元约折合4英镑。在自由市场贸易兴起前，4美元约折合1英镑。

---

① 译注：战时为避免暴露目标，战舰通常被涂以暗色，铜件也被涂装覆盖以免反光。改用浅色涂装并打磨铜件可使舰只看起来整洁漂亮得多，因此也能激发官兵们的热情。

6. 参见詹格雷科（D M Giangreco）所著，Hell to Pay‐Operation 'Downfall' and the Invasion of Japan,1945–1947(Naval Institute Press,Annapolis,Maryland, 2009)，第 138 页。设于菲律宾的基地群被分别赋予不同代号，马尼拉基地代号为 X 基地，圣费尔南多（San Fernando）基地代号为 M 基地，八打雁（Batangas）基地代号为 R 基地，K 基地和 S 基地则分别位于莱特和宿务岛（Cebu）。

7. 同上。

8. 参见海军历史科有关英国太平洋舰队历史的 E1 号文件，作者藏有该文件副本。

9. 参见 J.D. 布朗为第二次世界大战中航空母舰作战所做笔记，该笔记由大卫·布朗整理，并由作者收藏。本章中有关运输部队及遣返战俘任务的统计均基于上述笔记。

10. "不饶"号乘客管理指令收录于本书附录 I。作者藏有指令及指示全文的副本。

11. 参见麦卡特所著，HMS Glory 1945–1961，第 16 页。

12. 尽管海军部也曾考虑对该舰进行现代化改装，但该舰此后再未恢复作战航空母舰身份。在执行了一段时间运送部队的任务后，该舰转隶本土舰队训练中队承担训练任务，最终于 1956 年被拆解。

13. 参见麦卡特所著，The Illustrious and Implacable Classes of Aircraft Carrier 1940–1969，第 160 页。

14. 参见布朗为航空母舰作战所做的笔记。其中援引了一份作战经过报告，该报告称在舰期间士兵们无所事事，不愿合作，甚至不服管理，对此澳大利亚皇家空军的军官们也束手无策。

15. 参见凯瑟琳·戴森（Catherine Dyson）所著，Swing by Sailor‐True Stories from the War Brides of HMS Victorious (Hachette Australia,Sydney,2207)，第 104 页。

16. 同原注 8。

第十五章：平时舰队

1. 参见斯特蒂文特与巴兰塞合著，The Squadrons of the Fleet Air Arm，第 340 页。

2. 该基地此后又被交给海军运行，并于 1951 年正式作为澳大利亚皇家海军航空基地服役，代号"尼瑞姆巴"号（HMAS Nirimba）。

3. 瑙拉机场此后于 1948 年成为首个澳大利亚皇家海军航空基地，代号为"信天翁"号（HMAS Albatross），至 2010 年仍在运行。

4. 与其他曾被英国太平洋舰队使用和规划使用的机场类似，班克斯敦机场至 2010 年仍在运作。

5. 参见本·瓦尔洛（Ben Warlow）所著，Shore Establishments of the Royal Navy‐Being a List of the Static Ships and Establishments of the Royal Navy(Maritime Books,Liskeard, 1992)，第 66 页。

6. 参见"独角兽"号年表，1945 年（The Langlea Printery Pty Ltd,Sydney,1945）。

7. 与其姊妹舰命运不同，战后"英仙座"号仍参与了皇家海军的军事行动。该舰首先被作为蒸汽弹射器的试验平台，此后又先后被改装为直升机航空母舰和运输航空母舰。

8. 这一决定与一战之后海军部对待杰利科报告的态度如出一辙，当时杰利科上将建议在澳大利亚设立永久性海军基地并在当地驻扎一支强大舰队，不过海军部并不愿采纳。

9. "英王乔治五世"级战列舰设计上不尽如人意之处之一便是艏楼高度较低。这一设计的本意是使该舰的前部主炮可以以 0° 仰角向正前方射击。这一设计不但使得该级舰耐波性不够理想，而且其本身几乎也没有任何使用价值。此后设计的"前卫"号就拥有较高且外飘的艏楼，从而解决了"英王乔治五世"级的缺陷，实际操作中该舰也表现出良好的耐波性。

10. 参见亨伯所著，Fraser of North Cape，第 289 页。

11. 参见亨伯所著，Fraser of North Cape，第 285 页。

12. 第 4 巡洋舰队解散时，该部指挥官埃德尔斯滕（J H Edelsten）中将刚刚接替布林德中将履新不久。前者此后转任英国太平洋舰队驱逐舰指挥官，后于 1945 年 10 月 20 日离任，由阿彻（Archer）少将接任。埃德尔斯滕中将还曾担任西德地区指挥官，并接替丹尼尔少将出任第 1 战列舰中队指挥官。1946 年6 月，后一职位被撤销，中将于当月 28 日搭乘"安森"号返回英国本土。

13. 第二次世界大战期间，皇家海军人数峰值为约 80 万人，这尚不包括大量隶属澳大利亚皇家海军、加拿大皇家海军以及新西兰皇家海军并在皇家海军战舰上服役的人。

14. 然而，自 1948 年以来，所有的舰队总指挥官最终都移驻岸上基地，在那里，他们更容易展开通信联络、情报工作以及保持与国家领导人密切关系的相关活动。较低级的将官则仍然保持着乘舰出海指挥的传统。

15. 参见海军本部委员会 4210 号会议纪要，海军历史科有关英国太平洋舰队历史的 E1 号文件引用了该会议纪要，作者藏有该文件副本。

16. 值得注意的是，由于据称在确定组织分属以及界限划分时遇到的困难，有关地中海基地和东印度基地的类似提案从未获得通过。

第十六章：回顾

1. 该级舰包括"马耳他"号、"直布罗陀"号（Gibraltar）、"非洲"号和"新西兰"号。遗憾的是，作为战后缩减开支的牺牲品，4 艘该级舰均于 1945 年 10—11 月间被取消建造。

2. 例如对"埃塞克斯"级航空母舰（Essex）进行的 27C 型改造。

3. 参见雅各布·诺伊菲尔德（Jacob Neufeld）与小乔治·沃森（George M Watson Jr）合编，Coalition Air Warfare in the Korean War 1950−1953(US Air Force Historical Foundation,Maryland,2002)，第 143 页。

4. 参见作者所著，Fighter Supreme − Sea Harriers in the Falklands Conflict 一文，发表于 Flypast 第 309 期（2007 年 4 月），第 39—46 页。

5. 自 1945 年春以来，皇家空军的战斗机从未击落过敌机。

参考书目

档案

[1] 战后日本 107 号专题（Post-War Japanese Monograph Number 107），该文件收录了日本海军高井少校的回忆。少校时任元山航空队的中队指挥官，并曾率部攻击 Z 舰队。

[2] "霍布斯报告，对皇家海军着装的历史分析"（The Hobbs Report, An Historical Analysis of RN Clothing）。英国国防部，1995 年定稿。

[3] 东南亚翻译与审讯中心（SEATIC, South East Asia Translation and Interrogation Center）242 号简报，其中收录有对日本南方军最后一任总参谋长沼田多稼藏中将的采访

[4] 太平洋舰队航空母舰群指挥官 0109/5 号令，1945 年 1 月 11 日（FOAC BPF Operation Order 0109/5）。

[5] 太平洋舰队航空母舰群指挥官作战经过报告第 0109/5 号，致太平洋舰队总指挥官，1945 年 2 月 10 日（FOAC BPF Report of Proceedings to C-in-C BPF）。

[6] "不倦"号舰长作战记录报告第 90/1054/00190/7 号，致太平洋舰队航空母舰群指挥官，1945 年 2 月 4 日（Commanding Officer hms Indefatigable ROP 90/1054/00190/7 to FOAC）。

[7] "光辉"号舰长作战经过报告第 368/04C 号，致太平洋舰队航空母舰群指挥官，1945 年 2 月 4 日（Commanding Officer hms Illustrious ROP 368/04/C to FOAC）。

[8] "不挠"号舰长作战记录报告第 2704/0244 号，致太平洋舰队航空母舰群指挥官，1945 年 2 月 3 日（Commanding Officer hms Indomitable ROP 2704/0244 to FOAC）。

[9] "胜利"号舰长作战记录报告第 0217/7537 号，致太平洋舰队航空母舰群指挥官，1945 年 2 月 4 日（Commanding Officer hms Victorious ROP 0217/7537 to FOAC）。

[10] SM8 2537/73 号档案，"坦塔罗斯"号第 7 次作战巡逻报告，1945 年 4 月 4 日。

[11] 太平洋地区海军航空兵指挥官组织架构报告（Report on the Organisation of the Flag Officer Naval Air Pacific），无日期。

[12] 太平洋舰队总指挥官 280659Z 号电，1945 年 2 月。

[13] 英国太平洋舰队副总指挥官作战经过报告第 1092/4 号，1945 年 5 月 9 日。

[14] 英国太平洋舰队总指挥官作战研究报告，BPF/932/OPS，1945 年 7 月 13 日。

[15] 美国海军 OPNAV-16-V A102 号报告，1945 年 4 月。

[16] "关于英国太平洋舰队支援冲绳战役期间作战的报告"（Report of Operations of the British Pacific Fleet in support of the Okinawa Campaign.），档案号为 CINCPAC BOX#4911 RS#11723 FILE A16-3/USNLO#1。

[17] 可畏"号舰长第 774/206 号战损报告，致太平洋舰队航空母舰群指挥官（Action Damage Report by the Commanding Officer hms Formidable 774/026 to FOAC），1945 年 5 月 11 日。

[18]"胜利"号舰长第 155/8376 号战损报告，致太平洋舰队航空母舰群指挥官（Action Damage Report by the Commanding Officer hms Victorious 155/8376 to FOAC），1945 年 5 月 24 日。

[19] 海军战机发展与作战 CB3053(11) 号，定期摘要第 11 号，海军部 1945 年于伦敦（Naval Aircraft Progress and Operations CB 3053, Periodical Summary Number 11）。

[20] 作战研究报告 BPF/932/OPS 号，1945 年 5 月 28 日。

[21] 美国海军驻英国太平洋舰队高级联络官报告 CJW/lat A9-8 Serial 0088 号，1945 年 6 月 20 日。

[22] 英国太平洋舰队备忘录 1043P 号（BPF Memorandum 1043P），1945 年 6 月 13 日。

[23]"策略"号"第 4 次也即最终一次作战巡逻报告"（hms Stratagem - Report of Fourth and Final War Patrol），文件号 M.5469/45。

[24]"莎士比亚"号"1944 年 12 月 20 日—1945 年 1 月 8 日期间巡逻报告"（hms Shakespeare - Patrol Report 20 December 1944 - 8 January 1945），文件号 M.01447/45。

[25] 英国太平洋舰队副指挥官作战经过报告第 1092/14 号文件，致英国太平洋舰队总指挥官（VA2 BPF ROP 1092/14 to C-in-C BPF），1945 年 10 月 1 日。

[26] 美国海军所编，"1945 年舰艇对日炮轰报告：评论、弹药效能数据与射击精度"（Ships Bombardments of Japan 1945,Comments and Data on Effectiveness of Ammunition and Accuracy of Firings），1946 年于华盛顿。

[27]"不倦"号 231215Z 号电，致皇家海军军法署署长，1945 年 10 月。

[28] 盟军最高司令统帅部法律科调查部报告（Report of the Investigation Division, Legal Section, GHQ, Supreme Commander Allied Powers），1946 年 6 月 24 日。

[29] 参见战争史实例 8957（War History Case 8957），引自朴茨茅斯海军历史科所藏档案中一份题为"英国太平洋舰队"的文件。

[30]"不饶"号为执行遣返盟军前战俘及在押人员任务下达的行政令。

[31] 海军本部委员会 4210 号会议纪要（Admiralty Board Minute 4210）。

公开出版物

[1] Admiralty.Naval Staff History of the Second World War,CB 3303(1),War with Japan in six Volumes[M]. London,1953.

[2] Admiralty.The Development of British Naval Aviation.CB 3307,in two volumes[M].London,1954.

[3] Admiralty.Manual of Seamanship Volume III[M]. London: HMSO,1964.

[4] Arpee, E. From Frigates to Flat Tops - The Story of the Life of Rear Admiral Moffett USN,the Father of Naval Aviation[M].published and distributed by the author in 1953.

[5] Boyd,F J George.Boyd's War [M].Newtonards: Colourpoint Books, 2002.

[6] Brown, David K. Nelson to Vanguard: Warship Design and Development 1923-1945[M]. London: Chatham Publishing, 2000.

[7] Brown, J D.Unpublished notes intended for the Naval Staff History, The Development of Naval Aviation Volume III, The Fleet Air Arm in the Indian and Pacific Oceans.

[8] Brown, J D.The Seafire - The Spitfire that Went to Sea [M]. London: Ian Allen, 1973.

[9] Brown, J D.Warship losses of World War 2 [M]. London: and Armour Press, 1990.

[10] Brown, J D. 'The Fleet Train', in Brown, J D (ed), The British Pacific and East Indies Fleets - The Forgotten Fleets, 50th Anniversary Publication [A]. Liverpool: Publishing Ltd,1995.

[11] Brown, J D.Carrier Operations in World War II, [M] . Barnsley: Seaforth Publishing, 2009.

[12] Chatfield. Admiral of the Fleet Lord, It Might Happen Again, Vol II of his Autobiography[M]. London: William Heineman, 1947.

[13] Churchill, WS. The Second World War in six volumes [M]. London: Cassell, 1948 onwards.

[14] Crosley, R.M. They Gave Me a Seafire [M]. Shrewsbury: Airlife Publishing Ltd, 1986.

[15] Dyson, Catherine. Swing by Sailor - True Stories from the War Brides of HMS Victorious[M]. Sydney: Hachette Australia, 2007.

[16] Fell, WR. The Sea Our Shield [M]. London: Cassell, 1966.

[17] Francillon,R.J. Japanese Aircraft of the Pacific War [M]. London: Putnam, 1979.

[18] Gardner, WJR. Submarines' in Brown, J D (ed), The British Pacific and East Indies Fleets - The Forgotten Fleets 50th Anniversary Publication [A]. Liverpool: Brodie Publishing Ltd, 1995.

[19] Giangreco, DM. Hell to Pay - Operation 'Downfall' and the Invasion of Japan 1945-1947[M]. Annapolis, Maryland: Naval Institute Press, 2009.

[20] Grenfell, Russell. Main Fleet to Singapore[M]. London: Faber & Faber, 1951.

[21] Halsey, Admiral W F, and J Bryan. Admiral Halsey's Story[M]. New York, NY: Whittlesey House of McGraw Hill, 1947.

[22] Hanson, Norman. Carrier Pilot[M]. Cambridge: Patrick Stephens, 1979.

[23] Hobbs, David. Moving Bases - Royal Navy Maintenance Carriers and MONABS[M]. Liskeard: Maritime Books, 2007.

[24] Hobbs, David. A Century of Carrier Aviation [M]. Barnsley: Seaforth Publishing, 2009.

[25] Humble, Richard. Fraser of North Cape - The Life of Admiral of the Fleet Lord Fraser[M]. London: Routledge & Kegan Paul, 1995.

[26] Jellicoe. Admiral of the Fleet Viscount, Report on the Naval Mission to the Commonwealth of Australia 1919[M]. London: Admiralty.

[27] Jeremy, John. Cockatoo Island – Sydney's Historic Dockyard[M]. Sydney: University of New South Wales Press, 1998.

[28] Jeremy, John. Sydney's New Dock and the British Pacific Fleet [M]. Sydney: Sydney Harbour Federation Trust, 2009.

[29] Judd, Donald, Avenger from the Sky [M]. London: William Kimber, 1985.

[30] Key, Teddy (ed). The Friendly Squadron – 1772 Naval Air Squadron 1944–1945 [A]. Upton upon Severn: Square One Publications, 1997.

[31] Lyon, David J. Warship Profile Number 10 – HMS Illustrious Technical Paper [M].Windsor: Profile Publications, 1971.

[32] Marder, AJ, Jacobsen, M, and Horsfield, J. Old Friends and New Enemies – The Royal Navy and the Imperial Japanese Navy, The Pacific War 1942–1945 [M] .Oxford:Oxford University Press, 1990.

[33] McCart, Neil. The Illustrious & Implacable Classes of Aircraft Carrier 1940–1969 [M]. Cheltenham: Fan Publications, 2000.

[34] McCart, Neil. HMS Glory 1945–1961 [M]. Liskeard: Maritime Books, 2002).

[35] McCart, Neil. The Colossus Class Aircraft Carriers 1944–1972 [M]. Cheltenham: Fan Publications, 2002.

[36] Morison, S E. History of the United States Naval Operations in World War II in fifteen volumes plus Annexes [M]. Boston: Brown & Co, 1951 onwards.

[37] Morton, L. Strategy and Command [M]. Washington: Department of the Army, 1962.

[38] Nash, Peter V. The Development of Mobile Logistic Support in Anglo–American Naval Policy 1900–1953 [M]. Gainesville: University Press of Florida, 2009.

[39] Neufeld, Jacob, and Watson, G M. Coalition Air Warfare in the Korean War 1950–53 [M]. Maryland: US Air Force Historical Foundation, 2002.

[40] Probert, Henry. 'The Royal Air Forces' Part in the Maritime War' in Brown, J D (ed), The British Pacific and East Indies Fleets – The Forgotten Fleets, 50th Anniversary Publication[A]. Liverpool: Brodie Publishing Ltd, 1995.

[41] Reynolds, Clark G, The Fast Carriers – The Forging of an Air Navy [M]. Annapolis, Maryland: Naval Institute Press, 1992.

[42] Roskill, S W. The War at Sea 1939–1945 in three volumes plus Annex [M]. London: Her Majesty's Stationery Office, 1954.

[43] Sajima, Naoko and Tachikawa, Kyoichi. Japanese Sea Power – A Maritime Nation's Struggle for Identity [M]. Department of Defence, Canberra: Sea Power Centre – Australia, 2009.

[44] Smith, Peter. Task Force 57 [M]. London: William Kimber, 1969.

[45] Soward, Stuart E. A Formidable Hero – Lieutenant R H Gray VC DSO RCNVR[M] . Toronto: CANAV

Books, 1987.

[46] Speaker, HMS. Commission Book 1945 [M]. Sydney: The Pinnacle Press, 1946.

[47] Straczek, Jozef. 'The Pacific War – A Strategic Overview' in Stevens, David (ed), The Royal Australian Navy in World War II [M]. Crow's Nest NSW: Allen & Unwin, 1996.

[48] Stevens, David (ed). The Royal Australian Navy in World War II [A]. Crow's Nest NSW: Allen & Unwin, 1996.

[49] Sturtivant, Ray. British Naval Aviation [M]. London: Arms & Armour Press, 1990.

[50] Sturtivant, Ray, and Balance, Theo. The Squadrons of the Fleet Air Arm [M]. Tonbridge: Air–Britain (Historians), 1984 and 1994 editions.

[51] Sturtivant, Ray, and Burrow, Mick. Fleet Air Arm Aircraft 1939 to 1945 [M]. Tunbridge Wells: Air Britain (Historians), 1995.

[52] Tarrant, V E. King George V Class Battleships [M]. London: Arms & Armour Press, 1991.

[53] Thetford, Owen. British Naval Aircraft Since 1912 [M]. London: Putnam, 1962.

[54] Unicorn, HMS. Commission Book 1944–1945 [M]. Sydney: Langlea Printery Pty Ltd, 1945.

[55] Vian. Admiral of the Fleet Sir Philip, Action This Day – A War Memoir [M]. London: Frederick Muller Limited, 1960.

[56] Vincent, P M C. Inmate – For want of a Split–Pin, in Brown, J D (ed), The British Pacific and East Indies Fleets – 50th Anniversary Publication [A]. Liverpool: Brodie Publishing Ltd,1995.

[57] Warlow, Ben. Shore Establishments of the Royal Navy [M]. Liskeard: Maritime Books, 1992.

[58] Willmott, H P. The Barrier and the Javelin, Japanese and Allied Pacific Strategies February to June 1942 [M]. Annapolis, Maryland: Naval Institute Press, 2008.

[59] Willmott, H P. Grave of a Dozen Schemes, British Naval Planning and the War against Japan 1943–45[M]. Annapolis, Maryland: Naval Institute Press, 1996.